에니어그램의 관점

세상을 바라보는
아홉 가지 렌즈

Jerome Wagner 저 | 이은하 역

Nine Lenses
On the World:
The Enneagram Perspective

학지사

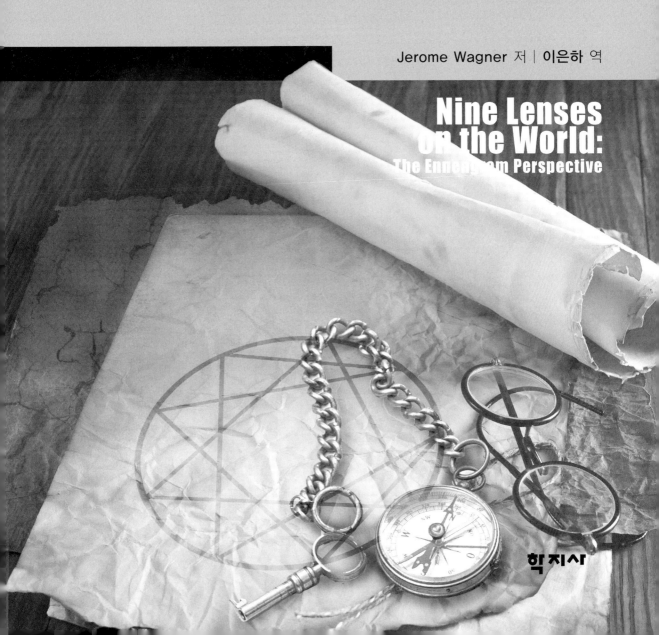

| 역자 서문 |

에니어그램은 고대로부터 전해 오는 인류 지혜의 보고이며 방대한 지식의 창고이고 마음의 문을 여는 독특한 아홉 가지 관점의 열쇠다. 또한 이를 통하여 몸, 마음, 영혼을 열어 가는 가교 역할을 하는 아름다운 정신적 유산이다. 고대의 에니어그램은 계속 발견되고 있고 지금도 우리의 내면 안에서 우리의 의식을 밝히는 등불이 되고 있다. 이러한 에니어그램을 활용하여 현대의 복잡한 인간관계, 내적 스트레스, 불안한 무의식 등을 이해할 수 있게 재조명하는 작업은 매우 중요하고 필수적인 일이 되었다. 그런 의미에서 에니어그램을 이론적인 틀, 개념적인 무수한 이론으로만 가두지 않고 사람들의 마음을 보는 도구가 되게 하기 위해서는 상담적 적용이 주요한 접근이라고 할 수 있겠다.

저자인 Wagner 박사는 에니어그램을 국제적으로 연합하게 하는 국제에니어그램연합(International Enneagram Association: IEA)의 설립자 중 한 사람으로서 세계적인 인지심리학자이기도 하다. 이 책을 통해 Wagner 박사는 평생 동안 사랑했던 에니어그램과 인지심리를 활용하여 사람들의 내적 세계의 가치를 이해할 수 있게 하는 인지적 패러다임의 관점으로 흘러가도록 지적인 물길을 터놓았다. 오랫동안 에니어그램을 통한 상담과 치유적 접근의 다양한 방법을 모색하고 고민해 왔던 역자로서는 이 책을 발견했을 때 눈이 번쩍 뜨이는 기쁨이 있었다.

이 책에서는 에니어그램을 어떤 관점에도 치우치지 않고 건강하고 균형 있게 전할 수 있으며 마음의 생명이 왜곡되지 않게 도울 수 있는 구체적인 방법이 제시되고 있다.

1부의 1장부터 9장까지는 전체적인 인지적 패러다임에 대한 개관을 다루고 있다. 각 항목마다 Sheet를 제공하여 실제 연습을 해 볼 수 있게 하였고, 각 장마다 요약을 두어서 정리할 수 있게 하였다.

1장부터 3장에서는 각 사람마다 주요하게 여기는 핵심 가치를 이해하고 가치가 곧 관점을 이루며 이상을 만든다고 저자는 말하고 있다. 이상이 생성되면 자신의 이상을 구체화하는 과정에서 자신만의 옳고 명확한 기준이 사실은 취약한 부분을 만드는 왜곡이 시작될 수 있는 지점임을 역설하였다.

4장부터 6장에서는 각자마다 세상을 바라보는 렌즈가 있고 그 렌즈를 통해 세상을 보기 때문에 자신만의 패러다임을 형성하게 된다고 보았다. 그러한 패러다임이 적절하게 기능할 수 있는 렌즈로 작용하면 객관적 패러다임이 되지만 왜곡될 때는 주관적 패러다임으로 변할 수 있다. 이를 인지상담적인 엘리스의 A, B, C, D, E이론으로 연결하였으며, 게슈탈트적 기법으로 인식의 내적 · 외적 · 중간영역들을 구분하여 설명하였다. 사람들이 어떤 영역에 머무는지에 따라 적응과 부적응의 상태를 이해할 수 있다는 관점이다.

7장부터 8장을 통해 패러다임의 변화가 안정적일 때와 스트레스 상황일 때의 변화를 이해할 수 있으며, 유사한 에니어그램 유형으로 패러다임이 변화하는 것과 패러다임의 도식 형태를 알 수 있다.

9장에서는 세 가지 중심, 즉 신체적 · 감정적 · 지적 중심의 유형에 대해 소개하고, 각 중심이 균형을 이룰 수 있는 방법에 대한 학자들의 견해와 저자가 정리한 도식적 모델을 다루었다.

2부에서는 1부에서 살펴보았던 세상을 보는 관점, 패러다임의 형태와 정의들이 한 유형 안에서 어떤 모습과 관점을 보여 주는지를 알 수 있다.

각 장 앞에는 렌즈 검사의 형태로 유형을 알아볼 수 있게 되어 있다. 각 유형이 취하는 핵심 가치, 패러다임 관점, 적절한 렌즈, 왜곡하는 렌즈, 적응적 도식, 부적응적 인지적 도식, 도식의 종류, 주요 취약점, 성장 과정, 신체적 특징, 의사소통 방식, 패러다임 변화, 하위유형, 요약 등으로 전체적인 모습을 전개해 놓았다. 또한 각 항목마다 Sheet를 제공하여 유형마다 수련과 연습을 해 볼 수 있게 하였고, 각 장마다 요약을 두어서 정리할 수 있게 하였다.

10장에서는 완전욕구를 이상주의적 관점의 렌즈로 보았고, 11장에서는 사랑욕구를 사랑의 관점으로 보았으며, 12장에서는 성취욕구를 생산적 관점으로 소개하였다. 13장에서는 독특욕구를 아름다움의 관점으로, 14장에서는 전지욕구를 지혜의 관점으로, 15장에서는 안전욕구를 전통의 관점으로, 16장에서는 행복욕구를 즐거움의 관점으로, 17장에서는 힘의 욕구를 힘의 관점으로, 18장에서는 평화욕구를 평화로운 관점으로 소개하고 있다.

켄 윌버의 말처럼 "온 우주적 의식은 개성의 말소가 아니라 개성의 완전한 성취다."

한 사람의 정신적 세계를 이해하고 사랑하고 인정하는 일, 한 개인을 온전히 그 사람의 방식으로 이해하고 사랑하고 인정하는 일, 로저스는 그런 공감을 그 사람의 정신적 신을 신고 내적 참조세계에 들어가 보는 일이라고 하지 않았던가! 그런 공감적인 이해가 사람 사이에 물길을 트게 할 것이다. 마종기 시인은 사람이 사람을 만나 서로 좋아하면 두 사람 사이에 물길이 튼다고 했다. 한쪽이 슬퍼지면 친구도 가슴이 메이고 한쪽이 기뻐서 출렁거리면 그 물살은 밝게 빛나서 친구의 웃음소리가 강물의 끝에서도 들린다고 말한다. 그렇게 온전한 이해가 서로를 빛나게 하는 세상을 만들게 될 것이다. 이 책이 나만의 시각에서 벗어나 아홉 가지 렌즈를 통해 세상을 보는 사람들을 이해하고 그대로 존중할 수 있는 건강한 마음의 지도가 되기를 소망한다.

역자 이은하

| 차례 |

패러다임의 적용 _ 113

패러다임의 변화 _ 125

패러다임의 도식 _ 141

세 가지 중심 _ 155

Part 2

CHAPTER
12

3유형 렌즈: **생산적 관점** _ 275

CHAPTER
13

4유형 렌즈: **아름다움의 관점** _ 317

CHAPTER
14

5유형 렌즈: **지혜의 관점** _ 355

6유형 렌즈: **전통의 관점** _ 399

CHAPTER **15**

7유형 렌즈: **즐거움의 관점** _ 443

CHAPTER **16**

CHAPTER
17

8유형 렌즈: **힘의 관점** _ 483

CHAPTER 18

9유형 렌즈: **평화로운 관점** _ 523

Part 1

서 론

인간만큼 아주 흥미로운 존재는 많지 않다. 그렇기에 소설가들은 다양한 인물에 대해 이야기하기를 즐기며, 심리학자들은 성격을 다루는 문헌들을 집필하고, 우리 대부분은 다른 사람들을 지켜보고 그들에 대해 수다 떨기를 좋아하는 것이다. 톨스토이(Leo Tolstoy)의 『안나 카레니나(*Anna Karenina*)』와 켄 윌버(Ken Wilber)의 『통합 심리학(*Integral Psychology*)』(2000)이 이러한 추구의 절정에 대한 전형적인 예인 반면, 리얼리티 TV 프로그램들은 그 밑바닥을 보여 주기도 한다.

나는 오랫동안 성격과 성격 유형에 관심을 가져왔다. 그리고 과도할 정도로 수많은 심리 이론과 유형론이 많은 문화 환경과 시기, 영역들에 나타나 온 사실로 볼 때 이러한 관심을 갖고 있는 사람은 나 혼자만이 아닌 것을 알 수 있다.

유형과 더 많은 유형

동양 전통에서는 유형론들이 중국, 일본, 인도의 극동 지역과 불교, 힌두교 등에서 발생한다. 중동 지역에서는 다양한 유형이 메소포타미아, 이집트, 바빌론, 페르시아 지역과 유대교의 지혜, 기독교, 이슬람교 등으로부터 형성된다. **서양** 전통에서는 유형론들이 히포크라테스(그는 성격이 혈액형에 의해 결정된다고 제시했다) 시대로부터 기원하여 그리스, 로마, 중세 시대의 유형론들을 통해 성격의 근대 심리 이론들에 이른다.

현대의 서양 심리학에서는 유형론들이 프로이트(Sigmund Freud, 1925)로부터 시작된 정신분석적 전통 내에서 제시되고 있으며, 융(Carl Jung, 1933), 아들러(Alfred Adler, 1956), 설리번(Harry Stack Sullivan, 1953), 호나이(Karen Horney, 1945), 프롬(Erich Fromm, 1947) 등이 이 분야에 해당한다. 인본주의 전통에서는 매슬로(Abraham Maslow, 1954)와 리어리(Timothy Leary, 1957)가 유형론을 제공했고, 쇼스트롬(Everett Shostrom, 1968)이 이를 대중화시켰다. 밀런(Theodore Millon, 1977)은 부분적으로 행동주의적 원칙에 의존하는 유형론을 제시했다. 또한 기질에 기반을 둔 유형론들도 있다. 셀던(William Sheldon, 1940)은 체격과 성격 간의 상관관계를 제시했는데, 이는 나중에 디롭(Robert DeRopp, 1974)이 더 발전시켰다. 존슨(Stephen Johnson, 1994)은 기질적 · 발달적 상호작용을 기반으로 성격 유형을 이론화했다. 카텔(Raymond Cattell, 1946), 아이젠크(Hans Eysenck, 1947), 볼즈(Charles R. Bolz, 1977), 위긴스(Jerry Wiggins, 1996)는 성격 유형을 무리 짓기 위해 요인 분석적 통계 절차를 사용했다.

이 유형론들에 대해 자세히 알고 싶다면 메츠너(Ralph Metzner, 1979)의 *Know Your Type: Maps of Identity*와 프레이저(Robert Frager, 1994)의 *Who Am I? Personality Types for Self-Discovery*를 참고하라.

우리는 왜 서로를 유형 지으려 할까

이 책은 성격 유형을 다루고 있기 때문에 우리가 어째서 서로를 평가하고 분류하는 데에 수많은 시간을 쏟는지를 생각해 보는 것이 도움이 될 것이다. 여기서 그 이유에 대해 짐작해 보자.

인간은 규칙성에 대한 기대를 가지고 태어난다. 인지 이론가들은 우리의 정신이 규칙적임을 좋아하며 순환하는 패턴을 찾는 타고난 경향이 있다고 말한다(1983). 우리는 주위 환경 내에서 어떤 일이 일어날지를 예측하고 통제하기 위해, 또한 주위 환경에 우리의 행동이 미칠 영향을 가늠하기 위해 특정한 정도의 질서를 발견하거나 창조해 내야 하는 것이다.

우리 주위에서 가장 중요한 대상은 바로 다른 사람들이다. 앞에서의 설명을 통해 예상할 수 있듯이, 우리는 사람들 내에서도 규칙성을 찾으며 그것들을 분류하려 한다. 우리 자신과 다른 사람들을 이해하는 것은 더 잘 관계할 수 있도록 도와주는 어느 정도의 예측 가능성과 통제성 그리고 편안함을 준다. 우리는 이렇게 오랫동안 서로를 유형 짓고 정형화해 왔다.

일부는 사람들을 비형식적으로 분류하려 해 왔는데, 그에 대한 예로는 '금발을 가진 사람들이 더 잘 즐긴다.'라는 말을 들 수 있다. 또 다른 이들은 사람들을 형식적으로 분류하려 시도해 왔는데, 외배엽형(원래 마른 체형), 내배엽형(둥글고 지방이 많은 체형), 중배엽형(적당하고 근육이 많은 체형)과 같은 범주가 그 예라고 할 수 있다.

일부 유형 분류 방식들은 수혈 과정 중 피가 섞이지 않게 하기 위해 다른 혈액형끼리 분류하는 것과 같이 생명을 살리는 성격을 띠어 왔다. 다른 일부 유형 분류 방식들은 자신들의 혈통이나 믿음 체계를 오염시키지 않기 위해 다른 부족이나 전통을 없애는 등의 죽음을 초래하는 성격을 띠어 왔다. 이렇게 유형 분류 체계에는 좋은 면과 나쁜 면이 존재한다.

다른 모든 사람처럼, 누구와도 같지 않게, 어느 누군가처럼

살바토르 메디(Salvatore Maddi, 1976)는 다양한 성격 이론을 연구하기 위한 도식을 제공했다. 그는 성격 이론가들은 흔히 두 가지 주장을 한다는 것에 주목했다. 한 주장은 우리 모두가 공통으로 갖고 있는 성질과 인간에게 고유한 성질들을 묘사한다. 이러한 **공통된 특성**은 시간이 흘러도 잘 변하지 않으며, 우리의 행동에 광범위한 영향력을 행사한다. 아리스토텔레스는 이렇듯 우리 모두가 선함을 추구한다고 철학적으로 논했다. 또한 프로이트(Freud)는 우리가 초자아, 자아, 이드를 지니고 있다고 분석했으며, 칼 로저스(Carl Rogers)는 우리 모두가 자아실현 기질에 의해 자극을 받는다고 논했다.

성격에 관한 다른 주장은 좀 더 구체적이고, 표면적이며, 더 쉽게 관찰이 가능한 성질들을 다룬다. 이러한 특성은 사람들 간의 차이를 설명해 주며, 유전적이기보다 일반적으로 배움으로써 얻어진다. 이들은 우리의 행동에 좀 더 제한된 영향력을 미친다. **개인적 특성**의 개념이 이러한 성격 범주에 들어간다. 이제껏 살아왔고 앞으로 살게 될 수많은 개개인 중에서도 존 존스와 마리 존스의 막내딸이자, 자신만의 독특한 기질과 경험들, 반응들을 지닌 앤이라는 사람은 한 사람뿐일 것이다.

이 책을 읽고 있는 독자 한 명 한 명이 지닌 자신의 독특한 성격이 자서전으로 나와 제대로 극찬받기를 기대한다.

우리가 모든 사람과 함께 공통으로 지닌 특성과 누구와도 같지 않은 특성 사이의 어딘가에 일부 사람들과는 겹치지만 다른 사람들과는 비슷하지 않은 특성들의 분할이 존재한다. 이렇듯 우리의 금발과 파란 눈을 일부 사람들과는 공유하고 있지만 흑발에 초록 눈을 가진 사람들과는 그렇지 않다. 또는 같은 별자리를 가진 사람들과는 생일의 범위를 공유하고 있지만 다른 달에 태어난 사람들과는 그렇지 않다. 또는 외향적인 사람들과는 어느 정도 공통된 특징을 공유하고 있지만 내향적인 사람들과는 그렇지 않다. 이것이 유형의 범위인 것이다. 유형론은 다양한 생활 방식의 분류 체계를 제공한다.

우리는 사람들을 무수한 방식으로 유형 지을 수 있다. 그 범위는 키가 작은 사람과 큰 사람, 뚱뚱한 사람과 마른 사람, 불교도와 기독교도, 민주주의자와 공화주의자, 밝은 피부와 어두운 피부, A유형의 성취가와 B유형의 나태한 사람, 열린 마음과 닫힌 마음 등으로 말할 수 있다.

우리가 인간이라는 수수께끼의 다양한 조각인 인간의 특성을 분류하는 방법은 사실 관습적이다. 사람에 대한 우리의 생각을 조직하는 데 있어서 옳거나 틀린 방식은 없다. 단지 유용하거나 덜 유용한 방식이 있을 뿐이다. 우리는 특정한 정신적 원형을 만들어내서 사람들을 그 안에 끼워 맞춘다. 원형은 정신의 추상적 관념이기 때문에 실제적인 원형은 존재하지 않으며, 그 틀에 정확하게 맞는 사람도 없다. 실제 사람들은 이상적인 원형에 단지 근접할 수만 있다.

이렇듯 성격 유형론은 **유용한 허구**이자, 다른 이론들보다 더 경험적인 것이다.

에니어그램 관점

유형론 중에서도 내가 특히 유용하다고 느꼈던 것은 아홉 가지 성격 유형의 스펙트럼을 지니고 있는 에니어그램이었다. 에니어그램은 포괄적이고, 우리 모두가 공통으로 갖고 있는 많은 특성을 한데로 합치는 틀을 제공한다. 또한 일부 사람들과 공통으로 지니고 있는 아홉 가지의 다른 성격 유형의 차원들을 기술하는 데 있어서 놀랄 만큼 직관력이 있다. 그리고 우리의 독특한 자기에게 많은 재량을 남겨 둔다. 에니어그램 이론은 개인적 성장, 치유, 영성, 교육, 사업 등에 다양하게 적용되며 많은 유용한 가설을 만들어 낸다.

그리스어로 에니어(Ennea)는 9(아홉)를 의미하며, **그램**(gram)은 점(지점)을 뜻한다. 에니어그램이라는 단어는 아홉 가지 성격 유형을 배열하고 묘사하는 상징으로 사용되는 아홉 가지 점이 그려진 원을 말한다. 현재 에니어그램은 영원한 지혜의 통찰과 근대 심리학의 연구 결과들을 하나로 모은다. 에니어그램 도형 자체는 수비학으로부터 파생된 반면, 아홉 가지 성격 유형들은 경험적 관찰과 최근의 경험적 연구에 의해 입증되었다.

에니어그램의 뿌리에 대해서는 논쟁이 있다. 몇몇 작가는 약 4,000년 전 숫자의 더 깊은 의미와 중요성에 관심이 있었던 피타고라스의 신성한 기하학에서 에니어그램 상징의 변형을 찾아냈다고 믿는다. 이러한 신비 수학의 체계는 플라톤(그는 에니어그램 체계의 본질과 자아 또는 진정한 자기와 보상하는 성격이 되는 높은 수준 형태와 낮은 수준 형태에 대해 가진 그의 발상을 심리학계에 기여하기도 했다)을 거쳐 플라톤의 제자인 플로티노스(그는 Enneads에서 인간 본성에서 드러나는 아홉 가지 신성한 성질을 얘기했다)에게 그리고 그 후에 신플라톤학파에게로 전해졌다.

일부는 이 전통이 유대인이자 신플라톤학파 철학자인 필로(Philo Judaeus)를 통해 밀교적 유대교로 들어가 후에 카발라(Kabbalah)의 '생명의 나무' 가지들에 심어지게 되었다고 믿는다(이 이름들을 보면 모두 'П'으로 시작해야 이 전통에 속할 수 있는가 싶다).

에니어그램 상징의 변형은 이슬람교의 수피교 전통에서도 나타나는데, 아마도 아랍계 철학자인 가잘리(al-Ghazzali)를 통해 여기로 전해지게 되었을 것이다. 추정되기로는 14세기경 수피교도들의 한 무리가 현재 '벌들의 유대 조직(Brotherhood of the Bees)'(이렇게 알려진 이유는 이들이 지식을 모으고 축적하기 때문이다)이자 '상징주의자들'(왜냐하면 이들이 상징을 통해 가르쳤기 때문이다)로 알려진 낙시반디(the Naqshbandi) 체계를 설립한 것으로 알려져 있다. 이렇게 이 공동체는 에니어그램 상징을 보존하고 전해 온 것으로 알려져 있다.

또한 에니어그램은 신플라톤학파에게 영향을 받은 위(僞)디오니시오스, 에바그리우스의 나쁜 생각(로기스모이)과 악덕 목록 그리고 이슬람과 유대교와 기독교 전통을 통합하기 위해 모든 철학과 신학을 아홉 가지의 원칙으로 만든 프란체스코회의 신비주의자인 라몬 룰(Ramon Lull)을 통해 밀교적 기독교로 전해지게 되었다는 추측도 존재한다.

에니어그램과 비슷한 도형이 예수회의 수학자이자 수비학 연구자인 아타나시우스 키르허(Athanasius Kircher)가 17세기에 기술한 저서의 표지에 나타나 있기도 하다.

좀 더 최근에는, 현재는 러시아인 코카서스 지역에서 1870년대에 태어났으며 밀교적 지식을 가르치는 교사이자 프로이트와 동시대인이었던 조지 구르지예프(George Gurdjieff)가 우주의 창조와 시작에 관련된 법칙들을 설명하기 위해 에니어그램을 사용했다. 그는 1920년대에 아프가니스탄에 있는 수피교 사몽(Sarmoung) 수도원에 방문하면서 에니어그램을 알게 되었다고 언급한다. 이곳이 바로 앞에서 언급되었던 낙시반디 체계의 수도원이다. 이곳은 꽤 적절하게도, 물자뿐만 아니라 사상들이 지속적으로 교차해 왔던 거대한 동서양의 무역 경로와 가까운 곳에 위치하고 있다.

한편, 오스카 이차조(Oscar Ichazo, 1976; 1982)가 남아메리카 지역에서 그의 아리카 (Arica) 훈련의 한 부분으로 에니어그램을 가르쳤다. 그는 아홉 가지 측면으로 이루어진 이 도형을 에니어그램[혹은 에니어곤(Enneagon)]이라고 불렀다. 에니어그램이 인간 내에서 작용하는 다양한 법칙을 포괄적으로 체계화한다는 것을 알아냈다. 이렇듯 구르지예프는 에니어그램의 과정을 인간을 향한 기본적인 적용을 포함해 현실에 적용시킨 동작, 체험을 주요하게 여긴 반면, 이차조는 인간 정신의 기능함을 좀 더 완전히 설명하기 위해 에니어그램 도형과 역동을 활용했다. 이차조는 독자적인 공부와 연구를 통해 에니어그램을 이해하게 되었다고 주장한다.

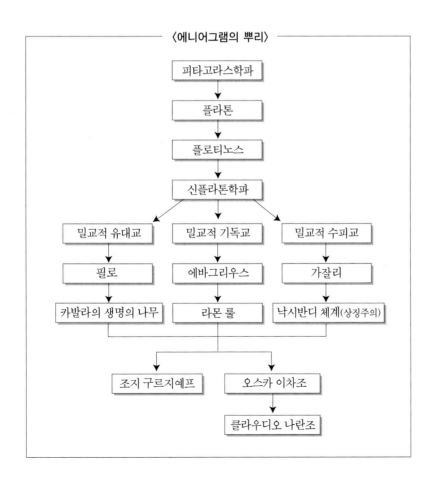

〈에니어그램의 뿌리〉

칠레의 정신과 의사인 클라우디오 나란조(Claudio Naranjo, 1990; 1994)는 오스카 이차조로부터 이 전통을 배우고, 인간 정신에 대한 이차조의 연구를 현대의 심리학 용어로 상세히 설명하고 표현해 냄으로써 에니어그램을 서구 심리학으로 더욱 깊이 들여왔다.

1970년대 초반에는 로버트 오크스(Robert Ochs), S. J., 헬렌 팔머(Helen Palmer, 1988; 1995), 알마스(A. H. Almaas, 1986, 1998, 2004), 산드라 마이트리(Sandra Maitri, 2000, 2005)와 많은 이가 나란조와 함께 성격 에니어그램 체계를 공부했다. 오크스를 통해 에니어그램은 다양한 기독교 공동체로 도입되었고, 이러한 경로를 통해 이 책의 저자인 나를 포함해(Jerome Wagner, 1996) 마리아 비싱(Maria Beesing), 로버트 노고섹(Robert Nogosek), 패트릭 오리어리(Patrick O'Leary, 1984), 돈 리소(Don Riso, 1987; 1990), 리처드 로어(Richard Rohr)와 안드레아스 에버트(Andreas Ebert, 1990; 1992), 캐틀린 헐리(Kathleen Hurley)와 테드 돈슨(Ted Donson, 1991; 1993), 수전 주에르케르(Suzanne Zuercher, 1992; 1993) 등이 에니어그램을 알게 되었다. 이들 이외에도 다른 많은 저자가 에니어그램을 더 폭넓은 영성, 심리학, 교육학, 사업, 상업과 관련된 독자들에게 전파했다.

비록 에니어그램의 자취가 이차조 이전까지는 덜 뚜렷하게 성장해 왔고 이 상징의 정확한 전파는 아직까지 불분명하게 남아 있지만, 에니어그램 이론의 렌즈를 통해 바라보는 인간의 변수는 나이와 시대 그리고 문화, 인종, 성별을 가로지르는 것으로 인정되어 왔다는 점은 분명하다. 에니어그램은 인간의 본성과 기능에서 보편적인 그 무언가를 활용한다. 아프리카, 일본, 한국, 인도, 러시아, 유럽, 남북아메리카 그리고 수많은 다른 지역을 포함한 이렇듯 다양한 지역에서 온 사람들이 모두 이 아홉 가지 유형을 자신들의 문화에서 인식할 수 있다는 사실은 에니어그램 체계의 일반화 가능성을 이야기해 준다.

이 책의 구조

에니어그램 관점에서 성격 유형을 바라본 이 책은 자기 자신의 역동과 자신의 삶에서 중요한 사람들을 이해하고 싶은 사람들을 위해 씌었다. 이 책은 성격 유형이 어떻게 건강하게 기능하는지, 어떻게 병리화되는지 그리고 어떻게 본래의 기능 상태로 돌아갈 수 있게 되는지 보여 준다.

우선 우리에게 가장 깊은 동기를 부여하는 것은 무엇인지 살펴볼 것이다. 그것은 바로 우리의 핵심 가치로, 우리 자신에게 진정으로 중요한 것을 의미한다. 내가 추구하고 존경하는 것에 부합하는 것은 무엇인가? 예를 들면, 나는 지식, 관계, 정의, 명성, 권력 중 무엇을 추구하길 원하는가?

다음으로는 우리의 기본적인 가치가 우리의 삶이 무엇을 향해 가는지를 살펴볼 것이다. 우리는 무엇을 위해 이곳에 있는가? 우리는 이 세상을 더 안정적으로 만들기를 원하는가? 아름답게 만들기를 원하는가? 평화롭게 만들기를 원하는가?

우리의 목적, 천직 또는 소명은 무엇인가? 만약 우리가 진리를 가치 있게 여기고 이 세상을 더 계몽된 곳으로 만들기를 추구한다면, 어쩌면 우리는 교사나 연구원이 되라는 소명을 느낄 수도 있다. 만약 선택권과 낙관주의를 가치 있게 여기고 이 세상이 좀 더 즐겁고 흥미로운 곳이 되기를 원한다면, 연예인이나 여행사 직원이 될 수도 있다. 만약 효율성을 중요하게 여기고 이 세상을 좀 더 부드러운 곳으로 만들기를 원한다면, 관리인이나 자문 위원이 될 수도 있는 것이다.

그런 뒤에는 우리의 비전이 어떻게 우리의 관심을 집중시키고, 주위에 일어나고 있는 일에 대한 특별한 통찰, 즉 직관적인 예리함을 주며, 또한 문제해결에 대한 탁월함, 즉 행동적인 이점을 제공하는지 알아볼 것이다. 예를 들면, 사랑을 중시하고 세상을 좀 더 배려하는 곳으로 만들고 싶어 하는 사람과 남을 돕는 직업 혹은 인적 자원과 관련된 곳에서 일하기를 추구하는 사람은 다른 사람들의 필요와 감정에 쉽게 공감하고, 자신의 문제나 이야기를 잘 설명하는 경향이 있다.

그리고 나서는 우리의 이상이 이상화가 되어 버릴 때까지 우리의 가치를 과하게 중시하고 과장하게 되면 그리고 이러한 가치를 추구하기를 원하는 대신 따라야 하는 상태가 되면 무슨 일이 일어나는지 고려해 볼 것이다. 우리의 가치는 안내자이자 격려자의 모습에서부터 자기의 모습을 보상받고자 통제하는 폭군으로 바뀌기도 한다. 예를 들면, 일을 잘해내기를 원하고 잘한 일에 대해 자랑스럽게 여기는 것 대신, 우리의 기대와 의무에 압제되고 우리가 해낸 것에 대해 절대로 만족할 수 없게 될 수 있는 것이다.

우리가 지닌 일부 특성을 과대평가하게 되면, 우리는 이러한 특성들이 지닌 양극성 또는 상반되는 점을 과소평가하게 되고 이 특성들로부터 멀어지게 된다. 또한 단지 우리의 그림자로 둘러싸이기 위해 우리의 받아들일 수 없는 부분들을 다른 사람들에게 내던진다. 예를 들면, 만약 '현명한' 모습으로서의 우리 자신과 과도하게 동일시하게 되면, 우리가 가진 어떠한 무지조차도 허용치 못하게 되고, 그렇게 우리의 모자란 모습은 숨긴 채 유지하다가, 어리석음을 표출하게 되고 결국 바보들에게 둘러싸인 자신을 발견하게 된다는 것이다. 우리가 놓치고 있는 것은 우리 안에 있는 즉흥적인 '작은 교수'의 현명함과 우리 주변에 존재하는 지혜다.

그 다음에는 우리의 가치에 함께 따라오는 **취약함**을 살펴볼 것이다. 우리는 귀하게 여기는 영역들에 대해 주의를 기울인다. 보통은 우리의 가장 큰 강점이 아킬레스건으로 드러나는 경우가 흔히 있다. 우리의 성격은 다치지 않도록 자신을 지키기 위해 민감한 영역들을 둘러싼 방어적인 보호막이 될 수 있다. 하지만 이러한 보호막이 우리를 지켜 주는 반면, 우리가 필요로 하는 것을 실제로 가져다주지는 않는다. 예를 들면, 만약 우리가 관계를 중시한다면 거절에 민감하고 취약할 수 있다. 그렇게 버려지는 위험을 최소화하려는 노력으로, 다른 사람들에게 없어서는 안 될 존재가 되는 성격 유형의 모습을 발달시킬 수 있다. 하지만 도와주는 사람이 됨으로써 우리는 도움을 받는 것을 꺼리게 되고 (왜냐하면 그런 모습은 우리가 정한 성격 모습에 맞지 않기 때문이다), 그렇게 우리가 원래 구하던 지지를 받지 못하게 되는 것이다.

그리고 나면 우리가 세상을 인지하는 **렌즈**를 더 계획적으로 살펴볼 것이다. 보통 우리는 이 렌즈를 통해 바라보지만 렌즈 자체를 살펴보지는 않는다. 기질과 배움은 **패러다임** 또는 우리의 경험들을 해석하는 견본을 창조하기 위해 상호작용한다. 에니어그램의 **관점**에서 각 성격 유형은 각자만의 독특한 견해와 렌즈들을 지닌 다양한 패러다임을 의미한다.

우리의 도식은 현실의 정확한 표현이 될 수도 있고, 왜곡이 될 수도 있다. 또는 세상과의 상호작용을 용이하게 하기도 하지만, 더 어렵게 만들기도 한다. 또는 예리한 통찰력과 임기응변에 뛰어난 문제해결 능력을 주기도 하지만, 우리의 시야를 흐리게 하고 골치 아프게 하기도 한다.

우리의 패러다임은 유연하고 상황에 잘 적응할 수도 있지만, 고정되고 융통성이 없는 성향을 띠게 될 수도 있다. 우리의 시야를 개방하기 위해 패러다임을 확장시킬 수도 있지만, 패러다임을 좁히고 그 안에 갇혀 버리게 될 수도 있다. 우리는 증거를 찾고 그 증거를 확인하는 선택들을 내리는 것을 통해 도식을 유지하고, 우리의 방식이 틀렸음을 입증할 수도 있으며 우리를 불편하게 만들기도 하는 자료나 상황들을 피할 수 있다. 그리고 우리가 부족하다고 생각되는 부분을 가리고 만회하기 위해 보상하는 도식을 만듦으로써 우리의 방식과 인식에 갇히게 된다.

우리가 세상을 인지하고 아는 방식에 대한 포스트모더니즘적인 또는 사회구성주의적인 인식론은 우리의 접근법과 제대로 일치한다. 피쉬맨(Fishman, 1999, p. 5)은 포스트모더니즘에 대한 다음과 같은 개요를 제공한다.

포스트모더니즘의 핵심 사상은 바로 우리가 항상 우리의 경험된 현실을 개념의 안경을 통해 해석한다는 것이다. 즉, 이 특정한 상황에서, 우리의 과거 경험들에서, 가치와 태도에서, 지식 체계에서, 언어의 본성에서 그리고 현대 문화의 현재 동향 등에서 우리가 가진 현재의 개인적인 목표 같은 요인들에 기반을 둔 안경을 의미한다. 이 안경을 한 번에 벗고 완전한 객관성을 가지고 세상을 '있는 현실 그대로' 바라보는 것은 절대 불가능하다. 우리가 할 수 있는 것이라곤 안경을 바꾸고, 다른 안경이 세상의 다른 풍경과 관점을 제공한다는 것을 깨닫는 것뿐이다.

이 책의 첫 번째 부분은 성격이 기능하는 방식에 대한 일반적인 설명적 원칙을 기술하고 있는 반면, 두 번째 부분은 이러한 역동들이 아홉 가지의 뚜렷이 다른 성격 유형들 속에서 어떻게 보이는지를 분류하고 있다. 또한 각 유형의 강점을 증폭시키고 약점은 약화시키는 제안과 함께, 인지적 왜곡을 바로잡고(우리의 렌즈를 조절하고) 더 많은 정보와 감정, 행동을 포함시키기 위해 우리의 패러다임의 초점을 넓히는(2중, 3중 초점을 더하는) 기술도 제시한다.

이 책은 에니어그램을 검안사의 장치처럼 사용해서 우리의 패러다임을 검사함으로써 개인적인 시력 측정 도구의 역할을 해 준다. 이렇게 함으로써 우리는 세상을 바라보는 바로잡힌 렌즈를 제공받음과 함께 필요에 따라 우리의 렌즈를 늘릴 수 있게 된다. 검사를 받은 삶은 검사받지 않은 삶보다 더 풍성하다. 당신과 다른 사람들을 더 명확히 보기를 원한다면 계속해서 책을 넘기도록 하라.

CHAPTER 01 · 가치와 관점

우리의 관점과 동기는 우리가 끌리고 귀중하게 여기는 가치에 영향을 받는다. 우리는 자신에게 중요한 것을 찾으며 그것을 향해 나아간다. 에니어그램의 렌즈를 통해 바라보면 아홉 가지 가치가 나타난다.

당신이 신학적 · 철학적 혹은 심리학적 관점을 취하는 것에 따라서 이러한 가치들은 각 유형이 드러내 보이는 신성의 특정 측면과 부합하거나, 각 유형이 지닌 존재의 아홉 가지 성질을 나타내거나 또는 각 유형이 지닌 인간의 아홉 가지 강점과 역량이 연관된다.

영적인 관점에서 보면, 신성은 하강하며 아홉 가지 세속적인 현상을 통해 그 성질을 보인다. 각 사람은 모두 하나님의 자녀로서 모든 신성의 특성을 지니고 있긴 하지만, 하나님의 특성 중 하나 또는 일부라도 특별히 명확한 방식으로 드러내는 것이 우리의 운명이다. 마치 우리가 "그녀는 그녀의 아버지를 참 닮았어." 혹은 "그는 정말 그의 어머니와 똑같아."라고 말하며 더 구체적으로 나아가 "그는 아버지의 유머 감각을 닮았어." 혹은 "그녀는 어머니의 친절함을 빼다 박았어."라고 이야기하며 우리의 인간적인 혈통에 대해 종종 말하는 것처럼 말이다. 그렇게 함으로써 우리는 우리의 신성한 혈통에 대해 이야기할 수 있게 되는 것이다.

가장 종교적인 전통 속에서 하나님은 선함, 사랑, 창조자, 독창성, 현명함, 충실함, 즐거움, 강함, 평화 등으로 다양하게 특징지어져 왔다. 모든 인간이 이러한 신성의 특성들을 지니고 있기는 하지만, 일부 유형들은 이러한 특성들 중에서도 특정한 모습들에 특별히 끌리고 즉흥적으로 이를 드러내 보인다. 예를 들면, 일부 사람들은 그들의 하늘의 아버지가 완벽한 것처럼 그들도 선천적으로 선하고 완벽한 모습이 되려는 경향을 보인다. 또 다른 사람들은 선천적으로 사랑을 추구하기를 원하고, 누군가는 생산적이기를 또는 독특하기를 또는 지혜롭기를 또는 신뢰롭기를 또는 활기차고 명랑하기를 또는 강하기를 또는 조화롭기를 원하며 그런 특성에 끌리고 이를 드러내 보인다.

각 유형에 대한 자세한 설명이 앞으로 소개될 것이기 때문에, 이제 각 유형이 어떻게 신성의 특정 성질들의 현현인 것인지를 살펴보도록 하자.

철학적 관점에서 보면, 존재는 아홉 가지 본질적인 특성들을 통해 표면화된다. 우리 각 개개인은 존재에 관여하고, 존재로 돌아가길 추구한다. 철학자들은 오랫동안 존재는 하나이고 진리이며, 선하고 아름다운 것이라고 심사숙고해 왔다. 이러한 '네 가지 모습'에 더하여, 에니어그램 관점은 존재가 지니고 있고 인간들과 공유하고 있는 최소한 아홉 가지의 성질을 보게 되었다. 다음 장에서 이 주제에 대해 더 깊게 탐구해 보도록 할 것이다.

심리 현상학적 관점에서 보면, 인간 본성은 아홉 가지 근본적인 방식으로 나타난다. 각 아홉 개의 유형은 특정한 세계관과 그에 수반되는 특정 경험, 인식, 이해, 평가, 반응의 방식을 갖고 이 세상에서 존재하는 방식을 나타낸다.

핵심 가치

각 사람이 이 세상을 향해 지닌 방향성의 중심부에 이들의 특정한 적성과 능력이 있다. 우리는 이러한 성질들을 가치 또는 이상으로서 경험한다. 이러한 자질과 가치들이 우리의 핵심 자기 속의 잠재력에 존재하고 우리도 이 모든 성질을 알아보며 현실화할 능력을 갖고 있긴 하지만, 기질적으로 우리는 일부 특성을 다른 것들보다 선호하며 이 가치들은 계층 구조로 쌓여 일부 특징들이 다른 특성들보다 좀 더 강한 영향력을 지니게 된다. 이러한 가치들이 바로 각 성격 패러다임에서 가장 중요한 **동기를 유발하고 조직하는** 기질이며, 이들은 우리의 힘의 중심, 지각, 태도, 감정적 반응 그리고 행동을 지도한다. 우리는 우리의 정체성과 우리가 되기 위해 분투하는 모습의 근본을 이루는 가치들을 중심으로 자신의 삶을 조직한다.

Sheet 1-1 당신의 핵심 가치 찾기

> 당신의 핵심 가치들이 무엇인지 발견하려면, 당신의 삶이 1년밖에 남지 않았을 때 무엇을 할 것인지 상상해 볼 수 있다. 당신이 시간과 에너지를 쓰는 그 부분들이 당신이 무엇을 가치 있게 여기는지 말해 줄 것이다.

가치와 비전

가치는 우리의 비전의 방향과 초점을 설정해 준다. 가치는 무엇이 중요한지와 무엇을 위해 살아야 할지를 말해 준다.

에니어그램의 관점은 아홉 개의 가치와 비전을 이야기하는데, 이들은 세상을 바라보는 각각의 렌즈와 함께 아래에 나올 성격 패러다임의 중심부에 자리 잡고 있다.

- 1유형 렌즈: 당신은 선함에 끌리고 이를 가치 있게 여긴다. 세상을 더 나은 곳으로 만들기를 꿈꾼다. 당신이 가진 모든 잠재력을 현실화하기를 원하며, 다른 사람들도 그들 자신의 잠재력을 실현하도록 도와주고 싶어 한다.
- 2유형 렌즈: 당신은 **사랑**에 끌리고 이를 가치 있게 여긴다. 세상을 좀 더 따뜻하고 애정 어린 곳으로 만들기를 원한다. 다른 사람들을 돌보고 관계를 발전시키기를 원한다.

- **3유형 렌즈:** 당신은 생산성, 근면성, 실력에 끌리고 이를 가치 있게 여긴다. 세상을 좀 더 생산적이고 조직적이며 효율적이고 잘 돌아가는 곳이 되도록 만들기를 원한다. 소우주, 즉 조화롭고 질서 정연한 체계를 진정으로 만들고 싶어 한다.

- **4유형 렌즈:** 당신은 굉장히 개인적이며, **독창성과 독특성**을 가치 있게 여긴다. 당신이 관여하고 있는 모든 사물에 당신의 취향이 반영되기를 꿈꾼다. 또한 **아름다움**을 가치 있게 여기고 세상을 좀 더 아름다운 곳으로 만들고 싶어 한다.

- **5유형 렌즈:** 당신은 **지혜**, 이해, 지식, 진리에 끌리고 이를 가치 있게 여긴다. 진실과 사실을 밝혀내고, 세상을 이해하며, 세상을 좀 더 이해할 수 있는 곳으로 만들기를 꿈꾼다. 또한 이 세상을 좀 더 계몽된 곳으로 만들기를 원한다.

- **6유형 렌즈:** 당신은 **충실함**에 끌리며 이를 가치 있게 여기고, 자신의 헌신을 지킨다. 세상을 좀 더 안전하고 안정적이고 믿을 만하며 신뢰할 수 있는 곳으로 만들기를 원한다.

- **7유형 렌즈:** 당신은 삶을 즐기고 삶의 모든 가능성을 경험하고 싶어 한다. 또한 즐거움을 가치 있게 여기며 놀기 위해 태어났다. 당신은 세상을 좀 더 즐겁고 기쁜 곳으로 만들고 싶어 한다.

- **8유형 렌즈:** 당신은 힘에 끌리고 그 진가를 알아보며, 이를 효과적으로 사용한다. 또한 다른 사람들에게 영향을 미치고, 힘과 자원이 정당하게 분배되는 좀 더 공정한 세상을 만들기 위해 자신의 힘을 사용한다. 삶을 좀 더 완전하고 자유롭게 살고 싶어 한다.

- **9유형 렌즈:** 당신은 **평화**, 조화, 통합을 가치 있게 여기고 이를 추구한다. 세상을 좀 더 조화롭고 보편적이며 편안한 곳으로 만들기를 원한다. 일체감과 편안함을 느끼기를 원한다.

Sheet 1-2 당신의 비전 찾기

당신 자신의 비전을 명확히 알기 위해, 삶의 목적을 무엇이라고 말하겠는가? 이 질문에 대한 당신의 대답이 자신의 존재 의미에 대해 당신이 가진 신념을 나타내 준다.

가치와 능력

우리의 가치와 비전은 인지적·행동적 예리함을 준다. 아홉 가지 각 유형은 특정 현실을 굉장히 명확하게 볼 수 있는 **직관적인 역량**을 지니고 있으며, 이러한 영역들에서 **재능**을 발휘한다. 우리는 자신이 힘쓰고 열정적으로 추구하는 영역에서 전문가가 된다. 상호 보상적인 순환의 상태 속에서 우리는 우리가 잘하는 영역을 가치 있게 여기고, 마찬가지로 우리가 귀중히 여기는 영역에서 잘하는 모습을 보이게 된다.

- **선한 사람**은 높은 기준과 이상을 갖고 있으며, 상황이 어떻게 돌아가는지를 직감적으로 감지하고, 자신의 현재 상태를 인지하며, 본능적으로 현실을 덜 완벽한 상태에서 좀 더 완벽한 상태로 이르게 한다. 이들은 선천적으로 우수함을 이루기 위해 분투한다.
- **애정 어린 사람**은 선천적으로 공감을 잘하고, 다른 사람들의 필요를 잘 알아차리며, 남을 위해 자신의 시간과 에너지를 잘 쓴다. 이들은 당신이 알기도 전에 당신이 무엇을 필요로 하는지 안다.
- **효율적인 사람**은 선천적으로 조직화가 잘 되어 있으며, 목표를 세우고 그 목표를 이루기 위해 어떻게 해야 하는지 안다. 또한 일을 효율적으로 완수해 낸다. 이들은 자신의 이미지와 작업물을 포장하고 홍보 및 판매하는 데 묘한 감각이 있다.
- **독창적인 사람**은 아름다움을 알아보고 표현하는 심미적인 감각이 있다. 이들은 깊은 감성에 대한 타고난 감각이 있다. 이들의 감성은 자기 자신과 다른 사람들의 기분을 쉽게 느끼게 한다. 이들은 특히 고통과 괴로움에 익숙하고 이를 잘 느낀다.
- **현명한 사람**은 쉽게 거리를 두고 관찰할 수 있다. 이들은 선천적으로 사물의 핵심을 알기 위해 분석하며 전체적인 그림에 도달하기 위해 이를 종합한다. 이들은 직관적으로 연결고리를 본다.
- **충실한 사람**은 약속을 하고 이를 지킨다. 이들은 자신이 믿고 전념해 온 것을 집요하게 고수한다. 이들은 어쩌면 잘못될 수도 있는 것을 직관적으로 감지한다. 이들은

위험에 대한 육감이 있다.

- 즐거운 사람은 손쉽게 모든 것에서 좋은 점을 찾아낼 수 있다. 이들은 어쩌면 잘 될 수도 있는 것을 직관적으로 감지한다. 이들은 타고난 어린아이 같은 반응성, 낙천주의, 즉흥성을 지녔다. 이들은 또한 미래를 바라보고 가능성을 그리는 일에 능숙하다.

- 힘 있는 사람은 힘이 있는 곳을 직관적으로 감지한다. 이들은 힘을 이해하고 그 힘을 얻어서 유지하며 사용하는 법을 안다. 정당함과 부당함에 민감한 이들은 선천적으로 자신감 있고 너그러우며 약자들의 보호자 역할을 한다.

- 평화로운 사람은 사물이 맞아떨어지는 때를 직관적으로 느낀다. 이들은 쉽게 갈등을 감지한다. 이들은 타고난 중재자이며 상황의 흐름을 쉽게 따른다. 또한 주위의 사람들과 통합하는 묘한 능력을 지녔다.

Sheet 1-3 당신의 습관 살펴보기

당신은 방에 들어갈 때, 습관적으로 무엇을 찾는가? 잘못된 부분과 그 부분을 누가 고칠 것 인지? 누가 도움을 필요로 하고 당신을 필요로 하는지? 기회가 어디에 있는지, 당신이 누구와 관계망을 형성할 수 있는지, 당신에게 어떤 역할이 기대되는지? 방의 미적인 부분은 무엇인지, 집단의 기운은 어떤지, 누가 당신을 이해하거나 오해하는지? 누가 당신에게 요구조건을 거는 지, 당신에게서 얼마만큼의 시간과 노력을 기대하는지 그리고 어디에 당신이 숨을 수 있는지? 위험이 어디에 있는지, 어디가 탈출구인지 그리고 누구를 믿을 수 있는지? 누가 즐길 줄 알고 어디에 파티가 있는지? 누가 힘이 있고, 지배권을 갖고 있고, 누구와 거래를 해야 하는지? 어디에 갈등이 있고 어디에서 쉴 수 있는지? 이 질문들에 대한 당신의 대답이 당신의 관심이 자동적으로 어디를 향하는지 그리고 당신이 무엇을 특히 잘 인지하고 민감히 느끼는지를 제시해 줄 것이다.

가치, 비전, 소명

우리의 가치와 비전은 종종 우리가 선택하는 직종과 일로 우리를 이끈다. 삶에서 우리의 소명 혹은 천직은 우리의 가치를 실현시키고 우리의 비전을 널리 알린다.

- 1유형 렌즈: 선함을 가치 있게 여기고 탁월함, 이상주의, 높은 도덕 기준의 경로를 따르며, 세상을 더 나은 곳으로 만들기를 원하는 이들은 질적 통제, 책임감 있는 관리, 이타적인 동기를 수반하는 일에 끌릴 수 있다.
- 2유형 렌즈: 사랑을 가치 있게 여기고 돌봄, 공감, 너그러움의 경로를 따르며, 세상을 더 애정 어린 곳으로 만들고 싶어 하는 이들은 사회봉사, 근로자 지원과 인간 편의 관련 직종, 건강 시설, 상담 등의 일을 소명으로 느낄 수 있다.
- 3유형 렌즈: 생산성을 가치 있게 여기고 근면성, 효율성, 목표 달성의 경로를 따르며, 세상을 좀 더 잘 돌아가고 성공적인 곳으로 만들기를 원하는 이들은 종종 지도력과 관리자의 위치, 마케팅과 홍보 직종에 끌린다.
- 4유형 렌즈: 진실성과 아름다움을 가치 있게 여기고 내적 여정에 전념하며, 세상을 더 아름다운 곳으로 만들고 싶어 하는 이들은 자주 예술, 문학, 디자인, 문화, 개인적 연결고리와 감성적 표현을 향한 자신의 마음속 소망을 따른다.
- 5유형 렌즈: 지혜를 가치 있게 여기고 이해, 진리, 객관적인 관찰의 경로를 따르며, 세상을 더 알기 위해 과학, 연구, 철학, 이론과 체계에 대한 마음의 열정이 좀 더 지적인 공간을 원하게 된다.
- 6유형 렌즈: 충실성과 의무를 가치 있게 여기고 신뢰로우며, 양심적이고 헌신적이며, 세상을 안전하고 안정적인 곳으로 만들고 싶어 하는 이들은 집단과 조직 내에서 일하는 것에 끌릴 수 있고, 관리자나 유지보수 직종에 있을 때 편안함을 느낄 수 있다. 이들은 경찰이나 소방관, 도시 감독관, 성직 계급 또는 세속적 계급의 직종에 끌릴 수 있다.
- 7유형 렌즈: 즐거움을 가치 있게 여기고 낙천주의, 열정, 미래를 그려 보기의 경로를

따르며, 세상을 좀 더 흥분되고 즐거운 곳으로 만들기를 원하는 이들은 계획, 상담, 다양성 그리고 고무적이고 사회적으로 상호작용할 수 있는 직종에 끌릴 수 있다.

- 8유형 렌즈: 권력과 힘을 가치 있게 여기고 자치권과 독립성의 경로를 따르며, 세상을 좀 더 공정한 곳으로 만들기를 원하는 이들은 사업, 산업, 정치, 공동체 조직, 평화와 정의의 명분 그리고 사적인 기업에서의 지도력에 끌리는 느낌을 받을 수 있다.
- 9유형 렌즈: 통합과 조화를 가치 있게 여기고 허용과 비저항의 경로를 따르며, 세상을 좀 더 평화로운 곳으로 만들고 싶어 하는 이들은 전 세계적인 운동을 조장하는 일에 끌리는 경향이 있으며, 좋은 판사, 상담가, 외교관 등이 될 수 있다.

Sheet 1-4 미션 문장 만들기

> 당신만의 미션 문장을 만들어 보라. 당신은 어떤 사람이 되고 싶은가? 무엇을 하고 싶은가? 이에 대한 대답이 당신이 생각하기에 당신이 될 것 같은 소명이나 천직에 대해 말해 줄 것이다.

슈프랑거의 유형과 에니어그램의 유형

1920년대에 에듀어드 슈프랑거(Eduard Spranger)는 *Types of Men*(1966)이라는 책을 저술했다. 이 책에서 그는 성격은 그 성격이 지닌 가치를 연구함으로써 가장 잘 알 수 있다는 논지를 펼쳤다. 그가 정립한 여섯 가지 가치 목록은 *Allport-Vernon-Lindzey Study of Values Inventory*(1970)의 기초가 되었다. 이 가치들은 여섯 가지 성향으로 이어진다.

- 이론적인 사람은 진리의 발견에 주로 관심을 가진다. 이 사람의 삶의 주된 목표는 자신의 지식을 정리하고 체계화하는 것이다.
- 경제적인 사람은 보통 유용한 것에 관심이 있다. 이 유형은 실용적이며 생산, 마케팅, 매매 등의 사업 원칙들을 가치 있게 여긴다.
- 심미적인 사람은 형태와 조화를 가치 있게 여긴다. 영국의 시인인 키츠(John Keats)가

말했듯이, 아름다움은 진리와 같거나 또는 진리보다 낮다. 삶은 예술적인 기준틀로 경험된다. 이 유형은 개인주의의 경향이 있다.

- **사회적인 사람**은 다른 어떤 것보다도 **사랑**을 가장 중시한다. 다른 사람들에게도 사랑의 모습으로 보이기 원한다 .이 유형은 애정 어리고 다정하며, 공감적이고 이타적인 방식으로 관계한다.

- **정치적인 사람**은 주로 **힘**에 관심을 가진다. 이 유형은 개인적인 권력, 영향, 명성을 추구한다. 권력은 이 유형의 가장 근본적인 동기다. 이들에게 삶은 경쟁적이며 투쟁의 경기장으로 경험된다.

- **종교적인 사람**은 **통합**을 가치 있게 여긴다. 이 유형은 소우주를 전체로서 이해하고, 자신을 그 소우주의 전체성과 관련지으려 한다. 일부 '내재적 신비주의자들'은 자신들의 종교적 경험을 삶의 확인과 삶에 활발히 참여하는 것 속에서 발견한다. 다른 '초월적 신비주의자들'은 삶으로부터 물러남으로써 더 높은 수준의 현실과 자신들을 연합시키려 시도한다.

　슈프랑거는 모든 사람이 이러한 가치 분류 체계에 배타적으로 해당한다고 제시하지는 않는다. 그보다는, 우리는 이러한 선호 성향들의 복합이며 다른 가치들보다 일부 가치들을 가치 계층 구조에서 좀 더 높은 자리에 두고 있다는 점을 이야기한다.

　이와 비슷하게 에니어그램 관점에서는, 아홉 가지 유형이 각 특정 유형에 해당하는 각 사람이 접근하는 **원형**으로 여겨질 수도 있다. 이 유형 중 하나가 우리의 핵심 유형 또는 본거지이기는 하지만, 어떠한 개인도 그 원형이 가진 모든 특성에 완전히 일치하지는 않는다. 그리고 한 유형이 우리의 핵심적인 조직하고 통합하는 자기의 역할을 하긴 하지만, 우리는 모든 유형의 혼합이다.

　슈프랑거와 에니어그램이 직접적으로 연결된 적은 없었지만, 그가 정립한 여섯 가지 유형의 사람과 여섯 가지 에니어그램 유형 사이에는 뚜렷한 유사점이 있다.

- 슈프랑거의 <u>사회적인 사람</u> 개념은 에니어그램 2유형인 **애정 어린 사람**과 매우 유사하다.
- 그의 <u>경제적인 사람</u>은 에니어그램 3유형인 **효율적인 사람**과 비슷하다.

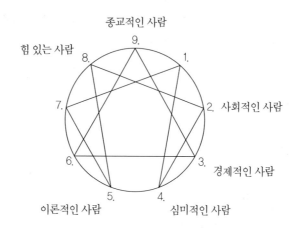

그림 1-1 슈프랑거의 가치 유형과 에니어그램 유형

- 그의 심미적인 사람에 대한 묘사는 에니어그램 4유형인 독창적인 사람과 어우러진다.
- 그의 이론적인 사람은 에니어그램 5유형인 현명한 사람의 가치와 비슷하다.
- 그의 정치적인 사람이 지닌 가치는 에니어그램 8유형인 힘 있는 사람의 가치와 비슷하다.
- 마지막으로 그의 종교적인 사람의 가치는 에니어그램 9유형인 평화로운 사람의 가치와 다르지 않다.

슈프랑거가 목록화하지 않은 에니어그램 유형들은 선한 사람(1유형), 충실한 사람(6유형) 그리고 즐거운 사람(7유형)이다. 이렇게 그는 완벽하고 안정적이고 모험적인 부분을 놓친 것이다!

내가 알기로는 아직까지 아무도 에니어그램 유형과 *Allport-Vernon-Lindzey Study of Values*에서의 점수 간의 상관관계를 연구하지 않았다. 이 두 유형 분류 체계 간에는 분명히 구성 타당도와 표면적 타당성이 있다(이들은 이론도 비슷하고 겉보기에도 비슷하다). 슈프랑거가 정립한 유형에 붙인 이름들은 그에 상응하는 에니어그램 유형들과 어느 정도 들어맞는다. 그리고 그의 묘사는 상응되는 에니어그램 유형과 강한 유사성을 확실히 지니고 있다.

요 약

신학적 · 철학적 · 현상학적 관점에서 보면, 우리는 신성의 현현이자 존재의 참여자들이며, 우리의 비전이나 세계관의 방향을 지시하고 우리의 소명과 직장에 영향을 미치는 여러 가치에 의해 자극받는 이 세상 속에서의 존재들이다.

건강한 자기는 삶에 의미와 열정을 주고, 자기를 유지하고 실현하며, 다른 사람들과 서로 만족스러운 상호작용을 하기 위해 필요한 관점과 능력을 제공하는 이러한 아홉 가지의 각 추진적인 가치들을 알아보고, 추구하고, 행사하는 잠재력을 지녔다.

이러한 가치들과 자질들 중 하나라도 갖고 있다면 모든 자질도 사실상 갖고 있는 셈이다. 왜냐하면 이들은 서로를 포함하고 있기 때문이다. 예를 들면, 선함의 가치 있는 특성을 가꾸는 사람들은 애정 어리고 생산적이며 민감할 것이고, 그 외의 모습들 또한 지닐 것이다. 현명한 사람은 지식 안에 힘이 있기 때문에 강하다. 강한 사람은 애정 어리고, 애정 어린 사람은 강하다. 왜냐하면 프란시스 드 세일즈(Francis De Sales)가 언급했듯이, "진정한 부드러움보다 강한 것은 없으며, 진정한 강함보다 부드러운 것은 없기 때문이다." 즐거운 사람은 무엇보다도 진정성이 있는데, 왜냐하면 이 유형은 독창적인 사람처럼 고통과 상실을 인정할 줄 알기 때문이다.

이 세상에서 효율적으로 작용하기 위해 우리는 이 모든 능력이 필요하며, 이들은 모두 우리 안에 있다. 우리가 주장을 확실히 펼쳐야 하는 상황에서는 우리의 강함에 의지할 수 있다. 또 우리가 돌보아야 하는 때가 되었을 때는 우리 안의 사랑을 불러올 수 있고, 상황을 이해하고 좋은 판단을 내려야 할 때는 우리의 현명한 모습에 조언을 구할 수 있다. 즐기고 싶을 때는 우리의 즐거운 모습에 접근할 수 있고, 무언가를 완료해야 할 때는 우리의 조직적이고 효율적인 모습을 불러올 수 있는 등 이런 식으로 모든 능력을 사용할 수 있는 것이다.

융통성 있고 균형 잡힌 사람은 이렇듯 적응력 있는 태도와 능력의 전체적인 스펙트럼을 지녔다. 그렇긴 하지만, 우리는 일부 선호하는 작용 방식에 의존하고 그것만 사용하는 경향이 있다. 기질, 운명 혹은 우연에 의해서든 우리는 자기가 조직되고 표현되는 이러한 가치 집단들에 특히 끌리고, 이들을 가꾸며, 이들에 의해 안내받는다. 이러한 지속적인 가치 성향들은 우리에게 응집력, 살아 있음, 지속성의 느낌을 준다. 이렇게 길을 안내하는 일부 가치들이 없다면 우리의 배는 사방으로 항해하게 될 것이다.

요약하자면, 가치는 우리에게 방향성을 준다. 즉, 우리가 좋다고 추정하는 방향을 제시해 준다. 또한 가치는 우리에게 추진력을 준다. 다시 말하면, 우리가 인지하는 것을 실행하고 우리가 잘하는 것을 하도록 만든다.

CHAPTER 02 가치에서 이상으로, 이상에서 이상화로

가치는 본질적으로 귀중하다. 선함, 사랑, 행동, 아름다움, 진리, 충실함, 즐거움, 힘, 평화 등의 가치는 존재 자체의 훌륭하고 바람직한 측면들이다. 이 가치들이 가장 뛰어난 형태일 때, 이들은 이 가치들을 따르고 싶게 만드는 이상이 된다. 우리는 선하고, 다정하고, 아름답고, 공정한 모습 등이 되고 싶어 한다. 그리고 이 세상을 그런 방식으로 만들기 위해 노력하며, 우리 자신과 다른 사람들의 진정한 자기는 이미 이러한 이상들의 씨앗을 지니고 있다는 것을 깨닫는다.

불행하게도 우리는 무언가 호감 가는 것을 발견했을 때 이를 지나치게 추구하는 경향이 있다. 인간은 좋은 무언가를 취해서 그것을 변질시키는 영구적인 능력이 있는 듯하다. 그렇게 에덴동산에서의 짧았던 체류 시절로 돌아가려는 듯이 말이다. 가치 역시 예외는 아니다. 우리는 가치에도 역-연금술을 이용한다.

우리의 가치를 과하게 이상화하고 과도하게 사용하며, 우리의 재능과 과하게 동일시할 때, 이러한 이상을 이상화로 바꾸게 된다. 특정 가치와 재능에 끌리고, 이들을 가꾸고 행사하는 것을 즐기며, 이들은 그 자체로 좋은 것이기 때문에 이들을 인정하고, 다른 사람들이 지닌 이러한 가치와 재능들을 존경하며 그 모습 그대로에 만족하는 대신, 우리는 끌림을 강박으로 바꾼다. 끌리고 매력적인 무언가를 원하기보다는, 그것을 해야 하고, 그로 인해 긴장하고 화내며, 그것을 충분히 해내지 못했을 때 우울하거나 죄의식으로 고통받게 되는 것이다. 우리 본래의 고유한 가치는 이제 우리가 **지녀야** 한다고 믿는 특정 이상화와 성향을 지니고 행사하는 것에 달려 있다. 그렇게 우리는 우리의 가치에 의해 **힘을** 얻는 대신, 해야 한다고 믿는 의무에 의해 **압제당하게** 된다.

우리는 흥미진진한 즐김에서 강박적인 애씀의 상태로 바뀌게 된다. 이상은 그 자체로 좋은 것에서 우리에게 필수적인 것으로 떨어지게 된다. 이상화는 우리의 자아를 조성하고 강화하기 위한 방법 체계가 된다. 우리는 다른 사람들이 지닌 귀중한 성질들을 존경하는 것에서 그들이 지닌 그런 성질들을 질투하는 상태로 바뀌게 되고, 풍부한 사고방식에서 결핍된 사고방식으로 변화하게 된다. 이상화는 상품의 역할을 하게 된다. 만약 우리가 이상화를 지니고 있으면, 우리는 그 이상화가 다른 사람들과 자신이 보기에 가치와 존경을 얻게 해 줄 것이라고 믿는다. 이상이 고유한 가치를 지니고 있으면, 이상화는 귀속된 가치를 지닌다.

이렇듯 이상이 우리의 개성 또는 진정한 자기의 영감이자 유산인 반면, 이상화는 우리의 성격 또는 거짓 자기의 강압적이고 조건화된 특성이다.

S heet 2-1 삶 속의 의무 목록 만들기

당신의 삶에서 해야 하는 모든 의무의 목록을 만들어 보라. 당신이 해야 하는 모든 것과 되어야 하는 모든 모습 말이다. 그 의무들 옆에는 그것들이 어디서부터 왔는지를 써 보라. 가족 중 아버지 쪽으로부터 혹은 어머니 쪽으로부터 왔는가? 종교로부터 왔는가? 당신의 문화로부터 왔는가? 학교로부터 왔는가? 보통 이런 의무나 이상화는 우리 바깥으로부터 얻어진다. 만약 이들이 순수하게 당신 속에서 일어났다면, 당신의 이상 또는 가치일 확률이 더 높다.

이상과 무조건적 가치

　우리의 진정한 자기 또는 본질이자 우리의 가치와 이상의 보관소는 본래부터 귀중하다. 그 이유는 단순히 이것이 우리 자신이기 때문이다. 우리가 존재하면서부터 우리의 현실과 가치는 우리의 존재함에서 온다. 우리의 가치는 무조건적이다. 우리의 본질적 상태에서, 가치는 존재함으로부터 흘러나온다. 에니어그램의 관점에서 보면, 우리의 성격 유형의 진정한 표현은 이러한 방향들로 표출된다.

- **선한 사람**: 나는 선하기 때문에 존재한다. 존재한다는 것은 선하다는 것이며, 선함은 존재함으로부터 흘러나온다.
- **애정 어린 사람**: 나는 사랑하기 때문에 존재한다. 존재한다는 것은 사랑한다는 것이며, 사랑은 존재함으로부터 흘러나온다.
- **효율적인 사람**: 나는 성취하기 때문에 존재한다. 존재한다는 것은 성취하는 것이며 성취는 존재함으로부터 흘러나온다.
- **독창적인 사람**: 나는 독특하고 내 존재의 원천 안에 자리 잡고 있기 때문에 존재한다.

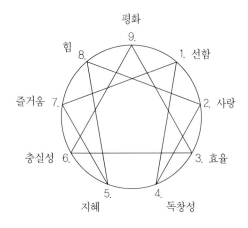

그림 2-1　각 에니어그램 유형의 이상

진정성과 아름다움은 존재의 측면이다.

• **현명한 사람**: 나는 알기 때문에 존재한다. 존재한다는 것은 사실이며 이해는 존재함으로부터 온다.

• **충실한 사람**: 나는 안전하기 때문에 존재한다. 어떤 것도 나의 본질을 해치거나 나의 실존함을 위험에 처하게 할 수 없다. 존재는 실존함을 떠날 수 없다.

• **즐거운 사람**: 나는 기쁘기 때문에 존재한다. 존재한다는 것은 가벼우며 즐거운 것이다.

• **힘 있는 사람**: 나는 공정하고 영향력 있기 때문에 존재한다. 집중된 현존함과 힘은 존재의 성질이다.

• **평화로운 사람**: 나는 존재하는 다른 모든 것과 하나 되기 때문에 존재한다. 존재한다는 것은 하나 됨이다.

이상화와 조건적 가치

우리의 자아 또는 성격은 그 가치를 외적인 조건들로부터 얻는다. 우리는 우리 자신이기 때문이 아니라, 무언가를 하거나 가지고 있기 때문에 가치 있다. 칼 로저스는 그가 정립한 성격과 치료 이론에서 '가치의 조건'에 대해 기록했다(1961). 에니어그램적인 관점에서는 우리의 성격 병리의 근원에 있는 이러한 가치 조건의 아홉 가지 무리가 있다.

• **완벽주의적 성격**: 나는 선하고 완벽할 때 정체성을 가지며 가치 있는 사람이 된다.

• **종속적 의존 성격**: 나는 도움이 되고 필요로해질 때 정체성을 가지며 인정받는 사람이 된다.

• **A타입 성격**: 나는 수행하고 달성하며 성공적일 때 정체성을 가지며 존경받는 사람이 된다.

• **민감한 성격**: 나는 특별하고 민감하며 세련되었을 때 정체성을 가지며 고려 대상이 된다.

• **정신분열적 성격**: 나는 통찰력 있고 이해할 수 있을 때 정체성을 가지며 알 가치가 있

는 사람이 된다.

- 편집성 성격: 나는 충실하고 내 의무를 하며 조심스럽고 주의 깊을 때 정체성을 가지며 포함될 가치가 있는 사람이 된다.
- 쾌락주의적 성격: 나는 흥미롭고 낙천적이며 주위를 가볍게 할 때 정체성을 가지며 함께 있기 즐거운 사람이 된다.
- 공격적 성격: 나는 힘이 있고 통제할 때 정체성을 가지며 존중받는 사람이 된다.
- 수동적 공격성 성격: 나는 잘 받아들이고 평화로우며 안정적일 때 정체성을 가지며 주목할 만한 사람이 된다.

다시 말하면, 우리는 우리의 성격이 이상화된 자아상과 함께 준비되어 있을 때 다른 사람들에게 받아들여질 것이라고 믿는다.

취약점에 대항하는 방어 장치로서의 이상화

우리는 이 밖에도 우리의 이상화된 성격이 모든 인간이 지닌 기본적인 취약함, 그중에서도 특히 우리의 특정 성격 유형에게 민감한 주요 취약점들로부터 우리를 보호해 주기를 바란다. 우리는 자신의 성격을 더 유지할수록 그러한 약점들로부터 더 안전해질 것이라고 여긴다.

이상은 우리를 열어 주고 세상 속으로 초대하지만, 이상화는 우리를 차단시키고 세상으로부터 무장한다. 에니어그램 관점에서 각 성격 패러다임은 각 특성이 지닌 취약점을 피하는 전략을 갖고 있다.

- 완벽 전략: 나는 완벽하기 때문에 당신은 나를 비판할 수 없다.
- 필수 전략: 나는 당신을 사랑하고 당신은 나를 필요로 하기 때문에 당신은 나를 거부할 수 없다.
- 승자 전략: 나는 성공적이고 능력 있기 때문에 당신은 나를 존경할 것이고 무시할 수

없다.

- **높은 가치 전략:** 나는 특별하기 때문에 당신은 나를 버릴 수 없다.

- **정보원 전략:** 나는 게임의 규칙을 알고 있기 때문에 당신은 나를 속일 수 없다. 나는 조용하고 보이지 않기 때문에 당신은 나를 볼 수 없고, 내가 무엇을 생각하고 있는지 알 수 없다. 그렇기 때문에 당신은 내게 굴욕을 줄 수 없다.

- **신중 전략:** 나는 해야 하는 것을 하기 때문에 당신은 나를 비난하거나 거절할 수 없다. 나는 조심스럽고 기민하기 때문에 당신은 내가 방심한 때를 찾을 수 없다.

- **지나친 낙천주의 전략:** 나는 낙관적이고 모든 것에서 좋은 점을 찾을 수 있기 때문에 당신은 나를 우울하게 만들거나 제한할 수 없다.

- **괴롭힘 전략:** 나는 강하고 책임자이기 때문에 당신은 나를 위협하거나 통제하거나 내게서 이익을 취할 수 없다.

- **합일 전략:** 나는 무감각하기 때문에 당신은 내 마음을 상하게 할 수 없다. 나는 당신과 통합되었기 때문에 갈등은 일어나지 않을 것이다.

이상화된 자아상

왜곡되고 이상화의 형태로 희화화되어 온 이상은 이상화된 **자아상**의 모습으로 확고해지게 된다. 우리는 참자기의 한 측면의 이 과장된 표현이 실제로 자기의 전체 모습이라고 착각한다. 우리의 완전한 자기의 다른 모든 측면을 배제하면서까지 이 부분적인 자기와 과하게 동일시하게 된다.

이러한 이상화의 과정은 우리 성격 내에서 우리의 자아상에 맞고 그렇기 때문에 받아들여지고 환영되는 부분과, 우리가 생각하기에 되어야 하는 모습과 맞지 않기 때문에 받아들여지지 않고 피해야만 하는 부분 간의 분열을 일으킨다. 융은 이러한 양극성들을 우리의 페르소나와 그림자라고 명명했다. 이상화는 '나'와 '내가 아님'으로 자신을 나누는 내적 분열로 이끌 뿐 아니라, 다른 사람들에 대한 두려움, 그들로부터의 분리, 그들과의 경쟁 또한 심해지게 한다. 그와는 반대로, 이상은 자기 내의 전체성과 통합을 조성하고 다른 사람들을 향한 사랑, 그들과의 공동체, 그들과의 협력을 조장한다.

　이상은 우리 **자신**의 표현이지만, 이상화는 우리의 **자아상**의 흔적이다. 자기의 실현에서 자아상의 실현으로 나아가는 것은 중요한 삶의 과제일 수 있다.

　카렌 호나이는 이상화된 자아상의 본성에 대한 연구에 엄청난 시간을 쏟은 치료사이자 이론가였다. 그녀가 자신의 책, *Out Inner Conflicts*(1945, pp. 96-97)에서 자아상에 대해 기록한 부분은 60여 년이 지난 지금도 여전히 계몽적이다. 그녀는 **이상화된 자아상**의 의미를 다음과 같이 서술했다.

　　신경증적인 사람이 자신의 모습이라고 믿는, 또는 그 당시에 자신이 될 수 있거나 되어야 한다고 느끼는 모습의 이미지가 창조된 것이다. 의식적이든 무의식적이든, 이 이미지는 항상 현실로부터 많이 동떨어져 있다. 그 이미지가 한 사람의 삶에 행사하는 영향력은 굉장히 현실적이지만 말이다. 게다가 이미지는 성격 내에서 항상 돋보인다. 마치 뉴요커〈the New Yorker〉에 실린 한 만화에서 큰 체구의 중년 여성이 거울 속의 자신을 늘씬하고 어린 여성으로 보는 모습에서 볼 수 있듯이 말이다. 이미지의 특정 성질들은 변화하며 그 성격의 구조에 따라 결정된다. 즉, 누군가에게는 아름다움이 두드러진 이미지일 수 있고, 누구에게는 힘이, 누구에게는 지성이, 천재성이, 숭고함이, 정직성이 또는 당신의 이미지가 두드러진 것일 수 있다. 이 이미지는 비현실적이라는 점에서 사람을 오만하게 만드는 경향이 있다. 여기서 오만하다는 것은 그 사람이 갖고 있지 않은, 또는 그 사람이 잠재적으로는 갖고 있지만 실제로는 갖고 있지 않은 특성을 사칭함을 의미한다. 그리고 이미지가 비현실적일수록, 그 사람은 더 취약해지고 외적인 확인과 인정을 갈망하게 된다. 우리는 확신을 느끼는 특성들에 대해서는 확인을 필요로 하지 않지만, 거짓 주장이 의심받을 때는 극도로 민감해질 것이다.

　우리의 이상화된 자아상은 의식적으로든 무의식적으로든 우리가 자기 자신을 여기는 모습이며, 다른 사람들이 자기를 봐 주길 바라는 모습이다. 에니어그램 체계에서는 아홉 가지의 자아상이 '자부심'으로 명명되어 왔다. 우리는 올바르고, 애정 어리고, 성공적이고, 깊게 느끼고, 통찰력 있고, 충실하고, 긍정적이고, 힘 있고, 여유로운 모습에 자부심

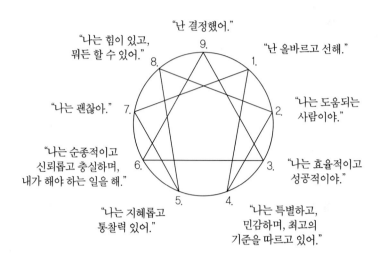

그림 2-2 각 에니어그램 유형의 이상화

을 느낀다. 하지만 호나이는 이러한 모습 속에 오만이 있으며, 그렇기에 우리는 우리가 상상하는 만큼 완전히 갖춰지지는 않은 특정 성질들을 사칭한다고 지적했다. 우리의 자부심이 알아차려지지 않거나 최소화되거나 다소 짓밟히게 되면, 우리는 화, 죄책감, 당혹감 등으로 반응하게 된다.

에니어그램의 관점에서, 성격은 우리의 진정한 **개인적 특성**의 과장이다. 이와 비슷하게 호나이도 이상화된 이미지는 그 사람의 진짜 이상들에 부분적으로 근거하고 있다고 언급했다.

이상화된 이미지는 허구적 또는 환상적인 자기라고 불릴 수도 있지만, 그건 반쪽 진실일 뿐이며 그렇기에 어폐가 있다. 이상화된 이미지 내에서 작용하는 희망 사항은 특히 이러한 이미지가 없었다면 단단한 현실의 기반에 서 있었을 사람에게 일어난 것이기에 분명히 두드러진다. 하지만 그렇다고 해서 이것이 완전히 허구인 것은 아니다. 이는 굉장히 현실적인 요인들과 뒤섞이고 그들에 의해 결정되는 상상적인 창조물인 것이다. 이상화된 이미지는 보통 그 사람의 진짜 이상들의 흔적을 포함하고 있다. 엄청난 성취는 허구이지만, 그 아래에 자리 잡은 잠재력은 종종 진짜다. 더 깊게 들어가면, 이상화된 이미지는 실제 내적 필요성에서 기인하며, 실제 기능들을 이행하고, 그 사람에게 실제적인 영향을 끼친다. 그 안에서 작용하는 과정들은 그 이미지의 구체적인 특성들을 아는 것이 우리로 하여금 그 사람의 진정한 성격에 대한 정확한 추론을 할 수 있게 해 준다는 확고한 법칙에 의해 결정된다(pp. 108-109).

성격은 우리의 본질적 자아로 가장하며, 우리 자아의 한 차원이 전체 자아인 것처럼 믿도록 그리고 그렇게 동일시하도록 우리를 속인다. 우리는 일부 취약점들로부터 참자기를 지키는 방식과 부족하다고 상상되는 부분들을 보상하는 방식의 일환으로 기만을 확증한다.

하지만 이상화된 이미지에 아무리 많은 환상이 엮여 있다 하더라도, 신경증적인 사람 그 자신에게 이 이미지는 현실의 가치를 지닌 것이다. 이미지가 더 확고히 자리 잡을수록 이 사람은 더욱 자신의 이상화된 이미지가 되는 반면, 그의 참자기는 그와 비례해서 더욱 흐릿해진다. 이러한 실제 모습의 반전은 이 이미지가 행하는 기능들의 본성 때문에 일어날 수밖에 없다. 이러한 이미지가 가진 특성들은 모두 진짜 성격을 없애고 그 이미지에 모든 이목을 집중시키게 만드는 것을 목표로 하기 때문이다. 많은 환자의 사례들을 돌아보면 우리는 이상화된 이미지의 확립이 종종 말 그대로 목숨을 살려 왔고, 그렇기 때문에 환자의 이미지가 공격받았을 때 하는 저항은 전적으로 정당화되거나 최소한 논리적이라는 것을 믿도록 이끌려 왔다. 환자의 이상화된 이미지가 그에게 여전히 진짜라고 남아 있고 온전한 상태인 이상, 그는 의미 있고 우월하며 조화롭다고 느낄 수 있다. 그러한 감정들의 환상에 불과한 본성에도 불구하고 말이다(p. 109).

우리의 이상화된 자아상을 유지하고 그 이미지를 향한 공격에 저항하는 한 방법은 그와 공존할 수 없는 것은 무엇이든 회피하는 것이다. 우리가 이상화된 자아상에 점점 도취되어 갈수록, 우리는 자신의 정체성의 개념을 한정된 부분으로 좁혀 버린다. 그렇게 우리는 회피의 영역에 빠지고 만다.

회피의 영역

우리의 이상화된 자아상에 맞지 않거나 상반되는 부분들은 **회피의 영역**으로 잘려 나가고 밀려난다. 이 출입 금지 영역에는 우리의 보호자, 사회, 교회 그리고 우리 자신이 허용될 수 없고 창피해하며 고통스럽고 견딜 수 없다고 여기는 모든 감정, 생각, 이미지, 기억, 두려움, 행동 등이 존재한다. 이들은 우리의 성격 또는 공적 자기와 모순되고 이를 위협하기 때문에, 우리는 이러한 부적절한 특성들을 무의식 속으로 억누른다. 그리고 무의식 속에서 이들은 아마 우리의 꿈속에 그림자 형태로 나타나기도 한다. 또는 우리는 이 특성들을 다른 사람들에게 투사하는데, 사람들에게서 이는 우리를 미치게 만드는 특성들로 나타난다.

우리는 자기와 갈라지게 되면서 우리의 좋은 부분들이 나쁜 부분들과 전쟁을 벌이게 된다. 우리가 상상하고 되어도 좋다고 여기는 우리의 모습은 좁혀지게 된다. 불안이라는 단어의 근본적인 의미는 좁혀진다는 뜻으로, 현상학적으로도 옳다. 우리는 좁혀지게 되면 불안해진다. 그리고 좁혀진 것들이 의식으로 확장되거나 바깥으로 보이게 되는 위협을 느끼게 될 때마다 우리는 불안해진다.

🔍 Sheet 2-2 자아상 영역과 그림자 영역

> 당신이 회피의 영역에 넣었을 일부 특성들을 발견하려면, 두 개의 목록을 만들어 보라. 한쪽 목록의 맨 위에는 '나'라고 쓰고, 다른 목록의 맨 위에는 '내가 아님'이라고 쓰라. 당신이 '나' 목록에 쓴 특성들은 당신의 자아상, 공적 자기, 당신이 동일시하는 특성들을 드러내 줄 것이다. 당신이 '내가 아님' 목록에 쓴 특성들은 당신의 그림자 부분이나 회피 영역, 당신이 탈동일시하는 특성들을 알려 줄 것이다.

에니어그램 유형 분류 체계에는 아홉 가지 **회피의 영역**이 있는데, 이 영역들은 아홉 가지 이상화된 자아상과 대조적으로 양극화되어 있다. 우리의 성격 렌즈들은 우리가 가치 있게 여기는 것에 집중하는 경향이 있기 때문에, 우리는 어쩌면 우리가 보고 싶지 않고 피하기에 고통이 따르는 것들을 깨닫지 못할 수 있다.

- 1유형 렌즈의 맹점: 1유형의 자아상은 '나는 선하다, 나는 올바르다'이기 때문에, 이들이 반드시 피해야만 하는 것은 나쁘거나 옳지 않거나 혹은 불완전한 것이다. 1유형의 사람들은 선한 사람들로 옳지 않은 것에 화를 내서는 안 되는데 그들은 늘 화가 난다. 그렇기 때문에 자신의 분노를 누른다.
- 2유형 렌즈의 맹점: 2유형의 자아상은 '나는 도움이 되고, 베풀고, 자비로운 사람이다'이기 때문에, 이들이 반드시 피해야만 하는 것은 이기적임 또는 도움을 필요로 함이다. 2유형의 사람은 자신이 도움을 주는 사람이면서 동시에 도움을 필요로 하는 사람이 될 수 없다고 믿기 때문에 자신의 필요를 피해야만 한다.
- 3유형 렌즈의 맹점: 3유형의 자아상은 '나는 성공적이며 효율적이다'이기 때문에, 이들이 반드시 피해야만 하는 것은 실패와 무능함이다. 자신의 성공적인 이미지에 맞지 않는 것은 무엇이든 잘라 내어야 한다.
- 4유형 렌즈의 맹점: 4유형의 자아상은 '나는 민감하고 특별하며, 높은 기준을 따른다'이기 때문에, 이들이 반드시 피해야만 하는 것은 평범함, 흔함, 다른 사람들과 같아지는 것이다.
- 5유형 렌즈의 맹점: 5유형의 자아상은 '나는 통찰력 있고 현명하다'이기 때문에, 이들이 반드시 피해야만 하는 것은 어리석음과 빈 상태, 즉 지식이나 범주가 없는 상태 그리고 자신이 갖고 있는 것이 비워지는 상태다.
- 6유형 렌즈의 맹점: 6유형의 자아상은 '나는 충실하고, 내가 해야 하는 일을 한다'이기 때문에, 공포 순응형인 6유형은 거역하거나 반항적인 모습 또는 지나치게 독립적인 모습을 피해야 한다. 반면, 공포 대항형인 6유형은 도움을 필요로 하고, 의존적이며, 탈출구가 없는 듯한 느낌을 피해야 한다.
- 7유형 렌즈의 맹점: 7유형의 자아상은 '나는 괜찮아'이기 때문에, 이들이 피해야 한다고 여기는 것은 고통과 괴로움 같은 자신이 괜찮지 않다는 표시다.
- 8유형 렌즈의 맹점: 8유형의 자아상은 '나는 강하고, 할 수 있다'이기 때문에, 이들이 피해야 하는 것은 공감, 애정, 두려움, 죄책감 등과 같이 어떤 방식으로든지 약함이

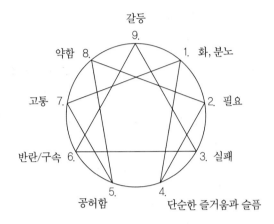

그림 2-3 각 에니어그램 유형의 회피 영역 혹은 맹점

드러나는 것이다.

- 9유형 렌즈의 맹점: 9유형의 자아상은 '나는 결정했어'이기 때문에, 이들이 피해야 하는 것은 갈등이나 의견 충돌 혹은 어떤 모습으로든지의 심란함이나 불확실함이다.

투사와 투사적 동일시

당신이 만약 당신의 모습 중 일부분을 회피하고 싶다면, 이들을 당신의 무의식 속으로 억눌러서 산 채로 묻어 버릴 수도 있다. 만약 이러한 허용할 수 없는 요소들로부터 더욱 더 멀어지고 싶다면, 지하실에서 이들을 꺼내서 쓰레기통에 집어넣을 수도 있다. 이렇게 버릴 수 있는 가장 가까이에 있는 쓰레기통은 바로 다른 사람들이다. 이를 **투사**라고 한다.

만약 이것도 충분하지 않고 투사된 특성들이 여전히 당신을 심란하게 하고 괴롭힌다면, 버린 쓰레기를 처리함으로써 당신의 쓰레기 처리 과정을 늘릴 수 있다. 이 말인즉슨, 다른 사람들에게 당신의 병리를 놓아두고, 그들로 하여금 그 쓰레기를 처리하도록 권장하든지, 당신이 직접 그 쓰레기를 치우는 운동을 벌이든지 하는 것이다. 이를 **투사적 동일시**라고 한다.

에니어그램의 관점에서는 아홉 가지의 회피된 영역을 다루는 아홉 가지 **투사** 기술이 존재한다.

- **1유형의 투사:** 1유형은 자신의 화와 결함을 회피하기 때문에, 자신의 화와 결점을 다른 사람들에게 투사한다. 그리고 나면 그들에게 있어 사람들은 그들을 향해 분노하고 비판적인 모습으로 여겨지게 되며, 사람들과 세상은 난잡하고 결함이 있으며 불완전한 것으로 여겨진다. 그리고 이런 우리를 깨끗하게 하고, 바로잡으며, 다듬고, 완벽의 길로 되돌려 놓는 것은 1유형의 몫이 된다.

- **2유형의 투사:** 2유형은 자신의 필요를 회피하기 때문에, 자신의 필요를 다른 사람들에게 투사한다. 그리고 나면 사람들은 도움을 필요로 하는 모습으로 보이며, 그들의 필요를 감지하여 그에 공감하고 보살피며, 그렇게 함으로써 자신을 꼭 필요한 사람이 되게 만드는 것이 2유형의 몫이 된다.

- **3유형의 투사:** 3유형은 **실패와 무능함**을 회피하기 때문에, 이러한 허용될 수 없는 특성들이 다른 사람들에게 투사된다. 그들은 사람들과 세상은 모든 실패의 원인이자, 무능함과 서투름의 근원이며, 내재하는 불확실성의 위험에 처해 있고, 3유형의 효율적인 전문가들로부터의 상담과 도움을 필요로 한다고 여기게 된다. 만약 일이 완료되게 된다면 이는 3유형의 몫이다.

- **4유형의 투사:** 4유형은 평범함을 회피하기 때문에, 흔함의 모습이 다른 사람들에게 투사된다. 그들은 사람들은 소박하고, 상스러우며, 교양이 없고, 무례하며, 투박하고, 세련되지 않은 모습이라고 여기게 된다. 4유형은 자신을 망명 귀족 또는 돼지 사이에 있는 진주라고 생각한다. 자신을 특별하게 여기는 4유형은 자신이 쉽게 오해받는다고 믿는다. 그렇기 때문에 4유형의 몫은 교양 없는 우리의 문화에 세련됨, 품위, 감성을 회복시키는 것이다.

- **5유형의 투사:** 5유형은 어리석게 보이는 것을 회피하기 때문에, 자신의 **무지**를 다른 사람들에게 투사하며 자신이 바보들의 무리에 둘러싸여 있다고 여긴다. 그래서 다른 사람들을 바보, 백치, 천박한 사람, 비루한 사람으로 여긴다. 5유형은 전적으로 사람들을 회피하고 그 영역을 떠날 수도 있으며 또는 진리를 연구하고 발견해서 사

람들에게 이에 대해 계몽시켜 줄 수도 있다.

- **6유형의 투사:** 6유형은 일탈을 회피하기 때문에, 자신의 반항심을 다른 사람들에게 투사한다. 그들에게 사람들은 질서를 지키지 않고, 위협적이며, 하고 싶은 대로 마구 하는 모습으로 여겨진다. 이 세상은 위험한 곳으로 여겨지며, 그렇기에 6유형의 몫은 질서와 규칙, 안전성과 보안을 다시 불러오는 것이다. 공포 대항형인 6유형은 자신의 **양면가치**를 다른 사람들, 그중에서도 특히 권위자들에게 투사하며, 이들은 모순적이고 신뢰할 수 없는 모습으로 여겨진다. 그렇기에 6유형은 이들이 일관되고 공정한 모습이 되도록 책망하거나 훈련시켜야 한다는 필요를 느낀다.

- **7유형의 투사:** 7유형은 **고통**과 **괴로움**을 회피하기 때문에, 이러한 요소들을 다른 사람들에게 투사한다. 그들에게 사람들은 암울하고, 흥을 깨며, 우울하고, 상상력이 부족하며, 김빠지게 하는 모습으로 여겨진다. 따라서 7유형의 몫은 사람들을 격려하고, 웃을 거리를 주며, 일의 좋은 면을 보도록 도와주고, 낙관적인 미래를 그릴 수 있게 도와주는 것이다.

- **8유형의 투사:** 8유형은 **약함**을 회피하기 때문에, 모든 **약함**의 모습을 다른 사람들에게 투사한다. 그래서 그들은 사람들이 순진하고 의존적이고 변덕스러우며, 지나치게 감상적이고 유약하며, 우유부단한 약골이라고 여긴다. 이에 따라 8유형의 임무는 불공정함을 바로잡고, 사람들을 보호하고, 강해지게 만들며, 현실감을 주는 것이다. 혹은 더 나쁘게 하는 경우, 사람들을 위협하고 이용하는 것이다.

- **9유형의 투사:** 9유형은 갈등을 회피하기 때문에, 자신의 **불안정함**을 다른 사람들에게 투사한다. 그리고 사람들은 갈등을 겪고, 문제가 많고, 혼란 상태에 있는 것으로 여겨진다. 9유형의 몫은 이러한 사람들을 진정시키고, 달래며, 화해시키고, 우리의 기대와 흥분 수준을 낮추는 것이다.

Sheet 2-3 온전한 자기 특성 찾기

만약 통합을 향해 나아가고 당신의 완전한 자기와 좀 더 밀접하게 부합할 수 있도록 당신의 자아상을 확장시키길 원한다면, 당신이 적은 '내가 아님' 목록에 있는 요소들과 다시 동일시하고 이들을 되찾으려 해 보라. "이건 내가 맞지만 저건 아니다."라고 말하는 것 대신, "나는 이것과 저것에 해당한다."라고 말하라. 예를 들어, 당신이 만약 "나는 상냥하지만 잔인하지 않다."라고 말하는 것에 익숙해져 있었다면, "나는 상냥하고 잔인하다."라고 말해 보라. 그리고 나서는 잔인한 모습의 좋은 점에 대해 생각해 보라. 잔인성에는 어떤 잠재된 강점 혹은 보물이 존재할 수 있을까? 어쩌면 당신은 유용한 분노, 주장이나 혹은 당신의 잔인성과 함께 당신이 버려 버린 굉장히 중요한 능력을 찾게 될 수도 있다. 당신은 여태까지 원치 않는 것을 없애려다가 소중한 것까지 버리게 된다는 조언을 무시했지만, 이제는 되돌아가서 이것이 지닌 재능을 인정하고, 왜곡된 부분들을 바로잡음으로써 당신의 소중한 것을 되찾도록 하라.

회피 영역과 다시 연결되는 것은 당신에게 더욱 큰 에너지와 능력, 넓어진 기반 그리고 당신의 정체성에 대한 더 나은 이해를 준다. 당신은 다차원적 사고를 하게 될 것이고, 더 현실적이 될 것이며, 당신의 '나' 목록이 홀로 나타냈던 비현실적인 특성들은 덜 지니게 될 것이다. 만약 당신이 한쪽으로만 치우치게 되어 당신의 과녁(비극적 결함)을 놓쳤다면, 논리적인 모습을 지니고 당신의 양극성들을 통합함으로써 표적을 맞추거나 목표에 도달할 수 있다.

반면에, 당신의 자아상이 지닌 좁혀진 관점과 절단된 감정의 폭 그리고 제한된 행동 범위와 함께 당신의 자아상에서만 작용하고 싶다면, 회피의 영역과 이 영역이 지닌 오염된 특성들을 멀리해야 한다. 그리고 추가적인 **방어기제** 또한 사용해야 한다.

방어기제

우리의 회피 영역 속 요소들이 의식에 접근할 때마다 우리는 불안해진다. 불안은 우리의 이상화된 자아상을 오염시키고, 다른 사람들과의 관계를 위태롭게 하며, 그에 따라 우리의 행복을 위험에 빠뜨릴 수도 있는 무언가가 접근한다고 알리는 정신의 경고 체계다. 우리의 정신은 이렇게 용납할 수 없는 측면들을 의식에 들어가지 않게 하고 다른 사람들의 관심 밖으로 보내기 위해 방어기제를 동원한다.

방어기제는 우리의 이상화된 자아상 또는 페르소나와 회피된 자기의 그림자 특성들 사이의 완충장치 역할을 한다.

여기에는 좋은 소식과 나쁜 소식이 있다. 좋은 소식은 우리의 방어기제는 우리가 지닌 문제적이고 해로운 측면들이 들어오지 못하게 해 주고 그렇게 함으로써 자아상을 온전히 지켜 준다는 것이다. 나쁜 소식은 방어기제가 귀중한 자원과 협력 요소들을 지닌 이러한 자기의 회피된 부분들과 접촉하고 이들을 다시 지니는 것으로부터 우리를 막는다는 것이다.

만약 프로이트가 제시한 우리 안에 있는 주인공의 내적 소망, 충동과 대립자의 요구, 제한 간의 항상 일어나는 갈등에 대해 옳았다면, 우리는 어느 정도의 방어기술을 사용할 필요가 있다. 건강한 사람은 단순하게 더 원초적인 방어기제(예: 투입, 투사, 부정) 대신 더 성숙하고 덜 왜곡된 방어기제(예: 승화, 합리화)를 사용한다.

우리가 얼마나 방어를 하느냐 하지 않느냐는 우리 삶 속의 의미 있는 사람들과의 상호작용의 발달에 달려 있다. 우리의 부모가 공감적인 조율과 무조건적인 긍정적 관심을 줄수록, 우리는 더 현실적이면서 덜 방어적이 된다. 반면, 부모가 심각한 공감의 문제와 부정적인 관심을 줄수록, 우리는 더 적응해야 하고 방어적인 모습을 필요로 하게 된다.

만약 우리가 충분히 좋은 부모[도널드 위니컷(D. W. Winnicott, 1975)]에 의해 평균적인 환경 아래서[헤인즈 하트만(Heinz Hartman, 1939)] 길러졌다면, 우리는 방어기제를 약하게 장착하고[헬렌 팔머(Helen Palmer), 1988] 의무를 수월하게 여기게 될 것이다[톰 컨던 (Tom Condon, Changeworks)].

우리들은 모두 마음대로 사용할 수 있는 수많은 보호기제를 갖고 있다. 그렇지만 그 중에서도 일부 방어기제들은 특정 유형에게 고유하고 잘 맞으며, 그렇기 때문에 그 유형들에 의해 더 상습적으로 사용된다.

에니어그램의 관점에서는 아홉 가지 유형의 아홉 가지 회피 영역을 완화시켜 주는 데 유용한 아홉 가지 특성의 방어기제가 있다.

- 1유형의 방어기제: 반동 형성. 이는 당신의 성향에 반대되는 것을 생각하고, 느끼며, 행하는 방어기술이다. 성적이고 공격적이 되는 대신, 1유형은 철저히 금욕적이고 독선적이 된다. 낮은 길로 가고 싶은 1유형은 그 대신 항상 높은 길로 간다(가끔은 뒷 길도 시도하면서 말이다).

- 2유형의 방어기제: 억압. 자신의 필요가 표면으로 올라오기 시작할 때마다 2유형은 그 욕구가 과잉 흥분된 상태로 폭발하고 그동안 무심하고 자신을 인정해 주지 않았다고 여겨지는 사람들을 향해 다시 올라올 때까지 자신의 욕구를 억압하고, 아래로 밀어 내린다.

- 3유형의 방어기제: 동일시. 실패 경험을 피하기 위해 3유형은 그것이 무엇이든 자신이 현재 맡고 있는 성공적인 역할 또는 자신이 연기하고 있는 이미지와 동일시한다. 3유형은 잘되는 것이라면 무엇이든지 그것과 동일시한다. 이들은 카멜레온처럼 주위의 환경과 맞추기 위해 자신의 모습을 바꾼다.

- 4유형의 방어기제: 투입. 투입은 원래 우리의 바깥 경계에 더 적절한 것을 내면의 경계에 두는 방어기제다. 높은 기준은 반드시 유지되어야 한다. 떠나간 사람에 대해서는 슬퍼하고 놓아주는 대신, 그 사람을 내면으로 데려와 애도하고, 환상의 관계로 변형시킨다. 우울감, 갈망, 동경은 4유형에게 익숙한 동반자이며 자신을 특별하게 느끼도록 도와준다.

- 5유형의 방어기제: 고립과 구분화. 고립은 우리의 경험이 지닌 정서적이고 표상적인 요소들을 무의식적으로 분리시키는 것을 포함한다. 감정은 억압되고 사고에 관심이 쏠리게 된다. 만약 5유형에게 무엇을 느끼고 있는지 물어보면, 이들은 생각하고 있는 것을 말해 줄 것이다. 구분화는 우리 삶의 한 때나 한 시기를 다음 시기와 분리시키는 것을 포함한다. 4유형에게 부재는 더 좋아하는 마음을 키워 주지만, 5유형에게는 눈에서 멀어지면 마음에서도 멀어지는 것이다.

- 6유형의 방어기제: 투사. 투사는 원래 우리의 내면 경계에 더 적절한 것을 바깥의 경계에 두는 방어기제다. 6유형은 자신의 무법성, 반항심, 공격성을 다른 사람들의 탓으로 돌리고는 위협적이고 위험한 이 세상을 두려워한다. 이들은 자동적으로 모든 것에서 위험한 것을 찾는다. 그들에게는 만약 그것이 잘못될 수 있다면, 후에 잘못

될 것이거나 이미 잘못된 것이다.

- 7유형의 방어기제: 승화. 고통과 괴로움을 인식하지 않기 위해 7유형은 자신의 경험을 끌어올려서 흥미롭고, 좋고, 즐거운 것으로 바꾼다. 이들은 자동적으로 모든 것에서 좋은 점을 찾는다. 세상을 장밋빛의 안경을 통해 바라본다. 모든 것은 잘될 것이다.

- 8유형의 방어기제: 부정. 약함과 모든 연약한 감정(두려움, 창피함, 죄책감, 슬픔 등) 또는 따뜻한 감정(애착, 부드러움, 연민 등)의 경험을 피하기 위해, 8유형은 이들을 거부하고, 이들이 틀렸음을 드러내려 하며, 끊으려 하고, 자신의 체계 안에 들어오는 것을 받아들이지 않는다. 오직 힘과 강한 감정(화, 공격성 등)만을 인정한다. 만약 8유형이 무언가를 싫어하면, 그것에 대해서는 듣거나 보지도 않는다. 왜냐하면 다른 쪽을 보고 있거나 그것에 고함을 지르고 있기 때문이다.

- 9유형의 방어기제: 마취. 갈등을 피하기 위해서 9유형은 자신의 감정, 욕구, 취향을 무감각하게 만들어 버린다. 9유형은 자신의 경험과 세상을 통일시킨다. 아무것도 우선시되거나 두드러지거나 부각되지 않는다. 삶은 평평하다. 이는 모든 것이 동일하고 일치하는 융합의 기제다. 9유형은 체념하고 아무것도 자신을 괴롭히지 못하게 함으로써 고통을 피한다.

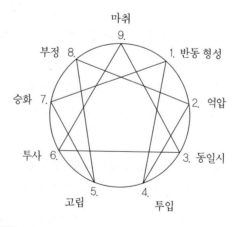

그림 2-4 각 에니어그램 유형의 방어기제

요 약

　가치와 우리의 이상 속에서 그 가치의 드러남은 우리에게 힘을 주며, 본질적으로 그리고 무조건적으로 귀중한 것이다. 이상이 **이상화**로 과장되게 되면 우리를 지치게 하며, 우리의 가치가 그런 이상화를 소유하고 실행하는 것에 의존하도록 만든다. 예를 들면, 우리는 다정하고 싶은 것이 아니다. 왜냐하면 그건 살아 있음에 대한 자연스러운 반응이기 때문이다. 우리는 다른 사람들에 대해 괜찮다고 느끼기 위해 그리고 사람들이 우리와 관계하도록 만들기 위해 도움을 주는 사람이어야 하는 것이다. 가치와 이상은 내적 통합과 외적 연결로 이끈다. 이상화는 내적 분열과 외적 분리로 이끈다. 우리가 우리의 어떤 부분을 이상화하게 되면, 그에 대응하는 부분을 나쁜 것으로 여기고 그 나쁜 부분을 숨기거나(억압), 황야로 보내 버린다(투사). 억압은 우리의 집을 집 자체와 갈라놓는다. 투사는 우리 집에 울타리를 지어 다른 집과 분리시킨다. 우리의 받아들일 수 없는 부분들은 **회피의 영역** 속에서 우리에게 접근하지 못하도록 저지된다. 우리는 이러한 그림자 요소들로부터 우리를 완충시키도록 하는 **방어기제**의 패턴을 갖고 있다. 방어기제는 우리의 **자아상**을 온전하게 지키지만 우리의 **자기** 역시 해체시킨다.

　인간은 취약함을 수반한다. 민감함은 살아 있는 생물에 따라 오는 것이다. 가치를 지님으로써 삶은 살 가치가 있게 된다. 하지만 우리의 가치들은 특정한 **취약점들**을 수반한다. 이들은 우리의 가치를 위해 치르는 값이다. 다음 장에서는 서로 다른 유형들이 그들의 취약점을 어떻게 다루는지 살펴보도록 하자.

CHAPTER 03 가치와 취약점

취약점은 가치가 지닌 가장 취약한 부분이다. 우리는 타고난 재능 부분과 우리가 가장 귀중하게 여기는 부분에서 가장 민감하다. 우리의 강점이 있는 곳에 약점 또한 있는 것이다. 우리의 가치가 공격받고 무시되고 조롱받으며 어떤 방식으로든 어겨 질 때, 우리는 위협받고 겁을 먹는다. 우리의 강점이 시험받고 비난받고 의심받으며 묵 살될 때, 우리는 불안하고 가책을 느끼며 창피하고 화가 난다.

모든 사람은 안전, 일관성, 존경, 허용 등 공통적인 인간의 욕구를 공유한다. 이러한 기본적인 욕구가 충족되면, 자기실현과 자기초월을 위한 더 높은 차원의 욕구가 표면으 로 올라오게 되며 우리의 에너지를 끌어당긴다. 만약 기본적 욕구 일부가 돌보아지지 않 고 충족되지 않게 되면, 우리는 그와 관련한 취약함을 겪게 되고 상실, 상처, 두려움, 화 가 따라오게 된다. 우리의 에너지는 반드시 다시 트라우마를 겪거나 등한시되지 않도록 이러한 욕구들을 적극적으로 충족시키거나 반응적으로 보호하기 위해 이들 주위로 모인 다. 우리가 취약점 영역의 주위에서 겪는 불안은 일생 동안 남는데, 다시는 같은 방식으로 다치지 않도록 취약한 영역을 보호하기 위해 우리가 길러 온 방어기제 역시 남게 된다. 우리의 몸이 상처 주변에 단단한 딱지를 만드는 것처럼, 우리의 성격 유형 역시 정신적 취약점 주위에 보호막을 만든다.

예를 들어 보자. 베티는 어린 시절, 아버지가 아이스크림 가게에 가자고 했다. 그런데 아버지는 아이스크림 가게를 지나쳐 치과로 가는 것이었다! 베티는 자신을 **충실한** 사람이라고 생각했다. 그녀는 믿을 수 있는 모습과 자신의 말을 지키는 것을 가치 있게 여겼다. 그렇기 때문에 어떠한 종류든지 배신이나 신뢰의 오용에 특히 예민했다. 그녀는 아버지의 속임수에 실망하고 상처받게 되었으며, 다시는 그런 식으로 방심하지 않도록 그녀의 성격 유형을 갈고 닦았다. 베티는 자신의 경계하는 특성을 부풀리며, 경계하고 조심하는 생활 방식을 길렀고, 다른 사람들이 하는 말 속에 진짜 의미를 찾기 위해 사람들의 말을 철저히 살폈다. "그게 무슨 말이야, 정말 아이스크림 가게를 말하는 거야?"라고 묻듯이 말이다. 그녀의 주된 취약점 주위로 보상적인 강점을 기르게 된 베티는 아주 충실하고 굉장히 기민한 직원이 되었다.

취약점과 대인관계

영국의 대상관계 분석가인 마이클 발린트(Michael Balint)는 이러한 민감성의 영역을 기본적 결함이라고 명명했다(1979). 대상관계 이론가인 도널드 위니컷은 이를 초기 외상이라고 불렀다(1986). 수전 네이던슨 엘킨드(Susan Nathanson Elkind)는 이를 초기 **취약점**이라고 언급했다(1992).

이러한 취약점들이 접근하는 광대한 한 영역이 바로 우리의 **자아감**이다. 우리는 우리 자신을 전체적이고 생기 있고 응집력 있으며, 지속적이고 가치 있는 모습으로 경험하기를 원한다. 부분적이고, 기가 죽어 있으며, 분열되고, 분해되어 있고, 산란하며, 가치 없는 모습으로 자기를 경험할 때 우리는 연약함과 불안함을 느낀다.

취약함의 또 다른 일반적인 영역은 우리의 관계와 연관되어 있다. 우리는 삶의 중요한 사람들과 맺고 있는 유대와 연결고리를 유지하고, 지키며, 향상시키기를 추구한다. 분리, 버림, 무시, 거부, 배신, 원치 않음 등을 경험할 때 우리는 연약함과 불안함을 느낀다.

우리는 관계 속에 존재하는 자기이기 때문에, 관계 안에 남아 있기를 원하면서 동시에 자기를 분리하고 개성화시키기 위해 분투한다. 일생 동안 우리는 자율성과 공동체의 이러한 양극성의 균형을 맞추려 노력한다.

우리 각자가 민감한 각 취약함의 영역은 우리의 타고난 유전(기질, 체질, 성격, 재능 등)과 환경(주로 보호자에 의해 나타난다) 간의 상호작용에서 기인한다.

우리는 이 세상에 우리가 가져온 것들과 만남 그리고 사람들과의 상호작용들을 통해 어떤 행동과 감정, 생각, 이미지들이 다른 사람들과의 연결점을 지키고 향상시켜 주며, 일관된 자아감을 유지해 주고, 우리가 자연적으로 끌리는 가치들을 돌보고 보호해 주는지 배운다. 이러한 정신적인 내적 대상관계 또는 자기와 나 사이의 상호작용의 표현은 일생 동안 우리의 관계를 지도해 줄 틀 또는 지도가 된다.

우리 모두는 이러한 기본적인 인간적 욕구를 공유하며, 주요 취약점들에 노출되어 있다. 이들이 얼마나 극심해지고 괴롭게 하며, 지장을 주고 불안을 야기시키는지는 우리의 신경계와 우리가 어떤 양육 환경에 있었는지에 달려 있다.

만약 우리의 체질이 기본적으로 건강하다면 이러한 취약점들을 절충할 수 있으며 전체적이고 연결된 상태로 남아 있을 수 있다.

우리가 '평범한 수준의 가정환경'에서 태어나고 부모나 보호자가 '충분히 괜찮을 때', 우리는 여전히 이러한 주요 취약점들을 경험하기는 하지만, 애정 어린 지지자들과 안내 속에서 이를 경험하게 된다. 그리고 회복력과 자신감, 견딜 만한 정도의 불안을 지닌 채 이러한 취약점들에 부딪히게 된다.

하지만 만약 우리의 체질이 쇠약하거나 부모가 그 자신도 대비하지 못한 주요 취약점들을 지니고 있다면, 우리는 스스로 할 수 있을 때까지 우리를 붙잡아 주고 취약점들을 처리할 수 있게 도와주는 사람 없이 이러한 취약 영역들에 노출된다.

이렇듯 건강하다는 의미는 필요와 취약점을 갖고 있지 않은 상태를 의미하는 것이 아니다. 이는 우리의 욕구를 인정하고 난 뒤 이들을 다룰 수 있도록 효과적으로 절충하는 것을 포함한다. 융통성이 딜한 접근법은 취약 영역들 주위로 우리를 안전하게 지켜 주는 벽을 쌓는 것이다. 그렇지만 이 벽은 우리의 욕구를 만족시켜 주지는 않는다. 요새에 사는 사람들은 결국에는 자원이 바닥나거나 지루해서 견딜 수 없게 된다.

에니어그램 관점에 영향을 준 일부 영적 전통에서는 이러한 건강하고 융통적인 자기가 본질이라고 불리는 반면, 덜 융통적인 자기는 성격으로 불린다. 본질은 우리의 정체성이자 참자기다. 성격은 우리가 배우게 되는 모습이자 보상적인 자기다.

본질은 적극적이며, 고유한 가치들을 나타낸다. 성격은 반응적이며, 주요 취약점 주위의 보호 장벽 역할을 한다. 또한 상처와 부상에 대한 방어적인 반응으로서 발달하며, 다시는 같은 방식으로 다치지 않겠다는 결심에 힘을 싣는다.

많은 '내면아이' 작업은 우리가 성장해 오면서 유지하고 견뎌 왔던 상처와 취약점들을 드러내고 치유하는 것과 관련이 있다. 우리는 속에 있는 이 아이가 어디에 숨어 있고, 어떻게 자신을 숨기며, 무엇으로부터 숨어 있고, 진정으로 무엇을 필요로 하는 것인지 발견한다. 우리의 민감한 부분들이 어디에 있는지 제시해 줌으로써 에니어그램 모형은 우리의 내면아이를 찾고 내면아이가 자신의 두려움, 취약점, 방어기제와 다시 연결될 수 있도록 하는 데 있어서 유용한 안내서가 될 수 있다.

Sheet 3-1 반응 스위치 찾기

> 두려움, 슬픔, 죄책감, 굴욕, 화, 분노 등의 과장된 감정적 반응으로 당신을 이끄는 스위치들은 무엇인가? 이러한 방아쇠들은 당신의 주요 취약점과 민감한 부분에 연결되어 있으며, 당신이 귀중하게 여기는 무언가가 무단침입을 당했다고 경보를 울린다.

취약점과 성격 유형

에니어그램 관점은 저절로 아홉 가지 가치 범주를 수반하는 아홉 가지 주요 취약점 범주를 다룬다. 아홉 가지 성격 패러다임의 가치, 취약점, 보상하는 전략들은 다음에 요약되어 있다. 각 유형이 이러한 취약점들을 어떻게 다루는지에 대한 더 자세한 설명은 PART II에서 찾을 수 있다.

- **1유형의 약점**: 선한 모습을 가치 있게 여기고 올바른 모습을 자랑으로 삼는 1유형은 비판과 자신이 틀렸다는 말을 듣는 것에 특히 민감하다. 이들의 완벽주의적인 면은 확실히 비판받지 않도록 하기 위한 하나의 방식이다. 이들이 완벽하면 당신은 이들을 비판할 수 없으며, 이들이 진정으로 열심히 노력하는 한 이들을 탓할 수 없는 것이다.

- **2유형의 약점**: 관계를 가치 있게 여기고 애정 어리고 너그러운 모습을 자랑으로 삼는 2유형은 거절, 관심과 인정의 부족에 쉽게 상처받는다. 2유형은 쓸모없고 불필요하게 느껴지는 것에 민감하다. 이들이 구제하는 면은 인정, 감사, 허용을 얻고 다른 사람의 삶에서 필요하고 중요한 사람이 되기 위한 시도다.

- **3유형의 약점**: 성공을 가치 있게 여기고 자신의 성취를 자랑으로 삼는 3유형은 거절과 실패에 상처받는다. 이들이 성취라고 기대하는 모습은 성공적이 되고, 다른 사람을 위해 수행해 내고 이뤄 내는 것을 통해 관계를 유지하려는 시도다. 3유형이 자신의 이미지와 좋아 보이는 모습에 신경 쓰는 것은 사람들로 하여금 자신을 좋아하도록 하기 위한 것과 관련이 있다.

- **4유형의 약점**: 관계와 소속감을 가치 있게 여기면서도 특별한 모습을 자랑으로 삼는 4유형은 버려진 느낌 또는 소외감 또는 주목받지 못함에 쉽게 상처받는다. 이들은 흠이 있고 탐탁지 않으며 원치 않음의 느낌을 받는 것에 민감하다. 이들이 특별해지려는 면은 사람들이 자신을 주목하고 자신과의 연결을 유지시키려는 시도다.

- **5유형의 약점**: 사생활과 자신만의 개인적 공간을 가치 있게 여기고 자신의 지식을 자랑으로 삼는 5유형은 침해받고 요구와 기대를 받으며, 궁핍해지고 비하받거나 조롱받게 되는 것에 쉽게 겁을 먹는다. 이들이 앎을 추구하고 혼자되려는 면은 침입을 막고 자급자족하며 어리석게 보이는 모습을 피하려는 시도다.

- **6유형의 약점**: 충실함, 일관성, 안전을 가치 있게 여기고 충실한 모습을 자랑으로 삼는 6유형은 감지된 위협과 시험에 겁을 먹는다. 이들은 방심하고 직권을 남용받는 것에 취약하다. 이들이 공포에 순응하는(충실하고 의존적) 면 또는 공포에 대항하는 면(반항적이고 독립적)은 안전함과 보안을 얻으려는 동전의 양면이다.

- **7유형의 약점**: 즐거움, 자유, 다양성을 가치 있게 여기고 낙관적이고 융통성 있는

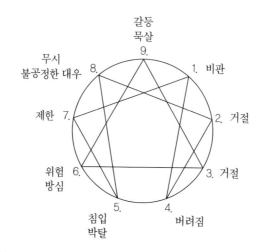

그림 3-1 각 에니어그램 유형의 주요 취약점 또는 약점

모습을 자랑으로 삼는 7유형은 자신의 선택권이 제한될 때 낙담한다. 이들은 갖고 있는 풍선이 터지고, 퍼레이드에 비가 오고, 파티가 망쳐지는 것에 기가 꺾인다. 이들의 밝은 면은 삶의 즐거운 쪽에 머무르고 삶이 주는 것을 최대한 많이 경험하려는 시도다.

• **8유형의 약점**: 정의와 자율성을 가치 있게 여기고 강한 모습을 자랑으로 삼는 8유형은 무시받고, 부당한 대우를 받으며, 무력하게 느껴지는 것에 특히 짜증이 난다. 이들의 자신감 있는 면은 자신의 책임적 위치, 세력 그리고 약해지지 않고 이용당하지 않겠다는 것을 확인시키려는 시도다.

• **9유형의 약점**: 통합과 조화를 가치 있게 여기고 안정적임을 자랑으로 삼는 9유형은 특히 갈등을 경계하고 이로 인해 분열된다. 이들은 묵살당하는 것에 쉽게 상처받는다. 9유형의 느긋하고 체념하는 면은 보살핌받지 못하는 느낌과 자신을 주장해야만 하는 것으로부터 방어하려는 시도다. 이런 행동이 우주의 흐름을 방해할 수도 있다고 생각하기 때문이다.

요 약

　가치는 우리에게 중요한 것과 추구해야 하는 것을 말해 준다. **취약점**은 우리에게 위협적인 것과 주의해야 하는 것을 말해 준다. 둘 다 우리의 **비전** 또는 세계관과 이 세상에 대한 관점, 방향성에 영향을 주고 이들을 안내한다. 가치에 자극을 받는 비전은 우리 삶의 목적과 의미를 포착하고, 우리의 임무, 천직 또는 **소명**을 알려 준다.

　우리가 진정으로 가치 있게 여기는 것에 자극을 받고 동기부여가 될 때, 우리의 비전은 명확하고 적응적이며 현실에 집중하는 경향을 띠게 된다. 우리의 가치는 진정으로 그곳을 향해 가기 위해 직관적으로 우리를 이끈다.

　우리가 자신의 취약점과 두려워하는 것에 사로잡힐 때, 우리의 관점은 불투명하고, 부적응적이며, 현실을 왜곡하게 될 가능성이 크다. 우리는 두려워하는 대상이나 예상하던 것이 그곳에 존재한다는 환상을 가진다. 가치에 자극받는 삶 접근법은 객관적인 관점을 조성하며 현실과 조화를 이룬다. 삶에 대한 두려움 또는 취약점 반응은 주관적인 관점을 조성하며 비극적인 기대에 의해 더 악화된다.

　다음 장에서는 이러한 적응적인 세계관과 부적응적인 세계관에 대해 더 자세히 살펴볼 것이다.

CHAPTER 04 패러다임: 세상을 바라보는 우리의 렌즈

우리는 장밋빛 렌즈, 회색빛 렌즈 등 모든 색조의 안경을 통해 세상을 바라본다. 우리는 부모, 문화, 종교, 동료로부터 우리의 렌즈를 처방받는데, 가끔은 사물을 바라보는 방식을 스스로 처방 내리기도 한다. 일반적으로 우리는 같은 렌즈를 끼는데, 가끔은 분위기적 상황(너무 밝거나 흐릴 때)이나 거리적 상황(너무 가깝거나 멀 때)에 따라 렌즈를 바꾸기도 한다.

패러다임의 개념은 렌즈와 세계관의 본성과 기능에 대한 이해를 돕는 실마리를 던져 준다. 패러다임은 '모형, 양식 또는 예시'의 의미를 지닌 paradeigma라는 그리스어에서 유래했다. 이는 과학, 사업, 성격 등 각기 다른 영역에 대해 생각해 보는 데 유용한 장치다.

과학 영역에서는 토마스 쿤(Thomas Kuhn, 1996)이 과학적 사고에서 발생한 다양한 혁명에 대해 설명하기 위해 패러다임을 사용했다. 쿤에 따르면 대부분의 연구자는 그들의 주제에 대한 일부 공통적인 가정 또는 신념을 공유한다. 그는 이러한 폭넓게 받아들여진 관점을 패러다임이라고 불렀으며, 이 패러다임의 의미를 '신념, 가치, 기술 그리고 해당 공동체 일원에 의해 공유되는 주제의 무리 전체'라고 규정한다(1996, p. 175). 패러다임을 받아들인 과학자들에게 이 의미는 그들이 관심을 갖고 있는 주제에 대해 살펴보고 분석하는 대표적인 방식이 된다. 과학자들은 특정한 패러다임을 따르면서 동시에 패러다임에 의해 정의된 문제를 탐구하고, 패러다임에 의해 제시된 다양한 기술을 이러한 문제들을 탐구하는 데 사용한다. 패러다임은 괜찮은 해결책의 본성과 그 해결책이 얻어지는 단계들을 제한하는 규칙을 제공한다. 패러다임은 과학자들이 조사하는 현상의 범위를 제한하기는 하지만 동시에 특정 상황들이 철저히 연구되도록 보장한다. 이렇듯 이 접근법은 패러다임이 초점을 맞추고 있는 사건들의 체계적인 분석을 허용하지만, 동시에 과학자들로 하여금 다른 현상과 어쩌면 이들이 연구하고 있는 것에 대한 더 나은 설명도 보지 못하게 만든다.

뒤에서 더 자세하게 다루겠지만, 일단 '성격 유형'을 '과학자'로 바꿔 보면 성격 유형이 어떻게 패러다임과 같은 역할을 하는지에 대한 굉장히 적절한 묘사를 볼 수 있게 된다. 쿤이 한 말을 풀어 쓰자면, 각 성격 유형은 현실에 대한 일부 공통된 가정과 신념을 공유한다. 같은 성격 유형을 공유하고 있는 사람들에게 그들의 렌즈는 세상을 바라볼 때 선호하는 **대표적인** 방식이 된다. 각 성격 유형 또는 패러다임은 문제가 무엇이고, 문제가 이해되어야 하는 방식과 그 문제를 해결하기 위해 취해야 하는 단계들을 정의하는 자신만의 방식을 갖고 있다. 각 성격 유형은 주제를 다루기 위해 반드시 따라야만 하는 자신만의 규칙이 있다. 이러한 분석 및 문제해결 접근법은 성공적일 수도 있는 반면, 이들의 배타적인 사용은 사건을 해석하는 또 다른 방식과 어쩌면 상황을 좀 더 효과적으로 다룰 수도 있는 문제해결 전략을 특정 성격 유형으로 하여금 못 보게 할 수도 있다.

과학적 발견과 우주를 설명하는 새로운 방법들은 연구자들이 현상을 바라보고 사고하는 방식에서 변화가 생길 때 일어난다. 예를 들면, 천문학자들이 태양이 지구 주위를 도는 것이 아니라 지구가 태양 주위를 도는 것일 수 있다고 생각했을 때 주요 패러다임의 전환이 일어났다. 또한 물리학자들이 현실을 고정된 입자들로 이루어진 것이라 여기는 대신 규정할 수 없고 파도 같은 형태라고 여겼을 때에도 뉴턴학설에서 하이젠베르크학설로 패러다임의 전환이 일어났다.

곧 알게 되겠지만, 에니어그램 관점은 아홉 가지 성격 유형의 스펙트럼 내에서 이들 사이에 일어날 수 있는 패러다임의 전환을 묘사한다. 이러한 전환은 우리의 관점의 폭을 넓히고 선명하게 만들어 줄 수도 있고, 우리의 비전을 좁히고 왜곡할 수도 있다.

상업 영역에서는 조엘 바커(Joel Arthur Barker, 1992)가 사업 분야에서의 일부 성공적인 관습들과 그다지 성공적이지 못한 관습들에 대해 설명하기 위해 패러다임의 개념을 사용했다. 예를 들면, 시계 제작 영역에서 패러다임 전환이 일어나 시계 작용 장치가 기계에서 석영으로 바뀌게 되었을 때, 기계 작업의 전문가였던 스위스 시장은 전자 기술의 미래를 보고 시기적절하게 변화를 꾀한 일본 시장에 그들 시장의 75%를 빼앗기고 말았다.

특성과 성격 영역에서는 스티븐 코비(Stephen Covey, 1990)가 이 세상에서 우리가 인지하고 행동하는 방식을 이해하기 위해 패러다임을 사용했다. 그는 만약 우리의 행동을 바꾸고 싶다면 먼저 세상을 바라보는 방식을 바꿔야 한다고 주장했다.

성격 패러다임에 대해 더 자세히 이해하고 싶다면 패러다임과 도식의 본성, 기능, 발달 그리고 유지에 대한 요즘의 견해를 일부 살펴보자.

에니어그램 관점에는 세상을 바라보는 아홉 가지의 렌즈가 있다. 우리의 가치에 의해 영향받고 자극받는 이러한 성격 패러다임들은 우리의 지각, 사고, 감정, 행동에 영향을 미치는 조직 가정과 핵심 신념이 된다. 이들은 우리 자신, 다른 사람들 그리고 우리가 상상할 수 있고 동시에 다른 사람들과 맺도록 허용할 수 있는 종류의 상호작용들에 대해 우리가 생각하고 느끼는 방식의 중심부에 있다. 즉, 성격 패러다임은 우리의 대인관계 유형의 중심부에 자리하고 있다.

서론에서 우리는 정신이 규칙성을 좋아하고 이를 추구한다는 것을 확인했었다. 패러다임 또는 도식은 우리가 알아차리는 순환적인 양식에 기반을 두며 그 주위로 형성된다. 이들은 우리가 하는 경험들을 이해할 수 있도록 도와주고, 다음에 일어날 일과 우리의 행동이 주변 환경에 미칠 영향을 예상해 볼 수 있는 능력을 준다.

우리의 패러다임 또는 도식은 이 세상에서 자연스럽게 일어나는 사건들의 객관적인 평가(적응적 도식)에 근거할 수도 있고, 그러한 사건들의 잘못된 구축(부적응적 도식)에 기반을 둘 수도 있다. 우리는 머릿속에서 우리가 하는 경험들의 표상적인 양식들을 만들어

내고 이러한 평가들에 따라 행동하며, 이것이 정확하다고 추정한다. 어느 정도의 해석 구조 또는 기반을 갖고 있는 것은 아무 것도 없는 것보다 낫다. 패러다임을 갖고 있지 않은 상태는 혼란, 불안, 무(無)행동 또는 무작위적 행동을 촉진한다. 부정확한 패러다임을 사용하는 것은 최소한 대체적인 확실성과 예측 가능한 행동으로 이끈다. 우리는 어쩌면 항상 모든 것을 동일한 방식으로 보기도 하고 제자리걸음만 하기도 하지만, 최소한 앞으로 보게 될 것과 결국 이르게 될 곳은 안다!

이제 패러다임이 어떻게 기능하고 형성되는지를 살펴보도록 하자.

패러다임의 본성과 형성

유아기 때 우리는 우리 자신과 사람들 그리고 이들과의 상호작용에 대한 감각과 신체가 연결된 인상을 형성한다. 피아제는 이를 **감각 운동 도식**이라고 불렀다. 우리의 심신과 (우리의 보호자에 의해 나타나는) 환경 간의 상호작용 속에서, 우리는 느껴지는 **자아감**과 함께 욕구, 감정, 바람, 가치를 기른다. 우리는 우리가 다뤄지고, 돌봄받고, 옷 입혀지고, 관심받는 등의 방식에 근거하여 자신이 괜찮은지 혹은 안 괜찮은지에 대한 느낌을 형성한다. 이렇듯 우리가 돌봄받는 방식은 돌봄받는 **여부**만큼 중요하다. 우리는 우리 자신과 우리의 욕구와 바람이 괜찮은지에 대한 기초적인 믿음을 만든다. 그렇게 우리는 우리의 유기체적 자기를 신뢰하고 표현할 수 있을 것인지 아니면 이를 의심하고 완전한 자기를 억누를 것인지에 대해 배우게 된다.

동시에 우리는 **다른 사람들**에 대해서도 느끼게 된다. 이들은 괜찮은 사람들인가 아니면 괜찮지 않은 사람들인가? 이들이 우리를 대하는 방식이 부드러운가, 거친가 아니면 친절한가, 인색한가, 또 아니면 시기적절한가, 뒤늦은가? 이들이 우리를 신경 써 준다고 믿을 수 있는가 아니면 이들을 조심스럽게 대해야 하는가?

이와 동시에 우리는 우리가 다른 사람들과 나눌 수 있으면서 또한 나누도록 허용된 상호작용에 대한 느낌들을 모은다. 우리가 사람들에게 다가갈 때의 방식은 즉흥적이고 활발한가, 아니면 망설여야 하는가? 우리는 이 관계에서 울고, 웃고, 두려워하고, 화내고,

행복해하고, 슬퍼할 수 있는가? 아니면 이러한 감정들과 행동들이 우리의 보호자로 하여금 불안하고, 긴장되거나 화나게 만들기 때문에 이러한 모습들을 진정시키거나 혹은 완전히 억눌러야 하는가?

우리는 생존하기 위해 필요한 것을 얻기 위해 우리가 보이는 모습에 대한 느낌을 기르고 주위 환경과 교류한다. 우리는 어쩌면 의존적이고, 순응하고, 남의 기분을 맞춰 주는 것이 사람들과 관계하고 상황을 은밀히 통제하는 최선의 방법이라고 생각할 수도 있다. 이런 모습은 어쩌면 우리의 기질에 맞을 수도 있으며, 이것이 다른 사람들 또한 원하는 것이라고 여길 수도 있다. 반면, 이와 다르게 우리는 독립적인 입장을 취하고, 공공연하게 상황을 통제하려 하며, 다른 사람들이 좋아하든 싫어하든 주위에 우리의 요구를 주장할 수도 있다. 우리는 어쩌면 적극적일 수도 있고, 수동적일 수도 있고, 빠르거나 느릴 수도 있으며, 세심할 수도 있고 충동적일 수도 있고, 외향적이거나 내향적일 수도 있다.

우리의 대인관계 유형은 존재감, 다른 사람들에 대한 느낌, 자신과 다른 사람들 사이에서 일어날 수 있으면서 동시에 일어나도록 허용 가능한 것들에 대한 느낌 등을 포함하며, 어쩌면 자궁에서부터 시작될 만큼 태어난 직후부터 형성되기 시작한다. 사람들이 우리를 향해 웃고 놀아 주며, 부드럽고 애정 어리며 단단하게 안아 줄 때 우리는 사람들이 우리와 함께 있는 것을 좋아하며, 우리가 가치 있고 귀중하다는 인상을 받게 된다. 그리고 자기 자신인 것, 다른 사람들과 있는 것 그리고 이들과 상호작용하는 것을 즐기게 된다.

반면, 형식적으로 또는 산만하게 다뤄지거나, 적대적인 방식으로 보살핌을 받게 될 때 우리는 환영받지 못한다는 인상을 받으며, 자신이 성가신 존재 또는 짐처럼 느껴지게 된다. 우리도 불편하고 다른 사람들도 그다지 좋아 보이지 않는다. 그렇게 우리는 세상이 적대적이고 위협적이며, 박탈하거나 요구적인 곳이고, 따뜻하거나 안전한 곳이 아니라는 느낌을 받기 시작한다.

이러한 초기의 인상들은 논리적이지 않고, 언어적이지 않으며, 주도면밀하지 않고, 합리적이지 않다. 이들은 애초에 전(前)-언어적, 전-논리적, 심지어 전-심상적 수준에서 일어난다. 이들은 형성될 때부터 무의식적이고 무분별하며, 우리가 세상에서 기능하는 방식에 미치는 추후의 영향 속에서도 그러하다. 이러한 패턴 또는 도식들은 우리가 서서히 안정적인 공생 주머니로부터 부화해 엄마의 몸으로부터 분리됨에 따라, 우리의 신체적 자아감이 형성하는 감각 인상으로부터 비롯된다. 그리고 나면 우리의 감각과 감각 도식은 우리 자신과 세상에 대한 정신적 이미지로 발달하게 된다. 우리의 내적 자아상(나)과 내적 대상표상(상대)을 구분 짓는 이러한 **심상적 표상**들은 우리의 감정적 자기의 기초를 형성한다. 궁극적으로 우리는 **정신적 자기**를 이루는 상징과 개념들, 즉 **사고 구조**를 만들어 낸다. 이러한 다양한 표상은 우리가 믿는 우리의 정체성의 핵심에 자리하는 기본적인 패러다임이다. 이들은 무의식 수준에서 작용하기는 하지만 우리의 세계관과 우리가 할 수 있다고 믿는 것에 지대한 영향을 미친다.

과학자의 모습

인지 치료의 아버지인 조지 켈리(George Kelly, 1963)의 관점에 따르면, 우리는 모두 일생 동안을 자신의 경로를 찾아 연구하는 어린 과학자들이다. 우리는 마치 과학자처럼 세상에서의 일들을 예측하고 통제하기 위해 이를 이해하고 싶어 한다. 우리는 주위에서 일어나는 사건들을 알아차리고, 자료와 증거를 모으며, 일어나고 있는 일에 대한 해석을 내놓고, 그에 따라 주위 환경과 상호작용했을 때 일어나게 될 일들을 정확하게 예측할 수 있을 것인지 알아보기 위해 가설을 세우고 그것을 시험하기 위한 실험을 한다.

만약 이 실험의 결과가 우리의 가설을 확인시켜 준다면, 우리는 이를 유지한다. 그렇지만 만약 결과가 이 가설을 부정한다면 우리는 이를 재구성해서 더 많은 자료를 모으고, 새로운 가설을 시험하기 위한 또 다른 실험을 한다.

과학자가 타당한 실험을 실시하기 위해서는 집단을 전체로서 대표하는 표본으로부터 자료를 가져와야 한다. 그렇지 않으면 연구자는 오로지 자료를 가져온 표본에만 적절한 결론을 전체 집단에 일반화시키는 위험을 감수해야 한다. 예를 들어, 미국의 백인 중산층 남성들에게만 해당되는 결론이 그 외의 다른 사람들에게는 맞지 않을 수 있는 것이다.

우리가 아주 어렸을 때 가설을 세우는 것의 문제는 바로 우리가 자료를 모으는 표본의

크기가 꽤 작다는 것이다. 이때의 우리는 아마 부모나 소수의 형제자매들, 일부 친척들이나 이웃들로 구성된 그다지 크거나 대표적이지 않은 표본을 갖고 있다. 그렇기는 하더라도, 우리는 이러한 굉장히 불충분한 자료를 기반으로 해서 일생 동안 우리의 가장 기본적이고, 오래 지속되고, 광범위한 영향력을 지닌 가설을 형성한다.

만약 우리가 다행히도 건강하게 기능하는 가정에서 자랐다면, 우리의 결론은 다른 건강한 사람들에게도 일반화될 수 있을 것이다. 하지만 만약 제대로 기능하지 못하는 가정에서 자랐다면 우리는 잘못되고 왜곡된 자료에 근거해 결론을 내리게 된다. 예를 들면, 알코올 중독자 또는 자아도취적인 부모는 전체 집단을 대표하는 것은 아닐 수 있다. 우리는 자아도취적인 부모로부터 얻은 증거에서, 다른 사람들도 중요하지만 우리가 누군가의 관심의 중심에 있어서는 안 된다는 결론을 내릴 수도 있다. 중독 가정에서는 부정이라는 기제가 작용하기 때문에 우리는 일부 자료들과 전체적인 진실 또는 모든 사실을 얻지 못하게 되거나 우리가 얻은 정보가 잘못된 이름으로 분류될 수 있다. 우리에게 분노로 느껴지는 것이 사랑으로 불릴 수도 있는 것이다. 혹은 우리가 슬픔을 느낄 때에도 그저 피곤한 것으로 여기게 될 수도 있다.

우리는 이웃들과 어울리고 친척들을 방문하며 학교에 가고 국내와 국외 지역들을 여행하면서, 자연스럽게 우리의 자료 기반을 넓힌다. 그리고 그렇게 됨으로써 우리의 초기 가설들이 만약 성공적으로 인간 행동과 상호작용을 예측하지 못해 왔다면 이를 수정할 수 있게 된다. 즉, 잘못된 추정과 지각들을 바로잡는 것이 가능해진다.

그렇지만 초기 가설을 고수하려는 경향이 이를 방해할 수도 있다. 이 가설들은 너무 초기에 형성되었고 주로 무의식적이기 때문에, 우리는 이러한 가설들을 통해 새로운 정보들을 걸러 내면서도 그렇게 하고 있는지조차 인지하지 못하게 될 수 있다. 이것이 바로 **탁월한** 실험자 편향이자, 쿤이 과학자들은 그들의 패러다임을 통해 세상을 바라본다고 말했을 때 의미한 것이다. 우리가 세운 가설들은 바뀔 수 있으면서도 유지되려는 경향이 있다.

도식 적응과 동화

피아제는 들어오는 정보를 정리하고 그 정보에 대한 반응을 용이하게 할 수 있도록 돕는 여과 장치를 도식이라고 정의했다. 우리는 정보에 맞게 우리의 도식을 **적응**시킬 수도 있고, 정보를 우리의 도식에 **동화**시킬 수도 있다. 적응의 경우에는 우리의 도식을 정보에 맞게 바꾼다. 동화의 경우에는 정보를 우리가 이미 갖고 있는 도식에 맞게 바꾼다.

당신이 담배를 즐기면서 담뱃갑에 적힌 건강 경고를 읽고 있다고 가정해 보자. 당신은 이 새로운 정보에 맞추기 위해 행동을 바꾸고 흡연을 멈출 수도 있다. 아니면 이 경고는 허풍이라고 결론짓고 흡연을 계속함으로써 이 새로운 정보를 바꾸고 거부할 수도 있다.

도식의 지속적인 본성

나이가 들어가면서 우리는 정보를 바꾸는 쪽의 성향이 되어 가는데, 이는 우리의 가정을 지지해 주는 경험과 증거들을 모은 세월들이 쌓이기 때문이다. 우리의 도식을 바꾸는 것보다 사실을 바꾸는 것이 더 쉽게 느껴진다. 그리고 만약 하나의 가정을 바꾸게 되면 나머지 것들도 바꿔야 하는 상황에 놓이게 될 것이다.

또한 우리는 아마 우리와 비슷한 패러다임과 가설을 가진 생각이 비슷한 과학자들을 주위에 모아 왔을 것이다. 그렇게 우리는 사람들로부터 우리의 가정이 정말로 타당하다는 확인을 받는다. 예를 들면, 공화당원들은 그들의 가설이 옳다고 믿고 매 4년 동안 이를 재확인받기 위해 모인다. 민주당원들이 이 정당에 초대받지는 않을 것이기 때문에 이들의 그럴듯한 경쟁 가설들은 고려되지 않을 것이며, 이미 자리 잡은 공화당의 입장을 바꿀 새로운 정보도 제공되지 않을 것이다. 말할 필요도 없이 민주당에서도 이와 같은 역동이 일어난다.

우리는 사건과 활동을 예측하고 통제하기 위해 가설들을 세운다. 우리의 신념이 더 적응적이고 실질적일수록, 우리는 발달 과정 중의 다양한 단계와 우여곡절을 다루는 데 있어서 더 자신감 있고 만족하게 된다. 반면, 우리의 신념이 더 부적응적일수록, 우리는 삶의 시험들을 헤쳐 나가는 데 더 많은 어려움과 불만족을 겪게 된다. 도식은 우리가 삶의 방향을 찾아나가도록 도와준다. 잘 기능하는 방향 체계는 우리가 방향을 잘 잡을 수 있도록 준비시켜 주지만, 불량한 방향 체계는 우리의 여정을 더 고되게 만들 뿐만 아니라 종종 위태롭게 한다.

이러한 초기 도식들은 내포된 것이자 당연시되는 우리 자신에 대한 신념이다. 이들은 바뀔 수 없고, 도전받을 수 없으며, 침해될 수 없는 사실의 성질을 띤다. 우리가 무엇을 하는지에 상관없이, 우리의 도식의 카르마는 궁극적으로 일어나게 되어 있다. 우리는 따라오는 결과들을 어쩌면 미루거나 숨길 수는 있지만 이들은 머잖아 불가피하게 나타나게 된다.

이는 적응적 도식과 부적응적 도식에 모두 해당되는 일이다. 만약 우리의 핵심 신념이 우주는 공정하다는 것이라면, 당장은 불공정함이 지배적인 듯 보이는 때라도 정의가 결국은 일어나게 된다. 만약 우주는 궁극적으로 우리에게 도움을 준다는 것을 믿는다면, 그것은 다음 생에서라도 결국 우리에게 일어날 것이다. 에니어그램에서 이러한 적응적 신념은 신성한 개념으로 불린다. 나는 이를 우리의 비전을 명확하게 해 주는 적절한 렌즈 혹은 현실에 근거하는 객관적 패러다임으로 부른다. 나는 '적절함'이라는 단어를 '자기 자신'을 뜻하는 proprius라는 원래 단어의 개념으로 사용하고 있다. 올포트(Gordon Allport, 1955)는 자기라는 개념을 묘사할 때 '고유(the proprium)'라는 용어를 사용한다. 우리는 적절하고 명확한 렌즈를 통해 세상을 바라볼 때 진정한 자기 또는 본질에서 이를 바라본다.

만약 우리의 핵심 도식이 부적응적이라면, 불행이 궁극적으로 닥치게 된다. 우리의 도식이 말하는 것에 따라 우리는 이내 거부당하거나, 버려지거나, 비판받거나, 조롱받거나, 무능하다고 취급받거나, 비정상적이고 사악하며 못났고 사랑스럽지 않다는 식으로 여겨지게 된다. 그리고 우리의 도식이 어김없이 예측하는 심각한 결과를 가차 없이 경험하게 된다. 이렇듯 우리는 만약 우리가 거절될 것이라고 믿게 되면, 아무리 대다수의 사람이 지금 우리를 받아들이고 있고 10년 동안의 치료를 통해 자존감을 높여 왔더라도,

우리 안의 은밀한 누군가가 "조금만 기다려 봐. 넌 결국 버림받을 거야."라고 말하는 것을 듣게 된다. 이러한 **부적응적 신념**은 에니어그램 용어로 고착이라고 불린다. 나는 이를 우리의 비전을 굴절시키는 **왜곡하는 렌즈** 혹은 환상에 근거하는 **주관적 패러다임**이라고 부른다. 우리는 **부적절한 왜곡 렌즈**를 통해 세상을 바라볼 때 거짓 자기 또는 보상하는 성격을 통해 이를 바라본다.

다음 장에서는 이러한 객관적 패러다임과 주관적 패러다임 간의 차이점과 함께 이들의 적절한 렌즈와 왜곡하는 렌즈에 대해 더 깊이 알아보고, 에니어그램의 관점에서 이들이 어떤 모습인지 살펴볼 것이다.

CHAPTER **05**

객관적 패러다임과 주관적 패러다임:
적절한 렌즈와 왜곡하는 렌즈

높은 수준의 정신 상태와 현실에 대한 통찰력 있는 이해는 선(Zen)을 포함한 여러 명상 관습의 염원이지만, 우리의 평범한 의식 상태는 이 세상을 곧바로 파악하지 않는다. 세상에 대한 우리의 지식은 **현상적 실재론**이 그렇듯이 현실과 완벽히 일치하지 않는다.

그렇기는 하더라도 우리 머릿속에서 세워지는 가상 실험은 바깥세상과의 유사성을 갖고 있다. 귀다노(Vittorio Guidano)와 리오티(giovanni liotti)는 *Cognitive Processes and Emotional Disorders*(1983)에서 다음과 같이 말했다. "우리의 인지 기관은 외적 현실을 정확히 복사해 주지는 못하지만, 어느 정도 단순화된 형태이자 '실용적인 기준'을 토대로 해석된 현실을 보여 주는 이미지를 제공한다. 이렇듯 정신은 생존에 유용한 것을 제공한다."

비판적 실재론은 현실이란 정신과는 관계없이 독자적으로 존재하는 것이자 우리의 정신이 이해하기를 혹은 나타내기를 추구하는 것이라는 철학적 입장을 취한다. 우리는 현실에 대한 생각 구조를 개선해 가면서 연이은 어림잡기를 통해 현실에 어느 때보다도 더 가까이 다가가게 된다. 현실은 우리가 다가가려는 경향을 띠지만 절대 완전히 다가가지는 않는 한계다.

이러한 모더니즘의 입장에 대한 평론을 보려면, 켄 윌버(Ken Wilber)의 저서인 『모든 것의 역사(*A Brief History of Everything*)』(1996)의 '위대한 포스트모던 혁명(The Great Postmodern Revolution)' 장에 나온 포스트모더니즘 인식론과 사회구성주의의 균형 잡힌 논의를 참고하라.

비판적 실재론의 접근법은 정신을 그 주위 환경을 조직하려는 것으로 본다. 우리는 이 세상에 대한 자신의 가설과 도식들을 형성하며, 이러한 도식들은 우리가 세상을 이해하고 이와 상호작용하는 방식에 영향을 미치며 그 방향을 설정한다.

우리가 지닌 지도가 현실과 일치하는 정도에는 상당한 가변성이 존재할 수 있기 때문에, 이 지도는 그 범위가 실제와 거의 일치하지 않는 정도(병적인 사고)에서 현실과 직접적으로 이어지는 정도(통찰적인 이해)까지 이를 수 있다.

만약 현실에 맞추기 위해 지속적으로 지도를 다시 그린다면, 우리는 피아제가 말한 순응을 하고 있는 것이다. 만약 갖고 있는 기존 지도를 계속해서 고수하고 이를 세상에 맞추려 한다면, 우리는 피아제가 말한 **동화**를 하고 있는 것이다.

실제를 우리가 갖고 있는 지도와 맞춰 조정하려 할 때 우리의 패러다임은 **객관적이다**(그리고 우리의 도식은 **적응적이다**). 반면, 우리의 도식에 맞추기 위해 실제를 바꾸려 할 때 우리의 패러다임은 **주관적이다**(그리고 우리의 도식은 **부적응적이다**).

객관적 패러다임과 이 패러다임이 지닌 적절한 렌즈는 우리가 기질적으로 성향에 따라 지니는 정의, 진리, 아름다움 등과 같은 영원한 가치들에 의해 다져지고 영향을 받는다. 객관적 패러다임은 실제적인 것에 초점을 맞추고, 미래의 가능성을 향해 자기를 열어 두며, 자기실현과 자기초월을 추구한다. 반면, 주관적 패러다임과 이 패러다임이 지닌 왜곡하는 렌즈는 취약점 주위로 요새를 짓고, 미래의 상처와 피해로부터 자기를 보호하도록 도우며, 자기유지와 자기보호를 추구한다.

객관적 패러다임은 현실에 대한 정확한 인식을 제공하기 때문에 보통 생존하기에 가장 적합한 방법이다. 하지만 가끔은 현실이 우리의 회로가 과부하되지 않은 채로 동화하기에는 너무 버거운 때가 있다. 그러한 고통스러운 상황들에서는 생존하기 위해서 현실을 머릿속에서 지워 버리고, 왜곡하고 바꾸고 부정하며, 회피하고 개선시키고 희석시키거나 억압하는 것이 어쩌면 더 적합한 방식일 수 있다. 만약 그 당시에 처리할 수 없는 상황을 경험하게 되면 그것을 무감각하게 하고, 무아지경에 빠지며, 억누르거나 왜곡하는 것이 우리 자신과 주위에 일어나는 일들에 동화될 수 있을 때까지 취할 수 있는 가장 융통성 있는 방법일 수 있다.

그렇지만 주관적 대안을 취하게 되고 나면 우리는 일시적으로 현실에의 전념을 중단한 상태임을 잊고 왜곡된 기억 또는 인식을 지속하게 될 수도 있다.

또한 우리는 약간의 주된 트라우마를 경험하는 것 대신 지속되는 사소하고 가벼운 트라우마들을 경험할 수도 있다. 우리는 어쩌면 매일 약간씩 무시를 받을 수도 있고, 겨우 알아차릴 정도로 약하게 침범당할 수도 있다. 혹은 미묘하게 비판받거나, 버려지고 방치되거나, 학대받고 이용당하거나 위협받는 등의 경험을 할 수도 있다.

예를 들면, 우리는 자신이 세상에서 가장 멍청한 사람이라는 말을 평소에는 듣지 않을 수 있지만, 무언가를 떨어뜨렸을 때에는 간신히 숨겨진 혐오의 눈초리를 받게 된다. 이웃의 면전에서 외면받진 않을 수 있지만, 우리가 도움을 필요로 할 때에는 그 요구가 무시된다. 그리고 그렇게 우리는 세상이 위험한 곳이라고 믿도록 교묘하게 유도된다.

이러한 방식으로 우리는 인식하지 못한 채 그리고 따라올 의식적인 신중함을 생각하지 않은 채 주관적 패러다임 또는 잘못된 도식을 만들어 내게 된다.

혹은 어쩌면 우리는 자라면서 우리의 보호자들이 지닌 주관적 패러다임으로부터 나온 편향된 정보들에 영향을 받은 것일 수도 있다. 왜곡은 우리가 인식하지 못하는 인지 조직 속으로 들어온다.

예를 들면, 우리의 부모, 보호자, 선생님 등은 그 상황에서의 좋은 점을 보도록 우리의 관심 방향을 습관적으로 돌리며, 우리의 상처나 두려움, 분노 등은 확인시키지 않을 수 있다. 그렇게 되면 우리는 이와 동일한 밝은 인지 습관을 들이게 되는 것이다. 또는 이와 반대로 안 좋은 점에 대해서 거듭 상기받게 되면, 마찬가지로 삶에 대해 비관적인 관점을 갖게 되는 것이다.

우리는 발달 시기 중 전(前) 사색적, 전 논리적 시기 때에 이러한 주관적 패러다임, 부적응적 도식 또는 세상과 자신에 대한 부정확하고 왜곡되며 부분적인 거짓 신념을 형성한다. 그리고는 이들에 대해 좀 더 성숙한 사색을 통한 실질적인 도전을 해 보지 않은 채로 이러한 근원적인 추정들에 따라 행동한다.

자, 이제 우리가 이러한 나쁜 습관을 지속하지 않도록 객관적 패러다임과 주관적 패러다임 간의 차이점 그리고 이들의 교정하는 렌즈와 왜곡하는 렌즈에 대해 더 자세히 살펴보도록 하자.

객관적 패러다임:
적응적 인지적 도식, 적절한 렌즈

우리의 몸에는 최적으로 기능하는 특정한 법칙과 과정이 있다. 또한 피해 입지 않고 작용하도록 기능하는 꽤 좁은 허용 범위와 한계를 지녔다. 예를 들면, 우리의 체온은 어느 정도만 높이 올라가거나 낮아질 수 있는데, 안 그러면 죽는 것이다. 그리고 우리의 전해질은 반드시 일정한 균형을 유지해야 하는데, 안 그러면 곧 아프게 된다.

이와 비슷한 방식으로 인간 정신, 영 또는 본질도 그에 맞는 좋은 것과 안 좋은 것을 감지하며, 반드시 지켜지지 않으면 감정적으로 아프거나, 기가 죽게 되고, 낙심하게 되는 특정 수준의 한계 또는 경계가 있다. 정신은 몸보다는 경계와 위반을 감안하는 것에 있어서 더 융통성 있고 허용적인 것으로 보인다. 하지만 정신 역시 왜곡되거나 분열되지 않을 만큼만 무리할 수 있다. 이렇듯 우리는 아프고 구역질을 느끼게 되지 않을 만큼만의 부당함, 애정 없음, 추함, 거짓 등을 참을 수 있다.

우리가 몸과 혼의 허용치 내에서 기능하고 진정한 자기에 부합되게 살아갈 때, 우리는 이러한 객관적 원칙들 또는 자연의 법칙들에 대한 어쩌면 무의식적일 수 있지만 통찰력 있는 이해를 얻게 된다. 이럴 때 우리의 패러다임은 객관적이고 현실에 일치하며, 우리의 내적 지도는 현실을 정확하게 반영한다. 또한 우주의 법칙과 함께 우리 자신의 인간 본성, 몸, 영의 법칙과도 조화를 이루기 때문에 우리의 선택과 행동을 위한 믿을 만한 안내서가 된다. 우리는 이러한 우주적 원칙과 잘 어우러지는 삶을 살 때 가장 효과적으로 기능한다. 이 우주적 원칙들은 우리를 자기실현, 자기초월 그리고 다른 사람들과 세상과의 공동체로 이끌기 위해 짜여졌다.

스티븐 코비(Stephen Covey)는 그의 저서, 『성공하는 사람들의 7가지 습관(*The Seven Habits of Highly Effective People*)』(1990)에서 이 같은 패러다임과 원칙들에 대해 이야기한다.

> …세상에는 인간의 효율성을 주관하는 원칙들이 있다. 이 원칙들은 중력 같은 법칙들이 물리적 차원에서 그런 것처럼 현실적이고, 변하지 않으며, 논박의 여지없이 '존재하는' 인간적 차원에서의 자연 법칙들이다(p. 32).

> 원칙은 등대와 같다. 원칙은 어길 수 없는 자연 법칙이다(p. 33).

> '객관적 현실' 또는 그 영역 자체는 인간의 성장과 행복을 주관하는 '등대' 원칙들로 이루어져 있다. 즉, 역사를 통틀어 모든 문명화된 사회의 기본 구조 속에 짜여 있으며 오랫동안 이어지고 번성해 온 모든 가정과 기관의 뿌리를 구성하는 자연 법칙들로 이루어진 것이다(p. 33).

> 이러한 원칙들은 지속되어 온 사회 철학과 윤리 체계들뿐 아니라 대부분의 모든 오래된 주요 종교의 한 부분이다. 이 원칙들은 자명하며 모든 사람이 쉽게 입증할 수 있다. 이는 마치 이 원칙들 또는 자연 법칙들이 인간의 조건, 인간의 의식, 인간의 양심의 일부분과 마찬가지인 듯하다. 이 원칙들은 이것들에 대한 개인의 사회적 조건화와 충성심에 상관없이 모든 인간 안에 존재하는 듯하다. 비록 그런 조건이나 불충함으로 인해 원칙들이 감춰지거나 무감각해질 수는 있더라도 말이다(p. 34).

코비는 이 원칙들을 공정성, 완전성, 정직성, 인간의 존엄성, 봉사성, 우수성, 탁월성, 잠재력, 성장, 인내, 돌봄, 격려 등의 이름으로 나열한다.

이 진리들이 습관으로 내면화되면, 사람들로 하여금 다양한 상황에 대처할 수 있는 광범위하고 다양한 연습을 할 수 있는 힘을 준다. …우리는 옳은 원칙들을 가치 있게 여길 때 진리, 즉 모든 것을 있는 그대로 아는 지식을 갖게 된다.

우리의 지도 또는 패러다임은 이러한 원칙 또는 자연 법칙과 더 긴밀히 조율될수록, 더 정확하고 잘 기능하는 모습이 될 것이다. 옳은 지도는 우리가 태도와 행동들을 바꾸기 위해 쏟아부었던 노력들의 양보다 훨씬 더 많이 우리 개인의 그리고 대인관계에서의 효율성에 엄청난 영향을 줄 것이다(p. 35).

그 일곱 가지 습관은 **효율성**의 습관이다. 이것들은 원칙을 기반으로 하기 때문에, 가능한 한 최대한의 장기간의 이로운 결과를 가져온다. 이 습관들은 개인의 성격의 근간이 되며, 개인이 효과적으로 문제를 해결하고, 기회들을 극대화하며, 위로 향하는 나선형의 성장 상태로 다른 원칙들 또한 끊임없이 배우고 통합할 수 있게 해 주는 옳은 지도에서의 힘을 실어 주는 중심을 만들어 낸다(p. 52).

오스카 이차조는 에니어그램의 관점에서 이 과정을 설명하며, 정신을 촉진시키고 변형시키는 신성한 개념에 대해 언급한다.
클라우디오 나란조의 학생으로서 이차조에게 에니어그램 체계를 배운 알마스는 이러한 신성한 개념들에 대한 책을 저술했다(1998).

각 신성한 개념은 현실에 대한 직접적인 인식을 현실에 대한 뚜렷한 인식의 구체적인 한 특성이나 측면으로 묘사한다. 이에 따라 아홉 가지 개념은 객관적 현실에 대한 포괄적인 관점을 제공해 준다. 바로 각 에니어그램 유형의 고착은 현실에 대한 제한된 정신적 관점의 표현이며, 각 아홉 가지 자아적 관점은 신성한 개념들 중 하나에 대해 깨우친 인식의 손실 또는 부재의 직접적인 결과라는 것이다. 에니어그램에서의 고착은 현실에 대한 착각된 관점 또는 자아적인 관점을 반영하며, 에니어그램의 신성한 개념에 의해 나타나 있는 깨우친 견해의 손실을 나타낸다(p. 6).

그렇다면, 신성한 개념은 우리의 자연스러운 본래 상태를 통해 보이는 현실에 대한 객관적인 관점이다. 우리가 이것들을 개념이라고 부르는 이유는 이것들이 지적 중심인 머리에서의 일깨운 중심의 관점이기 때문이다. 이들은 현실에 대한 자아의 주관적인 여과 장치 없이 보이는 아홉 가지의 다른 관점들이다. 이 신성한 개념들을 이해한다는 것은… 하나님의 관점에서 인지하는 것을 의미한다(p. 62).

에니어그램은 우리가 자기 자신을 이해하고 현실에 맞추도록 도와주는 지도 또는 설계 체계다. 에니어그램은 프리즘처럼, 각 상응하는 아홉 가지의 착각된 관점을 가지고 현실에 대한 아홉 가지의 다양한 객관적 관점을 분리시킨다(p. 71).

나란조의 또 다른 학생이었던 산드라 마이트리(2000)는 이러한 **신성한 개념**들에 대해 묘사하면서 동료인 알마스의 말을 되풀이한다.

아홉 가지 신성한 개념은 현실에 대해 성격의 여과 장치 없이 인지될 때 이루어지는 아홉 가지의 다양하고 직접적인 인식이다. 그렇기 때문에 이들은 깨우친 아홉 가지의 다양한 관점이다. …에니어그램의 말을 빌리자면… 개념은 현실에 대한 특정한 인식이자, 현실을 보고 경험하고 이해하는 지점을 나타낸다. 신성한 개념은 특별한 영적 경험이나 의식 상태라기보다는 성격의 선입견으로부터 벗어나 자유롭게 현실을 바라보는 관점이라는 것을 명확하게 이해하는 것이 중요하다(p. 10).

에니어그램 관점은 객관적 법칙들과 조화를 이루는 아홉 가지 객관적 원칙, 가정, 개념, 견해를 인지하며 현실을 있는 그대로 바라본다. 나는 내가 객관적 패러다임 또는 적절한 렌즈라고 불러왔던 것들과 코비가 **등대** 원칙이라고 불렀던 것들이 이러한 개념들을 이해하기 위한 거의 같은 방식들이라고 믿는다. 우리가 우리를 조직하는 기본적인 패러다임을 우주와 우리 정신의 자연 법칙들과 동일선상에 놓을 때, 우리는 자연과 더불어 우리의 참 본질과 조화를 이루며 기능한다. 우리의 인식은 정확하고 우리의 지도는 현실

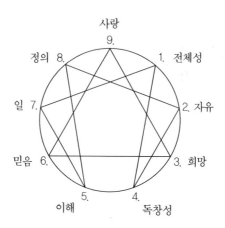

사랑
9.
정의 8.   1. 전체성
일 7.   2. 자유
믿음 6.   3. 희망
5.   4.
이해   독창성

그림 5-1 각 에니어그램 유형의 객관적 원칙

을 성실하게 표현하며, 우리의 **감정적 반응**은 적절하고 조절된 상태이고, 우리의 **행동**은 현실을 기반으로 하기 때문에 효과적이고 능숙하다.

다음은 에니어그램 관점에서 우리의 진정한 자기의 풍부한 자원 상태인 적응적 표현들을 주관하고 안내하는 **객관적 원칙**들이다. 각 설명마다 성격의 착각 또는 부적응적 신념들에 대한 짧은 묘사가 되어 있다. 이 설명들은 각 유형을 차례로 다룰 Part II에서 이어서 넓게 다뤄질 것이다.

• 1유형의 객관적 패러다임: 전체성. 이는 전체성 또는 완벽으로 다가가는 것이 과정인 개념 또는 원칙이다. 당신은 참자기를 기반으로 기능하고, 유기적인 자기 조절 과정이 일어나는 것을 허용하며, 자신의 진정한 영과 조율을 이루며 행할 때 완벽하다. 당신의 흐름을 믿고, 우주 역시 그 의무대로 흐르고 있음을 믿어라.

자신이 지닌 이상화에 따라 사는 것은 더 완벽한 것이 아니다. 도리어 이는 1유형의 망상일 수 있다.

• 2유형의 객관적 패러다임: 자유. 자유의 옳은 개념은 자연의 법칙과 현실의 한계 내에

서 사는 것을 포함한다. 자유는 이러한 법칙들로부터 벗어나는 것을 의미하지 않는다. 상호 의존은 인간 본성의 적절한 태도이지만 의존, 종속적 의존, 허위 의존은 아니다. 자유는 주고 싶을 때 주고, 주고 싶지 않을 때는 주지 않으며, 받고 싶을 때 받고, 받고 싶지 않을 때는 받지 않는 자유로움을 뜻한다.

법칙으로부터 자신만 면제받은 채로 사는 것은 더 자유롭지도, 더 애정 어린 것도 아니다. 도리어 이는 2유형의 망상일 수 있다.

- 3유형의 객관적 패러다임: 희망. 이는 당신이 일하지 않을 때조차도 우주는 원활하게 돌아간다는 원칙이다. 당신이 멈출 때에도 세상은 멈추지 않을 것이라는 사실을 믿어도 된다. 우주는 그만의 법칙으로 작용한다. 가장 효과적으로 기능하는 방법은 자연적·개인적 그리고 사회적 과정과 조화를 이루는 것이다.

자신만의 실용주의 원칙에 따라 사는 것은 더 효율적인 것이 아니다. 도리어 이는 3유형의 잘못된 신념과 희망일 수 있다.

- 4유형의 객관적 패러다임: 독창성. 이는 당신이 이미 자신의 근원, 즉 당신의 존재함의 기반에 자리하고 있다는 원칙이다. 당신은 이미 진정한 자기와 연결되어 있다. 당신은 이미 독창적이며 자신을 특별하게 만들 필요가 없다. 당신은 진정으로 소속되어 있다. 중요한 것을 놓치고 있지도 않다.

자신만의 높은 기준에 따라 사는 것은 당신을 더 진정성 있게 만들지도, 당신에게 참된 정체성을 주지도 않는다. 도리어 이는 4유형의 망상일 수 있다.

- 5유형의 객관적 패러다임: 이해. 이는 참된 지혜는 객관적인 관찰에서 온다는 원칙 대신, 참된 지혜가 경험, 참여, 개입에서 온다는 원칙이다. 당신은 자신의 머리가 지닌 지혜만큼 몸이 지닌 지혜도 가치 있게 여긴다. 알려지고, 보여지고, 드러나는 것은

알고, 보고, 드러내는 것만큼 필수적인 것이다.

자신만의 특이한 논리에 따라 살면서 숨는 것은 더 똑똑한 것도 아니고, 자기를 더 보호해 주지도 않는다. 도리어 이는 5유형의 오해일 수 있다.

- 6유형의 객관적 패러다임: 믿음. 이는 당신이 이미 존재함의 측면에 있다는 원칙이다. 힘은 당신과 함께하고 있다. 자신을 두려워할 필요도, 증명할 필요도 없다. 우주는 당신에게 도움을 주려 하고 있지, 해치려 하지 않는다. 우주는 궁극적으로 신뢰할 수 있다. 당신은 자신의 본질과 함께 다른 사람들의 참된 영과 연결된 상태일 때 두렵지 않다. 왜냐하면 아무것도 당신의 본질을 해칠 수 없기 때문이다.

독단적인 신조와 정해진 법칙에 따라서만 살거나 혹은 그에 거역하며 사는 것은 당신의 두려움 또는 불안을 없애 주지 않는다. 도리어 이는 6유형이 초조하게 믿는 것일 수 있다.

- 7유형의 객관적 패러다임: 일. 이는 현실이 현시점에 존재하고 있으며, 현재에서의 행동을 통해 전개되는 것이지 미래에 대한 환상을 그리는 것을 통해 전개되는 것이 아니라는 원칙이다. 만물에 대한 우주의 계획 또는 신성한 계획에 따라 사는 것은 현실 속에서 사는 것을 의미한다. 행복은 행동의 부산물이다.

자신만의 환상, 계획에 따라 사는 것은 당신을 더 행복하게 만들어 주지 않는다. 도리어 이는 7유형의 환각일 수 있다.

- 8유형의 객관적 패러다임: 정의. 이는 우주의 법칙은 본래 공정하다는 이치다. 모든 것은 한 대로 되돌아온다. 당신이 이러한 법칙들을 과도하게 시행하거나 주장할 필요가 없다. "원수 갚는 것이 내게 있으니 내가 갚으리라고 주께서 말씀하시니라." 당신은 우주가 결국에는 공정하다는 것을 믿어도 된다.

자신만의 정의에 따라 사는 것은 공정함과 평등을 불러오지 않는다. 도리어 이는 8유형이 믿고 싶은 것일 수 있다.

- 9유형의 객관적 패러다임: 사랑. 이는 생명체를 태어나게 한 점을 고려해 봤을 때 우주의 법칙은 궁극적으로 따뜻하고 애정 어리다는 원칙이다. 우주는 차갑지도 척박하지도 무심하지도 않다. 다시 말하면 당신은 관심받고 있고("내가 너를 모태에 짓기 전부터 너를 알았다"), 보살핌받으며 사랑받고 또한 그 보답으로 사랑을 줄 수도 있다는 뜻이다.

편안하고 느긋하고 융합된 삶을 사는 것은 통합과 조화로 이끌지도, 삶을 더 쉽게 만들지도 않는다. 도리어 이는 9유형의 망상일 수 있다.

Sheet 5-1 적응적이고 유용한 신념 찾기

당신의 내적 자원이 풍부한 상태일 때, 편안한 상태일 때, 당신의 진짜 감정들과 연결된 상태일 때, 당신의 정신이 기민하고 선명한 상태일 때, 자기 자신과 더불어 다른 사람들과 연결된 상태일 때, 온전히 현재에 있는 상태일 때, 자신과 사람들 그리고 세상에 대한 어떤 통찰과 이해가 떠오르는가? 당신이 생존하고 번성하도록 도와주었던 적응적이고 유용한 신념들은 무엇인가?

미덕: 적응적 감정적 도식

우리는 객관적 패러다임, 적응적 도식, 적절한 렌즈로 세상을 이해할 때, 자연스럽게 선한 삶의 상태를 경험한다. 본래 라틴어인 virtus는 성격의 힘이라는 표현에서와 같이 '힘'이라는 뜻을 갖고 있다. 아리스토텔레스 철학과 토마스학파 전통에서 미덕은 '좋은 습관', 얻어진 힘, 반복된 연습을 통해 '타고나는(자연스럽게 우러나오는, 자동적인, 반사적인)' 태도 또는 행동이라는 의미다. 만약 '신중한' 사람이 되기를 원한다면, 주의 깊게 선택하고 항상 요령 있게 행동하라. 그렇게 한다면 결국에는 마치 신중함이 당신의 '두 번째 본성'인 것처럼 당신은 신중한 사람이 될 것이다.

정신과 의사이자 정신 분석가인 알렌 휠리스(Allen Wheelis)는 그의 통찰적인 저서, *How People Change*(1973)에서 다음과 같이 기록했다.

> 우리는 우리가 하는 행동이다. …정체성은 행동의 통합이다.…
>
> … 인간을 정의하고 그 사람의 성격을 말해 주는 행동은 거듭 반복되어 온 행동이며, 그렇기에 적절한 때에 일관되고 상대적으로 독자적인 행동 양식이 된다. 이는 초기에는 마치 처음 차를 운전하고, 사랑을 하고, 은행을 털고, 부당함에 맞서는 것처럼 어쩌면 어설프고 불확실하기도 하고, 관심과 노력, 의지를 요하기도 한다. 만약 이러한 과정을 끈기 있게 버틴다면, 적절한 때에 노력과 관심이 덜 요구되고 원활하게 기능하게 된다. 작은 행동 요소들은 계속되는 역동성과 응집력을 지닌 더 큰 양식으로 통합되며, 그만의 자율성을 갖게 된다. 그렇게 이 상태는 한 사람에게 전체적으로 스며들게 되고, 다른 행동 양식들에도 스며들며, 다른 특성들도 풍부하게 하고, 행동이 진행되고 있지 않을 때 심지어 고려되지 않고 있을 때에도 어떤 의미에서는 살아 있으며 작용하게 된다.…
>
> 이러한 행동 양식은 스스로 유지되고 변화를 거부하는 성향을 띤다. … 사람은 살아 있는 한 변화가 가능하다. 그렇지만 이러한 행동이 더 오래 지속될수록 이 행동 양식은 더 큰 힘과 자율성을 얻게 되고, 다른 비슷한 양식들에 배어 들며, 상충되는 양식들을 경시하게 된다. 그리고 다시 바뀌는 것 역시 서서히 더 어려워지게 된다(pp. 11-12).

에니어그램 체계에서 미덕의 개념은 이러한 행동적 요소를 포함하는 동시에 세상에서 존재하는 태도와 방식 또한 내포한다. 우리의 사랑 또는 필수적인 에너지는 맑고 명확하며 왜곡되지 않은 방식의 미덕을 통해 표출된다. 이는 우리의 활력 또는 영적 에너지가 뒤틀리고 조작적인 방식으로 드러나는 나쁜 습관인 악덕과 대조된다.

산드라 마이트리(2005)는 미덕에 관해 다음과 같이 서술하고 있다.

> 어쩌면 미덕을 평가하는 가장 최선의 방법은 내적·외적 행동의 질로 나타나며, 영혼과 존재함의 조화를 보여 주는 내적 태도와 방향성일 것이다. 미덕은 성격에 의해 구조화되었을 때의 영혼이 지니는 비밀스러운 영역에 대한 의식으로부터 일어난다기보다는, 삶 속에 내포된 근원적인 선함과 풍요로움인 고유의 풍부함이자 광대함을 나타낸다.

> 이렇듯 우리가 영적으로 진보할수록 우리의 에니어그램 지점의 미덕은 우리의 내적 경험에 점점 더 영향을 미치며, 우리의 외적 행동에 드러나게 된다. …나는 미덕들이 우리의 영혼으로 하여금 존재함과 더 밀접한 조화를 이루도록 진보적으로 이끄는 안내서이기도 하다는 점을 알게 되었다. 즉, 이는 미덕이 나타내는 태도를 이해하고, 우리의 내적 과정과의 적절한 관계와 더불어 외적 상황에 대한 반응으로서의 적절한 행동을 찾도록 도와주는 안내서로써 이 태도를 사용하는 것에 있어 지혜의 더 나은 부분인 것이다(p. 20).

미덕은 객관적 패러다임, 적응적 도식, 적절한 렌즈의 타고난 동반자다. 이와 반대로 악덕은 주관적 패러다임, 부적응적 도식, 왜곡하는 렌즈의 교활한 동반자다.

에니어그램의 관점에서 각 성격 패러다임은 그 사람이 자신의 본질 또는 진정한 자기를 기반으로 살아갈 때 존재하는 각 특유의 미덕을 갖고 있다. 뒤에 나올 분류에서 볼 수 있듯이, 각 미덕은 각 악덕과 상반되는 양극성을 지녔다. 미덕은 이 세상에서의 적절한(이 표현은 우리의 자기와 관련된 단어인 proprius에서 기인했다) 자세 또는 존재 방식이다. 반면, 악덕 또는 격정(이 표현은 우리가 겪고, 우리에게 일어나고, 우리를 몰아가는 무언가를 뜻하는 단어인 passio에서 기인했다)은 이 세상에서의 부적절한 자세 또는 존재 방식이다(이는 적절한 자기가 아닌 우리의 보상하는 성격에서 비롯되기 때문에 부적절한 것이다).

미덕을 경험하기 위한 영적 수행은 악덕의 고통에 휘말리며 이를 주시하지만, 이에 따라 행동하지는 않는다. 그 결과로서 생긴 것이 바로 미덕이다. 악덕의 에너지는 미덕의

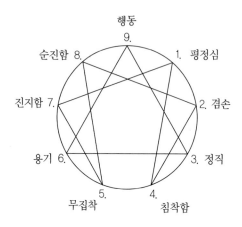

행동
9.
순진함 8.
1. 평정심
2. 겸손
진지함 7.
용기 6.
3. 정직
5.
무집착
4.
침착함

그림 5-2 각 에니어그램 유형의 미덕

에너지와 만나게 되는데, 이것이 에난티오드로미아(enantiodromia)의 원칙이다. 융이 알아차린 이 원칙은 양극성 안에서의 에너지 흐름으로서, 상반된 것으로 향하는 움직임을 의미한다. 즉, '사물은 그와 반대되는 것과 만나게 된다'. 뒤에 나올 미덕의 요약에서는 어떻게 이 현상이 나타나는지 간단하게 보여 줄 것이다.

에니어그램 관점의 아홉 가지 객관적 패러다임 또는 적절한 렌즈를 수반하는 미덕의 특성은 [그림 5-2]와 같다.

- 1유형의 객관적 패러다임: 평정심은 자기 안에서 중심이 되는 경험과 전체성과 자기 지지의 느낌으로부터 흘러나온다. 평정심의 상태에 있을 때 우리는 자신과 더불어 다른 사람들과 연결되고 편안함을 느끼며, 현재의 순간에서 안정할 수 있게 된다. 우리는 상반되는 것들 사이에서 균형과 창조적인 긴장을 경험하게 된다.

1유형이 화와 분노를 느끼게 되어도 이러한 악덕에 따라 행동하지 않을 때, 이들은 평정심을 경험한다.

- 2유형의 객관적 패러다임: 겸손은 조종하기 위해 사랑을 주는 것이 아니라, 사랑이 필

요한 곳에 자유롭게 흐르도록 허용하는 미덕이다. 겸손은 현실 원칙이다. 다시 말하면 우리의 한계를 인정하고 경계를 설정한다는 것이다. 겸손은 우리가 "네"만큼 "아니요"도 말할 수 있게 해 준다.

2유형이 주는 것에 있어서 그들의 한없는 자원과 더불어 다른 사람의 인생에서 자신의 존재감이 지닌 절대적인 필요성으로 인해 신과 같은 **자만**을 느끼게 되어도 자신의 창조자의 자리를 가장하려 하지 않을 때, 이들은 욕구와 제한된 능력을 지닌 이들의 타고난 위치와 더불어 겸손을 경험한다.

• **3유형의 객관적 패러다임**: 정직은 우리의 내적 현실을 숨기고 과장하거나, 외적 이미지와 역할을 이용해 홍보하지 않고, 있는 그대로 수용하고 표현하는 것이다. 이럴 때 우리는 다른 사람들의 눈에 우리가 성공적으로 비춰지게 해 줄 것이라고 믿는 모습을 가장하는 것 대신 자기 자신과 자신의 헌신에 충실하게 된다.

3유형이 기만하고 싶을 때에도 자기 자신 또는 다른 사람들에게 거짓말하지 않기로 선택할 때, 이들은 **정직**의 미덕을 경험한다.

• **4유형의 객관적 패러다임**: 침착함은 삶이 균형 잡힌 것으로 경험되고 표출되는 것이다. 이럴 때 우리는 내적 또는 외적 자극에 의해 과하게 감정적으로 영향받지 않는다. 또한 비현실적인 방식 대신 현실적인 방식으로 사람들과 사건들에 반응한다. 침착함은 빠진 것처럼 느껴지는 상상 속 무언가를 열망하지 않은 채로 현재 순간에서 완전함을 느낄 수 있게 해 준다.

4유형이 다른 사람들의 관계, 우수한 성질, 행복을 선망하면서도 이 악덕을 추구하지 않을 때, 이들은 **침착함**을 경험하며 자신은 지금 완벽하게 행복함을 느끼기에 필요한 모든 것을 갖고 있다는 것을 깨닫게 된다.

- **5유형의 객관적 패러다임:** 무집착은 사랑이 바깥에 드러나지 않고 안에 억눌려 있는 것이 아니라, 끊임없이 흐르는 것으로 경험되고 표출되는 것이다. 삶의 에너지는 자기의 안팎으로 자유롭게 흐르게 된다. 분리된 사람은 필요한 만큼만 받아들이고 나머지는 흘려보낸다. 세상은 다른 사람들과 자기의 상호 계발을 위해 관여되고 개입된 것이다.

5유형이 탐욕과 인색함에 사로잡혀도 이를 내려놓을 때, 이들은 무집착의 상태를 경험한다.

- **6유형의 객관적 패러다임:** 용기는 각 사람이 자신의 존재함에 대해 지니는 책임감을 인정하고 받아들이는 것이다. 아무도 이 책임을 위임하거나 없앨 수 없다. 용기는 본질의 자질이다. 우리는 용감해질 필요도 증명할 필요도 없다. 우리는 우리 자신과 다른 사람들의 삶을 지킬 수 있는 능력이 충분히 있다.

6유형이 두려움을 느끼면서도 이로 인해 제약받고, 하지 못하게 되거나 몰아가게 되는 것을 허용치 않을 때, 이들은 자율적으로 행동하기 위한 용기를 경험하고 표출한다.

- **7유형의 객관적 패러다임:** 진지함은 균형감을 준다. 진지한 사람은 필요한 만큼만 취하고 정확히 필요한 에너지만큼만 사용한다. 차분하고 합당한 방식으로 삶을 살게 된다. 행복은 굉장히 멋진 미래를 계획하는 것 대신 현재에서 일하고 사는 것의 결과다.

7유형이 과한 탐욕의 고통 속에서 흥분과 새로운 것을 갈망할 때에도 자신의 본질과 그 순간에 기반을 둔 상태를 유지할 때, 이들은 **진지함**의 상태를 경험하고 살아간다.

- **8유형의 객관적 패러다임:** 순진함은 해치지 않으려는 태도다. 누가 왜 당신을 해치려 하겠는가? 그리고 왜 당신이 누군가를 해치려 하겠는가? 순진함은 판단과 지치게 하

는 기대 없이 현재 순간에 대한 아이 같은 반응으로서 경험되고 표출되는 삶이다.

8유형이 탐욕스러운 마음이 들 때에도 다른 사람들과 자신의 삶을 못살게 굴지 않을 때, 이들은 순진함의 미덕을 체화하게 된다.

- 9유형의 객관적 패러다임: 행동은 사랑받는 것에 대한 감사에서 흘러나온다. 이는 전달되기를 바라는 사랑 자체다. 존재한다는 것은 행동하는 것이다. **행동**은 자신이 필요한 것을 알고 원하는 것을 추구하며 진정한 자기와 연결된 사람의 자연스러운 표현이다. 우리는 행동을 통해 자아로부터의 개입 없이 자기를 구분 짓고 발달시킨다.

9유형이 나태함에 빠지면서도 이 악덕에 의해 산만해지거나 멍해지지 않을 때, 이들은 정신을 차리고 자신의 목표와 운명을 적극적으로 추구한다.

Sheet 5-2 당신의 활력 에너지 느끼기

당신에게 있어서 삶의 에너지가 당신 안으로, 주위로 그리고 바깥으로 자유롭게 흐르는 경험은 어떤 느낌인가? 당신에게 있어서 흐름의 상태에 있을 때의 경험은 어떤 것인가? 당신은 내적 자유와 외적 효능에 대한 느낌이 있는가?

주관적 패러다임: 부적응적 인지적 도식, 왜곡하는 렌즈

우리가 핵심 자기와 연결이 끊기게 되고, 따라서 이러한 자연의 법칙들, 지침, 객관적 패러다임 그리고 우리의 진정한 자기 내에서 작용하는 내성과 연결이 끊어지게 되면, 우리의 인식은 주관적이고 왜곡되고 부정확하며 믿을 수 없는 것이 된다. 또한 우리의 감정은 불안정하거나 위축되고, 상황에 부적절한 반응이 된다. 그리고 우리의 **행동**은 비효율적이고 불만족스럽게 된다.

우리는 자기 자신과 다른 사람들의 정체성 그리고 사람들과의 상호작용이 어떤 모습일지에 대해 잘못된 생각을 갖는다.

우리 몸을 조절하는 유기적 능력과 우주가 자체를 다스리는 능력을 믿지 못하게 되면, 우리는 이렇게 **빠져** 있는 객관적 사실과 패러다임을 대체하기 위해 자신의 옛 믿음 체계와 추정들을 만들어 내야 할 필요를 느끼게 된다. 결국 우리는 자기 자신에 대한 통제감과 의미를 갈망하며 자신만의 주관적인 현실을 창조하게 된다.

우리의 주관적인 현실 양식은 계속해서 이를 이용할 수 있을 만큼 충분히 잘 작용하기 위해 현실과 꽤 가깝지만, 무언가가 **빠져** 있거나 혹은 잘못되었다고 느낄 만큼 왜곡되어 있다. 우리의 대체 패러다임은 부분적으로만 현실을 반영하고 우리의 욕구를 채워 주기 때문에 여전히 어느 정도의 불안 또는 불만족이 남아 있다. 이렇듯 사라지지 않는 불쾌한 느낌들은 무언가가 틀려졌다는 사실을 상기시켜 주며, 심지어는 우리의 비전, 태도 그리고 그에 따른 결과를 고치기 위해 우리가 가야 할 방향을 보여 주기도 한다.

주관적 패러다임은 우리의 인식을 편협하게 하고 터널 시야를 주는 경향이 있다. 우리의 세계관은 융통성 없고 완강해진다. 우리는 바커(1992)가 말한 '범주의 경화'로 고통받게 된다. 그렇게 우리는 에니어그램 지점의 관점에서 360도의 파노라마 시야 대신 40도의 시야만을 갖게 된다(360도의 9분의 1이다). 좁혀진 틈으로 세상을 보게 되는 것이다.

적응력은 인간 정신의 재능이자 동시에 아킬레스건이다. 인간 사회와 인간 개개인은 그들의 신체적·문화적 환경에 적응하는 놀라운 능력 덕분에 다른 종들이 멸종한 곳에서도 살아남아 왔다. 그중에는 다른 종들을 대대적으로 죽이는 인간의 능력도 **빠질** 수 없다.

심지어 우리는 인지적으로도 주위 환경에 적응할 수 있다. 몇 년 전 주목할 만한 실험에서 지원자들은 시야를 뒤집고 거꾸로 보이게 하는 안경을 착용했다. 이들이 실험 렌즈를 통해 바라봤을 때 의자는 천장에 있었고 샹들리에는 바닥에 있는 것처럼 보였다. 오른편에 있었던 것이 이제는 왼편에 있는 것이었다. 처음 며칠 동안 참가자들은 구역질을 느꼈다. 하지만 한 주 만에 이들은 뒤집히고 거꾸로 된 채로도 글씨를 유창히 쓰게 되었다. 더 놀라운 것은, 그중 한 사람은 출퇴근 시간 때의 차량들 사이로 자전거를 탈 수 있었다는 것이다.

좋은 소식은 인간의 정신이 이렇듯 놀라운 신경가소성을 지녔다는 것이다. 나쁜 소식은 우리는 적응한 뒤에 그 사실을 까먹는다는 것이다. 우리는 보상하는 도식을 이용해 적응하고, 왜곡하는 패러다임에 익숙해지고 나서, 우리가 굴절된 렌즈를 통해 세상을 보고 있다는 것을 잊게 된다. 그렇게 우리는 개조된 태도, 인식, 믿음 체계, 추정을 정확하고 진짜인 것으로 받아들이게 된다. 다른 사람들도 우리와 같이 사물을 뒤집히고 반대로 된 형태로 보지 않는가?

코비가 언급했듯이, "패러다임은 우리가 세상을 보는 대로 렌즈를 창조하기 때문에 강력하다." 에니어그램 관점은 우리의 렌즈를 **통해** 바라보는 것 대신 렌즈 **자체**를 살펴보는 기회를 제공해 준다. 우리는 쓰고 있는 안경을 통해 사물을 바라볼 때, 렌즈에 비치는 모습에 따라 우리가 보고 있는 대상의 모습을 바꾼다. 우리는 각자가 지닌 특정 여과 장치를 통해 에니어그램이 우리에게 가리키고 있는 것까지 처리할 것이기 때문에, 한 걸음 물러서서 활동하고 있는 우리의 렌즈를 잡아 두려면 아마도 어느 정도의 시간과 연습, 자기반성과 관찰이 필요할 것이다.

이제 아홉 가지 성격 유형의 렌즈를 뒤틀리게 만드는 **주관적 원칙들** 또는 부적응적 도

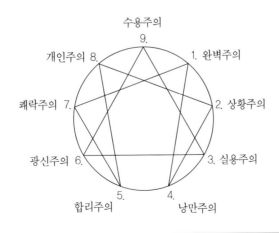

그림 5-3 각 에니어그램 유형의 왜곡된 원칙

식을 살펴보자. 이 특성이 모두 주의로 표현되어 있는 점에 주목하라. 주의는 우상 숭배의 형태로, 단지 창조물일 뿐인 것을 절대적인 것으로 만드는 모습을 말한다. 이는 존재함, 은혜, 구원과 같은 진짜의 것의 대체물 역할을 한다. 왜곡하는 패러다임 각각은 스스로를 최고의 권위 또는 신으로 설정한다.

- **1유형의 주관적 패러다임: 완벽주의.** 이는 완벽함을 절대적인 것으로 만드는 것을 포함한다. 당신이 완벽에 다다르게 되면 구원받고 받아들여지고 비난의 경지를 넘어서게 될 것이라고 여기는 것은 잘못된 생각이다. 당신은 자신을 신으로 자청하고 무엇이 옳고 그른지를 선언한다. 또한 좋은 것에 대한 정의를 내리면서도 이미 존재하는 좋은 것을 더 나은 것으로 만들려 하며 거듭 방해한다. 나는 시도하기 때문에 가치 있는 존재다.

- **2유형의 주관적 패러다임: 상황주의.** 이는 사랑하는 것을 절대적인 것으로 만드는 것을 포함한다. 사랑이라는 명목 아래에서는 모든 것이 허용된다. 당신이 충분히 사랑하면 인정받고 주목받으며 그에 대한 보답으로 사랑받게 될 것이라고 여기는 것은 잘못된 생각이다. 당신은 자신을 이 우주에서 사랑하고 구원하는 존재로서 신의 위치에 있는 것처럼 가장한다. 당신은 구조가 필요한 사람과 그 방법, 때, 장소를 결정한다. 나는 희생하기 때문에 가치 있는 존재다.

- **3유형의 주관적 패러다임: 실용주의.** 이는 성취하는 것을 절대적인 것으로 만드는 것을 포함한다. 효과가 있는 것이라면 괜찮은 것이다. 실리주의에서는 결과가 수단을 정당화한다. 당신이 충분히 수행하고 생산하고 사람들이 원하는 것을 주면 받아들여지고 사람들이 좋아할 것이라고 여기는 것은 잘못된 생각이다. 당신은 근면성과 일을 신으로 여긴다. 일중독이 여기서는 절대적인 것이다. 당신은 완료되어야 할 것을 결정한다. 나는 하기 때문에 가치 있는 존재다.

- **4유형의 주관적 패러다임: 낭만주의.** 상상이 절대적인 것이 된다. 당신의 환상 속 삶은 진짜 삶보다 더 매력적이고 만족스러운 것이 된다. 당신의 성격이 지닌 낭만이 어떤 이유에서인지 당신의 본질을 향한 갈망을 채워 줄 것이라 여기는 것은 잘못된 생각이다. 이는 자신을 충분히 특별하게 만들면 절대 버림받지 않을 것이라는 잘못된 신

념을 수반한다. 당신은 죽음과 부활에 대해 자연스럽게 슬퍼하는 과정을 우울감으로 대신한다. 당신은 무엇이 진짜이고 아름다운지를 결정한다. 나는 느끼기 때문에 존재한다.

- 5유형의 주관적 패러다임: 합리주의. 이는 이성을 절대적인 것으로 만드는 것을 포함한다. 당신은 자신을 스스로 지킨다. 생각이 감각, 느낌, 경험, 행동보다 우위에 있다. 이해야말로 진정으로 중요한 것이다. 당신이 모든 것을 지적으로 이해하거나 또는 최소한 모든 것을 안다는 인상을 주면, 관여되거나 기만당하지는 않은 채로 받아들여질 것이라고 여기는 것은 잘못된 생각이다. 당신은 더 고결한 정신 또는 신의 지혜를 자신의 정신으로 대체한다. 당신은 무엇이 사실인지를 결정한다. 나는 생각하기 때문에 존재한다.

- 6유형의 주관적 패러다임: 광신주의. 이는 신념과 전념을 절대적인 것으로 만드는 것을 포함한다. 당신이 충분히 열심히 하고 충성스러우며 용감하면, 받아들여지고 보상을 받으며 벌받거나 해를 당하지 않을 것이라고 여기는 것은 잘못된 생각이다. 법의 내용이 법의 정신보다 우위에 있다. 권위는 긍정적으로든 부정적으로든 막중한 책임을 진다. 이에 따라 당신은 신의 하인 아니면 악마의 옹호자가 된다. 당신은 믿음을 통설로 대체하며, 어떤 대의명분이 가치 있는 것인지를 결정한다. 나는 믿기 때문에 칭찬받을 만하며 안전하다.

- 7유형의 주관적 패러다임: 쾌락주의. 이는 쾌락을 절대적인 것으로 만드는 것을 포함한다. 기분 좋은 것이라면, 그냥 하는 것이다. 무언가가 가치 있기 위해서는 항상 흥분되고 새로우며 기분 좋은 것이어야 한다고 여기는 것은 잘못된 생각이다. 이는 당신이 고통을 회피하고 행복한 것처럼 보이며 밝은 희망을 바라면 괜찮아질 것이라고 생각하는 믿음이다. 당신은 자신의 진정한 운명 또는 신의 뜻을 자기 자신의 계획으로 대신한다. 당신은 미래가 어떤 모습일지를 결정한다. 나는 경험하기 때문에 살아 있다.

- 8유형의 주관적 패러다임: 개인주의. 이는 힘과 독립성을 절대적인 것으로 만드는 것을 포함한다. 구원이 힘과 자급자족에 있다고 여기는 것은 잘못된 생각이다. 이는 당신이 위협적이고 자신감 있는 모습으로 보이면, 사람들이 당신을 좋아하고 존중

해 줄 것이라고, 아니면 최소한 당신을 방해하지 않을 것이라고 생각하는 믿음이다. 당신은 신의 주권의 자리에 자신을 앉히며, 무엇이 공정한 것이고 당신의 옳은 길인지를 결정한다. 나는 나의 것을 하기 때문에 난공불락이다.

• 9유형의 주관적 패러다임: 수용주의. 이는 물러남과 무활동을 절대적인 것으로 만드는 것을 포함한다. 영적 수동성과 무감각은 신의 뜻과 협력하는 것의 대체제가 된다. 아무 것도 하지 않거나 가능한 한 최소한으로 하는 것이 당신을 지켜 줄 것이라고 여기는 것은 잘못된 생각이다. 흐름을 따라가라. 최소한의 저항으로 길을 따라가라. 당신은 결정하지 않기로 결정한다. 나는 주위와 어우러지고 안정하기 때문에 모든 것이다.

이들 각각의 객관적·주관적 원칙에 대한 더 완전한 설명은 각 성격 패러다임과 렌즈를 자세하게 다루게 될 뒤의 장들에서 볼 수 있다.

Sheet 5-3 부적응적이고 도움이 안 되는 신념 찾기

> 당신의 내적 자원이 풍부하지 않은 상태일 때, 당신의 몸이 당신에게 보내는 신호들과 연결되지 못한 상태일 때, 당신의 감정들이 사건을 잘못 이해한 것에서 일어났을 때, 당신의 정신이 산만하거나 어수선하거나 강박적일 때, 이러한 상황들에서 당신은 현실을 어떻게 바라보는가? 당신의 시야를 왜곡하고 삶을 방해하는 부적응적이고 도움이 안 되는 당신의 신념들은 무엇인가?

악덕: 부적응적 감정적 도식

주관적 패러다임은 우리의 인식을 왜곡하는 것 외에도 우리의 에너지 또한 왜곡한다. 객관적 패러다임과 현실적인 평가가 우리의 **활력**이자 우리의 유기적인 필수 에너지를 안내할 때, 에너지는 선한 창조적 행위로서 완전하게, 자유롭게, 직접적으로 흐른다. 이때 우리는 행복하고 열린 기분을 느낀다. 우리의 에너지는 자기실현과 초월로 이어지게 된다. 반면, 주관적 패러다임과 왜곡하는 평가가 우리의 생명 에너지를 이끌 때, 에너지는 자아 에너지로서 나가며 조종하고, 중독성 있으며, 반복적인 행동들을 더 심하게 한다. 이때 우리는 내몰리고 압박당하는 느낌을 받는다. 우리의 에너지는 자아를 만족시키고 보호하게 된다.

　신성한 심리학에서는 이러한 악덕들이 **칠죄종** 또는 **일곱** 가지 **죄악**과 일치한다. 우리의 정신은 규칙성을 추구하기 때문에, 엉망 속에서도 질서를 찾는다. 악덕을 분류하는 이 전통은 기독교 금욕주의자인 에바그리우스 때까지 거슬러 올라간다.

　초기 인지 이론가로서 에바그리우스는 그가 생각하기에 죄는 아니지만 죄가 될 수 있는 행위로 이끌 수도 있는 자동적인 정신 현상의 기본적인 발현으로서 여덟 가지 **로기스모이**(logismoi) 또는 '**나쁜 생각**'을 열거했다. 이러한 생각들이 마음속에 떠오르는 것은 우리가 선택하거나 통제할 수 있는 부분이 아니다. 하지만 이들이 그곳에 남아 있게 하든지 아니면 열렬한 반응으로 표출되게 하든지의 여부는 우리가 통제할 수 있는 부분이다. 즉, 우리는 자유롭게 관심의 초점을 바꿀 수 있다는 것이다. 우리는 생각의 방향 또는 기분의 충동을 무의식적으로 따르지 않아도 된다. 에바그리우스에 의하면 이러한 여덟 가지 포괄적인 생각은 모든 특정 생각을 아우른다. 그는 이 생각들을 과욕, 음행, 탐욕, 낙담, 분노, 나태함, 허영, 자만으로 열거했다. 에바그리우스의 분류 체계에서 이 죄들은 인지적 · 감정적 · 행동적 도식의 혼합이다.

　이 범주는 모든 에니어그램 유형을 하나씩 담아 내고 있는데, 단지 두려움의 절정을 포함한 6유형만 빠져 있다. 어느 정신 분석가는 이것이 에바그리우스만의 잘못이었다고 짐작하고 싶어 할 수도 있다. 우리 역시 그런 유혹을 느낀다.

　존 카시안(John Cassian)은 에바그리우스의 목록을 서양으로 들여와 8대 악덕에 대해 기록했다.

　일부 전통에서는 아마도 완벽과 완전성을 상징했던 7의 수비학에 맞추기 위해 대죄의 수가 7가지로 줄었다. 그런 이유로 7세기에는 동양의 존 클리마쿠스(John Climacus)와 서양의 성그레고리(Gregory the Great)가 7대 악덕을 선택했으며, 허영과 자만을 결합시켰다. 14세기에는 제프리 초서(Geoffrey Chaucer)가 그의 저서인 『캔터베리 이야기(Canterbury Tales)』에서 7대죄를 기록했다. 20세기에는 오스카 이차조가 에니어그램 원

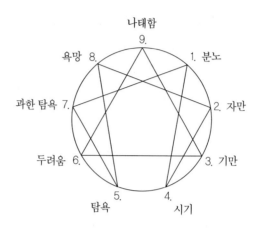

그림 5-4 각 에니어그램 유형의 악덕

의 상징 주위로 나머지 두 가지 경향인 두려움과 기만을 추가한 7대죄를 배치했다.

이차조는 성격에 대해 설명할 때, 악덕들은 왜곡된 방식으로 표출되는 우리의 생명 에너지를 나타낸다고 말했다. 자연스럽고 분명하며 맑은 방식으로 흐르는 사랑 또는 활력이 넘치는 에너지인 미덕과는 다르게 악덕은 어두워지고 기만적인 방식으로 재설정된 사랑이다.

세속적인 심리학에서는 악덕 또는 격정이 주로 강박, 중독으로 묘사된다. 그리고 정말로 악덕에는 중독성 있고 반복적이며 통제가 불가하고 사로잡히는 성질이 있다. 또한 악덕은 **부적응적 감정적 도식**으로 개념화될 수 있는 반면, 미덕은 **적응적 감정적 도식**이 될 수 있다. 부적응적 도식, 악덕(나쁜 습관) 또는 대죄는 끝없이 편협해지고 자멸적인 좁은 길로 이어진다. 그렇지만 적응적 도식, 미덕 또는 좋은 습관은 우리를 향해 현실을 열어주며, 자기실현적이고 초월적인 태도와 행동으로 이끈다.

각 아홉 가지 유형의 악덕과 주관적 패러다임 또는 왜곡하는 렌즈 간의 상호 강화적인 상호작용은 다음과 같은 결과를 낸다.

• 1유형의 주관적 패러다임: 완벽주의적인 높은 기준과 이상은 현재 있는 것에서 빠진 것과 불만족스러운 것을 보는 모습을 유발한다. 이는 분노로 이어지는데, 왜냐하면

세상과 자기 모두 이러한 높은 기준과 기대에 미치지 못하기 때문이다. 이는 공정하지 못하다고 느끼는 것이다. 그렇게 1유형은 자신과 자신이 닥친 상황을 개선하기 위해 더 열심히 노력하지만 이는 이들로 하여금 더 화가 나게 만들고, 이는 다시 계속해서 더 열심히 노력하게 만든다.

- 2유형의 주관적 패러다임: 자신을 도움이 필요한 이 세상에서 돕는 자로 인식하는 2유형은 자신이 돕는 것에 있어서 무한정의 자원이 있으며 그 자원은 보충될 필요가 없다고 믿는다. 이들은 도움을 필요로 하는 것이 아닌, 필요함을 받는다. 이는 2유형을 자만으로 이끌며, 그렇게 2유형은 더 도움을 주고 나눠 주도록 내몰리게 되고, 그런 이유로 다른 사람들의 삶에서 점점 더 중요해지게 된다. 이는 2유형으로 하여금 자만을 느끼게 하고, 이는 다시 이들로 하여금 더 도움을 주어야만 하는 상태로 만든다.

- 3유형의 주관적 패러다임: 다른 사람들의 눈에 성공적으로 비춰지고 싶은 욕구는 이들의 대외적 이미지와 페르소나를 가꿔야만 하게끔 만든다. 이것이 기만으로 이어지게 되면서, 3유형은 사람들이 기대하는 모습에 자신을 맞춘다. 자신의 이미지, 역할과 참자기 모습이 일치하지 않게 된다. 에너지는 진정한 자기의 성장 대신 이미지 개발에 쓰이게 된다. 당신이 얻는 것보다 보는 것이 더 중요해진다. 진짜 기분, 욕구, 의도는 뒤로 밀려나게 되고 사라지게 될 수도 있다. 이제는 진실을 말하는 것보다 거짓말을 하는 것이 더 쉬워졌을 수도 있다.

- 4유형의 주관적 패러다임: 특별해지고 싶다면, 남들보다 더 특별해져야 한다. 이는 다른 사람들과 자신을 비교하고 그들이 당신이 갖고 있지 않은 것을 갖고 있는지 보는 모습으로 이어진다. 이렇게 시기가 유발된다. 다른 사람들의 재능을 인정하는 것 대신 4유형은 자신의 부족한 모습으로 인해 슬퍼한다. 이는 이들로 하여금 버려지거나 남겨질지 모른다는 두려움을 악화시키며, 그로 인해 이들은 실제와 환상 속에서 자신을 더 특별하게 만들어야 한다. 이는 더 많은 비교와 더한 시기심, 우울감, 특별해져야 할 필요로 이어지게 되고, 그렇게 이상화된 자아상과 악덕의 자멸적인 순환을 하게 된다.

- 5유형의 주관적 패러다임: 5유형은 통찰력 있고 지혜로운 모습으로 보이고 싶기 때

문에 지식과 정보를 얻어야 한다. 또한 다른 사람들에게 의존하고 싶지 않기 때문에 필요할지 모를 자원들을 모조리 비밀리에 비축한다. 비축하는 행동과 정보에 대한 욕심은 탐욕으로 이어진다. 또한 5유형은 시간, 발상, 감정, 자기 자신 같은 자신의 자료와 영적 재산에 의지하며 이를 쓰기 아까워한다. 정보와 자료를 모으는 모습은 더욱 욕심 내어 얻으려 하고 탐욕스럽게 저장하려는 모습으로 이끈다. 어리석게 보이거나 의존하는 것에 대한 두려움은 더한 사냥과 수집 등으로 이어지게 된다.

• 6유형의 주관적 패러다임: 6유형은 충실하고 변함없으며 헌신하고 순종적인 모습과 동일시하기 때문에 극한 경기에 나간 검투사의 환경 같은 곳에서 자신을 시험하고 증명해야 한다. 이는 이들에게 맡겨진 임무와 시험을 해낼 수 있을지에 대한 **두려움**의 기운을 조성한다. 이 공포는 이들이 두려워하는 것에 대한 걱정과 억제, 회피로까지 이어질 수 있다. 혹은 두려워하는 대상을 향해 공포 대항적인 행동을 하거나 공격할 수도 있다. 두 접근법 모두 자신을 증명하려는 것에 집착하고 두려움에 반발하는 모습에 기여한다. 그리고 이는 더한 두려움을 유도하게 되고, 다시 이는 더욱 용감한 행위로 이어지게 된다.

• 7유형의 주관적 패러다임: 나는 괜찮다는 자아상과 더불어 낙관적인 사고방식은 점점 더한 즐거움을 찾는 모습으로 이어진다. 적은 양이 괜찮다면, 더 많은 양은 더 괜찮은 것이다. 이는 더 흥미롭고 흥분되는 경험들을 모으는 쾌락주의적인 접근법인 **과한 탐욕**을 기른다. 새로운 만남은 자아를 즐겁게 하지만 딱히 참자기를 만족시켜 주지는 않는다. 그렇게 성취적인 경험들이 아닌 재미를 채워 주는 경험들의 중독적인 순환이 계속된다.

• 8유형의 주관적 패러다임: 강하고, 삶에 대한 허튼 수작을 용납하지 않는 접근법, 가질 수 있는 것은 다 가져야 한다는 태도, 누릴 수 있는 모든 풍미를 누리면서 사는 것, 카르페 디엠(현재를 즐겨라)의 모습은 과잉으로 이끄는 **욕망**에 불을 붙인다. 삶에 대한 이 게걸스러운 접근법은 8유형이 지닌 삶보다 더 큰 강하고 능력 있는 자아상을 충족시킨다. 이러한 힘의 위치에서 더 소유욕이 강하고 탐욕스럽고 요구적인 태도와 행동이 나타나게 되며, 이는 더한 과잉으로 이끌고, 이는 다시 더한 자기증대

를 유도한다.

• 9유형의 주관적 패러다임: 삶에 대한 느긋한 접근법과 더불어 **나태함**의 모습을 보이는 정착한 아군 같은 자아상은 자기망각과 자기무시로 이어진다. 결정을 내리고 조치를 취하는 것은 9유형이 싫어하는 갈등으로 이어질 수도 있다. 나태함은 결정을 방해하고 행동을 미루게 만든다. 관심을 갖지도 않고 행동하지도 않는 모습은 무감각과 굳어 버린 모습에 기여하며, 이는 9유형으로 하여금 자신의 진짜 감정, 욕구, 선호도, 발상으로부터 더욱 멀어지게 만들고, 이는 다시 더한 게으름과 미룸으로 이어지게 된다.

Sheet 5-4 주관적 패러다임 찾기

당신은 불안하고 좁혀지고 제한되고 강박적인 느낌을 받을 때 그 상태에서 무엇을 경험하는가? 당신이 중독되는 것은 무엇인가? 당신에게 있어서 내몰리고 통제할 수 없는 느낌과, 반대로 자신의 에너지 방향을 자유롭게 선택할 수 있는 느낌은 어떠한가? 화가 나고 고치고 싶은 마음, 자만하고 도움이 되려는 마음, 조종하고 싶고 성공적이고 싶은 마음, 슬프고 오해받는 마음, 탐욕스럽고 감추는 마음, 두렵고 의심하는 마음, 과욕과 가만히 있지 못하는 마음, 강렬하고 이기적인 마음, 나태하고 느긋한 마음을 외면하는 것이 불가능하게 느껴지는가?

알버트 엘리스(Albert Ellis)에 따르면, **객관적 패러다임**(적응적 인지적 도식), **미덕**(적응적 감정적 도식), **행동**(적응적 행동적 도식)과 **주관적 패러다임**(부적응적 인지적 도식), **악덕**(부적응적 감정적 도식), **행동**(부적응적 행동적 도식) 간의 순환하는 이 관계는 알파벳을 이용하여 일차원적인 방식으로 펼쳐질 수 있다.

성격의 A, B, C, D, E

합리적 정서 행동 치료(rational-emotive-behavioral psychotherapy)의 개발자인 알버트 엘리스(Albert Ellis, 1961)는 우리의 인지 감성 행동 체계가 어떻게 작용하고 교류하는지에 대해 설명하는 기초적인 A–B–C–D–E 모형을 다뤘다.

A는 우리에게서 반응을 이끌어 내는 **선행**(Antecedent) 자극 또는 신호를 의미한다.

B는 이 선행 사건에 대한 우리의 **신념**(Belief)을 의미한다. 바로 이 영역에서 인지 이론가들의 공헌이 특히 드러난다. 인지 이론가들은 우리의 반응에 영향을 미치는 것은 사건 자체가 아니라 우리가 사건을 인식하고 이해하거나 해석하는 방식이라고 관찰했다. 우리의 감정적·행동적 반응을 일으키는 것은 발생한 사건에 대해 우리가 부여하는 의미인 것이다. 우리의 신념, 추정, 도식, 지도 등이 B에 속한다.

C는 우리의 감정적 **결과**(Consequence)를 의미하며, 이는 선행 자극 자체가 아닌 우리가 A를 이해한 것에 따라 영향을 받는다. 만약 내가 슬픔을 느끼고 있다면 그 이유는 친구가 나와 같이 놀러가지 않아서가 아니다. 그 이유는 내가 이 일이 끔찍하다고 생각하기 때문이거나 아니면 나 스스로 행복해질 수 없다고 생각하기 때문이거나 아니면 내게 무엇인가 문제가 있는 것이 틀림없다고 믿기 때문이거나 등 이러한 이유들 때문이다.

D를 잠시 제치고, E는 우리의 인지 감정 과정으로부터 흘러나온 행동적 **결과**(Effects)를 의미한다. 사건에 대한 우리의 해석이 합리적이고 현실적이며 정확하게 상황을 반영한다면, 우리의 감정적 반응은 상황에 맞게 적절하게 바뀔 것이며 행동적 반응은 문제를 해결하는 데에 있어서 효과적일 수 있는 가능성이 높을 것이다. 반면에, 우리가 상황을 오해하고 우리의 인식이 왜곡되고 부정확하다면, 우리의 감정적 반응은 부적절해지고, 어쩌면 너무 약하거나 너무 지나치게 될 것이며, 행동적 반응은 그 대상이 잘못되고 상황을 해결하는 데 있어서 부족해지게 될 가능성이 높다.

다시 D로 돌아와서, 우리는 우리가 내린 비이성적인 또는 부적절한 해석, 가설, 신념(B)을 **반박하고**(Dispute) 이를 합리적이고, 정확하며, 현실적이고, 적절한 추정, 인식, 평가로 대체해야 할 필요가 있다.

이 과정의 한 예를 들어 보자. 당신은 의대로부터 불합격 통지서를 받았다(A, 선행사건). 만약 당신이 이를 당신 삶의 끝으로 보며 당신의 전체적인 특성과 인간성에 대한 거절로 여기거나 아니면 당신의 1학년 담임선생님께 절대로 당신을 증명하지 못하게 될 것이라고 믿는다면(B, 사건에 대한 신념 또는 해석), 당신은 우울함을 느끼게 되고(C, 감정적 결과), 우울함의 정도에 따라 자살을 꿈꾸든지 시도하든지 혹은 입학 심사관 중에 누가 있었는지를 알았다면 살인을 생각해 보기도 하거나 아니면 외딴 섬으로 가거나 아니면 일주일 내내 침대 속에만 있을 수도 있다(E, 당신의 인지 감정 과정에 따른 행동적 결과). 이러한 종류의 생각, 감정, 반응의 결과는 순환적이다. 당신은 인지적 · 감정적 · 행동적 패턴을 반복하는 것에 갇히게 되고 어떠한 진전도 하지 않게 된다.

반면, 불합격 통지서를 받고 나서(A), 당신은 자신에게 이렇게 얘기할 수도 있다. "이건 정말 실망스러운데, 정말 불편한 일이야. 이건 내게 정말 큰 손해야."(B) 그리고 나서 당신은 슬퍼하고 진심으로 이 손해에 대해 애석해할 수 있다(C). 그리고 이 사건은 당신 삶의 파멸이나 끝이 아닌, 단지 정말 실망스러운 일이라고 자신과 언쟁을 벌일 수 있다(D). 그렇게 이를 슬퍼하고 나면 당신은 이제 대안으로 넘어가서 의대에 들어갈 수 있는 또 다른 길을 고려해 보거나 아니면 당신의 능력과 흥미에 맞을 만한 다른 직업들을 생각해볼 수 있다(E). 다시 말하면, 당신의 인지적 · 감정적 · 행동적 반응은 현실적이고 상황에 적응하게 되며, 당신의 최종적인 반응은 건설적이고 효과적이며 당신의 삶을 전진시켜줄 것이다.

⟨표 5-1⟩는 에니어그램 관점의 정신 내부 역동이 엘리스의 모형을 사용해 어떻게 표로 정리될 수 있는지를 보여 준다.

A는 선행 사건이다. 이는 우리에게 들어온 외적 · 내적 자극이다.

B는 신성한 생각, 객관적 패러다임, 적응적 도식 또는 적절한 렌즈로 불려온 것들이 한 데

표 5-1 엘리스의 A, B, C, D, E 모형과 에니어그램

A	B	C	D	E
활성화 자극	신념 적응적 도식/ 가치/이상	감정적 결과 미덕	반박 대체	행동 효과 자기실현/초월 현실 지향 통합, 연결
	부적응적 도식/ 이상화	악덕		자아 유지/보호 자아 지향 분리, 절단

에 모인 장이기도 하고, 또는 집착, 주관적 패러다임, 부적응적 도식 또는 왜곡하는 렌즈가 작용하는 곳이기도 하다.

적응적 도식이 기능할 때, 우리는 우리의 해석과 신념에 대한 감정적 결과인 C에서의 반응으로 미덕을 경험하게 된다.

부적응적 도식이 기능할 때, 우리는 C에서의 악덕 또는 격정을 경험하게 된다.

객관적 패러다임/적응적 도식/적절한 렌즈/미덕이 B와 C에 있을 때, E에 있는 우리의 각 행동적 반응은 현실 지향적이 되며, 활성화 자극인 A를 효과적으로 다룰 것이다. 또한 우리의 행동은 통합적이고 실현적인 모습을 취함과 동시에 자기초월적이고 다른 사람들과 연결된 모습을 보일 것이다.

주관적 패러다임/부적응적 도식/왜곡하는 렌즈/악덕이 B와 C에 자리하고 있을 때, 우리의 행동은 자동적이고 편협하며 부적응적이고 창조적이지 않으며 반복적이 될 가능성이 높다. 우리는 자아 지향적인 행동을 취하며 B에 좀 더 반응하고, 우리의 왜곡하는 신념은 상황의 현실인 A에 반응하게 된다. 우리의 행동은 또한 자아 방어적, 자아 보호적인 성향이 되며, 자아감이 '나(이상화된 자아상)'와 '내가 아님(그림자)'으로 분열하는 과정을 수반하게 된다. 그리고 난 뒤 우리의 받아들일 수 없는 분열된 부분들을 다른 사람들에게 투사하면, 사람들과의 연결도 끊어지게 되는 것이다.

D에서 우리는 집착(부적응적 인지적 도식)과 악덕(부적응적 인지적 도식)을 자연스럽게 미덕과 선한 행동으로 이끄는 객관적 추정, 원칙과 신념으로 대체하기 위해 이들을 반박해야 한다. 여러 영적 전통에서 이 과정은 우리의 내면에 있는 '공정한 증인' 또는 관찰하는 자기를 관여시키는 과정인 분별과정으로 불린다.

인식의 세 가지 영역

만약 당신이 심미적으로 직선보다 원을 선호한다면, 객관적/주관적 패러다임, 적응적/부적응적 도식, 적절한/왜곡하는 렌즈 간의 차이점을 살펴보는 또 다른 방법은 바로 게슈탈트 심리요법의 아버지인 프리츠 펄스(Fritz Perls, 1972)의 관점에서 바라보는 것이다.

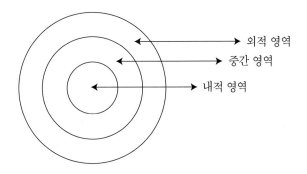

외적 영역

중간 영역

내적 영역

┌─────────┐
│ 그림 5-5 │ 프리츠 펄스의 인식의 세 가지 영역
└─────────┘

펄스의 모형에는 기관 환경이 세 가지 영역으로 이루어져 있다.

내적 영역은 우리의 본능적, 감각 운동, 직관적 영역이다. 이는 우리의 방향을 잡아 주는 감각 기능과 이리저리 이동하는 운동 기능이 자리한 곳이다. 에니어그램 체계에서 이 영역은 우리의 진짜 가치, 객관적 패러다임, 적절한 렌즈가 자리하고 있는 참자기 또는 본질의 중심 영역이다.

외적 영역은 우리의 외부 환경과 현실의 영역이다. 진정한 사람은 참자기의 내적 영역과 현실 세계의 외적 영역 모두와 연결된 사람이다. 건강한 삶에서는 내적 영역과 외적 영역이 서로 연결되어 있다.

중간 영역은 내적 영역과 외적 영역 사이에 자리하며 우리가 진정한 자기 또는 현실 세계와 잘 조화를 이루려는 것을 방해하는 환상의 중간 영역이다. 이 중간 지점은 두려움, 비극적인 예상, 기억, 환상, 추정, 신념, 합리화, 편견, 강박 관념, 오해, 왜곡, 중독적 사고, 부정적인 마음 등으로 가득하다. 이는 **환영** 또는 착각의 영역이다. 이곳은 우리의 주관적 패러다임, 부적응적 도식, 왜곡하는 렌즈 그리고 보상하는 이상화의 영역이다. 이 영역이 우리의 성격 또는 대체 자기의 집이다.

진정하지 않은 사람은 내적·외적 영역이 아닌 이 중간 영역과 연결되어 있다. 불안하거나 강박적일 때 우리의 정신적 에너지 대부분은 자기와 자기의 능력 그리고 세상과 세상이 주는 자원과 시험들과의 진정한 연결을 이루지 않고 중간 영역으로 흐른다.

이 중간 영역을 기반으로 작용할 때, 우리는 실제로 우리 주위에 있는 것보다는 우리가 실제로 있다고 생각하고 두려워하고 상상하고 추정하는 것을 인식한다. 또한 참자기보다는 우리가 자신의 내적 자기라고 믿고 해석하고 두려워하는 것과 연결된다. 그렇게 우리는 우리가 쓰고 있는 가면, 페르소나 그리고 참자기로부터 우리를 보호해 주고 참자기를 대신해 세상에 비춰지는 성격과 연결된다. 에니어그램 관련 작가인 돈 리소(Don Riso)와 러스 허드슨(Russ Hudson)은 이렇게 말했다. "성격은 우리가 의도하지 않을 때에도 드러난다."

게슈탈트 심리요법이 스스로 세운 과제는 개인이 이 중간 영역을 비우는 과정을 돕고, 그렇게 함으로써 기관 영역과 환경 영역 간의 진정한 연결이 회복될 수 있도록 하는 것이다. 그렇게 되면 개인은 실제로 현실에 있는 것(외적 영역)과 조화를 이루는 자신의 진정한 자기 경험(내적 영역)을 기반으로 관찰하고 선택할 수 있게 된다.

환상으로 이루어진 이 중간 영역이 비워지게 되면, 득도와 깨달음의 경험을 하게 된다. 갑자기 현실이 보이게 된다. 우리는 마치 꿈에서 깨어난 것처럼 최면 상태에서 나오게 된다. 이에 따라 펄스는 우리에게 자신의 마음을 버리고 감각을 깨달으라고 촉구한다. 즉, 우리를 자멸적 행동으로 이끄는 두려움, 환상, 망상, 기대(중간 영역)에 사로잡히지 말고 우리의 참자기(내적 영역)와 현실 세계(외적 영역)에 연결되라는 것이다.

에니어그램 관점에서 우리는 주관적 패러다임/부적응적 도식/왜곡하는 렌즈, 악덕, 자멸적인 행동과 함께 자아를 내려놓고 객관적 패러다임/적응적 도식/적절한 렌즈, 미덕, 자기표현적인 행동과 함께 본질을 기반으로 살아야 한다.

다음 장에서는 패러다임의 특성을 좀 더 살펴보고 이들이 아홉 가지 성격의 발현에서 어떻게 나타나는지를 알아볼 것이다.

CHAPTER **06** 패러다임의 적용

조 엘 바커(Joel Barker)는 다음에 생겨날 패러다임의 앞선 위치에 있고 싶은 사람
들을 위해 그의 저서인 *Future Edge*(1992)에서 패러다임의 수많은 영향과 적용
을 소개하고 있다. 그는 인지 이론과 성격 이론의 개념을 사업 환경에 노련하게 적용한
다. 바커의 통찰을 에니어그램 관점으로 이해함으로써 우리는 이에 수반되는 패러다
임−성격의 혼합을 얻게 된다. 이는 패러다임과 숙달, 패러다임과 직관, 패러다임과 맹점
이다.

패러다임과 숙달

바커는 패러다임이 경계를 세우고 정의하며, 우리가 성공하기 위해서는 이 경계 안에서
어떻게 작용해야 하는지를 알려 준다. 또한 패러다임은 우리에게 경기를 하기 위한 규칙

을 제공한다. 우리가 이 패러다임의 규칙에 따라 경기를 할 수 있는 한 우리는 전문가다. 만약 우리가 또 다른 패러다임의 새로운 규칙을 갖게 되거나 다른 사람들이 우리의 규범에 따라 경기하지 않는다면, 우리는 다시 초보자로 돌아가게 되어 보통은 분노하고 당황하며 혼란스러워하고 쉽게 조종당하게 된다.

바커는 특별한 기억과 체스 달인의 멋진 경기 예시를 사용한다. 적수가 경기의 규칙에 따라 말을 옮길 때, 체스 달인은 말들이 이동해야 하는 위치를 알고 있기 때문에 놀라운 정확성으로 말들의 위치를 모두 기억할 수 있다. 그렇지만 무작위적 방식으로 말을 옮기는 컴퓨터와 상대가 되었을 때, 말들의 위치를 기억하는 달인의 능력은 더 이상 다른 사람들과 다를 바 없게 된다.

이렇듯 성격 패러다임은 우리의 영역에서 우리를 달인으로 만들어 준다. 우리가 세운 대인관계 유형의 경계 내에서 우리는 자신 있고, 편안하며, 상대적으로 안전하다. 우리의 영역 안에서는 사람들도 우리와 경쟁할 수 없을 정도다. 우리는 이 영역을 오랫동안 갈고닦아 왔으며 우리의 움직임은 이제 자동적이 되었다. 하지만 다른 영역, 패러다임에 들어가게 되면 우리는 휘둘리게 된다. 이게 바로 우리의 대인관계 전략이 다른 사람들로 하여금 우리의 경기를 하도록 만드는 이유다. 이들이 우리 식의 경기를 하지 않으면 우리는 좌절하고 혼란스러워하며 더 이상의 경기를 거부한다. '사람들이 하는 경기'에 대한 교류 분석(1964)의 통찰은 우리의 이해를 도우며 이 맥락에 적용된다. 이러한 패러다임의 숙달이 에니어그램 유형에서는 어떻게 나타날까?

1유형은 옳은 것을 가려내고 해야 하는 것을 하는 것에 있어서 전문가다. 무언가를 잘하는 방법을 알고 싶다면 1유형에게 물어라. 혹은 좋은 비평이나 통제를 원한다면 1유형과 상담하라. 1유형의 술책은 옳게 하는 것이다.

반면, 1유형에게 밖으로 나와서 같이 놀자고 했을 때에는 어쩔 줄 몰라 할 수 있다. 혹은 원칙이나 죄책감이 당신에게 중요한 것이 아니라면 1유형은 당신을 다루는 법이나 동기부여하는 법을 알 수 없을 것이다.

2유형은 사람들의 필요를 알아차리고 이를 충족시켜 주기 위해 자신을 맞추는 것의 달인이다. 만약 공감하고 사람들을 도우며 편안하게 만드는 법을 배우고 싶다면 2유형에게 물어라. 2유형의 술책은 더 도움이 되고 없어서는 안 되는 사람이 되는 것이다.

반면, 2유형을 필요로 하지 않게 되면 이들은 당신과 어떻게 관계해야 할지 모르게 될 수 있다. 당신이 이들을 동등하게 대하려 한다면 이들은 아마 두려워할 것이다. 혹은 이들이 무언가를 해 주기 전에 당신이 이들을 사랑해 준다면 이들은 당황스러워할 수 있다.

3유형은 일을 완료하고, 과제를 달성하며, 좋은 모습을 보이는 것에 있어서 달인이다. 만약 현실을 체계화하고 효율적으로 일하는 법을 알고 싶다면 3유형과 상담하라. 만약 자기 자신이나 자신의 작업을 상품화하고 싶거나 성공적인 이미지를 만드는 법을 알고 싶다면 3유형에게 물어라. 어차피 이들은 이러한 조언을 해 주는 자문 사업에 종종 종사하니 말이다. 3유형의 술책은 성공적인 모습으로 앞서 있는 것이다.

그렇지만 이들이 달성해야 할 목표를 당신이 주지 않거나 당신에게 무언가를 해 줄 필요가 없게 되면 이들은 불만족스러워지며 결국 떠난다. 혹은 당신이 이들과 감정적인 수준에서 개인적으로 관계를 맺고 싶어 하면서 이들의 가식이나 성과에 딱히 흥미를 갖지 않거나 인상 깊어 하지 않는다면 이들은 당신과 관계하는 법을 모를 수 있다.

4유형은 극적인 모습의 달인이다. 이들은 강렬한 감정과 잦은 소동을 유발하는 깊은 감정의 홍수 속을 즐긴다. 이들은 자신을 특별하게 만드는 격렬함과 자극, 흥분을 좋아한다. 만약 깊은 감정을 느끼고 열정적으로 삶을 사는 법을 배우고 싶다면 4유형을 찾아가라. 만약 괴로움의 진가를 인정하고 가치 있게 여기고 싶거나 다른 사람들의 괴로움에 자신을 맞추고 싶다면 4유형에게 그 방법을 물어라. 4유형의 술책은 좀 더 세심하고 오해받고 상처받는 모습이다.

반면, 4유형과 객관적이고 지적인 방식으로 관계하려 한다면 이들은 마치 나무 속에 있는 물고기처럼 자신의 기본 성질을 잃게 될 것이다. 혹은 당신이 이들을 그다지 특별하게 여기지 않는다면 이들은 당신이 기억할 수 있도록 인상을 남기려 하거나 당신을 떠나서 좀 더 인정해 주는 관중에게로 옮겨 갈 것이다.

5유형은 사고와 관찰의 달인이다. 이들의 영역은 분명하고 뚜렷한 개념의 세계다. 이들은 자신의 머릿속에 있을 때 편안함과 안정감, 자신감을 느낀다. 만약 전체적인 그림을 보고 싶거나, 당신이 아는 것을 종합하고 싶거나, 아니면 당신이 아는 것을 그 본질 수준으로 줄이고 싶다면 5유형과 상담하라. 만약 당신의 감정 또는 상황으로부터 분리되는 법을 알고 싶다면 5유형에게 물어라. 5유형의 술책은 지혜로워 보이고 모든 것 위에 있는 모습이다.

그러나 당신이 개념에는 특별한 관심이 없고 감정 또는 행동을 믿는 사람이거나, 5유형을 그들의 머릿속에서 나오게 해서 그들의 감정과 몸으로 들어가게 만들려 한다면 이는 5유형을 불분명한 혼란의 상태로 밀어 넣는 것일 수 있다.

6유형은 걱정과 충성의 달인이다. 이들은 두려움과 흥미의 세계에 산다. 이들은 사방의 모든 위험요소를 살펴본다. 이들은 특히 권위자와 그들이 불러올 잠재적인 위협에 민감하다. 만약 책임, 충실함, 의무를 이행하는 것이 무엇인지 알고 싶다면 6유형에게 물어라. 만약 당신 주위의 위험을 찾아내고 싶다면 6유형을 관찰하라. 혹은 권위자가 신뢰로운 사람인지 알아내고 싶다면 6유형에게 이를 어떻게 시험할지에 대해 물어. 6유형의 술책은 가장 많이 의심하고 두려워하고 헌신하는 것이다.

반면, 당신이 이들에게 어느 정도의 권위를 행사하는 사람이거나, 이들이 적이라고 인지하는 사람들을 두려워하지도 않고 이들과 동맹을 맺지도 않는다면 6유형은 당신을 적으로 볼 수도 있다.

7유형은 놀이와 오락, 이야기, 모험, 공상, 인생을 즐기는 것의 달인이다. 만약 당신이 추구할 수도 없을 만큼 많은 선택지를 만드는 법을 알고 싶다면 7유형과 상담하라. 만약 삶을 즐기고, 어떠한 것에서든지 좋은 점을 찾으며, 현실에 감사하는 법을 배우고 싶다면 7유형에게 물어. 7유형의 전략은 웃는 것이다.

하지만 당신이 일을 열심히 하는 것이 옳다고 생각하거나, 7유형의 이야기와 모험을 즐겁게 느끼지 않는다면 이들은 당신을 지루한 사람이라 여기고 당신을 지상에 남겨 둔 채 날아오를 수도 있다. 한정된 결정과 반복되는 과업은 7유형의 사전에는 없는 말이다.

8유형은 힘의 달인이다. 이들은 권력을 얻고 사용하며 유지하고, 다른 사람들이 자신에게 권력을 행사하지 않도록 막는 법을 안다. 이들은 거래의 기술과 더불어 자신이 원하는 것을 얻기 위해 충분한 압박을 가하는 법을 이해한다. 만약 권력에 대해 알고 싶고 시험을 직면하며, 부담을 덜고, 엉터리를 찾아내어 끝내 버리는 법을 알고 싶다면 8유형에게 물어. 8유형의 술책은 정상에 오르는 것이다.

하지만 당신이 사랑, 평화, 부드러움의 수준에서 8유형과 관계하려 한다면 당신은 가슴을 밀어내는 거부의 손짓이나 얼굴로 향해 오는 주먹을 맞닥뜨리게 될 수도 있다. 이들은 이타심과 품위를 혼란스러워할 수 있다.

9유형은 협상, 타협, 갈등 해결 또는 회피의 달인이다. 이들은 조화를 불러오고, 상충하는 관점을 화해시키며, 중간 지점에 머무르면서 양쪽 편 모두로 뒤섞이고, 험한 세상에서 다리가 되는 법을 이해한다. 만약 느긋해지고, 모든 것을 내려놓으며, 흐름을 따르고, 걱정을 하거나 유난떨지 않는 법을 배우고 싶다면 9유형과 상담하라. 9유형의 술책은 걱정 없이 편안하며 안정적인 모습이다.

반면, 당신이 9유형과 대면하거나 이들로 하여금 입장을 취하게 하거나 또는 이들이 준비되기 전에 조치를 취하라고 밀어붙이면 당신은 고집스러운 적수를 만나게 될 수도 있다. 또한 이들에게 너무 많은 관심을 쏟거나 이들의 필요와 욕구를 너무 강압적으로 묻는다면 이들은 당신에게 어떻게 응답해야 할지 모를 수 있다.

패러다임과 직관

바커가 제시한 패러다임의 또 다른 특성은 우리가 현실의 특정 부분들을 특히 날카롭게 바라보도록 만드는 방식이다. 패러다임은 우리의 전문 분야 또는 우리가 지닌 패러다임에서의 **편의의 초점**에서 교묘한 비전과 직관적인 통찰을 제공한다.

조지 켈리(George Kelly)가 그녀의 저서인 *A Theory of Personality*(1963)에서 말했듯이, "생각구조는 일부 주제를 다루는 데 있어서는 가장 유용할 수 있다. 이러한 주제들의 범위를 편의의 초점이라고 부른다."

생각구조를 패러다임으로 바꿔 보면, 각 성격 패러다임은 일부 상황을 다루는 데 있어서는 가장 유용할 수 있다. 다시 말해서, 각 성격 패러다임은 편의의 초점을 갖고 있다.

편의의 초점은 생각구조가 가장 잘 작용하는 골수이자, 가장 좋은 위치다. 이는 가장 또렷한 현실의 측면들, 즉 패러다임이 가장 명확하고 명쾌한 설명을 제공하는 장이자 집중 조명 안에 자리하는 영역 부분을 아우른다. 이 주위를 둘러싼 영역들 역시 집중 조명에 의해 밝혀질 수 있지만, 중앙 영역들만큼 명확하고 강조되지는 않는다. 초점으로부터 더 떨어져 있고 멀리 있는 영역들은 더 모호하고 그늘진 상태로 남아 있게 되거나 또는 아예 보이지 않게 된다. 이들도 조명을 받게 하기 위해서는 또 다른 초점이나 패러다임이 필요할 수도 있다.

에니어그램 스펙트럼 안에 자리하는 각 유형은 일부 현실에 대한 직관을 지니고 있다. 헬렌 팔머는 그녀가 직관 훈련에 대해 작업한 워크숍, 영상, 글들과 그녀의 저서인 *The Enneagram*(1988)에서 이러한 아홉 가지 직관으로의 개방을 강조하고, 이들이 더 높은 수준 의식의 더 미묘한 측면들로 어떻게 이어질 수 있는지를 보여 준다.

패러다임이 제공하는 명확성 또는 천리안은 이 현상에 대해 생각해 보는 또 다른 방식이다.

에니어그램의 관점에서 아홉 가지 성격 패러다임들은 자신들이 중요하다고 간주하는 현실의 특정 측면이나 그 영역의 일부분을 찾아내고 밝히려 한다. 우리는 다른 것들보다 특정 사물을 더 명확하게 보고, 더 잘 이해하며, 다른 사람들보다 일부 문제를 더 잘 해결하고, 일부 방면에서 다른 사람들보다 더 뛰어나다. 이는 딱히 우리가 더 지적이기 때문이 아니라 단순히 우리의 패러다임이 지닌 초점이 우리가 특정 현실을 더 명확하고 손쉽게 보며, 이해하고, 다루게 해 주기 때문이다.

패러다임과 이들이 각기 가진 능력에 대해 쓰다 보니, **사랑의 블랙홀**(Groundhog Day)이라는 영화가 떠오른다. 이 영화에서 주인공은 매일 같은 시간에 같은 장소에서 일어나게 되는 저주를 받아, 똑같은 날을 계속해서 반복해야 하는 운명에 처해 있다. 이러한 순환을 몇 달간 반복하던 주인공은 시내에서 사람들을 마주칠 기회를 얻는다. 사람들은 자신들에 대해 마치 신처럼 잘 알고 있는 주인공에 감탄한다. 그래서 그는 이렇게 말한다. "신은 전지하지 않아. 그는 단지 이곳에 오래 있었을 뿐이야!"

이렇듯 우리는 신비적으로 직관력 있는 것이 아니라(그럴 수도 있긴 하지만 말이다), 단지 일생의 대부분을 같은 것을 추구하고 바라보아 온 것이다. 우리가 사물을 다른 사람들보다 더 먼저 보는 이유는 그 특정 자료를 일생 동안 주시하고 검사해 왔기 때문이다.

우리가 방으로 들어갈 때, 우리의 패러다임은 무엇이 중요하고, 무엇을 찾아야 하고, 어디를 수색해야 하는지를 말해 주기 때문에 우리는 다른 패러다임을 갖고 있는 사람들이 보지 못하는 것을 발견하게 될 수 있는데, 이는 다른 사람들 역시 우리와는 다른 방향을 바라보고 있거나 다른 것을 걸러내고 있기 때문이다. 우리가 바닥을 조사하는 동안 이들은 천장을 정찰할 수도 있는 것이다. 우리는 카펫의 전문가이지만 이들은 샹들리에의 전문가다. 아홉 가지 렌즈 또는 패러다임의 **지각적 예리함**은 아래의 영역 안에 자리한다.

1유형은 방에 들어갈 때 결함, 불완전함, 잘못된 부분을 알아차린다. 이들은 당신이 무언가를 말하려고 더듬거릴 때 알맞은 단어를 말해 줄 것이다.

2유형은 누가 아파하고 누가 무엇을 필요로 하는지를 감지한다. 이들은 당신이 알기도 전에 당신이 필요한 것을 알 수도 있다. 당신이 목마르다고 느끼는 순간 2유형은 물이 든 컵을 건네고 있다.

3유형은 사람들이 자신에게 기대하는 모습을 알아차린다. 이들은 방에 들어갈 때 무슨 역할을 맡아야 하고, 어떤 모습으로 보이고 행동해야 하는지를 직관적으로 감지한다. 이들은 또한 당신이 수 개월 동안 궁리해 온 문서나 논문을 어떻게 효율적으로 써야 하는지를 말해 준다.

4유형은 다른 사람들이 감지하기도 전에 거절, 반감, 버려짐을 알아차린다. 또한 이들은 방의 심미적인 구조와 조화를 이루고 방에 모인 집단의 분위기를 느끼며, 그곳에서 일어나는 모든 괴로움에 특히 민감하다. 당신과 사람들 사이에 숨겨진 감정이나 의사소통이 있다면, 4유형은 이를 직감한다.

5유형은 자신에게 주어진 기대와 요구사항 또는 자신의 영역에 대한 모든 종류의 침범이나 침입을 누구보다도 더 절실히 감지한다. 당신의 프로젝트를 도와달라고 물어보려는 찰나에 5유형은 이미 자리를 떠난 것을 발견할 수 있을 것이다.

6유형은 방안에 도사리고 있는 모든 종류의 위험을 감지한다. 이들은 위협적일 만한 사람이나 사물을 검사하고 알아낸다. 당신이 예상치 못한 안건을 가져온다면 6유형은 이를 경계할 것이다.

7유형은 즐거움과 흥분되는 일들이 있는 곳을 알아차리고 그곳에 끌린다. 이들은 방안에 있는 사람들과 사물의 새롭고 흥미로우며 즐거운 요소들을 알아차릴 것이다. 7유형은 제일 먼저 나서서 "파티를 하자!"라고 말할 것이다.

8유형은 방을 차지하기 위해 경쟁자로 대해야 할 수도 있는 방 안에서 권력이 있는 사람을 감지한다. 만약 힘, 권위의 공백 또는 방의 안전의 공백을 감지하면 이들은 그 영역을 통제하기 위해 즉시 움직임으로써 안정감을 느낀다. 당신은 막 책임을 맡으려 하는데 어느새 8유형에 의해 방 밖으로 쫓겨나게 된 자신을 발견하게 될 수도 있다.

9유형은 방 안의 사람들과 동화하고 다른 사람의 입장을 감지한다. 이들은 다른 이의 경험에 쉽게 공감한다. 이는 9유형이 다른 사람들의 필요, 욕구, 생각 등을 직관적으로 이해할 수 있게 해 준다. 또한 이들은 사물이 조화를 이룰 때 조화를 감지하며, 마찬가지로 갈등이 생길 때 부조화를 감지한다. 하지만 방 안의 갈등 수준이 올라감에 따라 9유형의 관심 수준은 내려가게 되는데, 가끔 잠에 빠지는 수준까지 내려가게 된다.

이렇게 우리의 패러다임은 우리가 각 특성에 따른 인지의 직관적 예리함을 지닐 수 있게 해 준다. 동시에 패러다임은 우리가 특정 상황과 사건들을 꽤 잘 다룰 수 있도록 해 주는 **문제해결능력과 기술**을 제공한다. 우리는 특정 현실을 잘 다루는 것에 능숙한데, 이는 우리가 일생 동안 이를 연습해 왔기 때문이다. 아래의 **숙달된 모습**들은 아홉 가지 성격 패러다임에 나타난다.

1유형은 이상, 절차, 규칙, 윤리 규범 그리고 책임을 손쉽게 다룬다. 이들은 집중적 사고에 능하다.

2유형은 다른 사람들의 필요와 감정을 다루고, 사람들의 필요를 채워 주도록 자신을 맞추는 데 능하다.

3유형은 주어진 과업을 손쉽게 다루고, 우선순위를 세우며, 목표를 설정하고, 전략을 시행한다. 이들은 계급적 사고에 능하다.

4유형은 양식과 잘 어울리는 것을 알아보는 훈련된 심미적 안목이 있다. 이들은 자신의 환상과 감정을 능히 다루도록 연습되어 있다.

5유형은 생각, 개념, 범주를 손쉽게 다룬다. 이들은 자연스럽게 큰 그림을 잡거나 본질을 뽑아 낸다.

6유형은 재해나 긴급 상황을 놀라울 만큼 잘 다루는데, 이는 이들이 이런 상황들을 일생 동안 매일같이 대비해 왔기 때문이다.

7유형은 계획, 선택권, 대안을 능히 다룬다. 이들은 확산적 사고에 능하다.

8유형은 힘을 쉽게 관리한다. 이들은 우위를 점하고 군주적 사고를 하도록 연습되어 있다.

9유형은 갈등을 회피하고 수습하며 반대되는 것들을 화해시키고, 불화를 조화롭게 만드는 방식으로 갈등을 교묘히 다룬다. 이들은 아무것도 서로 우위에 있지 않은 과두 정치적인 사고를 한다.

우리는 패러다임에서 편의의 초점 내에 속하는 이러한 사건들에 특히 직관적이며 능숙하다. 우리의 편의의 초점 내에 속하지 않는 상황들은 덜 명확히 이해되며 덜 능숙하게 다뤄진다.

에니어그램 관점은 각 성격 유형의 긍정적인 특징들은 그려 내지 않고 너무 부정적인 경향만 보인다며 비판받아 왔다. 내가 에니어그램을 처음 배웠을 때, 이 이론에서 편의의 초점은, 정말로, 병리였다. 아홉 가지 유형의 왜곡과 강박이 이 이론에 가장 명확하고 직관적으로 비춰져 있었다. 이 영역에 대한 에니어그램의 묘사는 이상할 정도로 정확했다. 그러는 동안 나를 포함한 다양한 저자는 각 유형의 긍정적인 특성들을 더 자세히 상술해 왔다. 그렇더라도 나는 에니어그램 관점에서 가장 명확한 묘사는 인격장애의 영역 안에 속한다고 생각한다.

방어적 한계를 지닌 **성격**은 편협하고, 융통성 없으며, 막혀 있고, 그렇기에 더 쉽게 정의되는 경향을 보이기 때문에 성격의 이런 특성은 언제나 사실일 것이다. 성격을 이해하는 데에는 극히 평범한 정도의 의식수준만이 요구된다. 반면, 더 높은 수준의 능력과 기능을 지닌 **본질**은 광대하게 그리고 유동적으로 개방하며, 막혀 있지 않고, 통상적인 지혜를 피한다. 본질을 이해하기 위해서는 더 높은 수준 의식 상태에서 경험되어야 한다.

또한 우리의 개인적인 패러다임들은 각 편의의 영역 내에서 가장 잘 작용한다. 우리는 일부 영역에는 능하지만 일부 영역에는 어설프다. 또한 일부 문제에 대해서는 잘 이해하고 느끼지만 일부 문제에 대해서는 멍하고 양면 감정을 가진다. 우리의 패러다임으로는 잘 다뤄지지 않는 자료와 사건들을 만나게 될 때에는, 그 상황을 더 효율적으로 다룰 수 있는 방식으로 조직된 또 다른 관점이나 유형으로 바꿔야 할 필요가 있다.

이러한 주제들에 대해서는 패러다임 변화 부분에서 더 자세히 설명할 것이다. 그렇지만 그 전에, 우리의 패러다임의 편의의 초점 바깥에 속하는 요소와 사건들에 대해서도 살펴보기로 하자.

패러다임과 맹점

이전 부분에서 우리는 우리의 자아상과 상반된다고 보여 각 성격 유형이 회피하는 일부 영역들을 에니어그램 관점이 어떻게 지목하고 있는지를 살펴보았다.

이러한 **회피의 영역** 역시 각 패러다임의 편의의 초점 맥락으로 간주될 수 있다.

우리의 패러다임에서 편의의 영역 바깥에 속하는 부분은 그다지 잘 이해되지 않거나 심지어는 아예 인식되지 않을 수도 있다. 우리는 현실의 특정 측면들(예: 감정, 관계, 반영, 고통, 놀이 등)을 무시하거나 이에 대한 초점이 흐려지게 되는데, 이는 우리의 패러다임이 이런 측면들을 중요하게 여기지 않거나 또는 패러다임의 원칙과 경계를 고려해 봤을 때 이들을 어떻게 다루어야 하는지 모르기 때문이다.

분노는 1유형의 패러다임이 잘 다루지 못하는 부분인데, 이는 1유형의 왜곡하는 패러다임의 원칙이 이들에게 좋은 아이이면서 동시에 분노할 수는 없다고 말하기 때문이다.

개인적인 **필요**는 2유형 패러다임에서 편의의 범위에 속하지 않는다. 이들의 원칙은 주는 사람이면서 동시에 받는 사람일 수 없게 한다. 2유형의 왜곡된 패러다임은 치유자이면서 환자인 양극성을 통합하는 것에 어려움을 겪는다. 이들은 양극성의 도와주는 극단에만 있을 수 있다.

실패는 3유형의 컴퓨터에서는 계산되지 않는다. 이는 3유형의 패러다임 원칙이 성공적이라고 여기는 절대적인 기준, 원칙이 되기 때문에 실패란 이들의 영역에는 나타나지 않는다. 나사(NASA)의 케네디 우주센터(Kennedy Space Center)의 모토처럼, "실패란 없다." 실패는 '배움의 경험' 또는 '부분적인 성공'으로 바뀌어 기록된다.

평범해지는 것은 4유형에게 특별하고 독특한 모습을 요구하는 이들의 패러다임 범위에 들어가지 않는다. 평범해지거나 일반적인 모습이 되는 것은 4유형의 체계에서는 인정받지도, 잘 용인되지도 않는다.

공허함은 지식으로 가득하기를 기대하는 5유형의 원칙에 따라 이들의 패러다임에는 속하지 않는다. 비게 되는 상태는 5유형 패러다임에서 편의의 범위 바깥에 자리하기 때문에, 이들은 비어 있게 되는 상태로부터 어떠한 이득도 인지하지 못한다. 마치 비어 있는 그릇이나 비옥한 공백 상태에서 어떠한 이익도 찾지 못하는 것처럼 말이다.

개인적 권한 또는 **혁명**은 공포 순응형의 6유형 패러다임에서는 잘 다뤄지지 않는다. 6유형의 패러다임은 6유형에게 법의 위반자, 반역자 또는 자기 자신만의 원칙을 세우는 사람이 되어서는 안 된다고 간주되는 충실한 대상 또는 추종자가 되라고 요구한다. 대신 이들은 세워진 규칙들을 따르도록 요구받는다. 반면, 공포 대항형의 6유형 패러다임은 이들로 하여금 권위자의 명령을 의심하고 **반박하도록** 촉구하여, 부적절한 규칙의 부과에 갇히고 감금되지 않도록 한다.

고통과 **괴로움**은 7유형에게 삶을 즐기고 행복해지라고 지시하는 이들의 패러다임의 경계 내에서는 말이 되지 않는다. 슬퍼지거나 부정적인 것을 곱씹는 것은 7유형의 세계관 내에서는 제한된 의미와 목적을 지닌다.

약함은 강해지는 방법에 초점을 맞추는 8유형 패러다임에서 편의의 범위와는 아주 멀리 떨어진 곳에 자리한다. 이들의 원칙은 자신의 갑옷에 난 틈으로 여기고 두려워하는 약함이라는 특성을 위한 자리를 허락하지 않는다.

갈등은 9유형이 가진 안주하고 조화로운 자아상을 찢어 버리기 때문에 이들의 패러다임에서 배제된다. 9유형의 원칙은 부조화를 다루도록 준비시켜 주지 않기 때문에, 이들은 부조화를 회피하고 억누르며 이에 대해 무감각해지려 한다.

요 약

패러다임은 우리에게 인지적 · 행동적인 예리함을 주고, 다른 사람들은 어두운 렌즈를 통해 보는 것들을 우리는 명확하게 볼 수 있게 도와주며, 또한 다른 사람들은 느리고 서투르게 행하는 과업들을 손쉽게 할 수 있게 해 준다. 최적의 개인, 집단 효율을 위해서는 모든 아홉 가지 관점과 문제해결능력을 지니는 것이 중요하다.

반면에, 우리가 그다지 뚜렷이 경험하지 못하는 사건들과 행하기 어려워하는 일들도 있다. 우리가 지닌 패러다임은 특정 현실을 쉽게 그리고 적절히 다룰 수 있도록 준비시켜 주지 않는다. 그렇지만 만약 우리가 다른 원칙과 우선순위를 지닌 또 다른 패러다임으로 변화할 수 있다면, 우리는 여러 가지 잡다한 일과 도전을 더 잘 완수할 수 있게 될지도 모른다.

다음 7, 8장에서는 패러다임이 어떻게 변화하며, 어떻게 굳어지게 되는지를 살펴볼 것이다.

CHAPTER 07 패러다임의 변화

세 상의 많은 일이 그러하듯, 패러다임에도 좋은 측면과 나쁜 측면이 있다. 좋은 측면은 우리가 패러다임을 바꿀 수 있다는 것이다. 조엘 바커의 말에 따르면 패러다임은 유연한 성질을 띤다. 우리는 일부 패러다임에 대해서는 다른 사람들에 비해 기질적으로 더 잘 배우지만, 그렇다고 해서 이 패러다임들이 태어날 때부터 우리 안에 완전히 갖춰져 있는 것은 아니다. 에니어그램 관점이 우리가 태어날 때부터 특정 유형을 갖고 있으며 그 유형에 따른 특정 관점을 통해 세상을 바라보는 성향이 있다고 시사하기는 하지만, 그 유형을 지닌 각 개인들은 엄청난 자유와 계획 기준을 지닌다. 우리는 개인적인 경험들에 근거하고 자신의 문화의 패러다임에 영향을 받아 우리의 도식을 맞추는 선택권을 갖고 있다.

조지 켈리의 개인적 구성 심리의 필연적 결과들 중 하나는 바로 우리가 지닌 도식을 자유롭게 바꿀 수 있다는 것이다. 그렇지만 우리가 자신의 구성 체계 안으로 들어가게 되면, 우리가 선택한 패러다임의 제한과 원칙에 의해 제약받게 된다.

예를 들면, 우리는 민주주의나 공산주의 같은 정치 이념을 자유롭게 선택할 수 있다. 하지만 한 사상을 선택하고 나면 우리는 그 사상의 규율에 얽매이고 되고, 사적으로든 공적으로든 소유권을 갖게 된다. 아니면 수많은 종교적 신념 체계 중에 하나를 선택해 볼 수 있다. 그렇지만 그 체계에 발을 들이는 순간 우리는 그 원칙들에 제약을 받게 된다. 이렇듯 만약 당신이 가톨릭의 사상 체계 안에서 임명받은 성직자가 되고 싶다면, 당신은 결혼을 하거나 성별을 바꿀 수 없다. 반면, 성공회 전통에서는 세 가지를 다 할 수 있다.

또는 만약 당신이 선한 사람 패러다임을 기반으로 하는 사람이라면 모든 일을 당신이 할 수 있는 만큼 하고 싶어 하며, "할 만한 가치가 있는 일은 반만 잘하면 된다."라고 말한 체스터튼(G. K. Chesterton)의 신념에 동의하지 않을 것이다. 또한 당신은 해야 하는 일을 먼저 한 뒤에 원하는 일을 하려 할 것이다. 반면, 당신이 즐거운 사람의 렌즈를 통해 세상을 바라보는 사람이라면 원하는 일을 먼저 하고 해야 하는 일을 그 후에 할 수 있다. 또한 당신은 일을 하는 단 하나의 옳은 방식을 택하는 것 대신 수많은 다양한 방식을 취하도록 허용받으며 심지어는 그렇게 하도록 권해진다.

우리는 도식 조각가이자 렌즈 기술자이며, 이야기 제작자다. 우리는 이렇듯 우리가 지닌 도식, 렌즈, 이야기들을 새기고, 갈고, 전해오기는 했지만 이들은 아주 오랜 시간 동안 바위에 조각되고, 형성되며, 구상되어 온 것으로 보인다.

나쁜 측면은 우리가 지닌 패러다임을 제자리에 고정시키려는 수많은 힘이 있다는 것이다. 그 힘들 중에는 패러다임의 본성 자체도 포함된다. 이렇듯 우리는 패러다임을 쉽게 바꿀 수는 없다.

이 장에서 우리는 패러다임이 어떻게 변화하는지를 살펴볼 것이다. 그 다음 장에서는 패러다임이 어떻게 변화하기를 거부하는지 살펴볼 것이다.

바커는 우리가 지닌 패러다임이 설명할 수 없거나 처리할 줄 모르는 자료, 상황 또는 문제를 마주했을 때 이를 무시하고, 등한시하거나, 나중에 처리하기 위해 뒤로 미뤄 두는 경향이 있다고 언급했다(1992). 그리고 나면 우리는 이 문제들을 관심 밖에 두게 되고, 이 새로운 정보들을 포함시키기 위해 우리의 패러다임을 바꾸거나 동료 연구자나 사업 고문, 치료사, 배우자 또는 자녀 같은 다른 사람에게 이 문제를 해결하기 위한 새로운 패러다임을 생각해 내도록 시킨다. 변화 대리인과 전문가들은 다양한 형태로 관여한다.

패러다임은 문제해결의 원칙과 과정들을 제공해 준다. 모든 패러다임은 각자 효율적으로 해결할 수 있는 편의의 초점 내에 해당하는 문제 범위를 갖고 있다.

또한 이와는 반대로 모든 패러다임은 각자 효과적으로 해결할 수 없는 편의의 범위 바깥에 해당하는 상황들을 마주하게 될 것이다. 이러한 해결할 수 없는 문제들은 패러다임 변화의 필요성과 동기를 준다.

현재 작용하고 있는 패러다임이 일어난 문제와 정보들을 더 이상 설명하지도, 다루지도 못하게 되었을 때 또는 우리의 감정, 관계, 예산, 비활동성 등을 마침내 다루기로 결심하는 때처럼 갈등적인 요소들을 더 이상 배제하고 싶어 하지 않을 때, 우리는 패러다임을 바꾸게 된다.

뉴턴 물리학은 현대 물리학으로 대체되었는데, 그 이유는 단순히 뉴턴의 패러다임에 더 이상 설명할 수 없는 수많은 정보가 쌓여 왔기 때문이었다.

뉴턴 학파의 폐쇄 체계적 은유법에 근거한 프로이트의 성격에 대한 정신 내적 모형은 열린 체계, 가정, 대상관계 패러다임에 세력을 굽히게 되었는데, 왜냐하면 프로이트의 이론은 유동적이고 상호작용하며 대인관계적인 인간 본성을 적절하게 설명할 수 없었기 때문이다.

특정 문제의 해결은 새로운 원칙과 선택사항들을 지닌 대안적인 비전을 요한다. 바커가 얘기했듯이, 패러다임 변화는 새로운 규칙들이 있는 새로운 경기로의 변화와 같다. 규칙이 바뀌면 세상 역시 다르게 보이고 이에 대한 반응도 새로워진다.

사람들은 전환에 대해 말할 때 패러다임 변화, 메타노이아(metanoia), 즉 정신과 마음과 행동의 변화를 묘사한다. 우리는 생각지도 못했던 새로운 관점으로 사물을 바라보고, 정서적 회복력과 행동 능력을 갖고 반응하게 된다.

우리의 개인적 패러다임은 현재 작용하는 도식이 닥친 문제들을 더 이상 설명하거나 해결하지 못할 때 바뀌게 된다. 이 기존 패러다임은 본래 우리가 이를 처음 구성했을 때에는 충분히 적절하게 작용했을 수 있지만 지금은 그렇지 못하다. 그렇기에 우리는 기존의 패러다임을 개선하고 확장시키거나 아니면 기존의 렌즈 처방전과 구식이 된 지도 그리고 버전 1.0의 소프트웨어를 사용해서 비틀거리며 걸어가야 한다.

Sheet 7-1 패러다임 변화 질문 찾기

바커가 패러다임 변화 질문이라고 명명한 문항에 대답해 보라. 당신의 유형으로는 절대 할 수 없을 것 같은 일은 무엇인가? 당신이 상상조차 해 볼 수 없는 당신의 모습은 무엇인가? 만약 당신이 할 수 있거나 할 것이라면, 무엇이 당신의 유형을 근본적으로 변화시킬 것 같은가?

불가능하게 느껴지는 것이 우리의 유형 경계 밖으로 그리고 다른 유형의 패러다임 안으로 데려간다. 우리가 지닌 패러다임에서는 해결할 수 없는 것처럼 보이는 것이나 우리의 편의의 초점 안에 가까이 속하지도 않기 때문에 불명확해 보이는 것도 다른 패러다임의 렌즈와 접근법을 통해서는 어쩌면 꽤 명확하게 보이고 쉽게 해결될 수 있다. 이렇게 우리는 다른 유형의 렌즈를 이용해 어렵거나 풀 수 없는 일부 문제들에 대한 답을 찾을 수 있다.

우리가 하기 불가능하다고 느껴지는 것들은 (우리가 할 수 없다고 믿는 것들은) 오로지 우리의 패러다임의 원칙, 제한, 경계 때문에 불가능하게 보일 수 있다(즉, 우리가 이를 하지 않으려 한다는 것이다). 다른 원칙과 한도를 지닌 다른 패러다임들은 우리가 대처할 수 없는 문제들을 다루는 데 별로 어려움을 겪지 않을 수 있다.

다음은 이러한 패러다임 원칙들이 에니어그램의 아홉 가지 성격 유형을 통틀어 어떻게 나타나는지에 대한 일부 예시다.

1유형은 자신의 원칙과 패러다임 때문에, 자신이 해야 하는 일이 있는 한은 원하는 일을 절대 할 수 없다고 말한다. 반면, 다른 패러다임과 원칙을 갖고 있는 7유형은 자신이 원하는 일을 항상 먼저 하며, 이것이 자신이 해야 하는 일에 착수하기 전에 확실히 이루어지도록 한다. "인생은 짧으니 후식을 먼저 먹자."

2유형은 묻지 않고 주는 사람으로 여겨지기 때문에, 사람들에게 무언가를 요구하는 것을 불가능하게 느낀다. 반면, 8유형은 자신이 마땅히 가져야 하는 것을 요구하는 것에 그다지 어려움을 느끼지 않는다. 심지어는 자신의 것이 아닌 것에도 요구를 하기도 한다. 이들은 이용당하지 않겠다고 지각하기 때문에 자신이 취한다.

3유형은 결과가 그냥 일어나기를 기대할 수는 없다고 말한다. 그래서 이들은 체계적으로 조직하고 활동을 시작해야 한다. "거기 서 있지만 말고 뭐라도 해라." 3유형의 원칙은 네가 할 수 있는 만큼 능률적으로 일하라는 것이다. 반면, 9유형은 결과가 알아서 일어나도록 두는 것을 선호한다고 말한다. "뭔가 하려고 하지 말고 가만히 있어라." 9유형의 원칙은 '가능한 한 최소한의 에너지를 써라.'다.

4유형은 소박하고 평범한 모습을 상상할 수조차 없어 한다. 이들의 패러다임은 독특하고 특별해져야 한다고 말한다. 반면, 9유형에게 이런 모습은 대수롭지 않다. 9유형의 기준은 남의 시선을 끌지 않고 튀지 말라고 말한다.

5유형은 자신의 감정과 연결되고 이를 표현하는 것을 어렵게 느낀다. 또한 이들은 그렇게 하는 것의 논리나 가치를 그다지 찾지 못한다. 이들의 패러다임은 머리를 향하게 한다. 5유형은 분명한 생각을 하는 사람들이지만 동시에 모호한 감정을 느끼는 사람들이다. 반면, 4유형은 자신의 감정과 떨어지는 것을 어려워하며 감정 없이 가치 있는 삶을 상상할 수 없다. 2유형 역시 감정을 느끼는 데는 문제가 없지만 명쾌하게 생각하고 싶어 한다. 2유형의 패러다임은 가슴을 향하게 한다.

6유형은 느긋이 쉬거나 문제에서 관심을 떼는 것을 어렵고 위험하게 느낀다. 이들의 원칙은 '방심하거나 약점을 들키지 마라.'다. 반면, 9유형은 자신의 문제를 살펴보지 않는 것을 선호한다. 이들의 패러다임은 '네가 그곳에 에너지를 쏟지 않는다면 그 문제는 알아서 떠나갈 것이다.'이다. 또한 7유형은 문제에서 긍정적인 측면을 찾아내려 하는 것이 전략이기 때문에 "무슨 문제?"라고 말한다.

7유형의 패러다임은 '너의 선택사항들을 열어 두고, 얽매이지 말며, 지루해지는 것을 피해라.'이기 때문에 오랜 시간 동안 하나의 일만 하지 않는다. 반면, 6유형과 1유형의 지침은 정해진 일정 안에서 최선으로 일하고 절차를 세우는 것이기 때문에 한 가지만을 목표로 일하는 것을 선호한다.

8유형과 공포 대항형인 6유형은 자신을 다치게 하지 않도록 자신의 취약점을 드러내 보이지 않는다. 이들의 전략은 굳세고 독립적인 모습이 되는 것이다. 공포 순응형인 6유형은 자신의 취약점과 나약함을 드러내어 자신이 위협적인 존재가 아니라는 것을 보이고 그러므로 다치게 할 필요가 없는 존재임을 드러낸다. 이들의 접근법은 의존적이 되는 것이다.

130

9유형의 패러다임은 마음을 편히 가지는 것이기 때문에 일 따위를 그다지 훌륭하게 해내지 못한다. 또한 3유형의 패러다임은 언제나 '공연 시작이다!' 이기 때문에 마음을 안정시키지 못한다.

우리는 누구나 전체적인 현실의 모습을 마음속에 그려 보는 잠재력을 갖고 있기 때문에 다른 패러다임의 범위도 포함하기 위해 자신의 패러다임 영역을 확장하거나, 다른 분야에서 전문가인 유형들과 협의하고 그들의 문제해결기술과 관점을 포괄적인 팀 접근법으로 통합할 수도 있다.

전체 그림을 이해하고 현실을 명확하고 완전히 알아차리기 위해서는 아홉 가지 패러다임의 관점 전부가 필요하다. 우리는 자료 수집과 처리 능력을 넓히고 정서적 · 행동적 다양성을 늘려 왔기 때문에 이렇게 함으로써 문제해결의 효율성을 최대화시킬 수 있게 된다.

각 아홉 가지 유형은 전혀 위협적이지 않으며, 오히려 그 반대로 잠재적으로 우리의 삶을 풍요롭게 하고 향상시켜 준다. 그리고 우리와 다르기 때문에 사람들을 거부하는 것 대신, 우리를 보완해 주기 때문에 사람들을 포함시켜야 한다.

각 패러다임이 효율적으로 다룰 수 있는 문제와 상황을 나타내 주는 것 외에도, 에니어그램 도형은 각각 안정적 상태와 스트레스 상태에 있는 개개인에게서 나타날 법한 정신적 패러다임 변화 지도 또한 그려 낸다.

안정적인 상황에서의 패러다임 변화

매슬로(1968)와 설리번(1953)이 언급했듯이, 우리의 낮은 수준 본성의 욕구는 대개 높은 수준 본성의 욕구를 추구하고 최적의 경험 상태 또는 흐름이 이뤄지기 전보다 먼저 만족되기를 요한다(Csikszentmihalyi, 1990). 안전함과 보안의 느낌은 우리의 정신이 잘 기능할 수 있는 기반을 제공해 준다.

우리의 정신과 몸이 안정된 상태에 있고, 확실하고 안전하게 느껴지는 환경에 자리하

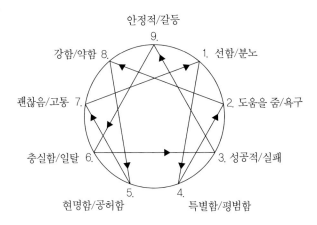

안정적/갈등
9.

강함/약함 8.

1. 선함/분노

괜찮음/고통 7.

2. 도움을 줌/욕구

충실함/일탈 6.

3. 성공적/실패

5.

4.

현명함/공허함

특별함/평범함

그림 7-1 패러다임의 변화

고 있을 때, 우리 자신의 강점과 자원 그리고 다른 패러다임들에 더 잘 접근할 수 있게 된다. 이렇듯 내적 자원이 풍부한 상태일 때 우리는 참자기 또는 본질을 기반으로 기능한다. 우리의 관점은 객관적이고, 현실과 조화를 이루며, 우리의 내적 · 외적 환경에 열려있게 된다. 또한 사랑을 직접적이고, 명확하고, 객관적이고, 고결한 방식으로 표현하게 된다. 우리는 높은 수준의 자기를 기반으로 한 삶을 살고, 최고의 능력과 흐름 상태를 경험하게 된다.

에니어그램 관점에서의 안정적인 상태에 있는 아홉 가지 성격 유형의 패러다임 변화는 다음과 같다.

비판적인 1유형은 7유형의 풍부한 자원 상태와 확장하는 렌즈 방향으로 변화하여 부정적인 면뿐 아니라 긍정적인 면도 볼 수 있게 되거나, 7유형의 부족한 자원 상태와 왜곡하는 렌즈 방향으로 변화하여 비판과 고통을 멈출 즐거운 방식을 찾게 된다.

다른 사람 중심인 2유형은 4유형의 풍부한 자원 상태와 확장하는 렌즈 방향으로 변화하여 다른 사람의 것뿐 아니라 자신만의 특별한 필요도 보게 되거나, 4유형의 부족한 자원 상태와 왜곡하는 렌즈 방향으로 변화하여 희생당하고 버려진 느낌을 받게 된다.

카멜레온 같은 3유형은 6유형의 풍부한 자원 상태와 확장하는 렌즈 방향으로 변화하여 변함없고 충직한 모습이 되거나, 6유형의 부족한 자원 상태와 왜곡하는 렌즈 방향으로 변화하여 조직 속으로 사라져 버리게 된다.

감정적인 4유형은 1유형의 풍부한 자원 상태와 확장하는 렌즈 방향으로 변화하여 초점을 갖고 조치를 취하거나, 1유형의 부족한 자원 상태와 왜곡하는 렌즈 방향으로 변화하여 자기 자신과 사람들을 향해 더 비판적이 된다.

머리 중심적인 5유형은 8유형의 풍부한 자원 상태와 확장하는 렌즈 방향으로 변화하여 자신의 신체적 에너지 및 적극성과 연결되거나, 8유형의 부족한 자원 상태와 왜곡하는 렌즈 방향으로 변화하여 공격적이고 변명하게 된다.

걱정스러워하는 6유형은 9유형의 풍부한 자원 상태와 확장하는 렌즈 방향으로 변화하여 마음의 안정을 찾고 안심하는 법을 배우거나, 9유형의 부족한 자원 상태와 왜곡하는 렌즈 방향으로 변화하여 일을 미루는 법을 배우게 된다.

위로 솟아오르는 7유형은 5유형의 풍부한 자원 상태와 확장하는 렌즈 방향으로 변화하여 삶의 다양한 측면을 깊게 경험하게 되거나, 5유형의 부족한 자원 상태와 왜곡하는 렌즈 방향으로 변화하여 자신만의 내면의 방으로 들어가게 된다.

강인한 8유형은 2유형의 풍부한 자원 상태와 확장하는 렌즈 방향으로 변화하여 정의와 연민을 융합시키거나, 2유형의 부족한 자원 상태와 왜곡하는 렌즈 방향으로 변화하여 다른 사람들의 의존과 충성을 조성하게 된다.

느긋한 9유형은 3유형의 풍부한 자원 상태와 확장하는 렌즈 방향으로 변화하여 자신의 개인적인 계획과 효율적인 행동을 연결시키거나, 3유형의 부족한 자원 상태와 왜곡하는 렌즈 방향으로 변화하여 바쁜 상태를 생산적인 상태로 혼동하게 된다.

이러한 상태의 더 자세한 모습들은 후에 각 유형을 다루는 장들의 패러다임 변화 부분에 나올 것이다. 각 변화 모습의 간추린 요지를 살펴보자.

안정적인 상태로서 유형의 풍부한 자원 상태와 바로잡는 렌즈로의 변화

우리는 각 성격 패러다임의 풍부한 자원 측면으로 접근할 수 있는 잠재력을 갖고 있기는 하지만, 에니어그램 관점에서는 우리의 유형을 안정적인 화살 반대 방향으로 향하는 각 유형의 높은 수준 측면 또는 풍부한 자원 측면의 방향으로 이동하는 적절한 상태에서의 자연스러운 움직임이 있다고 제시한다.

이러한 안정적인 상태로서의 유형의 특정 패러다임은 우리가 지닌 도식을 자연스럽게 보완해 주며, 새로운 관점과 확장하는 렌즈를 제공해 준다. 이 패러다임은 우리가 지닌 패러다임으로 다루기에는 덜 능숙할 수 있는 상황과 문제들을 다루고 인지하는 대체적인 원칙과 절차를 갖고 있다.

예를 들어, 1유형의 패러다임이 지닌 편의의 범위에서는 선한 사람 관점이 이들을 책임감 있고, 부지런하며, 상세한 부분에 신경 쓰는 좋은 일꾼이 되도록 준비시킨다. 하지만 이러한 감탄스러운 자질들은 1유형으로 하여금 즉흥성과 내려놓음, 근심이나 걱정이 없고 어린아이 같은 모습을 요하는 자질인 즐기는 모습을 갖추지 못하게 할 수 있다. 이러한 특징들은 즐거운 사람 관점을 지닌 7유형의 높은 수준 측면에서 나타난다. 에니어그램의 흐름 도표에 따르면 이들은 1유형을 안정적인 상태로 나아가도록 돕는다.

안정적인 상태를 반영하는 유형의 **이상화된 자기진술**을 갖고 이를 기반으로 반응하는 것은 일반적으로 계몽적이고 활기를 띠게 한다. 예를 들면, 현명한 사람 관점인 5유형은 내면에서 8유형의 자아상을 인정하고 활성화시킬 수 있을 때 힘을 얻고 살아 있는 듯한 느낌을 받는다. "나에게는 힘이 있고, 나는 할 수 있다." 나는 강하며 현명하고 통찰력 있다고 믿는 타고난 신념을 행할 수 있다는 확신을 더하는 것은 '아는 것이 힘이다'라는 격언의 체현인 것이다. 5유형은 자신의 지식이 행동으로 표현될 때 진정으로 현명해진다.

역동적인 방향으로서 유형의 부족한 자원 상태와 왜곡하는 렌즈로의 변화

때때로 안정적이고 익숙하며 편안한 환경에 있을 때 우리는 안정적인 상태로서 유형의 안 좋은 측면 또는 자원이 부족한 상태로 빠지게 되기도 한다. 우리는 비극적 결함이라는 뜻의 고대 그리스어인 **하마르티아**(harmartia)를 입증하듯 목표를 놓치기도 하고, 우리 유형을 안정적인 상태 유형의 왜곡하는 렌즈, 악덕, 회피 영역을 취하기도 한다. 또한 밖에서는 절대 하지 않을 것들을 가정 안에서나 사적으로는 하기도 한다.

예를 들어, 공적으로는 이상주의적이고, 도덕주의적이며, 완벽주의적이고, 금욕주의적인 1유형도 사적으로는 성적으로 문란한 행동을 할 수 있는 것이다. 수많은 정치인과 전도사가 그들의 사적인 행위들이 드러내졌을 때 창피를 당해 왔다. 쾌락의 중독적인 추구는 종종 에니어그램의 에너지 순환에서 나타나는 1유형을 안정적인 상태로 도울 수 있는 7유형의 낮은 수준 측면과 연관되어 있다. 이렇게 이들은 여유를 가지려다 결국 해이한 상태가 되어 버린다.

이에 대한 또 다른 예시로, 보통 온화하고 공격적이지 않은 5유형이 안전함과 위협받지 않는다고 느끼는 집에서는 에니어그램 순환에서 5유형을 안정적인 상태로 도울 수 있는 8유형의 강박적인 낮은 수준 측면처럼 심술궂고 권위적으로 행동하거나, 심지어는 폭력적인 모습을 보일 수도 있다. 이들은 확실히 주장하려다 괜히 엉성하게 공격적인 모습이 되고 만다.

스트레스 상황에서의 패러다임 변화

외부의 스트레스와 내면의 압박은 종종 우리가 현재 지닌 대처 전략을 무너뜨리고 옛날 방식의 방어기제와 기능으로 돌아가게 한다. 우리는 초기 방식의 인지와 이해 수준 그리고 어린 방식의 감정과 행동 수준으로까지 돌아가게 된다. 우리의 세계관은 주관적으로 바뀌고 현실을 왜곡하게 된다. 또한 우리 자신과 주위 환경을 차단한다. 우리의 사랑과 에너지는 악덕을 통해 간접적이고 조종적으로 또는 중독적으로 표현된다. 이렇듯 자원이 부족한 상태에서 우리는 대체 자기 또는 성격을 기반으로 하여 행동하게 된다.

우리는 이러한 강박적인 양상을 따라 압박받는 상태에서 **고착된 상태**가 된다. 우리는 성격의 부족한 자원 상태로 빠지게 되며 일부 자동적인 인지, 해석, 반응 방식을 과도하게 사용하게 된다. 이것이 효과가 없을 때 이 방식을 더 과하게 사용한다. 신경증적인 사람은 이러한 행동이 무엇인가 다른 결과로 이어질 것이라고 믿으며 같은 행동을 계속해서 반복하는 사람으로 묘사된다. 이렇듯 가는 길이 험난해질 때 우리는 고착 상태로 변환하여 우리 유형의 낮은 수준 측면으로 바뀌게 된다. 이 전략마저도 포기하게 될 때, 우리는 어렸을 때 의존하던 초기 반응 방식으로 **퇴행**하게 된다.

에니어그램 관점에서의 **스트레스** 상황에 있는 아홉 가지 성격 유형의 패러다임 변화 양상은 다음과 같은 흐름을 보인다.

1유형은 4유형의 부족한 자원 상태와 왜곡하는 렌즈 방향으로 변화하여 자신의 결함 때문에 우울해지거나, 4유형의 풍부한 자원 상태와 확장하는 렌즈 방향으로 변화하여 자신이 느껴야 한다고 여겨지는 것 대신 진정으로 느끼는 것과 연결된다.

2유형은 8유형의 부족한 자원 상태와 왜곡하는 렌즈 방향으로 변화하여 거짓으로 독립적이고 강인해지거나, 8유형의 풍부한 자원 상태와 확장하는 렌즈 방향으로 변화하여 자신을 진정으로 보호하기 위해 경계를 세우게 된다.

3유형은 9유형의 부족한 자원 상태와 왜곡하는 렌즈 방향으로 변화하여 서서히 멈추고 포기하거나, 9유형의 풍부한 자원 상태와 확장하는 렌즈 방향으로 변화하여 속도를 늦추고 성공의 달콤한 향기 대신 꽃향기를 맡게 된다.

4유형은 2유형의 부족한 자원 상태와 왜곡하는 렌즈 방향으로 변화하여 가치 있는 무엇인가가 되기 위해 순교자가 되거나, 2유형의 풍부한 자원 상태와 확장하는 렌즈 방향으로 변화하여 자기중심적으로 내면에 집중하는 것이 아니라 이타적으로 외부에 집중하게 된다.

5유형은 7유형의 부족한 자원 상태와 왜곡하는 렌즈 방향으로 변화하여 더 머리 중심적이고 회피성을 띠게 되거나, 7유형의 풍부한 자원 상태와 확장하는 렌즈 방향으로 변화하여 좀 더 사교적이고 참여하는 사람이 된다.

6유형은 3유형의 부족한 자원 상태와 왜곡하는 렌즈 방향으로 변화하여 더 바빠지고 자아상에 신경 쓰게 되거나, 3유형의 풍부한 자원 상태와 확장하는 렌즈 방향으로 변화하여 실제로 일을 완료하게 된다.

7유형은 1유형의 부족한 자원 상태와 왜곡하는 렌즈 방향으로 변화하여 충분한 즐거움을 느끼지 못했다는 이유로 더 비판적이고 짜증을 내게 되거나, 1유형의 풍부한 자원 상태와 확장하는 렌즈 방향으로 변화하여 좀 더 이타적이고 좀 덜 쾌락주의적인 모습이 된다.

8유형은 5유형의 부족한 자원 상태와 왜곡하는 렌즈 방향으로 변화하여 사회적으로 붕괴되거나, 5유형의 풍부한 자원 상태와 확장하는 렌즈 방향으로 변화하여 지적으로 확장된다.

9유형은 6유형의 부족한 자원 상태와 왜곡하는 렌즈 방향으로 변화하여 더 의심하고 갈등을 회피하는 모습이 되거나, 6유형의 풍부한 자원 상태와 확장하는 렌즈 방향으로 변화하여 용감하고 충실하게 행동을 시작한다.

이러한 패러다임 변화의 자세한 설명은 각 성격 유형을 다루는 장들에 나올 것이다. 여기서는 일반적인 개념을 살펴보자.

역동적인 방향 유형의 부족한 자원 상태와 왜곡하는 렌즈로의 변화

에니어그램 관점에서는 우리가 스트레스를 받는 상황에 있을 때, 우리 유형이 역동적인 방향 유형의 부족한 자원 상태로 변화하게 되며, 에니어그램 도형의 화살 방향 또는 에너지 흐름 방향으로 가게 된다고 제시한다. 우리는 우리 유형이 따라가는 유형의 강박적이고 부정적인 특징에 접근하고 이를 사용하게 된다. 이렇듯 휜 렌즈를 끼고 왜곡하는 패러다임을 사실이라고 믿게 되면, 우리는 이 유형 전략에서 편의의 범위 바깥에 속하는 같은 현실의 측면들은 회피하기 시작하게 된다. 이에 따라 우리 내면과 주위에 있는 자원들은 더욱더 사용할 수 없게 되고, 우리의 인지와 반응은 점점 더 편협하고 융통성이 없어지게 된다. 우리는 자신을 더욱 최면 상태로 빠뜨리게 되고, 우리의 시야는 더 어두워지며, 우리의 감정은 희석되거나 불안정해지고, 우리의 행동은 더 방어적인 모습을 띠게 된다.

예를 들어, 충분한 관심과 인정을 받지 못해 자신의 욕구를 충족시키지 못하는 스트레스 상황에 있을 때, 도움 주는 사람 관점인 2유형은 자신의 구조하는 역할("네가 나를 좋아하도록 내가 널 도와줄게")에서 피해자 역할("내가 남을 위해 하는 모든 것을 아무도 알아주지 않아")로 그리고 못살게 구는 역할("너희들은 모두 다 이기적이고 감사할 줄 몰라. 자기만 챙길 줄 알지. 그런 너는 필요 없어. 난 떠날 거야")로 변화하게 된다. 2유형은 8유형 전략의 낮은 수준 측면으로 변화하여 독립적이고 강인하고 가혹하고 앙심을 품는 모습을 보이며, 평소 자신의 부드럽고 배려적인 모습을 회피하게 된다.

역동적인 방향 유형의 풍부한 자원 상태와 바로잡는 렌즈로의 변화

스트레스는 우리가 가진 최악의 모습까지 끌어낼 수 있다. 하지만 때로는 최상의 모습을 끌어내기도 한다. 우리는 위기에 잘 대처한다. 위기 상황들 속에서 우리는 갖고 있는

지조차 몰랐던 내면의 자원들을 발견한다. 위기야말로 전환점이다. 우리는 위기 속에서 우리의 가능성을 열어 펼칠 수도 있고, 이를 차단하고 닫아 버릴 수도 있다. 차단할 때의 우리는 우리 유형과 다른 유형의 부족한 자원 전략으로 변화한다. 그렇지만 우리의 모습을 펼치게 될 때에는 우리 유형과 다른 유형의 적응적 도식과 효과적인 행동으로 변화하고 풍부한 자원의 상태가 된다.

예를 들어, 2유형은 자신의 욕구를 공감해 주고 자신을 위한 경계와 한도를 세울 수 있다는 것을 깨닫는 모습으로 바뀔 수 있다. 이들은 8유형의 높은 수준 측면으로 변화함으로써 자신의 타고난 자기주장적인 모습에 접근하게 되고, 자신의 권리를 위해 나서며, 자신감 있고 확실한 태도로 자신의 영역을 주장하게 된다. 또한 "아니."를 다정하게 말할 수 있게 된다.

인접한 유형으로의 패러다임 변화

개인의 핵심 패러다임이 표현되는 모습은 에니어그램 원형에서 나타나는 그 유형의 양쪽에 자리하고 있는 유형들에 의해 미묘한 방식 차이를 보인다. 양쪽에 자리한 이 유형은 날개 유형, 인접 유형, 또는 보조 유형으로 불린다. 예를 들면, 9유형과 2유형은 핵심 1유형의 양쪽 날개인 것이다. 이에 따라 좋은 사람 관점인 1유형이 표현되는 방식은 평화로운 사람 관점인 9유형과 애정 어린 사람 관점인 2유형의 측면들에 영향을 받게 된다.

변증법적으로 말한다면 각 핵심 유형은 실제로 양쪽의 인접한 유형의 종합을 나타낸다. 즉, 예를 들면, 1유형은 9유형과 2유형이 지닌 문제들을 해결하려는 시도를 나타내는 것이다.

때로는 한쪽 날개가 다른 쪽 날개보다 더 영향력이 있으며, 이에 따라 그 성격 유형은 '2번 날개의 1유형' 또는 '9번 날개의 1유형'으로 묘사된다. 일부 경우에는 양쪽 날개가 동일하게 영향력을 발휘하며, 가끔은 양쪽 날개 모두 그다지 눈에 띄는 영향을 미치지 않기도 한다.

가끔씩 한쪽 날개 유형이 핵심 패러다임과 관련된 막혀 버린 지점 또는 강박을 벗어날 방법을 제공하기도 하는데, 반면 다른 쪽 날개는 불균형을 부풀릴 수도 있다. 예를 들어, 자신만의 사적인 생각 상태로 들어가는 것으로 자신을 고립시키는 경향이 있는 5유형은 자신의 인접 유형인 독창적인 사람 관점의 4유형이 지닌 적응적인 특성에 접근함으로써 자신의 감정과 관계들에 다시 연결될 수 있는 것을 발견한다. 그렇지만 다른 한편으로는, 또 다른 인접 유형인 충실한 사람 관점의 6유형이 지닌 조심스러운 접근법을 취함으로써, 자신의 적절성에 대한 두려움이나 다른 사람들에 대한 의심을 악화시켜 사람들과의 연결로 이어지는 것이 아닌 자신만의 생각의 미로 감옥 속으로 더 깊게 고립될 수도 있다.

이러한 인접 패러다임과 렌즈들의 도움되는 영향과 별로 도움이 되지 않는 영향에 대한 자세한 설명은 이들에 대한 각 장에서 다뤄질 것이다.

요 약

에니어그램 이론은 마치 안정적인 상황과 스트레스 상황에서 정신구조의 관을 따라 흐르는 에너지 흐름이 있는 것처럼, 정신 내에 변화를 촉진하는 역동이 있다는 점을 제시한다. 이러한 자연적인 경로를 따라 여행하는 것은 변화를 더 쉽게 일어나게 하며 더 예측 가능하게 한다.

도널드 헵(Donald Hebb, 1972)은 35년 전, 두 세포 사이에 일어나는 충동의 반복된 전달이 이 세포 간의 전달을 영구적으로 촉진하게 된다는 내용으로 **세포군과 상순**에 대한 이론을 세웠다. 최근의 신경학 연구와 증거에서도 그의 가설을 확증해 주는 것으로 나타났다. 이 접근법은 개인의 경험과 반복을 통해 쌓이는 신경 경로 또는 신경망이 존재한다는 점을 시사하는 것이다.

융(1917) 역시 인간 정신 내의 패턴이 존재함을 믿었지만 이러한 패턴들이 인류의 반복된 경험들을 통해 자리 잡게 된다고 믿었다. 각 인종의 새로운 구성원은 그 인종의 유산으로써 원형을 타고나게 된다. 그렇게 이 원형들은 개개인의 경험에 의해 활성화되는 것이다.

　패러다임 변화에 대한 에니어그램 관점은 현장에서 바로 만들어지고 자리 잡는 패턴을 주장하는 아리스토텔레스-로크-경험주의 철학 대신, 태어날 때부터 가지게 되는 타고난 유형이 현재 경험들을 통해 촉발된다고 주장하는 플라톤-칸트-융(분석심리) 철학에 좀 더 가깝다.

　이 중에 당신에게 더 끌리는 가정이 있더라도(당신이 당신의 정신적 컴퓨터가 이미 소프트웨어가 설치된 채로 나왔다고 믿든, 아니면 당신의 운영체계를 스스로 프로그램하기를 선호하든), 그와는 상관없이 각 유형에 해당하는 개개인은 이에 대해 인터뷰했을 때 에니어그램 주기가 예측한 이동 방향들을 경험적으로 입증해 주었다. 논문으로 정리된 경험적 연구조사들은 이러한 가설화된 변화들을 확인시켜 주는 데에 있어서는 그다지 성공적이진 못했다(Thrasher, 1994; Twomey, 1995). 그 이유가 불완전한 조사 설계 때문인지 에니어그램 가정에서의 결함 때문인지는 여전히 연구 과제로 남아 있다.

　이 외에도 변화를 거부하고 체계의 현 상태를 지키기를 원하는 힘들이 존재한다. 바로 다음 장에서 이러한 역동들을 살펴볼 것이다.

CHAPTER **08** 패러다임의 도식

패러다임이 한 번 자리를 잡게 되면, 우리는 이를 유연하고 융통성 있으며 잘 적응하는 최신의 것으로 유지할 수도 있고, 이를 완고하게 유지하며 조엘 바커가 말한 패러다임 마비 또는 조지 켈리가 언급한 **범주 경화**로 시달릴 수도 있다.

우리가 이미 형성한 패러다임을 수정하고 싶지 않아 하는 데에는 많은 이유가 있다. 그 중 하나는 바로, 우리에게 효과적으로 작용해 온 이미 정해진 이 패러다임의 범위 안에서 우리는 성공적인 **전문가**가 되었기 때문이다. 이 패러다임 범위 밖에서 우리는 다시 평범한 수준이 되어 버린다. 우리가 지닌 패러다임에 능숙해질수록 우리는 더 이에 몰두하게 되고, 이를 바꾸게 되면 잃을 게 더 많아지게 되는 것이다.

변화를 거부하는 또 다른 이유는 바로 우리의 **정체성**이 우리의 패러다임과 긴밀하게 연관된 상태가 되었기 때문이다. 우리는 이 패러다임을 바꾸게 되면 우리의 자아 정체성까지 바뀌게 되고, 이로 인해 혼란과 상실감을 느끼게 될까 봐 두려워한다. 자리 잡은 정체성과 패러다임을 고수하는 것은 이러한 존재적 불안감을 경험하지 않도록 우리를 지켜 주게 된다.

우리가 지닌 패러다임은 우리에게 이미 익숙하고 자신의 것이 되었기 때문에 우리는 이를 유지하려 한다. 이 패러다임을 지닌 것에 길들여진 것이다. 우리는 이 패러다임에 편안함을 느끼게 되고, 익숙함은 안주함을 낳는다. 우리의 도식을 충실히 지키는 것은 자신의 원칙과 역할에 충실함을 유지하게 해 준다. 이로 인해 우리는 소속감을 느낀다.

마이클 마호니(Michael Mahoney, 2003)는 그의 저서인 *Constructive Psychotherapy*에서 다음과 같이 기록했다.

> 많은 사람이 변하지 않거나 그다지 변하지 않는데, 그 이유는 우리가 근본적으로 보수적인 생물이기 때문이다. 이는 우리의 잘못이 아니다. 단지 우리 삶의 형태인 것이다. 일관성과 지속성은 생명 유지 장치 안에 설계된 것이며, 그렇기에 이러한 측면들이 우리의 심리적 삶에서 또한 표출되는 것은 놀랄 일이 아니다. 구성주의는 인간이 지닌 구조를 향하는 경향을 강조한다. 우리는 질서를 추구할 뿐만 아니라 이를 필요로 한다. 우리는 활동 체계로 구성되어 있으며 종종 우리의 패턴에 대해 굉장히 방어적인 모습을 보인다. 우리의 핵심 명령 과정은 변화를 거부한다. 이 과정들은 우리의 존재함의 습관적인 방식이 되었다. 습관은 우리의 성질이 된다. 우리에게 너무나도 익숙한 안락의자나 화장실 또는 부엌으로 가는 길처럼, 습관은 존재함의 틀에 박힌 부분이 된다. 반복의 힘은 어마어마하다. 이는 단순한 관성이나 의식적인 활동에서 무의식적인 행동으로의 변화 그 이상이다. 오래된 패턴은 가족이 된다. 이들의 익숙함에는 매력적인 성질이 보태진다. 심지어 그 결과가 고통스러울 것을 예상할 수 있어도 오래된 습관은 편안함을 준다. 반복적으로 옛 패턴으로 돌아가는 모습은 변화를 시도하려는 수많은 사람의 빈번하고도 절망적인 현실이다. …오래된 습관은 종종 성역이 된다. 익숙함은 무시 그 이상을 낳는다. 익숙함은 자체의 영구 보존을 낳는다(p. 173).

생존, 효율, 익숙함, 편안함 그리고 잘 들어맞음은 우리가 우리의 패러다임을 고수하는 이유들의 일부다. 우리가 확인되지 않는 증거에도 불구하고 우리의 도식을 계속해서 지키게 되는 방식에는 어느 정도의 연습이 필요하다. 우리가 자신과 세상에 대해 지니는 초기 도식이 어떻게 유지되는지에 대한 통찰을 살펴보기 위해서는 아론 벡(Aaron Beck) 과 그의 제자들 중 한 명이자 도식 유지, 도식 회피, 보상 도식 작용을 연구한 제프리 영 (Jeffrey Young)의 인지 이론들을 알아볼 필요가 있다.

도식 유지

우리는 우리의 도식을 확정해 주는 **선택적 주의**와 우리의 도식을 부정하는 **선택적 부주의**를 통해 패러다임을 유지한다.

예를 들어, 만약 당신이 자신을 사랑스럽지 않다고 여기고 사람들도 당신과 함께 하길 원하지 않는다고 믿는다면 당신은 사람들이 보이는 아주 사소한 지루함과 무관심의 표식까지도 신경 쓰게 된다. 당신은 결국 이런 부분에 과도하게 신경 쓰기 때문에 당신이 찾는 것을 발견하게 될 것이다. 혹은 찾지 못했더라도, 이를 만들어 내어 당신이 발견했다고 믿게 될 것이다. 반면, 당신에게 오는 모든 배려, 관심, 흥미의 표식이 지닌 중요성은 깎아내리게 된다. 당신은 이렇게 말할 것이다. "그건 중요하지 않아." 아니면 당신은 사람들의 배려와 관심을 조종하기 위한 것 또는 압박에 의한 것으로 해석할 것이다.

도식은 **자멸적인 행동**을 통해 유지될 수도 있다. 만약 당신이 사람들은 당신을 신경 쓰지 않는다고 믿으면, 당신은 정말로 당신에 대해 별로 관심을 두지 않는 자기도취적인 사람을 골라서 그렇게 믿을 것이다. 아니면 깊은 교제가 불가능한 사람들을 계속해서 찾을 수도 있고, 폭력적인 관계 패턴에 빠지게 될 수도 있다.

이렇듯 우리는 정신적 속임수를 이용해 우리의 도식을 유지할 수도 있으며, 우리의 가설을 확증하기 위해 자료를 교묘히 처리하는 불완전한 행동 실험을 할 수도 있다.

이제 **도식 유지** 절차가 아홉 가지 성격 패러다임으로 전개될 때 어떠한 모습을 보이는지 살펴보자. 이에 대한 더 자세한 설명은 추후 이들에 대한 각 장에서 다루어질 것이다.

1유형은 잘못되고 빠진 부분에 주목하고, 이미 존재하고 있는 좋은 부분에는 덜 집중함으로써 이 세상의 모든 것이 개선되어야 한다는 도식을 유지한다.

2유형은 다른 사람들의 필요에 주목하고, 자신이 도움을 줌으로써 얻는 인정과 수용을 받아들이며, 자신의 욕구는 알아차리지 않음으로써 자신이 궁핍한 세상 속의 도움을 주는 사람이라는 도식을 유지한다.

3유형은 사람들의 비효율적인 태도와 행동을 알아차리고, 자신이 포함되지 않은 완료된 일과 성공에는 주목하지 않으며, 자신이 올라온 성공 사다리의 모든 단계와 함께 자신의 성취 덕분에 받은 영광을 기록함으로써 자신이 무질서한 세상 속의 능률 전문가라는 도식을 유지한다.

4유형은 자신에게 향하는 모든 부주의와 오해와 더불어 자신이 지닌 모든 결함과 이에 상응하는 다른 사람들의 완벽함에 주목하고, 남들과 자신을 비교하여 항상 자신을 부족하게 여기며, 다른 사람들의 허용과 사랑을 무시함으로써 자신이 망명 중인 귀족이자 낯선 나라의 이방인이며, 비극적으로 결함이 생긴 버림받을 위기에 처한 사람이라는 도식을 유지한다. 이들은 자신만의 독특한 재능들을 인정하고 칭찬하지 못한다.

5유형은 다른 사람의 요구와 기대를 과도하게 지각하며, 자신의 요청을 거절하는 사람에 대해 과민하고, 자신이 원하는 것을 협상하는 데에 있어서 무력하다고 느끼며, 결국은 뒤로 물러남으로써 세상이 강압적이고 억제하며 절충이 가능하지 않은 곳이라는 도식을 유지한다. 이들은 자신의 강점과 더불어 남들이 자신의 바람을 존중해 주었던 때를 최소화한다.

6유형은 최악의 상황을 상상하며 병균과 적을 찾아다니고, 자신이 받아들여지고, 안전하며, 안정적이라고 느꼈던 시간과 장소, 사람들에는 주목하지 않음으로써 세상이 위협적이고 위험한 곳이라는 도식을 유지한다.

7유형은 좋은 시기에만 집중하고, 유쾌한 사건들을 기억하고 예측하며, 이 경험에서 저 경험으로 덧없이 이동해서 결국은 진정한 만족이 일어나지 않게 되고, 그렇게 다음 유쾌한 사건으로 강박적으로 이동하게 됨으로써 반드시 선택권을 갖고 있어야 하고 항상 '기분 좋은' 상태에 있어야 한다는 도식을 유지한다.

8유형은 현장에 존재하지 않을 수도 있는 멸시, 학대, 조종을 의식하고, 자신에게 향하는 모든 애정이나 친절의 진실한 동기를 경시하거나 부인함으로써 세상이 적대적이며 자신을 해코지하려 한다는 도식을 유지한다.

9유형은 "이걸 한다고 무엇이 달라질까?"라고 말하며, 자신의 모든 계획과 개입이 지니는 무익함과 허무함에 대해 의식하고, 자신의 행동이 영향을 미친 변화들에 대해서는 주목하지 않음으로써 세상은 무관심하며 그렇기에 이 사실에 그저 체념하고 따른다는 도식을 유지한다.

도식 회피

유발된 도식은 수치심, 죄책감, 두려움, 분노 등과 같은 불편하고 고통스러운 생각과 감정을 불러일으키기 때문에, 우리는 이러한 모습을 활성화시키는 것은 무엇이든 회피하는 방식으로 우리의 도식을 유지한다.

우리는 도식이 의식에 도달하는 것을 막아 주는 방어기제를 통해 인지적 수준에서 도식 회피를 할 수 있다. 도식을 유발하는 특정한 대상에 대해 생각해 보라는 청을 받을 때 우리는 유발된 도식을 억누르고 텅 빈 상태가 된다. 우리의 지적 능력과 상상, 감각은 신비롭게도 우리가 이러한 골치 아픈 일을 하지 못하게 한다. 예를 들어, 애정 어린 사람에게 무엇이 필요한지 묻거나, **효율적인 사람**에게 어느 영역에서 실패했냐고 묻는다면, 당신은 아마 멍한 표정이나 어리둥절한 표정을 보게 될 것이다.

우리는 이러한 도식을 인지하는 것으로부터 자신을 차단할 수 있을 뿐만 아니라, 도식을 수반할 수도 있는 모든 **감정** 역시 차단할 수 있다. 이럴 때 우리는 정서적으로뿐만 아니라 인지적으로도 무감각해진다.

부분적 마비 또한 이 영역에 수반될 수 있다. 예를 들면, 우리는 분노하거나 행복하거나, 두려움을 느낄 수는 있지만 슬픔을 느끼지는 않는 것이다. 혹은 우리가 지닌 모든 감정을 희석시키고 마취시킴으로써 전체적인 마비를 경험할 수도 있다. 낮은 수준의 만성 우울을 겪을 수도 있다. 만약 **현명한 사람**에게 지금 무엇을 느끼는지에 대해 물어보면, 아마 이들이 무엇을 생각하고 있는지를 알게 되거나, 자신이 무엇을 느끼고 있는지 알아내느라 몇 분에서 며칠까지 걸리는 긴 침묵 상태를 겪게 될 것이다.

이제 우리는 도식을 활성화시킬 수도 있는 활동들을 하지 않고 억제함으로써 **행동적**

수준에서 도식 회피를 할 수 있다. 만약 실패에 대해 두려워한다면 우리는 실패로 끝날지도 모르는 직장, 관계, 활동 등을 회피하게 될 것이다. 매슬로의 '요나 콤플렉스'가 이에 적용된다. 여호와가 요나에게 그의 대변인이 될 것을 요청했을 때, 요나는 자신이 니느웨 사람들에게 무언가를 전하기에는 너무 무능하고 자격이 없다고 믿으며 이의를 제기했다. 그는 자신이 이 일을 이뤄 낼 수 있을지에 대한 여부를 회피하기 위해 고래 뱃속에서 많은 시간을 보냈다. 자신이 알 수 없는 심각한 결과를 얻게 될 위험을 무릅쓰는 것보다 자신이 아는 것을 고수하는 게 낫다는 것이다. 광장공포증(또는 고래 뱃속에서 시간을 보내는 것)은 유발 도식을 회피하려는 행동적 전략의 극단적인 예시일 것이다. 만약 선한 사람이나 충실한 사람에게 10대였을 때 반항적인 모습을 보였는지 묻는다면, 이들은 아마 "당연히 아니죠!"라는 반응을 보일 것이다. 왜냐하면 그런 행동은 책임감 있고, 양심적이며, 규칙을 준수하는 소년 소녀의 모습에 거의 맞지 않기 때문이다.

아홉 가지 성격 패러다임이 보이는 **도식 회피 책략** 일부를 살펴보자.

1유형은 비난받고 죄책감을 느끼는 것에 대한 두려움 때문에 게으름을 부리고, 무언가를 할 때 대충 하거나, 자신이 진정으로 원하는 일을 하는 것을 회피한다. 이들은 놀이와 휴식을 피한다. 이런 모습은 이들의 **완벽 도식**을 지켜 준다.

2유형은 이기적이라고 평가받고, 그렇게 되어 자신의 필요와 자기 자신까지 거절당할 것에 대한 두려움 때문에 자신의 욕구를 표출하는 것을 회피한다. 이런 모습은 이들의 **도움 도식**을 지켜 준다.

3유형은 성공적인 결과를 내지 못할 프로젝트를 멀리함으로써 이들의 실패 도식이 유발되는 것을 회피한다. 이들은 자신의 의사와 감정을 회피함으로써 자신의 이미지 또는 역할 속에서 멋진 모습을 유지하고, 그렇게 함으로써 이들의 **성취 도식**을 유지한다.

4유형은 친밀한 관계에 들어가면서도 상대가 자신을 받아들이거나 거절하기 전에 그사람을 거절함으로써 자신이 불완전하고, 어울리지 않으며, 받아들여지지 않는다는 도식이 유발되는 것을 회피한다. 이런 모습은 이들의 **고통받는, 특별한 도식**을 지켜 준다.

5유형은 프로젝트나 관계에 헌신하지 않고, 뒤로 물러나며, 침묵을 지킴으로써 자신이 부족하고 기여할 것이 없다는 도식이 활성화되는 것을 회피한다. 이런 모습은 이들의 외톨이 도식을 지켜 준다.

6유형은 (공포 순응형일 때) 자신의 두려움과 신념을 회피하고 권위자와 가까이 지내며 규칙을 따르거나, (공포 대항형일 때) 권위자와 그들의 규범을 멀리하고 자신의 불안을 유지하는 대신 충동적으로 두려움에 맞서 행동함으로써 자신이 겁쟁이이고, 불성실하며, 이단적이고, 취약하다는 도식이 유발되는 것을 회피한다. 이런 모습은 이들의 **두려움 도식**을 지켜준다.

7유형은 자신을 구속하게 될 직업 생활이나 사람들에 헌신하지 않고, 고통스러운 상황과 감정을 회피하며, 오랫동안 가만히 있지 않음으로써 불행하고 제한된 모습의 도식을 회피한다. 이런 모습은 이들의 **쾌락 도식**을 지켜 준다.

8유형은 항상 맨 위의 자리를 유지하고 한 단계라도 아래의 위치로 내려가지 않도록 확실히 함으로써 약하고, 연약하며, 무력한 모습의 도식을 회피한다. 이들은 연민과 부드러움을 회피하며 정의와 권력을 받아들인다. 이런 모습은 이들의 **힘 도식**을 지켜 준다.

9유형은 자기 자신과 자신의 의견 또는 감정에 열정적이지 않음으로써 자신이 사랑스럽지 않고 간과되는 사람이라는 도식이 활성화되는 것을 회피한다. 이들은 자신이 선호하는 것이나 필요에 대해 크게 생각하지 않음으로써 아예 실망하고 상처받는 모습을 회피한다. 이런 모습은 이들의 **체념 도식**을 지켜 준다.

보상 도식

마지막으로 우리는 도식을 보상하고, 도식이 진정으로 가리키는 것에 대해 우리가 가지는 두려움과 정반대로 행함으로써 도식이 유발되지 못하도록 지킬 수 있다. 만약 우리 자신이 실패자라는 도식을 갖고 있다면, 우리는 아마 이를 감추고 강박적으로 성공하려 분투함으로써 이와 정반대로 행할 수 있다. 알프레드 아들러의 '열등감'과 '우월감'에 대한 이론은 인지이론가들이 **보상 도식**이라고 부르는 것들의 선구자였다. 예를 들어 보면, 아들러 자신도 구루병으로 고생했고 이로 인해 다른 아이들과 놀 수 없었으며 자신의 건강한 형을 부러워했다. 그는 성공적인 이론가이자 치료사, 사회 운동가가 됨으로써 자신의 열등감을 보상했다.

우리는 이러한 반동 형성 과정을 통해 우리의 잠재적인 도식이 떠오르지 않도록 지킨다. 왜냐하면 이 도식은 한 번도 살펴지고, 도전받고, 경험되지 않았기 때문에 우리가 결코 이를 확증할 수 없기 때문이다. 이는 또한 우리의 모든 에너지가 이러한 도식의 정반대를 향하며 고통스러운 도식이 표면으로 올라오지 않도록 막고 있기 때문이다. 이렇게 함으로써 이러한 도식이 아예 사라지는 것의 가능성 또한 불가능해진다.

당신은 이미 알고 있다. 누군가가 당신이 감추려 하는 잠재적인 취약한 도식을 건드릴 때, 자신이 과하게 이를 보상하려 하며 이에 따른 강한 감정적 반응이 일어난다는 것을 말이다. 당신의 '보상 버튼'이 눌려질 때, 아마 당신은 분노와 상처, 당혹감, 굴욕, 슬픔, 또는 두려움을 느낄 것이다. 이 현상은 각 유형의 **취약점**을 다룬 3장에서도 논의되었던 주제다.

역설적이게도 우리의 과도한 보상 전략은 종종 우리가 그야말로 두려워하는 또는 회피하려 하는 대상을 불러온다.

제프리 영은 이 현상에 대한 예시로 어린 시절의 기본적인 박탈감과 그 상태에 대한 과도한 자아도취 보상을 든다. 자기도취자는 청소년 시절에 느꼈던 박탈감을 보상하기 위해 성인으로서의 특권의식을 가지게 된다. "나는 이걸 받을 자격이 있어. 나는 이 자격을 얻기 위해 아무것도 할 필요가 없어." 사실 자기도취자가 진정으로 원하는 것은 사랑받으며 다른 사람이 자신의 욕구를 채워 주는 것이다. 하지만 자기도취적 행동과 태도는 과도한 보상이기 때문에 종종 과장되어 나타나며, 과장된 자신의 중요성과 특권의식은 이런 자기도취자의 모습에 동조하지 않기로 선택하는 다른 사람들을 멀어지게 만든다. 그렇게 되면 자기도취자는 다시 자신을 위로해 줄 자아상만 남은 채 혼자 남겨지게 되는 것이다.

에니어그램 관점에서 과장된 각 성격 유형은 일부 반대되는 잠재적 도식에 대한 과도한 보상으로 여겨질 수 있다. 각 성격 패러다임의 과도한 보상 전략과 함께 이러한 전략들이 모순적이게도 가장 두려운 대상을 어떻게 유발하는지에 대한 요약을 살펴보자.

• 1유형 패러다임: 모든 것에 있어서 과도하게 좋은 모습과 뛰어난 모습을 보이려는 사

람들은 자신이 나쁘고, 무가치하며, 불완전한 사람이라는 잠재적인 부적응적 신념을 보상하는 것이다.

지나치게 완벽주의적이고 현학적이며 꼼꼼하고 비판적인 모습은 사람들로부터 자주 비난과 분노, 회피를 유발시킨다. 이로 인해 세상은 비판적이고 올바르지 않다는 신념이 확증된다.

- **2유형 패러다임**: 과도하게 도움을 주고 너그러운 모습을 보이려는 사람들은 자신이 이기적이고, 사랑과 배려를 받을 자격이 없으며, 쓸모없고 중요하지 않은 사람이라는 잠재적인 부적응적 도식을 보상하는 것이다.

지나치게 보살피고 과한 애정으로 숨 막히게 하는 모습은 다른 사람들로 하여금 이들이 바랐던 가까이 다가오게 하는 행동 대신 종종 밀어내는 행동을 이끌어 낸다. 이로 인해 자신의 욕구는 충족되지 않으며 그런 모습은 받아들여지지 않는다는 신념이 확증된다.

- **3유형 패러다임**: 과도하게 성취하고 성공적인 모습을 보이려는 사람들은 자신이 받아들여지지 않는 수준이며, 사람들이 자신을 싫어하고 결국 자신은 인간으로서 실패작이라는 잠재적인 부적응적 신념을 보상하는 것이다.

지나치게 성취적이고 기계적인 유형은 흔히 다른 사람들의 흥미를 잃게 만들며, 진정한 자신 대신 페르소나나 역할과 상호작용하도록 조장한다. 이로 인해 진정성이 아닌 성능이 성공한다는 신념이 확증된다.

- **4유형 패러다임**: 과도하게 특별한 모습이 되려는 사람들은 자신이 아무것도 아니며, 결함이 있고 못났으며, 사람들도 자신과 함께 있고 싶어 하지 않는다는 잠재적인 부적응적 도식을 보상하는 것이다. 이들에게 세상은 버리고 떠나버리는 곳이다.

지나치게 민감하고, 세련되며, 귀중하고, 권리를 지니며, 쉽게 오해하게 만드는 태도는 공감과 연결 대신 일반적으로 오해와 거리를 두게 만든다. 이로 인해 자신은 사랑받지 못한다는 부적응적 도식이 확증된다.

- **5유형 패러다임**: 과도하게 알려 하면서도 익명으로 남으려는 모습을 보이는 사람들은 자신이 무지하고 보잘것없는 약자이며, 자신을 주장할 수 없는 사람이라는 잠재적인 부적응적 도식을 보상하는 것이다.

150

침묵하고 물러나는 모습은 다른 사람으로부터 개입과 투사 행동을 유발한다. 자연은 공백을 매우 싫어하기 때문에, 이에 따라 사람들은 비어진 공간으로 이동한다. 침묵하는 모습은 사람들로 하여금 "이 사람은 기발한 무언가를 생각하고 있는 게 틀림없어!" 또는 "이 사람은 할 말이 없는 게 분명해."라는 반응으로 해석될 수 있다. 이로 인해 세상은 강압적이고 참견하는 곳이거나 자신을 억제하고 배제시키는 곳이어서 당신이 제공할 수 있는 것은 아무 것도 없는 곳이라는 신념이 확증된다.

- 6유형 패러다임: 과도하게 충실하고 의존적이거나 반항적이고 거짓으로 독립적인 모습을 보이려는 사람들은 자신이 겁쟁이이며, 일부 규칙을 위반한 것에 대한 벌을 받아야 하고, 위험한 세상에 살고 있다는 잠재적인 부적응적 도식을 보상하는 것이다.

  의심하는 편집적 태도는 보통 다른 사람들로부터 적대적이거나 반항을 모의하는 행동을 일어나게 한다. 사람들이 자신에 대한 뒷담화를 한다고 생각하는 모습은 보통 정말로 뒷담화를 하게 만든다. 이로 인해 세상이 자신을 해코지하려 한다는 부적응적 도식이 확증된다.

- 7유형 패러다임: 과도하게 행복하고 괜찮은 모습을 보이려는 사람들은 사실 자신이 괜찮지 않으며, 제한받고, 우울함으로 가득차기 직전이며, 자신이 지루한 사람이거나 지루함을 느끼기 직전이라는 잠재적인 부적응적 도식을 보상하는 것이다.

  강박적으로 쾌활하고 열광적인 사람들은 종종 너무 높이 날고 있는 이 낙관론자들을 '땅으로 내려오게' 하거나 '쏘아서 떨어뜨리려는' 사람들로부터 제한하고 자제하게 만드는 반응을 유발한다. 이로 인해 사람들이 당신의 축제를 망칠 것이라는 부적응적 두려움이 확증된다.

- 8유형 패러다임: 과도하게 영향력이 있고 강한 모습을 보이려는 사람들은 자신이 약하고 취약하며, 세상은 적대적인 곳이라는 잠재적인 부적응적 도식을 보상하는 것이다.

  사람들에게 두려움을 주입시키려는 의도를 갖고 공격적인 자세와 행동을 취하는 모습은 마찬가지로 사람들로 하여금 공격적인 행동을 일으키게 만든다. 흔히 덜 강한 사람은 자신을 증명하려는 방식의 하나로써 더 강한 사람과 맞서 싸우려 한다. 이로 인해 세상은 적대적인 곳이라는 신념이 확증되는 데에 힘이 실어진다.

- 9유형 패러다임: 과도하게 안정하려는 모습을 보이는 사람들은 자신이 어울리지 않고, 원치 않는 사람이며, 무시받고 중요하지 않은 사람이라는 잠재적인 부적응적 가정을 보상하는 것이다. 원하는 것을 요구하면 얻을 수 있는데, 아무것도 요구하지 않는다면 정말 아무것도 얻지 못하는 것이다.

  자신의 필요를 표현하지 않으면 사람들은 당신이 아무것도 필요 없다고 판단해서 아무것도 주지 않는다. 이에 따라 사람들은 차갑고 배려심이 없다는 인상을 주며, 세상은 무관심하다는 신념이 확증된다.

요 약

우리가 지닌 패러다임을 검사하고, 상황이 요하는 대로 이를 조정하지 않으면 우리는 그 패러다임에 갇히게 된다. 그대로 했을 때에는 최고로 효율적인 관점과 반응을 가능하게 할 수 있는데도 불구하고, 우리는 이 렌즈를 끼고 있다는 사실을 잊거나 부인하고, 필요한대로 검사를 받기를 거부하며, 그대로 편협한 구식 관점을 통해 세상을 바라보고, 감정적 반응을 제한하며, 정형화된 행동으로 반응한다.

이렇게 Part II에서 아홉 가지 성격 유형들을 고려함에 따라, 계속해서 이러한 보상 도식, 도식 유지, 도식 회피 절차가 우리의 성격 패러다임을 제자리에 지키고 우리의 렌즈는 검사받지 않은 상태로 두기 위해 어떻게 작용하는지에 대한 더 자세한 모습을 뒤에서 다루게 될 것이다.

아홉 가지 유형과 더불어 이들의 아홉 가지 렌즈를 분석해 보기 전에, 먼저 우리가 세상과 상호작용할 때 지니는 세 가지 전반적인 접근법과, 들어오는 자료를 분류하고 나오는 행동을 조절하는 세 가지 보완 경로에 대해 살펴보자. 우리 모두가 이러한 인지와 계획의 세 가지 중심을 모두 사용하며, 그중에서도 하나의 틀을 선호한다는 것을 알게 될 것이다.

152

표 8-1 에니어그램 유형별 인지도식(도식 유지, 도식 회피, 보상 도식)

에니어그램 유형	도식 유지	도식 회피	보상 도식
1유형	잘못되고 빠진 부분에 주목한다. 이미 존재하고 있는 좋은 부분을 알아차리지 않는다.	게으른 모습과 쉬는 시간을 따로 갖는 것을 피한다. 결함과 잘못을 드러내지 않는다.	열심히 일한다. 일찍 와서 늦게까지 있다. 모든 것을 훌륭하고 완벽하게 한다.
2유형	다른 사람들의 필요에 관심을 쏟는다. 사람들을 기쁘게 하는 것에 주목한다.	자신의 필요, 감정, 선호도는 표현하지 않는다. 싫다는 말을 하지 않는다.	너그럽고, 잘 주며, 희생한다. 항상 나보다 다른 사람을 먼저 생각한다.
3유형	이미지와 관중의 반응에 주목한다. 효과가 있는 일을 알아차린다.	자신의 감정, 바람, 욕구를 신경 쓰지 않는다. 실패를 회피한다. 느리게 하지 않는다.	과하게 성공한다. 과하게 관계망을 형성한다. 과하게 일한다. 계속해서 올라간다.
4유형	자신의 결점과 다른 사람들의 무시, 오해, 재능에 주목한다.	평범하고, 피상적이며, 가볍고, 지루한 모습을 회피한다.	깊고, 극적이고, 다른 모습을 보인다. 삶의 극단적인 부분까지 경험한다.
5유형	다른 사람들의 요구와 침입 그리고 사람들이 자신이 하려는 말에 얼마나 신경을 쓰지 않는지에 집중한다.	확실하지 않은 것에 대해서는 말하지 않는다. 감정을 표출하지 않는다. 노출과 친밀함을 피한다.	두 번 생각하고 똑똑하게 생각한다. 덜 느끼고 덜 말한다. 조용히 있다. 할 수 있을 때 최선을 다해 자료를 모은다.
6유형	위험과 적을 찾아 조심한다. 항상 준비한다. 항상 충실하다.	독립적인 모습을 피한다(공포 순응형). 의존적인 모습을 피한다(공포 대항형).	지나치게 경계하고 충실하다. 지나치게 긴장한 상태다. 항상 권위자를 존경한다(공포 순응형). 항상 권위자에 도전한다(공포 대항형).
7유형	밝은 부분을 본다. 선택권을 항상 열어 둔다. 좋은 쪽을 바라보고 그 상태를 유지한다. 즐거움과 오락을 찾는다.	우울해지거나 속박당하지 않는다. 고통, 괴로움, 헌신, 지루함을 회피한다.	계속해서 위로 솟는다. 계속해서 말하고 계획한다. 낙관적이고 쾌활하며 즐거운 모습이다.

| 8유형 | 모욕과 부당함을 찾아다닌다. 다른 사람들의 약점을 찾아다닌다. 힘겨루기를 경계하고 조심한다. | 자신의 약함을 회피한다. 취약해지지 않고 친절해지지 않는다. 친절함에 속지 않는다. | 정상을 유지한다. 공격적인 모습과 자신의 방침을 유지한다. 책임을 지고 최고 속력으로 앞서 나간다. |
| 9유형 | 타협을 구한다. 조화를 위해 노력한다. 흐름을 알아채고 이를 따라간다. | 삐걱대는 부분을 알아차리지 않는다. 자신의 의견을 무시하고 갈등을 피한다. 열변을 토하거나 에너지를 낭비하지 않는다. | 침착함을 유지하고 선뜻 동의한다. 평지풍파를 절대 일으키지 않는다. 다른 사람에게 노를 맡긴다. 휴식을 취한다. |

CHAPTER **09** 세 가지 중심

보 통 우리는 하나의 뇌를 갖고 있다고 생각하지만 일부 전통에서는 우리가 세 가
지 뇌를 갖고 있는 존재라고 시사한다. 삶에 관여하고 적응하는 다양한 방식은
지능의 세 가지 중심 또는 의사 결정의 중심지 또는 우리가 살아가는 신체적 · 감정적/사
회적 · 지적 영역들에서 생존하고 번성하게 도와주는 세 가지 본능으로 묘사되어 왔다.

이러한 세 가지 중심은 다양한 제목 아래 분류되어 왔다. 아르메니아인으로서 밀교 지
혜의 선생이자 프로이트와 동시대 인물이었던 구르지예프는 본능적 · 감정적 · 지적 중
심들에 관해 논했다. 그는 발달된 사람은 이 모든 세 가지 중심의 균형을 이룬 사람이라
는 신념으로 자신의 학생들에게 세 가지 중심 모두를 발달시키라고 충고했다. 구르지예
프의 초기 제자였던 우스펜스키(Ouspensky, 1974)는 이러한 전통에 대해 저술했다.

구르지예프의 또 다른 숭배자였던 드 로프(Robert De Ropp, 1974)는 세 가지 다른 종류
의 지능에 대해 서술했다. 그에 따르면 각 뇌는 다른 방식의 앎이 자리하는 영역이며, 이
들은 각각 자기를 유지하는 역할을 한다. 완전히 발달된 사람은 모든 종류의 지능을 조

화롭게 가꾸고 균형을 이룬다.

구르지예프 체제의 현대 지지자인 찰스 타트(Charles Tart, 1987)는 이러한 세 가지의 다른 사고방식을 상황 판단의 세 가지 주요 유형으로 명명했는데, 각각 지적·감정적·신체적/본능적 유형이다.

영적 깨달음과 발달을 다루는 아리카 전통의 설립자인 오스카 이차조(1982)는 이러한 세 가지 중심들을 생존 본능이라고 특징지었다. 각 본능은 우리를 보호하고 안내하기 위해 삶의 질문을 던진다. 이러한 질문들에 주의를 기울이고 본능을 따른다면 우리는 견딜 수 있을 것이다. 그렇지만 질문들을 대답하지 못하거나 신뢰하지 못하면 우리의 생존은 위험에 처할 것이다.

생물학적 존재로서의 우리에게 첫 번째로 고려되어야만 하는 질문은 이것이다. "나의

머리 중심
지향 본능
"나는 어디에 있는가?"
목적, 방향
역기능: 쓸모없고, 부족하다고 느낌

가슴 중심
관계 본능
"나는 누구와 있는가?"
사회적 관계
역기능: 외로움

배 중심
보존 본능
"나는 어떠한가?"
자기 보호
역기능: 자기에 대한 불안

그림 9-1 | 세 가지 중심

상태는 어떠한가?" 이는 우리의 신체적 생존 문제를 다루는 **자기 보호 본능**이다. 사회적 존재인 우리는 집단을 벗어나서는 생존할 수 없다. 그렇기에 두 번째 질문은 이것이다. "나는 누구와 함께 있는가?" 이는 **사회적 관계 본능**이다. 마지막으로, 인간으로서의 우리는 목적과 방향의식을 필요로 한다. 우리는 우리가 어디서 왔으며 어디로 향하고 있는지를 알고 싶어 한다. 이렇게 우리는 방향성을 필요로 한다. 그렇기에 세 번째 질문은 이것이다. "나는 어디에 있는가?" 이는 **동조** 또는 **지향 본능**이다.

각 사람 안에는 이러한 질문들이 본능적 · 감정적 · 지적 중심에 제각기 자리하고 있다. 이들은 구체적인 본능이 위협당할 때 표면으로 떠오른다. 그렇지 않으면 질문들은 무대 뒤에서 작용하게 되고 우리는 의식적으로 이들을 알아차릴 수 없게 된다.

예를 들어, 당신이 건강 염려증을 갖고 있지 않은 이상은 지속적으로 자신의 건강을 확인하지는 않을 것이다. 하지만 만약 얼음바닥에 미끄러져 넘어지게 된다면 당신은 본능적으로 이렇게 물을 것이다. "이크! 지금 내 상태가 어떻지? 나 괜찮은가?" 혹은 당신이 편집증이 아니라면 당신 옆에 있는 사람을 은밀하고 세심하게 살펴보고 검토하지 않을 것이다. 그렇지만 만약 당신과는 철저히 다른 문화나 인종, 종교나 정신 상태(예를 들어, 정신이상이 있는 사람)에 있는 사람을 만나게 된다면, 당신은 의식적으로 질문하기 시작할 것이다. "나와 함께 하고 있는 저 사람은 누구지? 괜찮은 사람인가?" 마지막으로, 당신은 보통 자신이 어디에 있는지 그리고 어디로 향하고 있는지 알고 있으며 방향을 물어볼 필요가 없다. 하지만 삶의 발달 단계에서 다음 시기로 넘어가는 전환기에 들어서거나, 직업이나 건강 또는 배우자나 당신의 정체성에 아주 중요한 무언가를 잃게 되었을 때, 당신은 상실감을 느끼며 질문하게 될 것이다. "나는 이제 누구지?" 혹은 "이제 난 어디로 가야 하지?" 혹은 "세상은 여전히 괜찮은가?"

정신 상태 검사에서 나오는 첫 질문이 "당신은 누구인가? 당신의 가장 가까운 친척은 누구인가? 지금은 몇 시인가? 당신이 지금 어디에 있는지 알고 있는가?"라는 점은 흥미로운 일이다. 우리는 무의식적으로 그리고 의식적으로 이러한 세 가지 중심에 대해 묻는다.

칠레인 정신과 의사이자 오스카 이차조로부터 에니어그램을 배우고, 이차조의 변화무쌍한 생각들을 당대의 심리학적 통찰을 갖고 발전시킨 클라우디오 나란조(1994)는 이러한 세 가지 본능이 치료계에서도 다뤄져 왔다고 지적했다. 프로이트와 정신분석 이론가들은 리비도와 에로스의 생존 본능, 즉 **생존 충동** 또는 **의지**를 강조했다. 아들러와 대상관계 이론가들은 사회적 본능, 즉 **관계 충동** 또는 **의지**를 강조했다. 의미치료를 제시한 프랭클(Viktor Frankl)과 실존주의자들은 일반적으로 지향 본능, 즉 **의미 충동** 또는 **의지**를 다뤘다.

기원전 5세기, 플라톤은 말들에 의해 달리고 마부가 이끄는 날개 달린 전차의 이미지를 들어 신체적 중심(전차)과 감정적 중심(말), 지적 중심(전차 모는 사람) 간의 상호관계를 묘사했다.

구르지예프는 이 은유를 19세기 후반으로 옮겨와 세 가지 중심을 마차와 말, 마부로 설명했다.

당신이 원하는 곳으로 가기 위해서는 기름이 잘 쳐지고 보존된 마차(우리의 몸)와 영양 공급을 풍부히 받고 활발하며 다루기 쉬운 말들(우리의 감정) 그리고 방향을 알고 있는 냉철한 마부(우리의 정신)가 필요하다.

세 가지 중심 모두 관심과 보살핌 그리고 적절한 사용을 필요로 한다. 정기적으로 우리의 몸과 정신을 진단해 주는 것은 좋은 생각이다.

당신이 아직도 이들의 존재를 의심하고 있을지도 모르니, 오즈의 **마법사** 이야기에서 찾을 수 있는 세 가지 중심의 마지막 예를 들어 보자. 여주인공인 도로시는 고향으로 돌아가는 여행길을 동행해 줄 세 명의 도우미를 찾게 된다. 이들은 각자 여행의 끝 무렵에 무언가를 얻기를 원한다. **사자**는 용기(배 또는 신체적 중심)를, **양철 나무꾼**은 심장(감정적 중심)을 그리고 **허수아비**는 두뇌(지적 중심)를 원하게 된다.

이들은 모두 자신에게 없다고 믿었던 것들을 이미 자신 안에 갖고 있었다는 것을 발견한다. 그리고 도로시는 자신이 줄곧 고향에 있었다는 것을 깨닫는다.

우리 각자는 모두 세상을 통해 자기를 향해 그리고 다른 사람들과의 연결을 향해 가는 여정의 길에서 세 가지 중심의 도움을 받는다. 이 중심들은 우리를 통합, 초월, 연결 그리고 전체성으로 이끌기 위해 그 자리에 있다.

우리의 세 가지 중심이 각자의 역할을 잘해내며 다른 중심을 방해하지 않는 균형 잡힌 상태일 때, 우리는 건강한 모습이 된다. 또한 자신이 원하는 것, 다른 사람들이 원하는 것 그리고 상황이 필요로 하는 것을 알게 된다. 이렇게 우리는 진짜의 세상에서 **생각하**

Sheet 9-1 자신의 중심 찾기

> 당신의 중심은 어디인가? 당신의 중심이 눈 뒤의 머리에 있다고 생각하는가? 아니면 가슴
> 안에 있다고 느끼는가? 아니면 배의 중심에 자리하고 있거나, 몸 전체를 아우르고 있다고 느껴
> 지는가?

고, 느끼며, 행동하게 된다.

사람들은 이 질문에 대해 자신의 경험을 근거로 응답하는데, 이 모습은 성격의 세 가지 중심을 다루는 심리영성적인 동양의 전통을 상기시킨다. 내가 워크숍에 참여한 사람들에게 "당신의 중심은 어디입니까?"라고 물었을 때, 그들은 보통 세 가지 중심 중 한두 가지와 동일시했다.

서양의 실험심리학은 뇌가 3단계로 전개된다는 신경해부학적인 연구와 함께 이러한 동양의 3단계 이론을 확증해 줄 수도 있지만, 모든 연구자가 이러한 해석에 동의하는 것은 아니다.

찰스 햄든 터너(Charles Hampden-Turner)의 *Maps of the Mind*(1982)에 간결하게 요약되어 있는 제임스 파페즈(James Papez)와 후의 폴 매클린(Paul MacLean)의 연구는 뇌의 진화 과정 3단계를 밝혀냈다. 가장 오래된 단계는 **파충류 뇌**로, 그 흔적은 공룡에서부터 악어로 거슬러 올라간다. 뇌간의 최상부에 위치하며 뇌간과 중뇌, 대뇌핵 그리고 시상하부와 망상체 활성화계의 부분들로 구성된 **파충류 뇌**는 호흡과 움직임을 조절하는 뇌의 부분이다. 이 뇌는 관례에 속박되어 있다고 여겨지며 아마 그 종의 전통을 갖고 있다고도 한다. **파충류 뇌**는 우리의 본능적 중심에 자리한다.

원시 파충류 뇌 주위와 위에 있는 것이 바로 모든 포유동물이 갖고 있는 **고(古)포유류 뇌**다. 이 뇌는 변연계를 갖고 있으며 감정의 중심 영역이자, 쾌락(보상)과 고통(체벌)의 수용기와 분배기이며, 자율신경계의 조절기다. **고포유류 뇌**는 우리의 감정적 중심을 차지한다.

뇌의 마지막 부분은 바로 **신피질** 또는 **신(新)포유류 뇌**로, 이 부분은 고포유류 뇌를 구불구불하게 둘러싼 회백질 덩어리다. 이 뇌 부분은 자발적인 움직임을 조절하며(반면, 파

충류 뇌와 고포유류 뇌는 자동적인 움직임을 조정한다), 새로운 배움과 대처 전략, 계획, 연관 짓기 등에 관여한다(본능적 뇌가 설정하는 주입식 반복과는 달리 말이다). **연합피질 또는 학습 뇌**는 우리의 지적 중심과 지향 본능에 해당한다.

매클린은 인간의 뇌는 우뇌와 좌뇌를 연결해 주는 신경 섬유 다발인 뇌량을 통해 양쪽 으로 잘 통합되어 있다고 말한다. 하지만 이 세 개의 뇌 간에는 그렇듯 촘촘한 연결고리 가 수직적으로는 존재하지 않는다. 어쩌면 정말로 이 뇌들은 서로 무엇을 하는지 모를 수 있다. 일부 생리적 기능이 중복되기는 하지만, 이 단계들 간에는 어느 정도의 분리가 존 재한다.

통합은 노력해야만 얻어지는 것이다. 이는 단지 진화로 얻어지지 않는다. 그렇기에 우 리가 무언가를 지적으로 알고, 감정적으로 무언가 다른 것을 느끼며, 행동적으로 완전히 반대되는 무언가를 할 때, 고대 수직 처리 체계의 결핍을 겪게 될 수 있다.

영적 전통들은 이러한 세 가지 중심을 알아봐 왔으며, 이들을 통합하는 것의 문제들을 오랫동안 인지하고 있어 왔다. 이에 따라 이 중심들을 가르치고 조정하기 위한 다양한 영적·치료적 기술이 발달해 왔다. 우리의 신체적·감정적·지적 중심들이 지니는 특성 과 기능에 대해 다루면서 이들의 일부 대표적인 관습들 또한 언급하려 한다.

신체적 중심

신체적 또는 본능적 중심은 우리 몸의 중력의 중심에 있는 골반에 위치한 것으로 알려 져 있다. 요가의 가부좌 자세를 할 때 당신은 양 무릎과 엉덩이의 가운데를 중심으로 앉 게 된다. 이 삼각 자세의 언저리를 균형 잡는 중심을 선(Zen) 전통은 Hara라고 부르며, 수피 전통은 Kath로 말한다. 이는 모순적이게도 명상의 정지 상태이면서 동시에 행동의 근원이다.

서양에서는 사람의 신체가 지적·감정적 측면보다 훨씬 덜 관심을 받는 영역이다. 하 지만 동양에서는 부처의 배 부분만 봐도 이 중심이 지닌 중요성을 알 수 있다.

흥미롭게도 원시의 파충류 뇌 또는 후뇌는 호흡 조절 영역(고대 관습에서는 자기를 침착하고 고요하게 만들기 위해 이 영역을 활용했다)이자 운동 조절 중심(신망 있는 전통들은 무술을 통한 행동과 자기 보호를 위해 이 영역의 활용을 요했다)이다.

몸 중심의 유형들은 자신의 본능적인 반응을 신뢰한다. 이들의 판단은 직접적이고 즉각적이며, 논쟁과 변화의 여지가 없다는 확신을 수반한다. 당신이 특정한 이물이나 사건, 또는 선택권에 대해 이러한 본능적인 반응을 갖고 있을 때, 당신은 어째서 이러한 인상을 갖고 있는지 혹은 어째서 이 결정을 내렸는지에 대한 이성적인 설명은 할 수 없을지 모른다. 하지만 당신은 이를 믿고 삶의 기반으로 삼는다.

사람들은 이렇게 말하곤 한다. "나는 그 사람을 처음 봤을 때부터 그 사람과 결혼하게 될 것을 알았어." "난 그 사람을 처음 봤을 때부터 믿을 수 없는 사람이란 걸 알고 있었지." "난 피아노 소리를 처음 듣는 순간 내가 음악가가 될 것이란 걸 알았어." "난 축구공을 처음 차 본 순간 내가 운동선수가 될 것이란 걸 알게 됐어."

우리의 몸은 우리가 인지하고 평가하게 되는 첫 번째 원천이다. 우리의 감각운동 지능은 추후의 모든 형태의 앎의 토대가 된다. 우리 모두는 이러한 엄청난 이해, 평가, 판단의 근원에 접근할 수 있게 되어 있다. 일부 사람들은 남들보다 이 영역을 더 많이 사용하며 배타적으로 이에 의존하기도 한다. 또 다른 사람들은 자신의 신체-정신 영역으로부터 너무 멀어져서 자신의 몸에 일어나는 일을 간신히 알게 되기도 한다.

유진 젠들린(Eugene Gendlin)은 그의 저서인 『내 마음 내가 안다(Focusing)』(1978)에서 신체적 중심을 다룬다. 그의 초점 맞추기 기법은 본능적·감정적·지적 중심의 다양한 과정을 명료하게 설명한다.

초점 맞추기는 젠들린이 감각 느낌(felt sense)이라고 부르는 특별한 종류의 내적인 신체적 인식과 연결되도록 도와주는 하나의 방법이다. 이는 문제가 체화되는 현상을 기반으로 한다. 체화됨으로써 우리의 몸은 문제가 어떤 느낌이고, 그 진원지가 어디에 자리하며, 종종 이를 다루기 위해 무엇을 해야 할지 알게 되는 것이다.

감각 느낌은 지적인 과정이 아닌 신체적 경험이다. 이는 상황의 신체적 인식이다. 젠들린은 감각 느낌을 전반적인 '이것이 X에 대한 전부다.'라는 느낌의 감각이자 분위기라고 말한다. 이는 개별적인 정보의 조심스러운 조각들보다는 신체적인 느낌을 통해 우리에게 주어지는 신체적인 인상 반응이다.

또한 젠들린은 감각 느낌은 감정이 아니라고 주장한다. 그에게 있어 감정은, 많은 것을 아우르고 모호한 경향이 있는 감각 느낌보다는 더 강렬하고 분명하게 경험되는 것이다.

젠들린의 초점 맞추기 기법에는 여섯 가지 단계의 운동이 있다.

- 첫 번째 운동은 **공간**을 치우고, 자신의 문제를 상기하며, 이것들을 자신의 앞에 쌓아 두고, 이것들과 약간씩 거리를 두는 것이다.
- 두 번째 운동은 그 문제를 **느끼는** 것이다. 내 몸의 감각 느낌에 의하면 지금 당장 어떤 문제가 가장 나쁘게 느껴지는가? 이 단계는 "이 모든 것이 어떻게 느껴지는가?"라는 전반적인 분위기와 연결되고자 하는 것이다. 당신은 '모든 것'이라는 감각 느낌을 찾고 있는 것이다. "이 상황 또는 사람 또는 사건과 관련한 모든 것은 무엇인가?"
- 세 번째 운동은 문제의 **중심**을 찾는 것이다. 이 문제에서 당신을 가장 기분 나쁘게 하는 주된 부분은 무엇인가? 여기서 당신은 감각 느낌의 핵심을 찾고 있다. 문제의 핵심은 이에 대해 분석적으로 생각하고 해부하는 것을 통해 나타나는 것이 아니라, 당신의 몸이 이 문제의 본질이 무엇인지 당신에게 말해 줄 수 있도록 하는 것이다.
- 네 번째 운동은 **명명하기**다. 감각이나 이미지 또는 단어가 감각 느낌으로부터 떠오르게 하라. 거기에 범주를 씌우지 마라. 경험 자체가 명명할 수 있게 하라.
- 다섯 번째 운동은 전 단계에서 떠오른 명칭을 취하고 이를 감각 느낌에 대고 **확인**하는 것이다. 어울리는가? 이것이 적합한 명칭인가?
- 여섯 번째 운동은 당신이 지금껏 이전까지의 다섯 단계에서 밝혀낸 것들의 밑으로 숨거나 그 앞으로 나아가기 위해 전체 과정을 다시 **활용**하는 것이다.

각 단계는 신체적 운동, 즉 감각 느낌 변화를 수반한다. 이러한 감각 느낌의 변화로 인해 당신은 정말로 문제와 그 핵심 그리고 그 의미와 접촉해 왔으며 이해와 해결 방향으로 향하고 있다는 점을 알게 된다.

나는 초점 맞추기 과정에 대한 젠들린의 설명이 신체적 중심이 기능하는 방식에 대한 통찰 혹은 이에 대한 감각 느낌을 제공해 준다고 믿는다.

신체적 중심의 세 가지 하위중심 또는 하위유형

뒤에도 나오겠지만 감정적 중심과 지적 중심의 위상 기하학적 성질은 수직적이다. 즉, 감정적 중심에는 더 높은 수준과 낮은 수준의 감정적 중심이 있고 이들은 각각 미덕(적응적 감정적 도식)과 악덕(부적응적 감정적 도식)으로 이루어져 있으며, 지적 중심에는 더 **높은 수준과 낮은 수준의 지적 중심**이 있고 이들은 각각 **신성한 개념**(적응적 인지적 도식)과 고착(부적응적 인지적 도식)으로 이루어져 있다. 그렇지만 신체적 중심의 위상 기하학적 성질은 수평적이다. 구르지예프의 정신 모형에 따르면, 신체적 중심 안에는 나란히 자리하고 있는 하위중심들(본능적·운동적·성적)이 있다. 이차조는 구르지예프의 '중심들'을 세 가지 '본능'(자기 보호, 사회적, 성적)으로 다시 분류했다.

당신은 유전론과 환경론 중 선호하는 이론에 따라 본능이 **계획적으로**(본능은 우리의 개별적·종족적 생존을 확실히 하기 위해 우리 안에 설계되어 있다). 또는 **의도적으로**(우리는 생물학적으로 본능에 끌리도록 설계된 것은 아니지만 자기 생존과 집단 소속 그리고 친밀한 대인관계를 향하는 경향이 있으며 이를 갈망한다) 또는 **암암리에**(인간 동기의 광대한 바다는 자기 보존과 소속감 그리고 친밀한 관계를 얻으려는 노력으로 추출될 수 있다) 존재한다고 주장할 수 있다.

우리가 본질 또는 진정한 자기를 기반으로 기능할 때 이러한 본능들 또는 삶의 경향들은 자유롭게 표출된다. 이들은 현실과 조율하고 있는 그대로를 바라보는 객관적 패러다임과 지도 그리고 적절한 렌즈의 안내를 받으며 우리의 **생명 에너지**의 순수한 표현을 의미하는 미덕들로 인해 활력을 얻는다.

반면, 우리가 성격 또는 거짓 자기를 기반으로 기능할 때에는 이러한 본능들이 나란조(1994)가 얘기했듯 다양한 악덕 또는 퇴폐한 에너지에 의해 뒤틀리거나 얽매이게 되며, 주관적 패러다임, 정신적 집착, 왜곡하는 렌즈에 의해 잘못된 정보를 받게 된다.

본질 상태에 있는 **자기 보호 본능**은 명확히 표출되는 우리의 생의 본능이며, 우리에게 필요한 것으로 이끌어 주고 우리를 다치지 않도록 보호해 준다. 이 본능은 개인적인 생존을 조장한다. 톰 컨던(www.thechangeworks.com)이 하위유형을 다루는 그의 워크숍과 영상에서 시사했듯이, 자기 보호 본능의 높은 수준 측면은 사업을 잘 돌보고, 세부 사항에 주의를 기울이며, 능숙한 생활 설계 기술을 지니는 것을 수반한다.

성격 상태에 있는 **자기 보호 본능**은 아홉 가지 악덕으로 인해 오염되고 아홉 가지 정신적 고착 유형에 의해 왜곡된다. 거짓 자기는 자아를 지키기 위해 우리의 생명 에너지를 차지하고 방향을 바꾸며, 참자기와 진짜 욕구는 보호되지 않은 채로 내버려 둔다. 예를 들면, 우리의 모습이 어떻게 보이는지나 일어나지 않은 모욕에 대해 생각하다가 다가오는 버스 앞으로 걸어가게 될 수도 있는 것이다. 혹은 컨던(2000)이 말했듯이, "낮은 수준 측면은 당신이 단순한 생존에만 과하게 집중하고 삶의 다른 차원들은 놓치게 될 수 있다는 것이다. 혹은 생존을 필요 이상으로 더 복잡한 것 또는 어려운 것으로 만들 수 있다."

우리가 본질 상태에 있을 때, **사회적 본능**은 다른 사람들과 공동체 안에 있고 싶어 하는 우리의 본능 또는 갈망을 표출한다. 아들러는 모든 인간이 **게마인샤프트**(Gemeinschaftsgetuhl), 즉 공동체 의식이라는 사회적인 흥미를 타고나지만 이것이 충분히 작용하기 위해서는 반드시 훈련되고 사용되어야 한다고 주장했다. 사회화 과정은 자기 자신의 목표와 사회의 목표를 모두 알아차리기 위해 협력하고 집단에 기여하는 법을 배우는 과정을 포함한다. 매슬로의 욕구 단계 중간 지점에는 소속 욕구, 즉 사회 안에서의 자신의 자리와 다른 사람들 앞에서의 자신감을 찾으려는 욕구가 자리하고 있다. 우리가 성공적으로 공감하고, 사람들과 나누며, 남의 행복에 관심을 가지는 정도는 우리의 정신 건강의 척도이기도 하다. 이것이 바로 사회적 본능의 높은 수준 측면이다.

반면, 우리가 성격 상태에 있을 때에는, **사회적 본능**이 악덕 또는 부적응적 감정적 도식으로 오염되고 부적응적 인지적 도식 또는 고착에 장악당한다. 집단을 위한 과도한 희생과 집단 안에서 자신을 잃게 되는 것 또는 남을 향한 공감이나 연민을 거의 갖지 않은 채 인간에 대한 어떠한 관심으로부터도 고립된 이기적인 삶을 이어가는 것을 왜곡의 예로 들 수 있다.

본질 상태에 있는 성적 혹은 더 폭넓게 이야기하면, **친밀함 본능**은 순수한 사랑의 표현이다. 우리는 다른 사람의 진정한 자기와 연결되길 갈망한다. 이러한 두 본질의 만남은 마르틴 부버(Martin Buber)가 말한 나와 너 관계 현상학이 의미하는 진정한 친밀함의 기본이다.

이러한 연결 관계의 열매는 인간 종족의 생존 보장이다. 깊고 오래 가며 상호적인 우정을 가질 수 있는 능력은 성적/친밀함 본능의 높은 수준 측면을 나타낸다.

성격 상태에 있는 본질과 본질, 나와 너 관계는 우리의 자아를 커지게 하기 위해 서로를 이용하는 거짓 자기와 거짓 자기, 그것과 그것 관계로 대체된다. 이런 종류의 관계 맺음과 사회적 게임은 진실한 인간관계를 대신하게 된다. 이렇듯 '사람들이 하는 게임'과 칵테일파티 전략은 사람들과 관계하고 진정한 연결관계의 결핍감을 보상하려는 성격의 시도다.

또한 성격 상태에서의 **성적 본능**은 무엇이 됐든 진정한 관계나 자존감, 자기 가치감, 자기 효능감 등의 무언가의 결핍에 대한 보상으로써 성행위를 추구한다. 거짓 자기는 진정한 자기와 인간성을 위해서가 아닌 자아를 위해서 성행위를 이용한다.

이렇듯 각 아홉 가지 유형마다 **자기 보호, 사회적** 그리고 **친밀함**의 차이가 존재한다. 이들은 우리의 본질이나 자아 중 어느 것이 우리를 작용시키고 있는지에 따라 자유롭게 혹은 방어적으로 표출될 수 있다.

우리의 현재 그리고 과거의 역사에 따라 어떤 하위유형이 우세한지가 결정된다. 만약 최근에 직장을 잃었다면 아마 우리의 자기 보호 본능이 표면으로 떠오르게 될 것이다. 만약 동호회의 회원이 되려 하고 있다면 우리의 사회적 본능이 작용하게 될 것이다. 만약 막 사랑에 빠졌다면 우리의 친밀함 본능이 주목받으려 할 것이다.

또한 우리가 발달해 가면서 본능이 손상을 입거나, 방치되거나 혹은 만족스럽게 발달하지 못하게 되면 우리의 에너지와 관심을 간청하게 될 것이다. 이에 따라 현재 우리가 지닌 집착, 에너지, 행동은 이 본능을 향해 끌려가게 될 것이다.

우리는 어렸을 때 다친 한쪽 다리나 팔을 '소중히 다루는' 것처럼 어쩐지 충족되지 못했던 심리적·감정적 필요나 해결되지 않은 채로 남은 트라우마를 '소중히 다룬다.' 우리는 이를 해결하고, 완료시키고, 돌보기 위해 계속해서 이 문제로 돌아온다. 프로이트는 이 현상을 **반복강박**으로 명명했고, 펄스는 이를 **미해결 과제**라고 불렀다. 이 세 가지 하위유형이 강박적일 때에는 계속해서 같은 인지와 감정적 반응, 행동적 응답으로 돌아오게 된다.

몇몇 사람은 이 현상을 다리가 세 개 달린 의자에 빗대어 이를 형상화해 설명한다. 모든 다리 길이가 동일하다면 의자는 균형을 유지하게 된다. 만약 한쪽 다리가 나머지보다 짧다면(손상되었다면) 의자 전체가 그 방향으로 기울어지게 된다. 본능도 마찬가지다. 만약 본능들 중 하나가 나머지보다 덜 발달되었다면(짧다면) 우리의 성격 전체가 그 방향으로 기울게 되어 그 본능을 더 소중히 다루고 거기에 에너지와 시간을 더 쏟게 될 것이다.

이에 따라 각 하위유형은 1) 과한 관심으로 보상받는 **본능**(자기 보호, 사회적·성적/친밀함), 2) 그 하위유형과 융합하고 이를 왜곡하는 악덕 그리고 3) 이와 수반되는 지각적-인지적 **집착**으로 정의된다. 우리의 관심이 습관적으로 향하는 곳과 우리의 되풀이되는 감정적 반응 그리고 자멸적인 행동을 알아차릴 수 있다면 우리의 특정한 하위유형 모습을 밝혀낼 수 있을 것이다.

Sheet 9-2 주된 본능 영역 찾기

> 휴가를 가거나 큰 회의에 참석할 때, 당신이 습관적으로 사로잡히는 부분은 무엇인가?
>
> 당신은 그 날의 날씨와 가져갈 옷은 무엇인지, 호텔과 교통수단, 식당 예약은 확인되었는지, 당신이 방문하는 지역은 안전한지 신경 쓰는가? 이러한 것들이 **자기 보호 본능** 문제다.
>
> 아니면 당신은 회의에 참석하는 사람들과 어울릴 수 있는지, 이들과 뜻이 통할지, 그곳에 속한다는 느낌을 받을지를 궁금해하는가? 이러한 것들이 **사회적 본능** 문제다.
>
> 아니면 당신은 그곳에 있는 시간 동안 친하게 지낼 수 있는 사람을 만날 수 있을지 신경 쓰는가? 마음이 통하는 듯한 사람 한 명만 있다면 당신은 괜찮을 것이다. 이것이 **친밀함 본능** 추구다.

아홉 가지의 광범위한 유형의 특성 문제는 이들의 세 가지 하위유형 변형 모습에서 더 예리하고 집중적인 형태로 나타난다. 팔머는 특정 단어가 각 하위유형의 몰두나 주제를 담아내고 있는 우리의 정신에서 일어난다고 설명했다. 이차조가 표현한 각 하위유형과 이들의 설명어가 다음 표에 정리되어 있다. 각 하위유형과 그와 관련된 고질적인 특정 문제들은 아홉 가지 주요 성격 유형을 다룰 추후의 장들에서 더 자세하게 설명될 것이다.

1유형 렌즈:　　　자기 보호 본능: 걱정

　　　　　　　　사회적 본능: 부적응성

　　　　　　　　친밀함 본능: 질투

2유형 렌즈:　　　자기 보호 본능: 내가 먼저

　　　　　　　　사회적 본능: 야망

　　　　　　　　친밀함 본능: 공격적/유혹적

3유형 렌즈:　　　자기 보호: 남성적/여성적

　　　　　　　　사회적: 위신

　　　　　　　　친밀함: 남성적/여성적 안전

4유형 렌즈:　　　자기 보호: 담대함

　　　　　　　　사회적: 수치심

　　　　　　　　친밀함: 경쟁

5유형 렌즈:　　　자기 보호: 도피

　　　　　　　　사회적: 상징(토템)

　　　　　　　　친밀함: 확신

6유형 렌즈:　　　자기 보호: 따뜻함, 도피

　　　　　　　　사회적: 의무

　　　　　　　　친밀함: 강함/아름다움

7유형 렌즈:　　　자기 보호: 성의 수비자, 확장된 가족

　　　　　　　　사회적: 순교자, 희생자, 사회적 제한

　　　　　　　　친밀함: 영향받기 쉬움

8유형 렌즈:　　　자기 보호: 만족스러운 생존

　　　　　　　　사회적: 우정

　　　　　　　　친밀함: 소유

9유형 렌즈:　　　자기 보호: 욕구

　　　　　　　　사회적: 참여

　　　　　　　　친밀함: 통합

신체적 중심의 영성

훈육된 몸의 통제와 사용을 통해 영적 지혜와 성숙으로 가는 길을 첫 번째 길, 고행 (Fakir)의 길이라고 한다.

이 전통은 우리 모두가 하나이며, 우리의 운명은 모든 현실의 본질적인 하나됨으로 사라지는 것이라고 믿는다. 명상의 목적은 우리를 다시 통합으로 이끌기 위함이다. 영적 관습들은 우리의 **차크라**(신체에서 기가 모이는 부위) 또는 수준들을 개방해서 에너지가 자유롭게 우리의 몸을 통해 전체적으로 흘러 세상으로 막힘없이 흘러가도록 설계된 것이다.

건강한 사람들은 자신의 신체적 중심 안에서 안정감을 느낀다. 이들은 자신의 존재함과 정체성을 느끼며, 자신이 (소멸됨으로써) 신체적으로나 (정체성을 잃음으로써) 정신적으로 더 이상 존재하지 않게 될지도 모른다는 것을 과도하게 걱정하지 않는다.

우리가 한 중심이 다른 중심의 일까지 하도록 과도하게 이를 사용할 때에는 불균형을 초래하게 된다. 사람들은 자신의 직감적인 반응을 이성적인 대응(머리 중심)이나 감정적 대응(가슴 중심)으로 착각할 수 있다. 운동선수는 보통 탁월하게 발달된 몸과 유치한 감정 그리고 원시적인 생각 과정을 갖고 있다는 고정관념은 과장된 본능적 중심의 한 예시라고 볼 수 있다.

너무 본능적 중심만을 기반으로 사는 사람들은 자신의 본능적·즉각적인 판단에 사로잡히거나 얽매일 수 있으며, 이러한 결론을 바꾸는 것이나 다른 사람의 입장에서 생각하는 것을 어려워할 수 있다. 다른 두 중심들과 상의해 자신이 상황에 대해 무엇을 생각하고(지적 중심) 느끼는지(감정적 중심)를 확인하는 것이 아마도 직감적 반응의 통제를 완화해 줄 것이다.

우리의 본능적 중심이 불균형 상태가 되면, 우리는 행복감과 정체감을 잃게 된다. 자신이 누구인지 모르게 되고, 자신을 돌볼 수 없다는 것에 두려워하며, 세상을 위험하고 위협적인 곳으로 경험하고, 더 이상 존재하지 않게 될 것이라는 두려움과 마주하게 된다. 역기능적인 배 중심은 깊은 불안정감이라는 결과를 낳는다.

신체적 중심 돌보기

만약 당신이 마차와 말, 마부의 비유를 차용하기로 했다면, 당신의 탈것과 관련해 다음 질문들에 대답해 볼 수 있다.

Sheet 9-3 신체적 중심 돌보기

당신의 신체적·본능적 중심인 마차의 상태는 어떠한가? 당신은 적당히 먹고 운동하는가? 당신은 충분한 잠과 휴식, 회복 시간을 갖는가?

당신은 너무 과체중이어서 말들이 당신을 겨우 끌 정도인가? 아니면 당신은 너무 저체중이어서 작은 짐도 들기 버거워하는가? 당신의 몸이 가슴을 힘들게 하고 정신을 둔하게 만드는가? 아니면 당신은 너무 초조해서 집중할 수 없는가?

당신은 자신의 몸의 지혜에 귀 기울이는가? 아니면 당신의 머리가 본능을 압도하는가? 당신은 몸이 필요로 하는 비타민, 탄수화물, 단백질, 무기물 등의 충분한 영양을 공급하고 있는가? 아니면 당신의 자아가 당신에게 불량식품을 주고 있는가?

당신은 자연적인 생활을 음식, 술, 화학 물질, 담배 등에 대한 중독으로 대신한 적이 있는가?

우리의 근육과 관절들은 운동과 움직임을 통해 자연스럽게 자체를 매끄럽게 하며 우리의 마차가 잘 기름칠되도록 유지해 준다. 당신은 몸을 건강하게 유지하기 위해서 유산소, 무산소 운동 등을 통해 근육을 정기적으로 움직이고 사용하는가?

당신은 "당신이 몸을 돌보면, 몸이 당신을 돌 볼 것이다."라고 말했던 코치의 조언을 따르고 있는가?

많은 신체 치료요법이 당신 마차의 건강을 유지시켜 주기 위해 발달되어 왔다. 그 예로는 치료목적의 마사지, 롤프식 마사지(Rolfing), 생물 에너지학, 펠든 크라이스 운동 요법(Reldenkreis), 라이히 요법(Reichian), 라이크 요법(Reike), 태극권, 아이키도와 다른 무술들, 선 요법(Zen), 호흡 요법 그리고 몸의 중심에서의 정지 지점에 다다르는 수많은 요법이 있다.

신체적 중심을 선호하는 성격 유형

에니어그램 원에서 맨 위에 자리하고 있는 세 가지 성격 유형인 8-9-1유형은 이들이 가장 신뢰하고, 자신의 삶을 안내받으며, 결정을 내릴 때 지향하는 방향으로 배 중심을 선호한다.

이 중심이 역기능적일 때 이 세 유형은 그저 존재하는 것에 어려움을 겪는다. 8유형은 자신이 충분히 공정하지 않다고 믿는다. 9유형은 자신 자체가 충분하지 않다고 믿는다. 1유형은 자신이 충분히 좋은 사람이 아니라고 믿는다.

세 유형 모두 가만히 앉아서 명상하는 것을 어려워한다. 8유형은 일어나서 무언가를 하고 싶어 한다. 1유형의 내면 비판자는 너무 활발해서 가만히 있기가 힘들다. 9유형은 고요해져서 자신이 명상하고 있다는 것을 잊고 잠에 빠진다.

문제의 일부분은 바로 8-9-1유형의 낮은 수준 측면에 존재하는 잠재된 분노의 감정과 연관이 있다. 각 유형은 이 분노를 각자의 특성대로 다룬다.

8유형은 자신의 분노를 행동으로 표출하며, 공격적인 행동으로 이를 표면화한다. 1유형은 내면으로 분노하며, 자기 비판적인 또는 독선적인 행동으로 이를 내면화한다. 9유형은 이 두 접근법 사이에 갇힌다. 이들은 자신의 분노를 표출하는 것과 억누르는 것 사이에서 양가감정을 느끼며 이를 다루는 일을 아예 미뤄 버리고, 앉아서, 결국은 잠에 빠진다.

감정적 중심

가슴-감정적-관계적 중심은 우리의 가슴 영역에 자리하고 있으며, 이차조의 해부학에 따르면 우리 몸의 순환계에 해당한다.

몇몇 신경해부학 이론가는 고포유류 뇌 또는 중뇌가 감정적 반응성의 중심 영역이라고 말한다. 3단계 뇌가 모두 감정적 자극, 처리 과정, 반응에 연관된 것으로 나타나기는 하지만 말이다.

전통적인 지혜와 현대의 대상관계 심리요법이 지닌 통찰들은 우리가 완전히 대인관계적인 존재들이라는 것을 상기시켜 준다. 우리는 다른 사람들을 통해 자신이 된다. 우리의 앎은 언어와 대인관계가 없이는 느낌에 의존해야 하며 꽤 제한적인 상태로 남아 있게 된다. 또한 인간의 능력은 심하게 불완전해지고 만다. 야생에서 자란 아이들에 대한 이야기는 보통 발달의 원시적인 상태를 설명해 주는 예시가 된다.

관계적 중심은 사회적 지지를 수립하고 유지하려는 본능의 뿌리다. 이 중심은 다른 사람들에 대한 감정적인 공감적 이해를 조율해 준다. 다른 사람들과 연결되어 있을 때, 우리는 그들이 누구인지, 무엇을 필요로 하는지 알게 된다. 우리는 그들을 두려워하지 않게 되고, 그렇게 그들과 자유롭게 관계할 수 있게 된다.

감정적 중심이 본능적 중심과 지적 중심을 지배하고 그들의 일까지 장악하려 할 때, 우리는 감정 속에 갇히고 만다. 우리의 감정들은 더 이상 상황에 대한 적절한 안내 반응을 제공하지 못하게 된다. 우리는 감정에 너무 몰두하고 휩싸인 나머지 명확하게 생각할 수도, 단호하게 행동할 수도 없게 된다.

만약 당신이 가슴 중심을 선호하며 가끔씩 자신의 감정에 압도되거나 당혹스러워지는 모습을 발견한다면, 균형을 위해 다른 중심으로 향하는 게 좋을 수 있다. 예를 들자면, 당신의 감정들 아래에 자리한 당신이 진정으로 원하는 또는 필요로 하는 것을 신체적 중심에게 물어볼 수 있을 것이다. 아니면 상황으로부터 한 발 물러나 느끼는 감정들을 넘어서서, 일어나고 있는 상황에 대해 좀 더 냉정하게 **생각하기** 위해 지적 중심으로 향할 수도 있다.

가슴 중심이 불균형 상태일 때, 우리는 대인관계의 깊이를 잃게 된다. 더 이상 다른 사람의 본질 또는 진정한 자기와 연결되지 않게 된 우리는 그들이 진짜 누구인지, 그들이 무엇을 원하는지 모르게 되고, 그들을 두려워하게 되며, '게임을 하는 듯한' 조종적인 방식으로 그들의 성격이나 표면적 자기와 관계하게 된다.

우리의 감정적-관계적 중심이 역기능적일 때, 우리는 다른 사람과 상호적으로 친밀한 관계를 가지지 못하는 것에 대한 엄청난 외로움과 절망감을 경험한다. 우리의 나와 너, 상대와 상대, 관계함은 그것과 그것, 대상과 대상을 거래하는 관계가 된다.

높은 수준과 낮은 수준의 감정적 중심
우리의 감정적 또는 가슴 중심에는 높은 수준과 낮은 수준의 방들이 있다고 알려져 있다. 이러한 정신의 계층화는 영원한 지혜와 현대 심리학 영역 모두에서 긴 역사를 지니고 있으며, 플라톤(과 함께 그가 제시한 신체적 욕구, 감정적·이성적 요소를 통해 상승하는 영혼의 세 부분 이론)으로 거슬러 올라가 프로이트까지 이어지고 있다.

프로이트는 그가 정신의 지형적 지도를 구상했을 때 세 개의 수준을 만들어 냈다. 이들은 각각 무의식, 전의식, 의식 수준이다. 그의 연구는 대부분 이드(id)의 욕망과 초자아(superego)의 의무감의 저장소이자, 인지할 수 없도록 설계된 무의식에 흥미를 갖고 있었다. 그가 제시한 의식 수준은 관리 자아의 영역인 반면, 전의식 수준은 의식 밖에 자리하며, 우리가 관심을 기울였을 때 인지할 수 있는 기억, 감각, 감정 등을 지니고 있다.

예를 들어, 당신이 이 페이지를 벗어나서 어제 저녁에 무엇을 먹었는지로 관심을 돌린다면, 그 전의식적인 내용은 이제 의식 수준으로 올라온 것이다. 반면, 당신은 어머니나 아버지에 대한 근친상간적인 욕구를 느끼는 것에 더 어려움을 겪을 수 있는데, 이러한 욕구는 당신의 무의식 속에 격리되어 있기 때문이다. 프로이트는 인간 본성에 대한 비관적인 관점과 함께 우리의 낮은 수준 무의식을 내려다보며 그 안에서 좋은 점을 그다지 찾지 못했다. 그는 높은 수준 무의식에 대해서는 올려다보지 않았다.

융은 인간 본성에 대해 그보다는 더 낙관적이고 선견지명의 관점을 보였다. 그는 개인의 무의식을 내려다보았을 때 그 사이로 집단 무의식을 보게 되었다. 그곳에서 그는 원형에 저장되어 있던 공동의 지혜라는 보물 상자를 발견했다. 프로이트는 무의식을 단편적이고 파괴적인 것으로 보았지만, 융은 무의식을 창조성과 전체성의 근원으로 보았다.

아사지올리(Robert Assagioli, 1965)의 정신에 대한 종합은 위와 함께 아래도 바라본다. 그는 중간 수준과 낮은 수준의 무의식 맨 위에 높은 수준의 무의식 또는 초의식을 추가했으며, 이 영역들을 다음과 같이 설명했다.

1. 낮은 수준 무의식
- 신체의 삶의 방향을 총괄하는 기본적인 심리적 활동, 신체 기능의 지적인 조직화
- 근본적인 충동과 원시적인 욕구
- 강렬한 감정들로 가득 찬 수많은 콤플렉스
- 열등한 종류의 꿈과 상상
- 낮고, 제어되지 않는 초심리적 과정

• 공포증, 집착, 강박적인 욕구와 편집적 망상 같은 다양한 병리적 현상

2. 중간 수준 무의식

이 무의식은 우리의 각성된 의식과 그에 쉽게 접근할 수 있는 요소들과 비슷한 심리적 요소들로 형성되어 있다. 이 내면 영역에서 우리의 다양한 경험이 흡수되고, 우리의 평범한 정신적·상상적 활동들이 일종의 심리적 임신 형태 안에서 의식으로 태어나게 되기 전까지 정교해지고 발달하게 된다.

3. 높은 수준 무의식 또는 초의식

우리는 이 영역으로부터 높은 직관과 영감을 받게 된다. 다시 말하면, 예술적·철학적·과학적·도덕적 '규범'과 인도주의적이고 영웅적인 행동에 대한 욕구를 이 영역에서 얻게 된다. 이 무의식은 이타적인 사랑, 천재성과 사색의 상태, 깨달음, 황홀감 같은 높은 수준 감정의 근원이다. 이 영역에는 높은 수준의 정신 기능과 영적 에너지가 잠재되어 있다(pp. 17-18).

에니어그램 관점에서는 높은 수준의 감정적·지적 중심이 아사지올리가 말한 높은 수준 무의식 또는 초의식 영역에 자리한다.

높은 수준의 감정적 중심은 이차조의 해석에 따르면 미덕의 중심지로서, 명확하고 왜곡되지 않은 방식으로 표현되는 다양한 사랑의 발현을 나타낸다.

헬렌 팔머(1995)와 알마스(1986)는 각 유형의 미덕과 다른 높은 수준 측면들은 우리가 높은 수준의 감정적 중심을 기반으로 살아갈수록 더욱더 나타나고 명확해지는 본질의 성질이라고 말했다. 이들은 매일의 연습이나 '덕망 있는' 생활을 통해 얻어질 수 있는 건강하고 성숙한 심리 습관들과는 동일시될 수 없는 것이며, 그보다는 은혜를 통해 주어지거나 영적 실천을 통해 얻어질 수 있는 오직 높은 의식 수준에서만 접근되고 이해될 수 있는 본질의 소산물이라고 할 수 있다.

산드라 마이트리(2005)는 미덕에 대한 이러한 의견을 반복하며 다음과 같이 적고 있다.

아마도 미덕에 대한 가장 좋은 정의는 내적·외적 행동의 특성으로 표출되며 영혼

과 존재의 조율을 반영하는 내적 태도와 지향일 것이다. 미덕은 성격으로 구성되었을 때 영혼의 비밀스러운 영역에서 일어나는 것보다는, 집단으로서 삶 속에 함축된 고유한 풍부함과 광대함 그리고 잠재적인 선함과 충만함을 표출한다(p. 21).

클라우디오 나란조(1994)는 미덕을 무한하고, 자유롭게 표출되는 본능적인 힘으로 묘사한다. 골드스테인(1939)의 표현을 빌리자면, 우리의 에너지는 유기적인 자기 조절의 안내를 받는다.

인본주의 전통 출신인 매슬로(1976)는 우리가 자기실현, 자기초월 상태에 있을 때 진실, 사랑, 선함, 아름다움, 살아 있음과 같은 **메타 가치**와 **존재의 욕구**에 의해 동기부여가 된다는 이론을 제시했다. 에니어그램의 관점에서 보면 우리는 보편적인 원칙과 이상들(높은 수준의 지적 중심)에 자극을 받으며 덕망 있는 방식(높은 수준의 감정적 중심)의 삶을 산다. 우리의 **활력** 또는 생명 에너지는 우리의 본질 자아의 진화 과정 속으로 자유롭게 흐르며, 우리의 자아로 인해 간섭받거나 낮은 수준의 감정적 중심으로 인해 기운이 빠지게 되는 일 없이 세상 속으로 넘쳐흐르게 된다.

나란조는 악덕을 자아에 얽매인 본능으로 묘사한다. 우리가 방어적이고 결핍인 상태로 인해 자극을 받고 이를 기반으로 기능할 때(자신 안에 무언가 부족한 것을 찾는 결핍 욕구에 기반하여), 우리의 에너지는 자아 또는 거짓 성격의 유지 상태로 돌려지게 된다.

낮은 수준의 감정적 · 지적 중심은 아사지올리의 낮은 수준 무의식과 플라톤의 그림자 세계 그리고 피어슨(Carol Pearson, 1991)의 부정적 원형과 많은 공통점을 갖고 있다.

구르지예프는 공간적인 비유 대신 청각적 비유를 사용하며 감정적 중심의 폭을 높은 옥타브와 낮은 옥타브로 묘사했다.

영적 움직임을 판별할 때에는 우리가 어느 옥타브 또는 수준에서 작용하고 있는지 인지하는 것이 중요하다. 로욜라(Ignatius Loyola)는 우리가 좀 더 개선된 영적 차원에서 살고 있는지 아니면 거친 물질적 격정에 쫓겨 살고 있는지의 여부에 따라 영의 판별에 필요한 두 가지 규칙 목록을 제시한다.

감정적 중심은 문화, 문학, 음악, 예술 등을 통해 교육되고 개선될 수 있다.

감정적 중심의 영성

감정과 관계적 존재를 이용하는 영적 전통을 두 번째 길, 헌신의 길이라고 부른다. 이는 수도자와 수녀의 영역이다. 가슴은 공동체 속에서 활기를 띠며, 모든 위대한 종교 속에서 다양한 체제와 학파가 개개인들이 자신의 믿음을 실천하도록 이들을 한데 모으기 위해 생겨난다.

이러한 전통은 사랑을 인간의 가장 큰 능력이자 우리의 운명이 사랑하는 대상과의 통합이라고 여긴다. 명상의 기능은 우리를 존재와의 교감으로 이끄는 것이며, 영적 실천은 우리의 가슴을 사랑을 향해 개방하도록 설계된 것이다.

감정적 중심 돌보기

당신은 마차-말-마부의 비유를 사용해 당신의 말(감정적 중심)의 건강과 행복에 대해 질문해 볼 수 있다.

Sheet 9-4 감정적 중심 돌보기

당신의 말의 건강은 어떠한가? 당신의 말에게 정기적으로 음식을 주고, 손질해 주며, 운동시켜 주고 있는가? 당신의 감정이 지닌 전체 폭과 다양성을 알고 있는가? 이들의 미묘하고 교묘하게 표현되도록 허용하고 있는가? 아니면 당신은 이들을 억누르거나 거친 방식으로 표출하는가?

당신은 당신의 감정들(말들)에게 산소와 에너지를 공급해 주고 있는가? 아니면 당신은 숨을 참고 이들이 표출되지 않도록 근육을 꽉 조여서 이들을 차단해 버리는가? 당신의 감정들은 과하게 통제되고, 제한받으며, 억눌리고, 강박적인가?

아니면 당신의 말들(감정들)은 길들여지지 않고 훈련되지 않았는가? 당신의 감정들이 제멋대로 흐르는 바람에 당신이 이들에게 부드러운 안내의 고삐를 매 주는 것이 아니라 이들이 당신을 통제하는가? 당신의 감정들은 신경질적이고, 불안정하며, 압도적이고, 충동적인가?

감정은 삶에 움직임과 방향을 제공해 준다. 마그다 아놀드(Magda Arnold)는 *Emotion and Personality*(1960)에서 감정을 우리가 대상과 사건을 우리의 자기에 영향을 미치는 것이라고 직관적으로 평가하는 경험이라고 현상학적으로 묘사한다. 이런 평가는 끌림 아니면 혐오를 낳게 되며, 궁극적으로는 (다른 동기가 끼어들지 않는다면) 접근 아니면 회피의 결과를 낳는다.

그렇게 되면 감정은 직관적으로 좋은 것(이로운 것)이라고 평가되는 모든 것을 향하는 경향, 아니면 직관적으로 나쁜 것(해로운 것)이라고 평가되는 모든 것으로부터 멀어지는 경향인 것이다. 이러한 끌림 또는 혐오는 접근(향해 움직이는) 또는 공격(반대로 움직이는), 또는 후퇴(멀어지는)를 향해 조직된 생리적 변화의 패턴을 수반한다.

이를 당신의 감정에 적용시켜 보면, 다음과 같은 평가를 내리게 될 수 있다.

Sheet 9-5 미해결된 감정 느끼기

당신은 분노와 같은 **단단한 감정**을 느낄 때 편안한가? 다른 사람들에 **대항해서 움직일 수 있는가**? 자신을 주장하고 다른 사람들과 맞설 수 있는가? 자신의 선호도와 의견, 감정들을 표현할 수 있는가? 자신의 권리를 지지하고 자신의 영역을 지킬 수 있는가?

당신은 사랑, 애정, 즐거움과 같은 **부드러운 감정**을 느낄 때 편안한가? 따스함과 애정을 갖고 다른 사람들을 **향해 움직일 수** 있는가? 다른 사람과 친밀해지고 이들을 좋아하며 신경 쓴다고 이들에게 말할 수 있는가?

당신은 슬픔, 수치심, 두려움과 같은 **취약한 감정들**을 느낄 때 편안한가? 필요하다면 다른 사람들로부터 **멀어질 수** 있는가? 고독하고 외로운 상태일 때 당신은 어떠한가? 당신의 취약점과 당혹감, 불확실함을 표현할 수 있는가?

당신의 감정적 상태가 어떠한지에 따라 게슈탈트, 프라이멀 스크림 요법, 홀로트로픽 호흡요법 같은 감정적 정화 요법이나 감정을 자유롭게 하고 구별하며 명확하게 하고 정리하는 퇴행 요법을 사용해 볼 수 있다.

감정적 중심을 선호하는 성격 유형

에니어그램 원에서 오른편에 자리하고 있는 세 가지 성격 유형인 2-3-4유형은 감정적-관계적 중심을 선호한다.

2, 3, 4유형이 (그리고 이런 점에 있어서는 우리 모두가) 자신의 본질과 높은 수준의 감정적 중심을 기반으로 살아갈 때, 이들의 감정은 참자기와 더불어 현실 세계와 직접적인 접촉으로부터 일어나게 된다. 프리츠 펄스가 묘사한 인식의 세 가지 영역에서 이 영역은 자기의 내적 영역과 환경의 외적 영역에 해당한다.

칼 로저스의 건강 모형에서, 온전히 기능하는 사람들의 특징 중 하나는 바로 자신의 내적 현실이 외적 이미지와 일치하는 것이다. 당신이 보는 것이 당신이 얻는 것이다.

가슴 중심이 역기능적이 되면 이 세 가지 유형들은 **감정**과 관련해 어려움을 겪는다. 이들 유형은 감정적 중심을 선호하기 때문에 이는 모순적이게 보이는 현상이기도 하다. 2, 3, 4유형이 낮은 수준의 감정적 중심으로 들어갈 때 문제가 생기게 되는데, 이들이 낮은 수준의 옥타브 또는 성격의 낮은 수준 측면에서 기능할 때에는 **이미지**에 대한 공통적인 문제를 공유하게 된다. 이 상태에 있을 때 이들의 감정은 자신에 대해 조작한 이미지로부터 나오게 된다. 펄스의 도식을 빌리자면, 이들의 감정은 환상의 중간 영역으로부터 비롯된다.

여기서 현실 기반의 상태와 환상 기반의 상태 간의 차이점을 설명하기 위해서 나의 개인적인 예시와 함께 또 다른 예시를 들어 보겠다. 내가 처음이자 마지막으로 언덕 스키를 타러 갔을 때, 내 몸이 가파른 산의 경사지를 향해 직접적으로 돌진하면서 나는 흥분과 공포의 감정을 동시에 겪었다. 나는 내 장례식에 대해 떠올리며 이 여행으로 날 초대한 동료를 저주하느라 중간 영역을 사용할 만큼의 여유도 없었다. 내 몸은 단지 생존하기 위해 필요한 것들을 했다. 즉, 내 몸은 두려움과 집중 상태로 들어가 신이 개입하길 간절히 애원했다.

이 예시와 상반되는 예로, 이미지에 대한 이러한 현상을 묘사하고 있는 톰 컨던의 *Easy in Your Harness* 시리즈의 예를 들어 보자. 그는 구찌 스키복을 입고 다른 사람들이 자신의 멋진 옷을 부러워하는 모습을 상상하며 자만을 느끼는 사람의 예를 묘사했다. 여기서는 감정이 유기적인 이유로 자연스럽게 일어나는 것보다는 환상의 영역으로부터 일어나는 것이다.

2유형이 사랑스러워 보이려는 모습에 몰두하고, 3유형은 성공적인 모습, 4유형은 특별해 보이려는 모습에 몰두할 때 이들의 감정은 참자기로부터가 아닌 페르소나로부터 일어난다. 그렇게 이들은 자신의 진짜로 느끼는 것이 무엇인지에 대해 혼란스럽고 불확실해지게 된다.

돈 리소와 러스 허드슨 같은 일부 에니어그램 저자들은 수치심을 이 세 가지 감정적 유형 안에 잠재하는 감정 상태로 본다.

> 우리의 진정한 본질적 성질들이 유아기 때 반영되지 않으면 우리는 자신에게 무언가 문제가 있다는 결론을 내리게 된다. 그 결과로 나타나는 감정이 수치심이다. 이들은 자아상을 이용해 자신의 가치를 느끼려 함으로써 수치심의 감정으로부터 벗어나길 바란다(1999, p. 57).

이렇듯 2유형은 도움이 되고 매우 귀중한 사람이 됨으로써 수치심을 피하려 하고, 3유형은 성공적이고 뛰어난 모습으로, 4유형은 깊고 극적인 모습이 됨으로써 수치심을 피하려 한다.

지적 중심

지적 중심은 머리에 위치하고 있으며, 이차조에 따르면 뇌와 중추 신경 계통에 해당한다. 이 영역은 추상적 사고, 연관성을 만드는 능력, 반응을 억제하고 미루는 능력, 행동적으로 사물을 움직일 필요 없이 정신적으로 사물을 계획하고 재배열하는 능력 등의 사고를 요하는 활동들의 중심지다.

감정적 중심에 높은 수준과 낮은 수준이 있듯이, 지적 수준에도 낮은 수준과 높은 수준이 있다.

　높은 수준의 **지적 중심**은 이차조가 명명한 ‘신성한 생각’과 코비가 말한 ‘객관적 원칙’ 그리고 내가 계속해서 언급해 온 ‘객관적 패러다임’과 이들의 ‘적절한 렌즈’를 포함하고 있는 영역이다. 이들은 모두 현실과 충실히 조화를 이루며 왜곡되지 않은 방식으로 세상을 이해하는 적응적 도식들이다.

　이 영역 역시 융을 너무나도 사로잡았던 우리를 안내하는 원형적 이미지들이 자리하는 저장소일 수 있다. 플라톤의 인식론에서 보면 이는 영원한 개념 또는 형태의 영역일 것이다. 또한 아사지올리의 지형론에서 보면 이 영역은 높은 수준의 무의식 또는 초의식이 자리하는 집이다.

　찰스 타트(1987)는 컴퓨터를 빗대어 예를 들며, 우리가 높은 수준의 지적 중심에서 작용할 때에는 중앙 처리 장치 또는 슈퍼컴퓨터에 연결된 상태라고 추측했다. 우리의 컴퓨터가 가지고 발휘할 수 있는 최대한의 정보와 지성에 접근할 수 있게 될 때, 우리는 보편적인 인터넷, 보편적인 마음, 신의 마음으로 다가가게 된다는 것이다. 타트는 지적 중심이 이러한 존재에 대한 근본적인 의문을 삶과 죽음, 현실 등의 의미로서 설명하기 위한 적절한 영역이자 의식 상태라고 제시했다.

　낮은 수준의 지적 중심은 고착과 습관적인 정신적 집착, 지각 편중의 근원이다. 이러한 모습들은 현실을 잘못되게 전하는 우리의 주관적 패러다임, 왜곡하는 렌즈 또는 부적응적 도식이다. 이 중심은 우리에게 신호를 보내고 안내해주는 대신 우리를 소유하고 몰아가는 원형의 밑면인 캐롤 피어슨(1991)의 ‘그림자 원형’을 포함하고 있는 영역이다. 이 의식수준에서는 우리를 강박적인 중독 행동으로 이끌 수 있는 반복 강박적인 사고의 경향이 있다.

　플라톤의 철학에서 이 영역은 우리의 떨어진 동굴 속 존재함이자 높은 수준의 지적 중심에서 찾을 수 있는 영원한 개념과 형태의 흐릿한 반영의 특성인 그림자와 착각의 세계에 해당한다.

　아사지올리의 모형에서의 이 영역은 낮은 수준 의식에 해당한다.

　지적 중심을 너무 과하게 사용하거나 지적 중심이 감정적·본능적 중심의 일까지 하려 들면 우리는 생각 속에 갇히게 되고, 감정으로부터 분리되며, 행동하지 않게 된다.

　자기 머릿속에서 제자리걸음만 하는 사람들은 어쩌면 생각 밑으로 내려가 감정 속으로 또는 머릿속에서의 독백이 아닌 대인관계적인 대화 속(감정적 중심)으로 들어가기를 원할 수 있다. 아니면 이들은 자신의 몸과 연결되고 몸으로부터 방향을 얻기 위해(본능적 중심) 일종의 초점 맞추기 기법을 연습하기를 원할 수 있다.

지적 중심을 기반으로 살아가는 사람들은 먼저 머리를 통해 삶을 살피며, 삶, 관계 그리고 결정의 방식을 생각하려 한다. 머리 중심을 선호하는 사람의 실루엣을 보면, 종종 말 그대로 그들의 머리가 어깨의 앞으로 나와 있는 모습을 볼 수 있다.

우리의 머리 중심, 즉 지향 본능이 조화를 이루지 않을 때 우리는 상황과의 연결감을 잃게 된다. 우리는 무엇이 일어나고 있는지 이해하지 못하고, '상황 외적으로' 느끼며, 이미 경기 안에 있다는 점을 깨닫는 것 대신 이곳에 관여하기 위해 무언가 해야만 한다고 믿게 된다. 상황이나 집단 또는 개인으로부터 연결되지 못한 느낌을 받게 되면, 우리는 일어나고 있는 일에 영향을 줄 수 없을까 봐 두려워하게 된다. 자신은 아무 할 말도, 아무 것도 할 수 있는 일도 없다고 믿게 된다. 우리의 머리 중심이 역기능적인 상태가 되면 이렇듯 우리는 엄청난 자기 가치와 가치감의 부족을 경험하게 된다.

지적 중심의 영성

영적 전통들에서는 지적 중심의 길을 세 번째 길, 요가 수행자의 길이라고 부른다. 이 길을 지지하는 사람들은 인간의 제대로 된 운명이 깨달음이라고 믿는다. 명상과 시각화의 기능은 우리를 의식과 계몽으로 이끌기 위함이다. 영적 관습들은 우리의 정신을 의식의 새로운 수준들을 향해 개방하기 위함이다.

지적 중심 돌보기

지적 중심을 자신의 말과 마차의 마부로 빗대는 비유에 따라, 자신에게 다음의 질문들을 던져 볼 수 있다.

Sheet 9-6 생각 점검하기

당신의 마부(정신)는 어떤 상태인가? 가장 세련된 마차와 건강한 말들이 있어도 마부가 술에 취해 있거나 길을 모른다면 아무 소용이 없다.

당신의 인지적 지도, 신념 체계, 가정, 생각 구조, 가설, 해석, 도식 등은 정확하고 당대의 현실을 반영하고 있는가? 아니면 당신은 여전히 어린 시절에 발달시킨 구식 신념과 태도, 지도를 따라 길을 찾고 있는가? 당신의 컴퓨터는 9.0 버전까지 나와 있는데도 여전히 1.0 버전을 기반으로 작동하고 있는가? 당신의 프로그램들을 최신식으로 바꿔야 하는가?

당신은 넓은 삶의 스펙트럼을 갖고 있는 사람들과 함께 당신의 추정과 가설들을 정기적으로 확인하는가? 다시 말해서, 당신의 자료에서 얻어 낸 표본은 일반적인 대중들을 반영하는 것인가? 당신의 도식을 외부 기준(합의적 확인)과 자신의 경험 자료(내적 평가)와 비교해서 확인하는가? 당신의 도식을 새로운 정보에 맞게 조율하는가? 아니면 당신이 갖고 있는 기대에 맞게 자료를 왜곡하는가?

당신의 사고는 냉철하고 논리적인가? 아니면 당신은 '형편없는 사고'를 하는가? 당신은 지나치게 일반화하고 절대화하며, 이분법적이고 양자택일적이며 흑백논리적인 범주 안에서 사고하는가? 당신의 투사를 현실과 혼동하는가? 당신의 집착에서 나온 직관을 얘기하는가?

당신의 관심은 습관적으로 특정 방향을 향하거나 자멸적인 순환을 향하는가?

만약 당신의 마부가 재활을 필요로 한다면, 합리적 정서 요법, 인지적 행동 요법, 인지적 역동 요법 등의 일종의 인지적 치료 형태를 알아볼 수 있다. NLP(신경언어 프로그래밍) 또한 신념과 인지 처리 체계를 고치는 일을 용이하게 해 준다. 다양한 최면 요법 또한 당신 자신과 다른 사람들이 당신을 몰아넣었던 일부 최면 상태를 버릴 수 있게 도와줄 수 있다.

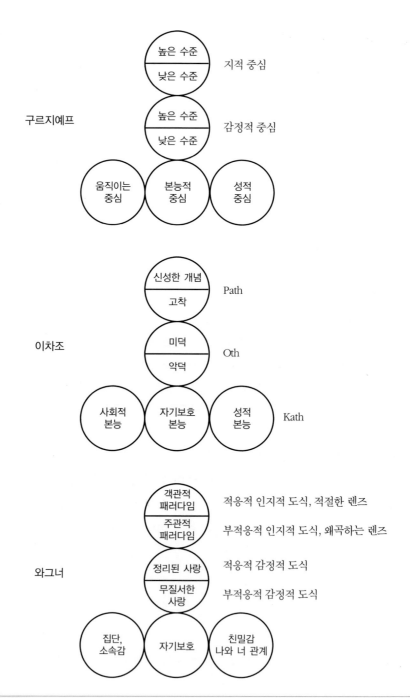

그림 9-2 구르지예프, 이차조, 와그너의 세 가지 중심 간의 관계

지적 중심을 선호하는 성격 유형

에니어그램 원에서 왼편에 자리하고 있는 세 가지 성격 유형인 5-6-7유형은 지적 중심을 선호한다.

건강한 사람은 자신의 내적 권위와 안내서에 연결된 상태다. 이런 사람은 방향감이 있으며, 자신이 어디에서 왔고 어디로 향하는지 알고 있다.

이 중심이 역기능적일 때, 이 세 유형은 **행동**과 관련해 문제를 겪는다. 5, 6, 7유형은 이들이 공통적으로 붙잡고 고심하는 **두려움**을 경험할 때 사건으로부터 단절된 느낌을 받는다.

5유형은 삶에 어떻게 들어가야 할지, 경기에 어떻게 들어가야 할지를 몰라서 단절된 느낌을 받는다. 이들은 자신의 머릿속에 있는 안전한 피난처로 후퇴하며 삶을 다루기 위한 전략과 범주들을 세우는 모습으로 자신의 두려움을 대한다.

6유형은 삶이라는 경기에 들어가는 것을 두려워하기 때문에 단절된 느낌을 받는다. 이들은 규칙과 정통적인 모습 속으로 공포에 질려 숨거나, 이로부터 공포에 맞서며 탈출하려 하는 모습으로 자신의 두려움을 대한다.

7유형은 현재 경기에 들어가기에는 다음 경기를 계획하는 게 너무 바빠서 단절된 느낌을 받는다. 이들은 두려움이 자신을 따라잡지 못하도록 막기 위해 두려움을 능가하거나 그 위로 솟아오르는 모습으로 자신의 두려움을 대한다. 이들은 현재 여기에 있는 대신 머릿속에서 선택권과 미래 가능성들을 만들어 낸다.

세 가지 중심 다루기

당신이 이 세 가지 중심에 대해 배운 지식을 적용할 수 있는 방식에 대해서 두 가지 예시를 들어 보려 한다. 먼저, 이러한 중심에 대해서 아무 것도 모르는 나의 한 동료가 조직 상담을 할 때 첫 모임을 지휘하는 모습에 대해서 짤막한 예시를 들 것이다.

그리고 나면, 예수회의 설립자이자 이러한 중심들에 대한 전통을 잘 알지 못했을 만한 사람인 로욜라가 사람들의 영 또는 정신 속에서의 다양한 움직임에 대해 이들을 상담했던 방식에 대해 설명할 것이다.

두 사람은 이 세 가지 처리 중추에 대해 알지 못했어도 이들을 직관적으로 다뤘다.

조직 상담

나의 동료는 집단과 첫 모임을 가질 때, 먼저 그 기간 동안 일원들의 필요가 잘 처리될 수 있도록 함으로써 모두가 확실히 만족할 수 있게 한다고 말했다. 그녀는 방의 온도와 통풍 상태를 확인하고, 휴식 시간과 식사 시간이 언제인지 사람들이 알 수 있도록 하며, 화장실이 위치한 곳을 알려 준다. 또한 참여 일원이 무언가 불안하거나 불편함을 느낄 경우 말하거나 조치를 취하라고 제시한다. 그녀는 일원들이 안전하다고 느끼는 정도까지 참여할 수 있도록 조장하며 이들이 안정감을 느낄 수 있게 하기 위해 자신이 할 수 있는 최선을 다한다. 그녀는 비밀유지의 의무를 상기시키며 이 방에서 일어나는 일들에 대해 알 수 있는 사람들에 대해서도 말해 준다. 다른 말로 하면, 그녀는 참여자들의 **신체적 중심과 자기보호 본능**을 다루는 것이다. 그녀는 사람들에게 이 모임에서 살아남을 수 있음을 알려 주는 것이다.

그리고 나면 그녀는 모두가 서로를 확실히 알 수 있도록 해 주는 일종의 활동을 소개한다. 이 집단의 공유된 정체성은 무엇인가? 이 모임을 위해 한 자리에 모인 우리는 누구인가? 나는 누구와 함께하고 있는가? 그녀는 이러한 방식으로 **가슴 중심과 관계 본능**을 다룬다.

마지막으로, 그녀는 일원들이 한 자리에 모이게 된 주제를 상기시킨다. 이 모임의 목적은 무엇인가? 우리는 무엇을 성취하기를 원하는가? 우리의 목표는 무엇인가? 우리는 어느 지점으로부터 와서 어느 목적지로 향하기를 원하는가? 이러한 종류의 질문들은 **머리 중심과 지향 본능**의 문제를 두드린다.

참여자들이 편안하기 위해서는 모든 세 가지 중심이 관심을 받고 안심되어야 한다. 그렇지 않으면 불안함이 생겨나게 되며, 창조적인 에너지는 주어진 과업 중심의 활동이 아닌 이러한 본능적 문제들로 대체되고 흩어지게 될 것이다.

영적 상담

또 다른 시대와 문화에서는, 예수회의 창시자인 로욜라가 사람들이 자신들의 삶 성향에 관련하여 좋은 결정에 이를 수 있도록 돕는 문제에 관심을 쏟았다. 그는 이 과정을 용이하게 하기 위한 수행을 설계했다. 그가 설계한 수행의 감독을 위한 설명서인 *The Spiritual Exercises*(루이스 풀(Louis J. Puhl), 1951)에서 로욜라는 삶의 방식에 대한 적절하고 좋은 선택이 내려질 수 있는 세 번의 때가 있다고 제시한다.

첫 번째 때. 우리의 하나님이 사람의 의지를 움직이고 끌어당기심에 따라 독실한 영혼이 망설임 없이 또는 망설임의 가능성을 갖고 자신에게 드러내 보여 왔던 것을 따르게 되는 때다. 성 바울과 성 마태는 이에 따라 우리의 주님이신 그리스도를 따라 행하게 되었다(Puhl, 1951, p. 74).

이 상황은 개인이 자신이 원하는 것 또는 신이 원하는 것에 의심을 갖지 않는 모습을 보여준다. 여기서 결론은 직접적이고, 직관적이며, 즉각적이고, 명확하며, 논쟁의 여지가 없다. 개인은 깊게 감명받고, 처음부터 확실함을 가지며, 자신의 결정을 절대 의심하지 않는다. 이는 복음을 전도하기 위해 바울이 말에서 떨어지고 마태가 세관 옆에서 부르심을 받은 것과 같다. 이는 본능적인 반응이자, 한 사람과 또 다른 사람이 원하는 것에 대해 개인이 전체적으로 느끼는 깊은 감각이다. 결심은 개인의 전체적인 존재함을 채우며 그곳에는 아무런 의심도 남지 않게 된다.

이는 강력한 본능적 반응, 판단, 평가, 결론에 의해 우리를 움직이는 **본능적 중심**의 방식이다.

그렇지만 우리가 항상 이런 종류의 경험과 반응을 통해 은혜를 받는 것은 아니다. 결론이 항상 우리의 전체적인 시야를 채워 주는 것은 아니다. 가끔은 의심이 일어나기도 한다. 그래서 로욜라는 결심에 다다르는 두 번째 방식을 제안한다.

두 번째 때. 많은 양의 빛과 이해가 적막함과 위안의 경험 그리고 다양한 영의 분별 경험을 통해 얻어질 때다(Puhl, 1951, p. 74).

이 경험은 첫 번째 때만큼 즉각적이고 직접적이지는 않다. 내적 움직임은 그다지 충격적이고 확실하지 않을 수 있다. 이는 감정적 조율 정도의 본능적 반응도 되지 않는다. 우리는 이러한 식별 방식 속에서 우리가 취할 수 있는 다양한 행동 방침을 상상하고, 이러한 가능성을 따라오는 감정 반응들을 알아차린다. 우리는 위안을 경험하는가? 평온하고, 기쁘며, 애정 어리고, 희망적이며, 신뢰하는 감정 등을 느끼는가? 이들은 우리의 결정이 우리의 가장 깊은 갈망과 신과 우리의 관계 또는 우리의 가장 중요한 사람들과의 관계와 일치하는지 알려 주는 감정 지표다. 이 결정은 우리 삶의 행로와 일치하며, 우리의 관계를 분열시키는 것이 아닌 향상시켜 주는 것이다. 이는 '적합한' 선택인 것이다.

반면, 만약 우리가 선택을 고려하는 데 있어서 **적막함**을 경험한다면, 만약 동요되고, 불안하고, 분노하고, 우울하고, 기가 꺾이는 등의 감정을 느낀다면, 이는 우리의 결정이 적합하지 않은 것이며, 우리의 개인적인 성장과 관계의 성장 모두 향상시키고 촉진하지 않을 것이라는 점을 암시하는 것처럼 보일 것이다.

이는 우리의 관계를 감시하고, 상황을 평가하고 결정의 타당성을 검사하기 위해 우리의 감정 반응을 사용하며, 우리 가슴의 움직임을 신뢰하고 따르는 **감정적 중심**의 방식이다.

마지막으로, 우리가 긴급한 본능적 반응이나 감정적 울림에도 감흥을 받지 않는 때가 있다. 이처럼 우리의 영혼이 정지되고 신체적인 움직임이 거의 나타나지 않는 상황일 때, 로욜라는 결정에 다다르는 세 번째 과정을 추천한다.

세 번째 때. 이는 고요의 때다. 개인은 사람이 어떤 목적으로 태어나는지 먼저 고려하는데, 그 목적은 하나님을 찬양하고 자신의 영혼을 구원받기 위함이다. 이 목적을 달성하기 위한 열망과 함께, 그는 자신의 주님을 섬기며 자신의 영혼의 구원을 얻기에 도움이 되기 위해 목적 달성을 위한 수단으로 교회의 범위 안에 사는 삶이나 상태를 선택한다.

나는 이것이 고요의 때라고 말했는데, 그 말은 즉 영혼이 다른 영들에 의해 동요되지 않고, 자신의 자연스러운 힘을 자유롭고 평화롭게 사용하는 때를 말한다(Puhl, 1951, p. 74).

이 상황은 바다 위에서 돛이 펼쳐지고 바람이 불지 않는 모습과 비슷하다. 어떠한 움직임이라도 일어나기 전에 노는 반드시 물속에 잠겨 있어야 한다. 주위에는 우리를 움직일 어떠한 감정도 없기 때문에, 어느 정도의 뇌 활동이 반드시 일어나야 한다. 이 모든 것이 실패한다면, 생각해야 한다.

이렇듯 우리는 우리가 어디에서 왔고, 어디에 있으며, 어디로 향하는지 주위를 살펴야 한다. 다른 말로 하면, 삶을 검토하는 것이다. 그리고는 전략을 짜는 것이다. 우리는 우리의 목표와 그 목표들을 얻기 위한 최선의 수단을 심사숙고한다. 그리고 우리에게 가능한 다양한 선택사항과 경로에 장단점을 목록으로 정리하고, 우리가 우리의 가장 깊은 가치를 표출하고 궁극적인 목적을 달성할 수 있도록 해 주는 최선의 선택이 무엇일지를 결정한다.

이러한 판별 방식은 사고, 즉 의사 결정에 대한 이성적인 접근법을 나타낸다. 이는 나침반과 이성의 요구를 따르는 **지적 중심**의 전략이다.

이 점을 덧붙이는 것이 유익할 것이다. 로욜라는 우리가 세 번째 때의 이성적인 방식으로 내린 의사 결정을 두 번째 때의 방식으로 시각화함으로써 확인하고, 뒤따르는 모든 감정을 기다리는 것을 추천한다. 만약 우리가 위안이 되는 큰 기쁨의 감정을 경험한다면, 우리의 결정은 좋은 선택인 것으로 확인된 것처럼 보일 수 있다. 이 경우, 한 분별 방식이 다른 분별 방식과 대조되게 된다.

이들이 본능적, 가슴 그리고 머리 중심의 활동 작용이다. 통합된 사람은 한 중심의 조언에만 의지하기보다는 모든 경로와 조화를 이룬다. 이러한 사람은 자신이 무엇을 원하고 필요로 하는지, 자신이 무슨 생각을 하고 있는지 인지하고 있다. 이 사람은 각 중심과 고루 상의하며 그에 따라 행동한다.

Sheet 9-7 각 중심 이해

당신의 <u>머리</u>는 이 상황 또는 결정에 대해 무엇을 말하려 하는가?

당신의 <u>가슴</u>은 무엇을 알려 주는가?

당신의 <u>몸</u>은 적절한 행동 방침을 무엇이라 감지하는가?

나는 이것이 인본주의 심리학자들이 의미하는 유기체적 자기 조절과 비슷하다고 믿는다. 구르지예프의 영적 체계에서 이는 네 **번째** 길이다. 만약 로욜라가 그의 세 가지 시기를 결합했다면 이는 네 **번째** 때가 되었을 것이다.

이 세 가지 중심은 우리의 성격에 대한 이론적 위상 기하학 그 이상을 만들어 낸다. 이들의 작용을 인지하고 이들의 지혜와 상의함으로써 우리는 일상 속 절충 상황들에서 이익을 볼 수 있다. 우리가 상황에 영향력을 행사하기 위해 더 많은 지적 자원과 평가를 제공할 수 있게 될수록, 우리는 더 좋은 결정을 내릴 수 있게 된다.

몇몇 사람은 유형을 가늠하는 과정을 먼저 세 가지 중심에서 시작해서, 자신이 선호하는 중심을 선택하고, 그에 따라 이 중에서 자신의 성격일 수 있는 세 가지를 간추리는 방식이 도움이 된다고 여긴다.

다른 사람들은 아홉 가지 유형으로 먼저 시작해서, 두 인접 유형(자신의 핵심 유형 양 옆에 있는 유형)을 고려하고, 스트레스 상황과 안정된 상황 속에서 자연스러운 패러다임 변화가 일어나는 두 가지 추가적인 지점들을 고려하는 방식이 유용하다고 느낀다. 이 모든 방식을 취해 보는 것도 때로는 자신의 진짜 유형을 파악하는 데 도움이 될 수 있다.

Part II의 나머지 장에서는 Part I의 도입 장에서 취합된 틀들을 사용해, 이들 아홉 가지 유형의 패러다임과 함께 세상을 바라보는 이들 각각의 독특한 렌즈들을 심도 있게 살펴볼 것이다.

당신이 사용하고 있을 수 있는 렌즈를 알아보기 위한 도구로써, 각 장은 20개의 문장으로 시작된다. 당신은 각 항목이 당신에게 얼마나 잘 맞는지 최소에서 최고 정도로 점수를 매기면 된다. ① 거의 절대 아니다, ② 드물게 또는 거의 그렇지 않다, ③ 때때로 또는 가끔, ④ 종종 또는 자주, ⑤ 거의 항상 그렇다. 총점은 각 장의 맨 밑에 기록하면 된다.

이는 당신 **특유의** 또는 **대표적인** 패턴, 태도, 가치, 관점, 동기, 특성들을 살펴보는 것이기 때문에, 오랜 기간 동안의 당신의 삶을 설명해 주는 각 문장에 대답하면 된다. 만약 오늘 하루의 당신이 어땠는지의 짤막한 모습을 알고 싶다면, 각 항목이 **현시점의** 당신의 상태를 얼마나 잘 묘사하고 있는지를 고려해서 대답하면 된다.

이 질문들은 당신의 유형을 가늠하는 데에 대한 비공식적인 도구다. 신뢰성, 타당성, 표준화 연구와 점수를 지닌 공식적으로 연구된 검사를 접하고 싶다면, Western Psychological Services(1999; www.wpspublish.com)에서 출판된 저자의 *Wagner Enneagram Personality Style Scales*(WEPPS)를 주문할 수 있다. 아니면 www.wepss.com에서 온라인 검사를 해 볼 수도 있다. 이 검사는 Buros's mental measurements yearbook(2003)에 목록으로 정리되어 있으며 좋은 평가를 받았다.

Part 2

1유형 렌즈 검사

이 문장들이 자신에게 맞는 정도에 따라 점수를 매겨라.

1	2	3	4	5
거의 절대 아니다	드물게/ 거의 그렇지 않다	때때로/ 가끔	종종/ 자주	거의 항상 그렇다

_____ 나는 일을 제대로 수행하는 것에 대해 초조해하고 몹시 긴장한다.

_____ 나는 원칙을 지키는 사람이라는 점을 자랑스럽게 여긴다.

_____ 나는 고상하다. 나는 높은 이상을 갖고 있으며 그 이상에 다다르기 위해 열심히 노력한다.

_____ 나는 끊임없이 판결을 내린다.

_____ 나는 제 시간에 장소에 도착하고 일을 마치지 않으면 굉장히 불편하다.

_____ 나는 절대로 만족하지 않는 것 같다. 나는 결코 일을 충분히 만족스럽게 완료하지 못한다.

_____ 나는 대부분의 사람보다 더 높은 도덕 기준을 갖고 있다.

_____ 나는 한 번 옳다고 결정한 것에 대해 굽히는 것이 어렵다.

_____ 나는 나 자신, 사람들, 사물들을 거듭 비평한다.

_____ 나는 내가 믿는 것에 대해서는 굉장히 설교하는 모습이 될 수 있다.

_____ 내가 하는 일에 있어서 뛰어남을 유지하는 것은 내게 필수적이다.

_____ 일이 올바르게 정확히 완료되는 것은 내게 굉장히 중요하다.

_____ 나는 특히 높은 기준을 갖고 있는 것을 자랑스럽게 여긴다.

_____ 나는 항상 좋은 모습을 보여 왔는데, 부분적인 이유는 비난받는 것이 너무 두렵기 때문이다.

_____ 나는 일부분에 있어서는 완고하게 도덕적인 모습이 될 수 있다. 나는 금욕주의적인 면이 있다.

_____ 나는 나 자신과 다른 사람들에게 많은 요구를 한다. 나는 많은 기대를 한다.

_____ 나는 사람들이 자신을 개선시키기 위해 충분히 열심히 노력하고 있지 않다고 생각한다.

_____ 나의 미덕 중 하나는 빈틈없는 모습이다.

_____ 나는 완료되어야 하는 일을 위해서 나 자신의 바람과 욕망을 포기한다.

_____ 나는 여유를 갖고 놀기 좋아하는 모습이 되는 게 힘들다.

_____ **총점**

1유형 렌즈:

CHAPTER 10 이상주의적 관점

핵심 가치

1유형이 끌려 하는 핵심 가치는 선함이다. 사물이나 사람은 원래 되어야 하는 모습일 때와 원래 해야 하는 일을 할 때 선하다. 바위는 완전히 바위다우며 '바위다움'의 모든 특성을 드러낼 때 선하다. 개는 완전한 개일 때 선하다. 마찬가지로 인간은 완전히 인간다우며 자신의 모든 인간적 잠재력을 완전히 깨달을 때 선한 것이다. 각각의 사람으로서 우리는 다른 누군가가 되려고 하는 대신 진정으로 유일무이한 자신의 모습일 때 선하다. 심지어 신도 자신을 이 방식으로 증명했다. 야훼는 자신의 이름이 무엇이냐는 물음을 받았을 때 이렇게 응답했다. "나는 스스로 있는 자다." 오랜 시간 후, 뽀빠이도 이와 같은 말을 반복했다. "나는 나 자신이라고."

우리는 진정으로 자기 자신일 때 완벽하다. 영적인 상태는 우리의 진짜 본성과 조화를 이루는 상태를 수반한다. 이런 의미에서 우리가 영적일 때에 우리는 완벽한 것이다. 왜냐하면 우리는 다른 사람이 아닌 자신이 되는 것이기 때문이다.

1유형은 선한 사람이 되고 싶어 한다. 이들은 자신의 모든 잠재력을 깨닫기 위한 신성한 불만상태로 움직인다. 이들은 세상을 더 살기 좋은 곳으로 만들기 원하므로, 다른 사람들 역시 자신들의 잠재력을 깨달을 수 있도록 돕기 위해 애쓴다. '너의 모든 가능성을 펼쳐라.'라는 미군의 슬로건은 아마 1유형의 생각이었을 것이다.

1유형은 뛰어남에 대한 열정을 갖고 있으며 자신이 하고 있는 일은 할 수 있는 만큼 해내기를 원한다. 이들은 일이 제대로 돌아가게 하는 모습과 자기 자신, 다른 사람들 그리고 세상이 잘 돌아가는 모습을 직관적으로 인지하고 감사한다.

1유형은 모든 것이 선하고 옳아야 한다는 이상주의적 걱정을 갖고 있다. 이들은 자신과 사람들에게 하늘 높이 높은 기준을 세운다. 1유형은 자신이 믿는 것에 대해 열정적으로 참여하고 헌신하는 경향이 있다. 이들은 강렬한 에너지를 갖고 자신의 이상을 현실로 만들기 위해 분투한다.

1유형은 고상한 도덕성과 품격을 갖고 있다. 이들은 높은 수준의 선함과 비전에 따라 자신의 삶을 살고 싶어 한다. 공평하고 공정한 모습이 되기를 열망하는 이들은 도덕적 청렴함과 순수함을 추구한다.

이러한 가치는 성실성, 헌신, 인내, 믿음직함 그리고 열심히 일하는 근면성의 성격 특성으로 나타난다.

패러다임 관점, 능력, 격언

패러다임은 현실에 대한 우리의 관점 또는 추구를 알려 준다. 자신만의 관점에서 상황을 인지하는 것은 우리에게 직관적인 통찰과 예리함을 주며, 자신의 영역에서 전문가가 되게 한다. 우리는 우리의 관점과 능력을 집단에 제공해야 한다. 각 유형마다 삶이라는 사업을 지휘하는 효과적이고 유용한 전략을 갖고 있는데, 우리는 이들을 우리만의 **작업 방식**으로 포함시킴으로써 이익을 얻을 수 있다. 종종 이러한 적응적 도식과 전략은 교육과 모방을 위한 격언들로 스며들게 된다.

1유형의 패러다임은 이들에게 초점과 목적의 명확성을 준다. 이들은 외골수이며 일편단심이다. 1유형의 패러다임은 이들로 하여금 문제해결에 대해 사고하고 다가가는 방식에 있어서 정확성을 준다. 이들은 사실과 세부 사항들을 알아차리는 연습이 되어 있다. 이들은 빠지고, 잘못되고, 그 자리에 어울리지 않으며, 자신의 이상주의적인 직관과 실제로 일치하지 않는 부분들을 찾아낸다.

이들의 뛰어남의 패러다임은 굉장히 발달되고 연마된 비판적 능력을 준다. 1유형은 제대로 된 품질 관리 전문가다. 이들의 비전은 결함을 발견하고 개선을 필요로 하는 영역들을 볼 수 있게 도와준다. 이들은 부족한 부분을 알아차린다. 또한 이들은 사람과 상황 속의 가능성을 보며, 그 잠재력을 끌어내기 위해 기꺼이 오랫동안, 열심히 노력해 준다.

1유형은 성경의 **달란트 비유**를 공감하며, 자신이 받은 모든 능력을 개발하고 완벽하게 하지 못했다는 것에 대한 죄책감을 느낀다. 또한 이들은 열매를 더 이상 맺지 못하는 무화과나무처럼 저주받았을지 모른다는 두려움, 즉 자신이 해야 하는 만큼 하지 못하고 선한 모습이 되지 못한다는 두려움을 갖고 산다.

이들은 지푸라기나 흙으로 집을 지은 **아기 돼지 삼 형제**가 아니다. 오히려 이들의 집은 튼튼한 원칙 위에 지어져 있다. 이들은 잔치를 준비하지 않은 **미련한 처녀들**도 아니다. 이들은 자신의 과업을 마무리하고 온 슬기로운 처녀들이다.

1유형은 자신의 이러한 모습들이 집단에 기여한다고 말한다.

- 상황을 개선하기 위해 이들에게 의지할 수 있다.
- 이들은 믿을 만하고 근면하다.
- 이들은 정직하고 공정하다.
- 이들은 세부 사항과 더불어 큰 그림도 파악할 수 있다.
- 이들은 문제에 초점을 맞추기를 잘한다.
- 이들은 상황에 분별력을 가져온다.
- 이들은 능률적이고 실용적이면서 동시에 이상주의적이고 높은 기준을 갖고 있다.
- 이들은 다른 사람들로 하여금 일을 해내도록 동기를 부여한다.

- 이들은 집단에 선견지명, 원칙, 청렴함, 우수함, 진실성, 적절성, 선함, 평온함, 깔끔함, 사실성 그리고 객관성을 불러온다.
- 이들은 혼돈에서 질서를 불러일으킨다.

1유형이 집단에 없을 때 빠지는 모습들은 이러하다. 조직성, 전략, 뛰어남, 기준, 계획, 문제해결, 제대로 완료된 결과!

*Enneagram Monthly*의 1994년 가을 판에서, 브라이언 그로드너(Brian Grodner)는 그가 생각하기에 에니어그램 유형들의 완벽한 예시를 보여 주는 다양한 격언을 나열했다. 마이클 골드버그(Michael Goldberg, 1996)는 *Getting Your Boss's Number*에서 아홉 가지 유형에 대한 격언을 제시했다. 클라렌스 톰슨(Clarence Thomson, 2001)은 메리 바스트(Mary Bast)와 함께 *Out of the Box Coaching Teleclinic*에서 에니어그램 유형을 위한 격언을 일부 소개했다. 톰 컨던(2004)은 그의 Changeworks 웹사이트에서 아홉 가지 유형에 대한 인용구들을 모아 정리했다. 그리고 맥렐런(Vern McLellan, 1996)은 이러한 다양한 패러다임을 적절히 표현하는 일부 실용적인 격언을 엮어 책을 냈다. 1유형 패러다임의 관점, 능력 그리고 효율적인 존재 방식을 나타내는 격언들을 살펴보자.

- 언동을 조심해라.
- 청결은 아주 중요한 미덕이다.
- 모든 것에는 제자리가 있다.
- 연습이 완벽을 만든다.
- 정직이 최선의 방책이다.
- 게으른 자는 나쁜 일을 도모한다.
- 어려운 부분은 세세한 내용에 숨겨져 있다.
- 귀중한 것은 쉽게 얻어지지 않는다.
- 적절한 수고 한 번이 나중의 큰일을 막아 준다.
- 처음부터 제대로 해라.
- 무언가 이뤄지기를 원한다면, 당신 스스로 해라.

- 자신을 사랑하려면 반드시 자신이 감탄할 수 있는 모습으로 행동해야 한다.
- 시계를 보면서 배울 수 있는 점은 시계는 자기의 손들을 바쁘게 움직여 가며 시간을 보낸다는 것이다.
- 행복은 인생의 결말이 아니다. 성격이 인생의 결말이다.
- 누군가에 대한 애정이 크면 클수록 겉치레 말을 하기는 더욱 어렵다. 상대방에 대한 진실한 애정의 증거는 비평에 있어서 인색하지 않은 것이다.
- 세상에 대한 용서는 오직 세상의 판단에 의해서만 이뤄질 수 있다.

적절한 렌즈/적응적 인지적 도식

1유형을 현실과 적절하게 조율하는 객관적 패러다임은 완벽은 과정일 뿐이지 완성된 결과가 아니라는 개념이다. 자신의 영 또는 본질적인 본성에 부합하며 살 때, 자기 자신을 현시점에서의 현실적인 자신으로 받아들일 때, 진짜 자신의 욕망과 영감에 따라 반응할 때, 우리는 선하다. 우리는 진정한 자신이 아닌 다른 사람이 될 수 없다.

모든 창조물은 신으로부터 나오며 신에게로 돌아간다. 우리가 그 과정 안에 남아 있는다면 우리는 신의 본성과 계획 안에 참여하는 것이며, 그렇기에 우리는 완벽해진다. 그와 반대로 생각한다면, 우리는 그 과정으로부터 나와서 이를 자신의 주관적인 관점으로 비평해야 한다. 이것이 1유형의 신이 되는 모습이다. 이들의 자아는 자기 자체를 신으로 설정하며 창조물들을 불완전하고, 충분히 선하지 않은 것으로 판단한다.

모순적이게도, 현실 밖에 자리하는 것은 완벽한 것과 완벽하지 않은 것에 대한 환상에 불과한 개념들을 지닌 자아다. 사실 불완전한 것은 부적응적 도식을 지닌 거짓 자기다.

1유형의 적절한 렌즈 또는 적응적 도식은 우주를 적절한 때에 전개되는 곳으로 보며, 우리가 현재 순간을 개선시키기 위해 해야 할 것은 아무것도 없다는 점을 깨닫는다. 우리는 현시점에 자리하고, 현상을 인식하며 완전히 이때에 존재하기만 하면 된다. 우리는 단순히 현상을 받아들이고 인정하며, 이 순간에 대해 자발적으로 우러나오는 우리의 진짜 반응이 괜찮을 것이라는 점을 믿으면 된다.

우리는 절대적으로 완벽한 상태가 아니고도 선하고, 전적으로 자기 자신이 될 수 있다. 얼룩덜룩하면서도 동시에 완벽한 과정 상태가 될 수 있다. 이러한 역설적인 모습은 절대론적 사고로 현실을 신랄하게 양분해서 이것 아니면 저것, 흑백논리, 아예 좋거나 아예 나쁜 것으로 인지하는 1유형의 왜곡된 완벽주의 패러다임 내에서는 유쾌하지 않다. 1유형의 주관적인 패러다임 속에서는 최소한의 결함이 전체 형태를 망친다. 그렇지만 이들의 객관적 패러다임 속에서는 결함이란 전개 과정의 자연스러운 한 부분이다.

프리츠 펄스는 그의 자서전인 *In and Out of the Garbage Pail*(1972)에서 이 논의에 적절한 구절들을 이야기했다.

> 친구여, 완벽주의자가 되지 마라. 완벽주의는 저주이자 압박이다. 그러다간 과녁을 맞히지 못할까 봐 흔들리게 된다. 있는 그대로 둘 때 너는 완벽하다.

> 친구여, 실수를 두려워하지 마라. 실수는 죄가 아니다. 실수는 무언가를 다르게 하는 그리고 어쩌면 창조적으로 새롭게 하는 방식일 뿐이다.

> 친구여, 너의 실수를 안쓰럽게 여기지 마라. 너의 실수를 자랑스러워하라. 너는 너 자신의 무언가를 내어주는 용기를 보여 주었다.

> 집중하기 위해서는 수년이 걸린다. 이해하고 현재에 있게 되기까지는 더 많은 시간이 걸린다(p. 103).

미덕/적응적 감정적 도식

선함과 완벽함에 대한 이러한 적응적 시야와 전체성에 대한 여유로운 태도에서는 평온의 경험과 상태가 자연스럽게 흐르게 된다. 평온은 온전함과 완전함의 감각이자, 우리 자신을 선하게 느끼는 감각 상태다. 평온은 우리가 자신과 자신의 과정을 신뢰하고, 다른 사람들과 그들의 과정을 신뢰하며, 우주의 전개 과정에서의 끊임없는, 간섭되지 않는 상태를 신뢰할 때 존재한다.

이러한 온전함과 선함의 느낌에는 안정감과 고요감이 따라온다. 이 상태에 있을 때 우리의 몸은 편안해지며, 감정 상태는 침착해진다.

평온한 사람은 자기 자신일 때, 자신의 본질 상태일 때 편안함을 느낀다. 이들은 다른 사람들의 본질이 선하다는 것을 믿으며, 그렇기에 다른 사람들과 있을 때에도 편안해한다. 우주가 적절한 상태로 전개되고 있다는 것을 믿는 이들은 상황의 흐름을 재촉하지 않고 알아서 흐르도록 둔다. 이들은 여유를 가지면서 상황의 흐름을 따른다.

침착하고 명확한 사람은 현시점을 신뢰하며 그 안에서 살아간다. 평온은 현실 기반의 두려움을 없애 주지는 않지만, 자아에 의해 생겨난 쓸모없는 걱정과 불안을 줄여 준다.

평온함은 현실 세상을 사는 참자기에서 자연스럽게 흘러나온다. 한 사람의 본질이 다른 사람의 본질을 만나게 될 때 진정한 접점이 생기게 되며, 그곳에는 인정과 편안함 그리고 판단하지 않는 태도가 자리한다. 반면, 두 비판적인 거짓 자기(자아)가 만날 때에는 이들 사이에 선한 접점이 생기지 않는다. 대신 그 자리에는 짜증, 경계 그리고 판단이 자리한다. 평온함은 판단이 아닌 인식을 수반한다. 부처는 다른 사람들을 바라볼 때 오직 완벽함, 또 다른 부처만을 보았다고 전해진다. 두 본질적인 자기가 함께 모이면, 선함은 자체를 알아차린다. 하나님은 자기가 창조한 것을 보고 이렇게 말하셨다. "보시니 좋았더라."

왜곡하는 렌즈/부적응적 인지적 도식

1유형의 삶 초기에 무언가가 일어나게 되면 이들은 자신의 선함, 전체성, 완벽함의 감각으로부터 분리되고 만다. 이들은 자신의 존재함, 참자기, 본질과의 연결을 잃게 된다. 이들은 클라우디오 나란조(1994)가 명명한 '존재적 암흑화' 현상을 겪게 된다. 즉, 자신을 못 보게 되는 것이다. 이들의 존재함은 '성격'이라는 다른 무언가에 의해 가려지고 모호해지며 왜곡된다. 거짓 자기는 참자기를 대신하게 되며, 그 자리에는 병적인 불편함,

공허함 그리고 자아가 궁극적으로 채워질 수 없는 방식으로 만족시키려 하는 존재함에 대한 열망이 남게 된다.

보상 도식

　1유형은 완벽한 모습이 되고, 자신의 완벽 기준에 부응하기 위해 분투하며, 높은 수준의 이상과 도덕 기준, 성격 기준을 가진 사람이 되기를 갈망함으로써 자신의 잃어버린 존재감을 보상하려 한다. 이들은 선함과 올바름에 대한 자신만의 인식과 신념으로 진짜의 것을 대체한다.

　이들은 자신 속의 신념을 어떻게 해서 잃게 된 것일까? 유아기 발달과 대인관계 연구들을 살펴보면, 아이들은 자신의 가장 초기 보호자들의 태도와 감정, 행동을 받아들이며, 자신이 다뤄진 방식대로 자기 자신을 대한다는 점을 볼 수 있다.

　우리는 이에 따라 어린 시절의 1유형들은 단지 어떠한 삶의 방식도 배우기 전에 본래의 자신 모습으로 있으면서 자발적으로 행동한 것이라고 추측할 수도 있다. 하지만 이들의 보호자들은 공감적이고 반영적이며 허용적인 모습 대신, 비판적이고 판단적이며 조건적인 모습을 보인 것으로 나타났다(가끔은 이러한 모습이 아이를 위해서였다는 동기에서 일어난 것이거나, 단지 조급한 성질에서 나온 것이었다). 1유형은 분명하게든 암시적으로든, 자신의 즉흥적인 모습, 즉흥적으로 원하고 느끼는 것 그리고 즉흥적으로 행동한 모습들이 올바르지 않거나 충분히 선하지 않다는 말을 들으며 자란 것이다.

　이에 대한 예시를 들어 보자. 어느 초등학교에서 아이들로 이루어진 한 집단에게 자신이 좋아하는 색깔을 사용해 사람을 그려 보라고 얘기했다. 어느 작은 소녀는 밝고 따뜻한 색깔이기 때문에 주황색을 사용해 그림을 그렸다. 아이는 자신의 그림을 좋아했고, 이 그림과 자신에 대해 기분이 좋았다. 아이의 선생님은 반 아이들에게 그림을 보여 주며 장난스럽게 이렇게 말했다. "여기 중 누구라도 주황색인 사람을 본 적이 있나요? 주황색인 사람은 없죠. 왜 주황색을 썼나요?" "선생님이 좋아하는 색을 쓰라고 했잖아요." 소녀는 그렇게 대답하며 얼굴을 붉혔다.

그녀는 어른이 된 후에도 이 사건을 떠올릴 때마다 화가 나고 무안함을 느꼈다. 이 사건은 그녀에게 있어서 자신의 감정, 선호도, 욕구가 인정되지 못했다는 또 하나의 증거를 의미하는 것이었다. 그렇게 그녀는 참자기를 억누르고, 자신이 해야 한다고 여겨지는 것들을 하기 시작했다.

처음에는 자신의 모습으로 있는 것도 괜찮다고 느꼈던 1유형들은 점차 자신의 선호도, 감정, 직관, 행동들을 불신하는 법을 배우게 되었다. 이들의 평가 중심은 내적인 것에서 외적인 것으로 바뀌게 되었다. 그렇게 이들은 자신에 대해 비판적이고 판단적이 되었으며, 자신이 선하거나 올바르거나 완벽하다는 조건 하에, 아니면 최소한 완벽하려고 노력하는 조건 아래 자신을 사랑하게 되었다.

1유형에게 있어서 노력하는 것은 중요하다. 이들은 자신이 아직 완벽하지 않다는 것을 고통스럽게 알고 있기 때문에, 자신이 노력하는 한은 비판받거나 비난받지 않아야 한다고 주장한다. 그리고 더 중요하게는, 이들의 노력은 자신의 가혹한 초자아로부터 오는 채찍질을 막아 준다. 내가 워크숍에서 1유형들을 만날 때마다 이들에게 자신의 묘비에 무엇을 새겨 주기를 원하는지 물어보면, 이들은 언제나 이렇게 말한다. "그는 노력했다." "그녀는 노력하다 죽었다."

1유형은 자신의 완벽주의에 사로잡힐수록 더 긴장하고 불안한 상태가 된다. 항상 열심히 노력하고 최선을 다해야 한다는 내적인 압박은 1유형의 병적인 불편함을 촉진시키며 긴장된 태도를 유발한다. 긴장된 턱과 앙다문 입술로 삶을 헤쳐 나가는 1유형은 과하게 심각하고 책임감 있으며 성실한 모습이 된다.

보통 앎이 진행되는 과정에는 경험-이해-판단의 순서가 있다. 처음 우리는 어느 정도의 주관적인 경험을 한다. 그러고는 지금 일어나는 일이 우리에게 지니는 의미에 대한 인식 자체로부터 이에 대한 이해가 자연스럽게 발생한다. 이는 우리의 경험과 연결된 상태를 유지하며, 대화를 나누고, 어떤 의미인지 물음으로써 제공된다. 그리고 나면 자연스럽게 이 경험과 그 의미에 대한 어느 정도의 판단이 따라오게 된다. 우리는 이 판단을 좋아하거나 싫어한다. 이 판단은 우리가 겪었던 다른 경험과 조화를 이루거나, 불협화음을 이룬다. 그리고 우리의 신념 체계에 있는 다른 가정들과 일치하거나, 맞지 않는다.

1유형의 경우, 이 순서는 재빠르게 판단 단계로 이동한다. 이들의 불완전한 패러다임은 1유형으로 하여금 판단으로 즉시 가라, 경험과 이해는 우회해서 가라고 가르친다. 그리고 이 판단은 보통 자신의 경험을 일부 완벽주의적인 기준들과 비교하는 모습을 수반한다. 그렇게 그 경험은 (그리고 그 경험자는) 부족한 모습으로 보이게 된다. 그다지 오랜 시간이 고려되지 않은 이들의 경험은 무언가 부족한 것으로 나타나게 된다. 이 다음 단계는 판단이 무언가 잘못되었다는 분함으로 넘어가게 되는 것이다. 그리고 이 분함은 현실을 바로잡고 이를 1유형의 과장된 기대에 맞추려 하는 행동으로 이어지게 된다.

이렇듯 자신의 충동, 욕구, 경험, 현실과 연결된 상태를 유지하고 이에 따라 안내받는 모습 대신, 1유형은 자신의 판단적인 마음 및 수많은 의무와 연결되고 이를 규칙으로 삼게 된다. 유기체적인 자기 조절 대신, 이들은 자아상 조절에 의해 움직이게 된다. 펄스의 동심원 모형에서 1유형은 참자기의 내적 영역에서 거짓 자기 또는 성격의 중간 영역으로 이동한다.

이상화된 자아상

1유형의 깊은 근원적인 부적응적 도식은 '나는 불완전해. 나는 충분히 선하지 않아.'이지만, 이들의 보상 도식은 이상화된 자아상 속에서 확고해진다. 나는 선해. 나는 올바른 사람이야. 나는 완벽해.

이러한 보상 도식은 이들이 비판에 대해 지닌 주된 취약점을 향한 공격으로부터 이들을 보호해 준다. 어느 1유형이 말했듯, "내가 완벽하다면 당신은 나를 비판할 수 없다."

1유형은 어엿한 사람이 되고 사랑받으며 인정받으려면, 자신이 선하고 올바르며 완벽한 사람이 되어야 한다고 믿게 된다. 1유형의 동기와 에너지 속에서는 선하고 싶은 모습에서 선해야 하는 모습으로의 변화가 일어난다. 알버트 엘리스의 인상적인 신조어를 인용해 보자면, 1유형은 마스터베이션(~을 해야만 한다는 의무주의를 자위행위에 빗대어 표현)을 한다. 이들은 반드시 이것도 하고, 저것도 해내야 한다.

1유형의 이상은 이상화가 된다. 건강한 상태의 1유형은 뛰어남을 향한 열정을 통해 에너지를 받는 반면, 이상화된 상태의 1유형은 자신의 의무에 의해 압제당하며 완벽해야만 하는 집착에 의해 공포에 떨게 된다.

　1유형은 더 이상 자신의 타고난 완벽함과 선함을 신뢰하지 않기 때문에(아마 대부분은 이들의 보호자들도 이들을 신뢰하지 않았기 때문이거나, 1유형 자신들이 보호자들로부터 자기 자신을 인정받지 못했다고 여기기 때문일 것이다), 받아들여지기 위해서는 자신의 자아가 정한 완벽 기준을 위해 분투해야 한다.

　이렇게 선한 사람에 대한 과장된 태도는 완벽주의가 된다. 1유형은 자신의 관계를 포함한 모든 가치 중에서 올바른 모습을 가장 중요하게 여기게 된다. 이들은 완벽성에 중독될 수도 있게 된다. 어느 1유형의 배우자는 이렇게 말했다. "당신에게 있어서 옳은 모습은 내 입장을 이해하거나 공감하려고 노력하는 것보다도 더 중요한 것이네요." 옳은 모습을 이렇게 주장하는 모습은 많은 관계에서의 걸림돌이자 해가 되어 왔다. 이것이 역설적인 이유는 1유형은 자신이 옳기 때문에 사람들이 자신을 존중하고 곁에 있어 줄 것이라고 믿기 때문이다.

　완벽주의자에게 있어서 더 나음은 선함의 적이 된다. 만물은 언제나 개선되고 더 나은 모습이 될 수 있다. 아무것도 충분히 선하지 않으며, 충분히 완벽하지 않다. 그래서 선생님들은 학생들의 철자법이 옳지 않으면 아이들을 방과 후에도 남게 하는 것이고, 배우자들은 결혼관계가 충분히 좋지 않기 때문에 상대를 결혼상담사에게 데려가는 것이며, 정원사들은 식물들의 뿌리가 충분히 빠르게 자라고 있는지 확인하기 위해 이들을 들어 올려 보는 것이다. 1유형은 모든 것이 더 나은 모습으로 될 수 있다고 믿기 때문에 이들에게는 자기 자신과 다른 사람들 그리고 현실을 홀로 두는 것이 어려운 일이다.

　뭐든지 충분히 좋은 것은 너무 많은 간섭에 의해 망쳐질 수 있다. 1유형은 비틀즈의 노래 'Let it be(그대로 둬라)'를 주문으로 사용할 수도 있다.

도식 유지

　1유형은 끊임없이 잘못된 부분, 빠진 부분, 결함이 있는 부분에 주목함으로써 자신과 세상 모두 충분히 선하지 않다는 부적응적 도식을 유지한다. 1유형의 강박적인 패러다임은 이들의 비판적인 능력을 갈고 닦아 주며, 모든 결함을 알아차릴 수 있도록 이 능력을 정교하게 조율시킨다. 이에 따라 1유형은 그 상황 또는 그 순간에 존재하는 것과 선한 것을 알아차리지 못하기도 하며, 이에 대해 깊이 생각하지 않는다. 이들의 완벽에 대한 개념은 마음 속 깊은 곳에 표준 형식으로 자리하며, 이들은 현실과 자신의 지도 사이의 모든 어울리지 않음을 검사하기 위해 자신의 환경을 살핀다. 그리고 이들에게 있어서 반드시 바뀌어야 하는 것은 자신의 완벽한 지도가 아니라 현실이다.

또한 완벽 패러다임은 모 아니면 도, 양자택일, 흑백의 양분법적 사고 경향을 보인다. 이들의 컴퓨터 프로그램은 좋은 것과 나쁜 것을 잘 가려내지만, 애매한 영역들은 잘 처리하지 못하며 그것들을 흑백으로 나누는 것 외에는 어떻게 다루어야 할지 모른다. 이처럼 1유형에게는 최소한의 결점이 전체를 망칠 수 있는 것이다.

1유형에게는 과정에 대한 여지가 별로 없으며, 배움을 위한 시간이나 인내심이 그다지 있지 않다. 1유형은 초보자와 숙련자 수준 사이에 자리하는 그 불편하고 약한 상태에 있는 것을 싫어한다. 배우는 사람의 입장에 있을 때에는 비판에 너무 노출되고 만다. 어느 1유형의 아버지는 이렇게 말했다. "처음에 완벽하게 해낼 수 없다면 아예 하지 마라." 이 태도는 여유로운 학습자의 자세를 발전시키지 못한다.

1유형이 자신의 부적응적 도식과 보상 도식을 유지하는 핵심 방법은 바로 화의 악덕 또는 격정을 통해서다.

악덕/격정/부적응적 감정적 도식

완벽주의 패러다임은 화에 대한 격정을 유발하며, 화의 악덕은 완벽주의의 충동에 기름을 붓는다. 나는 선하다와 나는 옳다는 이상화된 자아상과 이에 수반되는 화와 분함의 악덕 사이에는 자아 지속적이면서도 자멸적인 순환이 세워지게 된다.

1유형은 자신의 가치가 뛰어남과 도덕성에 대한 높은 기준을 유지하는 모습에 달려 있다고 믿기 때문에, 이들은 누구보다도 자신의 기준을 더 높이 올리며 현실보다 약간 위에 기준을 세워야 한다. 실상은 이렇게 항상 자신의 위치 너머에 완벽 기준을 세우는 것은 이상과 현실 간의 큰 격차를 유지시키게 된다. 1유형은 부단히 이 깊은 틈을 넘으려 시도한다. 하지만 이들의 패러다임이 이미 이들이 닿을 수 없는 위치에 기준을 두었기 때문에, 이들은 계속해서 기준에 미치지 못하고 자신에 대한 좌절과 실망만을 느끼게 된다. 그래서 이들의 패러다임은 1유형의 분노를 자극하게 된다.

그렇게 분노는 이들에게 더 나은, 더 완벽한 모습이 되기 위해 더 열심히 노력하라고 부추기게 된다. 하지만 이 패러다임은 항상 이들이 닿지 못할 바로 앞에 당근을 두기 때문에, 더 열심히 노력할수록 1유형은 더 좌절을 느끼게 된다. 그렇게 1유형은 더 많은 에너지를 쓰고, 더 많은 시간을 들이며, 더 화가 나게 된다.

1유형은 자신이 생각하기에 그 상황이 돌아가야 하는 모습과 실제 상황의 모습 간에 일어나는 불일치를 즉시 알아차린다. 이 판단은 재빠르게 분노로 이동한다. 현실이 제 모습대로 돌아가지 않는 것은 옳지 않은 것이다. 이건 최선의 상황이 아니다. 그렇게 1유형은 자신도, 다른 사람들도 제대로 된 모습이 아니며, 하나님도 그다지 완벽하지 않다고 생각한다.

또한 1유형은 선한 사람이 되고 세상을 더 나은 곳으로 만들기 위해 그렇게 노력하는데도 더 만족감을 느끼고 자신을 더 좋게 여기게 되지 않는다는 것은 어쩐지 불공평한 일이다.

1유형이 만족감을 느끼지 않는 이유는 이들의 모든 노력과 분노가 참자기에게 어떤 도움도 되지 않기 때문이다. 기대와 분투, 분노는 자아를 크게 키우는 것과 관련 있는 모습이다. 이런 노력들은 모두 참자기나 본질과 연결되지 않으며, 이에 따라 자기에게도 선함이 생기지 않게 되는 것이다.

분노에는 현실 기반 분노와 자아 기반의 분노가 있다. 참자기로부터 나오는 현실 기반 분노는 자기를 돕고 지키기 위해 생성된 것이다. 진정한 자기의 노력이 간섭받거나 자기 경계가 침범당할 때, 이러한 불만스러운 또는 침입하는 대상들을 없애기 위해 분노가 일어나게 된다.

거짓 성격과 그 패러다임으로부터 생성되는 분노는 단순히 완벽주의를 유지시켜 준다. 모순적이게도 이러한 분노는 사실상 자기를 보호받지 못하는 무방비 상태에 두거나, 심지어는 더한 공격을 유발하기도 한다. 1유형이 자기 주변을 끊임없이 비판할 때, 이들은 감사하는 반응보다는 짜증난 대답을 유발시키기 더 쉽다. 1유형은 다른 사람들이 잘못되었다고 지적하지만, 지적당한 사람들은 1유형이 잘못된 것이라며 응수한다.

또는 이들의 분노는 참자기에게로 향하여 충분히 선하지 않은 것에 대한 비판과 처벌을 할 수도 있다. 본래의 분노가 즉흥적이었던 어린아이에게 향했었던 것처럼 말이다.

게슈탈트 심리요법의 창시자인 프리츠 펄스는 분노를 꽉 물고 있는 상태로 묘사했다. 화는 마치 당신의 다리를 물고 놔주지 않는 개처럼 놓아주지 않는다. 1유형의 강박은 누그러지지 않고 계속 짖으며 비판하는 퉁명스러운 개로 비유되어 왔다. 화를 없애는 방법은 그 대상을 내내 물도록 해서 그 화가 완전하고 깔끔하게 표출되도록 하거나, 입을 벌려서 화를 내보내는 것이다. 그냥 내뱉고 잊어버리는 것이다.

불행하게도 1유형은 놓아주는 것과 잊는 것을 힘들어한다. 이들은 자신의 화에 대해 양면적인 태도를 갖고 있기 때문에 이를 인정하고, 거리낌 없이 분명하게 표현하는 것을 망설인다. 자신의 공정함과 올바름에 대한 의식 때문에 이들은 부당한 행위가 처벌받지 않은 채로 두는 것을 싫어한다. 만약 자신이나 다른 사람이 옳지 않다면 이들은 그에 따른 결과를 경험해야 한다. 잘못된 사람은 자신의 실수에 대한 책임을 물어야 하며, 너무 일찍 용서받음으로써 책임에서 벗어나게 되어서는 안 된다. 공정함과 정의는 응징을 강력히 묻는다.

그 결과로 1유형은 엄청난 양의 부글거리는 화를 붙든 채로 남겨지게 된다. 이러한 분노는 몸의 근육계통에 굳어져서 뭉친 어깨와 팔다리, 턱 등 화를 견디는 자리에는 어디든 뭉친 상태를 만성적으로 경험하게 된다.

또한 1유형은 자신 또는 다른 사람의 기대에 부응해 살지 못한다는 죄책감의 형태로 화와 분함을 경험하기도 한다. 아마 이들이 그 죄책감 아래에서 정말로 느끼는 것은 자신에게 이러한 의무 또는 기대를 부과하고 있는 사람들에 대한 분노일 것이다. 이들은 자신의 화를 직접적으로 다른 사람에게 표출하는 것을 허용하지 않기 때문에, 이 화는 자기에게로 돌려지게 되며 이는 다른 사람들의 기대를 충족시키지 못한 것에 대한 죄책감으로 경험된다. 이러한 방어적인 과정을 지칭하는 용어는 반전이다. 근원적인 분노와 연결되고 이를 인정하며 이를 화로써 깔끔하게 표출하는 것은 종종 죄책감을 사라지게 한다.

이렇듯 1유형이 자신 또는 남의 기대에 미치지 못한다는 이유로 죄책감을 느낄 때에는, 다른 사람들에게 자신을 향해 거는 그들의 기대가 억울하며 그 기대에 맞춰 살지 않겠다고 말하기도 한다. 죄책감과 의무가 사라지면 이들은 자신의 내적 욕망과 바람들을 더 자유롭게 따르게 된다.

1유형의 또 다른 분노의 근원은 자신의 이상화다. 이들에게는 좌절과 부적당함과 화의 감정만으로 이어지는 자신을 위한 이룰 수 없는 이상을 계속해서 붙드는 것 대신, 좀 더 현실적인 목표 설정을 실천하는 것이 더 바람직할 것으로 보인다. 이런 목표 설정은 재미없고 이들의 포부에 비해 무가치하게 보일 것임에는 틀림없지만, 성취할 수 있고 그렇기에 만족과 유능함, 자족감으로 이어진다는 장점이 있다.

1유형의 이상들은 종종 측정할 수 없고, 구체적이지 않으며, 시간에 얽매이지 않고, 현실적이지 않으며, 심지어는 자기 자신의 것이 아니다. 이들은 '나는 선하고 싶어, 공정하고 싶어, 완벽하고 싶어'와 같은 추상적이고 모호한 용어 속에 갇혀 있다. 그에 따라 1유형은 자신의 야망에 도달했는지 절대로 확신할 수 없게 된다. 당신이 선한지 어떻게 알 수 있는가? 어떤 것이 선한 것인가? 아니면 어느 영역에서 선하다는 것인가?

만약 자신의 목표를 달성할 수 있고 측정할 수 있으며 행동적이고 시간 제한이 있는 상태로 설정한다면, 1유형은 목표의 달성 여부와 달성되는 때를 알 수 있을 것이다. '나는 좋은 배우자, 좋은 선생님 또는 좋은 사람이 되고 싶어.'와 같은 다짐은 행동적인 목표와 실행 준비가 된 정의로 구상될 필요가 있다. 예를 들면, 이런 것이다. '나는 학생들의 과제를 10일 안에 처리해서 돌려주고, 있는 자료를 기반으로 한 피드백을 줄 때 나를 충분히 좋은 선생님이라고 여긴다.'

목표가 이런 형식으로 설정된다면 1유형은 목표 달성 여부를 알게 되고, 자신이 착수한 일을 달성했다는 것에 대해 좋은 기분을 느낄 수 있다. 그리고 나면 이들은 도달할 수 있고 앞으로 계속해서 나아갈 수 있는 또 다른 목표를 구상할 수 있다. 이는 자존감을 높여 주며, 우리의 정신으로 하여금 이뤄질 수 없는 추상적인 이상을 실현하기 위해 분투하라고 요구함으로써 압박하는 대신, 체계에 견고함과 강함을 구축해 준다.

도식 회피

1유형은 완벽하지 않고 충분히 선하지 않다는 자신의 부적응적 도식을 회피한다. 이들은 자신의 결함과 잘못들을 드러나게 해서 다른 사람들로부터 오는 공격에 취약하게 만든다고 믿는 그와 관련된 생각, 감정, 행동, 상황들을 피함으로써 이 도식이 활성화되는 것을 회피한다. 1유형은 일을 실행하기 전에 수많은 예행연습을 거친다. 즉흥성은 실수로 이어질 수 있으므로 억눌려진다. 애매한 대상은 흑백으로 양분화된다. 자신의 받아들일 수 없는 부분들을 다른 사람들에게 투사하는 것 또한 1유형이 고통스러운 초기 취약점과 도식을 회피하는 또 다른 방법이다.

회피 영역

Part I에서 우리는 각 유형의 회피 영역은 이상화된 자아상의 그림자 측면이라는 점을 살펴보았다. 자신의 자아상에 맞는 것은 **자신** 또는 **좋은** 자신으로 여겨진다. 이런 모습들은 우리가 동일시하는 자신의 측면들이다. 자신의 자아상에 맞지 않는 것은 **자신이 아니거나(내가 아님) 나쁜** 자신이다. 이들은 우리가 동일시하지 않는 자신의 측면들이다. 우리는 어린 시절, 안정된 정체성을 발달시키고 유지하는 하나의 방법이자 자존감을 유지하는 하나의 방법으로 이러한 일종의 자기 분리를 한다. 만약 우리의 어른으로서의 자기 개념이 편협하고 완고한 상태로 남아 있다면, 우리는 이와 같은 분리를 계속하게 된다. 자기 분리의 좋은 점은, 자기 가치감을 부분적으로 유지해 주는 기제의 역할을 한다는 것이다. 나쁜 점은, 우리는 자기 개념으로부터 자신의 일부분들을 배제시킴으로써 에너지와 강점의 잠재적으로 풍부한 자원들을 잃을 수도 있다는 것이다. 그렇게 우리는 다면적이고 풍부한 다양한 사람이 되는 대신 1차원적인 나무판자 모형처럼 되고 만다.

우리의 자아상에 맞지 않는 것은 위협적이며 해롭고, 심지어는 우리의 자기 가치감과 다른 사람들과의 관계까지 파괴하는 모습으로 보일 수 있다. 그렇기에 우리는 받아들일 수 없는 내가 아닌 측면들을 무의식 속으로 추방시키거나, 자신의 안 좋은 모습들을 다른 사람들에게 투사함으로써 이런 측면들을 버려야 하게 된다.

　1유형은 자신의 내적 비평가를 주위 사람들에게 투사하고는 사람들이 자신을 비판한다고 여긴다. 그렇기에 1유형은 집단에게 무언가를 말하기가 어렵게 느껴진다고 말하곤 한다. 왜냐하면 집단 내 청중들 사이에는 너무 많은 비평가가 있고 1유형은 이들이 앞으로 낼 반대 의견들에 일일이 대답할 수 없기 때문이다. 1유형의 패러다임은 비난을 기대하기 때문에, 이들의 왜곡하는 렌즈는 종종 실재하지 않는 책망과 비난을 감지하곤 한다. 또한 이러한 비판을 예상하는 모습은 1유형으로 하여금 긴장하고 복부에 힘을 주게 만드는 데 한 몫을 하며, 이들의 분노를 더욱 부추긴다.

　1유형은 자신이 올바르고 강직하다는 자아상을 유지하고 싶어 하기 때문에, 이들이 지닌 도덕적 결함, 불완전함, 나쁜 습관들의 일부는 다른 사람들에게 투사된다. 이에 따라 우리는 잘못되고, 게으르며, 아무 짝에도 쓸모없는 죄인인 것이며, 자기 자신과 남들에게 모두 혹독한 상사의 모습으로 알려져 왔던 1유형에 의해 정상화되어야만 하는 것이다. **투사적 동일시**의 이러한 방어적 책략은 **투사**의 정도를 넘어서므로, 1유형은 단순히 쓰레기를 다른 사람들에게 버리기만 하는 것이 아니라 그 쓰레기를 적극적으로 치우고 쓰레기통 안에서 이를 처리까지 한다. 그래서 1유형 선생님들은 학생들의 철자가 맞을 때까지 방과 후에도 학생들을 남겨 두며, 1유형 설교자들은 죄인들이 올바른 경로에 서도록 이들을 개심시키고, 1유형 부모들은 자녀들이 적절한 예의를 배우도록 이들을 교정하는 것이다.

　1유형은 자기 자신의 충동을 받아들이는 것에도 어려움을 겪기 때문에, 이들의 성적 태도와 공격성은 종종 다른 사람들에게 투사된다. 그렇게 해야 1유형은 옳은 모습으로 남아 있을 수 있고 심지어는 더 나아가 금욕적인 모습으로 올라갈 수도 있기 때문이다.

　1유형의 특징적인 회피 영역이면서도 동시에 악덕이기도 한 모습은 화다.

　화는 완벽함과 양립할 수 없기 때문에 '좋은 소년' '좋은 소녀'는 화를 내서는 안 된다. 그렇기에 1유형은 자신 아래에 흐르고 있는 화와 분노를 억누르거나 숨겨야 한다.

　회피 영역과 연결되거나 단절되는 데에는 정도가 있는데, 이 경우 그 영역은 화다. 일부 1유형은 자신이 화가 났다는 것을 그야말로 인지하지 못한다. 당신이 이들에게 그 사실을 지적해도, 이들은 이를 부인할 것이다. 일부 1유형들은 자신의 화에 대해 꽤 인지하고 있지만, 받아들여지지 않을까 봐 혹은 인정받지 못할까 봐 두려워서 이를 표출하거나

표 10-1 1유형의 자아도식

나	반동형성	내가 아님
선함(매우)		나쁨
올곧음		음란함
도덕적임		비도덕적임
원칙을 지킴		범법자
정직함		부정직함
높은 기준		평범함(보통 수준)
청렴함		겉치레
열성적임		무신경함
열심히 일함		게으름
진지함		장난기 많음
책임감 있음		무책임함
끈기 있음		변덕스러움
정확함		부정확함
꼼꼼함		엉성함
헌신적임		무관심함
냉철함		경박함
신중함		부주의함
비판적임		관대함
양심적임		무성의함
시간을 어기지 않음		더딤
분투함		목적 없음
옳음		맞지 않음
올바름		잘못됨
치열함		여유로움
이타적임		이기적임
엄격함		너그러움
분별력 있음		무분별함
정돈됨		무질서함
성실함		진실되지 못함
개선시키는 사람		현실에 안주함(자족적임)

다른 사람들에게 보여 주고 싶지 않아 한다.

1유형은 내가 아님과 연관 짓는 자신의 화와 다른 특성들을 회피함으로써 자신의 부적응적 도식을 유지한다. 이들은 자신의 악덕과 절대 대면하지 않거나, 자신의 두려움과 추정에 도전하지 않음으로써 이 도식을 유지한다.

〈표 10-1〉은 1유형의 완벽주의자 도식과 자아 친화적인 '나' 특성들이다. 이 목록 옆에는 1유형이 자기와 탈동일시하며, 자아 비친화적인 또는 '내가 아님'이 되는 특성들이 대조되어 있다.

1유형이 자신의 '내가 아님' 특성을 다른 사람들에게 투사할 때, 이들은 자신이 우리 같이 어지럽고 게으르며 무책임하고 원칙이 없는 느림보들에게 둘러싸여 있다고 생각하게 된다. 그렇게 1유형은 우리를 정리하고 통솔하고 정렬시키느라 아주 바쁘게 애를 쓰며 고생한다. 또한 이들이 통제를 유지해야 하고, 분위기를 누그러뜨리거나 우리에게 일을 맡길 수 없는 것은 당연하다. 당신이라면 목적 없고 부주의하며 변덕스럽고 무성의한 게으름뱅이들에게 세상을 넘기겠는가? 난 그렇게 생각하지 않는다. 이런 이유 때문에 1유형은 우리의 안주함을 대신하기 위해 초과근무를 하는 것이다. 그리고 이렇게 우리가 맡은 부분을 하지 않기 때문에 이들이 항상 화나고 분해하는 것이다.

1유형은 자신의 그림자 영역과 친하게 지내며, 어지럽고 게으르며 무책임한 모습의 좋은 점을 발견할 필요가 있다. 혹은 어쩌면 이러한 모습들을 즉흥적이고 여유로우며 뜻밖의 즐거움으로 다시 구성할 필요가 있다. 이들 안의 장난기 많은 작은 쾌락주의자가 이들에게 줄 수 있는 것은 무엇일까? 아마 삶에 대한 어느 정도의 재미와 즐김일 것이다. 그렇다면 원리적인 사람은 줄 수 없지만 무절조한 사람은 줄 수 있는 것은 무엇일까? 바로 해야 하는 것 대신 자신이 원하는 것을 할 수 있다는 것이다!

1유형은 녹 아래에 있는 쇠를 찾기 위해 또는 흙 속의 금을 찾기 위해 또는 쓸데없는 것 안에서 중요한 것을 찾기 위해 '내가 아님' 목록에 있는 특성들을 재구성할 필요가 있다. 자신의 '내가 아님' 특성에 계속해서 나쁜 평판을 주는 한, 이들은 이런 특성을 가까이 하고 싶지 않을 것이다. 누가 그러고 싶겠는가? 만약 자신의 '내가 아님' 특성이 자기 전체에 가져오는 긍정적인 목적을 찾을 수 있다면 이들은 이러한 특성들을 자기감에 더 기꺼이 받아들이고 통합하려 할 것이다.

또한 1유형은 헤겔 변증법을 연습해 볼 수도 있다. 이들의 '나' 특성은 이들의 논지를 의미하며, '내가 아님' 특성은 이들의 대립을 상징한다. 이들을 창의적으로 결합하면 이들의 **종합**을 얻게 된다. 이렇게 1유형은 한 걸음 뒤로 물러서서 자신의 양분된 딜레마로부터 약간의 거리를 두고, 자신의 양극성이 지닌 두 측면을 모두 포함하게 될 자기 개념을 찾아내야 한다. 예를 들면, 1유형은 자신을 '진지하게 놀기 좋아하는 사람' 또는 '장난스럽게 진지한 사람'으로 생각할 수 있다. 아니면 자신을 '분별하는 사람'으로 여기어 이로 하여금 자신이 안목 있으면서도 동시에 받아들이는 사람으로 만들기도 한다. 아니면 자신을 융통성 있으면서도 군건한 사람이 되게 하는 '흐름에 따르면서도 올곧은 사람' 또는 '자유자재이면서도 정밀한 사람'의 성격으로 여기기도 한다.

여기서 요령은 양극성의 두 부분 모두를 고수하고 두 에너지가 창조적인 종합 속으로 흐르도록 조장하는 것이다. 에난티오드로미아(Enantiodromia)는 융이 자연 속에서 발견하여 성격에 적용한 원칙이다. 이는 상황이 그 반대되는 것으로 흐르는 과정을 말한다. 뜨거운 접시를 차가운 접시 옆에 두면, 그 둘은 결국 따뜻해진다. 위에 있는 물은 중간 깊이에 다다를 때까지 아래에 있는 물로 흐른다. 이는 최근 뉴올리언스에서의 범람에서 입증되기도 했다. 또한 무언가를 그것의 극단으로까지 밀어붙이면 그것은 정반대로 흐르게 된다. 이렇듯 당신이 굉장히 선해질 수 있으면(옳은 모습) 굉장히 나빠질 수도 있다(독선적인 모습). 또는 만약 당신의 엉성함을 극단으로 밀어붙이면, 당신은 질서를 얻게 된다. 이것이 혼돈 이론이다. 바위들이 해안가를 따라 정교하게 층을 이루고 배치되어 있는 모습은 무작위의 바람과 파도가 만들어 낸 것이다.

우리는 '패러다임 변화' 장에서, 1유형은 자신 안에 있는 7유형과 4유형의 적응적인 특성에 접근할 때 정신을 균형 잡기 위해 자연스럽게 이동한다는 것을 볼 수 있다. 이러한 특성들 중 많은 부분이 '내가 아님'의 기괴한 모습들 아래에 숨겨져 있다는 것은 역설적인 점이다. 1유형은 이들을 왜곡하기 때문에 이들에게 접근하고 싶지 않아 한다. 예를 들어, 1유형이 부주의하고 무책임하며 경박하다고 부르는 특성은 7유형의 걱정 없고 즉흥적이며 어린아이 같은 특성일 수 있는 것이다. 혹은 1유형이 변덕스럽고 부정확하며 법을 어기는 모습으로 여기는 것은 4유형의 흐르는 감정, 직관 그리고 관습으로부터 자유로운 모습의 특성일 수 있는 것이다.

1유형은 자기 자신에 대해 더욱 폭과 깊이를 지니기 위해 자신의 '내가 아님' 차원을 다시 바라볼 필요가 있다.

방어기제

방어기제는 허용할 수 없는 것 또는 '내가 아님' 특성들이 허용되는 것 또는 '나' 특성들에 접근하고 이를 오염시키는 것으로부터 막기 위한 완충 장치 역할을 한다. 방어물은 이상화된 자아상과 회피된 성격의 요소들 사이에 자리한다. 방어물의 임무는 우리가 금기시하는 부분들을 억제하거나 숨기는 것이다. 우리의 이러한 달갑지 않은 측면들이 의식으로 접근하려 할 때마다 우리는 긴장하게 되고, 이 긴장은 우리로부터 분리당한 불쾌한 요소들을 차단하는 방어기제를 유발하게 된다.

1유형이 자주 사용하는 방어기제는 **반동 형성**이다. 이는 우리가 해야만 한다는 압박을 받는 것들의 반대로 행동하는 방어적인 과정이다. 우리는 일부 허용할 수 없는 충동들을 억누르고 이들을 의식적으로 알아차리며 그 반대로 행한다. 예를 들어, 만약 당신은 누군가를 안아 주고 싶은 마음이 들지만 애정을 보이기 불편하다면 그 사람에게로 가서 주먹으로 한 대 때리게 되는 것이다. 남성들은 이러한 이상한 행동 형태에 꽤 능숙하다. 득점을 하고 나서 동료 선수들을 난폭하게 다루는 운동선수들만 봐도 알 수 있다. 또는 만약 당신이 누군가를 때리고 싶지만 그것이 바람직하지 않게 보일 때, 당신은 그 사람을 안아 준 뒤 지나친 친절로 화를 입히려 할 수도 있다. 또는 만약 당신은 운동하고 싶어질 때 그 유혹이 지나갈 때까지 누워 있을 수 있다.

우리는 1유형이 자신의 공격적 · 성적 충동을 불편해하는 경향이 있다는 점을 알게 되었다. 자신의 성적 감정에 대한 반응으로, 1유형은 도덕적이고 금욕주의적이며 훈련된 모습이 될 수 있다. 이들은 음란물이나 동성애에 반대하는 운동을 격렬하게 벌일 수도 있다. 과한 반응이 일어난다는 것은 어느 정도의 반동 형성이 일어나고 있다는 점을 의심해 볼 수 있다. 1유형은 자신의 더러움을 세상으로 쓸어 넣어 버리고는 나가서 그것을 치운다. 이들은 종종 자신을 더러운 것에 대항하여 우주적 전쟁을 계속하며 (자신의 기준에 따라) 세상을 더 살기 좋은 곳으로 만들기 위해 운동을 벌이는 백기사라고 여기며 드러낸다. 1유형은 강박적이고 공상적인 사회개혁가가 될 수 있다.

만약 자신의 공격적인 충동을 불편하게 느낀다면 다른 이름으로 부를 수도 있다. 예를 들면, 이러한 충동을 자신의 '옳은 분노' 또는 '사회적 불평등에 대한 격노' 또는 '신성한 분노'로 부를 수 있다. 대체와 승화는 우리의 부적절한 충동들을 숨기고 허용되게 만드는 방법들이다. 즉, 사회적 불평등에 대항하는 운동을 벌임으로써 우리의 화를 사회적으로 허용되는 방식으로 표출할 수 있다는 말이다. 우리는 환경을 오염시키거나 불안전한 차량을 만드는 회사들에 도전할 수도 있다. 우리는 모든 부정함을 제거하기 위한 신성한 전쟁 또는 성전을 계속하며 그 안에서 우리의 분노의 불쾌한 부분들을 제거 또는 심지어는 정화시키게 된다.

1유형이 지나치게 금욕주의적이거나 도덕적인 모습이 되어 가는 자신의 모습을 발견할 때나 마스터베이션을 하고 있는 모습을 볼 때, 이들은 자신이 지닌 일부 완벽하게 자연스러운 인간적인 욕망, 충동, 반응, 쾌락들을 부인할 수도 있다.

통제는 1유형에게 만연한 문제가 될 수 있다. 이들은 혼돈에 질서를 부과해야 한다. 그렇기에 이들은 자신과 다른 사람들, 사건 등을 통제하려 한다. 이들은 만약 자신의 자연스러운 성향이 자신을 자유롭게 다스리도록 둔다면 대혼란이 일어날 것이라는 두려움을 갖고 있다. 그렇지만 실상은, 무질서는 거짓된 성격과 과도한 통제에서 오는 것이다. 예를 들면, 절대적인 통제를 유지하려 하는 강박성 성격장애는 실제로는 통제를 벗어난 상황을 불러오게 된다. 이는 '상황은 그 반대로 흐른다.'라는 융의 관찰을 확인해 준다.

만약 우리가 자신의 본질, 진짜 욕망과 바람을 따른다면 이들은 우리를 진실함, 전체성, 건강, 성취 그리고 자기 초월로 이끌 것이다.

주요 취약점

1유형의 주요 취약점이자 이들이 가장 민감한 대인관계 과정은 비난받는 것이다. 잘못한 모습은 마음을 아프게 하며, 수치스럽고, 위협적이며, 해를 입히고, 1유형이 가장 벗어나고 싶은 고통이다. 비난받는 것과 이를 따라오는 상처 그리고 잠재적인 거절을 회피하는 것은 1유형의 거짓 성격의 존재 이유다.

1유형은 잘못된 모습이 되는 것만큼이나 부당한 대우를 받는 것에도 꽤 민감하다. 이들의 패러다임은 다른 사람이나 자신을 향한 모든 종류의 부당함을 살피며, 이들의 렌즈는 이런 모습들로 곧장 향해 간다.

이러한 취약점 영역이 건드려졌을 때, 1유형의 부적응적 도식이 유발된다.

'난 충분히 선한 모습이 절대 될 수 없어.'

'나는 완벽하지 않아.'

'나는 잘못됐어.'

'나는 최악이야.'

'난 자격이 없어.'

'난 반드시 열심히 일해야만 해.'

'상황이나 일이 쉽다면 그건 가치 있지 않아.'

'과정은 나빠. 완벽한 결과만이 선해.'

그리고 1유형의 자기에서 자신은 옳거나 충분히 선하지 않다는 의심이 표면으로 떠오르게 되면, 이 두려움은 이들의 보상, 유지, 회피 도식을 활성화시키게 된다.

만약 1유형 내면의 검열관이 자신이 잘못되었다는 판단을 받을 것이라고 감지하게 되면, 이들이 지닌 방어 책략들의 집합이 행동으로 옮겨지게 된다. '나는 옳다'라는 1유형의 이상화된 자아상 현수막이 당신 얼굴 앞에 펼쳐져 펄럭이게 되며, 자신의 활력을 돋우고 자존심으로 가는 문을 지키기 위해 이들의 정당한 화와 분노가 두각을 드러내고 중심에 자리 잡게 된다. 또한 자신이 옳은 일을 하는 것이며 자신은 옳고 당신은 틀렸다는 것을 보장하기 위해, 1유형은 반동형성의 방어기제를 사용한다. 이들은 자신의 옆 측면을 가려서 보호하며, 허용할 수 없는 결점들이 자신의 의식 영역으로 들어오지 않도록 차단한다. 만약 개인적인 결함이 나타나게 되면 이들은 꼼꼼하게 이를 다루고 교정한다.

우리는 우리의 주요 취약점이 뚫리는 때와 최소한의 도발로 전쟁을 위해 동원하는 때를 알고 있다.

최고치의 위협이 느껴졌을 때, 1유형은 자아에 의해 울리는 '적색경보'에서 벗어나 자신의 본질로 들어올 필요가 있다. 이들은 현시점의 진정한 자기의 중심에 머무르며, 비판적인 판단 방식에서 자각하고 분별하는 방식으로 바뀌고, 여유를 갖고 평화로운 상태를 유지할 것을 자신에게 상기시켜야 한다. 이러한 객관적인 풍부한 자원 상태에 있을 때 이들은 자신의 주요 취약점을 돌볼 명확한 관점과 다양한 선택권을 가질 수 있게 된다. 부족한 자원 상태, 스트레스 상태, 주관적인 상태를 기반으로 행동하는 것은 자신의 상처받은 내면아이를 지키기 위해 왜곡된 관점과 제한된 감정적·행동적 반응을 준다.

1유형은 자신이 진정으로 필요로 하고 원하는 것은 자기 자신으로서 받아들여지고 자신의 모든 것이 허용되는 것과, 자신에게 만족하는 것 그리고 존중받고 사랑하는 것임을 기억해야 한다. 주관적인 패러다임과 왜곡하는 렌즈는 이들을 안전하게 비난으로부터 지켜 주지만, 자신의 이러한 깊은 욕망들을 꼭 충족시켜 주지는 않는다. 역설적이게도 1유형의 분노하는 '나는 옳다' 접근법은 자신의 진정한 욕구가 충족되는 것을 방해하고, 심지어는 자신이 가장 두려워하는 대상인 비판과 거절을 불러오기도 한다. 1유형이 자신의 옳음을 선언할수록, 사람들은 이들의 잘못을 더욱 무차별적으로 사격한다.

성장 과정

아리스토텔레스가 얘기했듯, 모든 인간은 자신이 보기에 좋은 것을 추구하도록 자극 받는다. 1유형은 철학적·기질적으로 선함을 갈망하고 가치 있게 여기는 경향이 있다. 1유형이 충분히 좋은 환경에 있을 때, 이 자연스러운 선호 경향은 이들로 하여금 탁월성을 인정하고 자신의 모든 잠재력을 진정으로 깨닫기 원하는 건강하게 기능하는 사람으로 이끈다.

자기 자신으로서 칭찬받는 것 대신 특정 방식의 되어야 한다는 요구를 받는 아이의 입장에서 공감적이지 않은 환경에 처해 있을 때, 선함을 매우 좋아하는 이 경향은 이렇게 인정해 주지 않는 환경에서 적응하고 살아남는 하나의 방식으로서 완벽주의를 선호하는 경향으로 과장되어 형성된다.

1유형은 선한 모습과 옳은 일을 하는 것에 대해서는 보상을 받고, 나쁜 모습과 옳지 않은 일을 하는 것에 대해서는 처벌받아 왔다. 선함과 나쁨은 이들의 선호도와는 상관없이 이들의 보호자에 의해 부과된 기준과 규칙에 관련된 것이다. 그렇게 1유형은 옳은 행동에 대한 이러한 기준들을 자기 것으로 받아들이고 대사 작용을 하며, 이러한 의무에 따라 자신을 다스리기 시작한다. 이제 이 기준들은 자신의 엄격한 초자아 속에 자리하고 있기 때문에, 1유형은 자신이 이런 규칙들을 정말로 따르고 도달하기를 원한다고 여기게 된다. 이들은 자신의 의무들이 내면으로부터 온다고 자신을 납득시키게 된다. 그렇지만 사실은 이러한 의무들은 내면화되는 외적 규범들이다. 1유형은 평가의 외적 소재를 내적 소재인 것으로 혼동한다.

좋은 소년 또는 소녀가 되는 것은 삶이자 자기 구원이 되었다. 만약 1유형에게 사람이 어떻게 이러한 잡아먹고 잡아먹히는 세상에서 살아남는지를 묻는다면, 그들은 "선해지면 돼."라고 대답할 것이다. 완벽해진다면 아무도 나를 비난할 수 없게 되는 것이다. 만약 내가 옳고 모든 것을 옳게 한다면, 사람들은 나를 받아들이고 존경할 것이다.

1유형은 자신의 기준이 다른 사람들보다 높으면 훌륭한 사람이 될 것이며, 주목받고 받아들여질 것이라고 믿게 되었다. 그래서 이들의 이상과 포부는 그 범위가 편협하지 않고 장대하다. 이들은 단지 주위 사람만이 아니라 세상을 구하고 싶어 한다. 중간 수준에 있다면 당신은 보잘것없는 사람인 것이다. 연극 〈아마데우스〉에서 작곡가인 살리에리가 모차르트의 천재성에 대조되는 자신의 평범함을 애통해하며 불평하는 것만 봐도 알 수 있다.

또한 1유형은 과도한 성취가가 되고, 좋은 성적을 받아 오고, 학교에서 좋은 학생이 됨으로써 사회적 허용과 그에 따른 자신에 대한 만족감을 얻게 되었을 수도 있다.

1유형은 꽤 자주 어린 나이에 책임감이 주어지거나 그런 모습을 기대받는다. 이들은 일찍 성장해서 (가령 6살 정도의 나이에 말이다) 형제자매의 부모 역할 또는 보호자 역할을 해 주기를 기대받는다. 그리고 때로는 부모 자체를 돌봐 주기를 바라기도 한다. 그 결과 1유형은 어린 시절이나 청소년기 시절을 제대로 겪지 못했을 수 있다. 1유형은 자신의 내면아이가 보낼 수 있는 소소한 즐거움을 되찾고 발전시키며 조장할 필요가 있다. 불행히도 이들은 어른이 되고 나서도 자신에게 즐길 시간을 잘 주지 않는다. 왜냐하면 이들에게는 세상이 돌아가게 해야 하는 책임이 있기 때문이다.

1유형은 종종 가족의 첫째이거나 동생이 있다. 이들은 형제자매를 도와주고 어린 동생들에게 모범을 보여야 한다고 요구받는다. 그렇지만 막내라고 해서 1유형이 되지 않는다는 것은 아니다.

내가 비공식적으로 실시해 온 설문에서는 출생 순서와 에니어그램 유형 간 또는 부모의 유형과 아이들의 유형 간의 어떠한 최종적인 상관관계도 찾을 수 없었다. 기질과 성격적 선호도는 유전자 주사위에 의해 무작위로 결정되는 것으로 보이며, 그에 따라 개인의 성격 유형은 기질과 가족 내의 위치 간의 상호작용에 따라 추후에 더 형성되는 듯하다.

자신을 통제하게 되는 것은 수많은 1유형의 초기 발달시기에서 중요하다. 자기 훈련, 완료되어야 하는 것을 하는 것 그리고 자신의 감정을 억누르는 것은 초기 발달시기에 처벌을 피하기 위한 중요한 방법들이었다.

그렇게 1유형은 자신에게 부과된 외적 기준들을 내면화하기로 선택하고, 8유형의 접근법에 더 적합할 듯한 나쁜 소년 또는 소녀가 되어 이에 저항하는 대신 이 기준들을 자기 것으로 받아들이게 된다.

의무를 받아들이는 것은 1유형을 생존하도록 도와주었지만, 분노 또한 낳았다. 다른 모든 사람처럼 1유형도 다른 사람들과 자신의 엄격한 양심에 의해 주어지는 규제들에 대해 분하게 느낀다. 1유형은 자유주의자들, 자신의 충동과 감정이 완전히 자기를 다스리도록 하는 사람들(대부분 사회의 손해로 여겨짐)만큼이나 게으르고 잘 쉬며 일을 뛰어나게 하지 않는 사람들에 대해서도 분개한다.

신체적 특징

강박적인 1유형은 긴장된 상태다. 이들은 자신의 내적·외적 비판자에 맞서 더 팽팽해지며 선해지려고 애쓴다. 이들은 입에 재갈이 물린 채로 자신의 의무를 다하며, 종종 분노와 분투로 인한 턱의 긴장을 경험한다. 1유형은 흔히 각진 옆모습에 날카로운 이목구비를 지니고 있다. 이들의 움직임은 분명하고 급작스러우며 정확하고 완벽한 경향을 보인다.

1유형의 목소리에는 화난 느낌의 날카로움이 있으며, 대화 유형에도 날카로움이 있다. 이들의 문법은 보통 정확하며, 그 표현의 정확한 정의와 제대로 된 발음을 찾아보는 습관이 있다. 1유형은 다른 사람의 발음과 문법을 고쳐 줘야 한다고 여긴다.

아리카 전통의 얼굴 분석에서 보면, 1유형은 왼쪽 눈썹 주위에 긴장이 나타나며 이는 1유형이 판단적이거나 화가 난 상태일 때 빈번히 왼쪽 눈썹을 들어 올리는 모습이 된다고 알려져 있다.

의사소통 방식

1유형의 특징적인 의사소통 방식 중 하나는 **지시하고 설교하는** 모습이다. 1유형은 종종 분명하게 때로는 암시적으로 선생님 또는 설교자가 된다. 이들은 다른 사람을 더 나은 상태로 만들고 자신의 완벽성과 깨우친 관점을 공유해야 할 필요를 느끼기 때문에, 사람들에게 일을 올바르게 하는 방식을 설명한다.

이들은 무엇이 옳은지를 알기 때문에 권위적이고 명령조로 말할 수가 있다. 또한 이들은 직선적이고 직접적이며 정직하기를 좋아한다.

1유형은 어째서 자신이 옳은지를 보여 주기 위해 수많은 이유를 들며 따지기를 좋아하는 모습일 수 있다. 이들은 사람들이 자신의 논지를 확실히 이해하기를 바라며, 자신의 입장을 상세하게 설명하면서 지루하고 박식한 체하는 모습이 될 수도 있다. 그래서 1유형의 재능은 정확하고 꼼꼼한 모습에 자리하는 반면, 이들은 세부적인 것들을 바로 잡고 자신의 논지를 정확히 하는 것에 있어서 강박을 느끼는 모습이 될 수 있다. 이런 시점에서 종종 사람들은 흥미와 인내심을 잃고 말을 듣지 않게 된다.

일부 1유형은 마치 내적인 질문, 이의, 자격 등에 대답하는 것처럼 고집을 부리기도 한다. 뒤에 간단하게 소개될 자기 보호적 하위유형이 이러한 경향을 보인다.

1유형은 처음에는 독단적인 모습으로 보이지만 후에는 자신이 무슨 말을 했는지에 대해 생각하며, 만약 옳은 일이라고 느끼게 되면 자신의 의견을 바꾸기도 한다. 그러니 1유형이 처음에 보이는 완고한 반응 때문에 포기하지 마라.

이제 1유형이 스트레스 상황이나 최적화된 상황을 맞닥뜨릴 때 그리고 자신에게 인접한 두 날개 유형의 패러다임과 렌즈를 활용할 때 겪을 수 있는 패러다임 변화와 렌즈 적용에 대해 살펴보자.

패러다임 변화

일반적으로 우리는 자신에게 가장 익숙한 렌즈를 통해 세상을 바라본다. 다르게 말하자면, 우리는 자신에게 가장 능숙하고, 잘 맞으며, 익숙한 패러다임을 사용한다. 즉, 이 패러다임은 우리가 사용하고 있는 자신의 패러다임을 말하는 것이다. 우리는 자신의 영역에 있어서는 모두 전문가다.

하지만 가끔씩은 우리의 습관적인 패러다임과 접근법으로도 쉽게 다룰 수 없는 문제들이 나타나곤 한다. 이러한 상황에서 우리는 새로운 어려움을 해결하기 위해 우리와는 다른 도식과 규칙, 작용 절차를 지닌 다른 유형의 패러다임으로 변화해야 한다. 만약 이렇게 다른 접근법의 패러다임과 렌즈를 지닐 수 있게 된다면 우리는 추가적인 인지적·감정적·행동적 대처 전략에 접근할 수 있게 된다.

에니어그램 모형은 우리가 스트레스 상황이나 편안한 상황에 있을 때, 다른 성격 패러

	안정적 상태	스트레스 상태
풍부한 자원 상태	+7	+4
부족한 자원 상태	-7	-4

그림 10-1 1유형의 심리적 자원 패러다임 변화

다임으로의 자연스러운 정신적 변화가 일어나기 쉽다고 제시한다.

우리는 무의식적으로 또는 의식적으로 다른 유형의 풍부한 자원 상태 또는 부족한 자원 상태로의 이러한 패러다임 변화에 영향을 미친다. 풍부한 자원 상태는 사건을 바라보는 유용한 대체적인 방식과 함께 상황에 반응하는 더 폭넓은 행동적 기반을 준다. 부족한 자원 상태는 우리의 시야를 더 흐리게 하고, 우리의 관점을 더 편협하게 하며, 우리의 반응의 다양성을 제한한다.

1유형의 패러다임 변화는 [그림 10-1]과 같다.

스트레스 상황

Sheet 10-1 완전욕구의 왜곡렌즈

> 1유형의 왜곡하는 렌즈를 착용하는 것:
> 자신의 낡고 불완전한 렌즈를 사용하는 것

1유형은 늘어난 내적 압박과 외적 요구를 경험할 때, 자신의 오래된 왜곡하는 렌즈로 되돌아가서 변화를 불러오겠다는 희망만 가진 채 옛 행동을 그대로 하는 모습에 처하게 될 수도 있다.

이들은 더한 에너지를 사용하고, 더 열심히 일하며, 더한 노력과 시간을 쓰고, 더 심각하며 엄격하고 단호한 모습이 되며, 자신과 상황에 대해 더 비판적이 되고, 자신의 노력이 효과가 없기 때문에 더 화가 나며, 그에 따라 더 열심히 일하는 이런 모습이 될 수 있다. 이는 마치 차가 회전하려 할 때 브레이크를 더 세게 밟는 모습이다.

Sheet 10-2 독특영역의 왜곡렌즈

> 4유형의 왜곡하는 렌즈를 착용하는 것:
> 다른 사람의 낡고 불완전한 렌즈를 사용하는 것

같은 일을 반복해서 하는 것이 효과가 없으면, 1유형은 자신의 전략을 포기하면서 더 낡은 렌즈와 예비 전략에 의지하게 될 수도 있다. 1유형에게 있어 이는 4유형의 왜곡하는 렌즈를 착용하고 이들의 그다지 유용하지 않은 전략을 사용하는 것을 의미한다.

1유형은 비판적이 될수록 자신에게 화를 더 돌리며, 생산적인 문제해결로 에너지를 돌리는 것 대신 더 우울해지게 된다. 이들은 결국 이렇게 말하는 지점까지 다다르게 되기도 한다. "이게 다 무슨 소용이야. 난 가망 없어. 난 절대로 선해지지 못할 거야." 이들은 자신의 유형만이 지닌 정확함과 꼼꼼함을 포기하게 되면서 상황을 과장하고 감정에 압도당하게 된다. 이는 부적응적인 4유형 전략에서 일어나는 모습이기도 하다. 4유형 전략과 함께 이들은 일어나고 있는 일을 극적으로 각색함으로써 자신의 평범한 경험을 회피한다.

1유형은 자신이 충분히 옳거나 완벽해질 수 없다고 여기게 되면 자존감에 남아 있는 것을 구조하기 위한 하나의 방법으로 자신을 특별하게 느끼는 감정으로 빠지게 된다. 이들은 오해받고, 희생당하며, 이용당했다고 느끼게 될 수도 있다. 이 상태의 1유형은 현실을 직선적인 방식으로 다루기를 포기하고 더 조종하는 모습이 된다.

1유형은 세상을 더 나은 곳으로 만들려는 자신의 노력을 세상이 알아 주지 않기 때문에 기분이 나쁘다. 조치를 취하고 잘못된 것을 고치기 위해 무언가 하지 않는 1유형은 의기소침해지고 움직이지 못하게 된다. 이들은 우울감, 자기 회의, 자기 연민의 수렁에 빠진 자신을 발견하게 된다. 이들은 또한 자신의 이상과 목표에 결코 다다를 수 없다는 절망감과 함께 낙담하게 되고, 자신과 모두를 실망시켰다는 결론을 내린다.

1유형은 심지어는 더한 절대적이고 비극적인 사고를 하게 된다. 우울은 이들이 지닌 더 완벽한 미래에 대한 희망의 가능성을 배제시켜 버린다. 구슬픈 4유형처럼 1유형은 갈망과 그리움 속에 갇히게 된다.

Sheet 10-3 독특영역을 바로잡는 렌즈

4유형의 바로잡는 렌즈를 착용하는 것:
새로운 관점을 얻는 것

괴로운 상황에 놓인 1유형은 4유형의 구원하고 자유롭게 하는 높은 수준 측면을 발견하게 되기도 한다. 4유형 패러다임의 바로잡는 렌즈를 활용하기로 선택할 때, 이들은 자신의 의무와 이상들을 추구하는 것 대신 자신의 진정한 자기를 찾아 나서게 된다. 1유형은 자신의 진짜 선호도, 감정, 바람, 정체성과 연결되고 자신의 외적·내적 기대와는 탈동일시하게 된다.

그렇게 하는 사이에 1유형은 자신의 참자기를 무시했던 과거에 대한 진실한 슬픔(비애 또는 우울과는 상반된다)을 경험하게 될 수도 있다. 비탄의 한 표현인 이 회한은 태도와 행동의 진정한 변화, 즉 회심(metanoia)으로 이어질 수도 있다. 반면, 1유형의 흔한 분함은 더한 화의 표현과 다루기 아주 힘든 수준으로 자신의 오래된 화의 방식을 고수하는 모습으로만 이어지게 할 뿐이다.

여기서 나는 다시 펄스가 분함을 '꽉 물고 있는 상태'로 묘사한 점과 1유형과 연관된 동물 상징인 개가 생각난다. 높은 수준 측면에 있을 때, 개는 1유형이 자신의 헌신과 이상에 가지는 개의 모습과 닮은 충성심의 충직함과 맹렬함을 나타낸다. 낮은 수준 측면에 있을 때 이 개는 1유형의 짧고 분명한 비판과 자신의 입장을 그렇게도 고수하는 모습의 은유를 나타낸다.

분함을 다루는 한 방법은, 펄스가 제시한 대로 붙들고 있는 것 대신 다 표출하는 것이다. 즉, 철저히 그리고 명백하게 자신의 화를 표현하는 것이다. 혹은 입을 벌리고 다 쏟아 내는 것이다. 자기 자신과 남들을 용서하는 것이다. 1유형은 인간은 죄를 범하고 신은 용서한다는 격언을 떠올릴 수도 있다. 회한은 진실한 후회의 눈물이 환멸과 분함의 끈을 해체시키는 또 다른 대안이다.

4유형은 현실의 반대로 행하는 1유형의 경향을 보완하며, 1유형이 더 객관적인 관점을 갖고, 자신의 선호 경향과 감정, 가치 기준을 곰곰이 생각해 보며, 진정한 자기와 연결될 수 있도록 다른 사람들과 상황으로부터 멀어지게 도와준다.

안정적 상황

Sheet 10-4 완전욕구의 바로잡는 렌즈

> 1유형의 바로잡는 렌즈를 착용하는 것:
> 자신의 관점으로 또렷이 보는 것

1유형은 풍부한 자원 상태, 즉 안전하고 안정적으로 느껴지는 상황에 있을 때 명확하게 하는 렌즈와 함께 자신의 유형의 높은 수준 측면으로 더 자유롭게 변화할 수 있게 된다.

이들은 이 상태에서는 자신과 남들을 더 허용하고 용서한다. 비판적이고 결점을 찾아내고 즉각적으로 상황을 바꾸기를 원하는 모습 대신, 1유형은 더 인내심 있고 관대해진다. 이들은 밀밭에서 잡초가 자라도록 허용하면서 자신과 현실의 얼룩덜룩한 모습을 받아들이게 된다.

자신의 미덕을 경험하면서, 이들은 **평안의 기도**를 한다.

신이시여, 제가 변화시킬 수 없는 것들을 받아들일 수 있는 평안을 주시고,

제가 변화시킬 수 있는 것들은 변화시킬 수 있는 용기를 주시며,

그 둘의 차이를 아는 지혜를 주시옵소서.

이런 모습의 1유형이 지닌 범주는 더 유동적이고 덜 엄격하다. 이들은 **양자택일적인 사고**는 덜 하고 **둘 다 고려하는 사고**를 더 한다. 이들은 현실을 과정 중에 있는 것이자 연속체 속에 있는 것이라고 받아들인다.

1유형은 자신의 감정을 돌아보고, 자신이 무엇 때문에 화가 났는지 자문하며, 자신과 남들에 대한 기대가 현실적인지 고려해 보기 위한 시간을 갖는다. 이들은 화난 상태로 남아 있는 것 대신 정직하고 명확하게 자신의 감정을, 특히 화를 표현한다. 또한 창피함을 느끼고, 자신을 억누르며, 금욕주의자로 바뀌는 모습 대신 자신의 성적 감정을 환영하고 인정할 수 있다.

Sheet 10-5 행복영역의 바로잡는 렌즈

> 7유형의 바로잡는 렌즈를 착용하는 것:
> 또 다른 관점을 얻는 것

1유형의 또 다른 풍부한 자원 상태와 세상을 바라보는 방식은 7유형의 높은 수준 측면이다. 이 상태에 있을 때 1유형은 이렇게 말할 수 있다. "난 괜찮아. 그리고 너도 괜찮아. 우리 둘 모두 불완전하다고 해도 말이야." 7유형의 패러다임은 1유형이 더 솔직하고 허용적인 모습이 되도록 도와주며, 이들이 즐길 수 있도록 허락을, 심지어는 권한을 준다.

7유형의 관점은 1유형이 자신과 상황을 덜 심각하게 여기도록 격려한다. 이런 관점에서의 1유형은 자신의 자연스러운 내면아이가 지닌 장난스러운 모습과 연결될 수 있다. 이들은 더 엄격하게 하고 조이는 대신 가볍게 하고 긴장을 풀게 한다. 1유형은 보통 더 무겁고 심각해지는 모습을 돌파구와 연관 짓는다. 하지만 실제로 이런 모습은 그보다는 실패와 붕괴로 이어진다. 휴식을 갖는 것은 종종 창조적인 해결책이다. 문제로부터 벗어나거나 문제를 갖고 노는 것은 흔히 1유형이 문제로부터 떨어질 수 있도록 도와준다. 반면, 더 열심히 일하는 것은 1유형을 더 갇히게 한다. 진창에 빠져 있을 때 이리저리 움직이는 것은 대개 가차 없이 추진해 나가는 것보다 더 스트레스를 준다.

1유형에게 있어서 7유형의 패러다임으로 옮겨 가는 것은 차가 미끄러질 때 브레이크에서 발을 떼는 것과 같다. 이는 자신의 유형을 포기하는 것이라기보다는 또 다른 존재방식을 받아들이는 것이다. 이런 접근법을 취할 때 1유형은 미끄러짐에 대항하는 대신 미끄러짐과 함께 움직인다.

강은 알아서 흐르기 때문에 이들이 그 흐름을 재촉할 필요가 없다. 즉, 과정을 신뢰하면 된다는 것이다. 1유형은 여유를 갖고 놓아줄 때 옳은 길 위에 있게 된다. 이는 긴장하고 고수하며 통제를 유지하려는 1유형의 보통 방식과는 대조적이다.

7유형의 방식은 1유형이 더 즉흥적인 모습이 되는 것을 용이하게 한다. 1유형은 자신과 사건이 스스로 일어나도록 두기 시작한다.

풍부한 자원 상태에 있는 1유형은 자신의 내면아이에게 무엇을 필요로 하고 원하는지 물을 수 있다. 이들은 언제나 해야 하는 일을 하는 것 대신, 바람직하고 즐거운 일을 하는 권한을 갖고 있다.

7유형 렌즈는 옳지 않은 것과 그곳에 없는 것 대신, 자신과 상황 속에 있는 옳은 것을 알아차리도록 1유형의 관심을 돌린다. 1유형은 물컵을 반이나 비어 있는 모습이자 차 있는 모습으로도 보게 된다.

1유형은 이제 집중적이고 세부적인 사고만큼 확산적이고 직관적이며 다채로운 사고도 할 수 있다. 이들은 문제를 해결하기 위한 단 한 가지의 옳은 방식이 아닌 수많은 방식에 열린 마음이 된다. 더 창의적인 모습으로 해방된 이들은 '일을 처리하는 데에는 여러 방법이 있다'는 격언에서 배운다.

1유형은 자신의 유형 상태일 때는 감지된 결함과 비판에 대한 반응으로 화를 내며 현실과 멀어지는 경향을 보인다고 앞서 말했다. 7유형 패러다임은 1유형에게 낙천주의와 수용, 인정, 애정을 갖고 상황을 향해 나아가도록 방향을 제시하며, 그 곳에 있는 선함을 단언하면서 동시에 결점은 조금씩 잘라 내 준다.

Sheet 10-6 행복영역의 왜곡하는 렌즈

> 7유형의 왜곡하는 렌즈를 착용하는 것:
> 시야를 더욱 흐리게 하는 것

때로 고립된 안전한 상태에 있을 때, 1유형은 7유형의 낮은 수준 측면으로 들어가게 된다. 이렇게 부족한 자원 상태에서 이들은 자신의 욕구를 충족시키기 위해 7유형의 왜곡하는 패러다임과 렌즈를 사용한다.

이는 종종 현재의 고통과 압박을 중독이나 다른 은밀한 쾌락 수단을 통해 벗어나려 하는 모습을 수반한다. 1유형은 거슬리는 자신의 내면 비판자를 조용히 시키기 위한 하나의 방법으로, 내적 비판과 요구를 마비시키기 위해 술이나 약물 또는 군것질에 의존할 수도 있다.

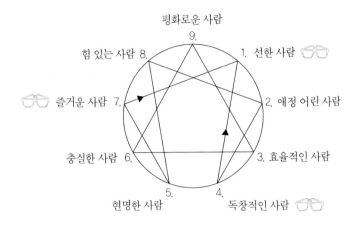

그림 10-2　1유형의 안정된 상황과 스트레스 상황에서의 패러다임 변화

1유형은 쾌락, 주의 환기 또는 압박과 일을 중지하는 하나의 방법으로 비밀스러운 성적·쾌락적 삶을 추구할 수도 있다. 그런 생활은 보통 강박적이고 중독적인 특성을 띤다. 모순적이게도 1유형은 자신의 삶의 다른 모든 영역과는 반대로 이 영역은 통제할 수 없다. 이는 마치 1유형의 정신 또는 신체가 이렇게 말하고 있는 것 같다. "너는 항상 나를 통제하려고 애를 쓰는데, 그렇다면 네가 통제할 수 없는 영역을 보여 주마." 만약 1유형이 이렇게 압박당하고 있는 자신의 일부분이 말하는 소리를 들을 수 있다면, 이들은 자신의 의무를 강요하는 것에서 신의 아이에게 자유를 주는 모습으로 바뀌어 자신이 되어야 하는 모습 또는 될 수밖에 없는 모습 대신 원하는 방식으로 삶을 살게 될 수도 있다.

인접한 유형

우리의 유형과 인접한 양쪽 날개 유형 패러다임은 종종 자연스럽게 겹치는 부분이 생긴다. 우리는 그중 한쪽으로 기울임으로써 우리의 관점을 확장하고 감정적·행동적 범주를 늘린다.

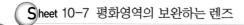

Sheet 10-7 **평화영역의 보완하는 렌즈**

> 9유형의 보완하는 렌즈를 착용하는 것:
>
> 도움이 되는 관점

1유형이 9유형의 풍부한 자원 관점을 활용할 때, 모든 것을 지금 교정하고 개선하려는 1유형의 극심한 필요와 욕구가 누그러뜨려진다. 1유형은 좀 더 여유롭고 신뢰하며 받아들이는 모습이 되고, 과정을 재촉하거나 경로를 다시 설정해 주기 위해 끼어들지 않고 기꺼이 사람과 사건들이 자연스럽게 진행될 수 있도록 둔다. 이 상태의 1유형은 성 어거스틴처럼 자신이 할 수 있는 것과 할 수 없는 것을 아는 지혜를 갖고 있다. 이들은 도박사처럼 패를 지킬 때와 뒤집을 때를 알고 있다. 9유형이 지닌 침착함은 1유형의 평온함의 미덕과 일치하기 때문에, 이에 따라 1유형은 내면의 좀 더 고요하고 중심된 영역으로부터 변화를 불러오고 개혁할 수 있다. 이들은 하나의 옳은 관점만을 취하는 것 대신 다양한 관점을 품는다. 이들은 비평하고 교정하지 않고 협력하고 합의적이다.

Sheet 10-8 **평화영역의 왜곡하는 렌즈**

> 9유형의 왜곡하는 렌즈를 착용하는 것:
>
> 도움이 되지 않는 관점

1유형이 9유형의 부족한 자원 특성의 모습을 띠게 되면, 이들은 완벽하게 해내지 못하는 것에 대한 두려움으로 인해 중요한 과업들을 미루곤 한다. 또한 프로젝트를 임박해서 완수할 때 다른 일들을 끝내느라 너무 바빠서 제대로 해낼 시간이 없었다는 변명을 둘러댄다. 9유형의 부적응적 특성은 진정으로 중요한 것 또는 자신에게 중요한 일들을 등한시하는 경향이다. 이와 비슷하게, 1유형도 때때로 오로지 해야 하는 일에만 집중함으로써 참자기와 자신의 선호 경향, 바람을 방치한다. 9유형의 낮은 수준 패러다임과 왜곡하는 관점은 자기를 잊는 모습을 조장한다.

Sheet 10-9 사랑영역의 보완하는 렌즈

2유형의 보완하는 렌즈를 착용하는 것:
도움이 되는 관점

1유형이 2유형 패러다임의 풍부한 자원 특성을 활용하고 이들의 조절하는 렌즈를 통해 세상을 바라볼 때, 1유형의 자신과 남을 향한 비판적인 태도는 이해, 연민, 용서로 인해 완화된다. 이들은 자신의 의무와 책임에 바치는 시간과 에너지를 자신의 욕구에도 부여하며 자신과 다른 사람들의 욕구에 공감해 준다. 2유형이 지닌 겸손의 미덕은 세상을 바꾸는 것에 대한 자신의 능력의 한계를 1유형이 받아들일 수 있도록 도와준다. 이들은 여전히 가르치고 개선시키며 개혁할 수 있지만 이를 좀 더 부드럽고 관대한 방식으로 하며, 어쩌면 자신이 있는 세상의 일부분만 바꾸려 하게 될 수도 있다. 이들의 이상주의는 다른 사람에 대한 봉사를 통해 표출된다. 1유형은 (2유형의 성향처럼) 사람을 원칙보다 중시하지는 않을 수 있지만, 더 적응적이고 융통성 있으며, 자신의 엄격한 규칙과 높은 이상에 얽매이지 않게 된다. 이들은 자신의 기준과 더불어 가슴을 갖고 세상을 섬긴다.

Sheet 10-10 사랑영역의 왜곡하는 렌즈

2유형의 왜곡하는 렌즈를 착용하는 것:
도움이 되지 않는 관점

2유형의 부족한 자원 특성과 동일시하고 2유형의 편향된 관점을 통해 사물을 바라볼 때, 1유형은 사물을 바로잡으려는 자신의 노력이 인정받지 못하는 상황에서 더 상처받고 실망하기 쉽다. 이들은 보람을 느끼고 받아들여지기 위해 사람과 상황들을 개선시키고 싶어 한다. 이 상태의 1유형은 2유형의 낮은 수준 측면과 일치하며, 자신이 모든 일을 다 하고 있고 그에 대한 어떠한 도움이나 상도 받지 못했다고 믿을 때 자신이 부당하게 피해 입고 이용당했다고 느끼게 된다. 과장된 2유형처럼 1유형은 자신의 높은 수준 이상과 기준이 다른 사람들을 위해 하라고 요구하는 것에 따라 자신의 필요는 희생시킬 수 있다.

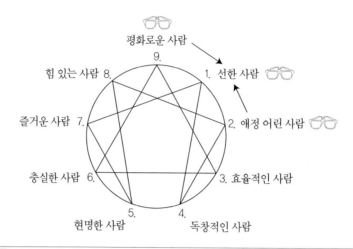

하위유형

1유형의 에너지는 1유형을 중심으로 세 가지 변형 형태 속에서 표현되고 억제된다. 다음은 1유형의 하위유형들이다.

친밀한 하위유형

이 하위유형의 정신적 집착, 감정적 악덕, 반응적 행동을 특징짓는 단어는 바로 **질투**다. 화의 악덕이 연결, 친밀한 관계 그리고 성적 표현의 자연스러운 욕구를 오염시킬 때, 그 결과는 질투의 경험으로 나타난다. 자아의 화는 질투로 바뀌며, 이는 성격의 원동력이자 몰입하는 문제가 된다. 1유형은 자신보다 완벽한 누군가가 다가와서 자신의 배우자나 친구를 떼어 놓을 것을 걱정한다. 이들은 자신이 중요하게 여기는 사람과 자신 사이에 들어오는 대상에 대해 과도하게 판단적인 모습이 될 수 있다. 다른 사람들은 반드시 경쟁하고 막아 내야만 하는 경쟁상대로 보이게 된다.

이 질투는 다른 사람의 명분이나 권리에 대한 질투로도 표출될 수 있다. 그렇게 질투는 열성으로 바뀌게 된다. 1유형은 자신이 지지하는 명분과 사람들에 대해서 격렬하고 열띤 모습이 될 수 있다. 친밀한 1유형은 굉장히 의롭고 헌신적인 모습이 될 수 있다. 이들은 종종 운동가와 사회 개혁가들이다.

친밀한 하위유형은 보통 주관적인 1유형의 에너지를 가장 명백하게 표현해 준다. 이들은 당신의 부탁 여부와는 상관없이 당신의 영역으로 들어와 당신을 더 나은 모습으로 만들어 줄 것이다. 이들은 과정 중에 당신이나 이들 자신이 너무 힘들지라도, 당신을 바로잡고 개선시키며 제대로 된 인간으로 만들려 할 것이다. 이 모습이 앞에서 언급되었던 자신의 아이들을 발레, 예의범절, 체조 수업 등으로 몰아가는 하위유형이다. 물론 아이들을 위해서 말이다. 또한 이들은 관계의 개선을 위해 자신의 배우자를 결혼상담가나 의사소통 워크숍에 데려가는 하위유형이다.

사회적 하위유형

화가 소속감과 사회/집단관계를 향한 본능을 오염시킬 때 나타나는 결과는 부적응성이다. 이 상태에서 화는 사회적 이상과 신념을 융통성 없이 타협하지 않는 모습을 통해 표출된다. 사회적 1유형은 친밀한 1유형보다는 더 느긋하고 자신의 에너지를 적당히 표출하기는 하지만, 이들은 특정 주제에 대해선 고집스럽고 양보를 하지 않는 모습이 될 수 있다. 종종 도덕성 영역에서 이런 모습을 보일 수 있다. 이들은 자신의 방식대로 상황이 정리되기를 고집하고, 자신이 도리에 맞기 때문에 자신의 도덕적 원칙에 따른 태도를 취하며, 굉장히 훈계하는 모습으로 보일 수 있다. 이들은 흔히 사회의 윤리 규범에 순응하기보다는 체계를 변화시키기를 원하는 사회 개혁가들이다. 또한 이들은 자신이 보기에 도덕적으로 옳지 않은 체계와 동일시하거나 동의하는 것에 어려움을 느낀다. 예를 들면, 아브라함 링컨은 노예제를 허가했던 당시의 지배적인 도덕 체계에 순응하지 않으려 했기 때문에 통일된 국가를 원했음에도 불구하고 분단을 무릅썼다.

사회적인 1유형은 사람들에게 자신의 관점을 취하도록 하기 위해 집단을 형성하거나, 뜻이 비슷한 사람들의 집단에 가입하기도 한다. 이런 1유형은 모든 논쟁에서 유죄인 자신의 모습을 발견한다.

자기 보호적 하위유형

화가 삶을 보호하려는 본능으로 새어 들어가 오염시킬 때, 그 결과는 불안과 걱정의 상태로 이어진다. 화는 동요를 통해 행동으로 표출된다. 자기 보호적인 1유형은 자신의 생존과 건강에 대해 걱정한다. 이들은 생존을 위태롭게 할 수도 있는 실수를 저지르거나 완벽하지 못함을 두려워한다. 내가 완벽하지 않다면 사람들은 나를 좋아하지 않을 것이고, 비판할 것이며, 결국에는 나를 거부할 것이다.

1유형의 내면 비판자는 꽤 지배적으로 존재하고 있을 수 있다. 비판의 화난 목소리는 1유형을 겁먹게 하며 이들에게 불안감을 남긴다. 또한 이들의 내면 검열관은 반대 의견, 부록, 설명 등을 제시함으로써 1유형의 말과 생각의 흐름을 종종 방해한다.

자기 보호적인 1유형의 화와 분함은 자주 공정함과 정의의 문제에 초점을 맞춘다. 예를 들어, 이들은 자격 없는 주변 사람들은 일이 쉽게 풀리는 반면, 자신은 힘들게 노력하고 수많은 장애물을 극복해 나가야 하는 불공정함을 욕할 수도 있다.

자기 보호적인 1유형은 상황이 잘못될까 두려워하고 걱정하는 공포 대항형인 6유형

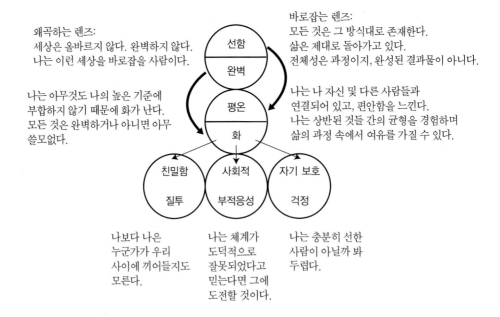

왜곡하는 렌즈:
세상은 올바르지 않다. 완벽하지 않다.
나는 이런 세상을 바로잡을 사람이다.

나는 아무것도 나의 높은 기준에
부합하지 않기 때문에 화가 난다.
모든 것은 완벽하거나 아니면 아무
쓸모없다.

바로잡는 렌즈:
모든 것은 그 방식대로 존재한다.
삶은 제대로 돌아가고 있다.
전체성은 과정이지, 완성된 결과물이 아니다.

나는 나 자신 및 다른 사람들과
연결되어 있고, 편안함을 느낀다.
나는 상반된 것들 간의 균형을 경험하며
삶의 과정 속에서 여유를 가질 수 있다.

선함 / 완벽

평온 / 화

친밀함 / 질투 · 사회적 / 부적응성 · 자기 보호 / 걱정

나보다 나은
누군가가 우리
사이에 끼어들지도
모른다.

나는 체계가
도덕적으로
잘못되었다고
믿는다면 그에
도전할 것이다.

나는 충분히 선한
사람이 아닐까 봐
두렵다.

그림 10-4   1유형: 선한 사람

과 혼동될 수 있다. 1유형은 자신의 내적 완벽 규범의 기준에 달하지 못하는 것에 대해서 염려하는 반면, 6유형은 외적 규칙이나 윤리 규범을 어기는 것을 걱정한다.

요 약

선함 렌즈는 이상주의, 고결한 원칙 그리고 높은 도덕 기준의 시야를 갖고 있다. 이 렌즈는 초점과 의도의 명확성으로 표출되는 탁월성의 경로다. 이 경로를 따르는 사람들은 성실하고 믿을 만하며 열심히 일하고 부지런하다. 이 사람들은 자신의 모든 잠재력을 성취하고 다른 사람들도 이를 이루도록 돕고 싶어 한다. 이들은 세상을 더 살기 좋은 곳으로 만들기를 갈망하며, 평온의 자세로 이를 행한다.

완벽주의 패러다임은 올바르고 싶고 완벽하지 않은 것을 교정하고 싶은 과장된 욕구로 발현된다. 이 패러다임의 관심은 잘못된 것과 결함이 있는 것에 집중되어 있다. 이 패러다임에는 모든 것을 바로잡아야 하는 과도한 집착이 있다. 이 관점을 따르는 사람들은 지나치게 책임감 있고 진지하며 긴장하고 압박감을 느끼며 도덕주의적인 모습이 된다. 나는 완벽하기 때문에 비난받지 않을 것이라는 것이다. 화는 이 접근법을 충동하며 화로 에너지를 돌린다.

Sheet 10-11 1유형 요약

가치: 선함

비전: 세상을 더 나은 곳으로 만드는 것

주요 취약점: 비판, 옳지 않은 모습이 되고 부당한 대우를 받는 것

적응적 인지적 도식: 수용, 모든 것은 과정 안에 있으며 있어야 할 곳에 있다.

적응적 감정적 도식: 평온, 자신이 변화시킬 수 있는 것과 그럴 수 없는 것을 알고 우주를 따라 잔잔하게 가라.

적응적 행동적 도식: 일을 잘, 성심껏, 신중하게, 정확하게 하라.

부적응적 인지적 도식: 나는 선하다, 나는 옳다, 아무것도 완벽하지 않지만 완벽해야 한다.

부적응적 감정적 도식: 화와 분함, 상황이 옳지 않으며 이건 공정치 못하다.

부적응적 행동적 도식: 자신의 높은 기준에 따라 모든 것을 개선시키기 위해 애써라.

회피 영역: 화, 옳지 않은 모습이 되는 것

방어기제: 반동형성, 반대로 행함

유용한 패러다임 변화: 확산적 사고, 장난기 있는 수용, 낙천주의, 모든 것엔 때가 있다는 주의

유용하지 않은 패러다임 변화: 아무도 내가 하는 것을 이해하거나 알아주지 않는다, 이건 절망적이다, 난 이런 상황에 압도된 상태다.

세상을 바라보는 아홉 가지 렌즈

2유형 렌즈 검사

이 문장들이 자신에게 맞는 정도에 따라 점수를 매겨라.

1	2	3	4	5
거의 절대 아니다	드물게/ 거의 그렇지 않다	때때로/ 가끔	종종/ 자주	거의 항상 그렇다

_____ 나는 잘못에 너그럽다.

_____ 나는 내가 원하는 것을 요구하는 대신, 사람들이 내 요구를 충족시켜 줄 것이라는 바람으로 사람들의 필요를 충족시켜 준다.

_____ 내가 다른 사람들의 허용을 받아 내는 주된 방식은 도움을 주는 것이다.

_____ 나는 마음이 부드러우며 종종 다른 사람들의 문제를 듣고 있는 나 자신을 발견한다.

_____ 나는 다른 사람들을 돌보아야 하는 욕구가 있다.

_____ 나는 다른 사람을 위해 희생하며 그것을 인정받고 싶다.

_____ 나는 칭찬을 자유롭게 정기적으로 한다.

_____ 나는 내 자신을 돌보는 것은 언제 끝나고 이기적인 모습은 언제 시작되는지를 말하기가 어렵다.

_____ 나는 애정 어린 사람이다. 나는 다른 사람들에게 끌리며 그들이 날 좋아해 주길 원한다.

_____ 나는 내 주위 사람들에게 다정하고 지나치게 보호하려 한다.

_____ 누군가에게 무언가를 해 주고 나면, 나는 그 사람의 인생에서 중요한 사람이 되길 기대한다.

_____ 나는 주는 것을 좋아하며 사람들에게 줄 방법들을 찾는다.

_____ 나는 나의 너그러움을 알아주는 사람들에게 의존한다.

_____ 나는 다른 사람들의 필요에 굉장히 연결되어 있으며, 그 필요를 채워 주기 위해 내가 할 수 있는 모든 것을 한다.

_____ 나는 친절로 사람들을 유혹한다.

_____ 내가 하는 많은 것은 사랑하고 사랑받고 싶기 때문이다.

_____ 나는 자연스럽게 남을 돌보려는 마음이 든다.

_____ 내가 사람들에게 아첨하는 이유는 그들이 나를 확실히 좋아하게 만들고 싶기 때문이다.

_____ 사람들은 내가 그들을 지원해 줄 것이라고 기대한다.

_____ 나는 사람들을 편안하게 해 주고 그들이 원하는 것을 주면서 유별난 애정을 보인다.

_____ **총점**

2유형 렌즈:

CHAPTER 11 사랑의 관점

핵심 가치

2유형의 가장 끌려 하는 핵심 가치는 **사랑**이다. 그래서 2유형에게 삶의 목적이 무엇인지 물어보면, 이들은 우리는 서로 사랑하기 위해 있는 것이라는 특징적인 대답을 한다. 우리의 삶에 의미를 부여하는 것은 관계와 연결인 것이다. 즉, 사랑하고 사랑받는 것이다. 중세의 신학자이자 철학자였던 보나벤트라(St. Bonaventure)는 인간의 최고 능력은 의지라고 기록하며, 의지는 우리의 사랑할 수 있는 능력의 근원이기 때문이라고 그 이유를 이야기했다. 그에 반해서 또 다른 중세시대 신학자이자 철학자였던 토마스 아퀴나스 (Thomas Aquinas)는 인간의 정신이야말로 우리를 진리와 접촉이 가능하게 해 주는 것(그리고 우리에게 품격을 주는 것)이기 때문에 **지성**이 인간의 최고 능력이라고 기록했다. 앞으로 소개될 장에서는 에니어그램 5유형이 앎을 가장 귀히 여긴다는 점을 보게 될 것이다. 사랑하는 능력과 아는 능력은 둘 다 필수적이다. 둘 중 더 중요하게 여겨지는 것은 관점의 문제다.

손턴 와일더(Thornton Wilder)는 『산 루이스 레이의 다리(*Bridge of San Luis Rey*)』에서 이 다리의 비극적인 붕괴를 이야기하며 그 운명의 날에 다리를 건너던 각 인물의 생애를 추적한다. 각 인물은 자신의 죽음 전 기간 동안 사랑의 측면을 일부 경험했다. 와일더는 이들 모두 사랑 속에서 자신의 삶의 진정한 의미와 운명을 발견했고, 그렇기에 더 이상 살 필요가 없었다고 암시하는 것일까? 사랑은 사람 사이에 있는 그리고 삶과 죽음 사이에 있는 다리다. 2유형은 이러한 결론에 틀림없이 동의할 것이다.

옛 로마 가톨릭의 발티모어 교리문답은 이러한 질문을 제기한다. "인생의 목적은 무엇인가?" 그러고는 이렇게 답을 제시한다. "우리는 알고, 사랑하고, 신을 섬기며 다음 생에서 신과 함께 영원히 행복하기 위해 만들어진 존재다." 내가 추측하기에, 2유형은 여기서 함유하는 사랑의 중심성을 단언할 것이다. 5유형은 아는 것이 가장 중요하기 때문에 맨 앞에 온 것이라고 말할 것이다. 3유형은 가장 중요한 것은 마지막에 오는 것이라며 제공하고 섬기는 것이 가장 중요하다고 주장할 것이다. 그리고 7유형은 맨 마지막에 끝나지 않는 행복을 추가했을 것이다.

세상을 더 살기 좋은 곳으로 만들기를 원하는 1유형과 비교했을 때, 2유형은 세상을 더 사랑하기 좋은 곳으로 만들기를 원한다. 2유형의 패러다임 또는 세계관은 사랑하고, 도움이 되며, 섬기는 방법들을 찾아 나선다. 이들은 선천적으로 너그럽고 주는 사람으로, 자기 자신, 자신의 에너지, 시간, 소유 등을 다 나눈다.

이들의 기질은 2유형을 지지적이고 돌보는 사람이 되게 한다. 사람들을 과대포장해 주고 자신에게 만족하게 해 주는 것에 능숙한 2유형의 렌즈는 다른 사람들의 재능과 재주를 알아차리고 인정해 주며 받아들이고, 박수쳐 줄 수 있게 2유형을 도와준다.

2유형은 사회적이고 우호적이며 무리 짓기를 좋아하고, 가까이 하기 쉽다. 이들에게 있어서 관계란 삶의 모든 것이다.

2유형은 정중하고 친절한 마음씨를 지니는 경향을 띤다. 조화와 화합을 조성하기를 원하는 이들의 타고난 성향은 사람들에게 애정을 갖고 다가가는 것이다. 이들에게 공격적인 모습 또는 사람들과는 반대로 향하는 것은 자연스럽지 않다. 이들은 잔인함을 혐오하며 TV에서 폭력적인 프로그램을 보는 것조차 싫어한다. 남들에게서 떠나가는 것 또한 이들에겐 부자연스럽게 느껴진다. 2유형은 도움이 되기를 갈망하기 때문에, 다른 사람에게서 물러나 그 사람이 엎어지는 모습을 보는 것이 어렵다. 비록 그 모습이 그 사람이 자립하기 위해 필수적인 서막이라고 해도 말이다.

패러다임 관점, 능력, 격언

2유형의 패러다임은 다른 사람들이 느끼고, 필요로 하며, 원하는 것을 향한 직감을 이들 안에 조성한다. 도움을 주기를 갈망하는 2유형은 자신의 도움을 필요로 하는 사람들을 찾아 주위를 유심히 살핀다. 이들은 줄 수 있는 기회를 찾기 때문에, 종종 당신도 미처 인지하지 못했던 당신이 필요로 하는 것을 먼저 알아차린다. 당신이 목마르다고 느끼자마자 물컵을 건네는 2유형을 발견할 수도 있다!

2유형은 공감 능력이 굉장히 발달되어 있다. 이 기술을 갖고 2유형은 좋은 상담가, 친구, 배우자, 부모 등이 된다. 이들은 동정 어리며 다른 사람의 내면 상태를 공감해서 느낄 수 있다.

가슴으로 듣는 2유형은 허용적이고 위협적이지 않으며 판단적이지 않다. 인정하고 격려하는 대인관계 유형을 지닌 이들의 특성은 이들을 비밀을 털어놓기 쉬운 사람으로 만들어 준다. 2유형은 종종 거리나 공항에서 낯선 사람들이 다가와 자신의 삶 이야기를 털어놓는다고 보고한다. 분명히 '너에게 도움을 줄 내가 여기 있어.'라는 이들의 잠재의식적인 메시지가 성공적으로 통하는 것이다.

2유형은 자신의 이러한 모습들이 다른 사람에게 기여한다고 말한다.

- 충실하고 보살피는 존재
- 공감과 지지
- 집단의 이익에 대한 관심(2유형은 팀 플레이어이자, 열심히 일하는 일원이며, 책임감 있다)
- 다른 관점

- 정직과 열린 모습
- 창조성
- 긍정적인 면을 찾는 능력
- 자원(2유형은 종종 낮은 보수와 비영리적인 직업을 선택한다)
- 사회 속의 접착제

2유형 정신과 패러다임은 다음의 격언들에서 찾아볼 수 있다.

- 어려울 때의 친구가 진정한 친구다.
- 모든 인간의 소명은 다른 사람들을 섬기는 것이다.
- 식초보다는 꿀로 더 많은 파리를 잡을 수 있다.
- 주는 것이 받는 것보다 복되다.
- 하룻강아지 범 무서운 줄 모른다.
- 만약 당신이 다른 사람들이 원하는 것을 얻도록 도와주기만 한다면, 당신은 원하는 모든 것을 가질 수 있다.
- 결코 다른 사람들에게 자신에 대해 말하지 말라. 대신 사람들이 자기 자신에 대해 이야기하도록 만들어라. 그 안에 기쁘게 해 주는 기술의 모든 것이 있다.
- 사랑의 법칙은 법에 대한 사랑보다 더 나은 것이다.
- 사랑: 자기 안에 숨겨 두기만 하면 잃는다. 내주면 영원히 갖게 된다.
- 가슴 안에 주어진 사랑은 그곳에 머무르기 위한 것이 아니다. 사랑은 내줄 때까지는 사랑이 아니다.
- 열린 손은 닫힌 주먹보다 더 많은 친구를 붙들 수 있다.
- 네가 가는 곳이 어디든 내가 갈게. 네가 사는 곳이 어디든 내가 살게. 너의 사람들은 나의 사람들이 될 거야. 그리고 너의 신은 나의 신이 될 거야.

적절한 렌즈/적응적 인지적 도식

　2유형의 객관적 패러다임, 현실적인 관점 또는 적응적 도식은 자유에서의 올바른 이해와 삶을 포함한다. 여기서 자유는 자연의 법칙 없이 사는 것 또는 이들로부터 자유롭게 사는 것이 아니라, 자연의 법칙 내에서 사는 것을 의미한다. 삶의 리듬에는 주고받는 내재된 변화의 흐름이 있다. 우리는 때로는 부족하고 받음을 필요로 하며, 때로는 넘쳐흘러서 줄 필요가 있는 **상호의존적인** 존재다. 미덕은 지나친 의존함과 지나친 독립성의 극단들 중간에 자리한다. 성숙한 사람은 어린 시절의 의존과 청소년기의 과장된 독립성을 통해 성인기의 상호의존성을 이루는 모습으로 성장한다. 이렇게 우주의 에너지는 왔다 갔다 하는 교류인 것이다.

　뒤에서 더 자세하게 다루겠지만, 2유형의 렌즈가 왜곡되면 이들은 우주의 자연 법칙으로부터 면제받고 싶어 한다. 이들은 마음대로 주고 **또한** 받는 자신의 욕구로부터 자유롭고 싶어 한다. 이들의 왜곡된 패러다임은 일방통행의 직류 회로만 사용하기를 선호한다. 에너지는 이들로부터 흘러나오지만 이들은 다른 사람들로부터 다시 흘러오는 에너지를 받아들이기를 허용치 않는다. 2유형의 주관적인 패러다임과 왜곡하는 렌즈는 주는 것과 받는 것을 같이 하는 것이 더 복되다는 좀 더 평등한 입장과는 대조적으로, 받는 것보다 주는 것이 더 복되다고 믿는다.

　현실에서 우리는 자신의 진짜 감정, 욕망, 필요를 경험하고 표출할 때 가장 자유롭다. 우리의 진정한 자기를 부정하고 억누를 때 우리는 자유롭지 못하다.

　통합적인 2유형은 자신 없이도 사람들이 잘 지낼 수 있도록 허락하며 자유로워지도록 장려한다. 2유형은 사람들이 자신에게 의지하거나, 자신이 원하는 방식대로 반응하도록 사람들을 조종하는 대신 이들이 스스로 선택을 내릴 수 있는 자유 권한을 준다. 종속 의존적이고 권한을 부여하는 행동은 양쪽 모두의 자유를 제한한다.

　진정한 자유를 경험할 때 2유형은 현시점에 살 수 있도록 자유롭게 해방된다. 돕고, 기쁘게 해 주고, 다른 이들에게 친절해야 하는 기대와 짐으로부터 벗어난 이들은 "네." 와 "아니요."를 자유롭게 할 수 있게 된다. 이들은 자신을 있는 그대로 사랑하고 받아들이며, 자신의 밖에서 인정과 확신을 추구해야 하는 것으로부터 자유롭게 된다. 이들의 사랑은 인정과 애정을 얻기 위해 내어지는 것이 아닌, 자유롭게 나눠지게 된다.

미덕/적응적 감정적 도식

이러한 자유와 상호의존의 객관적인 입장에서 자연스러운 겸손의 미덕이 흘러나온다. 겸손은 현실 원칙으로 불려 왔다. 겸손은 자신의 한계와 경계를 인정하고, 2유형에게는 "네."만큼 "아니요."도 말할 수 있는 자유를 준다. 균형 잡힌 2유형은 이렇게 말할 수 있다. "나는 너를 돕고 싶지만, 지금 당장은 그럴 에너지와 자원, 시간이 없어. 나 자신을 위해서도 비축해야 해."

겸손은 한계 그리고 정신과 신체의 필요를 받아들인다. 겸손은 개인이 할 수 있는 것과 할 수 없는 것을 존중한다. 진정한 겸손은 나 혼자서는 아무것도 할 수 없다고 말하는 거짓된 겸손(의존)과 나는 스스로 모든 것을 해내야만 한다고 말하는 자존심(독립) 사이의 중용을 나타낸다. 겸손은 이 순간의 이 모습이 진짜 내 모습이라고 말하는 자기수용을 포함한다. 겸손은 진짜인 것을 사랑하고 받아들인다. 반면, 자존심 또는 자만은 현재 있는 것을 인지하지도 받아들이지도 않으며, 빠졌다고 생각되는 것을 채우려 시도한다.

또한 겸손은 사랑의 나눔을 주관하고 지킨다. 겸손과 함께 하는 사랑은 진정으로 사랑이 필요한 곳에 흐르며 필요치 않은 곳에는 흐르지 않는다. 사랑은 다른 사람의 현실과 관련해서 그리고 그 사람의 현실과 균형을 이루어 주어진다. 사랑은 다른 사람의 필요에 맞춰지는 것이다. 나를 위한 것이 아닌 당신을 위한 것이다. 사랑은 아무 조건 없이 주어진다. 이것이 이타적인 사랑이다.

자만의 악덕을 지닌 2유형의 자아 또는 왜곡하는 패러다임에 의해 주어지는 사랑은 위와는 대조되는 사랑이다. 여기서 사랑은 갈고리와 함께 주어진다. 나는 당신이 내게 감사하고 나를 받아들인다는 표현을 한다는 조건하에 당신에게 너그러울 것이다. 이 상태의 사랑은 쓰다듬을 받기 위해 쓰다듬는다. 여기서는 사랑을 받는 사람이 이롭게 되기 위함이 아니라, 사랑을 주는 사람 자신이 보람 있고 도움이 되며 만족하기 위해 사랑이 주어진다. 만약 당신이 한 번이라도 요구하거나 필요하거나 정말로 원치 않았는데도 무언가를 받았는데, 당신이 그 선물을 엄청난 감사 표현과 함께 받아들이지 않는다면 준 사람이 당신의 배은망덕함에 대해 불평할 것이라는 사실을 당신이 알고 있다면, 당신은 자만이 주입된 조종적인 사랑을 경험한 것이다.

왜곡하는 렌즈/부적응적 인지적 도식

2유형은 초기에 자신의 참자기와 다른 사람의 참자기로부터 분리되었을 때, 자신의 자유와 삶의 자연스러운 주고받음의 흐름으로부터의 연결을 동시에 잃게 된다. 이들의 주관적인 패러다임과 부적응적 도식, 왜곡하는 렌즈는 자아적 환상, 개인적인 의지와 함께 객관적인 현실과 우주의 법칙(또는 일부 영적 전통에서 말하듯 신의 의지)을 대체하게 된다. 기꺼이 하는 모습 또는 신의 의지와 협력하는 모습은 의도적임, 즉 개인의 뜻을 실행하는 모습이 된다. 2유형의 신이 되는 형태는 현실의 흐름 대신 자신의 흐름을 세우는 것이다. 이런 모습의 2유형은 누가 무엇을 언제 필요로 하는지 결정하며, 자신이 우주의 물자를 분배하는 사람이 된다. 행복의 흐름을 창조하고 지시하는 이러한 망상은 이들의 자부심과 더불어 나타난다. 신과 우주는 모든 것을 사랑하지 않기 때문에 2유형 자신이 그렇게 사랑해야만 한다. 그리고 자신이 이렇듯 많이 사랑하기 때문에 사람들은 자신에게 감사하고 자신을 따라야만 한다.

보상 도식

어린 2유형은 다른 아이들과 마찬가지로 취약하고 도움을 필요로 하는 상태로 시작한다. 하지만 이들이 자신의 필요를 표현했을 때 아무도 이를 충족시켜 주지 않는 듯했다. 2유형은 자신의 욕구가 알아차려지거나 인증받거나 또는 단호하게 거절되었던 것을 감지했기 때문에 이러한 고통스럽고 어색한 경험이 다시 일어나지 않도록 막기 위해 자신의 성격 유형을 빚었다. 2유형은 특히 거절감과 관심받지 못하는 것에 민감하다. 이들에게 있어서 관계는 너무나도 중요하기 때문에, 2유형은 분리감과 외로움에 굉장히 약하다. 실제로 일어난 일은 자기와 함께 꽤 타당한 욕구로부터 자신이 분리된 것이며, 그렇게 이들은 자신의 것보다 더 중요해진 다른 사람들의 욕구를 알아차리고 이와 연결되기 시작한 것이다.

자신의 필요를 표현하고 그 필요가 돌보아지지 않는 난처함을 견디는 것 대신, 2유형은 자신의 욕구를 억누르는 전략을 개발하고 결국에는 자신이 그러한 욕구를 갖고 있지 않다고 믿게 된다. 그리고 나면 이들은 원래 자신의 감정, 선호 경향, 욕망을 알아차리는 것에 향해 있었던 관심을 다른 사람들에게 집중한다. 이들은 자신의 필요는 고려될 가치가 없다고 여겼기 때문에 자신이 반드시 다른 사람들의 필요를 채워 주어야 한다는 신념을 기르게 된다. 만약 좋은 보호자가 된다면 나는 주목받고 인정받을 것이다. 명백히도 자신은 돌봄받을 만큼 귀중하지 않은가 보다.

2유형은 받기 위해서는 먼저 자신이 줘야 한다고 믿는다. 이들은 삶 속에서 자유롭게 주어지는 관심과 선행에 의지할 수가 없다. 2유형의 왜곡된 사랑의 관점은 사랑이 관심과 애정, 허용을 사기 위한 상업의 용도로 사용될 수 있다는 것이다.

그래서 2유형은 사람들을 돌보기 위해 자신을 버려 둔다. 일부는 내버려 둘 자기가 있기는 한지조차 의심하기도 한다. 이들은 다른 사람들과의 활발한 연결 관계를 맺지 않거나 자신에게로 돌아오기 위해서 이 연결관계를 중단하면, 곁에 아무도 남지 않게 될까 봐 두려워한다.

투명한 사람처럼, 2유형에게서 보일 수 있는 것은 이들의 선하고 도움이 되는 행위들로 포장된 외적 모습뿐이다. 도와주는 페르소나를 벗으면, 그 아래에 자기는 없다.

2유형은 자기 가치감에 대한 신뢰를 잃었다. 이들은 나는 존재한다, 고로 준다는 적응적인 도식을 나는 준다, 고로 존재한다는 부적응적 신념으로 대체했다. 사랑은 이들을 보람 있고 중요한 사람으로 만들어 준다. 사랑과 필요로 함을 받는 것 그리고 누군가의 삶에서 중요한 존재가 되는 것이 없다면 자신은 보잘것없는 것이다.

이러한 부적응적 도식은 의존과 독립 간의 갈등을 일으킨다.

2유형은 보람을 느낄 수 있도록 사람들이 자신에게 **의존하기**를 원한다. 반면, 2유형은 사람들의 허용에 의지한다. '너는 나를 좋아한다. 고로 나는 존재한다.' 2유형은 사람들을 기쁘게 해 주고 사람들의 필요를 채워 주기 위해 이들에게 적응하고 자신을 바꾼다. 2유형은 자신이 자유롭게 되지는 못하지만, 오히려 다른 사람들의 기분과 감정에 영향을 받는다.

성공적으로 도우미로 남아 있기 위해, 2유형은 고객들에게 간청하고 사람들이 자신에게 의존하도록 만들어야 한다. 2유형은 사람들의 프로젝트를 자청해서 도와주고, 공항에 데려다주고, 아이들을 돌봐 주고, 고민 상담을 해 주는 등의 모습을 통해 이를 성공시킨다.

이제 사람들이 자신에게 의존하도록 만든 2유형은 불행하게도 밤낮으로 수요에 시달리며, 과중한 부담, 압도감 그리고 소진된 에너지를 느끼기 시작한다. 여기서 **독립** 측면이 생겨나기 시작한다.

이제 2유형은 사람들이 자신을 내버려 두고 스스로 행하기를 바란다. 사람들에 의해 자신에게 주어진 짐과 수요로부터 자유롭기를 바라는 이들은 어느 정도의 고독을 원하게 된다.

또한 이들은 변화를 위해서 자유롭게 자신이 되고, 자신을 표현하며, 자신이 선호하는 것을 할 수 있도록 다른 사람의 허용으로부터 독립하고 싶어 한다.

하지만 이 독립은 자기 혼자서는 아무 것도 아니라는 2유형의 두려움을 발동시킨다. 그러니까 얼른 나가서 사람들을 돕기 시작해야 하는 것이다. 이제 다시 의존이 수면 위로 떠오른다. 이들의 왜곡하는 렌즈가 제자리에 있는 한, 이러한 의존-독립 갈등은 계속해서 해결되지 않는다.

상호의존의 현실적인 패러다임은 2유형의 딜레마를 벗어나는 하나의 방법을 나타낸다. 배타적인 양자택일의 이분법 대신 의존과 독립 모두를 포함하는 것을 허용함으로써, 이 조합은 분열(나는 돕는다)과 투사(너는 필요로 한다) 대신 통합을 조성한다.

이상화된 자아상
2유형의 주관적인 패러다임은 나는 도움이 된다. 나는 준다. 나는 너그럽다는 자아상 속에서 확고해진다. 내가 너에게 줄 수 있는 것과 보여 줄 수 있는 배려 때문에 나는 가치 있다. 나는 필요로 함을 받는다. 고로 존재한다. 나는 너그럽고 너를 세심히 배려하기 때문에, 너는 나를 좋아할 것이다.

모든 왜곡하는 패러다임의 패턴을 따르는 2유형은 자신의 장점과 지나치게 동일시하며, 그렇게 함으로써 자기 자신과 삶에 대한 신념을 좁힌다.

2유형은 강박적인 도우미가 되어, 자신을 궁핍한 세상의 너그러운 주는 사람으로 상상한다. 세상은 이들의 고객이고 자신은 사람들을 섬기는 것에서 자부심을 느낀다. 다른 사람들의 삶 속에 중요한 사람이고 싶은 이들은 민첩하게 "네." 하는 반면, "아니요." 하지 않으려는 자신의 모습을 보게 된다.

2유형은 사람들을 향해 다가가는 성향이 발달되어 있다.

카렌 호나이(1945; 1950)는 우리가 의존하는 정도에 따라 건강하거나 신경증적이 될 수 있는 세 가지 대인관계 경향을 설명했다. 때로 우리는 교제하고 관계를 쌓기 위해 사랑과 애정 속에서 사람들을 향해 갈 필요가 있다. 때로는 우리의 욕구를 방해하는 것들을 없애거나 침해로부터 우리의 영역을 지키기 위해 강하게 사람들과 맞서 반대로 향할 필요가 있다. 또 어떤 때에는 혼자 있고 고독을 경험하기 위해 분리와 심사숙고 속에서 사람들로부터 멀어질 필요가 있다. 세 가지 경향 모두 건강한 기능을 위해서 필수적이다.

하지만 종종 발생하는 모습은 우리가 이 경향 중 하나를 지나치게 사용하고, 지나치게 발달시키며, 지나치게 동일시하는 것이다. 우리가 습관적으로 이 중 하나의 경향에 더 다가갈수록, 나머지 경향들은 더욱 멀어지게 된다. 나머지 두 방향으로 여행하는 것은 마치 물살을 거슬러 올라가는 것과 같다. 부자연스럽게 느껴지고 더 많은 에너지를 소모하게 되는 것이다.

예를 들어, 남을 향해 움직이는 경향이 있는 사람들은 남에게 맞서고, 불만족 또는 화를 표현하며, 자신의 선호도와 영역을 옹호하는 것을 어려워한다. 이들은 다른 사람들로부터 멀어지는 것 역시 어렵게 여긴다. 이들은 혼자 있을 때 긴장되고 외로움을 느낀다. 또한 이들은 남을 혼자 두는 것도 어렵게 느끼며, 그럴 때 자기 없이 그들을 혼자 내버려두었다는 불편함과 죄책감을 느낀다. 이 성향을 가진 사람들은 자기를 내세우지 않는 경향이 있다.

2유형이 이 성향의 주된 인물이라고 보는 것은 그리 어렵지 않다. 6유형과 7유형 역시 이 성향을 선호한다.

반대로, 남들에게 대항하는 사람들은 자신의 애정과 다정한 감정을 표현하기 어려워하는 반면, 화, 불만족 등의 거친 감정들을 표출하는 것은 별로 어려워하지 않는다. 이들은 거칠게 보이는 것에 익숙하며 연약해지는 것을 어려워한다. 이들은 또한 다른 사람들로부터 멀어지는 것을 어려워한다. 이들은 비긴 것으로 하거나 우아하게 물러나는 것보다는 싸움 상태에 머물러 있는 것을 선호한다. 그리스의 피로스가 아마 이 유형이었을 것이다. 이 성향을 띠는 사람들은 자기를 과장하는 모습을 보인다. 추후에 이 책에서 8유형 그리고 그 뒤를 잇는 1유형과 3유형이 특히 이 기질을 전형적으로 보여 준다는 점을 보게 될 것이다.

마지막으로, 남들로부터 멀어지는 사람들은 자신의 거친 모습이든 부드러운 모습이든 표출하는 것을 어려워한다. 뒤로 움직이는 사람에게는 누군가에게 애정을 갖고 다가가는 것도, 분노하며 주먹을 날리는 것도 어렵다. 이 성향을 지닌 사람들은 공격에 맞선 효과적인 방어를 선호한다. 사실, 대다수의 경기와 전투는 방어로 인해 승리한다. 예를 들어, 러시아의 후퇴하는 군대와 나폴레옹의 진군하는 부대를 떠올려 보라. 러시아의 혹독한 겨울과 소모된 프랑스군의 보급선은 진격하는 군대를 처치했다. 에니어그램 5유형이 이 성향의 기본적인 모습일 것이다. 4유형과 9유형이 그 뒤를 잇는다. 이 경향은 심리적으로 거리를 둔 입장이다.

2유형은 종종 구제하는 모습으로 다른 사람들에게 다가간다. 교류 분석 전문가였던 스티븐 카프만(Stephen Karpman, 1968)은 '구조 게임'을 설명하기 위해 드라마 삼각형(The Drama Triangle)의 모형을 만들었다. 이 게임에는 세 가지 역할이 있다. 각각 구조자, 피해자 그리고 박해자가 있다. 시합은 세 명의 선수가 있을 때 가장 좋은 구성을 이루지만, 실제로는 결국 한 사람이 세 역할 모두를 맡게 된다.

구조자 역할일 때 가장 편안함을 느끼는 2유형은 보통 이 위치에서 게임을 시작한다. 이들의 패러다임과 렌즈는 2유형을 다른 사람의 감정과 필요에 특히 민감하게 해 주고, 그래서 이들은 손쉽게 피해자를 가려 낼 수 있다. 그리고 나면 이들은 이제 피해자를 구조하기 위해 해야 하는 것을 하는 것이다. 구조 작업은 방금 그 사람이 입에 발을 집어넣었다면 꺼낼 수 있게 도와주고, 저녁을 차려 주거나, 이들의 자살에 대한 공상을 들어준 다든지 이런 것들을 포함한다.

2유형은 그리고 난 다음에는 자신의 구조 노력을 인정받기를 기대한다. 만약 감사와 관심이 다가오지 않거나 봉사에 대한 보상이 부족할 경우, 2유형은 희생당하고 이용당한 느낌을 받는다. 이들은 자신이 남을 위해 했던 모든 것 때문에 인정을 덜 받고 기진맥진 해졌다. 이는 게임의 순교자 단계다.

마침내 이들은 박해자가 되어 자신을 인정해 주지 않고, 자신의 필요를 알아차리지 못하며(그 필요를 결코 표출한 적도 없으면서 말이다), 자신을 돕지 않은 것에 대해(다가오는 도움의 손길을 모두 거절했을 것이면서 말이다) 사람들을 탓하고 비난한다. 이런 모습은 다른 사람들에게서 죄책감을 유발한다. 결국 2유형은 자신이 방금 상처받게 한 사람들을 돌보기 위해 다시 구조자 입장으로 돌아가게 된다.

이 모습은 전통적으로 유태인 엄마 증후군으로 불려왔다. 비록 다른 문화권과 성별에게도 공평하게 말하자면 이 모습은 아일랜드 엄마/아빠, 폴란드 엄마/아빠, 인도 엄마/아빠, 페르시아 엄마/아빠, 일본 엄마/아빠, 미국 엄마/아빠, 라틴 아메리카계 엄마/아빠 증후군 등으로 불려야 할 것이지만 말이다. 구조 삼각형(The rescue triangle)은 성별과 문화에 상관없이 나타난다.

도식 유지

2유형은 남들이 필요로 하는 것과 자신에게 요구할지도 모를 것들을 찾아 주변을 면밀히 탐색하고, 남들을 기쁘게 하기 위해 자신을 적응시키며, 남들이 자신에게 충분한 관심을 주고 있는지의 여부와 충분히 자신의 원조에 감사하고 있는지 여부에 집중함으로써 자신의 부적응적 도식을 유지한다.

2유형은 자신이 먼저 신경 써 주지 않는다면 사람들은 자신을 신경 써 주거나 배려해 주지 않을 것이라고 끊임없이 자신에게 반복함으로써 자신을 다시 세뇌시키거나 다시 오염시킨다. 이들은 자신을 향한 사람들의 배려에서 실수나 빠진 부분을 물색한다. 이들은 자신의 욕구를 감추고 표현하지 않은 다음 사람들이 촉감으로 이를 집어 낼 수 있는 지 재 봄으로써 사람들은 자신의 욕구를 신경써 주지 않는다는 자신의 가설을 시험해 본다. 이들은 이렇게 말하며 이 접근법을 정당화한다. "만약 네가 나를 정말로 사랑했다면, 내가 너에게 일일이 내가 원하는 것이나 필요한 것을 말할 필요가 없지." 이 말은 상대도 이들처럼 2유형일 때에 가능한 이야기다. 이들은 자신을 향한 다른 사람의 불필요한 친절 행위는 경시하거나 무시하고, 다른 사람들로부터 원하는 것을 얻기 위해 자신이 조종했던 만남들을 기억한다. 아니면 이들은 자신의 필요가 간과되었던 때들을 기억해 낸다.

2유형이 부적응적 도식을 유지하는 또 다른 원칙은 자만의 악덕 또는 격정을 통해서다.

악덕/격정/부적응적 감정적 도식

2유형의 주관적인 패러다임과 왜곡된 형태의 도움은 **자만**의 악덕을 이끌어 낸다. 이는 2유형의 이상화된 도우미 자아상에 기름을 붓고 부풀리게 된다.

2유형은 다른 사람에 대한 자신의 봉사를 자랑스럽게 여긴다. 이들은 자신의 사려 깊음과 너그러움, 친절을 통해 명성을 얻는다.

2유형은 사람들의 삶 속에서 중요한 사람, 심지어는 없어서는 안 될 사람이 되고 싶어 한다. "네가 의지하는 바로 그 사람이 나이게 해 줘." "내가 너를 가장 잘 보살펴 줄 수 있어." 2유형은 자신의 보살핌 안에 있는 사람들에게 질투하고 강한 소유욕을 가질 수 있으며, 자신보다 애정 어린 누군가가 들어와서 사람들의 관심과 애정을 앗아가 버릴까 봐 불안해지게 된다. 영화 〈위험한 정사(Fatal Attraction)〉에서는 상대에게 주어지고 그 답례로 요구되는 지나친 양의 흥미와 전념을 보여 주고 있다.

자만은 2유형이 자신의 욕구와 한계를 부인하는 모습에서도 나타난다. 사람들이 자신에게 의지하기 때문에 이들은 하루 종일, 일주일 내내 대기 중인 상태다. 이들은 사람들이 자신을 필요로 할 때마다 언제든지 준비가 되어 있다. 하지만 자신은 필요한 게 없다고 주장하며, 자신을 위한 시간은 쓰지 않는다. 그렇기에 2유형의 배터리는 재충전되지 못한다. 당연스럽게도 2유형은 극도의 피로에 제일 노출된 예비후보다.

이들의 자만은 중요한 사람들과 가까워지기를 추구하고, 핵심 집단과 함께하고 싶어하며 이들로부터 관심을 받고 싶어 하는 모습에서 나타난다. 2유형은 힘 있고 영향력 있는 사람들 곁에 있기를 좋아한다.

자만은 근원적인 낮은 자존감을 대신하도록 자아를 부풀린다. 불행하게도 2유형이 얻어 내는 모든 관심과 찬사, 감사는 이들의 거짓 성격을 부풀리는 것에만 기여할 뿐이고 영양분을 공급받지 못한 2유형의 진정한 자기에는 아무 것도 주지 않는다. 그래서 2유형은 만족감과 가치감을 느끼기 위한 끊임없는 시도로, 더한 인정과 허용을 얻기 위해 힘들게 나아가고 더 도와야 한다.

도식 회피

2유형은 자기 스스로는 충분히 가치 있지 않다는 부적응적 도식을 작동시키기를 회피하지만, 자신의 욕구 표출을 부지런히 회피하고, 자신의 욕구를 다른 사람들에게 투사하며, 사람들의 필요를 향해 관심을 돌리고 자신의 내적인 선호도와 갈망, 바람에는 관심을 두지 않는 모습이 됨으로써 돌봄을 통해 보살핌을 얻어야만 한다고 여긴다.

2유형은 자신이 되기를 회피하고, 거절당하거나 버림받지 않을 것이라는 보장을 확실히 하기 위해 반드시 해야 하는 일들을 하며, 사람들에게 다가가고 가까운 상태를 유지함으로써 혼자가 되고, 따로 떨어지며, 분리되는 두려움을 피한다. 어느 워크숍에서 한 2유형은 자신의 45세 생일 때 처음으로 혼자 방에서 잤다고 말했다. 그녀는 자라면서 여동생과 방을 같이 써 왔는데, 결혼하기 전까지 결코 혼자 살아 본 적이 없었다. 결혼하고 나서는 하루라도 남편과 떨어졌던 적이 없었다. 그녀는 마침내 워크숍 때문에 집을 떠나와 혼자되는 것에 대한 자신의 두려움을 마주하고 났을 때, 약간의 사생활과 고독이 줄 수 있는 멋진 감정을 깨닫게 되었다.

회피 영역

앞에서 보았듯이 2유형은 특성상 자신의 욕구를 회피한다. 이들의 주관적인 패러다임의 규칙에 따르면, 이들은 도움을 주는 사람이면서 동시에 도움을 받는 사람일 수 없다. 그래서 도움이 필요한 부분은 억압되고 다른 사람들에게 투사된다. 2유형은 도움을 주는 사람이고 우리는 도움을 필요로 하는 사람들인 것이다. 2유형은 도움을 필요로 하고 의존적인 사람들을 찾아내기 때문에, 만약 당신이 이들을 필요로 하지 않는다면 2유형은 당신과 어떻게 관계해야 할지 모를 수도 있다. 나는 신경증이 있는 여자들과만 사귀었던 한 남학생을 알고 있다. 그는 자신의 조언과 충고가 필요 없었던 건강한 여자친구와는 어떻게 소통해야 할지 알지 못했다.

이렇듯 2유형은 한쪽 끝에는 도움을 주는 사람(2유형)과 다른 쪽 끝에는 도움을 받는 사람(상대)이 있는 양극성을 유지한다. 2유형에게는 통합적인 패러다임이 이들과 상대가 서로 도와주는 사람-도움 받는 사람의 측면을 결합할 수 있도록 해 줄 것이다. 이렇게 되면 2유형은 도와주는 사람이 도움받는 사람에게로 향하는 형태 대신, 도와주는 사람과 도움받는 사람 그리고 도움받는 사람과 도와주는 사람의 형태를 갖게 된다. 최소한 이는 융을 기쁘게 해 줄 것이다.

2유형은 자신의 욕구가 어째서인지 용납할 수 없고, 부적절하며, 심지어는 죄 많은 것이라고 믿게 되었다. 상처 입은 치료자로부터 누가 도움을 받으려 하겠는가? 그래서 2유형은 '아우르는' 이미지를 반드시 유지해야 한다고 생각한다. 만약 자신이 무언가 필요로 하는 모습으로 보인다면 도움 주는 사람으로서 폐업하게 될 수도 있는 것이다.

2유형은 독립적이고 자급자족적인 모습으로 보이기를 원하지만, 사실은 다른 이들의 관심과 허용, 인정에 굉장히 의존한다. 이들도 우리처럼 사랑과 배려, 수용을 필요로 한다. 그렇지만 불행하게도 이들의 불완전한 렌즈는 2유형이 자신이 원하는 것을 직접적으로 청하는 것을 허락하지 않는다.

2유형은 당신에게 무언가 해 줌으로써 당신도 자신에게 그 보답으로 같은 것을 해 주기를 바란다. 어찌됐든 이들은 당신의 필요에 민감하고 당신이 말하기도 전에 원하는 것을 아니까 말이다. 어째서 당신은 이들만큼 이들의 필요에 민감하고 관심을 줄 수 없는 것인가? 그러면 이들이 자신의 필요를 표현하지 않아도 될 텐데 말이다.

2유형의 왜곡된 패러다임 안에서는, 상대가 2유형의 필요에 대한 책임을 져야 한다. 2유형이 필요로 하고 관심을 갖는 욕구를 다른 사람들이 알아차려야 하는 것이다. 그렇게 되면 2유형은 자신이 원하는 것을 말할 필요가 없게 되고, 도움이 필요한 모습으로 보이는 것을 피할 수 있으니 말이다.

2유형은 혼란 경계를 갖고 있다. 이들은 한편으로는 다른 사람들의 필요를 자신의 경계 안으로 가져와 책임을 지지만, 다른 한편으로는 자신의 필요를 그들의 경계 속으로 가져가서 책임져 주기를 기대한다. 이는 종속 의존적인 대인관계 유형의 모습이다. 각자 자신의 욕구를 갖고 그에 대한 책임을 지며, 상대도 그렇게 할 수 있도록 둘 때 더 명확한 경계가 세워질 수 있다.

2유형 안에는 억압의 정도가 있다. 가장 깊은 억압 수준에 있는 일부 2유형은 어떠한 욕구도 자각하지 못한다. 이들에게 무엇을 필요로 하는지 혹은 원하는지를 물으면 대답은 멍한 표정으로 되돌아온다. 이게 바로 억압이 효과적으로 작용하고 있다는 사실을 보여 주는 것이다. 5유형에게 무엇을 느끼고 있는지 물어볼 때나 3유형에게 어느 부분에서 실패했는지를 물어볼 때, 혹은 어느 유형에게든지 그들이 회피하고 있는 영역에 대해 물어볼 때 이와 비슷한 멍한 대답이 나온다. 완전히 억눌린 2유형은 자신이 아무것도 필요로 하지 않는다고 믿는다. 그리고는 초점을 당신에게로 돌려 이렇게 물을 것이다. "당신은 무엇이 필요한가요?" "내가 당신을 위해서 해 줄 수 있는 게 있을까요?"

이보다는 덜 억압된 수준에 있는 2유형은 자신이 원하는 것 또는 필요한 것을 인지하고는 있지만 이를 표출하려고 하지는 않는다. 이들의 삶의 임무는 상대가 고난을 견디는 것을 도와주거나 상대가 짐을 덜 수 있도록 도와주는 것이다. 이들은 자신의 욕구로 상대를 압박해서는 안 된다고 여긴다. 2유형의 자만의 격정은 여기서 개입하게 된다. 왜냐하면 2유형은 사람들이 스스로 짐을 지기에는 너무 나약하다고 여기기 때문이다.

2유형의 자아상과 일치하는 특성들은 이들의 자기 경계 속에 포함되어 있으며 '나' 목록에서 찾을 수 있다. 2유형의 자아상과 상반되는 특성들은 억눌려 있거나 이들의 자기로부터 튀어나오게 되며 '내가 아님' 목록에서 찾을 수 있다.

2유형은 투사와 투사적 동일시를 할 때, 우리같이 도움을 필요로 하고 이기적이며 무신경하고 거리를 두며 배려심 없는 사람들로 둘러싸인 자신을 발견한다. 그러니 2유형이 자신의 욕구가 충족되는 것에 대한 희망을 상실하고 이를 요구하려 애쓰지도 않는 모습은 당연한 것이다! 벼룩의 간이라도 빼 먹기 위해서 2유형은 우리를 안아 주고, 따뜻하

표 11-1 2유형의 자아도식

나	억압	내가 아님
도움을 줌		이기적임
(사람들이) 필요로 함		도움을 필요로 함
없어서는 안 됨		쓸모없음
너그러움		인색함
지지적임		파괴적임
동정적임, 동조함		무심함
우호적임		매정함
돌봄		거리를 둠
연민 어림		주지 않음
사려 깊음		폭력적임
마음이 부드러움		둔감함
보살핌		감상적이지 않음
애정 어림		잔인함
상냥함		혐오함
공감적임		엄함
단언함		대립을 일삼음
자기 희생적임		무관심함
관계적임		자기 중심적임
느낌		혼자 있기를 좋아함
환영함		의기양양함
친절함		비열함
언제든 준비됨		냉담함
따뜻함		차가움
불분명함		다루기 힘듦
사람을 사랑함		만날 수 없음, 가능치 않음
남 위주임		사물을 사랑함
남의 말을 잘 들어주는 사람		자기위주임
칭찬함		비판적임

게 감싸 주며, 사랑해 주고, 우리의 필요가 확실히 충족되게 해 주어야 한다. 그러다 보면 2유형은 우리로부터 오는 관심 부스러기라도 얻게 될 수 있는 것이다.

'나' 특성은 다가가는 성향과 어우러지는 반면, '내가 아님' 특성은 대항하는 에너지(파괴적이고, 무정하며, 거친 모습 등)와 멀어지는 에너지(인색하고, 냉담하며, 차가운 모습 등)를 갖고 있다는 점에 주목하라. 2유형은 자신을 다른 사람들에게 넘겨 주어 왔기 때문에 이러한 대인관계 성향과 연결되는 것에 문제를 겪는다.

곧 이에 대한 자세한 모습을 살펴보겠지만, 2유형은 안정적인 상태와 스트레스 상태에 있을 때 각각 8유형과 4유형의 높은 수준 측면으로 변화한다. 8유형 에너지는 대항하는 경향을 보이는 반면, 4유형 에너지는 멀어지는 성향을 보인다. 2유형은 자신의 다가가는 에너지를 보완하기 위해서 자신 안에 있는 8유형과 4유형 전략에 접근할 수 있다. 하지만 2유형은 그동안 이 접근법들에 나쁜 평가를 내려 왔기 때문에 아마 이 방향들로 가는 것에 불편함을 느끼고 저항할 것이다.

2유형은 자신의 화를 내고 냉담하고 이기적이며 도움이 필요한 부분들과 친해질 필요(계속해서 필요라는 단어를 써야 하는 것에 유감을 표한다)가 있으며, 경계를 세우고 아니라고 말하며 뒤로 물러나고 자신을 돌보는 것도 괜찮다는 사실을 발견할 필요가 있다. 이는 8유형 패러다임의 높은 수준 측면이다. 아마 이들은 자신의 '이기적인' 측면을 자기 돌봄으로, '사려 깊지 못한' 측면은 독립성으로, '가능치 않은' 측면은 자신에게 집중하는 모습으로 재명명해야 할 것이다. 4유형의 높은 수준 측면은 이러한 진정한 자기의 추구를 허용하며, 심지어 격려하기까지 한다. 2유형은 자신의 '냉담하고' '거리를 두며' '무신경한' 모습들이 정말로 긍정적인 의도, 즉 이들이 다른 사람들을 사랑하는 만큼 자신도 사랑하게 하기 위함이라는 의도를 갖고 있다는 점을 알게 되기도 한다.

다른 성격 패러다임들처럼 2유형도 나/내가 아님 양극성의 모든 측면을 아우르는 자기 개념을 필요로 한다. '상처 입은 치료자'라는 표현은 '상호의존' '상호 돌봄' '교류' 또는 '교류-직류'처럼 두 측면을 모두 잡아낸다.

방어기제

2유형의 주관적인 패러다임 안에서 도움을 필요로 하는 모습은 도움을 주는 모습과는 맞지 않기 때문에, 2유형은 자신의 필요가 인식되지 않도록 유지하고 자신의 이상화된 자아상으로 들어오지 않게 하기 위해 억압에 의존한다. 이렇게 2유형은 사람들에게 자신의 욕구를 투사하고, 다른 사람의 필요를 돌봄으로써 자신의 결핍이 돌봄받는다는 생각으로 자신을 속인다. 이들은 자신의 더 부드러운 감정과 다가가는 성향을 더 편안해하기 때문에 화, 분함과 같은 거친 감정은 억누르고 싶어 한다. 또한 다른 사람의 불충분한 감사의 반응에 실망감을 느껴도 처음에는 이 불만족 역시 숨긴다.

2유형의 이러한 억압은 압박 속에 사는 모습의 결과를 낳는다. 이들은 자신의 필요는 미루고 부인하며, 다른 사람들을 돌본다. 이들이 결국 기력을 소진하고 피로해졌을 때 그리고 이들의 억압 장벽 역시 닳아졌을 때 2유형은 과잉 흥분한 상태가 되며, 이들의 모든 억눌린 필요와 욕망은 표면으로 폭발해서 보통 자기 자신과 주변인들까지 놀라게 한다. 이제 2유형은 인정해 주지 않고 무신경한 다른 사람들의 모습을 비난하게 된다. '멸시받은 자/2유형의 분노'가 유발되는 것이다. 이는 삼각형 시나리오에서 2유형이 순교자에서 박해자의 역할로 변화하는 지점이다. 곧 살펴보겠지만, 간단히 말하면 이는 2유형의 왜곡하는 렌즈에서 8유형의 주관적인 패러다임의 낮은 수준 측면으로 이동하는 패러다임 변화를 나타낸다.

앞에서도 보았듯 2유형이 이러한 폭발을 회피하는 한 방법은 자신의 필요에 대한 소유권을 취하고 책임을 지며, 자신이 원하는 것을 청하기 위해 내가 아님의 요소들을 나 특성으로 포함시키는 것이다.

자신이 원하는 것을 요구할 수 있을 때, 2유형은 주된 패러다임 변화를 이루게 된 것이다. 만약 이들이 한 번도 그런 간 떨어지는 행동을 해 보지 않았다면 말이다.

나는 한 2유형 여성을 기억한다. 그녀는 전통적인 기독교 가정에서 자랐고, 계속해서 하나님이 자신에게 요구하시는 것에는 항상 "네." 해야 한다고 들어 왔다고 했다. 나는 그녀가 하나님의 요구 중 하나에라도 "아니요."라고 말하는 날이 진주빛 문이 활짝 열리고, 그녀가 하나님의 품으로 인도되며, 그녀가 천국의 보상을 받는 날이 될 것이라고 재담을 했었다. 2유형이 "네." 하는 것은 반사적이며 쉬운 일이다. 그렇지만 "아니요." 하는 것은 용감하고 성스러운 일이다.

주요 취약점

혼자되고 분리되는 것은 2유형에게는 민감한 영역이다. 이들은 관계하는 것과 연결되는 것을 귀중히 여기기 때문에, 이들이 느끼기에 거절하고, 분리하며, 고립시키고, 내버려 두는 분위기의 대인관계적 상호작용에는 특히 민감하다. 비판은 사랑받지 못함으로 해석된다.

거절에 대한 자신의 취약점이 위협받을 때, 이들의 부적응적 도식이 일어나기 쉽다.

"나는 중요한 사람이 아니야."

"나는 쓸모 있지 않아."

"나는 없어서는 안 되는 사람이 되어야만 해."

"너는 나보다 더 중요해."

"나는 다른 사람들 없이는 충분하지 않아."

"내가 너랑 연결된다면, 너도 나와 연결되고 싶을 것이고, 그러면 나는 인증받을 거야."

"나는 다른 사람들을 믿거나 신뢰할 수 없어. 그건 전적으로 내게 달려 있어."

"내 필요가 채워지기 전에 다른 사람의 필요가 먼저 채워져야만 해."

"나 자신을 위해 하는 것은 괜찮지 않아."

"나는 분리되고 독립적이면서 동시에 사랑받고 연결될 수 없어."

2유형의 방어 전략은 자신이 거절받고 혼자 남겨지지 않음을 확실히 하기 위해 설계된 것이다. 만약 분리나 방종이 감지되면, 이들의 거짓 성격은 그곳에 자리하여 자신의 도움되는 모습의 자아상을 자랑스럽게 알리고, 이들의 자만은 2유형을 부풀리고 에너지를 공급하며, 자신의 필요를 억누르고 감지된 다른 사람들의 요구에 자신을 맞춘다. "만약 내가 너에게 중요한 사람이고 너의 모든 필요를 충족시켜 준다면, 너는 나를 떠나지 않을 거야." 제정신인 사람이라면 자신의 없어서는 안 될 탯줄, 호흡 보조 장치, 신장 투석 기계 등과 분리되고 싶어 하겠는가? 2유형은 자기대상이 되고, 사람들이 내면화하고 스스로 해야 하는 것들을 그들을 위해 해 주면서 살아간다.

역설적이게도 이 전략은 2유형으로 하여금 자신의 필요는 뒤로 놓아 둠으로써 자신을 버릴 수밖에 없게 만든다. 이들의 왜곡하는 렌즈는 이들이 피하려고 하는 바로 그 대상을 불러온다. 사람들이 2유형에게 그들의 애정과 인정을 자발적으로 표현할 기회를 가지게 되기도 전에 사람들을 돕고 섬김으로써, 2유형은 사람들이 자신을 정말로 신경 써 주는지, 아니면 자신이 이 연결 관계와 친밀함을 다시 한 번 회유해서 얻어 냈는지 결코 확신할 수 없게 된다.

또한 2유형이 지나치게 배려하고 숨 막히게 할 때, 사람들은 이들을 밀어내거나 이들로부터 멀어지려는 경향을 보인다. 이에 따라 2유형의 도움 전략은 역효과를 낳게 되고, 이들은 결국 거절감과 버림받았다는 감정을 느끼게 된다. 이들이 줄곧 두려워했던 그 일인 것이다.

그렇게 2유형의 방어 전략은 이들이 정말로 원하는 것, 즉 연결되고 보살핌받고 사랑받고 원함받고 자신이 남을 위해 할 수 있는 것 대신 자신이 필요함 받는 느낌을 얻게 해 주지 못한다.

만약 2유형의 주요 취약점이 위협받을 때 이들이 자신의 본질의 중심에 머무른다면, 이들은 주고 또한 받음의 흐름이 일어나도록 허용하게 된다. 이들의 객관적 패러다임은 사랑이 자신 안으로 흘러서 밖으로도 나오게 하는 교류를 받아들인다. 겸손의 미덕은 이들의 정신의 토양을 비집어 열어, 2유형이 마시기만 한다면 가능할 수 있게 미덕을 보살핌 속으로 스며들 수 있게 한다. 은혜를 받으려면 2유형은 반드시 은혜에 열려 있어야 한다. 이들의 내적 자유는 신과 은혜가 참자기 속으로 들어올 수 있게 허용하며, 그러고는 참자기를 통해 다른 사람들에게로도 돌려진다. 신이 무엇보다 바라는 것은 우리가 자신을 사랑받는 사람으로 경험하고 그 사랑을 자발적으로 돌려주는 것이다.

성장 과정

사랑받고, 그 보답으로 사랑하고 싶은 갈망은 모든 인간의 마음속에 뿌리박고 있다.

충분히 좋은 공감적 환경일 때 존중받고 보살핌받고 싶은 우리의 욕구가 충족되며, 우리의 사랑할 수 있는 잠재력은 상호적으로 긍정하고 만족시키는 친밀한 관계를 위한 성숙한 능력 속에서 완전히 표현되며 촉구되고 조성된다.

그다지 좋지 않고 공감적이지 않은 환경에 있을 때 우리의 욕구는 과해질 수 있다. 만약 2유형이 자기 자신으로 충분히 긍정받지 못하고 이들의 관심과 허용을 향한 욕구가 충분히 충족되지 않는다면, 이들은 취약한 자기를 지키고 자신의 욕구를 충족시키기 위해 자신이 할 수 있는 최선을 다해서 대인관계 전략을 맞춰야 한다.

2유형에게 "불친절한 환경에서 당신은 어떻게 살아남나요?"라고 물어보면, 이들은 사랑을 향한 자신의 건강한 핵심 가치관 성향을 과하게 늘려 사용하는 것이라고 대답한다. 2유형은 사람들을 기쁘게 하고, 사람들에게 친절하고, 욕구를 들어주고, 그들이 원하는 것을 주고, 자신의 적을 사랑함으로써 살아남는다. 그대로라면 그들은 나를 좋아하게 될 것이고, 해치지 않을 것이며, 그 보답으로 나에게도 좋은 모습을 보일 수도 있는 것이다. 2유형은 가정의 돌봄이가 됨으로써 생존해 왔다.

2유형은 사람들이 원하고 필요로 하는 것을 파악할 수 있게 해 주는 대처 패러다임을 기르고, 그런 뒤 '사람들을 위해 무엇이든 될 수 있는' 능력을 연마해 왔다. 이들은 다른 사람의 필요를 충족시켜 주기 위해 자신을 바꾸는 것이 자신과 자신의 필요에 충실한 상태로 남아 있는 것보다 더 효과적이라는 것을 알아냈다.

2유형은 관심과 사랑을 얻기 위해 다정하고, 재밌고, 귀엽고, 즐겁게 해 주고 매력적인 모습이 되는 법을 배웠다. 사람들에게 다가가는 것은 그들에게 대항하거나 멀어지는 것보다 성공적이었다.

2유형은 엄마의 도우미이자 아빠의 귀여운 딸이 되는 것으로 보상받았다. 이들은 자신 그대로의 모습보다 자신이 할 수 있는 일에 대해서 인정받았다. 그리고 이들은 사람들이 자신이 무엇을 느끼는지, 무엇을 선호하는지, 무엇을 필요로 하는지에 대해서는 그다지 많이 묻지 않았다는 점을 알게 되었다. 그래서 2유형은 자신도 이런 질문들을 스스로 묻는 법을 배우지 못했다. 이들의 관심은 자신의 내적 역동을 관찰하는 것보다는 바깥으로 향해 사람들 주위를 맴돌았다. 그렇게 이들은 다른 사람을 기쁘게 해 주는 것이 자신을 기쁘게 하는 것보다 더 낫다는 것을 발견했다.

종종 2유형은 부모와 가족에게 감정적 지원을 해 주어야 했다. 이들은 어느 정도의 보답을 받으며 부모와 배우자의 역할을 대신하고, 감정적 또는 신체적으로 부재한 부모의 자리를 채웠다.

이들의 가치는 점차 남을 향한 봉사에 기반을 두게 되었다. 이들은 필요로 함을 받을 때 중요하고 주목받는 사람인 것이다.

만약 전통적이고 종교적인 가정에서 자라온 2유형이라면, 아마 종교 역시 자신의 희생적이고 헌신적인 행동을 보상해 주었다는 점을 발견할 것이다. 경건하고 성스러운 사람들은 자신보다 남의 필요를 먼저 두어야 한다는 기대를 받는다. 받는 것보다 주는 것이 복되다는 것이다. 어떠한 강요된 모습도 성자의 자격으로 고려될 수 있다. 심지어 사생활을 사랑하는 5유형도 수도원 생활 모습 같은 침묵을 유지한다면 성인의 자격을 추천받을 수도 있다.

신체적 특징

2유형은 팽팽하고 긴장된 모습의 이웃인 1유형보다 부드러운 모습이다. 1유형은 꽤 단단하고 더 뻣뻣하며 윤곽이 명확한 외형인 반면, 2유형은 그보다는 덜 또렷한 윤곽을 보인다. 2유형은 좀 더 부드럽고 둥근 외형을 드러낸다. 르네상스 시대의 네덜란드 인물화법을 루벤스 화법의 풍만한 기법과 비교해 보라. 1유형의 눈은 밝고 좁혀져 있으며 마음속을 꿰뚫어 보는 듯이 날카롭고 단호하게 응시한다. 2유형의 눈은 더 부드럽고 확장되어 있으며 애정 어린 받아들임과 함께 더 유순한 모습이다.

아리카 전통의 얼굴 분석에 따르면, 2유형의 오른쪽 눈썹은 왼쪽 눈썹보다 더 긴장되어 있으며 위나 아래로 향해 있기도 하다. 오른쪽 눈썹 아래는 어느 정도 부어 있는 형태일 때도 있다.

의사소통 방식

2유형의 의사소통 유형은 유창한 칭찬과 아부성이 있는 말들 그리고 기꺼이 조언을 주려는 모습으로 특징지어진다. 이들 입에서 흘러나오는 칭찬은 마치 벌집에서 꿀이 흘러나오는 것과 같다. 이러한 칭찬은 진실된 것이며 꼭 답례로 허용을 얻어 내려는 의도는 아니다. 이들은 2유형의 감탄하고 지지적인 본성에서 나오는 자연스러운 분출이다.

2유형의 목소리는 이들의 몸가짐과 일치하는 온화하고 달래는 듯한 성향을 띠는데, 이는 1유형의 더 딱딱하고 날카로운 '똑바로 앉아서 집중해'의 목소리와는 대조를 이룬다. 2유형의 목소리는 이들의 공감적인 '내게 무엇이든 말해도 돼'의 태도를 나타낸다.

2유형은 일대일의 친밀한 대화를 선호한다. 파티 같은 곳에서 보면 2유형이 조용한 구석에서 누군가와 둘만의 사담을 길게 나누고 있는 모습을 자주 볼 수 있다. 반면, 이웃 유형인 3유형은 참석자들과 의욕적으로 상호작용하며, 다음 전망으로 넘어가면서 당신을 환영하기 위해 잠시 멈추는 모습을 보인다.

패러다임 변화

에니어그램에서 2유형이 자신의 풍부한 자원 상태와 부족한 자원 상태에 접근했을 때

	안정적 상태	스트레스 상태
풍부한 자원 상태	+4	+8
부족한 자원 상태	−4	−8

그림 11-1   2유형의 심리적 자원 패러다임 변화

일어나는 역동을 묘사한 것처럼, 에니어그램은 2유형이 스트레스 상황과 안정적 상황에 있을 때 일어날 법한 패러다임 변화를 예측한다.

스트레스 상태

내적 스트레스 상태(예: 불안, 우울, 분함, 실망 등) 또는 외적 스트레스 상태(예: 과로, 사람들로부터의 과한 요구, 불충분한 보상 상황 등)에 있을 때, 2유형은 자신의 왜곡된 렌즈로 세상을 바라보는 모습에 의지하게 되거나, 8유형 패러다임의 왜곡하는 렌즈에 의존하게 되거나, 8유형의 건강한 관점을 자진해서 선택하게 될 수 있다.

Sheet 11-1 사랑욕구의 왜곡렌즈

> 2유형의 왜곡하는 렌즈를 착용하는 것:
> 자신의 낡고 불완전한 렌즈를 사용하는 것

2유형은 자신의 왜곡하는 렌즈를 사용하는 것을 고집할 때, 상황을 해결하고 자신의 욕구를 충족시키기 위해 계속 같은 방식을 시도한다. 즉, 자신의 도움 행위와 구조 전략을 늘리는 것이다. 이들은 계속해서 사람들로부터 더 많은 관심과 허용을 얻으려 시도한다. 이들은 사랑과 가치감 그리고 행복감을 얻기 위해 자신의 바깥을 거듭 수색한다.

하지만 이들은 잘못된 영역에서 잘못된 방식으로 사랑과 허용을 찾고 있기 때문에, 같은 일을 반복하는 것은 그저 같은 결과, 즉 공허함과 좌절감을 줄 뿐이다. 어째서일까? 왜냐하면 이들은 자신의 성격 또는 자아에 영양분을 공급하고 있는 것이지 진실된 자기를 돌보고 있는 것이 아니기 때문이다.

Sheet 11-2 힘의 영역을 왜곡하는 렌즈

> 8유형의 왜곡하는 렌즈를 착용하는 것:
> 다른 사람의 낡고 불완전한 렌즈를 사용하는 것

마침내 자포자기하거나 체념한 채로 포기할 때, 2유형은 역설적이게도 자신의 타고난 재능을 포기하게 되며 8유형의 왜곡하는 패러다임과 부족한 자원 상태의 전략을 취하게 된다. 다시 말하면, 이들은 자신의 선천적인 상냥함, 연민, 천진무구함과 연결을 잃고, 냉정하고 공격적인 모습이 된다. 이들은 자신의 상처와 버려진 내면 자기를 보호하기 위해 단단한 껍질을 쓴다. 이들은 다른 사람들로부터 싫증나고, 불신하는 모습이 된다. 따뜻하고 개방적이며 우호적인 모습 대신, 이들은 주지 않고 퉁명스러우며 차단된 모습이 된다.

이들은 과도하게 독립적인 태도를 취할 수 있다. "난 네가 필요 없어. 그리고 너도 너 알아서 해. 나도 혼자하고 너도 혼자 하면 돼." 이들은 더 이상 다른 사람들을 돕기를 거부한다(최소한 당분간이라도). 그리고 도움을 청하는 대신 이들은 다른 사람들이 필요 없다고 우긴다.

구조 삼각형의 자취를 따라온 2유형은 **구조자**에서 **피해자** 그리고 **박해자**로 바뀐다. 박해자 역할이 되면 2유형은 8유형 패러다임의 왜곡된 모습과 가장 유사해진다. 이들은 자신의 환상 속이나 **위험한 정사** 같은 행동화 상태에서 자신에게 고마워하지 않거나 사랑을 충분히 되돌려 주지 않는 사람들을 향해 복수심에 불타고 앙심을 품은 모습이 될 수 있다. 성질나고 신경질 나는 이들은 사람들을 책망하며, 사람들이 자신을 학대하고 인정해 주지 않았다는 죄책감을 느끼도록 조종하려 하게 된다.

자신의 필요를 회피하는 모습과 더불어 이들은 모든 약한 형태를 피하기 시작한다(이는 편향된 8유형 패러다임의 금기 사항과 같다). 이 모습은 과도한 독립성과 강인함의 한 부분이다. 2유형은 다른 사람들과 자신에게 덜 개방적이 된다. 또한 이들은 자신과 공감해 주고, 긍정해 주고, 받아들이는 모습 대신 자신을 더욱 회피하고 거부한다.

Sheet 11-3 힘의 영역을 바로잡는 렌즈

> 8유형의 바로잡는 렌즈를 착용하는 것:
> 새로운 관점을 얻는 것

2유형은 더욱 강인한 방식을 취해 건강한 8유형의 관점과 **타협**으로 패러다임 변화를 의식적으로 할 수 있다. 이렇게 할 때 이들은 자신의 필요에 책임을 지고, 자립하며, 자신이 원하는 것을 위해 협상하게 된다.

경계 설정은 자신과 남을 모두 지켜 준다. 통합된 8유형은 경계가 잘 구분된 영역을 지니는 경향을 보인다. 이런 8유형은 자신의 책임과 다른 사람들의 책임에 대해 명확히 알고 있다. 게슈탈트 심리요법의 창시자 중 한 명이자 아마도 8유형이었을 프리츠 펄스는 자신의 신조에 따라 이 구분을 분명히 명시했다. "나는 당신의 기대에 부응하려는 것이 아니며, 당신도 나의 기대에 부응해야 하는 것이 아니다. 나는 내 것을 한다. 그리고 당신은 당신 것을 하면 된다."

성공적인 협상은 두 상대 모두 명확하고 완전하게 그들이 원하는 것을 표현하는 것을 요한다. 그렇게 하면 두 쪽 다 서로의 필요를 충족시키는 방향으로 갈 수 있다. 필요가 숨겨진 채로 남아 있거나 부분적으로만 표현될 때에는 문제와 억울함, 의사를 방해하는 벽이 나타나게 된다.

2유형은 협상하려고 노력할 때, 다른 사람들이 그들이 원하는 것을 말하자마자 자신의 요구조건을 표현하는 것은 잊어버리고 즉시 이 사람들의 욕구를 들어주는 방향으로 이동한다. 그래서 2유형은 처음부터 과정 안에 자신의 필요를 확실히 끼워 넣어 두어야 한다. 만약 사람들이 그들의 필요가 있어야 할 자리에 아무것도 요구하지 않으면, 그들은 아무 것도 얻지 않는 것이다. 당신은 당신이 요청한 것만 얻으면 된다.

8유형 패러다임으로 인해 조성된 주장 능력은 2유형이 얼버무리는 모습 대신 직접적이고 단호하게 자신이 원하는 것을 말할 수 있도록 도와준다. 2유형은 그 "아니."가 완전한 문장이라는 것을 기억해야 한다. 또한 8유형의 법칙은 다른 사람보다 자신의 필요를 먼저 주장하는 것이나 최소한 다른 사람들과 균등한 위치에 있는 것을 옳게 여긴다.

비행기의 안전 수칙이 2유형에게 도움이 된다. 산소 부족 사태가 발생하면, 먼저 자신의 얼굴에 마스크를 착용하고 그 다음 아이에게 마스크를 착용시켜 주어라. 이 지시는 확실히 2유형이 쓴 것은 아니라는 것을 알 수 있다! 이처럼 만약 당신이 기력소진과 과로로 쓰러질 지경이 되면 다른 사람들에게 그다지 쓸모 있지 못할 것이다. 먼저 자신을 돌보는 것이 당신이 더 잘, 그리고 더 길게 사랑할 수 있게 해 준다.

자신의 내면의 힘과 연결되는 것 역시 2유형의 자존감과 자기 효능감을 향상시켜 준다. '난 이걸 할 수 있어. 나는 이것들을 마무리할 수 있어.'라는 8유형의 자기 개념은 2유형의 자기 개념을 넓혀 줄 수 있다.

또한 8유형의 직설적이고 간단명료한 태도는 2유형의 애매모호한 렌즈를 수반할 수 있는 일부 혼란스러운 사고를 잘라 낼 수 있다. 대인관계와 감정을 발전시키는 데 에너지를 쏟는 2유형은 종종 자신의 변별능력과 명료함을 약화시킨다.

자신의 진실한 감정, 욕망, 욕구와 연결된 상태일 때 2유형은 8유형 같이 '있는 그대로 말할 수' 있게 된다.

8유형 패러다임으로 변화하는 것은 2유형이 자신의 선천적으로 다가가는 경향으로부터 맞서서 움직일 수 있는 능력에 접근할 수 있도록 해 준다. 이제 이들은 남을 위로해 주는 것 뿐 아니라 도전할 수도 있게 된다.

안정적 상황

Sheet 11-4 사랑욕구의 바로잡는 렌즈

2유형의 바로잡는 렌즈를 착용하는 것:
자신의 관점으로 또렷이 보는 것

여유롭고 확실한 환경에 있을 때 2유형은 자신의 유형의 분명한 시야와 풍부한 자원능력에 접근할 수 있게 된다. 이 영역에서 2유형은 사람들이 정말로 자신의 도움을 필요로 하는 것인지, 아니면 자신이 도와야 하는 필요 때문에 사람들에게 개입하는 것인지 좀 더 공정하게 분별할 수 있게 된다. 겸손의 정신으로 2유형은 사람들이 필요로 하는 것과 제대로 받을 수 있는 것을 좀 더 현실적으로 살펴본다. 그리고 자신을 고갈시키지 않는 만큼 줄 수 있는 것을 가늠한다. 자기 돌봄과 다른 사람을 돌보는 것 모두 동일한 순위를 지닌다.

이러한 적응적인 모습에서의 2유형은 자신의 필요에 책임을 지며 다른 사람들도 그들의 필요에 스스로 책임을 지게 한다. 2유형은 자신이 과하게 주고 과하게 일하면 다른 사람들을 어린아이 취급함으로써 그들의 자존감을 앗아 갈 수 있다는 것을 깨닫는다. 이들은 결핍 동기로부터 인정과 허용을 필요로 하기 때문이 아닌, 내면의 충만함으로부터 그저 자신이 원해서 주게 된다.

　본질 상태에 있는 2유형은 자신의 참자기와 필요, 선호 경향, 욕망과 연결을 이룬다. 그리고 페르소나를 써서 다른 사람들의 기대와 바람을 충족시켜야 한다는 경계 태세에 들어가지 않은 채로 자신의 내적 의견을 마음껏 표출한다.

Ｓheet 11-5　독특영역의 바로잡는 렌즈

> 4유형의 바로잡는 렌즈를 착용하는 것:
> 또 다른 관점을 얻는 것

　최고조로 기량을 발휘하는 상태에 있을 때의 2유형은 4유형 패러다임의 바로잡는 렌즈를 착용한다. 4유형의 건강한 측면으로의 변화가 일어날 때, 카렌 호나이의 용어를 사용하자면, 2유형은 자기를 잊는 경향 대신 자기 표현적인 본성과 연결된다. 이들은 자신의 사랑스러움과 애정 어린 모습의 근원이 밖으로부터가 아닌 자신 내면으로부터 오는 경험을 하게 된다. 이들은 자신의 모습을 마치 비를 필요로 하는 빈 연못 대신 안에서부터 솟아오르는 샘물로 본다.

　이러한 삶의 내적 솟아오름은 예술적 표현을 통해 외적 형태를 얻는 창조성으로 자주 경험된다. 4유형은 선천적으로 자기 표현적이며, 이들의 훌륭한 예술적 창조물은 바로 자기 자신이다.

　2유형은 창조적인 모습이 될 때 균형, 휴식, 자기 변형, 건강한 자기 초월을 발견한다. 2유형은 그림이나 조각, 노래, 또는 시 쓰기를 하곤 했었지만 사람들을 돕는 일에 너무 바쁘고 많이 관여하게 되어 자신의 예술적인 모습을 사용하지 않게 되었다는 사실 때문에 꽤 자주 애통해한다. 아름다움과 문화에 다시 연결되는 것은 2유형에게 있어서 삶의 질을 향상시키고 이롭게 해 준다.

2유형은 돕는 것 외에도 다른 영역들에서 자기 가치를 느낄 근원을 찾을 필요가 있다. 이는 2유형의 패러다임 변화의 한 부분이다. 예술적인 창조성은 행복의 대체적인 근원이다. 통합된 2유형은 도움 주는 모습과 창조적인 모습을 결합한다.

내가 알고 있는 한 2유형은 심리학에 관한 책을 여러 권 집필한 작가다. 그는 자신의 작업이 자신의 주제에 대한 독특한 이해의 표현이자, 다른 사람들이 자기 자신들을 더 잘 이해할 수 있도록 돕기 때문에 그의 작업을 좋아한다.

내가 아는 또 다른 2유형은 도심 지역에 예약 없이 들를 수 있는 예술 스튜디오를 여는 것을 꿈꿨다. 그녀가 스튜디오 안에서 자신만의 예술적인 흥미를 추구하는 동안, 가난한 사람이나 나이 많은 사람들은 그곳에 들어와 자신들의 창조적인 사색과 감상을 표현할 수 있었다. 이는 2유형-4유형 조합의 창조적인 연계성을 분명히 보여 주며 다른 사람을 돕는 모습과 자기를 표현하는 부분을 결합하는 모습이다.

2유형에게는 나는 **특별**하다고 말하는 4유형의 이상화된 자아상을 말하고 믿는 것이 통합적인 모습인 듯하다. 이 모습은 4유형에게는 강박적인 상태일 수 있지만, 2유형은 자유롭게 해 주는 모습이다. 나의 필요도 너의 필요만큼 중요하니 동일한 위치에서 협상하도록 하자. 나는 다른 사람의 사랑을 받을 자격이 있으며, 내 도움의 행위에 대한 대가를 받기 위해서가 아니라 단지 나 자신을 위해 돕는 것이다.

2유형의 건강한 패러다임 변화는 자기희생 대신 자기 돌봄을 실천하는 것이다. "남에게 해 주어 왔던 것을 나 자신에게도 해라." 그리고 내가 남을 조종해서 나를 위해 하도록 만든 것들을 스스로 해라. 즉, 나 자신을 사랑해 주고 돌봐 주라는 것이다. 2유형은 자신을 돌볼 자격이 있다. 자신을 돌보는 모습 중 하나는 다른 사람들이 나를 사랑해 줄 수 있는 자유를 허락해 주는 것을 포함한다.

2유형에게는 자신의 욕구에 책임을 지고, 다른 사람들도 그들의 욕구에 스스로 책임을 지는 명확한 경계를 설정하는 것이 도움이 된다. 이는 상호의존에 대한 이야기다. 경계를 세우는 일은 다른 사람들 주위를 서성이며 그들의 필요를 살피는 모습 대신, 자신 안으로 돌아가 자신의 감정과 선호 경향에 연결되는 모습을 포함한다. 4유형의 패러다임으로 변화함으로써 2유형은 독립성과 고독을 경험하기 위해 사람들로부터 **멀어지는** 능력에 접근하게 된다.

🔍 **S**heet 11-6 독특영역의 왜곡하는 렌즈

> 4유형의 왜곡하는 렌즈를 착용하는 것:
> 시야를 더욱 흐리게 하는 것

자신이 안전하고 안정적이라고 느껴지는 상황에 있을 때, 2유형은 4유형 패러다임의 왜곡하는 관점으로 빠지게 되기도 한다. 이 상태에 빠지게 될 때 2유형은 나는 특별해라는 자기 문장을 내가 남을 위해 해 온 모든 것 때문에 나는 고귀한 위치에 있을 자격을 받았다는 모습으로 휘어 버린다. 신데렐라는 단지 왕자님이 오기만을 바란 것이 아니라 그가 자신을 공주처럼 대해 주기를 기대한 것이다. 이는 보완하는 2유형을 특징짓는 교만한 내가 먼저, 내가 중요해 태도다.

2유형은 구조 삼각형에서 피해자나 순교자 역할에 있을 때 4유형의 왜곡하는 렌즈로 세상을 바라본다. 이들은 자기 실현하는 모습 대신 자기 연민에 빠질 수 있다. 이들은 적극적·주도적인 전략을 취하는 대신 수동적·반응적 상태가 되어 환상화된 관계를 갈망한다. 이 상태에서는 우울감이 이들을 뒤덮기도 한다.

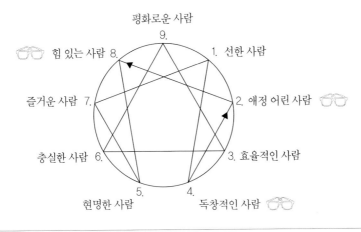

그림 11-2 2유형의 안정된 상황과 스트레스 상황에서의 패러다임 변화

인접한 유형

2유형은 양옆의 유형인 1유형과 3유형의 패러다임과 타고난 공통부분을 갖고 있다. 이 유형에 접근함으로써 2유형은 자신의 인지적·감정적·행동적 범위를 확장하게 되거나, 아니면 관점을 더욱 왜곡하게 될 수 있다.

Sheet 11-7 완전영역의 보완하는 렌즈

> 1유형의 보완하는 렌즈를 착용하는 것:
> 도움이 되는 관점

2유형은 1유형 패러다임의 풍부한 자원 상태와 동일시할 때, 현실을 좀 더 공정하고 정확하게 관찰하며 다른 사람들을 돌보는 것에도 더 공평해진다. 이들은 자신이 좋아하는 사람들이나 자신을 좋아 보이게 만들어 줄 사람들이 아닌, 단지 도움이 필요로 하는 사람들에게 준다. 그리고 사람들이 진정으로 필요로 하는 것을 주며, 2유형 자신이 주고 싶어 하는 것을 주는 대신 그들에게 그 선택을 할 권리를 준다. 또한 이들은 객관적인 기준으로 결정과 행동을 조율하며, 자기가 보기에 사람들을 기쁘게 해 주고, 행복하게 만들어 주며, 그 대가로 허용을 얻게 해 줄 일을 함으로써 규칙을 무시하거나 휘는 대신 원칙에 따라 사람들을 돕는다. 1유형의 적응적 특성을 체화한 2유형은 자기 자신과 자신이 원하는 것에 대해 솔직하고, 자신과 다른 사람의 필요의 상호 충족을 위해 공정하게 협상한다. 1유형의 규율은 2유형이 자신의 경계를 굳건히 하고 자신의 때로는 과민한 반응들을 자제할 수 있도록 도와준다. 그래서 분산되거나 불안정한 감정으로 반응하는 대신, 2유형은 상황을 바로잡거나 개선시키는 방향으로 에너지의 방향을 돌리게 된다.

Sheet 11-8 완전영역의 왜곡하는 렌즈

> 1유형의 왜곡하는 렌즈를 착용하는 것:
> 도움이 되지 않는 관점

2유형은 1유형 패러다임의 부족한 자원 상태와 편향된 관점과 동일시할 때, 특히 남을 돌보는 것과 관련해 비이성적인 이상과 기대를 밀고 나감으로써 자신의 욕구와 바람을 더 심각히 무시한다. 2유형은 사람들이 자신의 원조를 감사하지 않을 때 상처받을 뿐만 아니라, 자신의 친절에 화답하지 않는 사람들을 향해 비난하고 억울해한다. 1유형의 강한 완벽주의적 날개를 지닌 2유형은 행동하는 모습으로 휩쓸려 정의를 위해 과로하고 약자에 신경 쓰며, 자신을 충분히 돌보지 않고 개발하지 않게 된다.

Sheet 11-9 성취영역의 보완하는 렌즈

3유형의 보완하는 렌즈를 착용하는 것:
도움이 되는 관점

2유형은 3유형 패러다임의 풍부한 자원 상태와 동일시할 때, 더 조직적이고 집중적이며, 효율적이고 임무를 위임하는 모습이 된다. 이들은 혼자서 모든 걸 하지 않아도 되는 좋은 팀 플레이어다. 3유형의 능숙함은 2유형의 자존감을 늘려 주면서 또한 2유형이 더 효율적으로 도움을 제공하는 일을 할 수 있도록 돕는다. 3유형의 목표와 프로젝트 위주의 사고방식과 행동은 2유형의 사람 위주 태도에 균형을 제공하며, 2유형이 성취자이자 동시에 동반자가 될 수 있게 한다. 풍부한 자원 상태의 3유형 날개를 지닌 2유형은 다른 사람들에게 적응하고 직업적·사회적 환경의 다양성 속에서도 잘 지내는 건강한 능력을 길러 온 상태다.

Sheet 11-10 성취영역의 왜곡하는 렌즈

3유형의 왜곡하는 렌즈를 착용하는 것:
도움이 되지 않는 관점

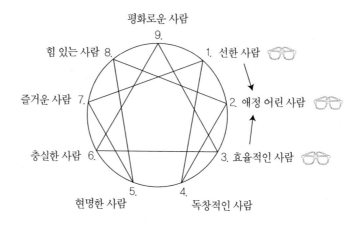

그림 11-3   2유형의 인접유형: 날개성향(보완, 왜곡렌즈)

3유형 패러다임의 부족한 자원 상태와 동일시하고 3유형의 편향된 관점을 지닌 2유형은 일에는 더욱 관여하고 자신의 내적 자기와 필요에는 덜 관여하게 된다. 이런 2유형은 일중 독자가 될 수 있다. 이들은 자신의 이미지와 역할을 더 신경 쓰며, 자신이 생각하기에 다른 사람들이 자기에게 기대하는 모습인 페르소나에는 더 에너지를 쏟고 진짜 자신의 모습에는 덜 에너지를 쏟게 된다. 이들의 도움 형태는 더 선택적이고 교만한 양상을 띨 수 있으며, 영향력 있는 사람들과 함께 보여지기를 원하고, 주로 명망 있는 사람들의 도움이 되길 원하는 모습이 될 수 있다. 3유형의 강한 성취 위주 날개를 지닌 2유형은 사회적으로 경쟁적인 사람이 될 수 있다.

하위유형

친밀한 하위유형

자만의 격정은 성적 욕망의 순수한 표현에 새어 들어가 이를 오염시키며, 연결관계에 대한 충동, 보상하는 동기 또는 추진력은 여성적인 원형 속에서 성적 유혹이 되며 남성적 발현으로서 성적 공격성이 된다. 남성과 여성 다 취할 수 있는 이 두 책략은 모두 연결과 관계를 향한 강한 열망을 표현한다.

유혹은 자신의 가치가 바깥으로부터 받아들여지고 사랑받는 것에서 온다고 믿는 2유형의 주관적 패러다임 또는 부적응적 도식에서 생겨난다. 유혹은 다른 사람에게서 허용과 애정을 유도해 내거나 끌어내는 한 방법이다. 종종 성적 표현은 이러한 허용이 받아들여지는 행위 과정인 성교다. 이들은 성적 매력을 자신이 사랑받는다는 확인의 표시로 착각한다.

친밀한 2유형은 사람들의 관심사와 의견에 적응하고 그들의 행복을 지지함으로써 자신을 매력적으로 만든다. 2유형은 다른 사람의 구역에 있는 것을 자랑스러워하는데, 이 구역은 머지않아 2유형의 구역이 된다.

사랑은 저항을 녹이는 것으로 여겨진다. 이 유형은 성가시게 하고 치근덕대는 모습과 연관될 수 있으며 종종 신체 접촉을 향한 욕구가 관련된다. 친밀한 2유형은 자기 생각을 밝히거나 관계하기 위해 사람들에게 자주 다가가며 팔이나 손을 가볍게 만진다.

유감스럽게도 저항이 한 번 녹고 나면, 상황은 지루해진다. 참자기는 만져지지 않았기 때문에, 성격은 호감 가고 원함받는 기분을 느끼려는 시도로 밖에 나가 사람들을 유혹해야 한다.

공격성은 관계의 장애물들을 극복하기 위한 더 직접적인 시도이자, 접점을 향한 더 공공연한 분투다. 친밀한 2유형은 게임을 좀 더 도전적으로 만들고 친밀함에 대한 자기모순적인 두려움을 감추기 위해 상대하기 어려운 사람들을 고르기도 한다. 2유형은 만약 자신이 친밀함 욕구가 있다는 것을 사람들이 의심해서 내적으로 함께하지 않는다면 외적으로도 함께하려 하지 않을까 봐 두려워한다.

다시 말하지만, 연결관계 또는 정복이 이루어지면, 게임은 종료되고 또 다른 추구가 반드시 시작되어야 한다. 여기서 거래는 성격 간의 사회적 게임 수준에 있기 때문에, 나와 너 사이의 진실하고 친밀한 접촉으로부터 나오는 영양과 충족을 참자기에게 제공하지 않는다.

만약 권력이 궁극적인 최음제라면, 친밀한 2유형의 렌즈는 이들이 권력을 가진 사람들을 알아챌 수 있게 해 준다. 그렇게 이들은 영향력 있는 인물들을 유혹하고 그들과 연결될 방법을 물색한다. 2유형의 자만은 이들이 왕좌 위에 있는 권력과 가까워지기를 원한다.

밀런(Theodore Millon, 1969)의 '사교적인 또는 무리 짓는 성격'이자 활달-의존 유형에 대한 기술은 2유형의 친밀한 하위유형과 많은 유사점을 갖는다. 이 성격의 사람들은 자존감을 높이기 위해 다른 사람들을 조종하고 유혹한다. 이들의 관계는 격렬하고 오래가지 못하며 연속적인 경향을 보인다.

다른 친밀 하위유형과 마찬가지로, 2유형의 에너지도 이 하위유형에서 가장 눈에 띈다. 이들은 당신을 돕고, 조언해 주고, 친밀하게 관계하기 위해 당신의 영역으로 들어온다. 당신이 이를 필요로 하든 필요로 하지 않든 말이다(사실 당신은 이를 필요로 한다. 단지 당신이 그것을 깨닫지 못할 뿐이다).

사회적 하위유형

자만이 사회적 관계 본능과 결합되고 이를 오염시킬 때, 그 결과는 **야망**으로 나타난다. 야망의 본래 의미는 돌아다니면서 투표를 간청하는 것이었다. 사회적 2유형에게 야망은 돌아다니며 대중의 관심과 허용을 간청하는 것을 뜻한다. 이들은 집단에서의 자신의 지위와 이미지를 신경 쓴다. 자만은 2유형의 진실한 인도주의적 관심을 왜곡한다.

사회적 2유형은 권력과 위신을 가진 사람들과 가까이 하고 같이 있는 모습(그렇다고 침대에 함께 있는 모습이어야 하는 것은 아니다)으로 보이고 싶어 한다. 이들은 사람들, 그중에서도 특히 '권력을 쥔 사람들'에게 자신이 중요한 사람이기를 원한다.

여기서 자만은 자신이 지극히 필요로 하는 사람이기 때문에 중요한 사람이라는 것이다. 그리고 중요한 사람들에게 필요로 하기 때문에 자신이 더욱 중요한 사람인 것이다. 이런 모습의 2유형은 주목받고 명망 있는 사람들과 함께 있는 모습으로 보이고픈 욕망 때문에, 자신의 자아를 북돋아 줄 만큼 충분한 지위를 갖고 있지 않은 사람들을 간과할 수 있다. 그래서 모순적이게도 2유형은 이런 강박으로 인해 가장 도움이 필요한 사람들을 놓치게 되기도 한다.

사회적 2유형은 또한 왕좌에 오르고 싶은 야심을 가지기도 한다. 이들은 봉사 조직을 설립해서 자신의 도움 노력들이 존경받고 관심받기를 기대하기도 한다. 자신은 너무나도 멋지고 관대하기 때문에 집단의 관심의 중심에 서 있을 자격이 되는 것이다. 이들은 주목받고 존경받는 것이 사랑받는 것이라고 혼동한다.

만약 2유형이 이렇게 자신의 야망을 추구하지 않는다면, 이들은 다른 사람의 목표를 높게 잡는 것으로 야심을 품어 자신의 배우자, 자녀, 고용인, 학생들 등을 통해 자신의 야망을 실행하기도 한다.

다른 사회적 하위유형들처럼, 사회적 2유형의 에너지는 친밀한 2유형의 격렬한 에너지보다 좀 더 적당한 수준이다. 사회적 2유형은 다른 사람들을 자신의 대인관계 유형에 포함시키고, 자신의 유형을 다른 사람들이 받아들이도록 내세우며, 그들로부터 허용과 관심을 간청하기 위해 시도할 때 덜 공격적이고 덜 직접적이며 덜 뻔한 모습을 보이는 편이다.

자기 보호적 하위유형

자만이 자기 보호 본능과 섞일 때, 그 결과는 **특권**에 대한 기대다. 이는 '내가 먼저' 태도다. 이런 특권의식 또는 자기 중요성은 남을 우선순위에 둔다고 주장하는 겸손한 2유형의 역할과는 모순되고 맞지 않는 듯 보인다. 여기서의 정신은 2유형은 자신이 여태껏 우리를 위해 해 왔던 모든 것 때문에 우리 삶에서 자신이 먼저일 자격이 있다는 것이다. 자신은 수많은 것을 내주어 왔기 때문에 존중받고 보살핌받을 자격이 있다는 것이다. 이들의 희생과 기여는 보상을 요한다.

또한 이는 위치의 자만이다. 자신의 '성자 같은' 행동과 태도 때문에 그리고 자신이 다른 이들을 성공하도록 도와 왔기 때문에, 이들은 우선순위의 자격이 있는 것이다. 아니면 최소한 우선순위 같은 대우라도 말이다. 이들은 제일 먼저 나서서 돕는 모습으로 자신의 중요성을 드러내기 때문에 우리는 그저 박수 쳐 주며 그들을 허용하고 맨 앞줄로 초대하는 수밖에 없다.

여기서 인정과 허용의 다양한 변형 형태는, 자기 보호적 2유형은 누군가의 삶에서 중심이 되기를 원하지만, 그와 대조적으로 사회적 2유형은 그 외에도 집단의 관심의 중심에 있길 원하는 모습으로 나타난다.

자기 보호적 2유형은 다른 하위유형에서 드러나는 모습들보다 더 불안하고 소심하며 부끄러워하는 모습을 보인다. 열심히 일하는 충실한 조력자(왕좌 뒤의 권력자)들은 흔히 자기 보호적 2유형이다. 이들은 열심히 일하는 충실한 조력자인 6유형과 혼동될 수 있다. 6유형에게는 두려움과 안보가 더 선명한 문제이지만, 2유형에게는 이미지와 관심이 더 큰 걱정거리다.

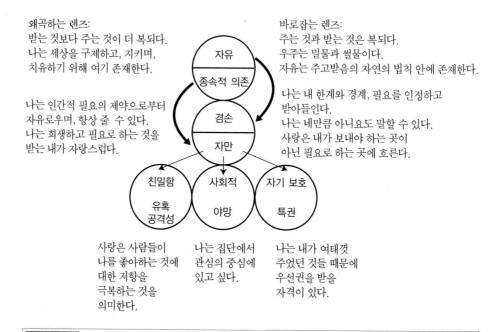

왜곡하는 렌즈:
받는 것보다 주는 것이 더 복되다.
나는 세상을 구제하고, 지키며,
치유하기 위해 여기 존재한다.

나는 인간적 필요의 제약으로부터
자유로우며, 항상 줄 수 있다.
나는 희생하고 필요로 하는 것을
받는 내가 자랑스럽다.

바로잡는 렌즈:
주는 것과 받는 것은 복되다.
우주는 밀물과 썰물이다.
자유는 주고받음의 자연의 법칙 안에 존재한다.

나는 내 한계와 경계, 필요를 인정하고
받아들인다.
나는 네만큼 아니요도 말할 수 있다.
사랑은 내가 보내야 하는 곳이
아닌 필요로 하는 곳에 흐른다.

자유
종속적 의존

겸손
자만

친밀함
유혹
공격성

사회적
야망

자기 보호
특권

사랑은 사람들이
나를 좋아하는 것에
대한 저항을
극복하는 것을
의미한다.

나는 집단에서
관심의 중심에
있고 싶다.

나는 내가 여태껏
주었던 것들 때문에
우선권을 받을
자격이 있다.

그림 11-4 2유형: 애정 어린 사람

친밀한 2유형은 자신이 사랑받는다는 것을 증명하기 위해 성적 개입을 유도하거나 강압하려고 자신의 성성을 이용하기도 하는 반면, 자기 보호적 2유형은 좀 더 순진하고 어린 아이 같은 모습을 보이며 성적인 확인보다는 애정 어린 확인을 추구한다.

요 약

사랑의 렌즈는 너그러움, 나누어 줌 그리고 애정 어린 돌봄의 시야를 갖고 있다. 이는 다른 사람의 필요와 감정에 공감적인 조율의 형태로 표현되는 돌봄의 방식이다. 이 경로를 따르는 사람들은 지지하고 양육하고 격려하며 따뜻하고 부드러우며 사교적이고 우호적이다. 이들은 세상을 좀 더 애정 어린 곳으로 만들고 싶어 한다. 그리고 겸손의 정신으로 이를 행한다.

종속적 의존의 패러다임은 도움을 주려는 과한 필요성으로 드러난다. 이 패러다임을 지닌 사람은 다른 사람들의 필요에 관심을 쏟아야 하며 자신의 필요는 채워 주지 않은 채로 내버려 둔다. 이들은 보답으로 관심과 인정을 받기 위해 지지한다. 이 시야를 따르는 사람들은 자신이 인정받지 못할 때 실망하고 화가 나는 강박적인 구조자가 될 수 있다. 이들의 잘못된 신념은 나는 도움을 주고 많은 것을 주는 사람이다. 그러므로 나는 거절당하지 않을 것이다. 자만은 이 접근법을 충동하며, 진실한 사랑과 필요로 하는 것을 받는 것들을 적절하게 주는 모습을 왜곡한다.

Sheet 11-11 2유형 요약

가치: 사랑

비전: 세상을 더 애정 어린 곳으로 만드는 것

주요 취약점: 거절, 필요로 하는 것을 받지 않는 것, 쓸모없다고 느껴지는 것

적응적 인지적 도식: 나는 주면서 또한 받을 때 진정으로 자유하다, 네 만큼 아니요라고 말해도 괜찮다.

적응적 감정적 도식: 겸손, 나의 한계를 인정해라, 나 말고 누가 도울 수 있겠어? 누가 나를 도울 수 있어?

적응적 행동적 도식: 주는 것은 내가 줘야 하는 욕구 때문이 아닌 다른 사람의 필요에 맞춰 해 주는 것이다.

부적응적 인지적 도식: 나는 잘 주고 도와준다, 누군가가 나를 사랑해 주고 필요로 하기 전까지 나는 보잘것없는 사람이다.

부적응적 감정적 도식: 자만, 나는 내가 다른 사람들을 위해 해 온 모든 것과 그 보답으로 바라는 것이 아주 작은 것을 자랑스러워한다.

부적응적 행동적 도식: 나의 필요보다 다른 사람의 필요를 먼저 채워 줘라, 비위를 맞추고 적응해라.

회피 영역: 자신의 필요

방어기제: 억압, 자신의 의견은 밀어 두는 것

유용한 패러다임 변화: 나 자신과 나의 필요를 표출해라, 창조적인 모습이 되어라, 한계를 설정해라.

유용하지 않은 패러다임 변화: 나는 인정받지 못하기 때문에 침울하고 괴로워한다, 나 스스로 모든 것을 하고 다른 사람들도 스스로 하게 해라.

3유형 렌즈 검사

이 문장들이 자신에게 맞는 정도에 따라 점수를 매겨라.

1	2	3	4	5
거의 절대 아니다	드물게/ 거의 그렇지 않다	때때로/ 가끔	종종/ 자주	거의 항상 그렇다

_____ 실패는 나의 이미지를 망친다.

_____ 사람들은 나를 생산적인 사람으로 본다.

_____ 나는 보통 행위의 중심에 있으며 대중적인 유행과 발맞춘다.

_____ 나는 조직, 체계를 운영하고 의사결정하는 유형이다. 나는 결정을 내리는 것을 즐기며 잘한다.

_____ 나는 새로운 사업이나 기업을 조직하고 관리하는 것을 즐긴다.

_____ 나는 내가 상승세를 타고 있다고 본다.

_____ 나의 성취는 나의 정체성을 만든다.

_____ 나는 적응을 잘한다. 나는 프로젝트가 끝나기만 하면 거래를 할 준비가 되어 있다.

_____ 나는 잘 조직되고 효율적인 모습으로 보이고 싶다.

_____ 나는 단지 나 자신이기보다 나를 성공하도록 프로그램하고 싶다.

_____ 나는 사람들이 나를 믿도록 하기 위해서 자신감 있게 행동한다.

_____ 나는 활동적이고 성공적인 사람으로 보이고 싶기 때문에 많은 프로젝트를 지체 없이 행하는 경향이 있다.

_____ 나는 나를 성공적으로 만들어 줄 이미지를 알 수 있으며 그렇게 보이고 있다.

_____ 나는 'A유형' 행동을 많이 한다. 나는 일하고 성취하는 충동이 일어나며, 그렇게 해야 할 필요가 있다.

_____ 나는 거의 기계처럼 효율적인 모습이 될 수 있다.

_____ 나는 올바른 때에 맞는 이미지를 투사하는 법을 알고 있다.

_____ 나는 대부분의 사람보다 더 성공하는 듯하다.

_____ 나는 사람들이 나를 좋아하게 만드는 법을 알기 때문에 좋은 영업 사원이다.

_____ 나는 좋은 정치가가 될 것이다. 나는 타협과 정치적 관계의 중요성을 이해한다.

_____ 나는 대부분의 사람이 생각하는 것보다 더 겉모습이 중요하다고 믿는다.

_____ **총점**

3유형 렌즈:

CHAPTER 12 생산적 관점

핵심 가치

3유형의 가치 계급의 맨 위에는 왕관이 자리하는데, 그 왕관은 **능률**, 생산성, 근면성, 조직성, 역량, 효율성의 보석으로 꾸며져 있다. 3유형은 임무를 완수하고 일을 완료하는 것을 즐긴다. 이들에게 생명을 주는 것이 무엇인지 물으면, 이들은 행하고 성취하는 것으로 에너지를 얻는다고 말한다.

에릭 에릭슨(Erik Erikson)의 발달의 8단계에서 보면, **근면성**은 인생의 네 번째 단계, 즉 학령기 동안 생겨나는 미덕 또는 강점이다. 에릭슨은 이 시기에 대해 다음과 같이 기술하고 있다.

모든 아이는 게임 속에서 자신만의 환상을 위한 시간을 필요로 하지만, 이내 자신이 쓸모 있다는 느낌과 상황과 자신을 좋게 그리고 심지어는 완벽하게 만들 수 있다는 느낌 없이는 불만족하고 언짢게 된다. 나는 이를 근면감이라고 부른다. (아이는) 반드시 일꾼이자 잠재적인 부양자가 되기를 시작해야 한다. 다가오는 잠재기와 함께, 아이는 이제 제공하고 부양함으로써 인정을 얻는 법을 배운다. 아이는 근면성을 발달시킨다. 즉, 도구 세계의 무기적 법칙에 순응한다. 아이는 생산적인 환경의 열심이자 몰두하는 구성원이 될 수 있다. 생산적인 환경을 완성하는 것은 아이의 특유한 충동과 개인적인 실망의 변덕과 바람을 서서히 대체하게 되는 목표다. 아이는 한때 잘 걷기 위해 그리고 물건들을 잘 던지기 위해 지칠 줄 모르게 분투했던 것처럼, 이제는 상황을 잘 돌아가게 만들고 싶어 한다. 아이는 꾸준한 관심과 끈기 있는 성실함으로 일을 완수하는 것의 기쁨을 기른다(1959, p. 86).

에릭슨은 어린 시절 동안 얻어지는 이러한 유능감이 생산적인 성인기 삶에서 협조적인 참여를 하는 모습의 오래 지속되는 기반이라고 말한다. 로버트 화이트(Robert White, 1959)는 **능력을 향한 분투**를 그의 동기 이론의 중심부로 두었다. 그리고 알버트 반두라(Albert Bandura, 1977)는 자기 **효능감**을 그의 성격 이론의 중심에 세웠다.

에리히 프롬(1947)은 성격 유형의 다섯 가지 분류 체계를 세웠는데, 그중 네 가지는 불건강하고 한 가지는 건강한 유형이다. 그는 건강하게 기능하는 특성을 **생산적인 사람**이라고 부르며, 이 특성은 **사랑**하고 **일**할 수 있는 사람을 건강한 사람이라고 칭했던 프로이트의 주제에서 에리히가 변형한 것이다.

행동은 존재함의 속성 중 하나다. 나는 **존재한다**, 고로 **행동한다**. 3유형에게 있어서 삶은 활동적이고 생산적인 것이다. 3유형의 윤리는 행동하는 것이다. 3유형은 실용적이고 현실적이며, 이들의 패러다임은 3유형의 활동을 위한 준비를 한다.

웹스터 사전은 우주(코스모스)를 '조화롭고 질서 잡힌 체계로 여겨지는 우주'로 정의한다. 만약 우주가 그 창조주의 모습이라면, 신성한 원칙 자체는 질서를 잡고 조화롭게 한다. 그리고 이 모습은 3유형이 가치 있게 여기고, 체현하고, 자연스럽게 발현하는 창조주의 측면이다. 3유형은 신처럼 질서 있고 조직적이며 효과적이다.

효능은 '영향이나 의도된 결과를 만들어 낼 수 있는 힘'을 의미하는 반면, **효과적임**은 '통과하고 성취하기 위해 불러오는 것'을 의미한다(웹스터 사전).

효과적임은 신의 특성을 떠올릴 때 가장 먼저 생각나는 단어는 아닐 수 있다. 이 힘에 대한 느낌은 구약의 특정 구절들에서 찾아볼 수 있다. 이사야서는 하나님의 말씀은 그 말씀이 보내진 목적을 달성하기 위해 보내졌다고 기록하고 있다. 3유형은 이와 같은 하나님의 말씀을 모방하며 자신이 하기로 한 것을 초래하고 달성한다.

신의 **효능**의 더욱 극적인 예시는 창세기에서 찾아볼 수 있다. 여기서 하나님은 이렇게 말했다. "빛이 있으라 하시니 빛이 있었다." 그리고 이렇게 말했다. "하늘이 있으라 하시니 하늘이 있었다." 이게 바로 효과적인 모습이다. 말씀이 있고, 그대로 이루어진 것이다! 또한 여섯 날은 우주를 창조하는 데에 있어서 상당히 효율적인 시간 관리다. 비록 내가 3유형이 자신은 프로젝트를 6일 안에 끝낼 수 있다고 말했지만 상사에게는 이를 보여주고 싶지 않아 했다는 이야기를 듣기는 했지만 말이다.

이와는 대조적으로, 내가 고등학교의 2학년생들을 가르치던 때가 떠오른다. 나는 다루기 힘든 반에 들어가 선언했었다. "질서가 있으라!" 그러면 그곳에는 혼돈이 자리하고, 그렇게 함으로써 나는 신도, 3유형도 아니라는 것을 입증하게 되는 것이었다. 이 모습은 **효능 없는** 단어의 예시일 것이다.

패러다임 관점, 능력, 격언

3유형은 선천적으로 조직화되어 있다. 이들은 목표를 설정하고, 전략을 결정하며, 이들을 이행하고 본능적으로 성취해 낸다. 나머지 우리들은 문제가 무엇인지 알아 내기 위한 위원회를 구성할 동안, 3유형은 그 문제를 이미 해결하고 다음 임무에 착수한다. 이들은 상황을 순조롭게 흘러가게 만드는 것을 즐기며 서너 가지 프로젝트를 동시에 효율적으로 쉽게 조직할 수 있다. 다중 작업은 3유형의 강점이다.

진전은 3유형이 대단히 귀중하게 여기는 또 다른 가치다. 미국의 세계 최대 종합 전기회사인 제너럴 일렉트릭사와 마찬가지로, 진전은 3유형의 가장 중요한 산물이다. 이들은 자신의 목표를 향해 가는 길에 나타나는 성공적인 각 단계를 표시하는 업무 흐름 도표를 좋아한다. 성경에는 하나님이 우주를 만들 때, 첫째 날, 둘째 날 등에 할 일들의 목록을 세워 가며 얼마나 **빽빽**이 도표를 조직했는지 분명히 나오지 않는다. 그렇지만 3유형이 진전이 이루어지는 것을 좋아한다는 점은 명확하다.

3유형은 자신의 묘비에 이런 글귀가 씌이기를 바랄 것이다. "그녀는 짧은 시간 내에 많은 것을 달성했다."

3유형은 남과 어울리기 좋아하고 사교적이며 우호적이고 인기 있으며 집단 속에서 편안해한다. 이들은 이러한 특성들을 갖고 종종 경영진이나 대표직에 올라선다. 사람들은 이들의 에너지와 능력, 자신감 그리고 일을 완수하는 역량을 존경한다.

또한 3유형은 다른 사람들의 활기를 북돋고 고무시키며, 사람들을 함께 하나의 팀으로 모아서 프로젝트에 착수하고 이를 완수하는 일에 능하다. 3유형은 좋은 지지자이자 동기 부여를 해 주는 사람이다. 나는 자신의 명함에 이렇게 써 놓은 3유형을 알고 있다. 작가, 상담가, 동기 **부여**를 해 주는 사람.

3유형은 타고난 영업사원이다. 이들은 사람들이 살 수 있도록 자신의 제품을 포장하는 법을 알고 있다. 그리고 이들의 주된 판매 품목은 자기 자신이다. 3유형은 자신을 드러내고 홍보하는 법을 직관적으로 알아서 사람들이 자신을 좋아하고 가치 있게 여기도록 하며, 자신이 제시하는 것은 무엇이든 사도록 만든다. 만약 당신이 무언가를 시장에 내어놓아야 한다면, 3유형이 이를 대신해 줄 것이다.

3유형의 관점과 능력에서의 가치와 효과적인 조언들은 3유형 관련 격언들에서 찾을 수 있다.

- 되도록 좋은 인상을 주어라(항상 최선을 다하라).
- 처음에 성공하지 못했다면 다시, 또 다시 시도해 보라.
- 쇼는 계속되어야 한다(힘들어도 나아가야 한다).
- 모로 가도 서울만 가면 된다(끝이 좋으면 다 좋다).
- 당신의 마차를 별에 걸어라(큰 꿈을 품어라).
- 당신의 재능을 숨기지 마라.
- 뜻이 있는 곳에 길이 있다.
- 되고 싶은 대로 될 때까지 그런 척하라.

- 이기는 것은 전부가 아니다. 유일한 것이다.
- 우리는 누구나 무언가를 팔면서 살아간다.
- 누군가는 훌륭하게 태어나고, 누군가는 위대함을 이루며, 누군가는 홍보관을 고용한다.
- 만약 당신이 완벽한 조건만을 기다린다면, 당신은 아무 것도 완수하지 못할 것이다. 계속해서 당신의 씨를 뿌려라. 그중 어느 씨앗이 자라날지 모르니까. 어쩌면 모든 씨앗이 자랄 수도 있다.
- 성공의 아버지는 일하는 것이다. 성취의 어머니는 야망이다.
- 사람들은 당신이 말하는 것은 의심할지도 모르나, 당신의 행동은 항상 믿는다.
- 성공은 할 수 있다고 말하는 데서 오며, 실패는 할 수 없다고 말하는 데서 온다.
- 늙었어도 빈둥거리다 죽느니 일하다 죽는 것이 낫다.

3유형은 자신의 다음과 같은 모습이 사람들에게 기여한다고 말한다.
- 이들은 성공적으로 일을 마무리한다.
- 이들은 생각을 현실로 일어나게 만든다.
- 이들은 다른 지역구에 맞추기 위해 자신의 접근법과 이미지를 바꿀 수 있다.
- 이들은 자신의 고객에게 적응하고 결과를 가져온다.
- 이들은 일을 순조롭게 유지시키고 결과로 향하게 한다.
- 이들은 업적 지향적이다.
- 이들은 항상 바쁘고 항상 프로젝트를 맡고 있다.
- 이들은 실패란 없고 오직 배움의 경험만 있을 뿐이라는 말을 우리에게 상기시킨다.
- 이들은 이런 점들을 제공한다.

3유형이 없을 때 빠지게 되는 것들
- 지글대지 않는 스테이크
- 바람 빠진 공
- 탄산 없는 음료수

- 아무것도 스케줄대로 완료되지 않을 것이다.
- 마무리 없는 계획
- 결과 없는 목표
- 지시가 없는 상태의 또는 힘 있는 지도력이 없는 상태의 추종자들
- 운동량, 에너지, 시너지의 부족
- 생각과 가능성들을 위한 자원
- 자극과 열의

적절한 렌즈/적응적 인지적 도식

3유형의 객관적 패러다임은 우주의 **조화** 속의 희망을 수반한다. 이는 우주의 법칙은 스스로 원활하게 그리고 효과적으로 기능한다는 깊은 기본적 신념이다. 우주에는 선천적인 질서와 합법성이 있으며, 우리는 이러한 우주의 법칙과 조화를 이루며 기능할 때 가장 효율적이고 효과적이다.

조화와 가치는 진정한 자기 속에 있다는 것은 필연적인 신념이다. 우리는 우리가 할 수 있는 것이나 맡는 역할 때문이 아니라 존재하기 때문에 그리고 신성한 존재에 의해 존재함을 얻는 것으로 사랑받았기 때문에 귀중하고 가치 있는 것이다. 가치는 생산적인 모습이 되고 그래서 다른 사람들에게 박수받고 허용받는 것에서 오는 것이 아니라, 근본적으로 단순히 존재함으로부터 오는 것이다. 자존감은 우리의 본질에서부터 생기는 것이지, 우리의 이미지나 페르소나를 통해 얻어지는 것이 아니다.

3유형이 자신의 본질 또는 참자기와의 연결을 잃을 때, 이들은 우주가 스스로 기능할 수 있다는 희망을 잃어버리게 된다. 이들은 희망 대신 자신이 24시간 내내 일하지 않으면 무질서가 닥칠 것이라는 부적응적 신념으로 대체한다.

또한 이들은 사람들이 결코 자신을 있는 그대로 가치 있게 여겨 주지 않을 것이라며 실망한다. 이들은 자신의 에너지를 매력적인 페르소나와 성공적인 역할을 만들어 내는 것에 씀으로써 이 상실을 보상한다. 최소한 자신의 성취와 지위는 어느 정도의 명성을

줄 것이기 때문이다. 그리고 이 명성은 사람들이 짧게 감탄해 줄 이들의 허영과 기만의 악덕과 함께한다.

미덕/적응적 감정적 도식

3유형이 세상의 현실과 자신의 현실을 신뢰하게 될 때, 이들은 **참됨**의 미덕을 경험한다. 이는 자기 자신에게 지실한 모습을 수반한다. 3유형은 진짜 자신은 자기가 맡고 있는 역할도, 자신이 달성한 사회적 지위도, 자신이 수행하는 업무도, 자신이 달성하는 임무도 아닌 그대로의 자신이라는 점을 깨닫는다. 진짜 자신은 단지 이러한 것들 이상인 것이다.

3유형이 진실할 때, 이들은 **이중성**(보이는 것, 즉 역할이나 가면 또는 페르소나는 3유형이 생각하기에 당신이 얻기 원하는 것이며 이들의 참자기와는 맞지 않는다) 대신 **온전함**(보이는 그대로 얻는 것)을 발휘한다. 3유형이 실제로 경험하고 느끼는 것과 이들이 인지하고 있는 경험 그리고 다른 사람들에게 이들이 표출하는 것들 사이에는 칼 로저스의 완전히 기능하는 사람과 비슷한 일치함이 존재한다.

진실한 사람은 그대로의 자기가 스스로 대변할 수 있도록 둔다. 이런 사람은 진짜의 것을 치장하고 바꾸거나, 부분적이고 과장된 방식으로 내세울 필요가 없다. 이들은 팔기 위해 진실을 꾸며 내지 않아도 된다. 심지어 진실을 시장에 내놓을 필요도 없다. 왜냐하면 진실은 스스로 매력적이고 호소력 있기 때문이다. 3유형 역시 그러하다. 3유형은 자신을 믿게 될 때 이 사실을 발견한다.

진실한 모습은 숨기고 지나쳐지게 하는 것 대신, 진정한 필요와 바람, 감정이 수면 위로 떠오르게 하고 드러내게 하는 것을 포함한다. 이는 내적 열망을 외적 목표로 대체해버리는 것 대신 자신의 필요를 진정으로 보살피는 것을 의미한다.

진실한 모습이 되는 것은 궁극적으로 존재하는 가장 효과적인 방법이다. 그 방법을 따르면 기억해야 할 것이 줄어드는 것은 말할 것도 없고 말이다.

왜곡하는 렌즈/부적응적 인지적 도식

3유형이 우주의 자치적이고 자애로운 기능함에 대한 신뢰를 잃을 때, 이들은 스스로 창조를 시작해야 한다고 여긴다. 이들은 자신이 지속적으로 우주 장치에 기름칠을 하며 바쁘게 살지 않으면 우주는 서서히 멈추고 말 것이라는 거짓된 신념을 갖게 된다. 아무 것도 능률적으로 완수되지 못할 것이며 이제는 엔트로피가 일어나고 말 것이다!

이런 3유형은 자신이 우주적 법칙의 바깥에서 가장 효율적으로 작용할 수 있다고 믿으며 이 법칙 위에 자신을 둔다. 그렇게 이들은 법칙과 진실을 제멋대로 변경한다. 공리주의와 실용주의가 정직과 공정성을 대신하게 된다. 뭐든 효과가 있는 것이라면 괜찮은 것이다. 끝이 좋으면 다 좋다. 일이 어떻게 완수되느냐보다는 완수된 결과가 더 중요한 것이다.

3유형은 바쁘거나 일중독적인 모습이 생산적인 모습이라고 혼동할 수 있다. 이들은 주위 사람의 비효율적인 모습 그리고 신의 무능한 모습을 비판하고 용납하지 않게 된다. 이들은 우주의 법칙과 운영을 자신이 맡는다. 이제 3유형은 자신이 쉬는 동안에도 우주가 잘 돌아갈 수 있다는 것을 신뢰하는 대신, 자신이 없어서는 안 될 존재라고 헛되이 믿게 된다.

3유형이 자신에 대한 신뢰를 잃을 때, 이들은 그와 동시에 있는 **그대로의** 자신에 대한 귀중함과 가치감을 잃게 된다. 이들은 무언가를 **함으로써** 자신을 증명해야 하는 것이다. 이들의 부적응적 도식은 자신 그대로로서는 별로 가치가 없다고 여긴다. 이들의 성공적인 겉치장 아래에는 모순적이게도 실패감이 자리한다.

보상 도식

3유형은 자기에 대한 이러한 가치감의 빈자리를 다른 사람들의 눈에 비치는 성공으로 대체하려 한다. 이들의 가치는 이제 이들이 달성하고 이룰 수 있는 것으로부터 온다. 이들은 자신의 존재함과 자기보다 자신이 하는 것과 이미지를 더 강조한다. 이들은 결국 이렇게 믿기에 이른다. 나는 수행한다, 고로 존재한다. 나는 성공적으로 보여진다, 고로 나는 가치 있다. 3유형의 보상하는 유형은 항상 무언가를 하고 역할을 맡는다는 의미에서 배우가 되는 것이다.

3유형의 모조 희망은 자신이 성공적으로 보일 때 받아들여지고 존경받을 것이라는 생각이다. 사람들은 3유형이 그들을 위해 얼마나 많은 것을 해 줄 수 있는지 깨닫고 이들의 모든 성공을 인정할 때 3유형을 좋아하게 될 것이다.

여기서 역설적인 것은 바로 거짓 성격 또는 자아는 모든 조직적이고 효율적인 모습이 되려는 노력에도 불구하고 진정으로 비효율적이라는 것이다. 자아는 환상에 불과하기 때문에 궁극적으로 비효율적이다. 이는 현실의 바깥이자 우주의 자연 법칙 바깥에 자리하고 있다. 그렇기 때문에 자아는 오직 거짓 자기만을 만들어 낼 수 있으며, 참자기에는 아무것도 기여하지 않는다.

3유형은 박수갈채를 받기 위해 가식적으로 행동하기 때문에, 이들의 거짓 성격은 자신이 있는 그대로의 모습으로 받아들여지고 사랑받는다는 것을 결코 안심할 수 없다. 그래서 이들은 반드시 수행하고 생산해 내는 것을 계속해서 이러한 모습들이 자신에 대해 만족하게 해 줄 것이라는 잘못된 희망을 갖는다. 이와 같은 보상 방식으로, 1유형은 더 완벽해지기 위해, 2유형은 더 도움이 되기 위해 그리고 3유형은 더 생산적이 되기 위해 애쓴다.

자신의 감정, 선호 경향, 열망 등에 주목하는 것은 비효율적으로 보일 수 있지만, 사실은 존재하기에 가장 효과적인 방법이다. 3유형은 자신의 감정과 바람이 프로젝트를 끝내는 도중에 방해가 될까 두려워한다. 사실은 이들의 프로젝트가 자신의 진짜 본성을 깨닫는 길을 방해하고 있는 것이다. 결국 3유형은 자신의 잃어버린 자기를 기념하기 위해 자신의 성공적인 모험들의 기념비를 세우기에 이른다.

이상화된 자아상

3유형의 왜곡하는 패러다임은 '나는 성공적이다, 나는 효율적이다'라는 이상화된 자아상으로 확고해진다. 이들의 부적응적 신념은 자신의 가치가 자신이 생산해 내는 것, 자신이 할 수 있는 것에 의존한다는 것이므로, 3유형은 자기 대신 자신의 일과 동일시한다. 이들은 자신이 맡은 프로젝트의 집합체가 된다. 이들의 전체적인 성격은 맡은 프로젝트들의 합보다 더 큰 것이 아니라, 이들의 성공적인 부분들의 합이다. 3유형의 보상하는 도식은 만약 사람들이 자신을 있는 그대로 좋아해 주지 않는다면 자신이 할 수 있는 것들로 인해 자신을 좋아하게 될 것이라고 믿는다.

우리는 모두 우리의 역할이나 사회적 가면과 동일시할 수 있는 위험에 빠질 수 있다. 3유형의 패러다임은 3유형을 특히 이런 위험에 취약하게 만든다. 만약 3유형에게 "당신은 누구입니까?"라고 묻는다면 아마 "나는 의사입니다." "나는 엄마입니다." "나는 선생님입니다."라는 대답을 받을 것이다. 개인의 정체성이 맡은 역할의 측면에서 표현되는 것이다.

3유형의 렌즈는 자신의 관중의 기대에 맞추기 위해 맡을 역할이나 투사할 이미지에 관해 자신의 직관에 초점을 둔다. 3유형은 특정 집단이 원하는 지도자상을 감지할 수 있다. 그리고는 그러한 역할을 맡아 집단을 이끈다. 예를 들면, 3유형은 X 기업이 활기찬 경영간부를 원한다는 것을 감지해서, 적극적이고 활발한 지도자가 되면서 동시에 그 회사의 사장을 맡는다. 아니면 이들은 Y 조직이 사려 깊은 CEO를 원한다는 것을 알아채서, 그 자리에 지원할 때 사색적인 후보자로 나선다.

다른 사람들이 자신에게 원하는 것을 감지하는 능력은 3유형으로 하여금 자신의 외모와 행실을 마치 카멜레온처럼 바꿀 수 있게 해 준다. 이들은 모든 사람에게 다른 모습이 될 수 있다. 이 능력의 덜 긍정적인 면은 바로 자신이 쓰고 있는 가면의 아래에 있는 참자기와는 연결을 잃는다는 것이다. 3유형은 어쩌면 자신의 참자기를 결코 알거나 보여 주지 못할 수도 있다. 심지어는 가면 아래에 자기가 존재하지 않는다는 두려움을 느끼게 될 수도 있다.

추세를 알아채는 데에 능한 3유형은 사람들이 향하는 방향을 인지하고, 관중을 앞지르며, 행렬을 이끌고, 그렇게 함으로써 유행의 선도자라는 모습을 심는다.

3유형의 패러다임은 이들이 좋은 영업사원이 되도록 돕는데, 왜냐하면 3유형은 자신과 자신의 제품을 선사하는 법을 직관적으로 감지해서 사람들이 이를 구매하도록 만들기 때문이다. 프롬(Fromm, 1947)은 그가 정리한 불건강한 성격 유형들 중 하나를 **시장적**

인격으로 이름 지었다. 그는 에니어그램에 대한 지식 없이, 3유형 접근법의 강박적인 측면을 적절히 묘사했다. 이러한 성향에 대한 그의 설명을 부분적으로 살펴보자.

> 자신을 상품으로, 자신의 가치를 교환 가치로 보는 경험에 뿌리박고 있는 성격적 성향을 나는 시장적 성향으로 부른다. 성공은 개인이 자신을 시장에서 얼마나 잘 파느냐, 자신의 성격을 얼마나 잘 이해시키느냐, 자신이 얼마나 잘 '포장'되어 있느냐('발랄함' 또는 '건강한' '공격적임' '믿을 만함' '야심적임'의 모습 등), 뿐만 아니라 자신의 가족 배경은 무엇이냐, 자신이 속한 동호회나 집단은 무엇이냐 그리고 괜찮은 사람들을 알고 있느냐의 여부 등에 달려 있다. 우리는 핸드백처럼 성격 시장에서 유행에 따라야 하며, 유행을 따르려면 가장 수요가 많은 성격의 종류를 알아야 한다. 현대인은 자신을 판매자이자 동시에 팔려야 하는 상품으로 경험하기 때문에 그의 자존감은 자신의 통제를 벗어난 상황들에 달려 있게 된다. 만약 내가 '성공적'이라면 나는 가치 있는 것이지만, 내가 성공적이지 않다면 나는 덜 가치 있는 것이다. 이 성향에서 기인하는 불안의 정도는 거의 과대평가될 수가 없다. 만약 개인이 자신의 가치는 사람이 가진 인간적 성질이 주가 되어 구성된 것이 아니라 항상 변하는 상황들 속에 있는 경쟁 시장에서의 개인의 성공에 의해 구성된 것이라고 여긴다면, 그의 자존감은 불확실하고 계속해서 다른 사람들의 확인을 받아야 하는 상태가 되기 마련이다. 그렇기에 개인은 성공을 향해 가차 없이 분투하도록 몰아가게 되며, 그에 관한 모든 차질은 개인의 자존감에 극심한 위협이 된다. 이에 따른 결과로 무력감, 불안정감, 열등감이 자리하게 된다. 만약 시장의 우여곡절이 개인의 가치에 대한 심판자라면, 존엄성과 자부심은 망가지게 된다(Fromm, 1947, pp. 68-72).

만약 이들의 보상적 신념이 업적과 재주로 가치를 평가받는 것이라고 한다면, 3유형은 계속해서 성취하고 성공을 쌓아 가야 하는 것이다. 이들은 계속해서 나아가야 한다. 그래서 이들은 보통 바쁘고 끊임없이 일하는 모습으로 보이며 내적으로도 그렇게 느낀다. 3유형은 급히 다른 프로젝트로 달려가고 있기 때문에 사람들과 함께 또는 혼자서 즐길 여가 시간이 그다지 없다. 또한 이들은 만약 자신이 속도를 늦추면 따라잡히고 알려질까 봐 두려워하기도 한다.

　3유형의 문제해결 전략은 계속해서 움직이는 것이다. 멈추지 않는 것이다. 3유형은 마치 바다로 흘러가는 길을 막는 장애물의 주위로, 또는 위로, 또는 그 아래로 피해 흐르는 물처럼 자신의 목표를 향한 궤도에 자리하고 있는 방해물과 협상하고 이를 옮긴다. 장애물들은 일을 멈추게 만드는 대상이나 신의 악의를 드러내는 징후 같은 것이 아니다. 이들은 단지 해결되어야 할 도전 과제일 뿐이다.

　3유형은 젊고 활기차며 낙관적인 인상을 주고 싶어 한다. 이들은 보통 사회나 교회 등의 집단에서 '제트족(사교계에서 사람들이 모여드는 곳에 이곳저곳 돌아다니는 사람들을 지칭하는 말)'으로 나타난다. 이들은 응원하는 유형의 경향을 띠며, 사람들의 승리와 성공을 격려하는 모습으로 보이곤 한다. 이들의 리더십 기질의 부분 중 하나는 바로 사람들을 동원하고 동기를 부여하는 소질이다.

　이들의 성공적인 이미지는 전문성의 인상을 투사한다. 3유형은 전문가로 보이길 좋아한다. 이들은 성공에 맞는 옷차림을 하며 당신이 투표해 주고 싶은 사람 또는 당신의 자문가 또는 치료사 또는 의사 등의 모습 같이 보인다.

　3유형의 이러한 패러다임은 이들로 하여금 성취할 수 있게 도와준다. 이들은 손쉽게 상황을 평가하고, 완수되어야 하는 것과 이를 하기 위해 자신이 결집할 수 있는 자원을 가늠하며, 자신의 임무 위주 성향을 사용한다. 자신보다 임무에 집중할 수 있도록 도와주는 것은 자신의 감정과 선호 경향, 갈망 등을 억누르거나 참을 수 있는 이들의 능력이다. 3유형은 개인적 요소를 차단해 냄으로써 과업을 계속할 수 있다. 이들은 또한 다른 사람의 감정과 에너지 수준 등도 역시 차단할 수 있으며, 자신의 노력의 성공적 결말을 향한 길에 있는 사람들을 분통 터지게 하거나 넘어가 버릴 수 있다. 결국 이러한 가차 없는 능률은 3유형을 따라잡게 된다. 하지만 그러는 사이, 이들은 많은 것을 달성해 놓는다. 3유형의 기계 같은 효율성은 자동화된 인간 또는 기계적인 인간의 원형이다.

　이 패러다임에서 빠진 것은 바로 인간적인 마음이다. 〈터미네이터 II〉 같은 현대 영화의 매력 중 하나는 순간의 급박한 상황에 맞추기 위해 모습을 바꿀 수 있는 대립자의 냉정한 효율성이다. 그는 기계이고 자신의 프로그램을 혼란스럽게 만들 수도 있는 인간적인 감정에 방해를 받지 않기 때문에 맡은 임무를 그다지도 효율적으로 밀고 나갈 수 있는 것이다.

3유형은 전문적인 모습이나 그 역할을 맡을 때 너무 세련되고, 말을 번지르르하게 하며, 지나치게 사근사근한 모습이 될 수 있다. 이들은 실제 생기가 없이 생기 넘침을 표현한다. 3유형이 매력적으로 보이려는 모습에는 어딘가 비인격적인 모습이 있다. 예를 들어, 토크쇼의 진행자가 짓는 웃음이나 장의사가 슬퍼하는 모습 같은 데에서 느낄 수 있는 것 말이다. 3유형은 정치인처럼 대중을 다루고 사람들에게 반갑게 인사치레하는 법을 알고 있다.

그렇긴 하지만 결국 3유형의 과도한 설정은 비효율적이 된다. 일부 인간적인 노력들은 조직화되어 있지 않고 미리 계획되어 있지 않은 것이 최선의 모습이다. 우정처럼 말이다. 3유형의 패러다임이 친구를 만드는 모습은 먼저 우정을 목표로 편성하고, 일주일 안에 우정을 확실히 수립하는 12단계의 프로그램을 고안해 내는 모습일 것이다. 『인간관계론(How to Win Friends and Influence People)』은 아마 우리같이 능력이 부족한 인기 없는 사람들을 위해서 3유형이 쓴 책일 것이다.

만약 당신이 스케줄대로 움직이는 3유형과의 관계에서 받는 쪽에 있다는 것을 발견한다면, 당신은 자신이 조종당하고 있는 방식에 대해 화가 날 수 있다. 모든 것은 너무 매끄럽고 너무 계획되어 있는 것처럼 보이며, 궁극적으로 당신은 진정성을 느끼지 못하기 때문에 이 관계에서 손을 떼게 될 수도 있다. 역설적이게도 3유형의 효율적인 친구 만들기 방식은 비효율적인 모습이 되며, 유대감은 일어나지 않고, 3유형은 애매하게 공허하고 불만족한 감정 상태로 남아 있게 된다.

나는 처음으로 컴퓨터를 구매한 지 얼마 안 되었을 때 3유형 방식의 컴퓨터 버전을 접했다. 컴퓨터는 처음 몇 번 동안은 시동이 잘 걸리고, 키보드와 마우스와 모니터 등을 잘 감지했다. 그러던 어느 날, 컴퓨터에는 운영 체제를 찾을 수 없다는 무시무시한 메시지가 떠 있었다. 컴퓨터가 자기 자신을 찾을 수 없다는 것이다! 그 뒤로 나는 컴퓨터의 내부가 영구적으로 사라졌을까 봐 걱정하며 한 시간 동안 전화기를 붙들고 걱정스럽게 기다린 후 기술자와 상담을 했고, 나는 그와 함께 파일을 열어 지시된 것들을 삭제하며, 파일들을 닫고 다시 더 많은 파일을 여는 등의 단계들을 함께 밟아 갔다. 이 작업을 끝내고 나는 그에게 우리가 여태까지 한 것이 무엇인지를 물었다. 그 기술자는 사람들이 컴퓨터가 열리는 시간이 너무 느리다며 불평을 해서, 제조사에서 그 과정의 속도를 빠르게 만들었다고 했다. 하지만 그 과정의 속도를 높임으로써 컴퓨터는 그 자리에 있던 항목들을 너무 빠르게 지나쳐 가고 인식하지 못하게 되었다는 것이다. 컴퓨터는 더 효율적이려다가 훨씬 비효율적인 상태가 되고 말았다. 시작하는 데에 10초에서 15초가 걸리던 것이, 실제로는 내가 재프로그램할 때까지 한 시간 반을 잡아먹었다.

　나는 이 사건이 3유형 패러다임의 역설에 적절한 비유라는 생각이 들었다. 3유형은 너무 빨리 움직이는 바람에 자신을 잃게 되거나 사물을 너무 빨리 스쳐 지나가 버려 알아채지 못하게 된다. 내게 이런 말들을 했던 한 3유형이 있었다. 그녀는 과업으로 가득 찬 하루의 끝에 다다르면 누구를 위해 그 일을 하고 있던 것인지, 아니면 누가 프로젝트를 맡고 있던 것인지도 기억할 수 없었다고 했다. 그녀 자신은 사라지고 그 자리에는 일하는 행위만이 남아 있는 것이다.

도식 유지

　3유형은 계속해서 군중을 살피고, 관중이 원하는 것을 물색하며, 관중의 허용의 표시를 찾아다님으로써 자신의 도식을 유지한다. 바쁘고 분주한 상태를 유지하는 것은 이들의 도식이 이어지도록 해 준다. 일과 역할 속에서 자신을 잃고, 자신의 성공적인 프로젝트 기록들을 보관하며, 사람들에게 자신의 성과를 보여 주고, 자신을 시장에 내놓으며, 시장 분위기의 견본을 조사하는 것은 3유형이 자신의 성공 중심 도식을 유지하는 또 다른 방식들이다.

　3유형의 자신의 도식을 제자리에 유지하는 또 다른 주된 방법은 기만의 악덕을 통해서다.

악덕/격정/부적응적 감정적 도식

3유형 패러다임을 몰고 가는 격정은 바로 기만이다. 3유형은 자신이 곧 자신의 이미지 라는 것을 자기 자신과 다른 사람들이 믿도록 속인다. 당신이 보고 있는 것은 당신이 보고 싶은 것이다. 이들은 자신의 역할 또는 프로젝트와 너무 동일시해서 대배우처럼 자신이 하는 행위 속으로 사라져 버릴 수 있다.

3유형이 자기 자신과 자신의 산물을 파는 모습에는 어딘가 기만이 자리한다. 이들은 항상 고운 시선으로 내보여지며, 모든 단점이나 실패의 암시는 얼버무려진다.

괴테는 우리 모두가 표절자라고 말했다. 우리의 건물은 다른 사람들이 만든 기반 위에 지어졌다. 각 세대는 그 전 세대들의 어깨 위에 서 있다. 3유형은 타고난 표절자다. 이들은 다른 사람들의 것을 자신의 것으로 선사했다는 점을 언급하거나 알리지 못한다. 3유형은 자신의 이미지에 맞추기 위해 빌리고 사회에서 유행하고 있는 모습을 취한다. 대중이 그러한 태도에 흥미와 호의를 잃게 되면, 이들은 간단히 또 다른 성공의 역할을 입을 수 있다. 하지만 일관된 개인의 핵심 정체성의 결핍으로 이어질 수도 있다. 나는 다른 사람들의 눈에 비치는 모습인 것이다.

앞에서도 나왔듯이, 기만적이고 성공적인 모습을 보여 주는 예시는 대중적인 움직임을 감지하고, 군중을 앞질러 가서, 지도자의 역할을 맡고, 그 움직임의 창시자 중 한 명인 체하는 능력이다. 3유형은 시류를 이끌거나, 최소한 그 시류에서 성공하고 싶어 한다.

3유형은 시기에 맞는 적절한 감정을 흉내 낼 수 있다. 내가 기억하는 한 3유형은 자신이 회의에서 느끼게 될 감정을 미리 계산하는 방법을 설명해 주었다. 예를 들면, 그는 경쟁자의 균형을 무너뜨리고 협상의 통제권을 쥐기 위해 대화의 특정 지점에서 화가 나기로 계획을 짜는 것이었다.

또 다른 예시로, TV에 나오는 전도사들은 슬퍼 보여야 할 때 눈물을 흘릴 수 있고, 분노해야 할 상황일 때는 화를 내며, 신성한 영에 감화받았을 때에는 무아경에 이르는 모습을 보일 수 있다. 하지만 이 감정들은 모두 참자기로부터 일어나는 것은 아닐 수도 있는 것이다.

종교와 관련해 더 얘기해 보자면, 종교의 이러한 역사 개요를 떠올려 볼 수 있다. 고대 히브리인들에게 있어서 종교란 신학 체계였다. 그리스인과 로마인들에게 종교는 철학이었다. 중세시대에는 종교가 이념의 역할을 했다. 그리고 미국에서 종교는 이제 대규모 사업이 되었다. 3유형의 패러다임은 이렇듯 모든 것을 성공적인 사업으로 바꿀 수 있다.

기만의 극단적인 현상은 병적인 거짓말쟁이나 사이코패스적 인격일 것이다. 이런 경우 거짓말은 삶의 방식이 되어 실제로 진실을 말하는 것보다 거짓을 말하는 것이 더 선호된다. 반사회적 인격장애를 가진 사람들은 속이는 것에 너무 능해서, 이런 교묘한 모습을 얼마나 유지할 수 있을지 보고 싶어 한다. 거짓말은 중독성이 있다.

도식 회피

3유형이 성공의 겉모습 아래에서는 자신을 실패자라고 여기는 부적응적 도식의 활성화를 회피하는 한 방법은 거듭해서 긍정적인 평가를 향해 노력하는 것이다. 나는 3유형이 주최한 워크숍을 한 적이 있었다. 주말 동안 그녀는 돌아다니며 사람들에게 워크숍이 어떻게 진행되고 있는지를 묻고 다녔다. 워크숍 마지막 부분에서 참가자들 중 한 명이 불만족을 표현했는데(확실히 흔치 않은 반응이었다), 3유형인 그녀는 당황하지 않고 즉각적으로 그 사람이 워크숍에서 얻은 부분들에 대해 물었다. 즉, 그녀는 본능적으로 그 참가자에게서 성공적인 기억과 경험들을 끄집어 낸 것이다. 곧 그 사람은 만족감과 함께 기뻐하고 자족하며 워크숍을 떠나갔다. 그리고 나는 그 자리에 서서 이 3유형을 어떻게 하면 나의 홍보 담당자로 삼을 수 있을까 생각했다.

회피 영역

성공적으로 보이고 싶다면 당신은 **실패**를 회피해야 한다. 3유형의 패러다임은 3유형이 정확히 이렇게 할 수 있도록 도와준다. 나사의 모토처럼, '실패란 있을 수 없다.'

실패를 피하는 방법 중 하나는 바로 실패를 다른 것으로 부르는 것이다. 예를 들면, '삶에서 실패란 없다. 오직 배움의 경험들만 있을 뿐이다'라는 격언은 아마 3유형이 기록했을 것이다. NLP의 치료적 접근법은 재구성 방법에 대해 이야기한다. 이 방식은 실패를 부분적인 성공으로 이해하고, 실수를 실패보다는 피드백으로 여기는 것이다. 핵탄두가 '평화유지군'으로 재표기될 때에는 기만 역시 자리하게 된다.

3유형은 일반적으로 실패를 회피하는 것을 굉장히 잘한다. 3유형에게 실패한 부분이 어디냐고 물어보면 당신은 멍한 표정을 보게 될 것이다. 아마 이들은 단순히 어느 것에서도 실패한 적이 없거나, 실패를 기억하지 못하거나, 아니면 약간의 실패를 기억하지만 분명히 당신에게 이를 말하고 자신의 이미지를 망치는 위험을 감수하지는 않을 것이다.

그렇다면 3유형은 어떻게 실패를 회피할 수 있는 것일까? 이들은 미리 상황을 가늠하고 그 상황이 자신에게 요하는 것을 알아낸다. 그리고는 자신에게 기대되는 것을 성공적으로 끌어낼 수 있는 자원이 자신에게 있는지 고려한다. 만약 이를 할 수 있다고 계산되면 이들은 그 프로젝트를 맡는다. 만약 할 수 없는 일이라고 여겨지면 이들은 다른 사람들이 시도하도록 한다. 3유형 패러다임은 이들이 이러한 재빠른 목표 중심적 분석을 할 수 있게 돕도록 세워져 있다.

실패를 모면하는 또 다른 방법은 이를 다른 사람들에게 투사하는 것이다. 그 임무를 성공시키지 못한 것은 3유형의 잘못이 아니라, 다른 사람들이 역할을 제대로 해 주지 않았기 때문인 것이다. 3유형은 자신의 무능함과 실패를 다른 사람들에게로 돌리고는 자신이 체계적이지 않고 무능한 일꾼들에 둘러싸여 있다고 여기며 한탄한다. "내가 당신들 같은 칠면조 무리에 둘러싸여 있는데 어떻게 독수리와 함께 솟아오를 수 있겠어?"

3유형의 자아상과 일치하는 특성들은 '나' 목록에서 찾을 수 있으며 자신과 일치하지 않는다고 여기는 특성들은 '내가 아님' 목록에서 찾을 수 있다.

3유형은 투사와 투사적 동일시를 할 때 게으르고, 느리고, 의욕이 없는 부족한 우리 같은 실패자들에 둘러싸여 있다고 여긴다. 이들이 휴가를 내어 우리들에게 코스모스를 건네는 일을 망설이는 것은 당연한 것이다. 이렇게 나태하고, 무능력하며, 야망 없는 패배자 집단에서는 아무것도 성취되거나 완료되지 못하게 될 가능성이 큰 것이다.

또한 3유형이 지휘권을 잡고 지도자, CEO, 관리자, 유행의 선도자가 되는 것은 놀랄 일이 아니다. 아니면 누가 이 일을 하겠는가? 갈피를 잡지 못하는 소심한 존재감 없는 사람들? 이제 3유형이 우리 같은 샌님들에게 활기를 주기 위해 치어리더가 되는 이유나 우

표 12-1 3유형의 자아도식

나	동일시	내가 아님
전문적임		아마추어
조직적임		체계적이지 못함
생산적임		게으름
근면함		느긋함
성공적임		실패
치어리더		인기 없음
젊음		고루함
열성적임		우울함
의욕적임		지루함
끊임없이 활동함		느림
기획자		기다리고 확인함
영업사원		아무도 원하지 않음
실용적임		엉뚱함, 공상
정치적임		상식 없음, 요령 없음
상승세에 있음		발전 없음
효율적임		비효율적임
능숙함		부적당함
목표 위주		방향 감각을 잃음
팀 플레이어		외톨이
인기 있음		괴짜
기업가		야심 없음
경영진		보이지 않는 꽃
성취함		내세울 것이 없음
중요함		보잘것없음
재주가 많음		완료하지 못함
좋은 모습으로 보임		게으름뱅이
자신감 있음		소심함
최신, 최첨단		유행에 뒤떨어짐
다양한 일을 함		과하게 집중되어 있음
실리적임		하찮은 것에 빠짐

리가 삶의 활력을 갖고 책상을 정리할 수 있도록 도와주기 위해 의욕을 주는 일을 하는 이유를 알 수 있을 것이다.

3유형은 자기 내면에 있는 느리고 인기 없고 수줍은 사람과 친해질 필요가 있다. 이들은 그 '괴짜'가 다른 사람들이 생각하는 것에 대해서는 별로 관심을 갖지 않고 자신이 추구하는 것에 더 열정적이라는 점을 발견하게 되기도 한다. 아니면 이들은 '게으른' 사람들이 자기 자신과 친구들과 함께 즐길 시간을 가진다는 점을 알게 되기도 한다. 이들은 속도를 늦춤으로써 꽃향기와 커피향기를 맡을 수 있게 된다.

3유형의 패러다임은 6유형과 9유형의 관점을 포함시킴으로써 균형과 폭넓은 시야를 얻게 된다. 이 두 접근법의 유용한 성질들은 '내가 아님' 목록의 잔해 속에 묻혀 있다. 3유형이 자신의 그림자 측면의 속성이 지닌 긍정적인 영향을 찾아낼 때 6유형과 9유형의 높은 수준 측면이 지닌 일부 강점들도 나타난다.

예를 들어, 만약 당신이 '과하게 집중되어 있음'과 '하찮은 것에 빠짐'에서 나타나는 지나친 왜곡을 그만둔다면, 6유형이 세부적인 것과 미묘한 차이에 주의하는 모습, 자신의 행동이 초래할 복합적인 결과들을 인정하는 모습 그리고 행동하기 전에 조심스럽게 고려하고 준비해야 하는 필요를 지닌 모습을 찾을 수 있게 된다. 6유형의 신중함에 3유형의 열의가 더해지면 효과적인 행동과 목표 달성으로 이어지게 된다.

아니면 만약 당신이 '게으름' 또는 '발전 없음' 또는 '아무도 원하지 않음' 또는 '느림'의 상태에서 좋은 점이 무엇인가에 대한 의문을 제기한다면, 9유형이 **행하는** 것뿐만 아니라 **존재하는** 것에 대해 지닌 감사와 토끼를 넘어서 결승선에 도달한 거북이의 장점을 인정하는 모습을 발견할 수도 있다. 하지만 그 모습이 '지루함'과 '우울함'을 의미한다면 어느 누가 속도를 늦추려 하겠는가? 그렇지만 반면, 느긋해지는 것이 만족감과 차분함으로 이어진다면 그건 그다지 나쁘지 않다.

또한 만약 '나'와 '내가 아님' 목록 중 관계를 더 필요로 하는 범주에 대해 묻는다면 여지없이 '내가 아님' 특성들이 성공적이고, 재주가 뛰어나며, 위를 향해 이동하는 승자의 모습 대신 사람을 더 필요로 한다는 것이 명확해진다. 모순적이게도 3유형은 자신이 '나' 목록에 있는 특성들을 드러내 보일 때에만 사람들이 자신을 좋아하고 관계하고 싶어 할 것이라고 믿는다. 실상은 3유형은 자신이 굉장히 성공적이고 자급자족할 수 있는 상태일 때에는 관계를 필요로 하지 않는 모습을 보이며, 사람들은 우정을 위해 이들과 연결되기보다는 이들의 능력 때문에 이들을 이용하려는 모습이 더 많다.

3유형은 자신의 양극성이 지닌 두 측면 모두를 포함시키는 포괄적인 자기 개념에서 득을 볼 수 있다. 각 사람마다 자신만의 독특한 자아상을 만들어 갈 필요가 있지만, 시작 차원에서의 일부 제안을 해 보자면 이러한 것들이 있을 수 있겠다. '유능하고 정직함' '카리스마 있는 거북이' '효율적인 비전문가' '여유롭게 자원이 풍부함'

방어기제

실패의 경험에 대항하는 완충 장치나 방어물은 **동일시**의 방어기제다. 성공적인 이미지나 역할과 동일시함으로써 3유형은 실패의 경험 또는 실패적인 모습을 방지한다. 이들은 자신의 현재 페르소나가 희미해지거나 인기를 잃기 시작할 때 또 다른 이미지를 가까이한다. 자신이 하고 있는 일이나 프로젝트와 동일시하는 것 역시 3유형이 자기 수준에서 실패라고 느끼는 것을 피할 수 있도록 도와준다. 마지막으로 3유형은 성공적인 회사나 정당, 종교적 체계 등의 일원이 됨으로써 집단 문화, 규범, 영성 등과 동일시할 수 있다.

3유형은 '나' 목록의 특성들과 가까이하고 자신은 '내가 아님' 목록의 특성들에 해당하지 않는다고 자신을 속임으로써 성공적인 모습이라는 보상 도식과 자아상을 유지한다.

주요 취약점

3유형은 1유형과 2유형처럼 비판과 거절에 민감하고 취약한 것으로 보고된다. 이들은 관심을 받지 못하거나 인정받지 못할 때 상처받는다. 3유형에게 있어서 관계에서의 실패는 궁극적인 실패다. 3유형은 감탄받기 위해 프로젝트와 실적을 완수하며, 인정이 명백하게 나타나지 않을 때에는 이 거절을 실패로 해석한다.

또한 3유형은 강제로 활동을 할 수 없게 될 때(해고, 건강 문제 등으로 인해) 나약함을 느낀다. 이들은 이럴 때 자신이 더 이상 쓸모없고 가치가 없다고 느낀다.

실패의 암시는 이들의 부적응적 도식을 유발하기 쉽다.

"나는 충분히 성공적이지 않아."
"나는 언제나 더 성공적일 수 있어."
"나는 실패자야."
"내가 행하는 것이 곧 나야."
"나는 사랑받으려면 반드시 생산해 내고 성취해야 해."
"나는 내 역할을 다하고 다른 사람들의 기대를 충족시켜야 해."
"많이 가진 사람에게는 많은 것이 요구된다."
"나는 다른 사람들을 신뢰할 수 없어."
"나는 다른 사람들이 나를 믿도록 속여야 해."

3유형이 실패의 경험 근처로 다가가기만 해도 이들의 방어기제는 최대한의 활동을 하기 시작한다. 이들의 성공적인 모습의 자아상은 강조되고, 이들의 마케팅 전략은 더 강해지며, 이들은 자신이 여태까지 이루어 온 모든 것 때문에 자신이 중요하다는 것을 자기 자신과 다른 사람들이 믿도록 기만한다. "나는 잘 수행해 내고, 당신을 기쁘게 하고, 훌륭한 일들을 이뤄 내는데, 어째서 당신이 나를 거부하려 하겠어?"

3유형이 불안해질수록, 이들의 자기는 약해지고 자아상과 활동들은 중앙 무대를 차지하게 된다. 불행하게도 이 책략은 자신의 모습 그대로가 사랑받고 확인받는 것인지 아니면 자신의 성과물 때문에 그런 것인지에 대한 3유형의 의심을 연장시켜 줄 뿐이다. 3유형의 공적, 이미지, 역할들은 자신의 참자기와 다른 사람들의 참자기 사이에 들어와 이들을 갈라놓는다.

역설적으로 이들의 방어적 접근법은 궁극적으로는 성공적이지 못한데, 이는 3유형이 가식을 언제까지나 유지할 수는 없기 때문이다. 결국에는 다른 사람들도 가면 뒤에 있는 사람이 그곳에 존재하지 않는다는 것을 깨닫게 된다. 페르소나 또는 생산적인 기계와 상호작용하는 것은 3유형도, 다른 사람들도 만족시켜 주지 않는다. 관계는 멀어지게 되고 분리가 뒤따르게 된다.

또한 3유형은 자신의 일에 너무 사로잡힌 나머지 갖고 있는 관계마저도 즐길 시간이 없게 된다.

그리고 이에 따라 이들의 주관적 패러다임과 왜곡하는 렌즈는 자신이 하는 것이 아닌 자신의 존재 자체로 허용받고 확인받는 느낌을 받고 싶고 자기 자체로 사랑받고 인정받고 싶으며, 진정으로 반응을 받고 싶고 중요성과 의미를 지닌 삶을 살고 싶은 이들의 진실한 욕구를 좌절시킨다.

3유형의 객관적 패러다임과 적응적 도식이 주는 희망은 이들의 주된 취약점이 위협받을 때 이들이 자기 자신과 사람들에게 정직하고 유대관계를 유지한 상태로 남아 있을 수 있게 해 준다. 이들의 참자기는 그 자리에 존재하고 관여하는 상태로 남아 있게 되며, 그렇기에 가장 효율적이 된다. 참자기가 진정으로 원하는 소속감과 확인은, 거짓 자기의 성취를 통해 성공적이지 못하게 추구해 왔을 수 있지만 진정한 나와 너 관계에 있을 때에만 얻을 수 있다.

모든 왜곡하는 렌즈의 경우와 같이, 갇힌 상태에서 나오는 길은 자신이 가장 취하고 싶지 않은 경로를 통해서다. 3유형의 탈출 전략은 실패로, 이들이 가장 회피하고 싶어 하는 상황이다. 그렇지만 나는 수많은 3유형이 그들의 강박의 최면을 깨 준 것은 정확히 실패의 경험이었다고 말하는 것을 들어 왔다. 실패의 경험은 3유형의 성공적인 이미지를 산산조각내고 이들의 참자기가 나오게 한다. 결혼 실패, 자녀의 정신질환, 회사의 부도 등은 이들의 완벽한 경기를 향한 추구를 무너뜨렸고, 자신의 성격에 대한 성공적인 모습의 착각을 조각냈다. 이러한 실패는 처음에는 끔찍하지만 궁극적으로는 자유와 평화를 가져다주었다.

성장 과정

어떤 환경이 3유형을 과하게 발달하게 하고 이들의 패러다임을 과장시키게 하며 이들의 렌즈에 눈금을 매기도록 조장하는 하는 것일까? 그건 이들을 있는 그대로가 아닌 이들의 성과에 대해 포상을 주는 환경이다. 즉, 이들 자체보다는 이들이 하는 것이 중요한 것이다. 이들의 가치는 단순히 이들이 인간이기 때문에 가치 있는 것이 아니라 이들이 만들어 낼 수 있는 것에 근거한다는 것이다.

3유형은 역할을 맡고 특정 이미지를 내세우는 것이 이들을 본래의 자신보다 훨씬 더 멀리 데려갔다는 사실을 잘 배워 왔다. 이들은 어느새 이미지 만들기의 달인이 되었다. 이들의 성취와 성과물은 다른 사람들과의 감정적 연결관계와 깊은 관여 대신 보상받는다.

이러한 3유형의 가족은 내적인 것보다는 외적인 것을 강조한다. 3유형 자신만의 감정과 선호 경향, 갈망들은 관심받거나 물어지지 않았기 때문에, 이들은 자신의 내적 과정과 분리되고 연결을 잃게 된 것이다. 그 대신 이들은 좋아 보이고, 성공하며, 이기고, 앞서 나가는 모습으로 보이는 것에 초점을 맞추게 되었다. 이렇게 하면 허용을 받았기 때문이다. 그렇게 이들의 내면 자기와 외적 이미지 사이에는 틈이 발달되었고, 외적인 요소에 더 많은 가치와 관심이 가게 되었다.

3유형은 사람들이 자신에게 원하는 모습이 되면 허용과 출세를 얻는다는 점을 발견했다. 그래서 이들의 관심과 에너지는 자신의 욕구에서 벗어나 외적으로 다른 사람들이 자신에게서 기대하고 바라는 모습으로 옮겨 가게 되었다. 그렇게 이들은 성공적으로 일을 수행하고 박수를 받아 왔던 것이다.

이들은 진짜 모습을 보이는 것이나 외곬수의 모습, 또는 순진한 모습보다는 협조적이고 적응을 잘하는 모습이 더 성공한다는 점을 배웠다.

일부 3유형은 조숙했으며 잘 수행해 내는 모습으로 허용을 받았다. 다른 3유형들은 가족을 위해 정말로 '일해야' 했기 때문에 빨리 자라야 했을 수도 있다. 이들은 말 그대로 일을 하러 가서 여태까지 쉬지 않았거나, 좋은 성적을 받고 좋은 대체 배우자가 되며 형제자매를 돌보는 일 등을 하려고 '열심히 노력' 했다.

3유형은 활기차고, 열광적이며, 능숙한 상태로 시작했고, 그 상태를 유지해 왔다. 이들은 성인이 되어서도 젊은 용모를 유지한다. 하지만 참자기와 감정으로부터 일찍 분리되었기 때문에 이들의 감정적·영적 수준에서는 어딘가 미성숙함이나 무능함이 자리한다. 3유형의 이러한 내적 부분들은 이들의 외향적인 페르소나를 따라 함께 성숙해질 필요가 있다.

신체적 특징

3유형은 젊고 활기 넘치는 외모를 드러내길 좋아한다. 이들은 일반적으로 잘 가꾼 피부와 탄탄한 몸매를 갖고 있다. '아름다운 사람들'과 '제트족' 일원들이 자주 이런 모습에 속한다. 이들은 유행에 따라 옷을 갖춰 입고 '유행을 따르고' 싶어 한다. 3유형은 성공을 위해 옷을 갖춰 입는 반면, 4유형은 자신만의 특유한 기분을 표현하기 위해 자신을 꾸민다. 보통 3유형은 사근사근하고 세련된 페르소나를 보인다.

아리카 전통의 얼굴 분석에 따르면, 3유형의 오른쪽 눈은 왼쪽 눈보다 더 작거나 닫힌 모습으로 알려져 있다. 아니면 오른쪽 바깥 귀퉁이 주변이 부어있는 듯한 모습이기도 하다. 가끔은 오른쪽 눈이 약간 비스듬히 되어 있어서 바라보는 사람은 3유형이 한쪽 눈으로는 자신을 보고 다른 쪽으로는 다른 무언가에 집중하고 있는 듯한 인상을 받을 수 있다. 당연하게도 다수의 배우가 이러한 시각적 현상을 보인다.

의사소통 방식

3유형은 자신과 자신의 성과물을 파는 선전을 한다. 이들이 판매에 들어온 이상, 모든 것은 어떻게 말하고, 광고하며, 선보이고, 파느냐의 질문의 대상이 된다.

3유형은 열정과 확언을 담아 말한다. 그리고 이들의 의사소통 방식은 사람들을 들뜨게 하며 자신과 자신의 제품에 대해 자신감을 갖게 한다.

〈The Candidate〉는 미국 대통령의 마케팅에 대해 다룬 영화다. 이야기에서는 이상주의적인 주 상원의원인 주인공이 미디어 조종자에게 넘겨지고 그는 주인공을 대중에게 판매하기 시작한다. 주인공의 이상주의는 그가 미디어 산물로 제조되어 가게 되면서 곧 대체된다. 여기서 홍보되는 것의 기준은 진실한 것이 아니라 팔릴 것, 표를 얻게 해 줄 것이다. 결말에서 주인공은 선거에서 이기지만 자신의 목소리를 잃은 지는 오래된 상태다. 꽤 으스스한 결말로 그는 수락 연설을 하기 위해 무대에 올라서서, 걱정스럽고 혼란스러운 상태로 자신의 미디어 조종자에게 돌아서서는 이렇게 묻는다. "이제 저들에게 무엇을 말해야 하는 거죠?"

이는 3유형 패러다임의 강박적인 측면을 보여 주는 예시다. 이들의 대화는 진실을 이야기하고 진정한 나와 너의 친밀한 관계를 발전시키기 위함이 아니다. 이들의 의사소통 방식은 자신의 성격과 메시지를 사람들에게 이해시켜서 그들이 자신에게 감탄하도록 의도된 것이다.

패러다임 변화

에니어그램은 3유형이 풍부한 자원 상태나 부족한 자원 상태 중 어디에 기반을 두어서 기능하고 있는지와, 스트레스 상황과 안정된 상황 중 무엇을 경험하고 있는지에 따라서 일어날 패러다임 변화를 예측한다.

	안정적 상태	스트레스 상태
풍부한 자원 상태	+6	+9
부족한 자원 상태	-6	-9

그림 12-1 3유형의 심리적 자원 패러다임 변화

스트레스 상황

내적·외적으로도 스트레스 상황에 있을 때 3유형은 부족한 자원 상태에서 자신의 관점인 3유형 관점의 왜곡하는 렌즈를 향해 이동하거나, 9유형 관점의 왜곡하는 렌즈로 향한다. 아니면 3유형은 풍부한 자원 상태의 대안으로서 9유형의 바로잡는 렌즈를 취하

Sheet 12-1 성취욕구의 왜곡렌즈

> 3유형의 왜곡하는 렌즈를 착용하는 것:
> 자신의 낡고 불완전한 렌즈를 사용하는 것

기도 한다.

스트레스 상황들 속에 있는 3유형은 다른 모든 유형처럼 또 다른 전략으로 이동하기에 앞서 똑같은 모습을 반복하기가 쉽다. 3유형에게 있어서 똑같은 방식이란 더 열심히 일하고, 더 활동적이 되며, 더 많은 프로젝트를 맡고, 더 바빠지고, 더 많은 성공을 이뤄 내려 하고, 자신을 더욱 홍보하며, 진정한 자신을 표현하는 것 대신 다양한 역할과 이미지들을 취하는 것을 말한다. 그렇게 같은 방식으로 바라보고 같은 일을 계속함으로써, 3유형은 자신의 패러다임부터 과로하게 만들고 만다.

Sheet 12-2 평화영역을 왜곡하는 렌즈

> 9유형의 왜곡하는 렌즈를 착용하는 것:
> 다른 사람의 낡고 불완전한 렌즈를 사용하는 것

3유형은 자신의 패러다임과 그 전략들이 실패하고 있다는 것을 알아차릴 때, 무의식적으로 혹은 자신도 모르게 9유형의 낮은 수준 측면에서 세상을 바라보고 상호작용하는 자신을 발견하게 되기도 한다.

이런 상태에서의 3유형은 상황과 문제, 갈등 또는 고통 등을 다루는 대신, (강박 상태의 9유형처럼) 이를 회피하려 하고, 질질 끌며, 초점을 잃고, 주의를 잃거나 멍한 상태가 된다. 이들은 실패를 모면하고 싶어 하는 것 외에도 내적 · 외적으로 갈등을 피할 방법을 물색한다.

3유형은 약간의 정도의 차이를 두고 전원이 켜져 있거나 아예 꺼진 상태가 되는 경향이 있다. 이들에게는 두 가지 속도가 있다. 이들의 속도는 아주 높거나 아예 멈춰 버리는 것으로, 분투에서 고갈까지 그 정도가 떨어진다. 이들이 멈출 때에는 강박적인 9유형의 모습과 비슷하다. 이들은 자신의 매끄럽게 돌아가는 기계를 꺼 버리고 잠자리에 든다. 3유형이 잘 기능하지 못할 때 당신이 이들에게 어떻게 지내냐고 묻는다면, 이들은 종종 그저 피곤하다고 대답할 것이다. 이런 모습은 3유형이 자신의 전략이 실패하고 있으며 그래서 우울하다는 것을 인정하는 것보다 더 낫게 느껴지기 때문이다.

이러한 회피 상태에서의 3유형은 자신의 타고난 효율성과 문제 해결 능력을 단념한다. 이들은 9유형처럼 이렇게 말하기도 한다. "다 무슨 소용이야?" "그렇게 해서 달라지는 게 뭐야? 다 상관없어." 이들은 무언가 함으로써 상황을 바꿔 보려 노력하는 모습 대신 체념하고 상황을 그냥 내버려 두는 모습이 될 수도 있다.

3유형은 무감각해지기 위해 또는 억눌러 온 자신의 진실한 감정적 반응들을 격렬하고 높거나 주의 환기를 위한 흥분으로 대체시키기 위해 술이나 약물, 먹는 것, 성행위, 일 또는 다른 중독성의 행동들에 의지하게 되기도 한다. 이는 9유형이 급한 불을 끄고 일을 돌보는 것 대신 빈둥대고 다른 일을 하는 것에 의지하는 모습과 비슷하다. 태만한 9유형처럼 3유형은 자신의 참자기에 더욱 무심한 모습이 될 수 있다. 이들은 자신의 자기 가치감과 자신이 기여할 것이 있는 것인지 의심하기도 한다.

Ｓheet 12-3 평화영역을 바로잡는 렌즈

> 9유형의 바로잡는 렌즈를 착용하는 것:
> 새로운 관점을 얻는 것

스트레스 상황에 있는 3유형은 이 세상에 존재하고 문제를 해결함에 있어서 취할 수 있는 대안으로서 9유형 패러다임의 긍정적인 측면을 기반으로 활동하는 것이 도움이 된다는 것을 알게 될 수도 있다. 즉, 자신 안의 건강한 9유형 자원들을 발견하는 것이다.

이 영역에서 일하는(제대로 말하면 일하지 않는) 3유형은 속도를 높이고 몰두하여 쓰러지고 마는 것과는 반대로 느긋해지기를 선택한다. 여기서 3유형은 '무언가 하려고 하지 좀 말고, 그냥 그 자리에 있어라'의 입장을 취한다. 고요하게 주의를 기울이는 것이다.

정신없이 서두르지 말고 침착해지는 것이다. 활동적이고 나의 모든 에너지를 다 써 버리는 것 대신 선뜻 받아들이고 자기 성찰적인 모습이 되는 것이다.

9유형 패러다임은 3유형이 자신의 관중들로부터 멀어지고, 자신의 과업으로부터 탈동일시하며, 내면 자기와 연결되기 위해 자유로워지도록 이들을 돕는다.

3유형은 '올바른 행동'의 선(Zen) 원칙을 취함으로써 성공해야 하는 강박으로부터 나와 자신을 결속시킬 수 있게 된다. 이는 단순히 자신이 하는 것을 하는 태도다. 그것을 하는 행위 자체로 가치를 지니기 때문에 그 행동을 취하고, 그 행동으로 인한 결과들로부터 자신을 분리시키는 것이다. 중요한 것은 자신이 진실성과 한결같음으로 행동하는 것이다. 그 행위가 성공적인 결과로 나오든 성공적이지 못한 결과로 이어지든 그것은 중요하지 않다. 3유형에게 있어서 이런 모습은 철저한 패러다임 변화와 전환을 수반하는 것이다.

객관적인 건강한 9유형 패러다임은 겉치레가 없는 모습을 포함한다. 9유형은 역할을 맡거나 특정 이미지를 내보이는 것에 흥미가 없다. 3유형이 풍부한 자원 상태의 패러다임으로 변화하는 것은 자신의 역할과 이미지를 버리고, 진실한 자기의 모습을 기반으로 행동하며, 진짜 감정을 표현하는 모습을 수반한다.

안정적 상황

안정적이고 위협이 없는 상황에 있을 때의 3유형은 자신의 유형인 3유형이 지닌 높은 수준 측면으로 상승할 수 있으며, 이러한 3유형의 적응적 렌즈를 통해 사물을 알맞게 바라볼 수 있게 된다. 이들은 또한 풍부한 자원 상태의 6유형 관점이 지닌 인지적·행동적 양식을 취하는 자신을 발견하게 될 수도 있다. 아니면 이들은 가면을 그리워하며 6유형의 강박적 모습이 지닌 왜곡하는 렌즈로 빠지게 될 수도 있다.

Sheet 12-4 성취욕구를 바로잡는 렌즈

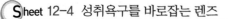

3유형의 바로잡는 렌즈를 착용하는 것:
자신의 관점으로 또렷이 보는 것

자신의 유형이 지닌 높은 수준 측면에서 행동할 때의 3유형은 좀 더 신뢰로운 시점을 가진다. 이들은 자신의 내적 자기와 연결되며 숨김 없는 참자기를 다른 사람들에게 드러낸다. 당신이 보는 것이 그대로인 것이다. 이들은 자신의 이력서, 지위, 실리를 위해서가 아닌 공동의 이익을 위해 일할 의욕을 가진다. 이들은 결과만큼이나 관계를 가치 있게 여긴다. 또한 이들은 자신의 페르소나를 우상화하는 것 대신 인간성을 존중하고 받아들인다. 이러한 상태의 3유형에게는 이미지가 중요한 것이 아니라, 진짜 모습이 되는 것이 중요한 것이다.

Sheet 12-5 안전영역의 바로잡는 렌즈

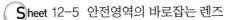

6유형의 바로잡는 렌즈를 착용하는 것:
또 다른 관점을 얻는 것

3유형은 6유형의 바로잡는 렌즈를 통해 사물을 바라볼 때 충실한 모습을 가치 있게 여긴다.

이들은 제일 먼저 자기 자신에게 충실해진다. 너 자신에게 참되어라. 셰익스피어의 명언에서도 조언하듯이 말이다. 이는 모든 에너지를 페르소나 프로젝트에 소진하고 쏟는 것 대신 자신의 내면생활을 가꾸기 위해 에너지를 안으로 돌림으로써 자신을 위한 에너지를 어느 정도 비축해 두는 것을 의미한다.

자신에게 충실한 것은 자신의 역할 속에서 느껴야 한다고 여기는 것의 환상을 기반으로 두는 것이 아닌, 자신의 감정과 선호 경향과 연결되는 것을 뜻한다. 이는 진짜 자신의 감정이 수면 위로 올라오도록 충분히 오래 속도를 늦추고 그 감정들이 정직하게 표현되도록 하는 것을 말한다. 이 본질적인 상태에서는 어떠한 거짓말도 중독의 형태가 된다.

자신의 신체적 감각(예: 피로)과 연결되는 것도 자신을 존중하는 하나의 방법이다. 3유형의 왜곡하는 렌즈는 자신 안에 일어나고 있는 일에는 많은 관심을 두지 않는다. 이 대체적인 패러다임은 내면의 움직임을 신경 쓰고 알아챈다.

이렇듯 3유형은 자신의 잃어버린 아이를 회복하고 그 아이가 발달할 수 있도록 도와

줄 필요가 있다. 이들은 자신의 이미지와 역할로부터 거리를 두게 되면서 실제 자신은 다른 사람들의 눈에 비춰지는 모습과는 다를 수 있다는 사실을 발견한다.

이러한 성숙한 영역에 있을 때의 3유형은 효과가 있거나 성공적인 것 또는 허용을 얻게 해 줄 것이라면 무엇이든지 함으로써 편리한 모습을 취하는 것 대신, 객관적 가치와 원칙들에 충실해지기로 선택한다. 이러한 상태의 3유형은 이제 자신이 무언가를 믿으면, 그것이 인기가 없고, 성공하지 못할 수도 있으며, 심지어는 아무에게도 인정받지 못하게 될 수도 있는 것이라 해도 이를 행한다. 이들은 현재 사회에서 화제 되는 것이 아닌, 자신이 진정으로 가치 있다고 여기는 것을 한다. 이 모습은 영화 〈투 다이 포(To Die For)〉에 나오는 신분 상승을 지향하는 일기예보 아나운서 여성이 지닌 태도와 극명한 대조를 이루는데, 그녀는 영화에서 이렇게 궁금해한다. "좋은 일을 한다 해도 그것을 누가 보지 않으면 무슨 소용이에요?"

6유형의 패러다임은 3유형이 지닌 **다른** 사람들을 향하는 경향을 촉진하며, 3유형의 옛 패러다임인 경쟁과 기회주의적인 사리사욕을 갖고 사람들에게 대항하는 방향성을 의무로 대체하도록 해 준다.

다른 사람들이 따르는 법칙인 우주의 객관적 법칙에 복종하고 이를 존중하는 것은 이로운 패러다임 변화다. 우리도 이미 보았지만 진짜 모습이 되는 것은 궁극적으로 가장 효과적인 전략이다.

3유형은 성공적으로 보이기 위해서나 다른 사람들이 자신에게 기대하기 때문에보다는 사람들의 행복과 이익을 위해 사회와 공동의 이익을 위한 일을 하는 것이 좋다. 내가 기억하는 한 3유형 관리자는 자신이 기금을 모으는 것이 가난한 이들을 위한 교육을 제공하기 위한 것이었는지 아니면 성공적인 기금 모금자로 보이기 위해서였는지 심사숙고하는 모습을 보였다. 동기의 차이는 본질을 기반으로 사는 것과 성격을 기반으로 사는 것의 차이를 나타낸다.

3유형은 다른 사람들을 존중하고 이들에게 충직해야 할 필요가 있다. 누군가 테레사 수녀에게 그녀의 일이 진짜로 얼마나 효과적인지를 물었을 때, 그녀는 이렇게 대답했다. "신은 제게 성공하라고 하지 않으셨어요. 단지 충실하라고 말씀하셨죠."

자원이 부족한 상태의 관점에 있을 때의 3유형은 자신이 취급당한 방식대로 그리고 자기 자신을 다루는 방식대로 다른 사람들을 대한다. 다시 말해, 이들은 다른 사람들을 훌륭한 결과를 얻기 위해 조종해야 하는 대상으로 다루는 것이다. 3유형은 자신의 감정에 관심을 두지 않는 만큼 다른 사람들의 감정도 함부로 다룰 수도 있다. 이들은 자신의 신체적 한계도 존중하지 않음으로써 과로하고 사력을 다하기 때문에, 자신의 팀에 있는 사람들을 더욱더 생산적인 모습이 되도록 몰아감으로써 이들도 기력을 다하게 만든다.

3유형의 오래된 패러다임은 관계보다 일을 중시하기 때문에, 이들은 자신의 가족에게 소홀한 경향을 보인다. 6유형 관점은 관계를 가치 있게 여기고 가족 참여를 조성하며, 배우자와 자녀들과의 시간을 보내기 위해 따로 시간을 떼어 둔다. 6유형 패러다임에게는 공동체가 핵심 가치다.

또한 이런 모습은 마감 기한과 프로젝트에 전념하는 것보다 이상과 사람들에 헌신하고 전념하는 것을 더 중요하게 여기게 된다.

이 패러다임 변화의 결과로, 3유형은 사람들과 경쟁하는 대신 협력하게 된다. 이들은 다른 사람들도 일을 완수할 수 있다는 것을 신뢰하며 자신의 모든 무능력함을 사람들에게 투사하는 모습을 멈춘다. 이들은 메타 수준에서 우주가 매끄럽고 계획적으로 잘 활동하고 있다는 점을 신뢰한다. 그래서 이들은 개인적인 휴식과 개선을 위한 시간을 따로 챙길 여유를 가질 수 있게 된다.

많은 연구에서는 좋은 지도자에게 두 가지 속성이 있다는 일관된 결과를 내놓고 있다. 바로 **신뢰성**과 **능력**이다. 이 특성들은 6유형(신뢰성)과 3유형(능력) 패러다임의 가장 좋은 모습들과 연결된다.

역설적이게도 6유형 강박에서 나타나는 특유의 모습인 의심은 6유형을 무력하게 만들고 해로운데, 3유형에게는 이로운 특성이다. 옛 격언에서 말하듯, '어떤 사람에게는 독인 것이 어떤 사람에게는 약이 된다'는 말은 이러한 렌즈 교정의 용도에 많이 적용된다.

의심은 3유형에게는 작은 실패의 경험에 해당한다. 실패와 연결되는 것은 이들의 잃어버린 부분들과 연결되는 한 방법이다. 실패를 다른 사람들의 탓으로 돌리거나 다른 이름으로 부르는 것(배움의 경험이라든지)보다 이를 삶의 한 부분으로서 받아들이는 것은 3유형에게는 신뢰성과 전체성을 향해 내딛는 발걸음을 의미한다. 의심을 표현하는 것은 우리를 자유롭게 해 준다. 모든 것에서 능숙한 모습으로 보일 필요는 없다.

의심은 3유형을 좀 더 인간적이게 만들어 주며 이들의 빠르게 움직이고 매끄럽게 돌아가는 회로에 틈을 만들어 주어서, 자신과 다른 사람들의 참자기와 접촉할 수 있도록 해 준다.

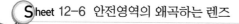

Sheet 12-6 안전영역의 왜곡하는 렌즈

> 6유형의 왜곡하는 렌즈를 착용하는 것:
> 시야를 더욱 흐리게 하는 것

3유형은 편안한 입장에 있거나 거짓으로 안정을 느낄 때, 6유형의 최악의 모습처럼 보이는 자신을 발견하게 되기도 한다. 이들은 지나치게 순응하고 복종하는 모습으로 회사 방침을 따라가게 된다. 이들은 집단을 기쁘게 해 주기 위해 주어진 역할이라면 무엇이든 맡으며, 자신의 권위는 저버리고 조직의 권위를 자기 것으로 받아들인다. 그렇게 이들은 더욱더 외적 중심이 된다.

아니면 이들은 과하게 독단적이고 권위주의적인 모습이 되어, 자신의 유능감과 성공을 과장하게 되기도 한다. 규칙 위에 자신을 둠으로써 이들의 행동은 곧 규범이 된다. 효

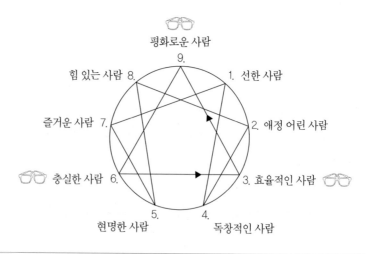

그림 12-2 3유형의 안정된 상황과 스트레스 상황에서의 패러다임 변화

과가 있는 것이라면 무엇이든지 그것이 법칙인 것이다. 성공적인 결과는 그러기 위해서 이용되는 모든 수단을 정당화해 주는 것이다. 예를 들어, 존 드로리언(John DeLorean)이라는 한 기업인이 자신의 차를 만들 수 있도록 직원들에게 돈을 주기 위해 몇 킬로의 코카인을 판 것이라는 주장은 합리적인 일이었던 것처럼 들린다. 직원들에게도 좋은 일이었고, 좋은 차를 가질 수 있었으며, 회사의 최종 결산 결과도 높여 주었으니 말이다.

3유형은 사회와 우주의 법칙 내에서 일하기로 선택하면, 다시 건강한 6유형의 영역으로 재상승한다.

인접한 유형

3유형 관점은 자연스럽게 양측의 유형, 즉 2유형과 4유형이 지닌 바로잡는 렌즈와 왜곡하는 렌즈의 영향을 받는다. 이 유형들의 높은 수준 측면과 낮은 수준 측면들에 다가감으로써 3유형은 자신의 인지적·감정적·행동적 행동 폭을 늘릴 수 있게 되거나, 아니면 자신의 행동 방식을 더욱 위축시키게 된다.

Sheet 12-7 사랑영역의 보완하는 렌즈

> 2유형의 보완하는 렌즈를 착용하는 것:
> 도움이 되는 관점

3유형은 2유형 패러다임의 바로잡는 렌즈를 통해서 사물을 바라볼 때, 자신의 과업 중심적인 행동과 2유형의 사람 중심적 선호 경향의 균형을 맞춘다. 강한 적응적 2유형의 날개를 쓰는 3유형은 자신의 목표 도중에 있는 사람들을 넘어뜨리려는 모습을 보일 가능성이 더 적다. 자신의 가슴을 다른 사람들에게 확장하는 이러한 3유형은 다른 사람들의 감정을 고려하며, 사람들이 집단의 성공에 기여하는 일꾼 개미들이기 때문이 아니라 그 자체로 가치 있는 개개인으로서 귀중하게 여긴다. 또한 이들은 사람들에게 공감하는 모습과 더불어, 일을 위해 자신은 방치하는 모습 대신 자신의 선호 경향과 필요도 유념한다. 이들은 자신의 노력이 어떻게 자기 자신과 동료들의 생활을 풍요롭게 하고 품격을 높여 줄 수 있는지에 대한 방법뿐 아니라 회사의 금고도 채울 수 있는 방법을 고려한다. 효율적이고 애정 어린 3유형은 자신의 개인적 관계뿐 아니라 자신이 맡은 프로젝트의 성공적인 완수를 즐기는 것 또한 귀중하게 여긴다.

Sheet 12-8 사랑영역의 왜곡하는 렌즈

> 2유형의 왜곡하는 렌즈를 착용하는 것:
> 도움이 되지 않는 관점

3유형은 2유형 패러다임의 왜곡하는 렌즈를 사용할 때, 일 속에서 자신을 잃게 될 뿐 아니라 사람들이 자신에게 원하거나 필요로 하는 모습에 자신을 맞추기 위해 모습을 조정한다. 자신에게 진실해지는 것 대신, 이들은 자신의 겉모습과 다른 사람들의 기대에 부합하는 것에 에너지를 쏟는다. 이들은 내면을 향하지 않고 더 외면을 향하는 모습이 되며, 자신을 상호적으로 공유하는 것 대신 사람들의 허용을 구한다. 만약 이들의 성과와 성공이 충분히 주목받고 인정받지 못하면, 이들은 실망하고 사람들에게 비판적인 모습이 된다.

Sheet 12-9 독특영역의 보완하는 렌즈

> 4유형의 보완하는 렌즈를 착용하는 것:
> 도움이 되는 관점

3유형은 4유형 패러다임의 풍부한 자원 측면과 동일시할 때, 참자기의 발달이자 추구인 내면의 여행과 더불어 세상을 더 효율적으로 돌아가게 만들고 싶은 욕망인 외적 여정도 가치 있게 여긴다. 자신의 가슴과 조율된 상태를 유지하는 3유형은 내면에서 소명의 속삭임 뿐 아니라 외적인 직업의 유혹의 말에도 귀를 기울인다. 4유형의 진정성은 3유형이 모습과 역할을 바꾸는 것 대신 자신에게 진실한 모습을 유지할 수 있도록 도와준다.

강한 적응적 4유형 날개를 지닌 3유형은 아름다움과 예술을 가치 있게 여긴다. 이들은 기능만큼이나 형태의 진가 또한 인정한다. 이들은 응용 예술에 매력을 느낀다. 이들은 일을 완료하기 위한 실용적인 연락 관계보다는 독특한 상호 간의 나와 너 교환으로서 관계를 가치 있게 여긴다. 이러한 3유형은 자신의 목표를 향해 일하면서도 다른 사람들의 기분에 세심하다.

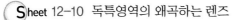 Sheet 12-10 독특영역의 왜곡하는 렌즈

> 4유형의 왜곡하는 렌즈를 착용하는 것:
> 도움이 되지 않는 관점

3유형은 4유형 패러다임의 왜곡하는 렌즈를 착용할 때 기분 변화가 심하고, 뚱하며, 자기 성찰을 할 때 곰곰이 생각하는 모습이 된다. 이들은 내면생활에 익숙하지 않기 때문에 내면으로 들어갈 때 혼란스럽고 어색함을 느낀다. 이들은 표면적인 프로젝트의 성공적인 결과를 원하면서도 자신의 내면세계에서 빠진 것을 상상하고 공허함을 맞닥뜨린다. 지나치게 예민한 4유형 날개를 지닌 3유형은 다른 사람의 행복에 기여하는 것보다는 자신에 대한 만족을 느낄 수 있도록 도와주는 강렬하고 짧은 관계를 더 맺게 되기도 한

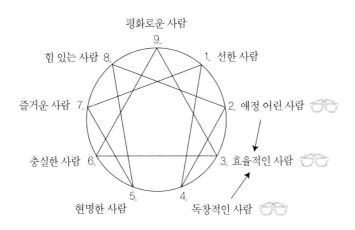

그림 12-3 3유형의 인접유형: 날개성향(보완, 왜곡렌즈)

다. 이들은 더 내성적이고 냉담하며 쌀쌀맞고 거리를 두는 경향이 있으며, 자신의 독특성과 우월감을 과장하고는 한다.

하위유형

친밀한 하위유형

기만의 악덕이 성적 본능으로 새어 들어가면, 그 결과는 진정으로 성적이고 애정 어린 사람이 되는 것이 아닌 성적으로 매력적인 인상을 내보이려는 집착이 된다. 남성은 문화적으로 남성성에 대해 지닌 만연한 기대치를 가장하여 자신을 나타내고 싶어 하고, 여성은 현재의 문화가 여성성에 지닌 고정관념처럼 자신이 보이길 원한다. 양식은 변한다. 미국의 지난 50년 동안, 여성은 마를린 먼로 식의 풍만한 모습에서 트위기 식의 거식증 같은 모습으로 그리고 건강하고 탄탄한 모습의 제인 폰다가 되어야 했다. 그동안 남성은 낭만적이고 말을 잘하는 캐리 그랜트의 모습에서 강인하고 과묵한 클린트 이스트우드로 그리고 근육질에 완벽히 어눌한 실베스터 스탤론의 모습으로 변해 왔다.

사회가 개인에게 기대하는 모습으로 보이고 싶은 욕망은 여기서 중요하다. 성적으로 행동하고 정력적인 또는 여성적인 모습으로 보이는 것이 성적이 되는 것과 개인의 남성성과 여성성에 진정으로 연결되는 것을 대체하게 될 수도 있는 것이다. 꽃뱀이나 제비의 역할을 맡는 것은 자신에 대한 확인과 공경을 얻으려는 하나의 시도이며, 플레이보이 잡지의 모델들은 완벽한 남성과 여성의 이미지를 나타낸다.

3유형은 자신의 삶의 다른 영역들에서 그런 것처럼 성적으로도 경쟁적인 모습이 될 수 있다. 이들이 자신의 성성을 즐기거나 그 안에서 더 깊은 의미를 찾는 것의 여부는 성적으로 매력적인 모습으로 보이고 싶어 하는 욕망보다 부차적인 것이다.

한편으로는, '완벽한 아내 또는 남편' '모범적인 남편과 주부'는 가장하고 있는 친밀한 3유형의 모습일 수도 있다. 만약 더 보수적인 사회에서 개인에게 신사 또는 숙녀가 되기를 기대한다면 3유형은 그 역할을 맡을 것이다. 예를 들어 보면, 기독교 문화와 할리우드 문화는 다른 태도를 요구한다. 이렇듯 개인이 취하는 이미지와 맡는 역할은 사회에서 개인이 살고 있는 부분에 의해 결정된다.

업계에서 친밀한 3유형은 최고의 위치, 최고의 제작자, 최고의 경쟁자가 되기 위해 부단히 노력한다. 능력 있고 자신감 있게 보이는 것은 성공으로 가는 열쇠다.

사회적 하위유형

기만이 사회적 본능을 오염시키게 되면, 위신을 향한 열망이 진정한 대인관계적인 소속을 향한 깊은 갈망을 대체하게 된다. 성격은 참자기를 가리고, 페르소나들이 관련할 수 있는 이미지를 조작하게 된다. 이렇게 성격은 진실한 두 자기가 나와 너 관계에서 만나는 것 대신 다른 성격들과 사회적 게임을 하게 된다. 그 결과는 관계함이 아닌 보여 주기다. 여기서 중요한 것은 사회적 허용을 얻기 위해 사회적 역할을 잘 수행하는 것이다. 사회적 위치와 계급은 없어진 내적 가치감과 진실한 공동체 의식, 즉 아들러의 연대감(Gemeinschaftsgefuhl)을 대신하게 된다.

사회적 3유형은 허영심의 경향이 있다. 이들은 다른 사람들이 생각하는 자신의 모습에 관심을 가지며, "너는 정말 기막히게 잘 하고 있어!"와 같은 관중의 긍정적인 반응을 바란다. 이들에게는 제대로 된 자격을 갖고, 제대로 된 모임의 일원이 되고, 사회면에서 언급되며, 유망한 인물들과 접촉하는 것이 중요하다. 3유형은 집단이 원하는 모습을 취하는 데에 있어서 전문가다. 나는 오직 내 겉모습만큼만 좋은 사람이다.

5유형 패러다임은 특색 없음을 귀중히 여길 수도 있지만 3유형의 세계관에서 이는 죽음에 버금가는 것이다. 또한 2유형의 노래인 '누군가가 사랑해 줄 때까지 당신은 아무 것도 아니에요'는 3유형 가사인 '누군가가 인정해 줄 때까지 당신은 아무 것도 아니에요'와 대조를 이룬다. 나는 보이기 때문에 존재하는 것이다.

우리는 3유형 렌즈가 이들이 동향과 움직임을 파악할 수 있도록 돕는다는 점을 이야기했었다. 특히 사회적 3유형은 인기 있는 움직임의 선두에 서고 우세한 쪽을 이끎으로써 유행의 선도자가 되기를 추구한다.

자기 보호적 하위유형

기만과 성격이 자기 보호의 영역에 들어오게 되면, 돈과 물질적 소유, 지위, 성공을 통해 안정을 추구하게 된다. 3유형은 자신이 소유하고 있는 것들 때문에 살아남을 수 있다는 잘못된 믿음을 가진다. 그리고 만약 자신이 최고의 이름을 갖게 되면 더 성공적으로 살아남을 수 있게 될 것이라고 믿는다. 비록 잘해내고 있지 않더라도 최소한 잘하는 것처럼은 보이니까 괜찮은 것이다.

하지만 불안정함은 적당함을 모른다. 만약 돈으로 사랑을 살 수 없다면, 아마도 정체성과 지위, 안정감은 살 수 있을지 모른다. 가치와 허용은 일과 소득으로부터 온다. 그래서 3유형은 일을 안 하게 되면 그야말로 자기 자신을 포함해 모든 것을 잃게 된다. 그런 이유로 이들은 직업에서의 안정성을 보장하기 위해 열심히 일한다.

영속되는 안정성은 개인의 본질 또는 참자기와 진실한 나와 너 관계에서만 찾을 수 있으므로, 성격은 불안한 기반에 서 있으며 불안정한 상태로 남아 있게 된다. 왜냐하면 성격은 비현실적이고, 그 마력 있는 작용과 잘 수행해 냄, 수익을 올리는 것, 상품을 얻고 소모하는 것, 성공적인 조직에 소속되는 것 등의 행위를 계속해 나가야만 하기 때문이다.

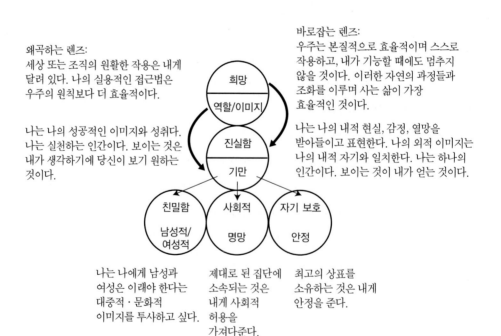

그림 12-4 3유형: 효율적인 사람

요 약

　행동의 렌즈는 생산성, 효율성, 근면성 그리고 능력의 시각이다. 이는 착수한 일을 성취해 내는 실용적인 경로다. 이 길을 따르는 사람들은 선천적으로 효율적이며 조직적이다. 이들은 활기차고, 의욕 있으며, 낙관적이고, 열정적이며 좋은 홍보자다. 이들은 세상을 좀 더 생산적이고 효과적인 곳으로 만들기를 갈망하며, 신뢰성의 정신으로 일을 한다.

　실용주의 패러다임은 수행하고 생산해야 하는 과도한 필요에서 드러난다. 여기에는 이미지와 역할에 대한 과한 집착이 자리하며, 관심은 다른 사람들이 기대하는 것을 향한다. 이 시야를 따르는 사람들은 지나치게 계획적이며 효율적이다. 이들은 A타입 행동을 보이며 과도하게 과업 중심이고, 외적인 것에 초점을 맞추며, 성공적이어야 하고, 자신을 지나치게 시장에 상품으로 내놓는다. 이들의 잘못된 신념은 이러하다. '나는 수행하고 생산한다. 고로 나는 거부받지 않을 것이다.' 기만은 이 접근법을 추진시키고 참자기를 감추면서 동시에 에너지의 방향을 거짓 성격으로 전환시킨다.

Sheet 12-11 3유형 요약

> **가치**: 효율성, 생산성
>
> **비전**: 세상을 더 효율적이고 조직적인 곳으로 만드는 것
>
> **주요 취약점**: 실패, 거절
>
> **적응적 인지적 도식**: 우주의 법칙이 본질적으로 효율적이기를 바란다, 자기를 면제하는 것이 아닌 이 법칙들 내에서 살아가는 것
>
> **적응적 감정적 도식**: 신뢰성, 당신이 보는 것이 진정한 나다, 자기와의 일치, 자기의 인식 그리고 자기의 표현
>
> **적응적 행동적 도식**: 목표를 설정하고, 자원을 모으며, 목적을 달성하는 타고난 조직적 능력
>
> **부적응적 인지적 도식**: 나는 성공적이다, 내가 하는 것이 곧 나다, 수행하는 것과 이기는 것이 전부다.
>
> **부적응적 감정적 도식**: 기만, 내가 느끼는 것보다 바라보는 방식이 중요한 것이다, 나는 당신이

원하는 역할과 이미지를 맡을 것이다.

부적응적 행동적 도식: 워커홀릭, A타입 행동, 성취하고 성공하고픈 충동, 실용적이고 실리적임

회피 영역: 실패

방어기제: 효과적인 것과의 동일시

유용한 패러다임 변화: 너 자신에게 참되어라, 자신의 감정, 선호 경향과 연결되어라, 당신이 하겠다고 말한 대로 행하라, 속도를 늦추고 꽃향기를 맡아라.

유용하지 않은 패러다임 변화: 더 열심히 일하라, 갑자기 죽어 버려라(아니면 최소한 포기하라), 실패에 대한 두려움과 자기 의심이 제대로 기능하는 것을 방해함

세상을 바라보는 아홉 가지 렌즈

4유형 렌즈 검사

이 문장들이 자신에게 맞는 정도에 따라 점수를 매겨라.

1	2	3	4	5
거의 절대 아니다	드물게/ 거의 그렇지 않다	때때로/ 가끔	종종/ 자주	거의 항상 그렇다

_____ 나는 버려진 듯한 감정을 느낀다.

_____ 나는 삶에 대해 시적인 관점을 갖고 있다.

_____ 나는 사람들이 독특한 운명을 가진 내 모습을 좋아한다고 생각한다.

_____ 나는 나의 감정과 존재함을 풍부하게 표현한다.

_____ 나는 삶의 비극을 느낀다.

_____ 나는 사람들로부터 나 자신을 떨어뜨려 둔다. 나는 사람들이 나의 감정과 경험의 독특성을 이해해 주지 못할까 봐 두렵다.

_____ 나는 괴로움으로부터 개인적인 의미를 많이 얻는다.

_____ 나는 지나치게 민감하다. 가끔은 내가 너무 많이 느낀다고 생각한다.

_____ 나는 아름다움에 매력을 느끼며 삶을 더 아름답게 만들기 위해 노력한다.

_____ 나는 흔하고 평범한 것을 피한다.

_____ 나는 심미적인 것들에 대해 굉장히 고상한 취향을 갖고 있다.

_____ 나는 내 기분대로 한다.

_____ 나는 다른 사람들보다 더 세련된 취향과 감수성을 가지고 싶다.

_____ 선망은 내가 경험을 통해 잘 알고 있는 감정이다.

_____ 나는 미적인 기질을 갖고 있다.

_____ 나는 나의 환경과 아름답게 조화를 이룬다.

_____ 슬픔과 비애감은 내게 익숙하다.

_____ 나는 삶을 드라마로 본다.

_____ 나는 향수에 잠기곤 한다.

_____ 내게는 독창적이고 독특해지는 것이 중요하다.

_____ 총점

4유형 렌즈:

CHAPTER 13 아름다움의 관점

핵심 가치

형이상학의 영역에서 슬프다는 것은 곧 하나됨이자, 진실하며 선하고 **아름답다**는 것이다. 4유형은 이 네 번째 특성에 매료된다. 이들의 패러다임에 따르면 이들의 삶의 목적은 세상을 더 아름다운 곳으로 만드는 것이다. "아름다움만이 영원하다." 라고 어느 시인 또한 얘기했듯이 말이다.

린든 존슨(Lyndon Johnson)이 미국의 대통령으로 재임하면서 권력의 회랑에서 활발하게 활동하는 동안, 그의 부인인 레이디 버드 존슨(Lady Bird Johnson)은 미국을 미화하느라 바빴다. 오늘날 워싱턴을 방문하면 린든의 작은 흔적들이 남아 있다. 그렇지만 레이디 버드가 의뢰한 아주 멋들어진 공원들은 여전히 그곳에서 즐길 장소로 남아 있다.

4유형은 자신의 묘비명에 이렇게 새기고 싶어 할 것이다. '그 또는 그녀가 있는 곳마다 아름다움이 있었다.'

4유형의 렌즈는 이들에게 잘 발달된 미적 감각과 타고난 고상한 취향을 준다. 만약 눈 가리개를 씌운 채 4유형을 옷가게로 데려간다면, 이들은 본능적으로 가장 괜찮은 (그리고 보통은 가장 비싼) 원단과 제품이 놓인 쪽으로 끌리게 될 것이다. 만약 당신의 집을 우아하게 단장하고 장식하고 싶다면, 4유형에게 맡겨라. 아마 이웃들의 부러움을 사게 될 것이다.

4유형에게는 우아함이 있다. 나는 언젠가 봤던 격식 있는 턱시도를 제대로 차려 입은 채 맨발로 서 있는 펭귄의 모습이 담긴 포스터가 떠오른다. 자막에는 이렇게 적혀 있다. '나는 격식 없는 사람을 만나기 전까지는 내가 신발이 없는 것 때문에 기분이 나쁘곤 했었다.' 4유형은 품질에 대한 타고난 감각을 지녔다. 한 참치 광고에서처럼, '우리는 고상한 취향을 가진 참치를 원하는 것이 아니라, 좋은 맛을 가진 참치를 원하는 거야!'

4유형은 창조적이고 표현이 풍부하며 상상력 있는 사람들이다. 예술가, 배우, 음악가, 무용수 등의 사람들은 종종 4유형이다. 이들은 정식 의사나 예술가가 아니어도 문화와 예술에 매력을 느낀다. 이들에게 있어서 삶이란 예술이자 연극이며 드라마다. 세상은 무대이며 우리는 공연가다. 셰익스피어는 그 은유를 가지고 4유형의 공연가들에게 말한 것이다.

또한 4유형은 독창성, 독특함, 개성을 가치 있게 여긴다. 4유형은 무언가를 할 때 자신만의 독특한 솜씨와 재주를 갖고 한다. 이들은 복제된 것이 아닌 원래의 것을 원하며, 폴리에스테르가 아닌 천 원단을 원하고, 흔하지 않은 특별한 모습이 되고 싶어 한다.

누군가 시인의 과업은 평범한 것을 특별하게, 특별한 것을 평범하게 만드는 것이라고 말했었다. 이것이 바로 4유형이 하기를 갈망하는 일이다. 이들은 날마다 일어나는 일들이 사실은 얼마나 놀라운 것인지를 사람들이 보게 되기를 바란다. 4유형은 흔하고 성가신 모래를 가져가 진주로 바꾸는 굴에 비교되어 왔다. 이들은 가장 소박한 사건을 오래오래 뜻 깊은 순간으로 변형하거나 짜증과 고통을 아름다운 무언가로 바꾼다.

패러다임 관점, 능력, 격언

4유형 렌즈는 진정성과 자신의 근원 그리고 자신의 진짜 정체성을 찾는다. 이들의 탐구는 끝없는 분석과 되새김을 동반하는 자기 몰두로 악화되어 버릴 수 있는 반면, 진정한 자기와 궁극적인 근원을 향한 추구 또한 반영한다. 4유형은 우리에게 참자기의 성배와 신과의 통합을 향한 열망의 탐색을 상기시킨다.

4유형은 극도로 예민한 사람들이다. 4유형의 패러다임은 이들을 환경과 조화를 이루게 한다. 이들은 소리굽쇠처럼 주위의 것들과 공명하고, 주변의 분위기와 멋을 알아차린다. 만약 당신이 슬프면, 이들도 슬퍼진다. 만약 당신이 기분 좋으면, 이들도 행복해진다. 만약 구름이 비로 가득차면, 이들도 눈물을 가득 머금고 침울하고 싱숭생숭해진다. 만약 해가 나오면, 이들도 밝아진다. 4유형에게 아름다운 환경은 설레고 통합적이지만, 불쾌한 환경은 이들을 감정적·신체적으로 아프게 만들 수 있다.

4유형은 벽으로 둘러싸인 5유형 이웃 유형과는 달리, 침투할 수 있는 경계를 갖고 있다. 이들은 감정 스펀지처럼 주변의 성질들, 특히 다른 사람들의 감정과 기분을 흡수한다. 그러고는 이 사건들을 어떠한 의식이나 예술적인 형태로 표현해 내기를 갈망한다. 보통 단순히 문자만으로는 충분하지 않기 때문이다.

슬픔과 고통은 4유형이 특히 맞춰져 있는 상태다. 이들은 다른 사람들의 괴로움에 굉장히 민감하기 때문에, 세상의 고통과 공감하는 상태인 이들은 가끔은 행복해지는 것이 어렵다.

하시딕 유대교는 4유형 정신의 차원을 표출하는 종교적 전통이다. *The Chosen*이라는 소설에 나오는 주요 인물들 중 한 명은 굉장히 지적으로, 감정적으로, 사회적으로 그리고 신체적으로도 재능 있는 학생인데, 그의 아버지는 그에게 한없이 잔혹하다. 아버지는 이야기의 끝에 가서야 자신이 그토록 비판적이고 엄하게 아들을 대해 온 이유를 밝힌다. 아버지는 자신의 아들이 너무 축복을 받았기 때문에 아들이 고통을 겪고 그다지 행복하지 못한 사람들에게 공감하지 못하게 될까 봐 두려워했기 때문에 그런 모습을 보인 것이었다. 아들이 견뎌 온 고통은 그 자신이 다른 사람들의 고통과 공명할 수 있게 해 주었다.

나는 학생들이 상담을 위해 필요로 하는 한 선생을 알고 있다. 이 남자는 정식으로 치료사 훈련을 받지도 않았고 그도 이것을 선뜻 인정한다. 그는 자신의 '내담자들'에게 자신은 그들의 문제를 분석하려 하거나 전문적인 조언을 해 주지도 않을 것이라고 말한다. 그렇지만 이들이 문 밖을 나갈 때에는 더 이상 혼자 괴로워하지 않을 것이라는 점을 이들이 알기를 바란다. 이제 자신이 함께 괴로워해 줄 것이기 때문이다. 이렇게 함으로써 그는 이들의 외로움의 짐을 덜어 준다.

4유형은 자신의 다음과 같은 모습들이 다른 사람들에게 기여한다고 말한다.

- 이들은 직관력, 즉 다른 사람들이 어디로부터 오는지 느끼는 감각을 제공한다.
- 이들은 공감해 준다. 사람들의 감정 중에서도 특히 고통을 존중해 준다. 사람들의 괴로움을 만져 줌으로써 이들은 거기에서 나오도록 이들을 도울 수 있다.
- 이들은 인간 마음에 대한 이해를 불러온다.
- 이들은 삶의 분위기, 기복과 공명하며 어둠과 밝음을 인정한다.
- 이들은 어둠을 받아들일 수 있는 용기를 지녔다.
- 이들은 세상의 드라마와 수수께끼를 감상한다.
- 이들은 진정성, 즉 본질과의 연결을 불러온다. 이들은 진정성에 의해 활력을 얻는다.
- 이들은 독창성을 불러온다. 이들은 독창적인 사상가다.
- 이들은 평범한 것을 특별하게 만들 수 있다.
- 이들은 아름다움에 대한 직관적인 미적 감각을 지녔다.

4유형 관점의 조언들은 다음과 같다.

- 자신에게 솔직해라.
- 주위와 다른 사람들 속에 있는 아름다움을 바라보라.
- 다른 사람들의 독특함을 존중하고 가치 있게 여겨라.
- 당신의 비애감을 재능으로 사용해라. 이를 당신이 자신을 표현할 수 있는 원천으로 쓸 수 있다.

- 현재의 순간을 살아라.
- 잿더미 속에서 새로운 삶이 시작된다.
- 노래하라. 말하라. 춤 춰라. 그려 내라. 행동해라. 표현해라!
- 사랑을 표현하고 당신이 그 사랑을 할 만한 가치가 있는 사람이라는 사실을 알아 둬라.
- 자신 너머까지 공감하고 그 너머에 도달해라.
- 평범함 속에서 특별함을 보아라.
- 우리의 가슴은 우리 안에서 잠들 때까지 쉬지 않는다는 것을 기억해라.

4유형과 관련된 일부 격언들은 다음과 같다.

- 옆에 없으면 더 애틋해진다.
- 잘 알면 무례해지기 쉽다.
- 진정한 사랑은 결코 순탄하지 않다.
- 돼지 목에 진주 목걸이.
- 잠시 멈춰서 삶의 여유를 즐겨라.
- 아름다움만이 영원하다.
- 잔치하는 집에 가는 것보다 애도하는 집에 가는 것이 낫다.
- 가벼운 기쁨을 맛보는 것보다 깊은 슬픔을 마시는 것이 낫다.
- 슬픔이 웃음보다 나음은 얼굴에 근심하는 것이 마음에 유익하기 때문이다.
- 다신 오지 않는다는 사실이 삶을 더 달콤하게 만든다.
- 세상에는 오로지 두 가지 비극만이 존재한다. 하나는 원하는 것을 얻지 못하는 것이고, 다른 하나는 그것을 얻는 것이다.
- 하나님이 당신을 훈계하고 바로잡을 때 이를 원망하지 마라. 하나님의 처벌은 우리에 대한 하나님의 사랑의 증거다.

적절한 렌즈/적응적 인지적 도식

4유형은 자신의 본질 또는 진실한 자기로부터 살아갈 때, 자신의 진정한 본성과 근원을 기반으로 둔다. 이들의 **독창성**은 이들 안에 있는 유산이기 때문에, 만약 이들이 자신의 독창성을 잃어버렸다고 잘못 믿는다 해도 이는 4유형이 반드시 얻어야 하거나 다시 얻어야 하는 것이 아니다. 4유형의 객관적 패러다임은 이들이 모든 사람, 만물과 같은 자연의 법칙에서 태어나고 이 법칙을 통해서 진화하기 때문에 이들이 선천적으로 우주와 다른 사람들과 연결되어 있다는 점을 이들에게 알려 준다. 4유형은 본질 속에 자리할 때 자기 자신과 자신의 근원과 함께하는 느낌을 받는다.

4유형의 적응적 도식의 적절한 시작점과 기본적인 가정은 바로 이들이 이미 연결되어 있고 독창적이라는 것이다. 관계함을 갈망하거나 연결되기 위해서는 뭐든지 하는 모습이 될 필요가 없으며, 자신의 근원을 찾으려 수색하거나 자신이 진정한 것인지 걱정할 필요도 없는 것이다. 이들은 이미 자신의 근원 지점에 있다. 도로시가 오즈를 향한 여정의 끝자락에서 발견한 것은 자신이 여태껏 고향에 있었다는 것이었다. 4유형이 찾아다니는 것은 이들이 이미 갖고 있는 것이다. 이들이 찾는 보물은 바깥에 있지 않고 이들 안에 묻혀 있다. 이들이 열망하는 연인은 이미 이들 속에 존재한다.

4유형은 참자기로부터 분리될 때 상실과 버려짐을 경험한다. 이는 길을 잃었다는 느낌, 즉 던져진 존재의 상황을 경험하는 것으로, 하이데거(Heidegger)는 모두가 이를 경험한다고 철학적으로 논하였지만 4유형은 아마도 이보다 좀 더 강하게 경험할 것이다. 클라렌스 톰슨(Clarence Thomson)은 익명의 격언을 인용했다. '나는 어머니의 자궁에서 나와 땅에 발을 디디자마자 내가 실수했다는 것을 깨달았다. 밖으로 나오지 말았어야 했는데 말이다.' 4유형은 무정하고 환영해 주지 않는 세상에 내던져진 듯한 느낌을 받으며, 평생 동안 자신의 잃어버린 낙원, 잃어버린 연결 관계, 잃어버린 자기를 찾아다닌다. 이들은 자신 바깥의 완벽한 동반자, 공동체, 직업 환경 등에서 완전함과 전체성을 구하려 한다.

미덕/적응적 감정적 도식

4유형은 자신이 이미 풍부함과 전체성의 씨앗을 갖고 있다는 사실을 깨달았을 때, 자신이 그토록 지독하게 바깥으로 찾아 다녔던 연인이 자신 내면에 살고 있다는 사실을 알게 되었을 때, 자신이 자기 자신과 세상에 본래부터 연결되어 있고 편안함을 느낀다는 사실을 알아차리게 되었을 때, **평정**의 미덕을 경험하게 된다.

이들은 균형 잡힌 태도로 삶과 교섭하고 인생의 흐름을 내면의 회전 조절 장치를 이용해 항해한다. 이들은 내적으로 안내 받기 때문에, 만나는 모든 파도와 바람에 의해 항로를 이탈 당하는 대신 침착함과 평정을 유지한다.

또한 이들은 주변 환경에 과도한 방식으로 감정적 영향을 받지 않고, 정확히 적절하고 필요한 만큼만의 감정과 에너지를 갖고 반응한다.

각 상황을 있는 그대로 받아들이고, 잃어버렸을지도 모르는 것을 갈망하고 찾아다니지 않는 이들은 자신이 지금 이 순간 완벽하게 행복하기 위해 필요한 모든 것을 갖고 있다고 믿는다. 이들은 자신이 무언가 빠뜨리고 있으며 그렇기에 불완전하다고 믿으며 두려워하는 모습 대신, 자신을 확인하고 자기 자신이 충분히 좋은 상태라고 믿는다.

이들은 자신의 불충분함으로 부끄러워하거나 탓할 필요가 없다. 또한 자신이 갖고 있지 않은 것을 다른 사람들이 갖고 있다고 부러워할 필요도 없다. 이들도 이미 갖고 있기 때문이다.

왜곡하는 렌즈/부적응적 인지적 도식

4유형은 참자기와의 연결을 잃고 본질 또는 내면아이로부터 분리될 때, 자신은 다른 사람들과 다르며 일부 기본적인 인간 특성들이 부족하고, 그렇기에 결함이 있는 사람이라고 단정 짓는 부적응적 신념과 인식들에 사로잡히고 만다. 4유형의 왜곡하는 렌즈는 이들이 불분명한 이유로 버림받아 왔으며 그렇기에 본토로부터 분리되어 떨어진 듯한 느낌을 받는 것을 원한다. 이들은 다시 통합되고 전체가 되고 싶은 동경과 열망을 경험한다. 그렇지만 모든 생명체의 마음속에서 찾아볼 수 있는 선천적인 소속감과 어울리고 싶은 욕망은 4유형의 주관적인 패러다임 안에서 더욱 과장된다. 이 갈망은 이들 본래의 천성 또는 자기로부터 분리되는 것의 결과다. 이들은 그렇게 상실감과 비애감을 느끼며 자신의 진정한 정체성을 찾아 자아의 내면을 끝없이 수색하면서, 동시에 바깥으로는 자신을 완전하고 만족하게 해 줄 것이라는 희망으로 연인을 찾는다.

4유형은 자신이 찾고 있는 것을 이미 갖고 있으며, 자신이 찾아 헤매는 보물을 이미 갖고 있다는 사실을 잊는다. 이들이 바깥에서 구하는 연인은 이들 내면에 살고 있으며, 그것은 바로 이들의 잃어버린 자기다.

보상 도식

4유형의 성격은 이들이 상상하는 자아의 결핍과 기대하는 대인관계적인 버려짐을 보상하려 시도한다. 4유형은 자신의 독특성과 다름을 과장함으로써 소속되지 못한 느낌을 보상한다. 이들은 자신의 특별함이 다른 사람들로 하여금 자신을 포함시키고 싶게 만들 것이라고 믿는다. 그렇지만 그러고 나면 모순적이게도, 이들은 만약 자신이 집단이나 지속되는 관계에 참여하게 되면 자신이 더 이상 특별해질 수 없다는 딜레마를 마주하게 된다. 이제 자신은 다른 모든 일원과 같은 사람이 되었기 때문에, 이들은 그루초 막스(Groucho Marx)가 말한 곤경에 부딪히게 된다. "나를 단지 한 일원으로 받아 주는 집단에 내가 왜 들어가야 되는 거지?" 이 얼마나 끔찍하게 평범한 일인가!

이상화된 자아상

4유형의 왜곡하는 렌즈는 '나는 특별해, 나는 세심해, 나는 선택된 사람들의 기준을 고수해'라는 자아상에서 확고해진다. 4유형의 객관적인 독창성은 자신이 특별하다는 주관적인 신념으로 부풀려진다. 내가 기억하는 한 4유형은 그가 6세 쯤 되었을 때 길거리를 걷다가 신이 자신에게 그는 특별하다고 말한 경험을 회상했었다. 만약 그것이 4유형에게 직접적으로 신이 한 말이 아니었다 해도(아마 그랬다면 그건 반갑고도 극적인 경험이었음에 틀림없었을 것이다), 최소한 그것은 특별함을 벗어난 내면의 목소리 또는 그것을 시사하는 것이다. 중요한 누군가가 되기 위해서는 당신이 특별해야만 한다. 주목받고 관심받기 위해서는 독특하고 군중으로부터 눈에 띄어야 한다. 무리 중의 한 명, 또는 평범한 사람이 되는 것은 죽는 것과 마찬가지이며, 또는 더 심하게는 지루한 것과 같다.

　4유형의 영역은 낭만적이고 극적인 영역이다. 삶의 가장 깊은 의미는 가장 일상적인 사건들에서 찾아야만 한다. 삶은 그 찌꺼기까지 모두 경험하는 것이다. 관계는 격렬하고 깊이 경험되어야 하는 것이다. 이 말들은 모두 4유형이 아닌 사람들을 겁먹고 떠나가게 만들 수 있으며, 4유형의 성격이 가장 두려워하는 대상과 4유형이 막으려 하는 것, 즉 분리와 버려짐을 초래하는 모순을 낳게 된다.

　4유형 패러다임은 이들이 상상과 환상에 많은 시간을 쏟게 만든다. 이들은 상상 속에서 미래의 관계에 대한 시나리오를 구성해서 과거의 관계들의 시나리오를 재구성한다. 길고 지루한 이 여정은 4유형에게는 아무 문제가 되지 않는다. 이들은 자신이 겪었던 아니면 겪게 될 만남들에 대해 공상하며 오랜 시간을 보낼 수 있다. 4유형은 자신의 관점이 더 예외적이 될수록 자신이 환상으로 만든 관계에 더 많은 시간을 쏟고 실제 사람들과 교류하는 시간은 적어지게 된다. 이들만의 사랑은 진짜 만남을 대체하고 보상하게 된다.

　게다가 이들의 주관적 패러다임은 무언가의 본질은 그것의 가장 먼 모습에서만 경험될 수 있다고 믿기 때문에, 이에 따라 4유형은 양극성의 끝으로 계속해서 밀고 나가게 된다. 이들이 가장 자신을 느끼는 의식도 한계점에서 사는 모습을 포함한다. 연속체의 중간 지점에서 사는 것은 너무 평범하며 주목받지 못하거나 지루해지는 위험이 있다. 이들이 극적인 반응을 보일 때 나타나는 이들의 기분을 특징짓는 것이 조울증적인 기분 변화다. 다른 사람들 역시 4유형의 정체성을 이런 방식으로 결정짓는 경향이 있기 때문에, 이들의 유형은 더 강화된다. 어느 4유형은 그녀가 극단으로 가지 않을 때에는 그녀를 알지 못하겠다고 말하던 친구들의 모습을 떠올렸었다.

　4유형의 렌즈는 이들을 독특성과 개성의 방향으로 가도록 가리킨다. 이들은 참자기를 찾기 위한 탐색 중에 있는 것이다. 나는 정말로 누구인가? 4유형은 에니어그램 같은 표면적인 체계들이 하기를 좋아하는 것처럼 다른 사람들과 함께 분류되는 것을 싫어한다. 이는 4유형의 독창성에 해를 가하는 것이다. 4유형이 전적으로 혐오하는 것 중 하나는 공동묘지에 묻히는 것이다. 이는 궁극적인 특색 없음이자 불명예인 것이다.

그렇다면 삶은 돈을 많이 벌거나, 인류를 수호하는 것 또는 옳은 일을 하는 것만은 아닌 것이다. 삶은 바로 자신을 찾고 주위에 있는 모든 존재의 독특한 본성과 공명하는 것이다.

이러한 탐색의 주제는 4유형의 변함없는 동반자인 그리움과 열망을 자아낸다. 알코올 중독자의 술병이나 흡연자의 담배처럼 4유형에게 있어서 그리움과 열망은 멀지 않다. 이것들은 익숙한 감정이자 중독성 있는 감정이며, 삶의 감정적인 분위기를 만들어 낸다. 심지어는 일종의 의미 또한 일으킨다. '나는 갈망한다. 고로 존재한다.' 나는 너무나도 그리워하기 때문에 특별한 것이다. 4유형은 잃어버린 낙원, 즉 자신이 버려지고 동산으로부터 내던져지기 전에 자신의 연인과 하나였던 과거의 때를 그리워한다. 그리고 왕자님 또는 공주님이 자신을 찾아내서 다시 연합하고 전체성을 다시 이룰 때인, 즉 다시 이루어질 낙원을 열망한다.

이 패러다임에서는 열망이 소유를 방해한다. 만약 갈망이 삶에 달콤한 슬픔을 준다면, 자신이 열망하던 것을 갖게 되고 나서는 이 괴로우면서도 즐거운 것을 포기해야 하는 것이다. 그렇게 되면 4유형은 자신이 갖기를 원하는 것에 양가감정을 갖게 되고, 그 열망을 내려놓고 싶지 않기 때문에 종종 자신이 갈망하는 것을 갖게 되는 것을 방해하게 된다. 예를 들면, 이들은 사랑받기를 원하지만 그 사랑이 주어질 땐 받아들이지 않을 수도 있는 것이다. 또한 친밀한 관계를 열망하지만 버려질까 봐 혹은 실망할까 봐 두려운 마음에 관계를 단절해 버리기도 하는 것이다. 이들의 환상은 현실과 맞는 경우가 거의 없다. 현실의 연인은 왕자님의 모습보다는 개구리 같은 모습이거나, 기껏해야 혹 달린 왕자님인 경우가 더 많다. 그래서 낭만적인 4유형은 진정으로 마음이 통하는 동반자를 열망하기 위해 왕자님이나 공주님을 연못으로 다시 돌려보내거나, 평생을 혼자여야 하는 운명의 달콤씁쓸한 슬픔을 만끽하기도 한다.

4유형의 감성은 이들이 사건들을 깊고 격렬하게 경험할 수 있게 한다. 그리고 이 능력은 이들이 느끼는 특별함에 기여한다. '아무도 나처럼 깊게 느끼지 않아.' 그렇지만 불행히도 이 감성은 이들의 감정이 오해받게 만든다. 이들처럼 삶을 깊게 경험하지 않는 사람들이 어떻게 이들이 느끼는 것을 제대로 이해할 수 있겠는가?

만약 당신이 특별해지려 한다면 모든 것을 재능을 갖고 해야 하며, 당신이 하는 모든 것에 당신만의 독특한 손길을 부여해야 한다. 당신은 무엇을 하든, 무슨 수를 써서라도 예의와 고상한 취향을 갖고 해야 한다.

무엇도 평범한 방식으로 내보여져서는 안 되는 것이다. 정말로 4유형은 흔하지 않은 모습을 자랑삼는다.

도식 유지

우리는 부적응적 도식을 확인시켜 주는 증거들을 강조하고, 이 도식을 부정하는 자료들의 신빙성은 없앰으로써 이 부적응적 도식을 유지한다.

4유형은 주위에서 자신을 원치 않고 환영하지 않는 표식들을 유심히 살피고 무관심과 지루함의 조짐을 찾는 것으로 부적응적 도식을 유지한다.

내가 기억하는 한 4유형은, 내가 상담 중에 얼마나 시간이 남았는지 확인하기 위해 시계를 힐끗 보았을 때를 내가 그와 더 이상 있고 싶어 하지 않는다는 증거로 삼아서 화를 냈었다. 지루하고 달가움받지 않는다고 느낀 그의 감정을 탐구한 후, 나는 그가 내가 눈을 돌린 1초를 중요한 것으로 여기고 내가 그에게 집중했던 49분 59초는 중요하지 않은 것으로 여겼다고 그에게 말해 주었다. 그는 그 분리의 순간과 공감적 부주의가 중요했고 우리가 연결되었던 시간은 중요하지 않게 여겼던 것을 인정했다.

4유형이 아무도 자신을 사랑해 주지 않는다고 불평할 때 이들에게 사람들이 보여 준 사랑과 애정을 당신이 지적하면, 이들은 이렇게 대답할 것이다. "그건 상관없는 거야." "그건 중요한 게 아니야." "그래서?"

4유형은 자기 자신 속에서, 관계 속에서 그리고 주변에서 무엇이 빠졌는지를 찾아 면밀히 살펴보는 것으로 자신의 부적응적 도식을 유지한다. 자신과 다른 사람들을 자신의 낭만적인 환상에 대고 비교하는 것은 비극적인 결함을 드러나게 한다. 나는 언젠가 페기 리(Peggy Lee)가 4유형의 찬가인 〈이것이 다란 말인가?(Is that all there is?)〉를 부르던 모습을 직접 본 적이 있었다. 그 당시 비애감이 방에 번져 나갔었다. 나는 그 분위기와 가사들 속에서 4유형의 감정적 상태인 달콤한 슬픔을 경험했다. "만약 이것이 다라면, 어서 춤을 추자……." 모든 것은 결코 충분하지 않다. 그래서 4유형은 저녁을 연장시키려 애쓰고 이별을 회피하며 빠진 것이 결국은 나타날 것이라 희망한다.

또한 4유형은 자신에게는 없는 것을 다른 사람들이 갖고 있는 듯한 모습을 알아차리고 이를 부러워함으로써 부적응적 도식을 유지하기도 한다. 이들은 자신이 갖고 있는 것을 즐기고 이로 인해 좋은 모습을 기르게 되는 것 대신, 다른 사람들이 소유하고 있는 것을 바라보며 우울해진다.

악덕/격정/부적응적 감정적 도식

자멸적인 순환 속에서 특별함의 패러다임은 시기심의 악덕을 이끌어 낸다. 결국 시기심은 그 시기의 대상을 더욱 특별하게 만들어 주는데도 말이다.

4유형의 왜곡하는 렌즈는 자신을 다른 사람들과 비교하게 만든다. 시기의 라틴어 어원은 invidia로, 이는 '지켜보다, 치부하다'의 의미다.

4유형은 다른 사람들을 지켜보며 슬픔을 느끼고, 그러한 비교 속에서 항상 부족한 모습이 된다. 자신을 계속해서 무언가 빠진 듯한 모습으로 간주하는 4유형은 자신의 결점과 동일시하고 그 때문에 다시 자신에게 상심한다. 이들은 자신이 부족하거나 갖고 있지 않은 모습들, 예를 들어 꾸밈없음, 즉흥적임, 관계, 자족 등을 갖고 있는 사람들을 시기한다.

하지만 바로 4유형의 결점들이 이들에게 차별성을 주는 것이다. 이는 4유형의 존재함에 달콤쌉쌀한 배경을 주는 그리움과 열망을 낳는다.

4유형은 선망이 많은 시간 동안 이들 안에서 작용한다고 말한다. 비교하고 부족하게 여기는 모습은 이들이 자신의 결점 속에 계속해서 갇히게 만든다. 이들의 패러다임은 이들의 극도의 괴로움을 연장시킨다. 항상 그랬듯이.

시기심 아래에 잠재되어 있는 긍정적이고 독창적인 추진력은 양질과 아름다움에 대한 감수성과 감상으로, 이는 4유형의 재능이다. 우리는 자신이 존경하지 않는 것을 시기하지는 않는다. 마찬가지로 자신이 이미 갖고 있지 않은 것과 공감하지도 않는다. 존경과 선망의 차이는, 존경은 존경하는 성질을 그 대상에 기꺼이 그대로 두는 것인데, 선망은 감탄하는 성질을 그 대상이나 사람으로부터 없애 버리고 이를 관찰자인 자신에게 두고 싶어 하는 것이다. 그래서 선망은 갈고리를 가진 존경심이다. 만약 4유형이 자신의 시기심을 바로잡을 수 있다면, 이들은 자신의 삶에서 더 많은 기쁨과 적은 우울함을 경험할 수 있을 것이다.

스콧 펙(Scott Peck)은 우울의 중세시대 개념은 감사하지 않음이었다는 것을 자신의 독자들에게 상기시킨다. 4유형은 시기와 감사하지 않음을 통해 자신의 부적응적 도식을 유지해 나간다. 이들은 독특한 재능과 자질을 가진 자신의 진짜 본성을 받아들이고 감사하며, 다른 사람들에 단순히 감탄하지 않고 이들의 자질을 시기하는 부당한 비교를 내려놓을 때, 감사와 평정을 경험할 수 있다.

도식 회피

4유형은 모순적으로 자신의 비애감 또는 늘어나고 과장된 애도함을 통해 진실한 슬픔을 피한다. 어떻게 이런 모습이 나타나는 것인지에 대해서는 4유형의 내적 투사의 방어기제를 다룬 부분에서 들여다볼 것이다.

4유형은 끊임없이 자신을 특별한 존재로 여기고 이 신념을 행동으로 옮김으로써 자신은 보잘것없으며 쓸모없는 사람이라는 부적응적 도식이 활성화되는 것을 회피한다. 이들은 혼자되는 것을 마주하는 대신, 따로 떨어지게 되는 생각만으로도 화가 나게 되어 격정적인 관계로 자신을 몰고 가거나, 오해받고 버려질 두려움 때문에 비주류로 물러난다.

다른 모든 유형처럼 4유형이 두려워하는 것, 이 경우에는 홀로 되는 것을 피하려는 시도는 이들이 겁내는 바로 그 대상을 불러온다. 이들은 물러나기 때문에 홀로되거나, 지나치게 필사적이고 달라붙는 모습 때문에 사람들을 겁주어 달아나게 해 버리거나, 사람들에게 자신을 거부할 기회를 주기 전에 자신이 그들을 버려 버린다.

회피 영역

4유형이 특히 회피하는 영역은 바로 **평범함**이다. 이들의 왜곡하는 패러다임 속에서는 동시에 특별하면서 평범할 수 없다고 여긴다. 주목받고, 중요한 사람이 되고, 남겨지거나 뒤떨어질 확률을 줄이기 위해 이들은 특별해져야 하는 것이다. 4유형은 자신이 다른 모든 사람과 같아지면 보잘것없는 사람이 될까 봐 두려워한다.

우리는 4유형 패러다임과 렌즈가 극단을 추구한다는 것을 살펴보았다. 이들은 자신의 경험과 행동의 가장 끝부분으로 관심을 기울인다. 현실의 중간 영역은 이들에게는 중요하지 않기 때문에 이들은 중간 지점에는 관심을 두지 않는다. 누구든지 단순히 행복하거나 슬퍼질 수 있다. 그렇지만 4유형은 반드시 황홀해지든지 아니면 낙담해야 한다. 게다가, 누가 중간에서 어중간하게 있고 싶어 하겠는가?

내가 아는 한 4유형은 자신의 관계들이 좀 더 성취감과 만족감을 주기를 바랐다. 그는 자신의 상승 시기에 있을 때에는 다른 사람들보다 자신을 우월하게 느꼈고, 그래서 그들과 관계하고 싶지 않아 했다. 그렇지만 자신의 하강 시기에 있을 때에는 자신을 너무 안 좋게 간주해서 방에서도 나오고 싶어 하지 않아 했다. 내가 그에게 언제 자신의 관계들이 가장 만족스러운지를 물었을 때, 그는 자신의 감정의 한가운데에 있을 때, 즉 자신을 평범하게 느낄 때 사람들과 가장 잘 연결될 수 있다고 대답했다. 4유형이 가장 회피하려는 영역이 이들이 가장 효과적으로 관계할 수 있는 상태라는 것은 얼마나 모순적인 모습인가.

4유형은 만약 보통 수준의 경험에 머물러 있게 될 때 지루한 사람이 되는 것이나 지루함을 느끼게 될 것을 두려워한다. 이들은 상황이 너무 잠잠하면, 불륜을 저지르고, 타히티 섬으로 이사를 가거나, 직업을 계속 바꾸는 상상들을 하거나, 아니면 이들 중 하나를 하든지 모든 것을 실제로 함으로써 상황을 휘젓는다.

4유형의 패러다임 속에서는 평범해지거나 흔해지는 것은 죽은 상태, 아니면 더 심하게는 속물이 되는 것과 같다.

4유형이 '나' 항목의 자아상으로 간주하는 특징들과 이들의 그림자 영역 또는 '내가

표 13-1 4유형의 자아도식

나	내적투사	내가 아님
낭만적임		실용주의
직관적임		둔감함
상징적임		구체적임
예술적임		논리적임
창조적임		고여 있음, 정체됨
세심함		거침
독창적임		진부함, 지극히 평범함
세련됨		대충함
깊이 느낌		피상적임
격렬함		흐릿함
향수적임		지금 여기에 있음
진정함		모방
특별함		평범함
극적임		사무적임
의식(의례)화함		평범화, 진부화됨
심미적임		천박함
고상한 취향		무신경함
열망함		소유함
비애에 젖음		마음이 가벼움
이해하기 힘듦		알기 쉬움
열정적임		예측 가능함
독특함		단조로움, 재미없음
자기성찰적임		흔함
품격 있음		배려심 없음
영적임		품위 없음
오해 받음		일상적임
흥미진진함		지루함
상상력이 풍부함		무미건조함
선택받은 사람(엘리트)		최신 유행을 따름

아님' 항목에 묻혀 있는 반대의 특성들을 살펴보자.

우리처럼 무례하고, 대충하며, 세련되지 못하고 피상적인 천박한 사람들에 둘러싸인 4유형이 자신을 망명 중인 귀족처럼 느끼는 것은 당연하다. 교양 없고, 둔감하며, 무신경한 서민들이 어떻게 이들을 감히 이해할 수 있겠는가?

그리고 누가 이런 무리들과 떨어지고 싶어 하지 않겠는가? 4유형은 당연히 이런 돼지들에게 진주 목걸이를 주길 꺼려 할 수밖에 없다.

4유형은 우리와 관계하기 전에 먼저 우리에게 어느 정도의 문화와 교양, 우아함과 깊이를 줘야 한다고 느낀다. 그래서 우리는 4유형이 예술 공연을 하거나, 예술 분야를 구축하거나, 최소한 우리의 야수 같은 본능을 세련되게 하기 위한 예절을 가르치는 모습들을 발견하곤 한다.

4유형은 그들의 평범함과 다시 연결될 필요가 있다. 이들을 인간성으로 연결시켜 주는 것은 다른 사람들과의 공통성이다. 평범한 사람들은 상황에 어울리거나 다른 사람들이 자신에 대해 생각하는 것을 지나치게 걱정할 필요가 없다. 모순적이게도 평범한 사람들은 특별한 사람들보다 더 쉽게 자기 자신이 될 수 있다.

4유형이 자신의 체계 안에서 평정을 달성할 수 있는 방법 중 하나는 바로 1유형과 2유형의 일부 특성에 접근함으로써 자신의 관점을 넓히는 것이다. 1유형과 2유형이 가진 일부 특성들은 4유형의 그림자 영역에서 찾아볼 수 있지만, 이 특성들은 따라 하기 힘든 방식의 틀로 이루어져 있다. 누가 사무적이고 평범하며 무미건조하고 싶겠는가? 반면, 현실을 기반으로 하고, 세부적인 것에 세심하며, 정확한 모습은 갖기에 나쁘지 않은 특성들이다. 그리고 1유형의 이러한 초점적인 접근법은 4유형의 직관적이고 포괄적인 관점을 보완해 준다. 흔하고 사실에 의거하며 피상적인 모습은 그다지 좋지 않게 들린다. 하지만 이 특성들을 다시 구성하면, 깨달은 2유형의 이해하기 쉽고 실질적이며 모든 것을 아우르는 공감의 모습을 얻게 된다.

4유형은 상황과 사람들로부터 멀어지는 경향이 있다. 이들은 다른 사람들이 자신을 '이해하고' 오해하지 않는다는 느낌을 받을 때까지 거리를 두고 쌀쌀한 모습을 보일 수 있다. 1유형은 세상을 비판하고 이를 고치기 위해 그 안으로 들어감으로써 대항하는 경향이 있지만, 4유형은 1유형을 거칠고 대충 하며 천박한 모습으로 여기게 되면 자신의 감정적인 반응을 행동으로 돌리기를 원하지 않을 수도 있다. 4유형은 뒷받침해 주고 압도감과 감명을 받는 모습 대신, 1유형이 하기를 원하는 것처럼 자신의 에너지를 집중시키고 조치를 취하며 일을 진행해 나갈 필요가 있다. 2유형은 소속되고 지지하는 상태에서 다른 사람들에게로 향해 가는 경향이 있다. 만약 4유형이 2유형을 흔하고 사실에 의거하며 사무적인 모습으로 여기면, 이들은 공감적이고 자비로운 행위를 통해 사람들에게 가까이 다가가는 것을 거부할 수도 있다. 반면, 소박한 사랑이 이들이 추구하는 연결 상태를 불러온다는 것을 경험하게 되면 이들은 더 이상 평범해지는 것을 그렇게 두려워하진 않게 될 것이다.

어떤 중요한 자아상이 4유형으로 하여금 특별하면서도 평범하게 해 주어서 이들의 '나' 특성과 '내가 아님' 특성들을 모두 포함할 수 있게 해 줄 것인가? 우아한 소박함을 가진 사람은 이 양극성을 모두 소유한다.

방어기제

4유형은 내적 투사와 예술적 승화의 방어기제를 통해 자아상을 유지하고 모든 평범한 특성을 피한다.

내적 투사는 잃어버린 사람, 특성 또는 사건을 우리의 정신으로 가져와 동일시하고, 상황이나 사람을 온전히 슬퍼한 뒤에 떠나보내는 것이 아닌 그 대상을 애도하는 모습을 포함한다. 내적 투사는 4유형을 비애감, 열망, 그리움, 슬픔의 상태로 유지시킨다. 잃어버린 사랑, 기회 또는 낙원에 작별인사를 하는 것 대신, 4유형은 이들을 자기 안에 갖고 다니며 이들을 잃은 것에 대한 슬픔을 연장한다. 이렇게 함으로써 4유형은 잃어버린 대상과 연결 상태를 유지할 수 있으며 버림받은 느낌과 상실감으로부터 자신을 지킬 수 있다. 이들은 자신이 진정으로 온전하게 슬퍼하면 그 대상들이 정말로 분리되고 자신은 혼자가 될까 봐 두려워한다.

이들은 선택받은 특별한 기준을 내적 투사하면서 그 기준에 맞추기 위해 분투하며 살아간다. 이 기준은 1유형의 절대적인 기준과는 구분되어야 한다. 1유형의 기준은 그들을 선하고 올바르며 완벽하게 만들기 위함이고, 4유형의 기준은 독특하고 유일무이하며 이들을 특별하고 재능 있고 두드러지는 존재로 이끈다.

예술적 승화는 4유형이 의례화하고 과장(각색)하고 상징화하는 행동들을 통해 행하는 과정이다. 누구든지 대상이나 상황을 있는 단순히 그대로 이야기할 수는 있다. 왜냐하면 이들의 경험은 다소 흔하기 때문이다. 하지만 4유형의 경험은 너무나도 보기 드물고 특별해서 4유형은 이를 표현하기 위해 더 많은 단어를 필요로 한다. 4유형은 일상 속에서, 예를 들어 아이들이 노는 모습이나 잔디밭에 있는 연인, 빠르게 돌며 땅으로 떨어지는 잎사귀 등 다른 사람들은 빠르게 지나치거나 간과하는 것들의 깊은 의미를 찾기 때문에, 오직 시, 미술, 음악, 춤, 연극 등만이 이들의 삶에 대해 지닌 인식과 반응의 깊이를 포착할 수 있다.

4유형은 단순히 자신의 감정을 느끼는 것이 아니라, 이를 낭만적으로 만들고 각색하며 과장해야 한다고 믿는다. 4유형과 이들의 경험 사이의 이러한 심미적인 거리는 불행히도 이들이 갈망해 왔던 즉흥성을 차단하고, 이어서 다른 사람들이 이를 갖고 있는 것에 대해 시기하게 만든다.

4유형은 자신의 예술적인 창조에서 가장 중요한 물질이 바로 자기 자신이라고 여긴다. 이들은 예술 작업의 한 과정으로, 다른 사람들에게 자신을 어떻게 적절하게 선사할 수 있을지에 관심을 쏟는다. 이들은 끊임없이 자신의 경험과 모습을 관찰하고 재구성하며, 자기 자신과 자신의 관계 안에서 계속해서 진행되고 있는 창조를 개선하고 완벽하게 만든다. 이를 표면 수준에서 이야기하면 한 4유형의 예를 들어 볼 수 있다. 그녀는 외출하기 전에 옷을 3번에서 4번을 갈아입으면서 옷차림의 색깔과 스타일이 자신의 내면 상태와 감정에 맞는지 확인한다고 설명했었다.

이들의 예술적인 표현은 4유형이 자신의 겉모습 아래에는 올려다보기에 너무 끔찍한 괴물이 살고 있다는 두려움과 깊은 확신을 보상하기 위한 시도를 의미한다. 이들을 잘 알면, 당신은 이들을 혐오하게 될 것이다. 이들은 당신을 불쾌하게 하거나 떠나게 하고 싶지 않기 때문에, 우아한 바깥 틀로 자신이 상상하는 내면의 기형 상태를 가리는 것이다. 이러한 두려움과 환상에서 신화와 동화들이 만들어지곤 한다. 〈오페라의 유령〉은 아마 4유형의 감성이 매력을 느낄 작품일 것이다.

주요 취약점

모든 인간의 주된 취약점 중 하나는 버려지거나 거절당하는 두려움이다. 일부 성격 이론가들은 이것이 바로 인간의 주된 취약점이라고 말할 것이다. 버려지는 것은 확실히 무력한 유아나 아이에게는 가장 두려운 일일 것이며, 이 불안은 어른이 되어서도 많이 줄어들지 않는다. 이 영역은 4유형이 가장 민감해하는 취약 부분이다. 이들은 버림받거나 남겨지는 것을 두려워하며, 방치되고 무시받으며 보살핌받지 않는 것에 상처를 받는다.

또한 4유형은 자신이 결함 있고 부족하며 원함받지 못하고 흥미롭지 않다는 느낌에도 취약하다. 이들은 자신의 스타일이나 취향을 비판받는 것에 민감하며, 자신의 창의성에 대한 인정이 부족한 것에 상처를 받는다고 말한다.

이러한 취약 영역들이 침범당할 때에는 4유형의 부적응적 도식이 일어날 가능성이 커진다.

"나는 특별하지 않아."
"나는 부족하고 모자라고 결함이 있고, 무언가 빠진 상태야."
"나는 충분히 좋은 사람이 아니야."
"나는 충분히 사랑받거나 인정받지 못했어."
"나는 사랑받을 자격이 없어."
"나는 달라."
"아무도 날 이해하지 못해."
"나는 혼자 해야만 해."
"다른 사람들이 갖고 있는 것을 나도 갖게 된다면 진짜 나를 찾을 수 있을 거야."
"특별한 사랑이 나를 전체적이고 완전하고 귀중하게 만들어 줄 거야."

이들의 방어적인 대인관계 유형은 버림받고 그런 느낌을 받지 않으려 자신을 보호하기 위해 세워진 것이다. 만약 자신이 곧 남겨지게 될 것이라고 두려움을 느끼게 되면, 자신은 특별하고 유일무이하다는 이들의 자아상이 활성화되고, 이들의 시기심은 주변 환경을 탐색하고 거울에게 이 세상에서 누가 가장 아름다운지를 묻게 되며, 이들은 평범하지 않은 모습을 위해 자신의 평범함을 억누르게 된다. "만약 내가 특별한 사람이고 잊지 못할 방식으로 당신의 삶에 영향을 준다면, 당신은 나를 결코 잊지 않을 거야."

4유형이 버림받는 것으로부터 자신을 지키기 위해 고안한 자아 전략은 자신의 진정한 자기를 버리는 모습으로 이어지게 되는데, 이는 방황하고 주목받지 못하고 원함받지 못하는 4유형이 느끼는 감정의 진짜 기반이다. 이들은 자신을 그리워한다. 4유형은 다른 사람들이 그렇게 하기도 전에 자신을 평가절하하고 거부한다. 자신을 버려 두고 온 이들은 자신을 완전하게 만들어 줄 것을 바깥에서 찾아야만 할 뿐 아니라, 빠져 버린 본래의 내면의 자기를 대체할 보상적인 성격 또한 복제해야만 하는 것이다.

다른 유형의 '불안정한 해결책'의 경우들처럼, 4유형의 아주 격렬하거나 붙어 있는 전략은 역설적으로 사람들을 겁주어 쫓아 버릴 수가 있다. 아니면 이들은 다른 사람들이 예상대로 자신을 떠나기 전에 자신이 먼저 이들을 거부할 수도 있다. 비극적이게도 4유형의 주관적인 패러다임은 소속되고 싶고, 자신을 발견하고 싶고, 독창적이고 싶고, 평범하고 싶고, 다른 사람들과 연결되고 싶은 이들의 진정한 욕망을 방해한다.

만약 4유형이 자신의 주된 취약점이 위협받을 때 자신의 본질에 남아 있는 상태를 유지했다면, 이들은 진정한 모습이 되고 다른 사람들의 본질과도 연결될 수 있으며 관계함을 느낄 수 있게 되었을 것이다. 만약 시기하기 위해 이동했다면, 이들은 자신의 거짓 성격과 접촉하고 다른 사람들의 거짓 자기와도 연결되어 외로움을 느끼게 될 것이다. 4유형의 적절한 렌즈는 이들의 환상이 아닌 현실과 조율되도록 이들을 유지해 주면서, 동시에 평정의 미덕은 이들을 다른 모든 존재와 결합시켜 주는 공통적인 평범함으로 이들을 이끌어 준다. 모순적이게도 4유형이 가장 두려워하는 평범한 모습은 이들이 가장 갈망하는 연결된 모습으로 이어지게 해 준다.

성장 과정

4유형은 버림받아 왔다는 느낌과 현재의 관계에서 언제든 내버려질 수 있다는 불길한 예감을 항상 갖고 있다. 종종 버리는 주체 대상은 아버지이지만, 항상 그런 것은 아니다. 본래 4유형 아이는 강한 부모님에 애착을 느꼈지만 이들에게 그런 부모님은 곧 떠나갈 것이라고 느껴졌다. 아마도 부모님이 돌아가셨거나, 이혼했거나, 일에서 바빠졌든지, 아니면 부모님의 관심을 분산시키는 형제자매가 생겼든지, 아니면 이 아이가 사춘기에 접어들어 성성이 중요한 문제가 되었든지, 아니면 다른 이유들로 인해 부모님이 손을 떼게 되었던 것일 수도 있다.

4유형은 이러한 버려짐의 경험을 자신에게 무언가 문제가 있는 것으로 해석했다. 자신이 분명히 나쁘고, 결점이 있고, 성가셨거나 아니면 단순히 자신의 무언가가 괜찮지 않았던 것이어야 하는 것이다. 그렇지 않았다면 자신은 버려지고, 원함받지 않으며 보살핌받지 않은 상태로 남겨지지 않았을 것이다.

이들의 비애감과 상실감, 비극, 괴로움, 열망은 이들이 오해받고, 소속되지 못하고, 어울리지 못한다고 느끼는 것과 마찬가지로 버려짐에 대한 이러한 원초적인 인식으로부터 오는 것이다. 이들은 사랑의 동산으로부터 추방된 느낌을 받았고 다시 돌아가는 것을 허락받기를 열망한다.

어쩌면 자신이 더 특별했다면 주목받고 사랑받았을 것이며, 사람들도 자신과 함께 있고 싶어 하고 자신을 내버리지 않았을 것이다. 그래서 4유형은 자신을 굉장히 특출하고 특별한 사람으로 만들기 시작하며, 버림받거나 남겨지지 않기를 바라게 된다.

4유형은 자신이 아프거나 괴로워할 때 관심을 받는다고 여겼던 듯하다. 이들은 그렇지 않았다면 자신의 말이 귀 기울임 받을 만하지 않았다고 결론지었다. 그래서 이들의 고통은 이들을 특별하게 만들어 주었고, 이들에게 무언가 얘기할 거리를 주었으며, 얘기할 권리까지 주었다.

일부 4유형에게는 이들의 기분 변화에 영향을 주는 생화학적 기반이 있으며 이들의 기복은 호르몬으로 인해 증폭된다. 다른 4유형의 경우에는 이들의 감정 변화가 부모님이 계시다가 계시지 않게 되거나, 부모님이 어느 순간에는 친절했다가 다른 때에는 잔인하거나 거리를 두는 모습으로 인해 환경적으로 형성되어 왔을 수 있다. 부모님이 계실 때 4유형은 자신에 대해서도 만족하고 기분이 좋은 상태였지만, 부모님이 부재했을 때에는 자신에 대해서도 불만족하고 기분이 안 좋았던 것이다.

이들은 극단적으로, 끝 부분에서 살 때 주목받고 인정받는다는 것을 발견했다. 사람들은 4유형이 연속체의 정반대의 맨 끝에서 살지 않았다면 이들을 알지 못했을 것이라고 이들에게 말한다. 사회적 압박과 기대는 이들이 강박을 유지하게 만든다. 그래서 4유형은 평범하거나 잔잔해지면 자신이 주목받지 못하고 알려지지 않은 채로 남겨질 것을 두려워한다. 이들은 지루함을 느끼는 것에 대한 공포증을 발달시키며, 제발 그러지 않기를 바라지만, 자신이 지루한 사람이 되는 것에 대한 공포증을 기르게 된다.

살아 있음을 느끼는 한 방법은 삶을 강렬하게 경험하는 것이다. 4유형이 지닌 비애감과 그리움, 갈망의 잠재적인 분위기는 지속되는 존재감과 중요한 사람이라는 느낌을 낳는다.

또한 4유형은 현실에서보다 자신의 환상 속에 있을 때 더 특별하고 살아 있는 느낌을 받는다는 사실을 알게 된다. 그래서 이들은 현실을 위해 낭만을 포기하는 것이 어렵게 느껴지게 된다.

신체적 특징

4유형은 자신의 자아도취적 상처 또는 약해진 자존감에 대한 반응으로 오만하거나 거리를 두는 모습으로 자신을 드러낼 수 있다. 이들의 자아도취적 연속체의 부풀려진 끝부분에서 나타나는 거만한 태도는 자신이 특별하며 우월하다는 의식의 표현이다. 기가 눌려진 연속체의 끝부분 또는 자아도취 동전의 반대편에서 나타나는 이들의 냉담함은 거절에 대한 두려움을 숨기기 위한 것이다. 4유형은 집단에서 물러나거나 변두리에 머무르며, 어찌됐든 자신은 이해받지 못하거나 허용받지 못할 것이라 기대한다.

일부 4유형은 다른 사람들을 얕잡아 보는 모습을 보이기도 한다. 이들은 콧대를 치켜

세우고 거만한 인상을 보인다. 이들은 더 시기심이 들 때에는 경쟁상대를 압도하려 하거나 넌지시 "어떻게 그렇게 무례하고 잔인하고 세련되지 못할 수 있니?"라고 암시하려하기도 한다.

아리카 전통의 얼굴 분석에 따르면, 4유형의 코의 오른쪽에서 긴장을 찾아볼 수 있으며, 그래서 콧구멍이 오른쪽으로 치켜세워진 듯한 모습이 되기도 한다. 치우쳐진 쪽의 콧구멍이 더 작은 모습을 보이기도 하며, 코의 끝부분이 전체적으로 오른쪽으로 치켜세워진 모습으로 나타나기도 한다.

4유형의 겉모습에는 연구된 무신경함이 있다. 이들은 머리를 몇 시간 동안 빗어서 바람에 날린 듯 보이게 만들거나, 스카프를 만져서 대충 엎어진 듯한 모습을 연출하기도 한다.

4유형은 배우처럼 자신의 대사를 예행연습하고 맡은 부분을 연습하며, 자신의 목소리에 극적인 어투를 넣고 몸짓에는 연극조의 재간을 꾸며 넣는다. 반면, 이들은 더 즉흥적이고 자연스러우려는 이 통제로부터 자유로워지기를 갈망한다. 또 그와는 반대로 이들의 평정은 거절받고 버림받는 것을 두려워하는 이들의 취약한 부분을 가려 준다.

4유형은 꽤 우아하고 종종 춤을 잘 춘다. 4유형 영역에 해당되는 토템 동물은 순종 말과 검은 표범으로, 이 동물들은 둘 다 꽤 날렵하고 예민하며 움직임이 우아하다.

의사소통 방식

4유형의 대화 속에는 슬퍼하는 어투가 녹아 있는데, 이는 4유형의 슬픔과 그리움, 비애감, 갈망의 억양이다. 이들은 마치 세상의 슬픔이 자신에게 지나치게 큰 것처럼 자주 한숨을 쉰다. 이들은 자신의 괴로움을 숨기지 않고 드러내기도 한다. 또는 자신의 영혼 속에 숨겨 두고는 비애감을 조용히 숨을 고르고 서서히 드러내는 형태로 표현하기도 한다.

4유형은 시적으로, 격렬하게, 실감 나게 말하며 특정한 서정성을 표현하는데, 이 서정성은 이들이 빗속을 걷는 모습, 아이들이 잔디밭에서 노는 모습, 연인들이 공원을 산책하는 모습, 나무에서 떨어지는 이파리 등의 비유를 드는 것에서 나타난다.

패러다임 변화

4유형이 스트레스 상황과 안정적인 상황에서 풍부한 자원 상태와 부족한 자원 상태에 접근할 때, 아래의 패러다임 변화 또는 렌즈 조정이 일어나기 쉽다.

	안정적 상태	스트레스 상태
풍부한 자원 상태	+1	+2
부족한 자원 상태	−1	−2

그림 13-1 4유형의 심리적 자원 패러다임 변화

스트레스 상황

4유형은 자신의 습관적인 모방 전략을 과부하 상태로 만드는 스트레스 상황에서는 자신의 유형인 4유형의 오래된 렌즈를 쓰고, 2유형의 왜곡하는 렌즈에 의지하거나 아니면 2유형 패러다임의 바로잡는 렌즈로 개선되는 모습이 예측될 수 있다.

Sheet 13-1 독특욕구를 왜곡하는 렌즈

> 4유형의 왜곡하는 렌즈를 착용하는 것:
> 자신의 낡은 불완전한 렌즈를 사용하는 것

4유형은 스트레스 상태가 되면 다른 모습으로 되돌아가거나 다른 것에 의지하기도 전에 같은 모습을 반복해서 시도하려 한다. 다른 사람의 삶에 특별하고 중요한 사람이 되도록 분투해서 자신에 대해 만족하려는 4유형은 다른 사람의 삶에 오래가는 영향을 미치기 위해 더욱 격렬하게 그 관계에 참여하려 한다. 이들은 더 주목받기 위해 눈에 띄고 싶어 한다.

만약 만족스러울 만큼 인정받지 못하면, 이들은 오해받고, 무시당하거나, 업신여김 당하는 것에 더더욱 민감해지며 두 배로 상처받는 느낌을 받기도 한다. 이들은 이러한 거절에 대한 반응으로 뒤로 물러나 자신을 망명 상태로 두게 되기 쉽다.

4유형은 자신의 불행을 자기 자신과 자신의 결점의 탓으로 돌릴 수 있다. 이들은 죽음과 자살의 이미지에 더욱 집착하는 모습이 되기도 한다. 자살을 하거나 사고 또는 질병으로 인한 죽음은 몇몇 환상을 충족시켜 줄 수 있는 것이다. 이로 인해 이들은 특별해지는 것이다. 이로 인해 마침내, 사람들을 자신에게로 데려올 수 있는 것이다. 이런 행위는 이들의 고통을 멈춰 준다. 이렇게 함으로써 다른 사람들에게 앙갚음하게 되고, 이는 자신의 화와 분함 그리고 실망을 표현하는 한 방법인 것이다. 이렇게 함으로써 사람들에게 4유형이 얼마나 중요한 사람이었는지 깨닫게 해 주고, 그들로 하여금 4유형을 홀대하고 돌보지 않은 것에 대한 미안한 마음을 느끼게 하는 것이다. 사람들은 4유형은 그리워하게 될 것이며, 이들이 얼마나 특별했었는지를 마침내 깨닫게 될 것이다.

감정과 관련해서는 다른 유형들과 마찬가지로 4유형 역시 자신의 감정이 자신의 행동에 활력을 주고 이를 지도하도록 하는 것보다는 감정을 몸으로 돌려 신체적으로 아파질 수 있다. 이들은 감정을 사용해 효과적인 행동들을 동원되게 하는 대신 감정을 신체화한다.

이들은 자신을 주장하고 자신의 욕구나 화를 명확하게 표현하는 대신, 더 고통스러워하고 불평하고 탓하는 모습인 수동 공격적 모습이 되거나, 적극적으로 공격적이고 보복적이고 적의를 보이는 모습이 되기도 한다.

Sheet 13-2 사랑영역을 왜곡하는 렌즈

> 2유형의 왜곡하는 렌즈를 착용하는 것:
> 다른 사람의 낡고 불완전한 렌즈를 사용하는 것

이런 익숙한 전략들이 효과를 보이지 않는다면, 4유형은 도움을 주는 2유형의 강박적인 또는 낮은 수준의 측면으로 변화해 이들의 왜곡하는 렌즈로 사물을 바라보고, 이런 2유형의 조종적인 책략을 일부 사용하려는 모습을 보일 수도 있다.

여기서 작용하는 부적응적인 신념은 바로, 만약 자신이 내보이는 예외적인 모습을 사람들이 사랑해 주지 않는다면 자신이 그들을 위해 해 줄 수 있는 것들로 인해 사람들이 자신에게 감사할지도 모른다는 것이다. "내가 너를 도와줄게. 그러면 너는 나를 좋아할 거야." 4유형은 자신이 사람들에게 얼마나 필요한 사람인지를 자기 자신에게 설득시키려 하고, 또한 그들에게 자신이 얼마나 귀중하고 필수적인 사람인지를 다른 사람들에게 설득시키기 위해 노력한다.

이들은 2유형처럼 자신의 욕구는 무시하고 회피하며, 관심을 다른 사람들의 욕구를 돌보는 것으로 돌린다. 이들은 봉사정신으로 도망치며 고난받는 종, 순교자, 희생당한 피해자가 된다. 이들은 자신의 질서를 회복하고 자신의 문제들을 다루는 대신, 다른 사람들의 문제를 정리하도록 돕는다.

의존과 독립의 문제가 여기서 부풀려지기도 한다. 한편으로 4유형은 자신의 친구들을 더 소유하려 하고 더 교제하기를 원하는 모습이 되기도 하지만, 다른 한편으로는 더 냉담해지고 단호하게 자신의 것을 하려는 모습이 되기도 하는 것이다.

이들은 자신이 원하는 것에 있어서 더 조종적이고 간접적인 모습이 되기도 한다. 이들은 자신이 필요로 하는 것을 명확하게 말하거나 이를 위해 직접적인 행동을 취하는 대신, 2유형 버전의 황금률을 실천한다. 즉, 다른 사람들이 자신에게 해 주기를 바라는 것을 사람들에게 하고, 그리고 나서 사람들이 화답하기를 기대하라는 것이다. 당신이 날 진정으로 사랑한다면 내가 무엇을 원하는지 알고 있어야 하는 것이다. 그리고 내가 필요로 하는 것을 당신에게 말해 주어야 할 필요도 없는 것이다. 만약 말한다면, 모든 것을 망치고 만다. 나는 당신이 말해야 하기도 전에 당신이 원하는 것을 알고 공감한다. 왜 당신은 그대로 해 줄 수 없는 것인가? 그것 말고도, 그냥 내가 당신에게 해 주는 것에 주목하고 똑같이 해 줘라.

왜곡하는 2유형 렌즈를 낀 4유형은 자신에게서 관심과 세심함을 돌려 다른 사람에게로 향하게 함으로써 더더욱 자신을 버려 둔다. 정말로 자신을 방치한 것은 자기 자신인

Sheet 13-3　사랑영역을 바로잡는 렌즈

> 2유형의 바로잡는 렌즈를 착용하는 것:
> 새로운 관점을 얻는 것

데, 이들은 다른 사람들에게서 버림받았다고 느낀다.

　다른 유형들과도 마찬가지로, 스트레스 상황은 잘 표현되지 못했을 수 있는 4유형의 측면들 또한 끌어냄으로써 이들이 최선을 발휘하도록 할 수 있다. 4유형은 2유형 패러다임의 높은 수준 측면으로 변화하고 2유형의 바로잡는 렌즈를 쓰면, 자신의 자존감을 높이기 위해 인정을 얻으려는 숨겨진 기대 또는 갈고리 없이 순전히 이타적으로 다른 사람들을 돌보고 도와준다. 자신의 자아 중심적인 모습을 초월하는 이들은 자신의 강점과 선함으로부터 우러나와 사람들을 돌본다. 에릭 에릭슨의 용어로 말하면, 이들은 자기몰두적인 모습 대신 생산적인 모습이 된다.

　2유형 패러다임 내에서 4유형은 다른 사람들을 **향해** 갈 뿐 아니라 사람들로부터 멀어질 수도 있다. 이들의 타고난 세심함은 다른 사람들과 공감하고 적절하게 자신을 조율시킬 수 있는 이들의 능력을 높여 준다. 앞에서도 언급되었지만, 4유형은 특히 다른 사람들의 괴로움과 고통에 세심하다.

안정적 상황

　4유형은 여유롭고 안전한 상태에 있을 때 자신의 유형인 4유형의 미덕의 모습 또는 높은 수준 측면으로 변화할 수 있으며, 4유형 시야의 자원과 명확성을 기반으로 작용할 수 있다. 아니면 이들은 1유형 관점의 명확하게 하는 시야로 변화할 수도 있으며, 아니면 지표를 잃고 1유형의 부적응적 도식을 취할 수도 있다.

Sheet 13-4　독특욕구를 바로잡는 렌즈

> 4유형의 바로잡는 렌즈를 착용하는 것:
> 자신의 관점으로 또렷이 보는 것

깨달은 상태의 4유형은 자신이 이미 독창적이며, 특별해지기 위해 아무 것도 할 필요 없다는 사실을 알아차린다. 이들은 내면 자기와 연결됨을 느끼고 이를 기반으로 두며, 온전함을 느끼기 위해 자신의 밖에서 연인을 찾을 필요가 없게 된다. 이들은 자신이 있는 그대로 충분히 좋은 사람이라고 믿는다. 자신의 내적 자원을 믿는 이들은 자신만의 독특한 재능을 받아들이고 다른 사람들과 자신을 부러움으로 비교할 필요가 없게 된다.

이들은 현재의 순간에 머무를 수 있게 되며 자신이 완벽히 행복하기 위해 필요한 모든 것을 바로 이 순간에 갖고 있다는 사실을 믿는다. 이들은 완전함을 느끼기 위해 과거 속에 살거나 미래에 대한 환상을 가질 필요가 없게 된다.

이들은 즉흥적이고 자신을 되는 대로 두며 차분해 보이지 않을까 봐 걱정하지 않게 된다.

풍부한 자원 상태에 있는 4유형은 흥분된 기분 주위로 요동치는 과장된 감정들에 의해 휩쓸리는 대신, 자신의 진정한 감정의 안내를 받는다. 이들은 낭만과 환상에 중독되지 않고 현실의 삶에 관여한다.

Sheet 13-5 완전영역을 바로잡는 렌즈

> 1유형의 바로잡는 렌즈를 착용하는 것:
> 또 다른 관점을 얻는 것

4유형은 패러다임 변화를 하고 1유형의 집중하는 렌즈를 쓸 때 문제 해결적이고 행동 위주인 방식으로 변화한다. 이들은 자신의 감정에 갇힌 채로 남아 있는 대신 문제에 대한 해결에 집중한다. 또한 수동적인 희생자의 입장에서 적극적인 대리인의 입장으로 이동한다.

이들은 집중된 상태를 유지할 수 있도록 도와주는 1유형의 세부사항에 전념하는 능력으로 접근할 수 있다. 이는 사실을 과장하거나 일어나는 사건들에 압도되는 4유형의 경향을 균형 잡아 준다. 이런 4유형은 한 번에 한 감정씩을, 또는 한 번에 한 단계씩을 취할 수 있게 되며 눈앞에 닥친 상황에 대해 무엇을 해야 할지를 고려하게 된다. 이들은 구체적인 상태로 남으며, 일반화하고 각색하고 과장하기를 거부한다.

1유형 패러다임은 4유형이 균형 감각과 평형을 유지할 수 있게 도와준다. 4유형은 이에 따라 자신의 일을 객관적으로 하게 된다. 자극을 증폭시키지도, 자신의 반응을 과장하지도 않는 이들은 상황이 요구하는 그대로 하며 평정을 갖고 대응한다.

이들은 "나는 좋아."나 "나는 충분히 좋아."라고 말하고 그렇게 믿을 수 있게 된다. 이들은 자신의 결점과 나쁜 모습, 불완전함과 동일시하는 대신 자신의 내적인 힘과 좋은 모습, 온전함과 연결된다.

1유형 패러다임 내에 있는 4유형은 필요할 때는 사람들에 대항할 수 있게 된다. 이들은 자신이 필요하고 원하는 것을 얻기 위해 자신의 화와 연결되고 집중하며 표현하고, 이를 사용한다. 이 모습은 4유형이 자신에게 화를 돌리고, 희생감과 우울함을 느끼며, 자신이 갈망하는 것을 가질 자격이 없다고 믿는 습관적인 모습을 뒤바꿔 준다. 이들은 자신이 원하는 것을 확실하게 요구할 수 있고 자신의 욕구를 명확하게 말할 수 있게 된다.

4유형은 세상이 결함이 있고 성취감을 주지 않는 곳이어도 이 세상 속에서 존재하고 행하는 것으로 자신을 맡긴다. 이들은 자신이 믿는 것에 진심으로 기여한다.

요약하면, 1유형 관점은 4유형이 혼란스러워하고 멀어지는 모습이 아닌 집중 상태를 유지하고 행동을 취할 수 있게 도와준다.

Sheet 13-6 완전영역을 왜곡하는 렌즈

> 유형의 왜곡하는 렌즈를 착용하는 것:
> 시야를 더욱 흐리게 하는 것

4유형은 자신이 안정적이라고 느끼는 상황에 있을 때에도 지표를 잃고 완벽을 목표로 하며 1유형 패러다임의 낮은 수준 측면에 다가갈 수 있다. 이럴 때 이들은 세상을 개혁하는 일에 대해 구세주 같은 모습이 되려 하거나 자신의 관점으로 세상을 개조하려 하며, 자신의 이상주의적인 비전과 원칙에 격렬히 관여하게 된다. 일부 자기 보호적 하위유형의 용맹함도 여기서 나타난다. "난 반드시 내 삶의 사명을 해내야만 한다."

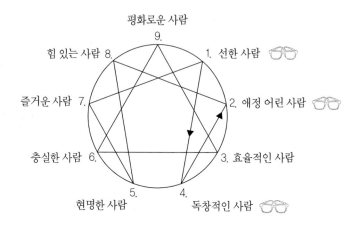

평화로운 사람
9.

힘 있는 사람 8.

1. 선한 사람

2. 애정 어린 사람

즐거운 사람 7.

충실한 사람 6.

3. 효율적인 사람

5.

4.

현명한 사람

독창적인 사람

그림 13-2 4유형의 안정된 상황과 스트레스 상황에서의 패러다임 변화

4유형은 일중독자와 과잉활동적인 모습이 될 수 있다. 이들은 과하게 전념하고 피로해지며 우울해지고 오해받는다 느끼며 강박적인 4유형의 순환으로 물러나게 된다.

또한 이들은 1유형처럼 비판적이 될 수 있다. 이들은 특히 자신의 관계에서 결함을 찾아내고, 이 관계를 자신의 속도에 맞게 자연스럽게 발전시킬 수 있도록 하는 대신 이를 가공하고 개선시키기를 원한다.

인접한 유형

4유형 렌즈는 양쪽 유형인 3유형과 5유형의 관점에 영향을 받는다. 이 유형들의 객관적인 또는 주관적인 패러다임으로부터 오는 관점들은 4유형의 시야를 보완하고 명확하게 해 주거나, 4유형의 관점을 약해지게 하고 왜곡한다.

Sheet 13-7 성취영역을 보완하는 렌즈

> 3유형의 보완하는 렌즈를 착용하는 것:
>
> 도움이 되는 관점

3유형의 풍부한 자원적 특성과 동일시하는 4유형은 자신의 내면 작업에 대한 몰두와 세상에서 효율적으로 작용하는 것의 균형을 맞춘다. 3유형 렌즈는 4유형이 실질적으로 자신의 창조적인 환상을 시행하고, 다른 사람들에게 고무적이고 희망을 주는 방식으로 자신과 자신의 영감을 표현할 수 있는 곳인 이 세상에 4유형을 머무르게 유지시켜 준다. 4유형은 자신에게 가장 독특하고 개인적인 것은 공유되고 많은 사람에게 알려졌을 때 가장 흔하고 일반적인 것이기도 하다는 사실을 발견하게 된다.

3유형의 관계망 만들기 기능은 4유형의 대인관계 세상을 넓혀 준다. 강한 3유형 적응적 날개를 지닌 4유형은 응용예술의 전형이다. 3유형이 지닌 참됨의 미덕은 4유형이 현실적인 상태로 남아 있으면서 과장하기를 거부할 수 있도록 도와준다.

Sheet 13-8 성취영역을 왜곡하는 렌즈

> 3유형의 왜곡하는 렌즈를 착용하는 것:
> 도움이 되지 않는 관점

3유형 패러다임의 부족한 자원 상태와 동일시하는 4유형은 실체가 부족한 형태로 특징지어질 수 있다. 이러한 4유형은 화려하고 대담해지며, 이들의 극적인 겉모습과 행동은 진정한 자기표현의 희화된 모습이 된다. 이들은 참여하고 생산하는 대신 감정을 과장되게 드러내고 일을 해내 보인다. 3유형 날개의 왜곡하는 관점을 지닌 4유형은 자신의 내적 소란을 효과적으로 다루는 대신 일로 달아나고, 자신을 바로잡는 대신 세상을 정돈하려 하기도 한다. 이들이 자신의 비애감에 바쁨까지 추가하면, 종종 격정적 우울증으로 묘사된다.

Sheet 13-9 전지영역을 보완하는 렌즈

> 5유형의 보완하는 렌즈를 착용하는 것:
> 도움이 되는 관점

4유형이 5유형의 풍부한 자원 특성과 동일시할 때에는 자신의 직관적이고 열정적이며 주관적인 느낌과 함께 5유형의 이성적이고 냉철하며 객관적인 관찰을 균형 잡는다. 불분명한 감정들은 명확한 비전으로 분명해지며, 감정적인 혼란 상태는 감정적 통제로 대체된다. 세상을 더 객관적으로 바라봄으로써 4유형은 상황을 덜 개인적으로 받아들일 수 있게 된다. 애착없음은 거리 둠의 양적상태와 만나게 된다. 4유형은 자신 내면에 있는 공정한 증인의 차분한 존재함을 갖고 자신의 감정적인 민감성을 완화시킨다. 이들의 충동성은 통제를 통해 돌려진다. 이들은 내적인 확신만큼이나 객관적인 사실을 가치 있게 여긴다. 생각과 감정이 연결되며 과학과 신비가 만나고 깨달음과 열정이 결합된다.

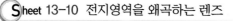

heet 13-10 전지영역을 왜곡하는 렌즈

> 5유형의 왜곡하는 렌즈를 착용하는 것:
> 도움이 되지 않는 관점

4유형이 5유형의 왜곡하는 렌즈를 쓸 때, 이들은 자신의 지나치게 분석하는 경향에 5유형의 과도하게 사색하는 성향을 더한다. 4유형의 되새김질은 어느 곳으로도 이어지지

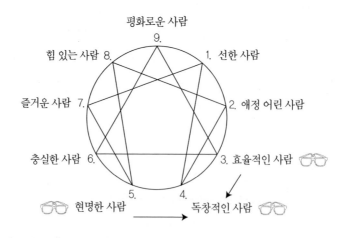

그림 13-3 4유형의 인접유형: 날개성향(보완, 왜곡렌즈)

않는 방향으로 반복된다. 부족한 자원 상태에 있을 때 4유형은 자신이 하찮은 존재 같은 기분이 들며 이질적으로 느껴진다. 이들은 5유형의 물러나고 분리하는 기술을 취함으로써 자신을 더욱더 사회의 변두리에 두게 된다. 4유형의 너무 많은 에너지가 이들의 환상을 향해 안쪽으로 가게 되며, 현실과 연결되기 위해 밖으로 향하기에는 에너지가 충분하지 않게 된다. 이들은 자신의 비애감에 5유형의 물러나고 고립되고 굳어지는 부적응적 경향을 더할 때, 지체성 우울증을 보이는 것으로 진단되기도 한다.

하위유형

친밀한 하위유형

시기심의 악덕이 새어나와 성성을 왜곡할 때, 그 결과로 나타나는 격정 또는 원동력은 경쟁이다. 이 경쟁성은 모든 관계에서 나타나지만, 질투가 일어날 수 있는 파트너와의 관계와 같이 특히 친밀한 일대일의 두 사람 관계에서 나타난다. 친밀한 4유형은 자신의 파트너가 정말로 사랑했던 오직 단 한 사람이 되기를 원하거나, 자신의 치료사에게 단 하나의 특별한 내담자가 되고 싶어 한다. 4유형은 자신의 사랑하는 사람을 위해 경쟁하거나, 사랑하는 사람과 경쟁하기도 한다. 이들은 성향적으로 자신을 다른 사람들과 비교하고 경쟁의 상태를 판단하고는 자신의 경쟁자 또는 동반자를 압도한다. "내가 얼마나 괜찮은지 너에게 보여 주지." 자신이 중요하게 생각하는 사람의 눈에 중요한 사람으로 여겨지고 싶은 4유형은 "내가 너를 이기면, 너는 나를 존중하고 나를 가치 있게 여기게 될 거야."라는 가정으로부터 작용하게 된다.

성적인 에너지는 다른 사람으로부터 존중, 인정, 허용 등 무언가를 얻어 내기 위해 사용될 수 있다. 또한 성은 자신감을 얻고, 자신이 내면에서는 결함 있고 부족하며 추하다는 느낌을 보상하기 위해 다뤄질 수 있다. 친밀한 4유형은 다른 사람을 유혹한 뒤 거부하기 위해 자신을 아름답고 매력적이며 우아하게 만들 수 있다. 이는 4유형이 버려짐에 대한 두려움을 다스리기 위한 시도다. "네가 날 거절하기 전에 내가 먼저 널 거절할 거야."

자신의 우울과 시기심을 관리하기 위해 4유형의 화는 경쟁자나 거절하는 파트너를 향한 증오로 심화되기도 한다. 다른 사람의 가치를 떨어뜨리는 것은 그 사람을 덜 부러운 사람으로 만들고 4유형 자신은 더 매력적으로 만들어 준다.

친밀한 4유형이 자신의 화를 내면으로 돌릴 때, 이들은 자살에 대한 환상을 품게 되기도 한다. "내가 떠나면 당신은 내가 얼마나 멋진 사람이었는지, 당신이 나에게 무슨 짓을 했는지 깨닫게 될 거야."

친밀한 4유형은 일반적으로 화려한 패션 잡지 속에서 찾아볼 만한 독특한 옷차림의 소유자다.

사회적 하위유형

시기심의 악덕이 들어와 사회적 본능을 오염시킬 때, 그 결과로 수치심이 나타나게 된다. 4유형은 자신의 개인적인 고급 기준이나 집단의 규범에 자신이 부응하지 못했다는 점을 당황스럽고 부끄럽게 느낀다. 다른 사람들의 성과에 자신을 비교하는 4유형은 비참하게 자신이 부적당하다는 기분을 느낀다. 이들은 자신이 사회적 게임을 충분히 잘하지 못하고 있기 때문에, 또는 게임 속에서 낮은 위치나 역할을 맡고 있기 때문에 부끄러움을 느낀다. 자신에 대해 불만족하고 자신은 사랑받을 가치가 없다고 간주하는 이들은 사회적 모욕에 과민하다. 자신은 어울리지 못하고 기준에 부합하지 못한다고 믿는 이러한 4유형은 자신을 위한 쉴 곳 또는 장소가 없다고 인지한다.

사회적인 4유형은 종종 다른 사람들이 자신의 내적 결함을 직감할 수 있다고 확신한다. 내가 기억하는 한 4유형은 지나가는 행인들마저도 자신의 결함과 부족한 점을 꿰뚫어 볼 수 있다고 믿었기 때문에 길을 걸으면서도 수치심을 느꼈다고 이야기했었다.

4유형은 오해받는 것에 특히 민감해하며 괴로워하는 것이 자신의 운명이라고 믿는다. 하지만 이들은 다른 사람들이 자신의 결점을 보는 것을 원치 않기 때문에 이를 그림자 속에서 행한다.

이 하위유형은 종종 혼란스러워하거나 방향을 잡지 못하는 모습을 보인다. 이런 4유형은 자신이 기대나 기준에 부응하지 못한다고 판단하기 때문에, 사회 집단에서 굴욕감과 마비된 듯한 느낌을 받으며 자신이 어리석어 보일까 봐 앞에서 말하기를 두려워할 수 있다. 이들은 이러한 두려움을 이웃인 5유형과 공유한다. 다른 한편으로는, 내적인 혼란감을 보상하기 위해 자신의 사회적 이미지, 선택된 특별한 조직에서의 일원의 신분 그리고 공적인 인정의 여러 형태에 의존하기도 한다. 이는 4유형이 또 다른 이웃인 3유형과 공유하는 특성이다.

자기 보호적 하위유형

시기심의 악덕이 새어 나와 자기보호의 본능으로 들어갈 때, 충동적이고 위험하며 대담한 행동이 초래된다.

자기 보호적인 4유형은 무모한 행동이자 상실의 가능성인 오락의 반복강박을 통해 우울과 버려짐의 두려움을 제어하려 한다. 따라올 결과를 신경 쓰지 않고 충동적으로 행동함으로써 이들은 줄 위에서 술에 취하거나, 살아 있다는 느낌을 받기 위해 또는 관심을 끌기 위해 위험하게 사는 식으로 참사의 언저리에 삶으로써 자신을 위한 에너지를 창조해낸다. 다른 4유형들보다 더 불안해하는 이들은 큰 소리에 맞춰 절벽에서 뛰어내리기 쉽다.

이들은 무언가 또는 누군가를 원하고 얻어내고 내버리고는 이를 다시 갈망하며 갈망, 상실, 얻음, 상실, 갈망의 순환 고리를 반복한다. 이는 이들이 자신의 상실의 부적응적 도식을 유지하는 방식이다.

자기 보호적인 4유형은 자신의 결점에도 불구하고 성공하려 결심한다. 이들은 자신이 결함이 있다고 느끼지만 어찌됐든 일을 성사시키려 한다. 이들의 잠재된 인식은 자신이 충분히 괜찮지 않다는 것이지만, 그렇더라도 이들은 승리하려는 결심이 서 있다. 이런 4유형은 성공을 향해 자신의 길을 달려가며, 적수나 경쟁에 대항하여 자신을 지키고, 겁을 내고 낙담하거나 좌절하지 않도록 한다.

종종 이들은 충실한 태도와 마음에 와 닿는 기준에 대한 순종 또는 가족의 유산에 대한 보살핌을 드러낸다. 이들의 불굴의 태도는 "내 앞길을 막지 마. 내가 하고 싶은 것을 할 거야. 나는 수행해 내야 할 책임이 있어. 나는 반드시 가족의 전통을 보호하고 지켜야 해."의 모습으로 표출된다.

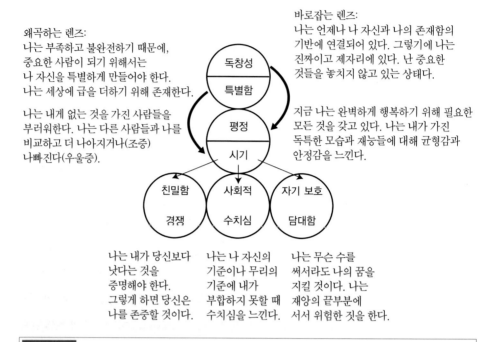

왜곡하는 렌즈:
나는 부족하고 불완전하기 때문에,
중요한 사람이 되기 위해서는
나 자신을 특별하게 만들어야 한다.
나는 세상에 급을 더하기 위해 존재한다.

나는 내게 없는 것을 가진 사람들을
부러워한다. 나는 다른 사람들과 나를
비교하고 더 나아지거나(조증)
나빠진다(우울증).

바로잡는 렌즈:
나는 언제나 나 자신과 나의 존재함의
기반에 연결되어 있다. 그렇기에 나는
진짜이고 제자리에 있다. 난 중요한
것들을 놓치지 않고 있는 상태다.

지금 나는 완벽하게 행복하기 위해 필요한
모든 것을 갖고 있다. 나는 내가 가진
독특한 모습과 재능들에 대해 균형감과
안정감을 느낀다.

독창성 / 특별함

평정 / 시기

친밀함 / 경쟁 · 사회적 / 수치심 · 자기 보호 / 담대함

나는 내가 당신보다
낮다는 것을
증명해야 한다.
그렇게 하면 당신은
나를 존중할 것이다.

나는 나 자신의
기준이나 무리의
기준에 내가
부합하지 못할 때
수치심을 느낀다.

나는 무슨 수를
써서라도 나의 꿈을
지킬 것이다. 나는
재앙의 끝부분에
서서 위험한 짓을 한다.

그림 13-4 4유형: 독창적인 사람

요 약

진정성과 아름다움의 렌즈는 창조성과 독창성, 개성의 시야다. 이는 내면 여정에 전념하고 삶의 비극적인 측면을 이해하는 낭만적인 길이다. 이 경로를 따르는 사람들은 질에 대한 타고난 감각이 있다. 이들은 아주 민감하며 시적이고 향수적이다. 이들은 세상을 더 아름다운 곳으로 만들기를 갈망한다. 이들은 평정의 정신으로 이를 행한다.

낭만주의 패러다임은 특별해야 하는 부풀려진 욕구 속에서 발현된다. 이 욕구에는 버려지고 남겨지고 오해받는 것에 대한 극도의 예민함이 있다. 관심은 빠져 있는 것으로 향한다. 낭만적인 환상들은 상실되었다고 믿는 것들로 대체된다. 이 시야를 따르는 사람들은 그리워하고 갈망하며 괴로워하는 것에 중독될 수 있으며, 환상으로부터 나온 감정들에 집착하는 반면, 진짜 감정들은 잃게 될 수 있다. 이들은 비애감과 극적임에 취약하다.

이들의 잘못된 신념은 "나는 특별하다. 그러므로 버림받지 않을 것이다"이다. 시기심은 이 접근법을 충동하고 에너지를 쓸데없는 비교의 방향으로 돌린다.

Sheet 13-11 4유형 요약

가치: 진정성, 아름다움

비전: 세상을 더 아름다운 곳으로 만드는 것

주요 취약점: 버려짐

적응적 인지적 도식: 나는 이미 독창적이며 나의 근원과 다른 사람들과 연결되어 있다.

적응적 감정적 도식: 평정, 나는 균형 있으며 내가 지닌 독특한 자기와 재능에 만족한다.

적응적 행동적 도식: 품위, 좋은 취향, 심미적인 질을 제공해 주는 사람, 민감하고 열정적인 관여

부적응적 인지적 도식: 내가 특별한 사람이고 고급 기준을 갖고 있지 않으면 나는 버려질 것이다.

부적응적 감정적 도식: 시기심, 나는 무언가 부족하고 빠뜨린 상태인데 너는 그것을 갖고 있고 난 그에 대해 기분이 나쁘다.

부적응적 행동적 도식: 극적임, 변덕스러움, 환상 속으로 들어감, 극단적인 경험들로 살아감

회피 영역: 평범하고 흔해지는 것, 모방하는 것

방어기제: 내적 투사, 잃은 것을 계속해서 마음속에 갖고 있는 것, 예술적 승화·경험을 각색하고 과장하는 것

유용한 패러다임 변화: 나는 이미 평안의 상태에 있다, 나의 연인은 내 속에 있다, 나는 압도되지 않고 행동을 취한다, 평범한 일상을 지낸다.

유용하지 않은 패러다임 변화: 더욱 추방되고 우울한 느낌을 받는 것, 자기를 포기하고 봉사의 모습으로 도망치는 것, 고난받는 종

5유형 렌즈 검사

이 문장들이 자신에게 맞는 정도에 따라 점수를 매겨라.

1	2	3	4	5
거의 절대 아니다	드물게/ 거의 그렇지 않다	때때로/ 가끔	종종/ 자주	거의 항상 그렇다

_____ 나 자신이나 나의 것을 공유하는 것이 내게는 쉽지 않다.

_____ 나는 다른 사람들에게 나를 많이 보여 주지 않지만, 그들을 바라보며 파악하는 것을 즐긴다.

_____ 나는 나의 생각과 감정들을 주의 깊게 지킨다.

_____ 나는 나의 지적 호기심을 자랑스럽게 여긴다. 나는 어떤 대상을 철저히 이해할 때까지 추구할 것이다.

_____ 나는 잘 알려지지 않은 분야에 대한 전문 지식을 갖는 것을 즐긴다.

_____ 나는 좋은 학자다, 아니면 그렇게 될 것이다. 지식은 나를 만족시킨다.

_____ 나는 일어나는 일을 관찰하는 것을 즐기기 때문에 굉장히 직관력 있다.

_____ 나는 전체적인 그림을 파악할 때까지 결정을 내리거나 조치를 취하지 않을 것이다.

_____ 나는 혼자 있을 때 내 감정들을 가장 잘 느낀다.

_____ 나는 느끼거나 행동하는 것보다 생각할 때 더 편안하다.

_____ 나는 함정 등에 갇혀 있는 느낌을 피하기 위해 뒤로 물러나서 관여하지 않는다.

_____ 내 방식은 딱딱하고 지적인 편이다.

_____ 나는 내가 필요로 하는 것을 비축하고 쌓아 둔다.

_____ 나는 가슴이나 육감보다 머리를 훨씬 많이 쓴다.

_____ 나는 사람들로부터 멀어진다. 나는 그들과 친밀하거나 대결적인 상태를 피한다.

_____ 나는 내성적이며 나를 밖으로 드러내지 않는다.

_____ 생각과 설명을 간결하게 하는 것이 내게는 중요하다.

_____ 나는 상처받는 것으로부터 나 자신을 지키기 위해 눈에 띄지 않는 상태를 유지하려 한다.

_____ 나는 때때로 탐욕에 사로잡힌다.

_____ 나는 다른 사람들을 거슬리게 하지 않는다. 나는 그들에게 많은 공간을 준다.

_____ 총점

5유형 렌즈:

CHAPTER 14 **지혜의 관점**

핵심 가치

5유형에게 활력을 주는 가치들은 이해, 지식, 배움 그리고 지혜다. 지혜는 전체적인 그림을 보며 퍼즐의 모든 조각을 하나로 모아 통합된 전체로 만드는 능력이다. 5유형은 통찰을 갖고 연결고리를 만드는 것을 즐기며, 이들의 렌즈는 들어오는 정보를 모으고 종합하기 위해 기능한다. 배움을 사랑하는 이들의 열정은 정신적인 것이다. 5유형은 서점에 가면 모든 코너를 둘러본다. 너무 많은 것이 이들의 흥미를 끌고, 이들은 모든 것을 알고 싶어 하기 때문이다.

5유형이 매료되는 존재의 측면은 바로 **진실**이다. 이들은 진실인 것, 진짜인 것을 알고 싶어 하며 흥미의 대상을 찾으면 그것에 대한 모든 것을 알 때까지 이를 철저하게 조사하려 한다. 5유형을 좋은 연구원, 선생님, 상담가로 만드는 것은 이들이 현실에 대해 지닌 객관적인 입장이다.

또한 지혜는 지식, 경험, 이해에 근거하여 올바르게 판단하고 가장 괜찮은 행동 방침을 따르는 것이다. 5유형의 평가는 관찰하는 자아의 분리된 영역으로부터 오기 때문에 현명할 수 있다.

명상에 관한 전통들은 내면의 관찰자, 공정한 증인 또는 내면의 친구, 지나가는 우리의 생각, 감정, 환상, 감각의 뒤에 있는 존재 등에 대해 말한다. 이 관찰자는 순전한 인식으로, 단순히 있는 대상을 알아채는 것이다. 5유형은 이 내면의 관찰자 영역을 자주 다니며 우리에게 이 영역을 상기시킨다.

5유형은 이 분리된 관찰 영역에서 대상을 받아들이고, 대상의 본질을 분석하고 추출하며, 이를 하나의 의미 있는 그림으로 종합해 낸다. 5유형의 초점적인 렌즈는 이들이 사물의 본질을 들여다보고, 대상의 핵심을 꿰뚫어 보며, 이 이해를 간결한 방식으로 표현할 수 있도록 도와준다.

언젠가 한 사람이 예수회 철학자인 버나드 로너건(Bernard Lonergan)에게 환경오염의 문제가 무엇인지에 대해 그가 어떻게 생각하는지를 물었었다. 박식한 논문과 논의를 기대했던 이들은 짧은 경구 하나를 얻었다. 로너건의 간결한 대답은 다음과 같았다. "환경오염의 문제는 **이중 효과의 원칙**입니다." 필요한 말은 그 안에 다 있었다. 그의 말은 전체적인 문제를 요약하는 것이었다. 산업들은 그들의 상품을 제작하는 하나의 의도(첫 번째 효과)를 갖고 있었지만 환경오염을 부산물로 얻게 되었다(두 번째 효과). 즉, **이중 효과의 원칙**이 일어난 것이다. 로너건은 이 딜레마의 본질을 간단명료하게 말하며 5유형의 특징적인 반응을 보였다.

한편, 5유형이라고 알려진 로너건은 *Insight: On Understanding Understanding*이라는 두꺼운 책을 저술하기도 했다. 자신이 가장 사랑하고 가장 잘하는 주제에 대해 저술한 전문 서적인 것이다!

이 책의 앞부분에서 다루었던 교리문답의 교훈을 되새겨 보기 위해, 볼티모어 교리문답이 삶의 목적에 대해 말했던 부분을 떠올려 보자. 우리는 신을 알고, 사랑하고, 섬기는 것을 위해 여기 있는 것이라고 이들은 말했다. 5유형은 앞 부분에 동의하며 교리문답이 아는 것을 문장의 앞에 넣은 것은 그 우선순위를 강조하기 위함이라고 상정할 것이다. 반면, 2유형은 **사랑하는** 것이 문장의 중심에 있는 이유는 그 찬란함을 더 돋보이게 하기 위함이라고 말할 것이다. 그렇지만 3유형은 섬기는 것이 가장 최고이기 때문에 마지막까지 아껴 둔 것이라고 주장할 것이다.

삶의 목적은 삶을 이해하는 것이다. 테야르 드 샤르댕(Teilhard de Chardin)의 시각으로는, 영원까지 지속되는 것은 인간의 정신과 영에 들어온 것이다. 영은 죽지 않기 때문에 우리의 임무는 언젠가는 죽게 될 창조물에 대해 우리가 할 수 있는 한 최대한 많이 알아 두어서 우리와 함께 오래 지속될 수 있도록 하는 것이다.

5유형은 인간이 지닌 최고의 능력은 **지성**이라고 말했던 토마스 아퀴나스와 동의할 것이다. 다른 철학자들(다른 유형일 가능성이 큰 철학자들)은 **의지**가 가장 최고의 능력이며, 그 이유는 자유의지로부터 이 의지가 오기 때문이고 자유의지로부터 사랑이 흐르며, 사랑이야말로 인간다움을 만들어 주는 것이기 때문이라고 말할 것이다.

패러다임 관점, 능력, 격언

5유형 패러다임은 이들이 패턴과 주제, 구조, 연결관계를 찾을 수 있도록 준비시켜 준다. 전 세계의 많은 체계적인 철학자는 아마도 5유형이었을 것이다. 정신 구조를 갖고 있는 것은 5유형이 세상과 상호작용을 용이하게 할 수 있게 해 준다. 이들에게는 체계 없이 또는 규칙을 알지 않은 채로 즉흥적으로 교류하는 것이 위험하고 어려운 일이다. 예를 들면, 선생님이나 회계사 등의 정해진 역할을 맡게 될 때에 이들은 이를 꽤 잘 수행하고 교류한다. 반면, 특정한 역할이 없이 구조화되지 않은 사회적 상황에 있게 될 때에는(예를 들면, 칵테일파티 같은) 이들은 뒤로 물러나서 덜 교류하게 되는 경향을 보인다. 하지만 이에 대해서는 5유형의 낮은 수준 측면을 다룰 때 더 논의하기로 하자.

5유형은 침묵과 고독을 가치 있게 여기고 감사한다. 퀘이커 속담인 '침묵보다 더 나은 결과를 낼 수 있지 않다면 말하지 마라'를 만들어 낸 것은 아마도 5유형이었을 것이다. 또한 5유형은 조지 엘리엇(George Elliot)이 말한 '사실에 대해 장황하게 증명할 말을 늘어놓는 것을 삼가는 사람은 복을 받는다'는 격언에 분명히 박수를 보낼 것이다.

5유형은 내향적인 경향이 있으며 배터리를 충전하기 위해 혼자 있어야 한다. 이들은 홀로 있을 때 즉흥적이 되며 진정으로 자기 자신이 될 수 있다. 5유형은 일이 한창 일어나는 동안에는 분리되는 경향이 있기 때문에 역설적이게도 사건을 실제로 경험할 때보다 그 사건들을 떠올리고 생각할 때 자기 자신과 다른 사람들, 그 상황에 더 존재하기도 한다.

5유형은 자신의 이러한 모습들이 인간의 노력에 기여한다고 말한다.

- 이들은 종합하는 능력을 불러온다.
- 이들은 삶에 대한 이례적인 접근법을 제공한다.
- 이들은 침착하고 관찰하는 관점을 불러온다.
- 이들은 좋은 청취자다.
- 이들은 명확성을 불러온다.
- 이들은 큰 그림을 본다.
- 이들은 사실(자료)과 정보를 가져온다.
- 그리고 나서 이들은 이것들을 지식, 통찰, 지혜로 변형시킨다.

5유형의 관점에서 제공한 일부 조언들을 살펴보자.

- 진실, 지식, 이해 그리고 지혜를 추구해라.
- 자신의 지성을 가치 있게 여겨라.
- 좋은 청취자가 되어라. 다른 사람의 영역을 존중해라.
- 자신의 판단과 공정성을 가치 있게 여겨라.
- 자신의 강점을 가치 있게 여겨라.
- 자신의 내면 삶을 가치 있게 여겨라.
- 재빠른 해결책에 안주하지 마라.

5유형 관련 격언들은 다음을 포함한다.

- 나는 생각한다. 고로 존재한다.

- 아는 것이 힘이다.

- 혼자 여행하는 자가 제일 빠르게 여행한다.

- 진리가 너희를 자유롭게 하리라.

- 반성하지 않는 삶은 살 가치가 없다.

- 인간은 혼자 있을 때에만 자기 자신이 될 수 있다. 만약 고독을 사랑하지 않는다면, 그는 자유를 얻지 못할 것이다. 왜냐하면 홀로 있을 때에만 진정으로 자유할 수 있기 때문이다.

- 좋은 담장이 좋은 이웃을 만든다.

- 사공이 많으면 배가 산으로 간다.

- 눈에서 멀어지면 마음에서도 멀어진다.

- 말하기 전에 생각해라.

- 침묵은 금이다.

- 침묵보다 더 나은 결과를 낼 수 있지 않다면 말하지 마라.

- 내가 말하지 않았던 것에 대해서는 비난받을 수 없다.

- 어리석은 이는 돈을 오래 지니고 있지 못하는 법이다.

적절한 렌즈/적응적 인지적 도식

5유형을 현실과 조율시켜 주는 패러다임, 태도 또는 신념은 진정한 이해는 경험과 참여, 관여 그리고 진짜 사람들과 진짜 사물들과의 상호작용에서 온다는 점을 깨닫는 **지혜**의 바로잡는 렌즈다. 통합적 지식은 단지 뇌 영역에서만 오는 것이 아닌, 신체-감정-정신-영으로부터 오는 것이다.

5유형이 자신의 근본적인 본질에서 경험하는 **전지**는 이들의 인식의 영역 속 빈 공간과 동일시함을 통해 도달되며, 이 영역은 이들의 진정한 자기를 내면의 관찰자 또는 공정한 증인과 동일시함으로써 도달된다. 5유형의 풍부한 자원 상태의 패러다임은 이들에게 이

점을 가르쳐 준다.

5유형은 왜곡하는 관점 상태에 있을 때 자신의 정신이 구성하는 이론, 범주와 동일시하고 더 나아가 그 범주에 들어오는 **내용물들과** 동일시함으로써 자신의 시야를 제한한다. 이렇듯 부분적인 현실과 동일시하는 것은 환상에 불과한 전지를 줄 뿐이다. 또한 다른 유형들처럼 5유형도 자신의 강점과 지나치게 동일시할 수 있다. 이 경우, 5유형의 지나친 동일시는 관찰자의 자세와 과하게 동일시하고 분리를 부풀리는 것을 의미한다.

선(Zen) 전통에서 빈 **상태는** 황금 부처 동상(형태 있음)이 녹여졌을 때의 녹아 있는 무정형의 상태(형태 없음)로 비유되어 왔다. 이 빈 상태 또는 빈 영역은 프리츠 펄스가 게슈탈트 심리요법에서 말한 **풍부한 빈 공간**(fertile void)이다. 이 풍부한 빈 공간 또는 아무 것도 없는 상태로부터 창조성과 명확성이 나온다.

불행히도 진정한 지혜에 이르는 이 길은 정확히 5유형이 회피하는 바로 그 대상이다. 빈 상태, 형태가 없는 상태는 5유형이 남아 있기에는 불편한 영역이다. 왜냐하면 이들은 자신의 범주에 익숙한 채로 자라왔기 때문이다. 구조를 고수하면 융통성 없음과 침체로 이어지게 된다.

5유형은 자신의 황금 우상(자신이 좋아하는 이론들)을 녹이고 형태나 범주가 없는 빈 상태로 돌아가게 되면 자신의 모습 중 가장 즉흥적이고 혁신적인 상태가 될 수 있다. 조엘 바커는 이 상태를 패러다임 마비가 아닌 **패러다임 유연성의** 상태라고 부른다. 더 확장되면 이 상태는 **패러다임 분해를** 수반한다.

이 성향은 람 다스(Ram Dass)가 메닝거 클리닉(Menninger Clinic)의 정신 건강 전문가 집단에게 했던 강연에서 설명되었는데, 이는 후에 *The Only Dance There Is*(1974)라는 이름으로 출판되었다. 람 다스는 "당신이 또 다른 인간에게 줄 수 있는 단 한 가지는, 당신의 존재하는 상태뿐이다."라고 말했다.

람 다스는 치료나 상담을 할 때 다음과 같이 말한다.

> 나는 나의 정신을 완전히 비운다. 그렇게 함으로써 나는 그저, 하나의 거울이 된다.
> 그 상태의 나는 어떠한 경기도 하고 있지 않기 때문이다. 그 상태에는 아무 것도 없다.
> 내가 하는 것이라고는 나의 중심과 초점으로 나 자신을 불러오는 것뿐이다. 마치 촛불

에 집중하는 것처럼(1974, p. 25).

이 집중된 빈 상태에 있는 상담자는 그저 내담자 앞에 존재하고, 참자기의 자원들 말고는 아무 것도 제공하지 않는다. 그리고 이 자유롭고 열린 영역에서 어떠한 선입견이나 미리 준비된 전략들도 없이 즉흥적이고 창조적인 반응과 해결책들이 일어나게 된다.

이는 5유형 패러다임의 높은 수준 측면이다. 이 유형의 낮은 수준 측면은 이론과 해석, 전략과 답들로 무장하고 싶어 한다. 5유형의 부적응적 신념은 자기 안에는 그다지 제공할 수 있는 것이 많지 않지만, 곧 지식과 설명을 가져온다는 것이다. 의심 상태에 있는 강박적인 5유형은 책을 찾아들고 뒤로 물러나지만, 깨달은 상태의 5유형은 자신의 본질로 손을 뻗고 다른 사람의 본질로 자신을 확장시킨다.

게슈탈트 심리요법은 실험과 활동 간의 차이를 만든다. 실험은 즉흥적이고 창조적인 제안으로서 치료적 순간의 긴급사태에서 일어나는 것이다. 활동은 정해진 기술이며 치료적 도구상자에서 꺼내져 무분별하게 적용되는 것이다. 실험은 분명한 정신으로부터 일어나며, 활동은 어수선한 범주의 정신에서 굴러 떨어진다. 실험은 본질로부터 일어나고, 활동은 자아가 의지하는 수단이다.

또한 투명해지는 것에도 지혜가 있다. 5유형은 이 진실을 완전히 이해할 때 우주의 법칙에 열린 자세와 연결된 상태를 유지한다. 5유형의 왜곡하는 패러다임은 안전하게 남아 있는 하나의 방법으로서 이들을 안 보이고 숨겨지고 불투명하며 현실로부터 분리된 상태로 유지시킨다. 하지만 참된 지혜는 다른 사람들과 세상과 서로 연결되어 있는 상태를 포함하는 것이다. 자신은 관계되어 있지 않고 보이지 않고 우주의 법칙 바깥에 있다고 믿는 것은 정신이 만들어 낸 환상이다. 5유형은 이미 경기 안에 있으며 그와 반대로 생각하는 것은 환상이다. 실제로는 모든 각 사람이 온우주의 친밀한 한 부분으로서 존재한다. 새로운 양자 물리학과 양자 심리학은 가장 깊은 수준에서는 우리 모두가 하나라고 말하며 어떻게 그런 것인지를 보여 주고 있다. 이는 종교적 신념들과 동양 철학 가정들이 꽤 오래전부터 사실로 받아들여 온 것이다. 정신적인 환각의 경우가 아니고서는 분리나 소외는 없는 것이다. 이 분리가 정신적으로 어떻게 일어나는지는 데카르트(Rene Descartes)의 서양 철학에 설명되어 있다.

일부 사람들이 5유형이라고 짐작하는 데카르트는 그의 인식론을 처음 제시했을 때 다소 5유형스러운 일들을 했다. 그는 세상으로부터 물러나 방에 자신을 가두고, 문을 닫고, 스스로에게 질문들을 던졌다. "나는 내가 살아 있음을 어떻게 아는가?" "내가 존재한다는 것을 어떻게 확신할 수 있나?" 그는 5유형의 가장 친숙한 결론을 내렸다. "나는 생각한다. 고로 존재한다!" 그는 먼저 세상으로부터 정신을 분리하고, 자신의 몸으로부터 분리된 다음, 다시 재연결될 방법을 알아내야 했다. 애초에 분리되지 않고 자신을 이미 소속된 상태로 추정했다면, 그는 아마 그의 철학적 이원론을 끌어낼 수 없었을 것이다.

5유형을 위한 지혜는 '나는 느낀다. 고로 존재한다'와 '나는 만진다. 고로 존재한다'의 격언을 포함한다. 그렇게 함으로써 이들은 자신의 머리 중심과 함께 자신의 가슴과 감정적 중심 그리고 몸과 신체적 중심을 연결하는 것이다. 5유형에게는 단지 추상적으로 생각하는 것이 아니라, 자신의 몸이 지닌 객관적인 우주의 법칙을 감지하는 것이 중요하다.

5유형의 왜곡하는 패러다임은 전지가 숨고 생존할 수 있는 능력을 키워 줄 것이라고 자신을 납득시킨다. 이들은 만약 자신이 모든 것을 알면 더 이상 불시에 일을 당하지도 않을 것이며 상황을 처리할 수 없게 되지도 않을 것이라고 여긴다. 이러한 생각은 인접 유형인 6유형과도 맞는다.

이들의 바로잡는 렌즈는 본질, 즉 전지의 참된 영역에 있으려면 숨어 있는 상태에서 나와 명백히 보여야 한다고 5유형을 상기시키며, 이들을 잘 보이게 함과 동시에 잘 보도록 해 준다. 이렇게 하려면 5유형은 보여지는 것에 대한 수치감을 극복해야 한다. 에릭 에릭슨이 언급했듯, 수치감은 준비가 되기 전에 (자기 자신에게든 다른 사람들에게든) 보여지는 상태에 대한 반응이다. 대부분의 사람처럼 5유형도 공공적으로 노출되어 있는 자신의 일부분을 통제하고 수정하기를 원한다. 이들은 바깥에 내보이기 전에 자신의 그림을 살펴보고 가공하고 싶어 한다. 5유형을 특히 불편하게 하는 것은 신속성, 즉 즉흥적으로 자기를 드러내는 것이다. 쳐다보는 동안 바로 사진을 현상하는 폴라로이드 카메라처럼 말이다. 손을 보려 하기도 전에 이미지가 나타나는 것이다.

존재함 또는 본질은 자기를 드러내기를 추구하며 보여지는 것을 두려워하지 않는다. 그렇지만 성격은 자기를 가리고 싶어 한다.

전지는 신은 모든 것을 알며 어질다는 것을 깨닫는 것이다. 모든 것을 아는 신은 모든 것을 사랑하는 존재이기도 하다. 이사야가 야훼로부터 전해받았듯이, "네가 태어나기 전부터 나는 너를 알았고 사랑한다." 그렇기에 숨고 익명이 되고 보이지 않아야 할 필요 또는 갈망은 그다지 필요 없는 것이다.

판단과 경멸은 부적응적 도식을 지닌 자아로부터 나온다. 인식과 연민은 적응적 도식과 함께 우리의 본질로부터 나온다.

5유형은 자신이 경기에 들어와 있고 연결되어 있다는 것을 느낄 때 자신도 무언가 제공할 수 있다고 믿으며 행동하게 된다. 반면, 자신이 경기의 밖에 있다고 결론지으면 이들은 부적절하고 무력하게 느끼며 자신이 무언가 말하거나 기여할 수 있는 것을 갖고 있지 않다고 믿는다.

5유형은 자신의 적절한 렌즈를 통해 바라볼수록, 삶 속으로 더욱 발을 내딛으며 삶에 대한 완전한 지식을 가지게 된다.

미덕/적응적 감정적 도식

지혜와 투명성의 명확하게 하는 렌즈를 동반하는 미덕은 바로 **분리**다. 무집착은 높낮이가 다른 썰물과 밀물 속에서 표현되는 사랑이다. 들어온 것은 나가게 되고, 자유롭게 받은 것은 자유롭게 주게 되는 것이다. 분리된 사람은 자신의 진정한 본성이 아닌 것과는 동일시하지 않는다. 자신의 삶을 유지하기 위해서 필요한 것을 아는 이들은 필요한 것 이상으로 쌓아 두려 하지 않는다. 움켜쥐고 매달리고 붙잡는 것 대신 이들은 자신이 필요한 만큼만 요구하고 취하며 나머지는 흘려보낸다.

깨달은 5유형은 삶에 대한 가벼운 통제를 유지하며 강박 속에서 두 손을 단단히 쥔 채로가 아닌 열린 손으로 여정을 이어 나가고, 신이 5유형의 손에 쥐어 주기를 원하는 대로, 또는 가져가기를 원하는 대로 하도록 허용한다. 삶의 에너지는 장애물 없이 몸과 영에 자유롭게 흐른다.

분리는 냉철하고 정확하게 관찰하고 들으며, 대상의 기본적 성질을 인정하는 공정한 증인의 성향이다. 선(Zen) 전통의 이야기들에 나오는 수많은 지혜의 인물이 분리의 정신을 보인다.

분리된 사람은 자신이 관여되기 전에는 모든 것을 알려 하지 않는다. 우리는 어렸을 때, 주위 환경이 그렇지 않다고 우리를 설득시키거나 우리의 정신이 우리 몸의 고유의 지혜를 의심하기 시작하기 전까지는 우리가 잘 살아갈 수 있는 만큼 충분히 알고 있다고 믿었었다.

우리는 앞전에서 5유형이 분리되어야 할 것은 이들의 이론, 범주, 구조, 형태 등이라는 것을 확인하고 이들이 무형태 또는 빈 상태와 편안해져야 한다고 말했었다. 5유형은 자신의 체계와 분류를 떠나보낼 때 진정으로 현실로 자신을 채울 수 있게 된다. 불행히도 빈 상태 또는 비워지게 되는 상태에 대한 이들의 두려움은 집착을 유발한다.

선(Zen)을 이해하려 애쓰는 어느 한 대학교수가 선의 대가를 방문했다. 대가는 먼저 차를 마시자고 말했다. 그는 교수의 앞에 찻잔을 놓은 뒤 그 찻잔을 채우기 시작했다. 대가는 차가 테이블로 넘쳐흐르고 바닥으로 흐를 때까지 계속해서 차를 따랐다. 교수는 이렇게 이야기했다. "대가님, 제 잔은 이미 가득 차 있습니다." 선의 대가는 이렇게 대답했다. "그렇소. 나도 알고 있네. 당신은 선에 대한 생각들로 가득한 채 내게 왔소. 그 모든 선입견과 생각을 비울 때까지 당신은 결코 이해하지도 채워지지도 못할 것이오."

5유형이 자신의 우상숭배적인 형태를 사라지게 만들면, 새로운 창조적인 영감이 그 무형의 상태로부터 일어나게 된다. 이러한 겉보기의 빈 상태가 지닌 풍부한 빈 공간에서 다채로운 영감이 나온다. 5유형은 머릿속에 생각이나 범주로 가득 채우지 않은 채로 각 사람이나 상황에 그저 자기 자신으로서 기꺼이 접근할 때 그리고 단지 지금 이 순간에 기꺼이 존재할 때 즉흥적으로 일어나는 것에 놀라워한다. 지혜는 이들의 생각뿐 아니라 감정과 직감까지 포함하는 이들의 본질 안에 자리한다. 5유형은 엄격한 통제를 기꺼이 내려놓을 때 진정으로 현명해진다.

또한 다른 상태에 있는 5유형은 숨어 있는 장소로부터 분리하여 열린 장소에 나타날 수 있게 된다. 이들은 자신의 익명성을 보호하지 않아도 되게 된다. 모든 사람은 자의식이 없는 발가벗은 상태에서 삶을 시작한다. 유아들은 있는 그대로의 자신이 보여지는 것에 대해 그다지 신경 쓰이지 않는 듯 보인다. 자아 또는 거짓 성격이 형성되기 시작되고 나서야 참자기가 숨겨지고 거짓 자기는 이를 드러내기 부끄러워하게 된다. 발달된 5유형은 보는 것뿐 아니라 보여지는 것 역시 꺼리지 않는다.

자신이 누구인지, 무슨 생각을 하고 있는지, 어떤 기분을 느끼고 있는지를 말하는 것은 역설적이게도 자신을 숨기는 것보다 더 안전하다. 만약 당신이 숨은 채로 남아 있거나 다른 사람에게 자신을 빈 화면으로 보여 주면, 사람들은 당신에게 온갖 종류의 생각과 감정, 의도를 투사할 것이다. 아마 그 중 어느 것도 정확하거나 돋보이지 않을 것이다. 자연은 공백을 혐오하기 때문에, 사람들은 각자 자신의 투사를 가지고 빈 공간들을 채운다. 이렇듯 보이지 않게 되는 것보다 보이는 것이 사실 더 현명하다. 5유형의 객관적 패러다임은 이를 알고 있다. 하지만 이들의 왜곡하는 렌즈는 이 사실에 설득되지 않는다.

왜곡하는 렌즈/부적응적 인지적 도식

5유형은 본질로부터 멀어질 때, 우주의 객관적인 자연의 법칙으로부터 자신을 거리두고 갈라지게 하며 분리시키기 시작할 때, 더 이상 자신의 몸 안에 작용하는 이 법칙들을 느끼지 못하게 된다. 이들은 자신이 지닌 고유의 지혜와 연결을 잃게 된다. 이 상실을 보상하고 자신을 보호하기 위해 5유형은 한 걸음 뒤로 물러나 관여하지 않게 된다. 이들은 자신이 분리되어 있고 멀어져 있다고 믿는 도식을 만들어 낸다. 낯선 땅의 이방인처럼 느끼는 이들은 안전하고 떨어진 은폐 장소에서 주변을 관찰한다. 자기만의 장소에 있었던 데카르트처럼, 5유형은 세상과 어떻게 연결될 수 있을지 생각한다. 이들은 더 이상 삶에 관여하는 것으로부터 지식을 얻을 수 없게 되었기 때문에, 자신이 삶의 경기에 대해 정말로 알고 있는 것인지 의심하게 된다. 그렇게 정보수집이 경험적인 지혜를 대체하게 된다.

보상 도식

5유형은 앎과 인지에 지나치게 관여함으로써 자신의 근본적인 부족함의 감정과 무지에 대한 혐오를 보상한다. 자신 내면의 관찰자의 참된 본성을 잘못 해석한 이들은 삶으로부터 떨어지고, 뒤로 물러나 머리를 향해 올라가서 안전한 전망대와 관제탑으로 간다. 이들은 이 위치에서 전체적인 그림을 볼 수 있다. 관찰하는 것이 행하는 것을 대체하게 된다. 전지의 의미를 '모든 것을 이해하는 것'으로 잘못 생각하는 이들은 이런 결론에 도달한다. "나는 이해한다. 고로 존재한다."

이상화된 자아상

무능하게 느껴지는 것에 대항하고 그 감정으로부터 나오는 5유형의 보상 도식은 나는 **현명하다, 나는 통찰력 있다**는 자아상 속에서 확고해진다.

5유형의 왜곡하는 렌즈는 이들을 사람들이 아닌 자신의 체계와 교류하는 방향으로 이끈다. 서론에서 보았듯이, 정신의 자연적인 기능 중 하나는 반복되는 현상과 경험들의 범주를 세우는 것이다. 이 기능은 우리가 미래를 예측하고 가늠하며 통제할 수 있도록 도와준다. 5유형은 자신이 세운 범주들로부터 방어 장치를 만든다. 심지어 이들은 체계적인 철학을 하거나 성격 유형에 대한 저술활동을 하는 것으로 생계를 꾸리는 것도 가능하다. 이들은 사람들과 교류하는 데에 도움을 받기 위해 분류와 구조, 사람과 사물들을 범주화하는 형식들에 지나치게 의존한다. 5유형은 경기의 규칙과 역할들을 알 때 더 수월하게 참여한다. 이들이 선생님이나 조력자 등의 입장에 있을 때에는 꽤 자신감 있게 잘 기능할 수 있다던 점을 기억해 보라. 그랬던 이들이 분명한 지시와 역할이 없는 상태에서 사회적 상황에 놓일 때는 조용하고 자기를 의식하며 어색해지게 된다. 이들은 자신의 자발성을 신뢰하지 않고 지식에 기댐으로써 교류가 아닌 통제를 하려 한다.

소설이자 영화인 〈찬스(Being There)〉에 등장하는 정원사는 5유형스러운 특성을 많이 갖고 있다. 그는 삶에서의 직접적인 관여가 아닌 간접적 경험들을 통해 모든 것을 배웠다. 그는 집 밖을 거의 나가지 않았지만, 그의 페르소나는 지혜의 분위기를 상기시켰기 때문에 산업계의 거물들과 대통령까지 그를 찾아내려 했다. 그에게 무슨 일을 한 건지 물어보면 그는 이렇게 대답했다. "나는 지켜봤어요." 이는 5유형에게 아주 제대로 된 직업 설명이다.

아는 것과 사물을 파악하는 것 외에도 5유형이 지닌 또 다른 보상과 방어기제 방법은 숨거나 사라지는 것이다. 5유형의 이런 전략은 코끼리나 코뿔소처럼 아무 것도 거칠 것이 없기 때문에 바깥에 나와 있어도 괜찮아하는 동물들보다는, 여우와 사슴처럼 생존하기 위해 주변 환경과 뒤섞이는 동물들의 것과 유사하다.

5유형은 자신을 지키기 위해 보이지 않는 상태가 된다. 표적을 볼 수 없으면 조준할 수 없듯이, 그 사람이 결코 말하지 않았던 것에 대해 탓을 할 순 없는 것이다. 5유형은 오징어처럼 자기 주변에 연막을 친다. 만약 5유형에게 어떤 대상에 대해 어떻게 생각하냐고 묻는다면, 이들은 종종 이런 모호한 대답을 할 것이다. "흥미롭네요." 만약 이들의 의견을 묻는다면, 이들은 가능한 모든 의견을 말할 것이다. 아니면 만약 이들에게 답을 강요한다면, 이들은 항상 이렇게 이야기할 것이다. "그것에 대해선 좀 생각해 봐야 돼요. 일 년 정도 있다가 다시 물어보도록 해요."

아폴론 신전의 예언자는 아마도 5유형이었을 것이다. 예언자는 자문을 해 줄 때마다 애매모호한 대답을 했다. 예를 들어, 다음 날 전투에서 누가 이길 것인지를 물으면 예언자는 이렇게 대답했다. "승리한 군대일 것이다." 그 질문을 한 사람들은 보통 그 대상이 자신들일 것이라 여겼으며, (패배했을 경우에는) 다시 돌아오지 않거나 (승리했을 경우에는) 감명을 받고 돌아왔다.

5유형은 과도하게 발달된 거리두기 체계를 갖고 있다. 카렌 호나이의 모형에서, 이들은 선호하는 대인관계 방식으로 **멀어지는** 것을 선택했다. 그리고 의심 상태에 있을 때는 후퇴한다. 만약 개인의 특성 경향이 멀어지는 것이라면, 애정을 갖고 다가가는 것이나(떠나고 있는 동안 다가가는 것은 어렵다) 단호하게 **대항하는** 것은(물러나고 있을 때 주먹을 날리는 것은 어렵다) 더욱 어려워진다.

5유형의 패러다임은 이들이 주장하거나 공격적이 되게 하기보다, 수동 공격적인 모습이 되게 한다. 이들은 물러나고 경기에 참여하기를 거부함으로써 통제권을 잡는다. 5유형은 화가 나게 되면 차가워진다. 마치 너무 차가워서 데이게 해 버리는 드라이아이스처럼 말이다. 이들은 굳어 버린 냉담한 침묵을 표출하며 다른 사람들까지 얼려 버린다.

　5유형의 극단적인 물러남의 태도는 긴장증 상태와 비슷하다. 이 상태에 있는 사람은 움직일 수 없게 된다. 5유형은 다른 사람들을 얼리면서 자신도 얼려 버릴 수 있다. 긴장 증이 있는 사람들은 때때로 며칠씩이나 같은 자세를 유지한다. 이들은 자신의 동굴 속 깊은 곳으로 물러나 그곳에서 단지 가만히 서서 무엇을 하고 싶은지 알아낼 때까지 또는 위험이 사라질 때까지 또는 반가운 목소리와 존재에게서 초청받을 때까지 움직이지 않는다. 이러한 긴장증의 가수면 상태에 있는 사람들은 겉으로는 그렇게 보이지 않을지라도 자기 주변에서 일어나는 모든 일을 완전히 의식하고 있다. 이들은 정신이 초롱초롱하지만 자신의 지각을 통해서 말고는 주변과 상호작용하고 싶지 않아 한다.

　5유형 역시 자신을 안전하게 지키기 위한 하나의 방법으로 주변을 아주 잘 의식하고 있다. 적에게서 눈을 떼지 말아야 그들이 나를 기습하지 않을 것이기 때문이다. 이는 경계하는 인접 유형인 6유형의 것과 비슷한 생존 전략이다.

도식 유지

　5유형의 부적응적 도식과 자동적인 반응들은 오해와 부적응적 행동들을 유지시킨다.

　5유형은 통찰력 있는 모습이 되고 전체 그림을 보려는 노력으로 즉시 그림 밖으로 물러난다. 경기를 관찰하기 위해 그 밖으로 나온 5유형은 이제 어떻게 경기로 다시 들어갈 수 있을지 생각해 내야 한다. 이는 데카르트가 방에 자신을 가둔 후에 느낀 딜레마와 같다. 5유형의 왜곡하는 패러다임은 자신이 경기 안에 있지 않고 연결되어 있지 않다고 믿게 만든다. 그래서 이들은 다시 연결되기 위해 무언가 해야 하는 것이다. 실상은, 이들의 본질 또는 참자기는 항상 삶 속에서 연결되어 있는 것이고 현실의 바깥에 있는 것은 환상을 지닌 이들의 보상 성격 또는 자아뿐인 것이다. 자신은 경기 안에 있지 않으며 경기에 참여하려면 허락을 받고 사회적 규칙들을 알아야 한다고 여기는 5유형의 가정은 자동적으로 뒷걸음질 치는 경향과 함께 이들의 부적응적 도식을 제자리에 유지시킨다.

　5유형의 낡은 렌즈를 통해 바라보면, 세상은 주지 않거나 침입하는 곳이다. 어떤 곳이든, 이 세상은 5유형의 모든 것을 비우려 하는 곳이다. 그리고 두 시나리오 속에서 5유형의 전략은 후퇴하고, 성벽을 다시 세우고, 포위를 대비하며, 끝까지 기다리는 것이다.

때로 세상은 마치 엄마의 모유가 말라 버린 것처럼 **주지 않는** 곳으로 경험된다. 5유형은 자신이 필요로 하는 것을 세상은 주지 않을 것이라고 믿기 때문에 원하는 것을 요구하기를 두려워한다. 이들의 부적응적 신념들 중 하나는 세상이 협상의 여지가 없는 곳이라는 것이다. 그래서 이들은 자신 안으로 물러나 자신의 자원들을 이용한다. "엄마가 내게 우유를 주지 않는다면, 내가 직접 얻을 거야. 아니면 우유를 대신할 것을 먹고 살 거야." 5유형은 혼자 지내기를 좋아하고 혼자 일을 하며 자신을 위해 일하는 경향이 있다. 묻는 것과 거부당하는 굴욕을 겪는 것보다 아무도 없이 하거나 스스로 얻는 것이 더 낫다. 결과적으로 5유형은 사는 곳을 바꿀 때 도움을 구하기보다는 모든 이사를 스스로 하기가 쉽다.

5유형은 자신이 원하는 것을 요구하고 협상할 수 없다고 여김으로써 그리고 교류하는 대신 스스로 함으로써 부적응적 도식을 유지한다.

5유형은 세상을 **침입하는** 곳으로 경험할 때, 물러나는 전략을 쓴다. 다른 내향적인 사람들처럼 5유형도 자신과 세상 간의 강한 자극이나 다른 경계들을 발달시키지 못했다. 에밀리 디킨슨(Emily Dickinson)이 말했듯이, "세상은 너무 지나쳐서 우리가 감당하기 힘들다." 5유형은 떠나는 것 외에는 세상을 걸러 낼 대안이 없다. 일부 8유형처럼 "조용히 좀 해 줄래?"라고 말하는 대신(아니면, 좀 더 직접적으로 "닥쳐!"라고 말하는 대신), 5유형은 그저 더 조용한 곳으로 떠나버리기가 쉽다. 만약 그 자리를 떠날 수 없는 상태라면, 이들은 군중 위로 떠올라 가는 열기구처럼 정신적으로 그 장소를 떠나 더 고요한 장소를 찾아간다. 이들에게는 피프스 디멘션의 인기 있는 노래인 '위로, 위로, 더 멀리'가 매력적으로 느껴질 것이다. 5차원(피프스 디멘션)에서 사는 것 역시 그곳이 어떤 곳이고 어디인지 파악할 수 있다면 이들에게 매력적으로 느껴질 것이다.

위니컷은 두 상태를 번갈아 겪는 유아의 존재적 상황을 설명했다. 즉, 유아는 궁핍한 상태를 겪거나(그러므로 자신의 필요를 감지하고 충족시켜 주도록 보호자의 공감에 의존하거나), 자신의 필요가 충족된 '존재의 시작' 상태를 경험한다(그래서 혼자 남겨지길 선호한다)는 것이다. 만약 공감을 받지 못한다면, 아이는 박탈감을 느낀다. 만약 자발적으로 존재하도록 홀로 남겨지지 않는다면, 아이는 침입당한 느낌을 받는다. 이는 정도의 차이는 있지만 우리 모두에게 일어났던 일이다. 5유형은 이 과정에 꽤 민감하며, 특히 감지된 박탈과 침입에 취약한 것이다.

5유형의 부적응적 전략의 문제는 바로 5유형이 공감할 거리를 너무 약하거나 적게 주기 때문에 이들과 공감하기 어렵다는 것이다. 5유형은 속을 드러내지 않는다. 다른 사람들에게 자신이 생각하고 있는 것이나 느끼고 있는 것을 드러내지 않는다면 이들과 무엇이라도 공감하기 힘들다. 이에 따라 종종 일어나는 일은 사람들이 5유형에게 자신만의 해석을 투사하게 되고, 그렇게 되면 5유형은 오해받는다고 느끼게 되는 것이다(이는 이웃 유형인 4유형과 이들이 공통으로 공유하는 특성이다). 5유형은 자신이 끌어들이는 피드백을 고치는 대신 더욱 더 침묵 속으로 물러나게 되고, 다른 사람들이 얼마나 바보 같은지, 아니면 애초에 입을 연 자신이 얼마나 어리석었는지 생각하게 된다.

모순적이게도 5유형의 물러나는 전략은 이들이 벗어나려 하는 바로 그 대상인 침입을 조장한다. 자연은 공백을 혐오하기 때문에, 5유형이 더 수축할수록, 더 많은 사람이 이들과 접촉하려 하게 된다. 너무나도 역설적으로, 5유형은 자신의 침묵으로 인해 침입을 끌어들인다.

5유형의 왜곡된 패러다임은 이들을 지혜로움/어리석음의 맥락에 둔다. 5유형은 현명한 모습과 동일시하고 싶어 하며 어리석어 보이는 모습을 피하기 위해 할 수 있는 것이라면 다 한다. 무언가 옳지 않은 말을 했을 때 어리석어 보일까 걱정하는 이들은 자신이 말하고 느끼는 것에 신중하다. 그래서 이들은 회의 같은 상황에서 다른 사람들이 말하기 전까지 말을 하지 않는 경향이 있으며 그렇게 함으로써 형세를 파악할 수 있게 된다. 또한 5유형은 화, 슬픔, 기쁨 등을 드러냄으로써 어리숭해 보이지 않도록 자신의 감정을 표현하는 것을 피한다. 이들이 감정을 보이지 않는 또 다른 이유는 바로 사람들이 자신의 현재 상황을 알게 되기 때문이다. 감정은 자기와 가까이 자리하기 때문에, 감정이 드러나면 자신도 드러나게 되는 것이다.

5유형은 현명하게 보이고 싶기 때문에 너무 단순하다는 것으로 비난받는 것을 두려워한다. 만약 누군가가 이들에게 "네가 그 부분을 생각하지 않았다니 좀 놀랐어."라고 말한다면, 이들은 몹시 부끄러워질 수 있다. 그래서 5유형은 무언가 말하거나 적기 전에 최대한 많이 읽으려 한다. 이들은 종종 20쪽 가량의 모든 부분을 다룬 서론을 적은 후에야 마침내 본 주제를 다루는 5쪽의 에세이로 들어간다.

5유형은 속임당하는 것을 싫어한다. 이들은 특히 속는 것에 민감해서 무언가를 사거나 무언가에 동의하기 전에 모든 것을 확인한다. 이 특성은 부분적으로 5유형의 근검함에서 기인한 것일 수도 있고, 아니면 가장 극단적으로는 이들의 과욕의 악덕 때문일 수도 있다. 하지만 일부분은 이들의 현명하고 싶고 그래서 뒤로 물러나서 말 그대로 속임당하지 않고 싶어 하는 태도 때문이기도 하다.

또한 5유형은 속임당하는 것의 감정적으로 부합하는 상태인 사로잡히는 것을 두려워한다. 이들의 주장 능력은 아직 덜 발달되고 충분히 활용되지 않았기 때문에, 이들은 아니라고 말하거나 밀어내는 것에 어려움을 겪는다. 그래서 이들은 숨 막히고 조이고 제한받는 것에 대항하는 방어수단으로 물러나는 모습을 사용한다. 이는 카렌 호나이가 묘사한 멀어지는 또는 거리를 두는 유형과 매우 흡사한 모습이다. 이 성향을 갖고 있는 의사들은 꽉 조이는 셔츠 깃의 제약 속에서도 자주 농담을 한다.

다른 사람들이 5유형에게서 느끼는 것은 거리를 두고 물러나는 5유형의 특성이 자신들을 제한하고 있는 것처럼 여겨진다. 이와 대조적으로, 프리츠 펄스의 노골적인 발언인 "나는 당신의 기대를 충족시켜 주기 위해 있는 것이 아니며, 당신도 나의 기대를 충족시켜 주기 위해 있는 것이 아니다. 나는 내 것을 하고 당신은 당신의 것을 한다."는 5유형에게는 너무 적극적이고 대립적이며 대항하는 것처럼 들린다.

5유형의 과도하게 고치는 렌즈는 이들을 다른 사람의 기대를 의식하고 이에 따라 조율하게 하기 때문에, 이들은 제안이나 선택권도 요구조건으로 느낄 수도 있다.

5유형은 육아를 어렵게 느낄 수 있다. 이는 아이들은 부모에게 끊임없는 요구를 하고 보통 사적인 공간이나 시간을 많이 보장해 주지 않기 때문이다. 5유형은 자신의 자녀들로부터 벗어나고 싶어 하는 마음에 대한 죄책감을 나타내기도 한다.

이들은 보통 압박을 느끼거나 아니라고 말할 수 없는 때가 아닌 이상 자발적으로 무언가에 자원하지 않는다. 일에 너무 많이 관여하게 되면 어리석어 보일 수 있고 개인적이고 사적인 시간이나 공간은 확실히 포기해야 하는 것이다. 그래서 5유형은 마음을 편히 갖고, 거리 둔 상태를 유지하며, 멋지게 보이는 경향이 있다.

5유형이 보상 도식과 이상화된 자아상을 유지하는 또 다른 방법은 과욕의 악덕을 통하는 것이다.

악덕/격정/부적응적 감정적 도식

5유형의 왜곡된 감정적 태도 또는 악덕은 나는 **현명하다**는 이들의 자아상을 유지시키는 에너지를 만들어 내는 **과욕**이다. 더 현명하고 안전해지려 할수록, 이들은 정보를 얻고 은둔하는 데에 있어서 더욱 탐욕을 부리게 된다. 그렇게 되면 과욕은 이들이 더욱더 얻으려 하도록 충동한다.

과욕에는 두 가지 측면이 있다. 5유형은 수집가이자 축적가다(에리히 프롬의 성격 유형 중 하나는 **축적하는** 성격으로 불린다). 우리는 5유형이 다가가서 도움을 요청하는 것을 꺼려 하고 자신의 자원을 사용해 모든 것을 하기를 선호한다는 점을 살펴보았다. 이들은 미래를 위해 자신이 필요로 할지도 모르는 자원들을 축적하며 개념, 지식, 책, 자료 등을 수집한다. 만약 5유형의 아지트에 들어갈 허락을 받게 된다면, 당신은 책들과 클립, 도구들 등으로 이루어진 멋진 수집 더미들을 보게 될 수도 있다. 당신이 필요한 것은 다 갖추고 있다. 이렇듯 만약 당신이 무언가가 부족하다면 5유형에게 찾아가라. 이들은 아마 그것을 갖고 있을 것이다.

불행하게도 이들은 아마도 그것을 당신에게 주지 않을 것이다. 왜냐하면 과욕의 또 다른 측면은 **인색함**이기 때문이다. 5유형은 취하기도 하지만 안에 감추고 붙잡고 있으며, 그걸 갖고 뒤로 물러나기도 한다. 들어온 것은 머무르는 것이다. 이들은 정신적 변비를 겪는다. 5유형은 자신의 소유와 시간, 에너지, 감정, 생각 그리고 자기 자신에 대해 인색하다. 이들은 과거에 수동적으로 경험했던 것을 현재에 적극적으로 관여한다. 이들은 성장해 오면서 세상을 주지 않는 곳으로 접했고, 그래서 이제는 이와 똑같이 하며 자기 자신과 다른 사람들에게 주어지는 편안함과 애정을 부인한다.

5유형은 자기 자신의 물러남을 다른 사람들에게 투사하고는 세상을 물러나고 주지 않는 곳으로 경험함으로써, 이 세상이 박탈하는 곳이라고 여기는 자신의 부적응적 도식을 유지한다. 이와 비슷하게 이들은 자신의 호기심을 다른 사람들에게 투사하고는 세상을 정보를 캐고 다니는 곳으로 여김으로써, 이 세상이 침범하는 곳이라는 부적응적 도식을 유지한다.

여기서 역설적인 상황은 (다른 모든 유형도 마찬가지로) 악덕이, 즉 여기서는 과욕이 자아 또는 거짓 성격에게는 영양분을 제공하지만 굶주리고 있을지 모르는 자기에게는 아무것도 주지 않는다는 점이다. 그래서 5유형의 과욕은 살찐 자아와 쇠약해진 자기를 남기게 된다. 그리고 이들은 종종 더 깊은 감정적인 수준에서 굶주리고 있기 때문에 자신을 채우려는 잘못 방향 잡힌 시도로 더 탐욕스럽고 악착같고 인색한 모습이 되도록 자극받게 된다.

인색함은 5유형의 경구 또는 짤막한 농담들, 즉 이들의 관찰이나 입장에 대한 간결한 요약 문장들 속에서도 나타난다. 긍정적인 측면에서 보면, 5유형은 사물을 주제의 본질로 향하게 할 수 있다. 부정적인 측면에서 보면, 이들은 반응에 인색한 것이다. 5유형에게서는 엄청 상세한 말을 듣기 힘들다. 만약 이들에게 특정 책에 대한 소감을 물으면, 이들은 이렇게 대답할 수도 있다. "그 책은 도발적이었어." 그게 다인 것이다.

도식 회피

5유형은 잘 모르는 인상을 보이는 것을 회피함으로써, 부적당하고 지식이 없거나 어리석은 모습이라 여기는 부적응적 도식이 활성화되는 것을 막는다. 그러므로 이들은 자신의 현명하고 멋진 모습의 페르소나를 널리 알리는 동시에, 자신의 대책 없고 답을 알지 못하는 것과 관련된 모습은 모두 자신의 그림자 속으로 보낸다. 이들은 자신의 무지를 다른 사람들에게 투사하고, 그렇기 때문에 자기 주위를 둘러싼 바보들의 존재를 용인해야만 한다.

5유형은 가진 것을 나누지 않고 그로 인해 주는 것의 원기 회복과 즐거움을 포기함으로써 빈 상태가 되는 것 또는 비워지는 것에 대한 부적응적 도식과 두려움을 피한다. 비워질까 두려워하는 상황들을 회피하기 위해 '아니.'라고 말하는 대신 물러남으로써, 이들은 자신이 대단히 귀하게 여기는 것을 잃게 되는 두려움과 고통을 다루지 않아도 되게 된다.

또한 이들은 전반적으로 감정을 막고 특히 어리석게 느껴지는 감정을 피하기 위해 고립과 구분화의 방어기제를 배치한다. 5유형의 방어 전략들을 곧 살펴보도록 하자.

회피 영역

5유형의 전략이 회피하는 두려운 경험은 비워지거나 빈 상태가 되는 것이다. 이들의 성격은 침해를 막기 위해 설계되어 있다. 5유형은 사로잡히고 속임당하고 점령당하고 묵살당하고 압박당하고 진이 빠지거나 고갈되는 것을 두려워하고 피한다. 이들은 자신이 잃은 것이나 내준 것을 다시 만들어 내거나 되찾을 수 있다는 것을 믿지 않기 때문에 자신이 갖고 있는 것을 붙든다. 이들의 부적응적 도식은 세상에서의 희소성과 결핍에 대해 환상을 가지며 지속될 대공황 사태에 직면할 때에 대비해 자신의 자원을 축적해 놓아야 한다고 여긴다.

5유형의 자아상은 '나는 현명하다. 나는 통찰력 있다.'이기 때문에 이들은 어리석음과 둔감함의 양극을 피한다. 5유형에게 있어서 빈 상태란 현실, 특히 대인관계적 현실을 이해하고 통제할 어떠한 형태도 구조도 범주도 갖고 있지 않은 것을 의미할 수 있다. 5유형의 적응적 도식과 미덕에 관련한 빈 상태에 대해 앞전에서 이야기한 주제가 회피 영역에도 적용된다. 동양 전통에서 빈 상태는 형태가 없는 상태이자 녹여진 후의 항아리나 놋쇠 조각상의 상태와 같다. 자신의 형태를 잃게 된 이들은 고정되고 최종적인 상태가 아니라 이제 녹아서 액체 상태가 된 것이다. 5유형은 패턴을 보는 것을 좋아한다. 이들은 이해하지 못하고 알지 못하고 답을 모르는 것을 두려워한다. 이해하지 못하거나 모든 주제에 대해 생각을 갖고 있지 않으면 어리석어 보일 수 있는 것이다. 그래서 이들은 범주와 정해진 형태, 의미와 목적을 찾아 나선다.

역설적이게도 이들의 부적응적 도식과 행동은 이들이 회피하고자 하는 바로 그 대상을 불러온다. 이들은 관여하지 않고 적극적이지 않기로 선택하기 때문에 뱃속이나 몸속에 빈 상태가 자리한다. 또한 자신의 감정을 억누르고 대신 머릿속에 살며, 이들의 가슴속과 대인관계적 전념에도 빈 공간이 자리하게 된다. 5유형은 사람들에게 관여하고, 연

표 14-1   5유형의 자아도식

나		내가 아님
현명함		어리석음
관찰력 있음		부주의함
조용함		시끄러움
정중함		거슬리게 함
사적임		속이 보임
간결함		수다스러움
신중함		**뻔뻔함**
사려 깊음		충동적임
침착함		편향됨
지적임		강렬함
많이 앎, 정보통		감정적임
자제함		충분한 지식이 없음
냉철함		밖에 나서 있음
복잡함	고립	열정적임
사색적임		지나치게 단순함
종합적임		활동적임
감정을 드러내지 않음		근시안적임
동떨어짐		감정표현이 과함
합리적임		유용함
검소함		낭만적임
차분함		너그러움
영리함		성급함
고립적		사교적임
독립적임		유행을 따름
자급자족함		의존적임
함축적임		궁핍함
딱딱함		장황함
추상적임		지나치게 감상적임
예의바름		강요하려 함

결되거나, 감정적으로 가깝지 않기 때문에 의의와 목적의 결핍을 경험할 수 있다. 그 결과 5유형은 삶의 의미를 지적으로 찾게 된다. 더 관여했었다면 이들은 자신의 경험 속에 새겨진 의미를 찾았을 것이다.

5유형은 자신의 빈 상태를 개념, 지식, 호기심 등으로 채우려 시도한다. 이들은 생활하기에 충분하지 않을 경우, 자신이 필요로 하는 것을 다른 사람들이 주지 않을 경우 그리고 자신이 가진 아주 적은 양을 다른 사람들이 빼앗아 가려 할 경우를 대비해 자기 자신과 자신의 소유를 붙든다.

5유형의 이상화된 자아상('나' 항목)과 그와 반대되는 그림자 요소들('내가 아님' 항목)에 맞는 일부 특성들은 다음과 같다.

시끄럽고 수다스러우며 편협한 망나니 녀석들에 둘러싸인 5유형이 조용하고 내성적인 것은 당연한 일인 것이다. 그리고 5유형이 자신이 원하는 것을 거리낌 없이 말하고 청하기를 꺼려 하는 것 역시 놀랄 일이 아니다. 지식 없고 지나치게 단순하며 근시안적인 바보들과 어떤 대화를 기대할 수 있겠는가? 방에서 책을 읽는 것이 더 유익하게 시간을 쓰는 방법이다.

5유형은 성질 급한 바보들에게 둘러싸여 있기 때문에 그들에게 논리적으로 설명하고, 찬물을 끼얹어 그들의 열정의 불을 끄거나, 그들이 도달할 수 없는 곳까지 충분히 멀어짐으로써 그들을 진정시켜야 한다고 여긴다. 5유형은 전문적인 교사, 연구원, 치료사, 중재자 또는 외로운 관리원이 될 수도 있다.

5유형의 감정들은 전부 '내가 아님' 항목에 놓인 것에 주목하라. 이렇듯 이들의 감정은 5유형이 애정을 갖고 사람들을 향해 움직이거나 단호하게 사람들과 대항하도록 도와줄 여지가 별로 없는 것을 볼 수 있다. '나' 항목에 남은 것은 5유형이 스팍 같은 논리적인 태도로 세상으로부터 멀어지도록 도와주는 성향들뿐이다.

5유형이 8유형과 7유형의 풍부한 자원 특성과 연결될 때 이들의 체계에 균형이 흐르게 된다. 하지만 이 자원들은 5유형이 싫어하는 포장 밑으로 숨겨 둔 것들이다. 예를 들어, 5유형은 아마도 대항하는 8유형의 방향으로 가고 싶어 하지 않을 것이다. 그렇게 되면 이들은 뻔뻔하고 시끄럽고 강요하며 성급한 모습이 될 것이기 때문이다. 그런 모습에서는 그다지 좋은 결과가 나타나지 않을 것이다. 반면, 만약 이들이 찌꺼기로부터 자신이 상상해 온 귀중한 광물을 추출해 낸다면, 이들은 용감하고 분명히 표현하며 단호하게 생각을 말하고 상황을 앞서 주도하는 모습이 될 수 있다.

그리고 만약 7유형 패러다임의 방향이 어리석고 수다스러우며 지나치게 쏟아 내고 바깥에 돌아다니는 것을 의미한다면, 누가 7유형의 방향으로 가고 싶어 하겠는가? 반면, 뜻밖의 발견을 하고 사교적이고 애정 어리며 탐험적인 모습으로 이름 지어진다면 사람들을 향해 가는 것도 나쁘게 들리지 않는다.

이렇듯 5유형은 자신 안에 있는 열정적이고 어리숭한 작은 모험가를 알아 가야 할(그리고 사랑해 줘야 할) 필요가 있다. 이들은 모든 것을 다 아는 것이 아니고 두려움과 슬픔, 화남과 기쁨을 느끼는 내면의 바보와 친구가 되어 주고 포용해 주어야 한다. 본래 그리스어와 라틴어로 idios는 **보통**(평범한 사람 같은 의미)과 **무지함**(바보 같은 의미)을 뜻했다. 또한 **자신의 것**(자신만의 라는 의미)을 뜻했다. 뒷부분에서 5유형의 취약점을 다루게 될 때, 5유형이 진정으로 원하는 것은 자기 자신이 되면서 동시에 공동체에 있는 것이라는 사실을 살펴볼 것이다. 이들이 가장 피하려 한 모습인 흔한 바보가 됨으로써 참자기와 함께 연결하는 자기를 찾게 되는 것은 5유형에게 있어서 얼마나 역설적인 모습인가!

5유형은 자신의 논지('나')와 정반대의 특성('내가 아님')을 모두 포함시키는 종합적인 자기개념이 필요하다. 이것이 가능한 자기개념은 '현명한 바보' 또는 왕족에게 관찰적이고 정직하며 아부하지 않는 말들을 교묘하게 하면서도 목이 잘리지 않았던 중세시대의 협잡꾼인 '궁중 광대'다. '배우는 사람'이 되는 것은 5유형이 아는 것만큼이나 알지 못하는 것 또한 가치 있게 여기도록 해 준다. 또는 '연구원'이라는 개념은 5유형이 자료를 모으는 것뿐 아니라 전파할 수 있는 여지를 주어, 자신이 모아 온 것을 나누게 한다.

방어기제

자제하는 모습으로 남아 있고 비워지는 것을 회피하기 위해 5유형이 이용하는 방어기제는 **고립**과 **구분화**다. 구분화는 개인의 삶에서의 한 순간 또는 한 기간을 다음 때로 분리하는 과정이다. 5유형은 과거로 돌아가 자신의 낡은 감정들과 다시 연결되려고 하지 않을 것이기 때문에 정신분석은 이들에게 효과적이지 않을 것이라고 알려져 왔다. 이들은 사건과 사실을 지적인 방식으로 기억하기도 하지만 정서는 포함시키지 않는다. 5유형에게는 "눈에서 멀어지면 마음에서도 멀어지는 것이다." 이는 "옆에 없으면 더 애틋해진다."라고 말하는 4유형과는 대조를 이룬다.

5유형은 직장생활을 자신의 사회적 또는 개인적 삶과 구분화하기도 한다. 그래서 만약 배우자가 업무 중에 5유형에게 전화해서 자신을 생각하고 있었냐고 묻는다면 이들은 거짓말을 해야 하기도 한다. 이들은 직장동료를 마음이 통하는 진정한 친구와 분리하고, 놀이친구와 분리하는 등 분리 상태를 유지하기를 선호한다.

고립은 경험에서 감정과 생각을 자동적으로 분리하는 것이다. 보통 우리는 경험을 할 때, 그 경험에 대해 무언가를 생각하고, 그에 대해 무언가를 느낀다. 5유형의 경우, 감정은 억눌리고 관심은 생각으로 가게 된다. 5유형에게 무엇을 느끼고 있냐고 물으면 자신이 생각하고 있는 것을 말하는 이유는 그 때문인 것이다. 아니면 이들은 무엇을 느껴야하는지 생각하기 시작할 것이다. "이 상황에 처한 사람이라면 어떤 감정을 느낄까?" 5유형은 삶의 방식이 머리가 먼저이기 때문에 자신의 감정으로 들어가는 길을 생각해야 한다.

대부분의 사람은 정서의 저장고의 맨 위에 감정이 있다. 이들에게 무엇을 느끼는지 물으면, 이들은 자신의 감정의 우물에 손을 대어 화, 슬픔, 외로움 등으로 대답한다. 5유형은 자신의 감정을 우물의 맨 밑까지 밀어 내려왔다. 그래서 이들은 양동이를 밑으로 내려 감정들이 어느 정도 양동이 안으로 흘러들어 오도록 하고, 표면으로 끌어올려서, 양동이 안에 무엇이 있는지 확인해야 한다. 이는 몇 분, 몇 시간, 또는 며칠이 걸리기도 한다. 5유형에게 무엇을 느끼는지 물을 때는 참을성이 있어야 한다. 처음에는 이들에게서 보통 "아무것도 느끼고 있지 않아."라는 대답과 함께 멍한 표정이나 당혹스러운 표정을 보게 되지만 결국에는, 보통 고독 속에서, 이들의 감정이 올라오게 된다.

5유형에게는 외상을 겪고 나면 그것을 억압하는 것이 일상이다. 경험을 하는 당시에는 자신의 감정을 느끼고 표현하기에는 너무 공공연히 드러나 있거나 안전하지 않다. 이들은 자신의 은신처의 사적인 공간과 안전함 속에서야 자신의 감정이 나타나도록 허용할 수 있다.

주요 취약점

5유형의 주요 취약점은 박탈감과 공허감, 침범당하고 사로잡힌 느낌, 노출되고 어리석은 느낌을 포함한다. 5유형은 또한 자신이 너무 잘 보이고, 평가받거나 깎아내려지며, 부적당하고 진 느낌, 의존적이 되고 다른 누군가의 삶을 사는 것 등에도 민감하다고 말한다. 이들은 5유형의 방어 유형이 다시 일어나지 않도록 하고 싶어 하는 대인관계적 사건들이자 초기 상처들이다.

만약 이 감성들이 불쾌해지게 되면, 5유형의 부적응적 도식이 사용 가능해지게 될 수 있다.

"나는 충분히 잘 이해하지 못했어."

"나는 방법을 몰라."

"나는 할 수 없어."

"나는 여기서 빠지겠어."

"나는 부적당해."

"나는 어리석어."

"나는 나빠."

"나는 다른 사람들에게 의지할 수 없어."

"세상은 절충의 여지가 없는 곳이야."

"나는 충분히 알고, 느끼지 않고, 관여하지 않고, 혼자 남겨졌을 때 안전해."

5유형의 과도한 경계 탐지망은 침입, 침범, 기대, 요구, 박탈, 또는 조롱의 모든 조짐을 찾아 지속적으로 유심히 살핀다. 이러한 위협들 중 하나의 징후라도 5유형의 패러다임 스크린에 나타나면, 이들은 자신의 거리두기와 합리화 기제를 배치하고, 지식과 드러나지 않음을 향한 자신의 탐욕적인 붙잡음에 충동받으며, 감정과 관여를 회피하고 분리되며, 자신이 할 수 있는 한 헬리콥터처럼 그 장면에서 위로 올라가 떠나간다.

불행히도, 5유형의 전략은 5유형이 회피하려 하는 그 대상을 불러온다. 자연은 공백을 혐오하기 때문에, 5유형이 후퇴할수록 다른 사람들은 따라오게 된다. 이들의 물러남은 더욱 침범을 불러온다. 또는 만약 이들이 빈 화면으로 남아 아무 것도 말하지 않는다면, 다른 사람들이 5유형이 생각하고 느끼는 것 등에 대해 자신이 해석한 것들을 투사함으로써 그 빈 공간을 채울 것이다. 그리고 이 투사들은 5유형이 실제로 상상할 수 있는 그 어느 것보다도 더 안 좋을 수 있다.

어느 워크숍에 참석한 한 5유형은 유난히 오만하고 지적이었는데, 결국에는 동료가 그에게 노트를 던지게 만들었다. 침범을 불러온다는 말이 바로 이것이다!

5유형의 부족한 자원 전략은 5유형을 숨겨 주고, 거리를 두게 하며, 안전하게 유지해 주지만, 소속을 향한 이들의 더 깊은 욕구는 충족시켜 주지 못한다. 5유형이 정말로 필요로 하고 원하는 것은 관계 속에서 자기 자신이 되고, 자신과 단절되지 않은 채로 다른 사람들과 연결되는 것이다. 이들은 과도한 독립성이 아닌 상호 의존을 원하고, 고립이 아닌 사생활을 원한다. 5유형은 이해하고 싶고 이해받고 싶으며, 지식을 가진 것에 대해 인정받고 싶어 한다. 이들은 지적인 만큼 신체적·사회적으로 그리고 감정적으로 능숙한 느낌을 받고 싶어 한다.

5유형은 취약함을 느낄 때, 자신의 본질의 중심(이것이 이들의 아지트와 혼동되어서는 안 된다)에 남아 있어야 하며, 자신의 은신처로부터 분리되지만 자기 자신과는 연결된 상태로 있으면서 다른 사람들과의 관계함은 유지해야 한다. 5유형은 주지 않는 모습에서 동의하는 모습으로 바뀌어야 한다. 다른 말로 하면, 이들은 경기 안에 남아서 일어나고 있는 일로부터 멀어지는 것 대신 사람들에게 다가가거나 이들과 대항해야 한다는 것이다.

성장 과정

5유형의 가족역동은 이미 나왔다. 5유형은 세상(엄마와 아빠)을 박탈하고 주지 않는 곳으로 경험해 왔을 수 있다. 아마도 엄마나 아빠는 쓸 수 있는 자신의 자원도 부족했을 것이며, 이에 따라 아이는 세상에는 잘 지낼 수 있는 충분한 자원이 부족하다는 결론을 내린 것이다.

그로 인해 5유형은 스스로 모든 것을 하고 필요한 것을 자신이 얻겠다는 결심을 하게 되었다. 이들은 굉장히 자급자족적인 모습이 되었다. 또는 이들은 손을 뻗어 자신의 요청이 등한시되거나 거절당하게 되는 위험을 감수하는 대신 자신이 필요한 것을 포기하기로 선택하게 되었다. 5유형은 그런 종류의 굴욕 없이 스스로 하기로 결심하게 된 것이다.

이들은 자라오면서 자신의 말이 귀 기울여지지 않았다고 느꼈기 때문에, 이제는 사람들이 자신의 말을 듣기 원한다고 확신하지 않으면 말하지 않게 되었다. 이들이 깨닫지 못한 사실은 자신의 말이 들리려면 침묵으로 빠지는 것 대신 더 크게 말해야 한다는 것이다. 하지만 패러다임 변화를 겪게 되면 이런 일들은 더욱 일어나게 된다.

때때로 5유형은 세상을 **침범하는** 곳으로 경험했다. 세상은 이 아이가 갖고 있는 것을 빼앗으러 들어왔다. 그래서 5유형은 고갈되고, 필요한 물자가 없는 채로 남겨지는 것을 두려워한다. 내향적인 사람들처럼 5유형은 빽빽한 자극의 경계를 막아 낸다. 이들이 침입을 막는 방식은 사적인 공간으로 달아나거나 자기 자신 속으로 후퇴하는 것이다. 여기에서 5유형은 자신에게 충분히 주지 않거나 너무 많이 빼앗아가 버리는 세상으로부터 안전하다. 결과적으로 이들은 강한 **멀어지는** 성향을 기르게 되고, 최고의 공격은 좋은 수비라는 것을 발견한다. 곧 내적 세계는 외부 세계보다 더 안전하고, 더 안정적이며, 더 통제가 가능하고 흥미로운 곳이 된다.

5유형은 지식과 시간, 공간, 에너지 등을 얻는 것을 용이하게 해 주는 구조와 방법을 만들어 낸다. 이들의 방어적인 존재 방식은 자신의 것을 빼앗거나 고갈시킬 두려움이 있는 세상에 맞서 자원을 비축하는 것이다.

내가 기억하는 한 남자의 부모님은 몇 년마다 한 번씩 이사를 했다. 부모님은 이사를 준비하기 위해 그에게 모든 장난감 중 하나만 갖고 가야 한다고 말하곤 했다. 그렇게 그는 끊임없이 비워지는 경험을 해야 했다. 당연하게도, 오늘날의 그는 무언가를 버리는 것을 어려워한다. 그의 삶에서 비축하는 것이 보상 행동이 된 이유를 이해하는 것은 어렵지 않다.

일부 5유형들은 어린 시절 엄마로부터 떨어짐을 경험하거나 인지하게 되어 엄마와의 첫 유대관계가 이루어지지 않았다. 아마도 아이가 조산아였든지, 엄마가 아팠거나 산후 우울증으로 고생했던 연유였을 것이고 이 두 사람은 출산 당시에 잠시 동안 떨어져 있게 되었다. 그 결과로 5유형은 자신 안으로 물러나 오늘날까지도 사람들과 유대관계를 맺는 것을 어렵게 느끼게 되었을 수 있다.

다른 사람의 인지된 무관심이 5유형에게 미칠 수 있는 장기적인 유해한 영향에 대한 신랄한 예시로 언젠가 에니어그램 워크숍에 참여했던 한 참가자의 이야기를 들 수 있다. 그녀는 어린아이였을 때 수술을 받기로 계획되었던 이야기를 들려주었다. 계획된 수술 기간 동안 부모님은 아이와 함께 방에 있으면 안 되었기 때문에 그녀의 부모님은 문을 통해 그녀를 지켜볼 수밖에 없었다. 그런 이상한 규칙에 익숙하지 않은 어린 소녀였던 그녀는 부모님의 그 '냉담함'을 자신을 돌봐 주지 않는 것으로 받아들였다. 그녀의 버려짐과 두려움의 감정은 너무나도 끔찍했던 것이었기 때문에 그녀는 그 자리에서 아무 것도 느끼지 않기로 결심했다. 그렇게 그녀는 40년이 넘도록 자신의 감정을 정지시켜 왔고, 최근에 와서야 감정들을 녹이기 시작했다. 감정을 느끼지 않으려던 수십 년의 그 세월은 오해 때문이었던 것이다. 그녀는 이제야 자신의 부모님이 딸에게로부터 분리되어져 왔던 시간들이 얼마나 괴로웠을지 깨닫게 되었다.

다른 5유형들은 과도하게 보호받고 지나친 관심으로 숨이 막히거나 사로잡힌 느낌을 받아 왔을 것이다. 이들은 탈출하기 위해서 자신의 방이나 마음속 또는 책 속으로 달아나면서 동시에 부모님에게 접근 금지 명령을 꺼내들까 생각하게 되었다.

5유형은 학계에서 성공적이고 긍정적으로 강화되는 자신을 발견해 왔을 수 있다. 이들은 사회적으로나 운동 쪽으로는 잘해내지 못했을 수 있지만 학업적으로는 잘해냈기 때문에 더욱 머리를 중심으로 살았을 수 있다.

감정의 표현은 일부 5유형 가정에서는 장려되지 않았다. 특히 화나 명랑함, 호들갑 등은 좀 더 누그러뜨려졌다. 그래서 5유형은 자신을 적당히 조절하고 활기 넘침을 (몸속이 아니라면) 마음속에서 경험하는 법을 배웠다. 정신 분열 유형에게는 존재하고 눈에 띄며 지나친 모습은 금기시되며, 너무 과한 흥분은 불안과 죄책감을 일으킨다.

5유형은 호기심과 면밀히 살피는 사고방식을 통해 (최소한 지적으로) 자신의 방식으로 침범하는 모습이 된다. 모든 것을 보고 알고 싶어 하는 이들의 캐묻기 정신은 간섭이 많은 모습이 된다.

신체적 특징

많은 5유형이 안경을 쓴다. 많은 시간을 관찰하고 자세히 들여다보고 읽은 후 이들의 눈은 피곤해지게 된다. 많은 5유형의 눈이 두개골 속의 깊은 곳에 자리한다. 우리는 이들이 두개골의 깊은 곳에서부터 우리를 쳐다본다는 인상을 받는다.

종종 5유형은 창백하거나 귀신같이 보인다. 그 이유는 아마 이들이 햇빛 아래에 있는 대신 도서관에서 오랜 시간을 보내기 때문이거나, 자신의 몸에 무관심하고 적절한 운동을 피하기 때문이거나, 그저 드러나 보이고 싶지 않은 것의 결과일 수도 있다. 5유형의 원형은 스파이다.

아리카 전통의 얼굴 분석을 보면, 5유형의 오른쪽 입 부분에는 긴장이 있으며 턱은 오른쪽으로 당겨져 있다고 알려져 있다.

일부 5유형은 마르고 쇠약하다. 다른 5유형은 약간 뚱뚱하고 탐욕스럽다.

굉장히 민감한 뇌와 중추신경계에 관련된 윌리엄 셸던(William Sheldon)의 **외배엽형** 신체 유형은 지적인 5유형을 형상화한다.

의사소통 방식

5유형은 짧은 풍자시로 대답하거나 요약 논문을 들어 자세히 설명한다. 일반적으로 이들은 많은 말을 하지 않으며, 평을 하거나 언급할 때 인색한 편이다. 이들은 자신이 어리석게 보일만한 말은 일체 하고 싶어 하지 않으며, 내가 무슨 생각을 하는지 모른다면 사람들은 나를 비난할 수 없다는 현명한 충고를 따른다.

5유형은 자주 회의가 끝날 때까지 말을 하지 않고, 때때로 모두가 말했던 것을 종합해서 모든 것을 한데로 묶는다.

5유형은 고려해야 하는 무언가를 빠뜨림으로써 지나치게 단순하다는 비판을 당하지 않도록 모든 것을 집어넣기 바라며 자신의 주제를 철저하게 연구하기 때문에, 이들이 논문을 제시할 때는 길고 장황할 수 있다.

5유형은 설명하고 개략적으로 말하며 종합하는 것을 좋아한다. 이들은 자신의 행동이나 선택 등을 합리화해야 할 필요를 자주 경험한다. 단지 자신이 원해서 무언가를 하거나 청하는 것은 충분히 타당한 이유가 아니다. 이유가 모아져야 한다.

패러다임 변화

에니어그램 역동은 5유형이 스트레스 상황과 안정된 상황에서 겪을지 모르는 풍부한 자원 패러다임 변화와 부족한 자원의 패러다임 변화 또는 렌즈 변화를 제시한다.

	안정적 상태	스트레스 상태
풍부한 자원 상태	+8	+7
부족한 자원 상태	-8	-7

그림 14-1 5유형의 심리적 자원 패러다임 변화

스트레스 상황

Sheet 14-1 전지욕구를 왜곡하는 렌즈

> 5유형의 왜곡하는 렌즈를 착용하는 것:
> 자신의 낡고 불완전한 렌즈를 사용하는 것

스트레스 상황에 있는 5유형은 자신을 방어하고 유지하기 위해서 같은 모습을 더욱 반복하려 한다. 즉, 이들은 더 멀리 달아나고 더욱 자신의 머릿속으로 들어간다. 이들은 1970년대의 대표적인 노래처럼 '위로, 위로, 더 멀리' 가며 머릿속에 있는 전망타워로 돌아간다.

이들은 전원을 빼고, 분리되며, 더 멀어지고 고립됨을 느끼기도 한다. 이들은 더 부족함을 느끼기도 하며, 자신은 상황에 영향을 미칠 수 없다고 믿고, 그래서 아무 것도 안 하기도 한다.

5유형은 집단의 변두리에 자리하여 자신의 물러남 영역 속에서, 집단의 밖에 있다는 감정과 함께 안으로 어떻게 들어가야 할지 모르는 것을 보상하는 수단으로 다른 사람들에게 더 업신여기는 태도를 보이게 되기도 한다. 이들은 그러고는 애초에 자신이 이 바보들의 집단 속으로 들어가고 싶어 하는 이유에 의문을 갖고, 그래서 관여하기보다는 거리 둔 상태를 유지한다.

5유형은 화를 표출하는 대신 안에 화를 갖고 있으면서 냉담해진다. 이들은 사람들과 관계하거나 안으로 초대하는 대신 그들을 얼려 버린다.

이들은 더욱 조용해지기도 한다. 자신이 원하는 것을 말하고 필요를 표현하며 절충하는 대신, 이들은 자신의 배트와 야구공을 챙겨서 집으로 가 버리고는 경기를 거부한다.

Sheet 14-2 행복영역을 왜곡하는 렌즈

> 7유형의 왜곡하는 렌즈를 착용하는 것:
> 다른 사람의 낡고 불완전한 렌즈를 사용하는 것

5유형의 전형적인 방식과 전략들이 실패하게 되면, 이들은 무심코 7유형 패러다임의 왜곡하는 렌즈로 빠지게 되기도 한다.

이 영역에서 5유형은 더욱 머릿속으로 이동하여 조치를 취하기를 회피하기 위해 더 지적으로 처리하고 체계화하며 영적으로 다룬다. 이들은 **상황을 가볍게 하고 덜 중요하게** 보이도록 만들기 위해 유머에 의지하며, 그렇게 함으로써 자기 자신을 주장하지 않아도 되도록 한다.

5유형은 지속적으로 자신의 감정을 억누르거나 감정들을 행동이 아닌 **환상**으로 돌리기도 한다. 이들은 실제로 무언가를 하는 것 대신 무엇을 할지를 **계획**하는 모습이 될 수 있다. 아니면 이들은 맘에 들지 않는 것에 대해 자신의 불쾌감을 드러내지 않아도 되도록 상황 속에서 좋은 점에만 초점을 맞추기도 한다.

빈 상태를 피하는 것 외에도, 5유형은 7유형 패러다임이 조장하는 대로 **고통**과 **괴로움**을 가까이 하지 않는다. 상처받는 두려움이 이들의 적극적이고 세상으로 나아가는 모습을 막을 때, 이들은 자신의 무력함을 경험하고 물러나며 움직일 수 없게 된다.

5유형은 상황을 깊이 분석하고 조사하는 능력을 단념하고 그 대신 피상적인 방향 전환으로 자신의 주의를 돌리기도 한다. 아니면 이들은 7유형처럼 동시에 많은 흥밋거리를 추구하면서 그들 중 하나도 완료하지 못하는 모습을 보이기도 한다. 이들은 더 멍한 상태가 될 수 있다.

Sheet 14-3 행복영역을 바로잡는 렌즈

> 7유형의 바로잡는 렌즈를 착용하는 것:
> 새로운 관점을 얻는 것

반면, 때때로 스트레스를 받을 때 5유형은 7유형의 강점 또는 높은 수준 측면을 활용할 수 있다. 이들은 자신의 유형 상태일 때에는 손쉽게 관리할 수 없었던 것들을 7유형 방식으로는 볼 수 있고 할 수 있게 된다는 점을 발견한다.

7유형 패러다임은 5유형이 사람들로부터 멀어지는 것뿐 아니라 다가갈 수 있게 해 준다. 예를 들어, 5유형은 다른 사람들과의 관계함과 더불어 사람들에게 더 친절하고 사교적인 모습을 가능하게 하기 위해 자기 자신과 7유형의 재치 있는 밝은 유형에 의지할 수 있다. 서먹한 분위기를 바꾸고 사람들과 교류하기 위해 자신의 재치 있는 모습을 사용할 수 있는 것이다. 7유형의 접근법은 5유형이 더 즉흥적이고 놀기 좋아하는 모습이 되도록 도와주며, 이는 이들의 사회적인 만남들을 가볍게 완화시켜 줄 수 있다.

재미있게 또는 재치 있게 말하는 것은 이들이 다른 사람들에게 무언가를 요구하거나 이의를 제기할 때 더 당면하고 주장하는 모습이 되도록 도와주기도 한다. 설탕 한 숟가락 정도는 약이 잘 소화되도록 도와준다.

7유형의 높은 수준 측면을 사용하는 것은 5유형의 가시화하고 상상하는 능력 또한 향상시켜 줄 수 있으며, 이는 대상을 받아들이고 전체 그림을 종합할 수 있는 능력까지 높여 준다.

그리고 마지막으로, 세상을 기회의 땅으로 보는 7유형의 세계관은 세상은 자신을 부인하거나 박탈하는 곳이라는 5유형의 관점을 보완해 준다.

안정적 상황

Sheet 14-4 전지욕구를 바로잡는 렌즈

> 5유형의 바로잡는 렌즈를 착용하는 것:
> 자신의 관점으로 또렷이 보는 것

안정된 상태에 있는 5유형은 자신의 유형이 지닌 높은 수준 측면과 명확하게 하는 렌즈를 경험하기도 한다. 이들은 분석하는 것뿐 아니라 공감도 할 수 있으며, 머리뿐 아니라 가슴으로도 듣게 된다. 이들은 다른 사람들에게뿐 아니라 자신 안에 살고 있는 '작은 바보'를 향해서도 연민을 가지며 충분히 알지 못한다고 자신을 질책하거나 비하하지 않는다. 이런 5유형은 어리석어 보이는 것과 실수를 하는 것에 대한 두려움을 직면하고, 불안이 자신이 원하는 것을 하지 못하도록 막는 것을 허용치 않는다. 또한 이들은 선택하고 행동하기 전에 모든 것을 알아야 하지 않아도 되게 된다.

높은 수준 상태에 있는 5유형은 자신의 즉흥적인 반응을 신뢰하며 선입견과 범주, 구조를 미리 갖지 않은 채로 상황에 접근한다.

이들은 자신의 빈 영역에서 항상 현재의 이 순간에 열려 있는 비옥한 공백을 발견한다. 이들은 자신 내면의 관찰자의 개방성과 동일시하고, 스스로 지닌 범주와 내용과는 탈동일시한다. 이들은 참여자로서 더 이상 먼저 답을 갖고 있지 않아도 된다. 그저 경험하는 것에 대해 자신을 비우고 존재하게 함으로써, 이들은 효과적인 반응은 책으로부터 얻은 지식이 아닌 자신 내면의 지혜, 직관, 감정들로부터 즉흥적으로 일어날 것이라는 점을 신뢰한다.

안전하고 확실한 상황에서의 5유형은 8유형 패러다임의 낮은 수준 측면이나 높은 수준 측면을 사용하게 되기도 한다.

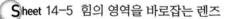 **S**heet 14-5 힘의 영역을 바로잡는 렌즈

> 8유형의 바로잡는 렌즈를 착용하는 것:
> 또 다른 관점을 얻는 것

5유형은 자신의 관점과 접근법으로는 허용치 못하거나 보기 어렵고 달성하기 쉽지 않을 수 있는 것들을 8유형 패러다임을 기반으로 할 때는 많이 할 수 있다.

8유형의 방식은 5유형이 스스로의 힘과 연결될 수 있도록 도와준다. 8유형의 "나는 능력 있어. 나는 할 수 있어."의 자아상을 취하게 된 이들은 상황에 영향을 미치고 바꿀 수 있다고 믿는다. 자신도 무언가 할 수 있는 것이다. 이들은 내면의 권위자와 연결되면서 자신이 믿는 것을 지지하고 단언한다.

8유형 영역에 있는 5유형은 자신의 본능적인 에너지와 접촉한다. 감정과 사고 그리고 신체적 에너지가 모두 조화롭게 작용하며 효과적인 행동으로 흘러간다. 위로 그리고 뒤로 물러나는 대신 아래로, 바깥으로 움직이는 이들은 지식을 머릿속에만 두는 대신 실제로 적용한다. 이들은 행동하며 사색하는 모습이 된다. 5유형-8유형 축은 '아는 것이 힘이다' 라는 격언을 실증해 준다.

스스로의 힘을 느끼게 된 5유형은 다른 사람들을 두려워하고, 그들에 대항하여 자신을 보호해야 하며, 그들로부터 물러나거나 도망치는 모습 대신 사람들을 보호하고 풍요롭게 해 주며 확장시켜 줄 수 있다.

8유형 패러다임을 기반으로 작용하는 5유형은 멀어지는 것뿐 아니라 대항할 수 있게 된다. 이들은 물러나는 대신 자신의 적극적인 힘을 발휘하고 나아갈 수 있다. 이들은 자신이 원하는 것과 원하지 않는 것을 말할 수 있다. 자신이 필요로 하는 것을 요구하고 필요치 않은 것은 버릴 수 있는 것이다. 또한 이들은 더 강한 경계를 세우고 유지하며 제한선을 두기 위해 스스로의 힘을 쓸 수 있다. 이들은 자신의 영역 안에 남으며 고통이나 반대의 표시에 밖으로 뛰쳐나오지 않는다.

이들은 8유형처럼 더 이상 보여지고 언급되는 것을 두려워하지 않는다. 스스로를 드러나도록 허용한 이들은 숨겨진 채로 남아 있는 대신 열린 공간으로 나오게 된다. 이들은 자신에게도 무언가 할 말이 있다는 것을 믿으며 사람들이 자신의 말을 들어주기를 원한다. 그래서 이들은 연단 아래에 숨는 대신 그 위로 올라선다.

Sheet 14-6 힘의 영역을 왜곡하는 렌즈

> 8유형의 왜곡하는 렌즈를 착용하는 것:
> 시야를 더욱 흐리게 하는 것

5유형은 자신이 느끼기에 안정적인 상황에 있을 때 8유형 패러다임의 왜곡하는 렌즈 측면으로 빠지게 될 수도 있다. 이 상태의 5유형은 적극적인 모습이 아닌 공격적인 모습이 된다. 이들은 비열하고 잔인해질 수 있으며, 너그럽고 관대한 모습 대신 붙잡고 집착하며 인색한 모습으로 남아 있기 위해 자신의 힘을 사용할 수 있다. 이들은 집에서는 괴롭히는 모습이면서 밖에서는 온화한 모습을 보일 수도 있다.

자신의 힘과 대담함을 처음 발견하게 된 5유형은 자신의 독립성을 과장하고, 더 자족적이며 고립되고 반사회적인 모습이 될 수도 있다.

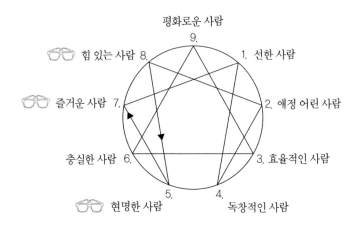

그림 14-2 5유형의 안정된 상황과 스트레스 상황에서의 패러다임 변화

아니면 5유형은 앙심을 품고 복수심에 불타게 될 수도 있다. 이웃유형인 6유형의 편집 증적인 생각의 도움을 약간만 받으면, 이들은 다른 사람들이 자신을 이용하고 웃음거리로 만들려한다고 믿게 될 수도 있다. 그렇게 되면 이들은 조심하고 지나치게 경계하는 모습이 된다. 아주 극단적으로는 연쇄 폭탄 테러범이 되려는 시도를 할 수도 있다.

인접한 유형

5유형 패러다임은 양옆에 있는 4유형과 6유형의 영향을 받는다. 이 유형들에 접근함으로써 5유형은 적응적인 선택권들이 있는 자신의 세상을 확장하게 되거나, 아니면 그다지 자원이 풍부하지 않은 측면의 반응 목록을 추가하게 된다.

Sheet 14-7 독특영역을 보완하는 렌즈

4유형의 보완하는 렌즈를 착용하는 것:

도움이 되는 관점

5유형이 4유형 패러다임의 적응적인 특성과 연결될 때, 이들의 생각은 감정과 연결된다. 이들은 거리 둔 관찰 태도와 삶에 대한 열정적인 흥미, 참여의 모습을 균형 잡는다. 이들은 실제의 친밀한 관계가 중요해지게 되고, 바깥의 존재들이 서로 어떻게 교류작용을 하는지 알아보는 것에 대한 자신의 이론적 흥미를 이 관계로 대체한다. 양쪽 뇌를 다 활용하는 이들은 자신의 창조적이고 직관적인 능력과 더불어 합리적이고 분석적인 능력에 다가간다.

또한 이들은 침묵으로 숨어 들어가는 대신 예술적인 수단을 통해 자신을 표현할 방법을 찾는다. 날개들로부터 방향지시를 받는 것에 더 이상 만족하지 않게 된 이들은 배우로서 삶의 무대에 오른다.

⚲heet 14-8 독특영역을 왜곡하는 렌즈

> 4유형의 왜곡하는 렌즈를 착용하는 것:
>
> 도움이 되지 않는 관점

5유형이 4유형 패러다임의 왜곡하는 렌즈를 통해 사물을 바라보게 될 때, 이들은 자신이 낯선 곳에 있는 다르고 오해받는 이방인이라는 내적 느낌을 강조한다. 이들은 세상과 연결되는 대신 세상을 관찰하기 위해 더 멀리 물러나며 더욱 떨어지게 된다. 이들은 변덕스럽고 우울해질 수 있으며, 그렇게 이들이 약하다고 느끼는 자신의 적절성을 더욱 악화시킨다. 실제 사람들, 문제들과 교류하는 대신 자신의 환상으로 도망하는 이들은 다른 사람들과 소통하기 위한 방식이 아닌 자신의 진정한 자기와 사람들 사이에 보호막을 치기 위한 방식으로 상징성과 예술적인 표현들을 사용하며, 진정한 관계함을 수행해 내는 모습으로 대신한다.

⚲heet 14-9 안전영역을 보완하는 렌즈

> 6유형의 보완하는 렌즈를 착용하는 것:
>
> 도움이 되는 관점

392

6유형 패러다임의 풍부한 자원 특성들을 활용하는 5유형은 더 나아가 사람과 대의를 위해 자신을 헌신할 수 있다. 이들은 입장을 취하고 이를 위해 싸울 수 있다. 5유형은 보통 잘 헌신하지 않고 충실하지 않은 모습을 보이는 경향이 있다. 6유형의 높은 수준 측면에 접근하는 것은 자신과 다른 사람들에 대한 믿음과 신의를 조성한다. 6유형은 집단 내에 있을 때 안전함을 느끼지만 5유형은 집단에게 위협을 느끼며 혼자 있는 것에 더 안전함을 느낀다. 이들의 6유형 날개는 이들이 팀 정신을 갖고 다른 사람들과 연결될 수 있도록 도와주지만, 6유형의 용기의 미덕은 이들이 세상으로 단호하고 적극적으로 나아가도록 활기를 불어넣기도 한다.

Sheet 14-10 안전영역을 왜곡하는 렌즈

6유형의 왜곡하는 렌즈를 착용하는 것:

도움이 되지 않는 관점

6유형의 왜곡하는 관점에 영향을 받을 때, 5유형은 다른 사람들을 불신하고 이는 열외로 남아 있으려는 성향을 더욱 부추긴다. 이들의 화는 건강하고 단호한 행동 속에서 표현되는 대신 숨겨진 의심스러운 생각 속에서 발현한다. 두려움을 느끼는 6유형 날개

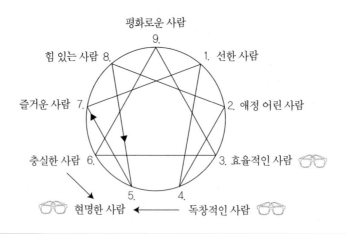

| 그림 14-3 | 5유형의 인접유형: 날개성향(보완, 왜곡렌즈) |

를 지닌 5유형은 더욱 더 자신에 대한 신뢰를 잃고 스스로를 의심한다. 참여하는 것에 대한 5유형의 망설임은 6유형의 우유부단함과 권위자를 언짢게 하는 것에 대한 두려움으로 인해 더 악화된다. 이러한 5유형은 다른 사람들이 자신을 어떻게 생각하는지에 대해 더 염려하게 되면서 있는 그대로를 말하거나 자신을 변호하는 대신 더 말이 없어지는 경향을 보인다.

하위유형

친밀한 하위유형

과욕의 악덕이 성적 본능으로 흘러 들어가게 되면, 그 결과는 지적 자신감의 충동 상태로 이어진다. 친밀한 5유형은 사랑을 표현하려는 것보다는 지적 자신감을 늘리기 위해서 성성을 사용한다. 모든 성적 수단을 갖고 있으면 어느 정도의 확신이 쌓이게 된다. 놀랍게도 5유형은 언어적·감정적인 표현으로는 하기 꺼려 할 수도 있는 것들을 성성을 통해서는 자신을 열정적으로 표현할 수 있다.

친밀한 5유형은 자신 밖으로 나와서 특히 미리 정해진 역할을 할 때 자신감 있고 능숙한 모습을 보인다. 5유형 배우들은 종종 이 친밀한 하위유형의 전형이다. 역할이 없을 때, 5유형은 자신이 불충분하고 취약하다고 느끼며, 그래서 자신감 없고 소심해진다.

또한 비밀의 교환을 통해 유대관계, 즉 직접적인 친밀함이 일어나기도 한다. 우리가 공유하고 있는 이 비밀을 다른 사람들은 모르는 것이다. 이런 상황은 고해 장소에서의 친밀함이나 치료사의 사무실 안에서의 사적인 상황 또는 친구와 연인 사이에의 교류 속에서 찾아볼 수 있기도 하다.

친밀한 5유형은 자신 있는 인상을 띤다. 이들은 특히 멋져 보이며, 자신이 원하는 것을 얻기 위해 사람들을 매혹적으로 사로잡는 사기꾼, 양의 탈을 쓴 늑대가 되기도 한다.

5유형의 지적인 확신에는 박력과 설득력이 있다. "이 부분에 대해 생각해 본다면, 내가 옳다는 걸 알게 될 거야." 이들은 지적으로 다른 사람들을 경멸할 수 있다. 5유형이라고 알려진 카뮈(Camus)가 말했듯이, "경멸로 극복하지 못할 문제는 없다."

사회적 하위유형

과욕의 악덕이 사회적 본능으로 스며들면, **토템**을 향한 집착이 일어난다. 사회적 5유형은 자신의 본질을 기반으로 자유롭고 즉흥적으로 관계하는 대신, 자신의 성격을 통해 사람들과 교류하며 사회적 원형, 관습, 역할 그리고 규칙에 의존한다.

무언가가 토템이 되면, 토템이 된 사람이나 대상은 특별한 가치가 부여된다. 사회적 5유형에게는 정보나 지식이 그 우세한 지위를 갖는다. 5유형은 사무실 바깥에 토템 기둥을 세워 두는 대신, 자신의 책상 뒤에 온갖 양가죽, 학위, 자격증으로 치장한 토템을 둔다. 5유형은 특별한 전문분야를 기른 것에 대해 존경받기도 한다. 이들은 심오한 체계들을 이해하고 숙달하는 것을 통해 힘과 인정을 추구한다. 이러한 전문화 영역은 5유형에게 만약 아니었다면 사회적으로 열등감을 느끼며 자신이 기여할 수 있는 것이 아무 것도 없다고 믿었을 이 사회에서 적합한 자리를 제공해 준다. 이 비밀스러운 지식에 접근권한을 갖는 것은 사회적 5유형에게 힘의 권력의 느낌을 준다.

토템은 그 대상이 본래 소유하고 있는 것을 넘어선 힘을 가진 것이다. 이것들은 숭배나 중독의 대상이 될 수 있다. 예를 들면, 수집가는 자신이 모아 둔 우표, 책 등에 집착하는 모습이 될 수 있는 것이다. 〈The Collector〉라는 소설에 보면, 5유형으로 보이는 나비 수집가는 자신이 토템으로 삼은 사랑의 대상인 한 어린 여자를 감금해 둔다.

또한 사회적 5유형은 특정 집단의 소식통들과 동조하는 것을 좋아한다. 이들은 중추세력을 기반으로 조언을 주고받는 것을 즐기며, 자신과 뜻을 같이하는 사람들과 동일시한다. 이러한 5유형은 단지 자신이 모시는 전문가의 학생만이 아닌 친구가 되기를 원한다. 이들은 권력의 위치에 가까이 하거나 그 뒤에 있는 것을 좋아한다. 왕의 고해사제나 대통령의 분석가처럼 말이다.

사회적 5유형은 내부의 정보를 알기를 좋아한다. 비밀 정보, 지적인 가십 등을 공유하는 것은 이들이 친밀해지는 방식이다.

자기 보호적 하위유형

과욕이 자기 보호 본능으로 새어 들어가게 되는 것의 결과는 안전한 은신처, 숨을 장소 또는 집을 열렬히 찾는 모습이다. 자기 보호적인 5유형은 이들의 구멍이 많은 자극 경계망 속으로 쉽게 배어드는 침입적인 세상으로부터 자신을 지켜 줄 성을 바란다. 이들은 자신이 홀로 기대와 요구조건들로부터 떨어질 수 있는 자신만의 공간이자 자아가 안전함을 느낄 수 있는 공간을 찾는다. 이 안전한 장소에서 5유형은 자유롭게 자신이 되고, 생각하고 느끼고 자신이 원하는 것을 할 수 있음을 느낀다. 자기 보호적인 5유형에게 있어서 자신만의 영역을 갖는 것은 매우 중요하다. 이 안전한 은신처에서 내향적인 5유형은 세상 속으로 다시 나갈 수 있도록 자신의 배터리를 재충전하고 다시 활기를 얻을 수 있다. 5유형은 이들의 필요를 충족시켜 주면서 동시에 이들이 방해받지 않고 침범당하지 않는 행복 속에 관찰할 수 있도록 해 주는 따뜻하고 아늑한 장소인 '조망할 수 있는 자궁'을 찾는다고 알려져 있다.

일부 자기 보호적 5유형은 세상에 많은 것을 요구하지도 않고 많이 가져가지도 않으며 미학적인 모습이 될 수 있다.

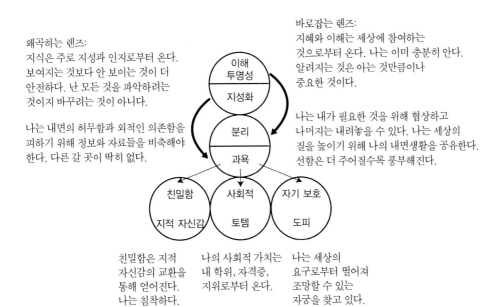

왜곡하는 렌즈:
지식은 주로 지성과 인지로부터 온다. 보여지는 것보다 안 보이는 것이 더 안전하다. 난 모든 것을 파악하려는 것이지 바꾸려는 것이 아니다.

나는 내면의 허무함과 외적인 의존함을 피하기 위해 정보와 자료들을 비축해야 한다. 다른 갈 곳이 딱히 없다.

바로잡는 렌즈:
지혜와 이해는 세상에 참여하는 것으로부터 온다. 나는 이미 충분히 안다. 알려지는 것은 아는 것만큼이나 중요한 것이다.

나는 내가 필요한 것을 위해 협상하고 나머지는 내려놓을 수 있다. 나는 세상의 질을 높이기 위해 나의 내면생활을 공유한다. 선함은 더 주어질수록 풍부해진다.

이해
투명성
지성화

분리

과욕

친밀함
지적 자신감

사회적
토템

자기 보호
도피

친밀함은 지적 자신감의 교환을 통해 얻어진다. 나는 침착하다.

나의 사회적 가치는 내 학위, 자격증, 지위로부터 온다.

나는 세상의 요구로부터 떨어져 조망할 수 있는 자궁을 찾고 있다.

그림 14-4   5유형: 현명한 사람

요 약

　　지식과 사실의 렌즈는 지혜와 사색의 시야다. 이는 진리를 찾는 이성적인 방법이다. 이 경로를 따르는 사람들은 전체적인 그림을 볼 수 있는 종합적인 능력과 사물의 본질을 꿰뚫어 볼 수 있는 분석적 능력을 지닌다. 이들은 통찰적이며 직관력 있고 독창적인 사고자이며, 객관적이고 냉철하다. 이들은 세상을 이해하면서 계몽된 곳으로 만들기를 원한다. 이들은 무집착의 정신으로 이를 행한다.

　　주지주의 패러다임은 알아야 하고 사적인 권리를 지켜야 하는 과도한 욕구 속에서 드러난다. 이 관점을 따르는 사람들은 침해당하고 박탈당하고 비워지는 것에 굉장히 민감해한다. 이들은 과도하게 머리를 기반으로 하며, 합리화하고 자신의 감정과 분리된다. 이들은 내향적이며 지나치게 자족적이다. 이들은 자신만의 영역, 시간, 에너지 등을 지키기 위해 전략과 구조를 짠다. 이들의 잘못된 신념은 나는 생각하고 숨은 상태로 있기 때문에 침해당하지 않고, 비워지거나 박탈당하지 않을 것이라는 것이다. 과욕은 이 접근법을 충동하며 에너지가 표출되는 것을 막는다.

🔍 Sheet 14-11 5유형 요약

> **가치**: 지혜, 이해
>
> **비전**: 세상을 좀 더 깨우친 곳으로 만드는 것
>
> **주요 취약점**: 어리석어 보이는 것, 노출될 준비가 되기 전에 노출되는 것
>
> **적응적 인지적 도식**: 나는 이미 지혜로우며 충분히 알고 있다, 진정한 지혜는 관계함으로부터 온다.
>
> **적응적 감정적 도식**: 무집착, 필요한 것만 취하고 나머지는 보내는 것, 숨어 있는 상태로부터 나오는 것
>
> **적응적 행동적 도식**: 분석적·종합적 능력, 지적인 연결 관계와 의미를 찾는 것, 감정에 좌우되지 않는 반응
>
> **부적응적 인지적 도식**: 보여지는 것보다 보는 게 낫다, 어리석어 보이지 말아라, 아무 것도, 특히 자기 자신을 드러내지 말아라.

부적응적 감정적 도식: 과욕, 붙잡고 저장해라, 정보·책·자료 등을 모아라.

부적응적 행동적 도식: 의심이 들 때는 숨어라, 물러나라, 멀어져라, 조용히 해라, 숨겨 둬라.

회피 영역: 빈 상태, 비워지는 것

방어기제: 고립, 즉 감정을 억누르고 생각으로 향하는 것, 구분화, 즉 삶의 주위에 빽빽한 한계 선을 두르는 것

유용한 패러다임 변화: 신체와 감정을 인지하는 것, 좀 더 주장하고 기꺼이 밝히는 모습이 되는 것, 다시 연결하기, 장난스럽고 유쾌하게 교류하기

유용하지 않은 패러다임 변화: 더 물러나는 것, 다른 사람들을 경멸하는 모습이 되는 것, 적극적인 모습 대신 호전적이고 보복적인 모습이 되는 것, 자신의 주의를 다른 데로 돌리는 것, 고심해서 다뤄져야 하는 것을 가볍게 만드는 것

6유형 렌즈 검사

이 문장들이 자신에게 맞는 정도에 따라 점수를 매겨라.

1	2	3	4	5
거의 절대 아니다	드물게/ 거의 그렇지 않다	때때로/ 가끔	종종/ 자주	거의 항상 그렇다

_____ 내게 있어서 규칙에 따르거나 따르지 않는 것은 다른 사람들에게 느껴지는 것보다 더 중요한 일이다.

_____ 나는 나 자신에게 신중하라고 말하곤 한다.

_____ 나는 일을 할 때 그 일에 세워진 방식대로 하는 것을 존중하고 준수한다. 또는 권위자가 나의 존경을 받을 자격이 있는 사람인지 보기 위해 그들을 도발한다.

_____ 나는 나의 신임을 받을 자격이 있는 대상과 사람들에게 악착같이 충직하다.

_____ 나는 행동하기 전에 나의 의견과 결정들을 뒷받침해 줄 사람들이 필요하다.

_____ 나는 충성심을 의심받거나, 아니면 내가 다른 사람들의 충성심을 시험한다.

_____ 나는 바짝 경계하며, 항상 일어날 문제나 위협들을 찾아본다.

_____ 나는 주변 사람들에게 나의 충실함을 보여 주는 것이 중요하기 때문에 내 의무를 다한다.

_____ 나는 정해진 운용 규정을 정확히 따른다. 아니면 나는 정해진 운용 규정에 대해 거의 무의식적으로 저항한다.

_____ 나는 내가 하고 싶은 일에서 잘못될지도 모르는 요소에 초점을 맞춘다.

_____ 나는 누군가를 신뢰하는 데에는 시간이 좀 걸리지만, 한 번 신뢰하고 나면 그들의 곁에 머문다.

_____ 나는 다른 사람들에게서 충실함을 찾으며 나 자신의 충실한 모습을 자랑스럽게 여긴다.

_____ 내가 무언가를 하고 싶을 때마다, 두려움과 의심이 나를 망설이게 한다.

_____ 나는 내 편에 있지 않은 사람들을 의심한다.

_____ 나는 보통 걱정하며 표현을 꺼리는 편이다. 아니면 나의 두려움이 내가 가장 두려워하는 바로 그 일을 하도록 나를 부추긴다.

_____ 나는 특히 어떤 나쁜 일이 생기거나 일어날 수도 있을 때 작은 일을 크게 생각한다.

_____ 나는 다른 사람들보다 위험에 더 민감하며 이를 잘 인지하는 듯하다.

_____ 나는 나의 강점과 성공을 믿지 않기 때문에, 항상 준비되어 있어야 한다.

_____ 나는 다른 사람들이 말하거나 행동하는 것에서 숨겨진 의도를 찾으려 한다.

_____ 나는 나 자신과 나의 결정을 많이 의심한다.

_____ 총점

6유형 렌즈:

CHAPTER 15 전통의 관점

핵심 가치

6유형의 가치 계층구조의 맨 위에 있는 가치들은 충성, 신의, 헌신, 책임감 그리고 한 말을 지키는 것이다. 6유형은 무언가 또는 누군가에게 헌신적일 때, 침몰하는 배와 함께 가라앉으며, 감옥에 가고, 심지어는 그 사람이나 대의를 위해서라면 목숨까지 내놓기도 한다. 이들은 자신의 신념이 있는 곳에 깊이 헌신한다. 6유형은 자신의 충성심을 집요하게 지키며, 자신의 믿음의 옹호자이자 자신의 전통을 지키는 수호자다.

6유형은 무언가에 대해 약속을 하면 그것을 지킨다. 만약 6유형이 당신을 어딘가에서 만나자고 말한다면, 이들은 당신이 나타날 때까지 몇 시간이고 기다릴 것이다. 자신의 약속이나 장담한 일을 안 지키는 것은 진심으로 이들을 고통스럽게 한다.

헤세드(hesed)는 성경의 구약에 나오는 단어로, 야훼의 충실함을 묘사하기 위해 사용된 말이다. 이 단어는 하나님이 그의 사람들과 맺은 약속을 나타낸다. 야훼는 자신의 약속을 지키는 신실한 하나님인 것이다. 그리고 신약에서 보면, 예수님은 하나님의 언약의 성취인 것을 볼 수 있다. 예수님은 하나님이 지키신 약속인 것이다.

이런 종류의 약속 지키기가 바로 6유형이 가치 있게 여기고 동일시하며 실행하는 것이다. 이들의 자기감의 핵심에는 자신의 가족과 친구들, 전통에 충실해야만 한다는 이들의 소신이 자리한다. 로마의 **피에타스**(pietas)의 미덕, 즉 의무감의 미덕은 6유형을 잘 설명해 준다. 아이네이아스는 자신의 아버지와 조국에 굉장히 충실했다. 그는 전쟁의 시기에도 이 모두를 버리지 않았다.

자신의 출신 근본을 공경하는 6유형은 자신의 혈통과 종교적 전통, 정당, 문화적 유산 등을 충실히 지킨다.

자신의 가정에 헌신적인 이들은 정기적으로 부모님께 전화를 드리고 방문하며, 다른 친척들은 참석할 생각조차 하지 않는 가족 행사 등에 의무를 다하며 나타난다.

6유형은 품위 있는 접대자의 모습을 띤다. 이들은 자신이 관심을 쏟는 사람들을 보호하며 돌보고 양육하는 태도를 물씬 풍긴다. 이들은 에릭 에릭슨이 제시한 인간 발달의 끝에서 두 번째 단계에서 묘사한 미덕인 **생산성**을 통해 자신의 사랑을 보인다. 이러한 돌봄과 관심의 한 측면은 성장하기에 안전하고 안정적인 환경을 확실히 해 두기 위함이다.

6유형은 성실하다. 이들은 자신이 해야 하는 일을 한다. 독일의 위대한 철학자였던 칸트는 인간의 가장 높은 수준의 소명은 자신의 의무를 다하는 것이라고 말했다. 이러한 고결한 헌신은 자기실현과 자기초월로 이어진다. 슬프게도, 나치의 제3제국이 실증해 주었듯이 의무는 모든 미덕처럼 왜곡될 수가 있다.

6유형은 맡은 일을 하도록 기대받을 수 있기 때문에 좋은 동조자이자 중간 관리자다. 이들은 조직에서 유지하고 안정시키는 역할을 한다. 또한 6유형은 좋은 지도자가 될 수 있지만, 종종 자신이 의무를 다해 실행할 명령을 받을 다른 사람을 권위자로 세우거나 지휘자로 세우기를 선호한다.

6유형은 순종적이며 권위자의 뜻에 귀를 기울인다. 건강하고 균형 잡힌 상태에 있을 때의 6유형은 자신의 내면의 권위자의 목소리에도 주의를 기울인다. 그렇지만 좀 더 강박적인 상태에 있을 때에는 자신 내면의 주관자와의 연결을 잃고 외부의 대리인에게 지휘권을 건네준다. 6유형의 왜곡하는 렌즈와 부적응적 도식을 살펴볼 때 이 모습이 어떻게 일어나는지를 알아보기로 하자.

6유형은 규칙과 질서를 깊이 존중하며 자신을 규율을 준수하는 시민으로 여긴다. 풍부한 자원 패러다임에 있을 때의 6유형은 규칙의 **글자**에 갇혀 버리지 않은 채로 규칙의 **정신**을 공경한다. 이들은 사람들의 자유를 보장하는 역할로서 지닌 규칙의 참된 본성을 인정하고 받아들인다. 규칙은 인간의 삶을 발전시키는 가치들 주위를 두르는 보호 구조를 제공한다. 규율이 지나치게 엄격해지고 귀중하게 여겼던 가치들보다 더 중요해지면, 이 법은 죽은 이상들을 안치하는 묘가 된다.

체스터튼은 규칙의 역할을 실증하기 위해 높은 산꼭대기에 아이들을 위한 공원을 짓기로 결정한 한 마을의 이야기를 예로 들었다. 그 산의 공기는 맑았고 경치는 아주 멋졌다. 마을 사람들은 공원에 자부심을 느꼈고 공원의 개방일에 아이들을 데려갈 생각에 꽤 부푼 기분이었다. 그렇지만 아이들이 평상시의 자유로운 방식으로 즐겁게 뛰노는 대신 놀이터의 한 가운데에 모두 모여 있는 모습을 봤을 때 어른들이 느꼈을 유감을 상상해 보라. 부모들이 어째서 놀고 있지 않느냐고 물었을 때, 아이들은 벼랑 아래로 떨어질까 봐 무서운 마음에 뛰놀지 못하고 있다고 대답했다. 그래서 모두 안전한 중앙으로 옹기종기 모여 있던 것이었다. 부모들과 시민들은 아이들이 산의 가장자리에서 떨어지게 되는 사태를 막기 위해 즉시 공원 주위로 울타리를 둘렀다. 담을 두르고 나니 아이들은 즐겁게 자발적으로 놀게 되었고, 그렇게 아이들의 웃음은 아래에 있는 마을까지 울려 퍼졌다고 한다.

우리는 어른이어도 아이만큼이나 우리가 가치를 두는 것들, 예를 들면 진실, 정의, 자유, 생명의 권리 등의 지속적인 존재함을 보장해 줄 보호선이 필요하다. 만약 우리가 이러한 가치들이 파괴되거나 빼앗기고, 우리의 삶이 위험에 처할까 두려워한다면, 우리는 안정적이고 즉흥적이며 자유로운 기분을 느끼는 상황과는 아주 동떨어진 채로 혼돈과 혼란, 무질서의 상태에서 사는 것이다. 6유형은 가치의 수호자로서의 역할을 하는 규칙의 중요성을 인정하며, 이러한 규칙을 준수함을 부지런히 지킨다.

패러다임 관점, 능력, 격언

6유형의 객관적 패러다임이 조성하고 향상시키는 또 다른 일부 특성은 신중함, 주의함, 적절성 그리고 존경이다. 6유형은 자신의 태도와 선택, 행동 등에서 보수적인 모습을 보이는 경향이 있으며, 돌다리도 두드려 보고 건너고 행동하기 전에 먼저 생각하는 편이다. 이들은 다른 사람들을 존중하며 그들에게 자신의 행동이 미칠 영향에 대해 신경 쓴다.

6유형은 자신의 유형이 인간에게 기여하는 특성으로 다음의 특성을 이야기한다.

충실함	공감	신의
유머	조직	책임
의존할 수 있음	침착함	경계
선의의 비판자	방향 조정	적법성
집단의식	끈기	타협

6유형이 지니고 있으며 다른 사람들에게도 권장하는 일부 적응적 도식들은 다음을 포함한다.

- 친구들과 시간을 보내고 오래 가는 튼튼한 우정을 쌓아라.
- 자신의 재능을 알아보고 자신과 다른 사람들을 지원하기 위해 그 재능들을 사용해라.
- 자신을 신뢰하는 법을 배워라.
- 순종해라. 기대치를 확인해라. 답을 찾아내라. 이 과정이 당신을 책임감 있고 성실하게 만들어 줄 것이다.
- 안전한 환경을 만들어라/제공해라. 신뢰하는 관계를 만들어라.
- 사람들에 대해 배울 시간을 가져라. 다른 사람들에게 민감해라. 직관이 길러진다.
- 문제를 감지하고 문제해결을 위해 노력해라.

- 의심 때문에 신뢰가 자란다.
- 두려움 사이를 헤쳐 나가면서 용기가 성장한다.
- 그냥 해라. 한 번에 하나씩.
- 두려워하지 마라.
- 구하면 얻을 것이다. 찾으면 찾을 것이다. 두드리면 열릴 것이다.

6유형의 관점을 반영하는 일부 격언들은 다음을 포함한다.

- 뭉치면 살고, 흩어지면 죽는다.
- 비슷한 사람끼리 모인다(유유상종).
- 여럿이 있을수록 안전하다.
- 백지장도 맞들면 낫다.
- 나중에 후회하는 것보다 조심하는 것이 낫다.
- 천사도 가기 두려워하는 곳에 바보가 달려든다(하룻강아지 범 무서운 줄 모른다).
- 한 번 혼이 나면 조심하게 된다(자라 보고 놀란 가슴 솥뚜껑 보고 놀란다).
- 경계가 곧 경비다(유비무환).
- 돌다리도 두드려 보고 건너라.
- 준비가 곧 전부다.
- 항상 준비되어 있어라.
- 항상 충실해라.
- 순종은 성공의 어머니이며 안전을 지켜 준다.
- 하나님은 순종하는 자를 축복하신다. 하나님을 신뢰하는 자는 행복하다.
- 해야 할 일은 과감히 결심해라. 결심한 일은 반드시 실행해라.
- 삶은 사람의 용기에 비례하여 넓어지거나 줄어든다.
- 때로는 살아있는 것조차도 용기가 될 때가 있다.
- 최악의 상황을 두려워하는 것은 종종 최악의 상황을 일으킨다.

공포 순응형과 공포 대항형 6유형

안전을 구하는 모습과 모험심의 양극성 사이에는 연속체가 이어진다. 6유형의 한 집단은 이 연속체의 안전의 극으로 모여들며 안전과 구조, 질서, 규칙성, 동일성, 예측 가능성, 보안을 추구한다(이는 공포적 또는 공포 순응형 6유형이다). 6유형의 또 다른 집단은 모험의 극으로 모여들어 변화와 흥분, 새로운 것, 도전, 다양성, 심지어는 위협까지 찾아다닌다(이는 역공포적 또는 공포 대항형 6유형이다). 6유형은 용기와 비굴함, 용맹함과 두려움 사이를 왕복한다. 이 두 표현방식은 두려움이라는 공통된 중심 동기 작용력을 공유한다. 이들이 두려움을 대하는 방식은 꽤 다르다. 그리고 세상 속에서 이에 해당하는 이들의 태도와 행동 역시 각기 극적으로 다르다.

공포 대항형인 6유형은 더 충동적인 경향을 보이는 반면, 공포 순응형인 6유형은 더 강박적이다. 불안을 줄이기 위해 공포 순응형 6유형은 자신이 두려워하는 것을 피한다. 두려움이 이것들을 억제하는 것이다. 공포 대항형 6유형은 불안을 완화시키기 위해 자신이 두려워하는 것을 공격하거나 그 두려워하는 일을 한다. 두려움이 이것들을 추진하는 것이다. 이들의 불안은 너무나도 고통스럽고 두려움은 굉장히 모욕적이기 때문에, 6유형은 자신의 체계에서 이 불안을 없애기 위해 즉각 행동을 취한다.

예를 들면, 공포 대항형 6유형은 누군가를 두려워하면 그 사람에게 도전하고 맞설 것이다. 만약 높은 곳을 무서워한다면 이들은 스카이다이빙을 할 수도 있다. 아마 공포 대항형 6유형일 고든 리디(G. Gordon Liddy)는 그의 자서전에서 자신이 어렸을 때 두려워했던 세 가지에 대해 기록했다. 이것들은 각각 번개, 불, 쥐였는데 그는 먼저 번개에 대한 두려움을 없애기 위해 번개와 폭풍우가 몰아치는 어느 날에 자신을 나무에 묶었다. 그 이후 번개는 더 이상 그를 겁먹게 하지 못했다. 그리고는 불에 대한 두려움을 없애기 위해 촛불 위에 손을 올려 더 이상 움찔대지 않을 때까지 버텼다. 그리고 마지막으로 쥐에 대한 공포를 없애기 위해, 그는 쥐 한 마리를 잡아먹어 버렸다. 이제 쥐도 더 이상 그를 두럽게 하지 못했다. 공포 대항형 6유형의 행동이 이만큼 극단적이지는 않을 수 있지만 그 동기가 되는 정신은 비슷하다.

공포 순응형 6유형은 애매모호함을 싫어하며 의지함과 할 일을 지시받는 것을 편안해한다. 공포 대항형 6유형은 독립성과 선택권을 가지는 것 그리고 자신이 스스로의 자문이 되는 것을 가치 있게 여긴다.

권위는 공포 순응형과 공포 대항형 6유형 모두에게 있어 중요한 문제다. 공포 순응형 6유형은 자신의 내적 권위를 외부의 권위자에게 넘겨주는 경향을 보인다. 공포 대항형 6유형은 자신의 내적 권위를 보호하려 하며, 공포 순응형보다 훨씬 더 손쉽게 외적 권위자를 불신하고 도전하며 시험한다.

공포 대항형 6유형은 공포 순응형보다 전통적인 규칙에 덜 충성하며, 종종 반문화, 반체제, 반전 운동 또는 혁명적인 의용군 운동 등에서 찾아볼 수 있다. 이 운동들 속에서 공포 대항형이 자신의 대의에 가지는 충성심은 공포 순응형의 체제를 지키려는 대의만큼 격렬하다. 공포 대항형은 규칙에 도전하며, 심지어는 만약 규칙이 결함이 있다고 믿으면 그 규칙의 테두리를 넘어서기도 한다. 예를 들어, 만약 이들은 전쟁이나 정부의 어떤 정책이 잘못되었다고 믿으면 자신이 지지하고 존중하는 더 높은 수준의 규칙에 경의를 표하여 현재의 규칙에 대항할 것이다. 공포 대항형 6유형은 공포 순응형만큼이나 원칙을 지키지만 이들보다 훨씬 더 반항적이고 반권위주의적인 모습으로 보여진다. 이렇듯 공포 순응형 6유형이 병역 기피자가 나라 밖으로 도망치는 것을 막기 위해 국경에서 수비하는 모습을 찾을 수 있는 만큼, 공포 대항형 6유형이 양심적 병역 거부자들이 자신의 양심을 따라 나라 밖으로 갈 수 있도록 도와주는 모습 또한 볼 수 있다.

공포 대항형 6유형은 공포 순응형보다 더 모험심 있고 위험을 각오하며, 경계를 늘리고 한계에 도전한다. 표면적으로 이들은 종종 적극적인 8유형의 모습처럼 보인다. 그렇지만 이들의 원동력은 힘보다는 두려움이다. 공포 대항형 6유형은 자신의 적수를 쫓아버리기 위해 강인하고 공격적으로 보이는 것이지, 지나치게 공격적인 8유형이 할 법한 적수를 벌주거나 격파하기 위함이 아니다.

적절한 렌즈/적응적 인지적 도식

6유형을 우주의 객관적인 법칙과 조율하는 태도는 바로 우주는 우리를 해치기 위함이 아닌 도움을 주기 위해 작용한다는 근본적인 신념인 믿음이다. 당신이 이미 연결되어 있고, 당신의 편에 있으며, 당신의 존재의 기반에서부터 신뢰하고, 당신이 용감함과 충성심 또는 충성 서약을 통해 자신을 증명할 필요도 없는 그런 친구라는 믿음이다. 우리는 신을 우리 편에 두어야 할 필요가 없다. 그 존재, 포스는 당신과 함께 있다.

믿음은 자신이 이미 본질 안에 있으며 아무 것도 자신의 내적 자기를 해치거나 다치게 할 수 없다는 확신 또한 포함한다. 이는 불가침의 영역인 것이다. 당신은 자신의 본질, 영, 권위와 더 연결될수록 다른 사람들의 참자기 또는 본질과 더 연결될 수 있게 된다. 이 일이 일어날 때, 당신은 편안해지고 진정한 안정감을 느끼게 된다.

믿음은 야누스적인 두 방향을 마주본다.

내적인 방향의 믿음은 자기 자신과 자신의 내적 권위에 대한 신뢰를 포함하며, 자신 고유의 선함과 존재하는 모든 것과의 연대를 인식하고 인정하는 것이다. 신의 뜻에 대한 계시의 주요 영역은 당신의 진정한 자기라는 것을 당신은 이해할 것이다. 신의 뜻은 어떤 계획 또는 오로지 외적인 권위로부터 오는 선언에서만 나타나는 것이 아니다(여기서 나타나기도 하지만 말이다). 신의 뜻은 그보다는 자신의 참자기의 전개와 깨달음 속에서 드러나는 것이다.

그래서 믿음은 6유형이 지닌 자신을 의심하는 경향에 대한 해독제다. 믿음은 자신의 현실 또는 진실에 충실함을 의미한다. *If you meet the Buddha on the road, kill him!* (1972)이라는 셸던 콥(Sheldon Kopp)의 책 제목은 전통적인 불교의 지혜를 반영해 보여 주고 있다. 진짜 부처는 내면에 자리하고 있으며, 모든 외적인 부처는 환상에 불과한 것이다. 콥은 '성장한 사람은 누구의 제자도 될 수 없다.'라고 결론지었다.

외적인 방향의 믿음은 상대와 다른 사람들을 신뢰함을 수반한다. 6유형은 자신의 참자기와 연결되면 다른 사람들의 본질 또는 진짜 자기와도 관계할 수 있게 된다. 이들의 나와 너 관계의 친밀함의 성역 내에서 6유형은 진정한 안보와 안전함 그리고 신뢰를 경험한다.

자신의 거짓 자기와 왜곡하는 패러다임을 기반으로 작용할 때, 6유형은 다른 사람들의 성격과 관계하며 그들의 의도를 불신하고 두려워하는 모습으로 이어진다. 그리고 나면 이들은 자신이 상상하기에 악의적이고 유해하다고 여겨지는 다른 사람들의 진짜 목적을 밝혀내기 위해 가면 뒤로 숨어야만 한다. 이는 6유형이 강박적이고 자원이 풍부하지 않은 상태일 때의 특성인 두려움과 의심으로 이어지게 된다.

6유형은 자신의 객관적인 패러다임에서 기능할 때 자신이 경기 안에 있으며, 경기에 속해 있고, 특정 규칙을 위반했다는 이유로 경기 밖으로 쫓겨나게 되지도 않을 것이라는 걸 느낀다. 이기는 팀도, 지는 팀도, 특별히 선호하는 팀도, 적수도 없는 것이다. 우리는 모두 같은 팀에 있는 것이다.

헬렌 팔머는 *The Enneagram*에서 믿음은 '긍정적인 경험에 의문을 제기하는 것을 더 현실인 듯 느끼는 편향된 주의적 습관으로 빠지는 것보다는 주의를 진실한 긍정적인 경험에서 안정되게 유지하는 능력'(1988, p. 270)이라고 기록했다. 6유형이 부족한 자원 상태에 빠지게 되면 의심이 믿음을 대체하고, 의심스러운 마음이 신뢰를 대신하며, 최악의 상황을 상상하는 것이 즐거운 일을 기대하는 것을 불가능하게 만들게 된다.

미덕/적응적 감정적 도식

용기는 믿음의 기질로부터 자연스럽게 수반되는 미덕이다. 용기는 두려움으로부터의 자유가 아니라 두려움을 마주하는 상황에서도 행동할 수 있는 자유를 수반하는 것이다. 용기(courage)라는 단어는 본래 라틴어로부터 파생되어 후에는 마음이라는 뜻의 불어인 cor 또는 couer에서 나온 것으로, 위험하고 어렵거나 고통스러운 것으로 인정되는 모든 것으로부터 물러나는 것이 아닌 이를 마주하고 대하는 태도인 것이다.

사람들은 객관적인 법칙과 자신을 조율할 수 있을 때 현실의 자연적인 법칙과 조화 상태에서 사는 것으로부터 오는 힘과 자신감을 느낀다. 자신이 이러한 자연적인 법칙들에 해당하지 않는다고 여길 때, 사람들은 두려움과 의심을 경험하며 자신 스스로의 힘과 용기를 내야 한다고 믿는다. 이들은 자신의 능력이 임무에 적절한지 의심하며 예기치 못한 사건을 마주했을 때 휩쓸리고 무너질까 봐 두려워한다.

용기는 본질의 한 측면이다. 6유형은 자신의 참자기와 연결된 상태일 때 직선적이고 효과적인 방식으로 위기에 즉흥적으로 대응한다. 용기는 삶을 지키고 유지하기 위한 우리 몸의 자연스러운 반응이다. 예를 들면, 엄마는 아이가 위험에 처해 있을 때 자연적으로 아이를 구하기 위해 나선다. 만약 쓸모없는 두려움과 생각, 정신의 혼란이 방해하지 않는다면 몸은 우리가 무엇을 하라고 말하기 전에 적절하게 반응할 것이다. 맑은 또는 빈 상태의 정신은 옳은 행동을 위한 가장 최선의 상태다. 이는 선(Zen)과 무술의 메시지 이기도 하다.

실제로 6유형은 위기와 긴급 상황들에서 꽤 잘해낸다. 6유형의 패러다임과 적응적인 렌즈는 이들이 어떠한 위험이나 참사에도 경계하고 준비될 수 있도록 유지해 주기 때문 에 부분적으로 사실이다. 또한 이들의 위기관리는 이들에게 두려움을 뚫고 나아가며 삶 을 살기 위해 매일 요구되는 축적된 용기로부터 흘러나온다. 나머지 우리들은 다행스럽 게도 매일 아침 침대에서 일어나면서부터 우리 앞에 도사리고 있는 수많은 위험을 알아 차리지 못하기 때문에 6유형만큼 용기를 가져야 할 필요가 없다.

용기는 자신의 존재함에 대한 책임을 지는 것을 포함한다. 이는 신학자인 폴 틸리히 (Paul Tillich)가 존재적 자세에 대해 표현했듯 **존재할 용기**를 내는 것을 의미한다. 아무도 이 책임을 져 줄 수 없으며 아무도 이 책임을 나에게서 앗아 갈 수 없다. 알코올 중독자 갱생회(일명 AA)의 12단계 프로그램에서 용기는 하루마다 현재의 순간을 살며, 위험을 무릅쓰고, 존재함의 매 순간과 영적 성장이 요하는 죽음을 견디는 것을 의미한다.

왜곡하는 렌즈/부적응적 인지적 도식

6유형은 자신의 본질이 지닌 용기와 강인함과 더불어 온우주의 에너지와 법칙과의 연 합으로부터 축적되는 힘과의 연결을 잃게 될 때 우주에 반대하는 태도로 자신을 인지하 기 시작한다. 그리고 주위 환경이 더 이상 안전하고 안정적이지 않게 느껴진다. 이들에 게 세상은 자신이 조심하지 않으면 해를 입힐 수 있는 위험하고 무서운 곳으로 보이게 된다.

보상 도식

자신의 잃어버린 본질적 힘을 대체하기 위해, 6유형은 세상과 싸우기 위해서 반드시 자신의 자아적 힘을 발휘해야만 한다고 여기는 왜곡하는 렌즈와 부적응적 도식을 지닌 거짓 성격을 만들어 낸다. 이들의 자아가 나타내 보이는 모든 힘의 아래에는 자신은 세상이 자신에게 가져올 것에 대해 맞서고 다룰 충분한 패기가 없다는 두려움이 자리하고 있다. 공포 순응형 6유형은 이에 대해 전전긍긍하고 불안한 상태가 되어 다치지 않도록 자신과 다른 사람들에게 주의를 준다. 반면, 공포 대항형 6유형은 공격적인 상태가 되며 공격을 행하고 자신이 할 수 있다는 것을 증명하기 위해 절벽의 끝에서 뛰어내린다.

6유형은 만약 자신이 무언가를 할 수 있다는 확신을 가지면 더 자신감을 느낀다. 종종 이들은 단순한 말인 "너는 할 수 있어." "그렇고말고. 너는 할 수 있어."처럼 다른 사람들이 주는 확언으로부터 긍정된 내적인 확신이 필요하다.

6유형은 더욱더 경계하는 모습이 됨으로써 자신의 잃어버린 안정감을 보상한다. 이들은 주위환경 속의 위험을 살피며, 부정적인 것을 찾고, 최악의 상황을 상상한다. 이들은 잘못될지도 모르는 상황을 끊임없이 고려한다. 눈 깜짝할 사이에 단순한 두통은 뇌종양이 되고, 찡그린 얼굴은 배신의 조짐이 된다. 6유형의 경계와 주시함은 이들이 방심하거나 약점 잡히지 않도록 대비할 수 있게 도와준다. 이들은 과거에 이런 일들을 겪었거나 느꼈고, 그래서 다시는 이런 일이 일어나지 않도록 확실히 한다.

6유형은 자기와 자신의 내적 권위 속에서 계류를 잃었기 때문에 자신의 지각과 의견, 판단 등을 의심하기 시작한다. 이들은 진짜 믿음과의 연결을 잃었기 때문에 진정한 신뢰를 확실성이나 예측 가능성으로 대신한다. 또한 이들은 권위자에게 이의를 제기하며, 권위자의 편에 서거나(공포 순응형 6유형) 아니면 권위자를 지속적으로 시험한다(공포 대항형 6유형).

자신의 내적 권위를 외적 권위에게로 옮긴 공포 순응형 6유형은 답과 해결을 얻기 위해 외부의 권위자에게 기대를 걸어야만 한다. 이들의 내적인 불확실성은 너무나도 고통스러워지게 되어, 공포 순응형은 자신의 바깥에 있는 권위자나 그 체계에게서 자신의 의

심에 대한 해결을 구한다. 그리고 나면 이들은 이 권위를 자신과 결합시켜 자신의 것인
듯 느낀다. 그렇게 내적으로 의심하는 6유형은 스스로와 다른 사람들에게 자신의 상태
에 대해 굉장히 확신하고 자신감 있는 모습으로 보이게 되기도 한다. 외적 권위와 동일
시한 이들은 의심은 지우고 정통적인 신봉자가 된다. 그렇게 이들의 개인적인 입장은 프
로이트가 문제에 대해 명명한 것이 되거나, 교황이 선언한 것이 되거나, 최근의 공화당
또는 민주당이 제안한 입장이 된다. 그렇게 **신조(도그마)**는 믿음을 대체한다. 6유형은 전
통주의자가 될 수 있다. **전통주의**는 산 사람들의 죽은 믿음이라는 꼬리표를 달아 온 반
면, **전통**은 죽은 사람들의 살아 있는 신념을 나타낸다. 전통을 대체하려는 전통주의는 믿
음의 우스꽝스러운 희화화가 된다.

　　반면, 공포 대항형 6유형은 역시 권위자에게서 관심을 떼지 않지만, 이는 권위자에 대
한 터무니없는 신뢰보다는 권위를 향한 비이성적인 불신에서 나오는 모습이다. 공포 대
항형 6유형은 권위를 가진 사람들이 그들의 권위를 적절하게 행사하는지 아니면 그들만
의 권력 강화를 위해 사용하는지 확인하기 위해 권위자에게 도전할 가능성이 굉장히 크
다. 이 사람은 신뢰할 만한 사람인가, 아닌가? 공포 대항형은 권위의 역할 뒤에 있는 그
사람의 진짜 모습을 드러내기 위해 권위자를 도발하려 한다. 나의 최악의 모습을 봤을
때 당신은 나를 어떻게 다룰 것인가? 만약 공격받는 상황 속에서도 당신이 공정하고 통
제 상태로 남아 있다면, 나는 당신을 신뢰할 수 있으며 내가 경계를 낮췄을 때 당신이 나
를 공격할까 두려워하지 않아도 된다는 어느 정도의 확신을 가질 수 있을 것이다.

　　6유형은 참자기를 기반으로 기능하며 신뢰하는 렌즈를 통해 사물을 바라볼 때, 자신
에게 다가오는 모든 것을 환영하는 주인이 된다. 그렇지만 부적응적 도식을 지닌 거짓
성격을 기반으로 작용할 때에는, 이들의 사회적 경계망이 같은 진영에 있는 동료 신봉
자들에게로만 좁혀지게 된다. 6유형의 왜곡하는 렌즈는 두 측을 바라본다. 하나는 자
신과 함께하는 사람들이고 다른 하나는 자신에게 맞서는 사람들이다. 이들의 부적응적
도식은 범주를 설정한다. 애매한 영역들은 이 접근법을 위협한다. 6유형은 옳고 그름이
명확하지 않은 모호한 상황들을 역시 불편해하는 1유형과 이러한 이분법적 사고를 공유
한다.

　　6유형은 자신과 함께하는 사람들에게는 상냥하고 아부하는 태도를 보인다. 반면, 6유

형과 반대편에 있는 사람들은 적이자 불한당이며, 이단자이자 분파자다. 그들은 주시받고 신중하게 막아야 하는 대상들인 것이다. 그들은 6유형에게 또 다른 트로이의 목마가 되지 않도록 허용되어서는 안 된다. 이상적으로는, 이 적들은 우리의 편으로 전환되거나 추방되어야 한다. 그리고 항상 그들을 확실히 감시하고 있어야 한다.

톰 컨던은 유쾌한 오디오 시리즈인 *Easy in Your Harness*에서 6유형의 방어 전략을 얼룩말의 것과 비유했다. 얼룩말은 항상 적과의 일정한 적정 거리를 신중이 유지해서 사자가 자신들을 잡아먹을 정도로 가까이 가려는 모험을 하진 않으면서도 사자가 시야에서 사라지지 않도록 절대 너무 멀리 가지는 않는다. 이와 비슷하게, 6유형의 편집증적인 패러다임은 적들이 자신에게 몰래 다가와 공격할까 봐 그들이 보이지 않게 되는 것을 두려워한다. 6유형은 누군가가 달아나려는 시도를 하지 않도록 확실히 하기 위해서 끊임없이 사람들을 경계한다. 그렇지만 투사의 방어기제를 생각해 보면, 사실은 6유형이 달아나려는 모습을 보인다는 점을 볼 수 있다. 그렇지만 이들은 자신의 일탈적인 부분들을 다른 사람들에게 투사하고는 방어적이지만 좌절감을 주는 전략을 따른다. "자신이 정말로 하기를 원하는 것을 다른 사람들에게 투사해라."

그 결과로 6유형은 예배식에 손을 댔다는 이유로 당신을 로마에 신고하거나, 프로이트를 재해석했다는 이유로 정신분석학계에서 퇴출시키거나, 여자아이들을 들였다는 이유로 소년 모임에서 제명하는 등의 모습을 보인다. 또한 6유형은 법이 잘 유지되고 있는지 확실히 하기 위해 종종 교황청, CIA, 경찰 또는 국세청 등에 합류한다.

6유형의 왜곡하는 렌즈는 법에 대해 이들이 지닌 개념을 비뚤어지게 한다. 이들의 법은 가치들을 소중히 다루기 위해 기능하는 것보다는 안전과 보안에 대한 강박적인 의식을 유지하기 위함이다. 법과 규칙들은 우리가 도둑질당하거나 강간당하고, 불구가 되거나 서로를 죽이게 되는 일이 없도록 사람들을 제자리에 유지시켜 주는 역할을 위해 필요한 것이다. 이 패러다임은 홉스 학설이 인간 본성을 바라보는 관점으로 이어지는데, 이 관점은 인간을 기본적으로 사회와 그 사회의 법규가 필요하고 지속적인 검사를 해 줘야 하는 야수들이라고 본다. 그렇게 감시해 주지 않으면 우리는 미쳐 날뛰게 될 것이다. 프로이트 심리학은 초자아(사회)와 이드(본능)라는 큰 두 개의 대립하는 힘과 그 사이에서 시달리며 이들의 불가피한 갈등을 조정하려 시도하는 자아에 대한 묘사와 함께 이 전통

이론을 계속 이어가고 있다.

이 관점은 6유형의 이웃인 7유형의 루소적 관점을 기반으로 하는 세계관과는 굉장히 다르다. 인간을 고결한 야만인으로 여기는 루소(J. J. Rousseau)의 철학은 문명과 그 족쇄를 폭력과 공격성의 근본 원인으로 본다. 사람들은 근본적으로 선하다. 만약 사회가 우리에게 설정한 규제를 제거하고 우리가 들판을 발가벗은 채로 뛰놀 수 있게 해 준다면, 모든 것이 괜찮아질 것이다. 사회적인 힘들과 반드시 대립할 필요는 없는 인간의 고유한 실현 경향성을 설명한 매슬로와 로저스의 이론들에서 예증되었듯이, 인본주의 심리학은 이 전통을 반영하고 있다. 이러한 위험한 철학에 대한 6유형의 반응은 아마 우리에게 "숲 속에는 들어가지 말고 옷 챙겨 입어!"라고 주의를 주는 모습일 것이다.

6유형의 왜곡하는 패러다임은 이들의 우유부단한 성향에도 기여한다. 6유형은 자신의 결정이 안전과 안정성을 주어 여생이 확실히 보장되기를 원한다. 이들은 여러 가능성으로 옮겨 다닌다. 1유형은 자신의 의무에 의해 압제되는 반면, 6유형은 자신의 만약으로 인해 공포에 사로잡힌다. "만약 내가 이걸 하면 어떻게 될까?" "만약 저걸 하면 어떻게 되지?" "그것에 따라오는 결과와 파문 그리고 잠재적인 문제점과 위험요소들은 무엇이지?" 6유형이 이렇게 인지적인 망설임의 상태로 들어가게 되면서 이들의 이러한 사고는 강박에 접근하게 된다. 이들은 머피의 법칙을 신봉하며 최악을 상상한다. 잠재적으로 잘못될 수 있는 모든 상황이 결국은 이들의 마음속에 들어오게 된다.

앞에서도 언급했듯, 6유형은 결국 이들의 결정을 좌우하게 되는 권위자나 권위 체제가 지닌 원칙과 교리들을 지지하고 자신과 결합시킴으로써 자신이 지닌 의심의 딜레마를 해결한다. 공포 순응형 6유형은 하라고 지시받은 일을 한다. 이들은 자신의 의무를 다하며, 조직의 표준 작업 기준을 따르고, 10계명 또는 코란을 지키며, 규칙을 따른다. 공포 대항형 6유형은 요구받은 일의 반대로 행한다. 어떤 방식이든, 두 6유형은 모두 외적인 권위에 묶여 있으며 자신의 내적인 통제 영역을 기반으로 작용하지 않고 자신이 원하는 것을 하지 않는다. 두 유형 모두 권위자가 말할 때까지 기다린다. 권위자가 무언가 말을 하면 공포 순응형은 안심하기 위해 권위자와 발을 맞추는 반면, 공포 대항형은 거기에서 탈출하기 위해 권위자의 규칙을 어긴다. 에릭 에릭슨은 이러한 대립 경향을 청소년기에 일어나는 '부정적 정체성'의 형성으로 명명했다. 공포 대항형 6유형은 자아감을 유지하기 위한 하나의 방법으로서 습관적으로 주어진 것에서 벗어난다.

공포 순응형 6유형은 유난히 변화를 싫어한다. 변화는 이들의 안전을 위협한다. 이들은 외적인 구조와 자신의 내적인 자기를 동일시해 왔기 때문에 외부의 규칙이나 입장이 바뀔 때 불안해진다. 그래서 외부에서의 변화는 이들의 개인적인 정체성에서의 변화 또한 불가피하게 만든다. 이는 누구에게나 두려운 일이 될 수 있다.

6유형은 자신의 내적 권위와 지도로부터의 연결을 잃을 때, 다른 사람들에게 조언과 지침을 물어야 한다. 그렇게 되면 이들은 권위자들마다 옮겨 다니며 그들의 의견을 묻는다. "이 문제에 대해서 내가 어떻게 해야 된다고 생각해? 내가 이렇게 하면 어떨 것 같아? 나는 어떤 결정을 내려야 할까?" 6유형의 안테나는 자신이 진정으로 무엇을 믿는지와 무엇을 하기 원하는지를 알기 위해 자신의 모니터를 향해 내면으로 방향을 잡는 대신, 자신이 무엇을 해야 할지 또는 무엇을 지시받아야 할지를 듣기 위해 외부로 향한다.

6유형이 신의 뜻을 찾으려 할 때, 신의 메시지는 보통 자신의 참자기의 자연스러운 전개 속에서 신의 뜻을 발견하는 것으로서보다는 자신이 정보를 받아야 하는 일종의 자기 외적인 계획으로 이해된다. 6유형의 바로잡는 렌즈는 이들이 스스로의 방향을 찾도록 자신 내면의 나침반을 향해 내적으로 바라보게 해서 이들이 자신의 가장 깊은 욕망은 자신을 향한 신의 뜻의 영역이라는 것을 믿게 한다. 6유형의 왜곡하는 렌즈는 이들이 신에게 만약의 경우를 대비해 "이 길이 당신이 내게 원하는 길이 확실한가요?"라고 묻게 만들 것이다. 이들이 그렇게 기도하고 나서 신으로부터 종종 받는 응답은 이렇다. "네가 진정으로 원하는 것을 택하라. 내가 너를 신뢰하며 너를 도와줄 것이라는 사실을 알아라." 이는 신성하게 올바른 대답이기는 하지만, 의존적인 6유형이 찾는 응답은 아닐 수 있다.

이상화된 자아상

6유형이 신의와 헌신, 인내 등에 대해 지닌 이상은 "나는 충실해. 나는 내가 해야 하는 것을 해."라는 이들의 이상화된 자아상 속에서 확고해진다. 이들은 충직한 관리인, 제자, 용감한 군인이 되고 싶어 한다. 이들은 경기장에 던져진 순교자처럼 자신의 패기를 증명하기를 원하며 자신이 그 경쟁을 견딜 만큼 용감한 사람인지에 대해 걱정한다. 나는 나의 믿음과 말을 지킬 수 있을까? 나는 내가 해야만 하는 것을 할 수 있을 만큼 충분한 용기를 낼 수 있을까? 6유형은 자신이 악마, 용, 범죄자들과 싸우는 영웅이자 주인공이라는 환상을 가진다.

도식 유지

도식을 유지하는 방법 중 하나는 바로 자신의 예상을 확인시켜 주는 증거들을 모으는 것이다. 6유형의 패러다임은 도처에 도사리는 위험을 인지하는 성향이 있기 때문에, 이들은 위험이 없는 곳에서조차도 종종 위험요소를 본다. 그러고 나면 이들은 벼랑 끝 전술을 펼치며 존재하지 않는 위험들에 도전하고 반응한다. 돈키호테가 풍차와 다투는 모습처럼 말이다. 당신은 6유형에게 순수한 질문을 던졌다가 이들로부터 "그게 무슨 뜻이야?"라는 대답을 대면하게 될 수도 있다. 6유형은 자주 상상 속의 두려움에게 반응하며, 그렇기 때문에 상황이 보여 주는 것보다 더 과하게 행동한다. 이들은 그다지 필요치 않을 때에도 용기를 낸다. 불안은 이들에게 있어 연료의 역할을 한다. 그리고 이들은 자신을 위협하는 바로 그 대상을 행함으로써 힘을 얻는다. 이 패턴은 6유형의 부적응적 도식을 제자리에 유지시킨다.

우리의 패러다임이 더 융통성 없이 엄격할수록, 우리는 우리의 도식에 맞추기 위해 들어오는 정보들을 더욱 왜곡한다는 사실을 떠올려 보라. 6유형이 더 경계하고 의심하며 조심하고 두려워할수록 이들의 처리과정은 더욱 피해망상적인 모습이 된다.

한 6유형이 내게 자신이 수련 중인 치료사였을 시절의 이야기를 들려준 적이 있다. 그는 녹화되는 역할극 실습에서 학생으로서 치료사 역할을 맡고, 그의 지도교수는 내담자를 맡은 상황이었다. 여기서 그는 치료사로서 대립적이고 도전적인 기술들을 연습해야 했다. 이런 방식은 6유형인 그에게 3중으로 두려운 형태였다. 첫째로, 그는 처음부터 교사-권위자의 역할을 맡는 것이 두려웠다. 둘째로, 대립을 연습해야 하는 것은 자신의 공격성을 어느 정도 동원해야 함을 의미했다. 셋째로, 그는 지켜보아지고 있었다! 그는 역할극 속에서 지도교수를 대립했을 때 마치 자신이 그를 치기라도 한 것처럼 지도교수가 갑자기 홱 움직이는 것을 분명히 봤다. 이제 그는 지도교수가 자신에게 화가 났을까 봐 두려워졌다. 그런데 이들이 테이프를 되돌려 그가 교수를 대립한 장면으로 갔을 때, 교수는 아예 움직이지 않고 있었다. 치료사를 맡았던 그는 단순히 내담자가 움츠렸다고 상상한 것뿐이었다. 그의 두려워하는 도식이 그의 인지를 편향되게 만들었고, 그의 믿음이 정보를 왜곡한 것이었다.

6유형이 자신의 도식을 유지하는 또 다른 방식은 두려움의 격정을 통해서다.

악덕/격정/부적응적 감정적 도식

6유형의 부적응적 도식은 세상을 위험하고 위협적인 곳으로 바라본다. 6유형의 왜곡하는 관점은 위험을 회피하기 위해 경계하고 준비하는 하나의 방법으로서 이들의 정신적·감정적 에너지를 두려움으로 돌린다. 두려움은 6유형을 경계태세로 유지시킨다. 이들은 적들이 어슬렁거리고 있으니 자지 않고 깨어 있으라고 주의를 준 다윗왕(그 자신도 어쩌면 고대의 6유형이었을 것이다)의 경고에 귀 기울인다. 6유형은 어린 시절 안심하고 잠들었다가 허를 찔렸을 수도 있다. 아마도 이들은 얼마 동안은 상냥했다가 난데없이 채찍질하는 일관성 없는 양육자들에게서 자랐을 수 있다. 6유형의 패러다임과 격정은 이런 일이 다시는 발생하지 않도록 막기 위해 설계되었다.

두려움은 이들에게 예방약으로서 기능한다. 만약 당신이 주의 깊고 경계하며, 참사에 대해 끊임없이 살펴보고 검사하며, 당신의 주의가 최악의 상황에 맞춰져 있다면 당신은 그 위험들을 탈출할 전략을 취할 준비가 될 것이다. 해안 경비대처럼, 6유형의 좌우명은 '항상 준비가 되어 있어라'다.

두려움은 6유형의 곡해하는 관점과 강박적인 존재 방식에 기름을 붓는다. 6유형은 많은 것을 걱정한다. 이들은 두려움을 해결하고 일시적으로라도 아무 것도 걱정할 거리가 없게 되면, 정말로 불안해진다. 이는 이들의 방호벽이 사라지는 것이며, 충실한 친구인 두려움이 없어지는 것이다. 보호받지 못하는 기분을 느끼는 이들은 새로운 걱정거리를 만들어 낸다. "나는 두려워한다. 그러므로 나는 보호받고 안전하다."

6유형에게 궁극적으로 두려워하는 것이 무엇인지 물으면, 이들은 흔히 자신이 요구받은 것을 해야 할 때 무너지고 분해되는 것을 두려워한다고 대답한다. 이렇게 되면 임무를 해내지 못하게 되는 것이다. 이들은 충직하지도 자신의 의무를 해내지도 못하게 되는 것이다.

그렇지만 사실 6유형은 위기 상황들 속에서 훌륭히 일을 해낸다. 왜냐하면 주로 6유형의 패러다임은 이들이 다른 사람들보다 더 준비되도록 만들어 주기 때문이다. 이들은 모든 만일의 사태에 준비되어 있으며 효율적으로 대응한다. 역설적이게도, 이들은 거듭되는 긴급 상황들 속에서 살아감으로써 훌륭한 경찰이나 응급실 의사, 기술자 등 위기 개입 전문가가 된다. 그렇지만 모든 위기의 전후 상황 속에서 이들은 그 전에 걱정하고 난 뒤 그 후에도 걱정하는 만신창이다. '만약 이런 일이 일어나면 나는 뭘 해야 하지?' '그 일이 일어나면 난 무엇을 했을까?'

'겁쟁이는 여러 번 죽는다'는 표현은 아마 6유형을 염두에 두고 한 말일 것이다. 두려움은 6유형의 가장 큰 동맹이자 가장 큰 적수다. 이들은 상상의 것들을 염려하며 자신을 겁이 나서 죽을 지경으로 만든다.

긍정적인 측면에서 보면, 6유형의 패러다임은 이들에게 위험에 대한 직관적인 감각을 준다. 이들이 언제나 위험을 찾고 있기 때문이다. 이 직감이 통제를 벗어나면, 6유형은 위험이 없는 곳에서도 위험을 본다. 편집증 또는 피해망상은 이들의 왜곡하는 패러다임의 종점이다. 이들은 잠재적인 위험과 적수들로 둘러싸인 세상에서 살고 있기 때문에 반드시 지속적인 경계 태세를 유지해야만 한다. 공포 순응형 6유형은 자신을 보호해줄 권위자를 찾는 반면, 공포 대항형 6유형은 탈출경로이자 일탈을 찾는다.

두려움은 6유형의 우유부단함에서도 나타난다. 이들은 무언가를 하려는 충동, 갈망, 또는 생각을 갖고 있지만, 그러다가 두려움, 즉 역-충동 또는 역-사고가 일어나 이들이 그 충동을 행하고 다치게 되지 않도록 영감을 막는다. 6유형의 사고 과정에는 이러한 강박적이면서도 고백적인 특성이 있을 수 있다. 이는 6유형이 영적으로 더듬거리며 선택사항들 사이에서 왔다 갔다 하는 모습이다. '내가 이걸 하면 어떻게 될까?' '저걸 하면 어떤 일이 일어날까?'

6유형은 자신 내면의 장애물이 문제라는 것을 깨닫지 못한 채로, 다른 사람들이 자신이 원하는 것을 하지 못하게 한다고 탓하기도 한다. "난 나의 의무를 해야 해. 나를 막지 마." 또는 권위자가 이들이 스스로 행복을 추구하는 것을 막기도 한다. 뒤에서는 투사가 6유형이 취하는 특징적인 방어기제라는 점을 간단하게 살펴보도록 할 것이다.

계속해서 말하지만, 공포 순응형과 공포 대항형 6유형은 두려움을 다른 방식으로 관리한다. 공포 순응형 6유형은 자신의 충동들을 차단하기 위해 두려움을 사용하고, 공포 대항형 6유형은 충동들을 추진시키기 위해 두려움을 사용한다. 공포 대항형에게 있어서 이들의 두려움은 너무나도 격렬하고 고통스러워져서, 이들은 자신이 두려워하는 바로 그 일을 함으로써 그것들을 떨쳐 버려야 한다. 공포 대항형의 정신적인 기질은 이러하다. "나는 이 두려움을 헤쳐 나와서 없애 버려야만 해." 반면, 공포 순응형의 성향은 이렇다. "나는 이 두려움을 견뎌 내고 살아남을 거야."

공포 대항형 6유형은 무서운 공격자로부터 달아나기 위해 구석으로 들어가거나 침대 밑으로 숨는 겁에 질린 아이와 같다. 하지만 침대 밑에 숨거나 벽 뒤에 들어가 있는 것은 이들에게 너무나도 불편하고 모욕적이기 때문에 공포 대항형 6유형은 밖으로 나와 주먹을 흔든다. 이들은 자신의 불안을 없애기 위해 공격한다.

이러한 공포 대항형의 태도는 이 유형의 6유형이 경찰이나 소방대에 지원하고, 직업 군인이 되며, 용병에 자원하고, 첩자가 되거나 고등학교 선생님이 되기도 하는 이유를 설명해 준다. 이들은 자신의 두려움을 지울 수 있도록 도와주는 직업들을 선택한다.

도식 회피

우리는 도식의 신호를 알릴 수 있는 **이미지**나 **생각들**을 차단하거나, 도식에 의해 불러일으켜질 수 있는 **감정들**을 막거나, 도식으로부터 주의를 환기시켜 주는 역할을 하는 무의식적 또는 강박적 **행동들**을 하거나, 고통스러운 도식을 일으킬 수 있는 모든 상황을 회피함으로써 괴로운 도식들이 유발되는 것을 모면할 수 있다.

회피 영역

공포 순응형의 회피 영역은 **일탈**로, 그 이유는 이들은 권위자가 자신을 용인하고 보호해 주기를 원하기 때문이다. 공포 대항형의 회피 영역은 **무력함**이며, 그 이유는 이들은 권위자와 다른 해로운 것들로부터 벗어날 경로를 원하기 때문이다.

공포 순응형의 이상화된 자아상은 '나는 충실하다'이기 때문에, 유달리 이들은 자신의 모습과 되기를 원하는 모습에 대한 개념에 대조된다고 여겨지는 모든 종류의 일탈, 불복종, 비행, 불법적임, 고분고분하지 않음 등의 모습을 피해야 한다. 여기서 6유형이 불복종과 일탈이라고 표시해 놓은 것들을 다른 사람들은 자신 스스로의 내적 권위 또는 양심을 따르는 것이라고 부를 것이다. 6유형은 규칙을 어기거나 표준 규정을 위반하는 것을 두려워한다. 강박적인 상태에 있을 때 이들은 법의 정신보다 법의 글자들만을 따르기로 선택한다. 규칙을 지키면 규칙이 너를 지켜 줄 것이다. 지시받은 대로 하면 권위자가 너를 돌봐 줄 것이다.

7유형이 고통에서 아무런 좋은 점도 보지 못하고, 9유형이 갈등에서 좋은 점을 보지 못하며, 3유형이 실패로부터 오는 이득을 상상하지 못하는 등 모든 유형과 마찬가지로, 6유형은 규칙을 어기는 것의 좋은 점을 보지 못한다. 다른 사람들은 규칙이 불공평했다거나 그 규칙을 초월함으로써 더 큰 이득이 쌓일 수도 있다고 지적할 수 있지만, 6유형은 이를 단지 믿지 않을 것이다.

6유형은 누구보다도 자신의 경계와 내면 영역을 지키고 싶어 한다. 그리고 다른 사람들만큼이나 권위의 침입에 분개한다. 그러나 이들은 외부에서 순응하고 내면에서는 반항하는 경향을 보인다. 아홉 가지 에니어그램 유형과 테오도르 밀런의 여덟 가지 성격 유형론(1969)을 비교한 나의 연구(1981)에서, 6유형은 밀런이 일컬은 순응하고, **규율**에 따르는, **수동적-양가적** 유형에 들어맞았다. 수동적-양가성은 자신이 다른 사람들에게 의존하기를 원하는지 아니면 독립되길 원하는지 결정하지 못할 때 나타난다. 그래서 이들은 바깥으로는 순응하고 의존하면서 내면으로는 자신의 독립성을 유지한다.

공포 대항형 6유형은 권위자에게 겉으로 자신의 양면성을 표출하는 경향이 있다. 이들은 권위자를 피하고 그로부터 자유로워지려는 시도로 자신의 반항적인 면을 행동으로 보인다. 하지만 앞에서 보았듯이, 이들은 공포 순응형의 동료들처럼 결국 권위자에 묶이

표 15-1 6유형의 자아도식

나	투사	내가 아님
조심스러움		무모함
안정성을 추구함		모험심이 강함
주의 깊음		조심성 없음
전통적임		진보적임
순종적임		반항적임
책임감 있음		무책임함
분별 있음		난폭함
신을 경외함		말썽쟁이
신의 있음		변덕스러움
두려워함		용감함
걱정함		근심 없음
믿을 수 있음		이해할 수 없음
정중함		무례함
신중함		과도함
경계함		부주의함
의심함		신뢰함
회의적임		잘 속음
우유부단함		결단력 있음
합법적임		법을 어김
의무를 다함		비행함
상세함		순진함
조심함		충동적임
망설임		일관되지 않음
일관됨		비정통적임(특이함)
정통파		배신자
충성스러움		천방지축
협조적임		비협조적임(까다로움)
준비되어 있음		잘 준비되어 있지 않음
보수적임		잡다함

게 되는 상태에 처하게 될 수 있다. 공포 순응형 6유형은 권위자에게 이렇게 말한다. "내가 무엇을 해야 하는지 알려 주면 그것을 하겠습니다." 공포 대항형 6유형은 이렇게 말한다. "내가 무엇을 해야 하는지 알려 주면 그와 반대로 하겠습니다." 전자는 따르지만 후자는 반대한다. 그렇지만 이들 모두 자신이 원하는 것을 자유롭게 선택하지 못한다.

〈표 15-1〉은 6유형이 자신의 이상화된 자아상과 일치한다고 여겨서 발전시켜야 한다고 느끼는 특성들(나 목록)과, 자신의 자기개념과 일치하지 않기 때문에 반드시 배제되어야 한다고 여기는 특성들(내가 아님 목록)을 대조해서 보여 주고 있다.

6유형의 두려움은 두 가지 면을 갖고 있기 때문에, 이 특성 목록을 있는 그대로 읽으면 공포 순응형에 해당하고 반대로 읽으면 공포 대항형에 해당하는 것을 볼 수 있다. 즉, 공포 순응형에게 나 특성인 것은 공포 대항형에게는 내가 아님 특성인 것이며, 공포 대항형의 나 특성은 공포 순응형의 내가 아님 특성인 것이다. 이에 많은 6유형이 의심과 혼란을 더하며 자신이 공포 순응형과 공포 대항형의 경향을 모두 갖고 있는 것을 인정한다고 말한다. 이렇듯 6유형은 두 특성 사이에서 흔들리며 자신과 함께 자신의 반대 기질들까지 균형을 잃고 방심하게 만들기도 한다.

6유형은 자신의 적개심, 내면의 반란군, 자주권에 대한 갈망을 밖으로 투사할 때 무모하고, 부주의하며, 무책임하고, 비행하고, 말썽쟁이인 범법자들의 집단에 둘러싸여 있는 자신을 발견하게 된다! 공포 순응형 6유형이 이 골칫거리들을 조심하며 이들을 억제하기를 원하는 것은 당연한 일이다. 6유형은 이런 무리들에게 교통법을 가르쳐 주고, 면밀히 감시하거나, 아예 가둬 버려야 하는 것이다. 이들을 시야에서 절대 벗어나지 못하게 하고 싶은 것이다. 이렇듯 6유형이 경찰관이나 군 인사, IRS와 CIA 요원, 보호 관찰관, 환경 보호 시설관, 주교 등이 되는 것은 당연한 것이다.

공포 순응형 6유형은 자신의 '반항적인' 성질들을 어느 정도 다시 찾아올 필요가 있다. 이들은 일탈적이라고 여겨지는 자신의 이런 부분들이 사실은 꽤 믿을 만하고 규칙을 지키는 이들의 양심의 내면의 장이라는 사실을 발견할 수도 있다. 또한 이들은 자신의 그림자 측면에 숨겨진 느긋한 부분들과 더불어 공격적인 부분들까지 찾게 될 수도 있다.

반면, 공포 대항형 6유형은 자신의 '정통적인' 특성들을 일부 되찾아 올 필요가 있다.

이들은 일부 외적인 권위자들은 정말로 신뢰할 만하며 도발할 필요가 없다는 점을 발견하게 될 수도 있다. 자신의 두려움을 충동적으로 헤쳐 나가는 대신 함께 머무르는 것은 이 두려움을 최대한 빨리 잊어 내려는 것보다 더 효과적이라는 사실을 증명해 주기도 한다. 그리고 협력적인 모습도 때로는 호전적인 모습보다 더 확실히 안전과 안정성으로 이어질 수 있다.

공포 대항형 6유형은 자신의 보호자에게 걱정스러움과 경계심, 망설임을 투사해 왔을 수도 있다. 걱정하고 조심스러운 권위자는 이들에게 신뢰를 일으키게 하지 않는다. 공포 대항형은 자신과 다른 사람들이 지닌 이 특성을 '인지하고' '분별하며' '배려하는' 특성으로 다시 이름 지어야 할 수도 있다.

6유형은 사람들이 자신의 편에 있다고 가늠되면 그들에게 다가가는 경향이 있다. 이들은 적을 시야에서 놓치게 될 수도 있기 때문에 사람들로부터 멀어지는 것을 어려워한다. 그래서 6유형은 에니어그램에서 제시하듯이 안전한 상황들 속에서 9유형의 관점으로 자연스럽게 움직이는 것이 이들을 편안하고 균형 잡히게 해줄 수 있지만, 이 모습을 준비가 잘되지 못하고, 부주의하며, 이해할 수 없는 등의 상태로 해석하면 아마 이 방향으로 향하기를 꺼려할 것이다. 6유형은 9유형의 멀어지는 전략을 경험하는 것을 용납하기 전에, 먼저 이 모습을 '침착하게 주의 깊은' '충분히 준비된' '믿을 수 있는' 모습으로 다시 이름 지어 줘야 할 필요가 있다.

6유형은 스트레스 상황에 있을 때, 때로는 (갈등과 의심으로 방해 받는 모습이 아닌) 3유형의 적극적인 대항하는 에너지를 동원하고 자신의 목표로 이 에너지를 자신감 있고 외골수적으로 향하게 하도록 3유형의 방향으로 움직이는 것이 유용하다. 하지만 만약 6유형에게 있어서 3유형이 무모하고 과도하며 협잡꾼의 집단으로 보인다면 이들은 아마 당연스럽게도 3유형의 모습으로 향하기를 꺼려 할 것이다. 스스로의 공격적인 에너지와 친해짐으로써, 6유형은 이 에너지를 밖으로 덜 투사하게 되고, 그에 따라 세상을 좀 덜 위협적인 곳으로 보게 될 것이다.

6유형은 나 특성과 내가 아님 특성들 모두를 포함시키기 위해 자신의 자기개념을 확장시킬 필요가 있다. 선의의 비판자가 되는 것은 누군가의 편에 서면서 동시에 다른 사람들을 도전할 허가를 지닐 수 있게 해 준다. 양심적 병역 거부자(또는 전쟁 반대자) 역시 중심

어린(고결한) 반대 집단에서 나올 수 있다.

방어기제

앞에서 보았듯, 투사는 6유형이 가장 손쉽게 사용할 수 있는 방어기제다. 이들은 자신의 비행적이고 탈선적인 부분들을 다른 사람들에게 투사하기 때문에, 자신이 아닌 사람들이 회피하려는 모습으로 보인다. 그렇기에 법과 질서를 유지시키는 것은 6유형의 역할이 된다. 6유형은 종종 적이 만물의 자연적 질서를 틀어지게 만들지 않는지 확인하기 위해 자경단원의 정신을 취한다. 6유형의 흑백논리적인 세상 속에서 이들은 경찰이고 우리들은 범죄자다. 이들은 믿음의 수호자이며 우리는 이단자다. 이들은 애국자이고 우리는 혁명군이다. 반면, 공포 대항형 6유형은 이 양극성의 후자와 동일시할 수 있다.

투사의 난점 중 하나는 바로 우리 자신에게서는 용납할 수 없어서 다른 사람들에게 던져 놓아 버리는 충동, 감정, 생각, 태도 등의 모습이 결국에는 사람들로부터 우리를 향해 돌아오는 것으로 경험된다는 점이다. 그래서 6유형은 자신의 공격성과 권위를 취해 왔고, 드러내 왔으며, 이제는 그것을 우리가 막아 내야만 하는 적개심, 위험 그리고 위협의 형태로 자신에게 되돌아오는 적의로 경험하게 되었다. 6유형은 두려움을 느낄 때 역설적으로 자기 자신을 두려워한다. 이들은 스스로의 공격성과 무법 상태, 충동들을 불안해한다. 스스로에 대한 통제를 잃게 될까 두려워하는 이들은 제멋대로인 자신의 충동들을 우리에게 쌓아 두고는 우리를 억제하고, 우리에게 제한을 두며, 우리 주위에 규칙들을 설정하고, 우리에게 너무 멀리 가지 말라는 경고를 하는 등의 모습을 보임으로써 이 충동들을 관리하려 한다.

정말 편집적인 방식으로, 6유형은 노출되거나 바라보아지는 것을 싫어한다. 세상은 위험한 곳이기 때문에, 이들은 개방된 곳에 너무 노출되어 있는 것을 원하지 않는다. 또한 이들은 다른 모든 사람이 어디에 있으며 어디서 오는지 알고 싶어 하며, 그렇기에 표출되거나 내포된 방식으로 이런 의문을 던진다. "당신은 우리 편입니까 아니면 우리와 대립하는 쪽입니까?"

주요 취약점

6유형의 주요 취약점은 배신당하고 허를 찔리는 것이다. 6유형은 충분히 기습받고, 실망하고, 상처받아 왔기 때문에 자신을 지켜 주고 더 이상 자신이 방심한 채로 허를 찔리지 않게 될 것이라고 보장해 주는 성격 유형을 발달시켰다. 이들의 경계하는 렌즈는 숨겨진 의도를 수색하며 기습으로부터 자신을 보호하기 위해 어깨 너머로 상황을 살핀다.

내가 아는 한 6유형은 자신이 5세였을 때의 일화를 들려주었다. 어느 날 그녀의 아버지는 집에 와서 그녀에게 함께 아이스크림 가게에 갈 것이라고 말해 주었다. 너무나도 기뻤던 그녀는 신나게 아버지를 따라갔다. 그들은 차에 탔고, 아이스크림 가게를 지나쳐, 치과에 도착했다! 당신은 왜 6유형이 수상쩍어하고, 권위자를 신뢰하는 것에 양면적인 모습을 보이며, 사람들의 말이 진정으로 뜻하는 바를 찾으며, 예측하려는 습관을 가지고, 자신이 운전하겠다고 하는지를 궁금해하는 것이다.

또한 6유형은 자신이 배신당하는 것만큼이나 다른 사람들을 배신하는 것에 민감하다고 말한다. 이들은 자신이 다른 사람들의 비밀을 폭로하거나, 자신이 하기로 약속한 일을 해내지 못하게 될 때 스스로에게 냉혹하게 비판적인 모습이 될 수 있다.

불안정함의 감정에 취약하고 다른 사람들의 모순된 모습들에 민감한 6유형은 혼란과 질서의 결핍에 예민하다. 이들은 집단에서 버려지게 되거나 자신이 능력이 되지 않을 때 책임을 맡게 되는 것을 두려워한다. 이들은 함정에 빠진 듯한 기분을 싫어하며, 속임당하거나 불공정하게 대우받고 자신의 말이 귀 기울여지지 않는 것에 민감하다.

이러한 민감한 상황들이 일어나게 되면, 6유형의 부적응적 도식 또한 나타나게 된다.

"나 자신을 신뢰할 수 없어."

"나 자신도 확실하지 않아."

"나는 나를 의심해."

"나는 양면적이야."

"나는 취약하고 다치기 쉬워."

"나는 와해시킬지도 몰라."

"세상은 위협적이고 너무 가까이 다가와."

"보여지고 노출되는 것은 위험해."

"아무 것도 제대로 된 게 없어 보여."

"수와 체계가 많을수록 안전해."

사실 6유형이 정말로 필요로 하고 원하는 것은 안전과 안정감을 느끼며, 일관성을 경험하고, 자신이 받아들여지고 괜찮다는 느낌을 주는 집단에 소속되며, 자신의 말이 귀기울여지고 주장이 받아들여지며, 자신이 두려워할 때 연결되는 것이다.

6유형의 주관적인 패러다임은 이들을 안전하게 지켜 주기 위한 것이지만, 이는 사실 6유형의 더 깊은 욕구들을 채워 주지는 않는다. 역설적으로 이들의 편집증은 사람들이 자신을 험담하기 시작할 것이라고 보장한다. 이들의 두려워함은 포식자를 끌어들이며 이들의 의심은 다른 사람들이 자신을 대신하게 만든다. 자신의 경계를 더욱 단단히 조일수록, 이들은 더욱 많은 친구와 동맹을 배제시키게 된다. 이들의 두려움은 존재하지 않는 위험을 확대하고 만들어 낸다.

그리고 6유형은 위험과 속임수 또는 배반을 감지할 때 자신의 성격의 무기 저장고를 활용한다. 이들은 적들과 숨겨진 의도들을 수색하고, 경계하고 준비되어야 한다는 자신의 걱정과 두려움을 고조시키며, 자신의 좋지 않은 의도들을 다른 사람들에게 투사함으로써 자신의 깨끗함을 느끼고, 안전함을 느끼기 위해서 권위자를 포용하며, 회피하거나 도전한다.

6유형은 자신의 주요 취약점이 침범당하고, 약점을 공격당하게 되거나 허를 찔리거나 배신당하게 될까 두려워할 때, 자신이 궁극적으로 안전하고 안정적인 곳인 자신의 본질의 성역을 추구해야 할 필요가 있다. 왜냐하면 자신의 자기 의심 말고는 아무것도 자신의 본질을 망가뜨릴 수 없기 때문이다. 이들은 참자기 속에서 자신으로 존재할 용기를 찾는다. 그리고 이 불굴의 용기는 6유형에게 풍부한 자원의 에너지를 제공해 주며, 이들이 자신의 두려움을 대면하고 경험하며 이 두려움을 침착하고 직접적으로 다룰 수 있게 해 준다.

성장 과정

　6유형의 기질은 일관적이지 못한 부모들에 의해 악화되고 과장될 수 있다. 부모 중 한 명 또는 부모 둘다 잠시 동안은 친절하고 애정 어리며 즐거운 모습이다가, 어느 순간 못되고 폭력적이며 공격적인 모습으로 변했을 수 있다. 이에 따라 어린 6유형은 세상 속에 있는 것에 안전함을 느끼지 못하고 다음 번의 기습이 어디에서 올지 지켜봐야 했기 때문에, 삶에 대한 경계 어린 접근법을 발달시켜 온 것이다. 이들은 권위자가 어디에 있는지 보기 위해 그들을 계속해서 지켜봐야 했거나(공포 순응형 전략), 아니면 자신이 누구를 상대하고 있는지 알기 위해 권위자를 개방된 곳으로 나오게 하기 위해 그들을 도발해야 했다(공포 대항형 전략).

　6유형의 일부 부모들은 권위주의자였다. 이들은 규칙을 정했고, 아이들은 그에 따라야 했거나(공포 순응형) 아니면 그 규칙들을 저항하는 방법들을 찾았다(공포 대항형). 이런 6유형들은 권위주의자인 부모들과 동일시하게 되었고, 모방을 통해 그들과 같아지게 된 것이다.

　6유형 아이들은 아이가 원하거나 생각하거나 느끼는 것을 공감해 주는 부모의 모습을 보는 대신, 그들을 기쁘게 해 주고 시키는 일을 해야 했다. 이에 따라 6유형은 성장하면서 끊임없이 외적인 권위에는 더욱 유의하고, 내면의 권위와 자신이 믿고 갈망하는 것에는 덜 신경 쓰게 되었다.

　6유형의 또 다른 부모들은 아이들을 지나치게 보호하며 삶에 대해 두려워하는 태도를 보였을 것이다. 그리고 6유형 아이들은 이 모습을 익힌 것이다. 6유형 아이들은 세상은 위험한 곳이라는 것을 배웠다. 한 6유형은 자신의 어머니가 꽤 두려움이 많은 사람이었고, 그에게 울타리 안에서만 놀도록 요구했던 것을 기억했다. 오늘날 그는 꼭 끼는 셔츠 깃과 넥타이까지 포함해 모든 종류의 제한을 짜증나한다.

　또 다른 6유형들은 지켜져야 할 가족의 비밀이 있었을 수 있다. 가족 내부의 사정과 집 바깥에 드러난 것 사이에는 경계망이 세워졌다. 말려져야 할 더러운 빨래는 바깥에 널어지지 않았고, 이웃들이 생각할 것들에 대한 경고가 주어졌으며, 가족 간의 유대와 충성심은 이질적인 세상에 맞댄 지지대였다.

일부 6유형들은 준비되기도 전에 어른의 역할을 맡아야 했다. 이들은 가족의 부양자가 되었다. 하지만 이들은 이런 성인 역할에 아직 준비되지 않았기 때문에 무능함을 느꼈고, 그래서 자신과 자신이 지닌 권위를 의심하기 시작했다. 또는 이들은 부모를 무능력하게 경험하고 전반적으로 권위자를 의심하기 시작했다.

일부 공포 순응형 6유형은 권위자와 가까이 함으로써 안정성과 안전함 그리고 보상을 찾았다. 이들은 책임감 있고 순종적이며 열심히 하는 모습으로 인정을 받았다. 반면, 일부 공포 대항형 6유형은 힘 있는 사람들이 신뢰롭지 못하고 자신의 권위를 남용할 가능성이 컸기 때문에, 권위자에 반항하는 것이 생존하기에 더 나은 방법임을 알게 되었다.

공포 순응형 6유형은 규칙 안에 있는 것이 보호받는 느낌과 행복감을 준다는 것을 배웠다. 10계명을 지키고, 관리 규정을 따르며, 규범과 체계를 알아내고, 그 안에서 일하는 것이다. 일부 성자들은 주로 그들의 종교적 질서를 준수했기 때문에 성인으로 공표되었다. 일부 6유형은 전통적인 도덕규범을 따르며 규칙을 어기면 처벌을 받을까 두려워한다. 이들은 규칙을 따름으로써 신과 사회로부터 보상받고 인정받으며, 구원받기를 희망한다. 규칙을 따르면, 그 규칙이 자신을 지켜 줄 것이다.

공포 대항형 6유형은 규칙에 대한 존경이 덜하다. 이들은 규칙을 피하거나 규칙으로부터 자신을 지키기를 원하며, 권위자와 그들의 제약들에 대해 비판적인 상태로 남아 그들에게 도전한다.

신체적 특징

아리카 체제의 얼굴 분석에 따르면, 6유형은 종종 아래턱이 발달한 얼굴 생김새를 지녔으며, 양 입가는 턱을 중심으로 고르게 긴장이 잡혀 있는 모습을 보인다. 이는 마치 충직한 불독의 인상이다. 리처드 닉슨(Richard Nixon)은 이 얼굴 모습의 좋은 예시다.

또한 6유형은 경계하는 인상과 위험을 찾아다니는 가는 눈을 지닌다. 이들은 불안하고 걱정하며 조마조마하고 잘 놀라는 모습으로 보일 수 있다. 이들의 에너지는 초조한 상태가 되면 안절부절못하거나 신체화된 장애나 질병의 상태가 되기도 한다. 공포 대항형 6유형은 종종 신경이 날카롭고 화나 있는 모습으로 보이며, 의문하고 공격하며 대립하는 모습을 보이기도 한다. 공포 순응형 6유형은 좀 더 내향적이고 머뭇거리며 신중한 경향이 있다.

의사소통 방식

6유형의 대화 패턴에서 자주 찾을 수 있는 특징 중 하나는 경고하기와 한계 설정이다. "조심해." "너무 멀리 가지 마." "그런 일은 한 번도 했던 적이 없었어." 공포 순응형 6유형은 규정된 경계와 한도 내에 있는 것을 좋아하며, 다른 사람들에게 사회의 경계와 법안에 있으라고 경고한다. 공포 대항형 6유형은 이와 달리 한계와 규칙을 뛰어넘으며 관습적으로 허용된 것들에 도전한다.

6유형은 권위자와 자신 편에 있는 사람들에게 우호적이고 비위를 맞출 수 있다. "함께 뭉쳐 있자." "나를 두려워하지 마. 나는 네 친구야."

이들은 자신이 책임져야 하는 사람들을 돌보면서 지나치게 보호하고 부모 같은 말들을 할 수 있다. "평신도들을 분개하게 만들지 않도록 조심합시다."

6유형은 흔히 빠르게 말하며, 그 안에서 의심과 걱정이 표출된다. 또한 테니스의 맞받아치는 형태처럼 갈팡질팡하는 방식으로 반대의 입장들이 제시된다.

패러다임 변화

에니어그램은 대처 전략으로서, 스트레스 상황과 안정적 상황 속에서 풍부한 자원 상태와 부족한 자원 상태로 향하는 아래의 패러다임 변화와 함께 인접 유형의 상태들로 향하는 방향을 제시한다.

	안정적 상태	스트레스 상태
풍부한 자원 상태	+9	+3
부족한 자원 상태	-9	-3

그림 15-1 6유형의 심리적 자원 패러다임 변화

스트레스 상황

Sheet 15-1 안전욕구를 왜곡하는 렌즈

> 6유형의 왜곡하는 렌즈를 착용하는 것:
> 자신의 낡고 불완전한 렌즈를 사용하는 것

6유형은 스트레스 상황에 처했을 때 자신의 유형의 같은 모습을 반복하며 왜곡된 틀로 세상을 바라보는 것을 계속할 수도 있다. 이 상태의 6유형은 더 우유부단하고 걱정스러워할 수 있다. 이들은 더 두려운 상태가 되어 갈수록, 자신에게 요구된 것을 할 수 있을 만큼 자신이 충분히 용감한지에 대해 초조해하며 더욱 자신을 증명하려 시도한다.

6유형은 스트레스가 이들의 편집증 수준을 높이게 되면서 더욱 다른 사람들을 의심하게 될 수 있다. 이들은 더 많은 마녀사냥을 하고 이교도들을 불태우며, 더 많은 공산주의자와 융 심리학파들 등을 캐내는 등의 모습을 보이기도 한다. 이들은 더욱 과도하게 경계하고 조심하며, 더욱 안전함을 느끼기 위해 모든 사람이 규칙을 따르도록 하게 하기 위해 더 노력한다.

더 안정감을 느끼기 위해, 6유형은 더욱 교조적이 되며 자신의 신념 속에 고착될 수 있다. 이들의 의심이 늘어날수록, 이들의 독단적인 사고방식 역시 늘어난다. 이들은 자신 내면의 권위는 덜 신뢰하고 외적인 권위자를 더 믿게 되기도 한다. 아니면 이들은 권

위자에게 반발하고 더욱 반항적이고 적대적인 모습이 되기도 한다.

6유형은 더 의존적이 되거나(공포 순응형 접근법), 거짓 독립성을 과장하게 될 수 있다 (공포 대항형 전략).

Sheet 15-2 성취영역을 왜곡하는 렌즈

> 3유형의 왜곡하는 렌즈를 착용하는 것:
> 다른 사람의 낡고 불완전한 렌즈를 사용하는 것

스트레스 상황들은 6유형이 3유형의 왜곡하는 렌즈를 끼도록 만들 수도 있다. 이는 더욱 비효율적인 패러다임 변화를 나타낸다. 이런 상태의 6유형은 느긋해지는 대신 속도를 높이고 더 바빠진다. 이제 6유형은 강박감을 갖고 걱정하며 자신의 머릿속에서만 쳇바퀴를 도는 것뿐만이 아니라, 정신없이 활동들을 밀고 나가고 더 많은 프로젝트를 맡으며 말 그대로 주위를 쳇바퀴 돌 듯 뛰어다닌다. 이들은 속도를 높임으로써 하나의 가속으로 두 개의 과업을 달성한다. 자신 내면의 두려움을 피하고 외적 권위자의 승인을 얻는 것이다. 6유형은 외적인 업무로 자신의 주의를 다른 데로 돌림으로써 자신 내면에서 일어나는 일들을 다루기를 회피한다.

이들은 안정성을 찾기 위해 참자기에 중심을 두는 대신, 이를 외적인 역할로 대체하거나 자신을 좋아 보이게 만들어 줄 이미지들을 취한다. 이들은 진짜 자기 자신의 모습 그리고 정말로 자신이 믿고 생각하며 느끼고 갈망하는 것에 대해 스스로와 다른 사람들을 속이기도 한다. 6유형과 권위는 하나가 된다.

공포 순응형 6유형은 권위자를 기쁘게 하며 열심히 일하고 충직하며 지시받은 일을 하고 자신의 부분을 다하는 등의 모습을 보임으로써 그들을 자기편으로 만든다.

6유형은 자신의 회피 영역을 기피하는 것 외에도 3유형이 가까이 하지 않는 것, 즉 실패를 꺼리기 시작한다. 이들은 자신에게 만족하고 스스로의 안정감을 강화하기 위해 성공적인 인상으로 보이려 한다. 모순적이게도 이는 6유형을 더욱 불안정하게 만들 뿐이다. 이미지는 흔들리는 불안한 기반으로 이어진다. 자신의 본질을 기반으로 쌓아 가는

Ｓheet 15-3 성취영역을 바로잡는 렌즈

> 3유형의 바로잡는 렌즈를 착용하는 것:
> 새로운 관점을 얻는 것

것이 더 안정적인 토대를 제공해 준다.

스트레스 상황에 있을 때 6유형은 3유형 패러다임의 관점과 강점들을 활용하기도 한다. 이는 긍정적인 패러다임 변화다.

이 상태의 6유형은 3유형의 조치를 취하는 능력과 접하게 된다. 이들은 자신의 실력과 숙달함과 연결되고, 상황에 반응하는 것이 아닌 앞서 주도하게 된다. 이들은 행동을 취할 때 더 풍부한 자원 상태를 느낀다.

6유형은 자신의 에너지를 두려움과 최악의 상황이 아닌 목표와 구체적인 계획들로 돌린다. 이들은 잘못될지도 모르는 것들이 아닌 자신이 할 수 있는 일에 주목한다.

행동 또는 조치는 6유형의 순환적인 사고를 바로잡아 준다. 행동은 6유형을 머릿속에서 갖고 있는 우유부단함, 두려움, 소심함에서 몸의 근육, 강함, 투지로 옮겨 준다.

3유형처럼, 6유형은 자신이 무능하며 소심하다고 느끼는 대신 자신감을 느끼고 자신에 대해 확신을 가진다. 이들은 열린 곳으로 나와 자신이 보여지도록 허락하고, 심지어는 스스로를 홍보하기도 한다. 이런 6유형은 자신이 보여지고 알려지는 것을 그다지 두려워하지 않는다.

이들이 더욱 열광적이 될수록, 이들의 에너지 또한 생산적인 활동들로 돌려지게 된다. 내가 아는 한 6유형은 조직하고 공을 들여 일하며 짧은 시간 안에 프로젝트를 완수하는 것에 대해 기분이 좋았다고 말했다. 그녀는 이런 부지런한 3유형의 영역에 항상 있고 싶지는 않지만, 자신의 성과와 효율적으로 사용한 시간들에 대해 만족했다고 말했다.

안정적 상황

Sheet 15-4 안전욕구를 바로잡는 렌즈

> 6유형의 바로잡는 렌즈를 착용하는 것:
> 자신의 관점으로 또렷이 보는 것

6유형은 안전하고 안정적인 상태에 있을 때와 자신의 참자기 안에 균형 잡히고 중심 잡힌 상태일 때, 세상을 자신의 유형인 6유형의 용감한 렌즈로 바라보고 6유형의 높은 수준 측면에서 기능한다.

이들은 자신의 본능과 직감을 신뢰하며, 다른 사람들의 확인에 지나치게 의존하지 않은 채로 자신의 관점을 입증할 수 있다. 동시에 이들은 다른 사람들의 신념과 관점들을 고려하지 않는 자신의 정설에만 융통성 없게 동조하지도 않는다. 이들은 다른 사람들의 의견과 권위자의 선언에 대한 의존과 극단적인 독립 사이에서 상호의존적인 중간을 취하며, 다른 관점에 대한 경계심은 자신의 의견과 동의하는 사람들은 구해 낸다.

성숙한 6유형은 외부에서 확신을 간청하려는 모습 대신, 자신 내면의 권위와 연결되고 그 안에서 안정감을 느낀다. 자신과 자신의 능력에 대한 현실적인 평가와 신념을 지닌 이들은 스스로를 확인하고 자신의 행복의 내면 나침반을 신뢰한다. 이들은 외적인 전형이나 자료 등이 아닌 자신의 참된 본성의 전개 속에서 '신의 뜻'을 찾으며, 자신이 진정으로 원하는 것은 정확히 신이 자기에게 의도한 것이라고 믿는다. 왜냐하면 자신의 마음에 그 갈망을 넣어 준 것은 신이기 때문이다.

용기의 미덕으로 확고해진 이들은 '존재할 용기'를 갖게 된다. 즉, 이들은 스스로의 선택들에 대한 책임을 받아들이고 남의 눈을 신경 쓰지 않는 태도로 용감하게 행동한다. 이들은 스스로의 두려움, 자신을 증명해야 한다는 강박 또는 권위자에 순응하는 무분별한 욕구로 인해 불능 상태가 되지 않은 채로 자신이 해야 하는 것을 즉흥적으로 한다.

균형 잡힌 6유형은 자신과 자신이 사랑하는 사람들을 보호하고 지킬 수 있는 스스로의 본능적인 능력을 믿는다. 이들은 아무 것도 자신의 본질을 해칠 순 없다는 것을 깨닫는다.

이들은 스스로의 권위와 에너지에 연결되어 있기 때문에, 더 이상 자신의 힘과 공격성을 다른 사람들에게 투사하지 않으며, 그렇기에 더 이상 다른 사람들의 호전적인 의도를 걱정할 필요도 없다. 이들은 자신의 참 본성과 연결 상태일 때 다른 사람의 본질과도 더 잘 연결될 수 있다. 이에 따라 이들은 더욱 자애로워지고 덜 두려워하게 된다. 이들은 "사랑은 모든 두려움을 물리친다."라는 말을 내적으로 이해한다. 6유형은 상호적인 나와 너 관계를 세울 때 자신과 다른 사람들의 참자기를 신뢰하며, 다른 사람들이 최선을 다하고 있고 달아나기 위해 애쓰고 있지 않다는 점을 믿는다.

자신의 유형의 객관적인 패러다임 관점으로 사물을 바라볼 때, 6유형은 법과 규칙들이 공포된 것은 자신의 이익과 쓰임을 위한 것이라는 사실을 인정한다. 안식일은 인류를 위한 것이지, 그 반대의 것이 아니다. 6유형은 법의 노예나 법의 끊임없는 도전자가 될 필요가 없다. 그보다는, 법의 글자가 아닌 정신을 자유롭게 공경할 수 있는 것이다.

6유형은 자신의 본질 속에서 자신이 이미 경기에 참여하고 있으며, 관계나 조직 속에서 한 부분을 맡고 있다는 사실을 깨닫는다. 이들은 참여하거나 머무르기 위해서 자신을 정당화할 필요가 없으며, 규칙을 위반했다는 이유로 쫓겨날 걱정을 덜 하게 된다.

6유형의 바로잡는 렌즈는 이들이 부정적인 결과뿐 아니라 긍정적인 결과들 또한 고려할 수 있게 해 준다. 이들의 왜곡하는 렌즈는 잘못될지도 모르는 것들과 최악의 시나리오에 이들을 주목시킨다. 그런 상태에 있다면 이들은 스스로가 자신의 최악의 적수인 것이다. 잘못될지도 모르는 것을 생각하는 것은 6유형이 행동하는 것을 단념하게 만든다. 잘될지도 모르는 것을 생각하는 것은 6유형이 수행해 내는 것에 의욕을 불어넣고 용이하게 해 준다.

이들은 자신의 두려움에 도전할 수 있으며, 스스로가 현실적이고 대비하는 사람인지 아니면 비현실적이고 중단하는 사람인지 평가할 수 있다.

Sheet 15-5 평화영역을 바로잡는 렌즈

9유형의 바로잡는 렌즈를 착용하는 것:
또 다른 관점을 얻는 것

편안하고 풍부한 자원 상태에 있는 6유형은 9유형 관점의 바로잡는 렌즈를 통해 사물을 보는 자신을 발견하기도 한다. 이 패러다임 속에서 이들의 자아상은 혼란스러움이었던 이전 자아감을 대신해 나는 안정적이다로 변화하게 된다. 이런 9유형의 환경 속에서 6유형은 자기 위로와 진정을 실천할 수 있게 된다. 이들은 고요하고 조용하면서 자신의 요동치는 생각들을 진정시킬 수 있게 된다. 이들은 자신의 딜레마에 대한 답은 자신 안에 자리한다는 것을 깨닫는다. 그리고 이들 내면의 고요함 속에서 해결책이 의식의 수면 위로 떠오른다.

작은 것에서 큰 소동을 만들고 스스로를 불안하게 하고 겁주는 대신, 이들은 이제 9유형의 관점으로 촉진되어 큰 것을 작은 것으로 만든다. 모든 것으로부터 큰 갈등상황을 만드는 대신, 이들은 "웬 소란이야? 내가 무엇 때문에 이렇게 속상해하는 거지?"라고 말할 수 있다.

이러한 풍부한 자원 상태에서 6유형은 '맙소사, 내가 이걸 하면 어떡하지!' '그걸 했다면 무슨 일이 일어날까?'라는 이들의 왜곡하는 패러다임으로부터 나온 조바심치는 마음 틀을 대신해, '만약 내가 이것을 하면 어떻게 될까?'라는 느긋하고 여유로운 마음가짐을 갖는다. 상황의 흐름을 따르고 과정을 신뢰하는 이런 6유형은 안심하고 흘러가며 물줄기가 자신을 도와줄 수 있게 할 수 있으며, 분투하는 것이 해결책이 아니라 자신의 본질 안에 있는 여유로움이 해결책이라는 것을 깨닫는다.

6유형이 9유형 관점으로 변화하는 것은 이들이 상황의 모든 측면에서의 진실을 찾고 문제나 상황에 대해 다양한 관점을 취할 수 있도록 도와준다. 이는 한쪽 측면은 모두 진실로 만들고 다른 측면은 모두 거짓으로 만듦으로써 상황을 양극화하는 6유형의 경향을 바로잡아 준다. 이들은 덜 분리하고 더 통합하게 된다.

안정적이고 위협이 없는 상황들 속에서도 6유형은 9유형의 자기 무시적인 측면으로

Sheet 15-6 평화영역을 왜곡하는 렌즈

9유형의 왜곡하는 렌즈를 착용하는 것:
시야를 더욱 흐리게 하는 것

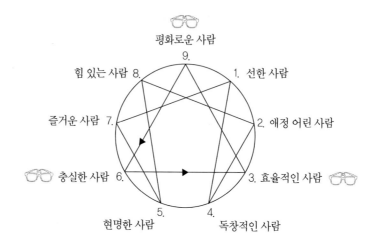

그림 15-2 6유형의 안정된 상황과 스트레스 상황에서의 패러다임 변화

무심코 빠져 버리기도 한다. 스스로의 두려움을 대면하고, 결정을 내리고, 조치를 취하는 대신 나태한 6유형은 무감각해진다. 이들은 불안을 유발하는 새로운 상황들을 피하기 위해 자신을 일상적인 것들에 둔다. 이들은 중요하지 않은 문제들에 신경을 씀으로써 실제로 해야 하는 것을 미루고 그것으로부터 관심을 돌린다. 이들은 9유형처럼 우선순위를 매기고 자신이 진정으로 원하는 것과 연결되는 것을 어렵게 여길 수도 있다. 이들은 더욱더 의심하고, 곰곰이 생각하며, 우유부단해질 수 있다.

인접한 유형

6유형이 표출되는 모습은 양옆에 있는 유형, 5유형과 7유형에 의해 영향을 받는다. 이 유형들의 바로잡는 렌즈와 왜곡하는 렌즈들은 6유형의 시야를 선명하게 해 주고 넓혀 주거나, 아니면 시야를 좁히고 더욱 흐릿하게 만든다.

Sheet 15-7 전지영역을 보완하는 렌즈

5유형의 보완하는 렌즈를 착용하는 것:

도움이 되는 관점

6유형은 5유형의 풍부한 자원 측면을 사용할 때, 자신 내면의 관찰자와 권위자에게 더욱 잘 접근하고 신뢰할 수 있다. 다른 사람들로부터 확인을 얻어 내려는 대신, 이들은 스스로의 경험과 추론을 신뢰하며 자신이 현명한 사람이고 좋은 판단을 내릴 수 있다는 것을 믿는다. 객관성과 거리를 두고 관찰하며 정보를 모으는 5유형의 능력은 6유형이 자신의 두려움을 균형 있게 바라보고 이에 대해 논박할 수 있도록 도와준다.

투쟁으로부터의 휴식 시간을 갖고 경기장 밖으로 나오는 것은 6유형이 실제로 무슨 일이 일어나고 있는지를 파악할 수 있도록 도와준다. 그리고 나면 이들은 합리적인 결정을 내리고 조치를 취할 수 있다. 5유형이 다양한 관점과 견해에 가지는 개방성은 때때로 6유형이 지니는 좁은 시야와 편파적인 편 가르기를 확장시켜 준다. 강한 5유형의 날개를 사용하는 6유형은 조용하고, 속을 잘 드러내지 않으며, 내향적인 경향을 보인다.

Sheet 15-8 전지영역을 왜곡하는 렌즈

5유형의 왜곡하는 렌즈를 착용하는 것:
도움이 되지 않는 관점

5유형의 왜곡하는 렌즈를 통해 사물을 바라보는 6유형은 상황을 대면하지 않고 뒷걸음질 친다. 이들은 생각을 되새김질하고 스스로의 두려움에 압제당하기 쉽다. 6유형은 감정과 몸으로 향하는 대신 더욱 머리로 향함으로써, 더 생각하고 덜 결정하며 행동으로부터 더욱 동떨어지게 된다. 이들은 물러나고, 수상쩍은 듯이 주시하며, 냉담해진다. 이들은 자신의 갈등에 5유형이 지닌 의존/독립성의 문제를 덧붙여, 스스로의 양면가치를 악화시킨다. 이들은 자신 안에 있는 쇠약해져 가는 믿음을 강화하고, 자신의 대인관계적 상호작용을 북돋기 위해 도그마와 엄격한 질서 체계에 의존한다.

Sheet 15-9 행복영역을 보완하는 렌즈

7유형의 보완하는 렌즈를 착용하는 것:
도움이 되는 관점

436

7유형의 바로잡는 렌즈를 활용할 때, 6유형은 더 낙관적인 모습이며 최악을 상상하고 싶어 하는 경향이 덜하다. 이들은 일에 착수함으로써 잘될 수도 있는 일을 만들어 낸다. 이들은 더 외향적이고 놀기 좋아하며, 근심 없고 재밌으며, 사교적이고 매력적이다. 이들은 사람들의 선함을 더 신뢰하며, 세상과 그 세상이 어려움을 주는 것 외에도 제공해 주는 것들에 대해 더 낙천적이다. 이들은 두려워하는 것들을 더 잘 웃어넘기고 위험에 닥쳤을 때 더 침착해질 수 있다. 강한 7유형 날개를 지닌 6유형은 현실을 자신의 것과 적수의 것의 두 측으로만 이루어져 있다고 보는 대신, 다양한 관점과 선택권을 상상할 수 있다. 이들은 더 혁신적이며 기준 규칙과 항상 같은 방식이었던 것들에는 덜 묶여 있다.

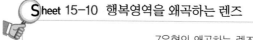

Sheet 15-10 행복영역을 왜곡하는 렌즈

> 7유형의 왜곡하는 렌즈를 착용하는 것:
> 도움이 되지 않는 관점

6유형이 7유형의 왜곡하는 렌즈를 착용하고 부족한 자원 측면의 행동들을 취할 때에는, 자신에게 놓인 문제들을 직면하고 맞서는 대신 더 회피하는 행동을 취한다. 이런 6유형은 행동을 미루기 위해서 생각이나 계획으로 탈출하려 하거나, 사소한 것들을 추구함

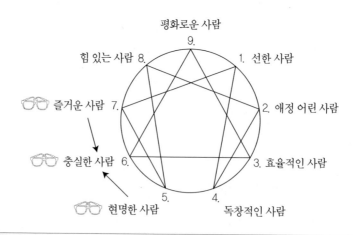

그림 15-3 6유형의 인접유형: 날개성향(보완, 왜곡렌즈)

으로써 스스로의 주의를 돌리기도 한다. 7유형의 고통 회피의 모습과 함께 상처받는 것에 대한 자신의 두려움을 악화시킴으로써, 이들은 상처받을 두려움 때문에 삶의 혼란스럽고 소란스러운 상호작용들을 더욱 회피한다.

하위유형

친밀한 하위유형

두려움의 격정이 성적 본능으로 흘러 들어가면, 이는 남성은 힘을 얻고 위협적으로 행동하는 것을 통해 두려움을 억제하거나 보상하려는 시도로 이어지며, 여성은 **아름다움을** 소유하고 성적으로 매혹적이고 유혹하는 모습으로 이어진다. 이 책략들의 일부는 3유형이 사용하는 것으로, 우리는 여기서 6유형이 스트레스 상황에 있을 때 3유형의 패러다임을 사용하기도 한다는 것을 알아차릴 수 있을 것이다. 주변에 호소하고 매력적으로 보여지는 것에 집중함으로써, 6유형은 약하거나 허용받지 못하는 느낌에 대한 불안을 줄인다. 친밀한 6유형은 보호를 위해 강하거나 아름다운 파트너와 동맹을 맺으려 하기도 한다. 6유형은 자신의 파트너에게 안정감을 느낄 때 그렇게 두렵지는 않게 된다.

친밀한 6유형은 군인이 되거나 무술을 하기가 쉽다. 공포 대항형 6유형은 선제 전략으로서 적대감을 사용하는 친밀한 하위유형에 종종 해당하지만 항상은 아니다. 이들의 이미지는 다른 사람들을 접근하지 못하게 할 수 있다. 남성은 공포 대항형의 힘자랑을 추구하며, 여성은 **팜므파탈의** 역할을 연기한다. 이들은 은밀한 활동과 위험에 매료되며 반문화, 반체제적인 집단과 운동들에 연루되기도 한다.

사회적 하위유형

두려움의 격정이 사회적 본능으로 들어가면, 6유형은 자신의 **의무를** 다하고 경기의 규칙을 따름으로써 집단 내 자신의 자리를 확보한다. 즉흥적인 나와 너 상호작용들은 공식적으로 허가받은 행동들로 대체된다. 요구된 것을 하면, 집단으로 받아들여질 것이며 쫓겨나지 않을 것이다. 사회적 6유형은 다른 사람들이 자신에게 기대하는 것을 한다. 이들은 순종적이고 보수적이며 권위주의적인 생각을 가지는 경향이 있다. 이들은 사장, 지휘관, 윗사람의 뜻에 따라 일하려 한다. 이들은 햄릿처럼 자신의 아버지를 영예롭게 하기 위해 수행해야 할 의무가 있는 것이다. 사회적 6유형은 집단의 응집성은 규칙과 규약을 고수하고, 사회적으로 용납되는 행동을 하며, 균일성을 드러내 보임으로써 세워지고 유지될 수 있다고 믿는다. 사회적 6유형은 '회사편의 직원'인 경향을 보인다.

사회적 6유형은 품위 있고 외교적 수완이 있다. 이들은 다른 사람들이 편안하게 느끼기를 원한다. 이들은 사람들에게서 최선을 기대하며, 자신도 그들에게 최선의 것을 준다.

반면, 방침과 절차를 따르지 않는 사람들은 시달리고 조직에서 축출될 수도 있다. 또한 다른 대체적인 세계관을 갖고 있는 사람들은 박해당하거나 집단의 가치와 비전에 따라 개조될 수도 있다.

자기 보호적 하위유형

두려움의 격정이 자기 보호적 본능과 상호작용하게 되면, 따뜻함과 친근감을 드러내 보임으로써 위험과 두려움을 피하려는 시도가 일어나게 된다. 만약 사람들이 우리를 좋아하도록 만들고 그들에게 우리는 위협이 되지 않는다는 것을 그들이 볼 수 있게 한다면, 사람들은 우리를 상처 주고 싶어 하지 않을 것이며 우리는 그들을 두려워하지 않아도 되는 것이다. 우리는 사람들의 애정을 얻음으로써 그들의 화를 분산시킬 수 있다. 자기 보호적 6유형은 종종 껴안아 주고 싶은 어린 소년, 소녀 같은 특징을 갖고 있다. 이들은 따스하고 배려하거나, 비위를 맞추고 환심을 사는 2유형의 모습을 보일 수 있으며, 종종 도움을 주는 2유형의 모습과 혼동된다.

우리의 악의 없는 모습을 보여 주면 사람들은 위협감을 느끼지 않는다. 이렇듯 자기 보호적 6유형은 종종 자기 비하적이며 소심하고 조마조마한 모습을 보인다. 이들은 관계에서 의존적이거나 무력한 태도를 보여 준다.

공포 순응형이자 자기 보호적인 6유형은 다른 사람들을 자기편으로 끌어들이기 위해 약점을 보여 주고, 그들이 자신을 보호해 주도록 만들며, 자신의 연약한 측면을 보여 준 후에도 그들이 여전히 자신을 좋아하는지 가늠해 보기 위해 사람들을 시험하기 쉽다. 반면, 공포 대항형이자 친밀한 6유형은 사람들이 신뢰할 만한지 확인하기 위해 그들에게 도전하고 도발하며 자신의 힘을 보여 주려 하기가 쉽다. 두 대인관계 책략 모두 6유형이 불안과 두려움을 줄이려는 시도를 나타낸다.

자기 보호적 6유형은 우디 앨런처럼 자기를 내세우지 않는 모습을 가진 재미있는 사람들인 경우가 많다. 다른 자기 보호적 하위유형들처럼, 이 하위유형 집단도 더 외향적이고 사교적인 하위유형과 친밀한 하위유형들보다 더 불안해하고 자족적이다.

자기 보호적 6유형은 이웃 유형인 자기 보호적 5유형처럼 자신의 집을 바깥세상의 공격으로부터 지켜 주는 안전한 안식처로 여기기도 한다. 방어벽을 둘러친 그 안쪽에서 이들은 보호받는 느낌을 받는다.

언젠가 한 워크숍에서 재미있으면서도 유익했던 활동 하나가 기억난다. 비슷한 유형별 집단끼리 자신의 이상적인 욕실을 설계하도록 한 것이었는데, 2유형은 자신의 모든

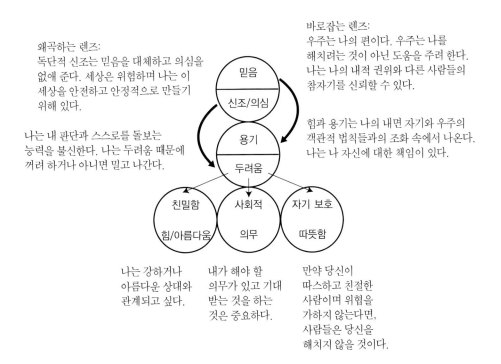

왜곡하는 렌즈:
독단적 신조는 믿음을 대체하고 의심을 없애 준다. 세상은 위험하며 나는 이 세상을 안전하고 안정적으로 만들기 위해 있다.

나는 내 판단과 스스로를 돌보는 능력을 불신한다. 나는 두려움 때문에 꺼려 하거나 아니면 밀고 나간다.

바로잡는 렌즈:
우주는 나의 편이다. 우주는 나를 해치려는 것이 아닌 도움을 주려 한다. 나는 나의 내적 권위와 다른 사람들의 참자기를 신뢰할 수 있다.

힘과 용기는 나의 내면 자기와 우주의 객관적 법칙들과의 조화 속에서 나온다. 나는 나 자신에 대한 책임이 있다.

믿음
신조/의심

용기
두려움

친밀함
힘/아름다움

사회적
의무

자기 보호
따뜻함

나는 강하거나 아름다운 상대와 관계되고 싶다.

내가 해야 할 의무가 있고 기대받는 것을 하는 것은 중요하다.

만약 당신이 따스하고 친절한 사람이며 위협을 가하지 않는다면, 사람들은 당신을 해치지 않을 것이다.

그림 15-4 6유형: 충직한 사람

친구를 다 수용할 수 있을 만큼 큰 거품 욕조를 원했던 반면, 5유형은 아무도 못 들어오도록 문에 자물쇠를 달았다. 그리고 오직 6유형만이 욕실의 배선이 규정을 따르고 있는지, 바닥에는 미끄럼 방지 타일이 깔려 있는지를 신경 썼다. 바깥이 안전하지 않다면, 최소한 안에서라도 확실히 안전해지자는 것이다!

요 약

용기와 충성심의 렌즈는 헌신, 약속, 의무의 시야다. 이는 올바른 질서를 인정하는 합법적인 방식이다. 이 경로를 따르는 사람들은 신의 있고, 책임감 있으며, 헌신적이다. 이들은 자신의 유산을 공경하고 보호한다. 이들은 **항상 충실하며 항상 준비가 되어 있다.** 이들은 세상을 약속이 지켜지는 좀 더 안전한 곳으로 만들기 원한다. 이들은 이를 용기의 정신으로 행한다.

권위주의 패러다임은 안전과 안정성에 대한 과장된 필요에서 드러난다. 의심이 믿음을 대체한다. 정통성은 위험한 세상에서 확실성과 예측 가능성을 얻기 위한 시도가 될 수 있다. 관심은 잘못될 수도 있는 것과 최악의 상황으로 향한다. 이 경로를 따르는 사람들은 종종 권위자나 권위체계에 어려움을 겪는데, 이 어려움은 권위자에게 지나치게 의존하든지 아니면 권위자를 과도하게 의심하든지로 나뉜다. 이들의 잘못된 신념은 '나는 충실하다. 그러므로 상처받지 않을 것이다' 이거나, 아니면 '나는 저항한다. 그러므로 함정에 빠지거나 방심한 채로 당하지 않을 것이다.' 이다. 두려움은 이 접근법을 충동하며 인지를 왜곡하고 에너지를 소모시킨다.

Sheet 15-11 6유형 요약

가치: 충성심, 신의, 약속, 헌신

비전: 세상을 더 안전하고 안정적인 곳으로 만드는 것

주요 취약점: 배신, 방심할 때 당하는 것

적응적 인지적 도식: 믿음, 우주는 신뢰로우며 내 편이다, 나는 나의 내면의 나침반을 신뢰할 수 있다.

적응적 감정적 도식: 용기, 스스로에 대한 책임을 지는 것, 존재할 용기를 가지는 것, 자연스러운 보호적 태도

적응적 행동적 도식: 항상 충실한 것, 항상 준비되어 있는 것, 이 모습들은 모두 안정시키면서도 도전적이다.

부적응적 인지적 도식: 만약 일이 잘못될 가능성이 있다면, 잘못될 것이다, 세상은 위험한 곳이다, 방심하지 말라, 의심이 들 때는 의심하라

부적응적 감정적 도식: 두려움, 최악을 상상하는 것, 자신과 다른 사람들을 불신하는 것, 나는 연약하고 신체적으로 해를 당할 수 있다.

부적응적 행동적 도식: 의심하고 경계하고 조심하는 것, 의문하고 숨겨진 의도를 찾는 것, 두려움에 의해 억제되거나(공포 순응형), 추진받는다(공포 대항형).

회피 영역: 탈선(일탈), 반항, 탈출구가 없는 것

방어기제: 투사, 의심이 들려 할 땐 의심해라.

유용한 패러다임 변화: 내면의 권위를 믿는 것, 자신의 일을 책임질 수 있다는 자신감, 혼란스러움 대신 안정감을 느끼는 것, 균형을 유지하고 소란 떨지 않는 것

유용하지 않은 패러다임 변화: 더 두려워하고 의심하거나 독단적이고 수상쩍어하는 것, 역할, 이미지, 자신의 의무를 다하는 것으로 도망하는 것, 집단에 과도하게 충성하는 것

7유형 렌즈 검사

이 문장들이 자신에게 맞는 정도에 따라 점수를 매겨라.

1	2	3	4	5
거의 절대 아니다	드물게/ 거의 그렇지 않다	때때로/ 가끔	종종/ 자주	거의 항상 그렇다

_____ 나는 쾌활한 사람이다.

_____ 나는 삶의 모든 모험과 경험을 놓치게 되지 않기를 바란다.

_____ 나는 많은 관심거리와 추구할 거리가 있지만 이들 대부분에 깊게 들어가지는 않는다.

_____ 나는 선견지명이 있다. 나는 미래에 일이 어떻게 될지 상상하는 것을 좋아한다.

_____ 나는 놀기 좋아한다.

_____ 나는 힘든 일을 너무 싫어해서 내가 할 수만 있다면 일을 게임으로 바꿔 버린다.

_____ 나는 몽상가다. 나는 실제로 하는 것보다 꿈꾸는 것에 더 시간을 쏟는다.

_____ 나는 나의 신나는 계획들에 너무 사로잡힌 나머지 현재 일어나는 일들에 주목하지 않는다.

_____ 나는 낙관적이며 안 좋은 상황에서도 긍정적인 측면을 찾는다.

_____ 나는 고통을 피하기 위해 많은 노력을 한다.

_____ 나는 풍부한 환상의 삶을 갖고 있다. 나는 항상 내가 할 수 있는 일들을 계획한다.

_____ 만약 상황이 좋지 않게 되면, 나는 항상 대안을 갖고 있다.

_____ 나는 뛰어난 사회적 성격을 갖고 있다.

_____ 나는 과거나 현재보다 더 미래지향적이다.

_____ 나는 항상 기뻐하는 것 같다.

_____ 나는 내가 원하는 것을 갖지 못하는 고통을 몹시 싫어하기 때문에 제멋대로 한다.

_____ 내게는 근심 걱정 없는 느낌이 중요하다.

_____ 나는 도취감에 중독되었으며, 항상 좋은 기분을 느낄 방법들을 찾는다.

_____ 나는 임무나 프로젝트를 시작하지만, 빨리 지루함을 느끼고 더 흥미로운 무언가로 이동한다.

_____ 많은 것이 나를 매료시킨다. 나는 특히 새로운 것에 신이 난다.

_____ **총점**

7유형 렌즈:

CHAPTER 16 유쾌한 관점

핵심 가치

즐거움은 7유형이 매료되고 또한 발산해 내는 가치다. 7유형에게 삶의 목적이 무엇이냐 물으면 이들은 열광적으로 이렇게 대답할 것이다, "행복해지는 거요!" 우리가 에덴동산에 살게 된 것은 이를 즐기기 위해서였다. 7유형은 삶을 굉장히 즐긴다. 인생의 모든 시기는 죽음을 포함하여 다 기념하고 파티를 열 기회다. 중요한 것은 인생을 즐기며 가능한 한 많이 경험하는 것이다.

목적적 행동주의의 이론을 만들어 내고 미국심리학회(APA)의 회장을 맡았던 에드워드 톨먼(Edward Tolman)은 그가 자신의 이론을 개발하는 것과 관련해 그다지 진지하고 전념하는 모습을 보이지 않았다는 것으로 종종 비난을 받았다. 그의 글들은 엉뚱하고 기발하며 개인적인 일화들로 차 있으며, 그는 자신의 저서들 중 하나를 흰 노르웨이 생쥐에게 바쳤다. 그는 자신의 이론화와 연구들에 대해 이렇게 기술했다. "이 체계는 과학적 절차의 최종 규칙들을 견뎌 내지 못할 수도 있다. 하지만 난 별로 신경 쓰지 않는다. 결국에는, 확실한 단 하나의 기준은 즐기는 것이다. 그리고 난 즐겼다"(Tolman, 1959, p. 140). 톨먼은 초기 인지심리학자였을 뿐 아니라 초기 7유형이었을 수 있다.

즐거움을 뜻하는 라틴어는 gaudium으로, 빛이라는 뜻도 내포하고 있다. 7유형을 서술하기 위해 사용되어 왔던 단어들은 마음이 가벼움, 아주 기뻐함, 반짝거림 등이다. 7유형은 빛, 위로, 밝음에 끌린다. 7유형의 중심부에는 **삶의 즐거움**(joie de vivre)이 있다.

7유형의 패러다임은 이들에게 삶에 대한 선천적인 낙천적 관점을 준다. 어떤 렌즈들은 결함을 찾는 것에 초점이 맞춰져 있지만(예: 1유형과 6유형 관점), 7유형의 도식은 모든 것에서 좋은 점을 찾도록 도와준다. 7유형은 긍정적인 것을 구분해 낸다. '모든 것이 잘되어 간다.' '밝은 희망을 바라보라.' '장밋빛 렌즈를 통해 세상을 바라보라.' 등의 인기 있는 구절들은 이러한 존재 방식을 표현하고 있다. 낙관론자는 잔을 반이나 가득 찬 것으로 보지만, 비관론자는 잔을 반이나 빈 것으로 본다. 또는 한 시인이 말했듯이, 두 명의 죄수가 창살 밖을 바라봤다. 한 명은 진흙을 봤지만, 다른 한 명은 별들을 봤다." 말할나위 없이, 7유형은 위를 바라보고 있다. 이들은 희망, 성장, 부활의 대변인이자 변호인이다.

윌리엄 사로얀(William Saroyan)은 그의 연극인 〈The Time of Your Life〉(1939)에서 7유형의 정신을 담고 있다. "너의 삶이 주어진 시간 동안, 살아라. 그렇게 함으로써 그 경이로운 시간 동안 너는 세상의 절망과 슬픔을 더하는 것이 아니라, 오히려 세상의 무한한 기쁨과 신비를 향해 웃게 될 것이다."

패러다임 관점, 능력, 격언

7유형은 굉장히 창의적이고 풍부한 상상력을 갖고 있으며 이를 자주 사용한다. 이들이 낙천주의인 이유 중 하나는 바로 이들의 패러다임이 한계 없는 가능성들을 만들어 낼수 있기 때문이다. 우울과 비관주의는 종종 선택권의 부족으로 인한 결과다. 그렇기에만약 당신이 우울함을 느끼고 막다른 길에 있으며 선택권이 없다고 느낀다면, 7유형과 이야기해 보라. 이들은 당신에게 '애인을 떠나는 40가지 방법'을 알려 줄 것이다.

선견지명적인 이들은 미래에 매료되며 앞으로의 일어날 일을 상상하는 것을 즐긴다. 이들은 문명의 선도자로서, 무리의 앞에 서서 개척지를 훑어보고 찾아 나선다. 프로그램에 착수할 때 7유형이 함께 하고 있으면 좋은 것은, 이들은 착수한 일에 대한 다양한 가능성과 선택권을 생각해 내는 것과 함께 먼 미래까지 자신을 투사하고 모든 시도의 장기적인 영향결과를 공상할 수 있기 때문이다.

7유형은 세상에 대해 어린아이 같은 반응성을 지녔으며, 이는 이들의 기쁨, 생기, 즐김의 부분들이기도 하다. 이들은 미래만큼 즉각성과도 연결되어 있다. 7유형에게는 아이가 그런 것처럼 모든 것이 생생하고 새로우며 흥미롭다. 7유형에게 있어서 삶과 그 모험은 흥분되는 선물들이다.

한 무정한 아버지는 아들이 생일선물로 원했던 말 대신 말의 거름을 주었다. 아버지는 아들의 생일날 아침에 아들이 생기 넘치게 웃으며 놀고 있는 모습을 보고 놀라지 않을 수 없었다. 그는 아들에게 뭘 하고 있는 것이냐고 물었고, 아들은 이렇게 대답했다. "이렇게 말 거름이 많으니까, 여기 어딘가에 말이 있을 게 틀림없어요!" 7유형은 모든 것에서 좋은 점과 희망을 찾아낼 수 있다.

7유형은 활기 넘치고 명랑하며 다채롭다. 우호적이고 남과 어울리기 좋아하는 이들은 유쾌한 유머감각을 지녔으며 사람들을 힘 나게 해 주는 데에 능숙하다. 일들을 웃어넘기며 다른 사람들도 웃으며 스스로 만족할 수 있도록 도와주는 능력을 지닌 7유형은 상냥한 접대자이자 사회자가 된다. 이들은 이야기를 들려주는 것을 좋아한다. 코미디언들은 종종 7유형의 영역에 산다.

7유형은 자신이 다음과 같은 특징과 기술을 집단에 불러온다고 말한다.

도움이 됨	규칙 바꾸기	다재다능함
열광,열정	모험심	재기 있음
다양한 연관성	낙관주의	항상 길이 있다
재미 추구	기쁨	외면성
무한한 굶주림	행복	포괄성

사교성	혁신	즉흥성
융통성	사람들을 사랑함	에너지
관용	터무니없음(별남)	짓궂음

7유형은 나머지 우리 또한 해치지 않을 다음의 격언들을 따르며 살아간다.

- 즉흥적인 순간들을 음미해라.
- 세상에 즐거움과 행복을 가져와라.
- 음식을 즐겨라.
- 널리 여행해라.
- 사람들에게 행복감을 주면서 시간을 보내라.
- 전력을 다하면 무엇이든 이룰 수 있다.
- 자유롭게 사랑을 주라.
- 너 자신을 믿어라.
- 네가 꿈꾸는 그것이 되어라.
- 그냥 한 번 해 봐라.
- 아름다움을 찾아라. 아름다움은 모든 곳에 있다.
- 자주 웃어라. 열심히 놀아라.
- 삶의 모든 것을 음미해라.
- 지나친 진지함은 모든 악의 근원이다.
- 햇빛을 안으로 들게 해라.
- 잔이 반이나 남았다고? 한 잔 더 주세요!
- 문제는 기회일 뿐이다.
- 많을수록 좋다.
- 모든 것은 되어야 하는 모습대로 있다.
- 모든 새로운 경험에 열려 있어라.
- 즐김이 나의 활기를 돋우게 해라.

- 이 순간에 완전히 존재해라.

아마 7유형이 썼을 일부 격언들은 다음과 같다.

- 비전이 없는 곳에서 사람들은 무너진다.
- 유머감각은 균형 감각이다.
- 자유롭게 살자.
- 다양성은 삶의 양념이다.
- 일만 하고 놀지 않으면 우둔한 사람이 된다.
- 바다에는 물고기가 충분히 많다.
- 아무리 안 좋은 상황에서도 좋은 면이 있다.
- 한 바구니에 모든 달걀을 넣지 마라(한 가지 일에 모든 것을 걸지 마라).
- 이미 흘린 우유에 울지 마라(돌이킬 수 없는 일에 후회하지 마라).
- (사람이) 많을수록 더 즐겁다.
- 애들 장난은 말릴 수 없다. 애들은 애들일 뿐이다.
- 목적을 달성하는 데는 여러 가지 방법이 있다.
- 구르는 돌에는 이끼가 끼지 않는다.
- 쉽게 얻은 것은 쉽게 잃는다.
- 인생은 즐거운 것이다.
- 웃어라, 그러면 온 세상이 함께 웃을 것이다. 울어라, 그러면 혼자 울게 될 것이다.
- 사람들은 결코 희망을 버리지 않는다.
- 쾌락(기쁨)을 향한 과한 열정은 젊음을 유지하는 비결이다.
- 적당함은 치명적인 것이다. 과도한 것만큼 성공하는 것은 없다.
- 모든 것에 익숙해지면 멋지고 경이로운 것은 아무 것도 없다.

적절한 렌즈/적응적 인지적 도식

7유형은 진정한 자기 또는 참본성을 기반으로 기능할 때, 실제의 것을 대체해 버릴 수 있는 자신만의 특유한 환상의 세계가 아닌 우주의 계획 또는 신성한 계획에 따라 산다. 7유형을 현실과 조율시켜 주는 적절한 렌즈는 일에 대한 올바른 개념이다. 삶에 대해 이렇게 객관적인 관점을 갖고 있을 때, 7유형은 인류의 진화 과정 속에서 각 사람마다 맡은 역할이 있다는 것을 깨닫는다. 우리는 모두 각자의 자기실현이라는 개인적인 일을 갖고 있으며, 더 큰 공동체의 향상을 위한 사회적인 일을 갖고 있다. 우리가 하는 일을 사랑하고, 사랑하는 일을 하면 일은 놀이가 될 수 있다. 우리가 열정적인 마음을 갖고 있는 일을 할 때에는 종종 수월하기는 하지만, 그렇다고 해서 이 일이 항상 힘이 들지 않을 것이라는 뜻은 아니다. 어떤 일들은 투쟁과 규율, 고통을 요한다. 이 일을 현재에 해내는 것만이 미래의 계획들이 일어나고 신의 뜻이 이루어지게 할 수 있는 것이다. 종말론은 현재의 이 순간에서의 일함을 통해 실현된다. 세상의 종말은 매일의 노력을 통해 지금이 된다.

7유형은 자신의 객관적 패러다임의 렌즈를 통해 볼 때 현실이 존재하며 이 현실은 현재에서만 만날 수 있다는 것을 인지한다. 삶의 충만함과 즐거움은 현재의 이 순간을 삶으로써 경험되는 것이다.

이러한 객관적인 자세는 지도가 영토는 아니라는 사실을 깨닫게 해 준다. 우리의 생각과 개념들은 현재에서 표현되고 실행되었을 때 그 생각의 모든 현실에 도달한다. 당신은 집의 청사진을 하염없이 검토하고 상세히 공을 들이고도 여전히 지붕이 없을 수 있다. 집을 지을 때에는 벽돌들을 하나씩 쌓아 가고, 현재의 그 순간에서 하나하나씩 지어 나가야 한다. 이와 비슷하게, 당신은 몇 년 동안 심리치료를 받으러 가서 자신에 대한 정교한 이해를 얻고, 절망적인 신경증 환자에서 계몽된 신경증 환자로 바뀔 수 있다. 하지만 건강하게 기능하는 사람으로 변화하는 것은 자신의 생각, 이미지, 태도, 감정, 행동들을 바꾸는 힘든 작업이 상담사의 방 밖에서 이루어지지 않으면 일어나지 않는다.

헬렌 팔머가 이야기했듯이 일은 집중하고, 그대로 계속해 나가며, 하나의 방침이나 프로젝트 또는 관계에 열심히 임하려 하며, 자신이 진정으로 믿는 것에 헌신하고, 세상에서 그것이 실현될 수 있도록 노동하는 것을 의미한다. 이는 다른 선택권들을 희생시키고 자신을 제한하는 것을 포함한다. 당신의 힘과 에너지는 반드시 분산되는 만큼 집중되어야 한다. 일은 설령 그 일이 재미있고 쉽고 흥미롭고 사회적으로 인정받는 것을 멈추게 한다 해도 그것을 유지한다는 의미를 내포한다.

신성한 일은 그 순간이 앞으로 어떻게 될 것이든지 상관없이 현재의 순간에 살려는 의욕과, 파도가 어둠과 우울로 떨어진다 해도 경험을 계속하고 흐름을 따라 움직이는 것을 수반한다. 깨달음이 덜한 상태의 7유형은 일어서서 파도의 물마루를 타거나, 솟아오른 파도가 떨어지기 시작할 때 다음 파도나 경험의 가장 높은 지점으로 올라타는 것을 선호한다.

요약하자면, 7유형은 현재의 순간에서 자신의 본질과 연결될 때 온전하고 균형 잡힌 상태가 된다. 그렇게 함으로써 이들은 자연의 법칙 또는 자연의 계획과도 연결되며, 그렇기에 이를 대체할 스스로의 계획을 만들어 놓을 필요가 없게 된다. 오직 현재에서 존재하고 행동할 때 현실세계의 기쁨들이 온전히 경험되고 소화될 수 있다.

미덕/적응적 감정적 도식

냉철함은 일에 대한 객관적인 패러다임과 결부된 미덕이다. 냉철함은 현재의 순간에 머무르며 자신이 필요한 만큼만 취하고 요구되는 에너지만큼만 사용하는 균형 잡힌 삶을 사는 것을 의미한다. 냉철함은 7유형의 에너지를 집중시켜 주며 7유형이 흥미로운 것으로 주의를 돌리게 되거나 소멸되는 환상에 빠지게 되어 헤매지 않고 평소 궤도에 머물도록 도와준다. 냉철함은 비록 과정을 따라 가는 길이 지루해지고 고통스러워질지라도 7유형이 무언가를 완료하는 것을 용이하게 해 준다.

또한 냉철함은 현재의 순간을 있는 그대로 받아들이는 것을 포함한다. 이 받아들임은 좋은 것뿐만 아니라 나쁜 것도, 기분 좋은 것만이 아닌 불쾌한 것도, 기쁜 것만큼 고통스러운 것도, 위안만큼 적막함도, 빛뿐 아니라 그림자도, 양만이 아니라 음까지도 포함하는 것이다. 7유형의 성향은 긍정적인 면을 향해 기우는 것이다. 이들은 냉철한 상태일 때 객관성의 상태에서 안정적이고 차분하며, 신의 뜻이 있는 방향이라면 어디든지, 즉 실제의 방향으로 갈 수 있다.

7유형은 도취감, 위안, 흥분되고 신나는 일들에 중독될 수 있다. 냉철함은 이들이 현실에 연결된 상태를 유지시켜 준다. 냉철함은 7유형에게 성장은 고독과 고요, 적막함 그리고 어둠 속에서도 일어날 수 있다고 안심시켜 준다.

냉철함은 하루에 한 날씩 살고 한 번에 한 가지 일을 하는 것을 의미하며, 어떤 일을 하면서 다른 것을 생각하는 것이 아닌 자기가 하고 있는 것을 하는 선(Zen) 원칙을 실천하는 것이다.

냉철함은 단순하고 순수한 영양분으로 충족된다. 보상 영역에 있는 7유형의 패러다임은 삶의 경험들을 더 흥분되고 과도하게 만들기 위해 경험들을 과장하기를 원한다. 7유형은 자신의 평범한 상태에 무언가를 추가해야 할 것 같은 느낌을 받는다. 이들은 생각과 환상들이 왠지 자원을 공급해 주며 자신을 채워 줄 것이라는 망상을 품는다. 맛있는 사과가 그려진 그림을 먹는 것은 실제 사과를 먹는 것만큼 영양분을 공급해 주기에는 턱없이 부족하다.

왜곡하는 렌즈/부적응적 인지적 도식

자신의 본질 또는 참자기와의 연결을 잃을 때, 7유형이 자신과 우주의 자연스러운 전개에 대해 가진 믿음은 줄어든다. 그래서 이들은 자신이 느낀 자연스러운 목적론과 발달로부터의 분리를 보상하기 위해 스스로의 미래 계획과 자신만의 우주론을 세워 이를 대체해야 한다고 느낀다. 이들의 주의와 에너지가 현재에 집중하는 것이 아닌 미래로 향하게 되면서, 7유형은 진짜 현실은 미래에 있다고 믿기 시작한다. 최선의 것뿐 아니라 현실까지도 아직 닥치지 않은 것이다.

7유형은 자신의 이상화된 미래에 끌리며 그 속에서 살고, 미래를 더 완벽하고 기분 좋은 것으로 만드는 것에 에너지를 전념한다. 이들은 자신이 상상하고 있는 미래의 상태가 지금의 현실보다 더 나은지 아니면 나쁜지를 비교한다. 이들은 **우월감**을 느끼고 더 나은 세상에 대한 환상을 꿈꾸거나, 아니면 **열등감**을 느끼고 다른 사람들보다 자신을 부족하게 여긴다. 이들의 왜곡하는 관점은 상상된 현실이 실제 일어나는 현실보다 더 풍요롭다고 믿는 것과 부족하다고 믿는 것 사이에서 왔다 갔다 한다.

7유형의 부적응적 도식에는 자아도취적인 분위기와 양극성이 있다. 우월 극단에 서 있는 이들은 자신이 훌륭한 일을 할 운명이라고 생각한다. 이들의 자아 또는 거짓 성격은 과장된다. 이들의 정교한 계획들이 실제 일하는 것을 대신해 버린다. 이들은 침대 속에서 계속 계획한다. 반면, 이들은 열등 극단에 있을 때에는 자신을 작고 부족하며 부적당하게 느끼며, 낙담하고 무력한 상태다. 자존감이 꺾인 이들은 침대 속에서 계속 우울해한다.

어떤 방향이든 극단적인 것은 비현실적이다. 두 자세 모두 같은 자아도취 동전의 양면을 나타낸다. 동전이 뒤집히는 방향에 따라, 한쪽 면은 위를 향하게 되고 다른 면은 잠시 동안 가려지고 잊힐 수 있다. 참자기는 악마(거창함)와 깊고 푸른 바다(반대, 비난) 사이의 중용 지점 어딘가에 자리한다.

보상 도식

7유형 렌즈의 편향은 현실 대신 미래에 주의를 제한하고 초점을 맞추며, 긍정적인 면에 집중하면서 부정적인 면은 배제하는 것이다. 바이러스에 감염된 7유형의 소프트웨어는 좋은 것만을 산출하도록 프로그램되어 있다. 좋지 않은 것은 회로 밖으로 버려진다. 좋지 않은 자료와 정보들은 컴퓨터에서 처리되지 않거나 무언가 괜찮은 것으로 바뀌게 된다. 7유형의 보상하는 도식은 이들이 강박적으로 낙관적인 모습이 되도록 이끈다. 의연한 자세를 유지하는 이들은 먹구름 속의 한 줄기 빛을 바라보며, 장밋빛 안경을 통해 세상을 바라보고, 모든 것이 잘 될 것이라고 믿는 모습 등을 보인다.

만약 7유형에게 세상의 모든 안 좋은 면을 어떻게 참아 내는지를 물어보면 이들은 이렇게 대답할 것이다. "무슨 안 좋은 면?" 이들은 그 안 좋은 면들을 보지 않거나, 아니면 아예 다른 이름으로 부른다. "저기 있는 멋지고 풍성한 거름 더미들 말이구나!" 7유형은 밝은 면을 잃지 않음으로써 생존한다. 이들의 왜곡하는 렌즈의 관점에서 보면 치료는 말이 되지 않는다. "왜 삶에서 고통과 괴로움을 갖고 사는 거야? 그게 무슨 좋은 점이 있다고?" 또는 치료를 받던 딸의 한 아버지가 말했듯이, "나는 만약 가는 길에 개똥 무더기를 본다면, 개똥을 밟아 버리거나 주위로 돌아서 갈 겁니다. 난 그 똥을 뚫고 걸어 나가지는 않죠. 당신의 개똥같은 치료 시간에서 노닥거리는 것이 무슨 의미가 있습니까?"

7유형의 패러다임은 이들의 주의를 긍정적인 것, 잘될 일과 잘될 수 있는 일의 방향으로 돌린다. 부정적인 것을 곱씹는 것은 단지 이들을 낙담시킬 뿐이며 소용이 없다. 7유형은 어둠을 뚫고 나갈 수 있는 방법이 있을 수도 있다는 것을 믿기를 힘들어한다. 이들은 나방처럼 빛을 향해 돌진한다.

7유형의 부적응적 도식은 기쁨과 고통의 연속체를 따라 길을 나란히 한다. 부적응적 도식의 과제는 기쁨을 최대화하고 고통을 최소화하는 것이다. 재미가 없다면, 그것은 가치 있는 일이 아니다. 이 패러다임의 우선 순위는 먼저 자신이 즐기는 것을 하고, 그러고 난 뒤 해야 하는 일을 하는 것이다. 삶은 짧으니 즐거운 것을 먼저 하라는 것이다. 이는 먼저 해야 하는 일을 하고, 그 뒤에 시간이 남는다면—인생의 마지막 5분 정도가 남았을 때 정도—원하는 것을 하라는 1유형의 패러다임과는 대조적이다.

7유형은 도취되는 것에 중독되어 있다. 이들의 정신은 욕망의 비행기를 타고 높이 솟아오르며 좀처럼 연료를 보급하기 위해 땅으로 내려오지 않는다. 심지어 이들의 목소리도 종종 높고 경쾌한 편이다. 이들은 무지개, 나비, 헬륨 풍선에 끌린다. 실제로도 많은 7유형이 풍선 사업을 하고 있는 모양이다. 이들은 사람들이 안으로 들어오면 풍선을 줄 수 있도록 사무실 안에 헬륨 탱크를 구비해 둔다. 아니면 이들은 아픈 사람들을 방문할 때 그들을 응원해 주기 위해 풍선을 가져온다.

7유형은 보통 관심사의 범위가 넓다. 이들은 모든 새로운 것에 호기심을 가지며 삶의 모든 가능성과 기회를 놓치고 싶지 않아 한다. 이들은 다양한 주제를 다루고 있는 잡지를 많이 구독하기도 한다. 어느 워크숍에서 만난 한 7유형은 100개가 넘는 잡지를 구독하고 있었는데, 너무 많아서 그것들을 다 기억할 수 없었기 때문에 그중 일부는 중복된 것이라고 말했다.

7유형은 여행하고 새로운 것들을 보는 것을 사랑한다. 예를 들어, 일터에 있던 한 7유형은 가족과 함께 방문했던 모든 여행지의 사진을 갖고 있었다. 그는 침대 옆 탁자에 그가 앞으로 가 볼 수 있는 모든 휴가지에 대한 안내지들을 구비해 두고 있었다. 그는 낙심할 때마다 이 기분 좋은 장소들을 보며 즉시 기운을 내곤 했다. 이 사람은 잠깐 동안 진지해져서는 단지 즐기는 것만이 인생의 전부인가를 고민했다. 그 진지한 생각은 그가 친구와 최근에 겪었던 웃긴 일을 회상하면서 재빨리 지나갔다. 7유형은 월급 때문이 아니라 자신의 여행사가 홍보하는 여행지들을 사전 답사하는 즐거움 때문에 여행사 직원이 된다.

7유형의 왜곡하는 렌즈의 문제는 이들이 많은 것에는 관심을 가지지만 무언가 하나를 깊이 있게 추구하지 않는 호사가가 될 수도 있다는 것이다.

7유형은 하나의 직업이나 한 명의 친구에게만 머무르는 것을 제한적으로 느낀다. 왜냐하면 주위에는 수많은 신나는 가능성이 있기 때문이다. 만약 하나의 행동방침이나 한 명의 파트너에게만 전념한다면, 나중에 재미있는 무언가 또는 누군가를 놓치게 될 수도 있는 것이다.

7유형의 패러다임은 이들을 미래로 데려가기 때문에, 이들은 선견지명이 있으며 계획하는 사람이다. 이들의 열성은 계획들을 실행하는 것보다 짜는 것에 더 자리한다. 이들이 자신의 지도를 영토라고 착각할 때 문제가 일어난다. 예를 들면, 7유형은 통찰을 받기 위해 치료에 들어갈 수는 있지만 꼭 삶을 변화시키기 위한 것은 아닐 수 있다.

7유형은 일 대신 여행을 한다. 모든 것은 좋은 여행이 된다. 나쁜 여행은 없다. 7유형은 실제로 하는 것 대신 하는 것을 **생각한다**.

7유형의 도식에는 우주적인 범위가 있다. 예수회 인류학자이자 철학자였던 테야르 드샤르댕이 7유형이었을 수 있다. 그의 우주론은 아메바에서 오메가로까지 확장된다. 그의 우주적 진화의 각 단계는 이후로 갈수록 전 수준보다 더 높고, 더 복잡하며, 더 진보된다. 향상은 이 체계 안에 짜여 있으며 진화는 계속해서 증가된다. 하지만 샤르댕은 그가 정리한 현실의 개념에 악을 포함하지 않은 것으로 비난받아 왔다. 악, 죄, 어둠 등은 7유형의 세계관에는 설 자리가 그다지 없다.

삶이라는 경기 안에 있는 것은 머리 중심의 세 유형들에게는 도전이다. 6유형은 삶을 너무나도 무섭게 느껴서 그 안에 들어가기를 두려워하기 때문에 삶의 경기에 참가하는 것에 어려움을 겪는다. 5유형은 경기 안에 들어가는 방법을 몰라서 사이드라인에 서서 관찰하기 때문에 경기의 밖에 있다. 7유형은 다음 경기를 준비하느라 너무 바쁘기 때문에 삶의 경기에 들어가지 않는다.

이 세 유형이 축구경기에서 어떤 모습을 보일지 상상해 보라. 6유형은 관람석에서 규칙서를 손에 들고, 양 팀이 모두 정해진 절차에 따라 경기를 진행하고 있는지 확인하며, 규칙을 어긴 것에 벌점을 줄 것이다. 5유형은 관찰하며 경기 양상을 도표로 나타낼 것이다. 7유형은 경기장의 위 좌석에서 수다를 떨며, 먹고 마시고, 진행 중인 경기에는 관심을 두지 않지만, 다음 경기에는 언제 오게 될지에 대해 논의할 것이다.

7유형이 미래의 재미로 가득 찬 이벤트들을 그토록 계획해야 하는 이유들 중 하나는 바로 이들이 현재에는 너무 적은 시간을 쓰는 바람에 그다지 자원 공급을 받거나 충족되지 못하기 때문이다. 이는 7유형이 자신의 도식을 유지하는 방법이기도 하다. 이들은 수많은 좋은 것을 시도해 보지만 그것들을 대단히 즐기거나 완전히 이해하지 않는다. 이들은 중독자처럼 반짝 이 즐거움을 쫓았다가 다른 즐거움으로 간다. 이는 7유형의 자아나 거짓 자기에 일시적인 도취감을 줄 수는 있지만, 이들의 본질이나 참자기에는 아무 것도 주지 않는다. 그래서 이들의 자아는 계속해서 계획하고 보상하는 반면, 이들의 자기는 결코 완전함을 느끼지 못한다.

7유형은 부활에 관심이 많으며 죽음과 땅에 묻히는 것을 피하고 싶어 한다. 아무 일도 일어나지 않을 때 성 토요일에 예수님과 함께 무덤에 있게 되는 것보다 내키지 않는 일은 거의 없다. 7유형은 자신의 날개가 잘리거나 풍선이 터지는 것을 몹시 두려워한다. 그렇게 되면 이들은 무덤으로 떨어지게 될 수도 있고 지루해서 죽을 지경이 되기 때문이다.

7유형은 빛을 좋아하며 신뢰한다. 이들은 불꽃놀이, 흥분되는 일, 위안, 흥취, 행동, 소음에 매료된다. 이들은 추운 곳, 어둠 속, 침묵 속에서 무언가가 일어나거나 성장할 수 있다는 것을 믿지 않는다. 이들은 적막함을 싫어하고 신뢰하지 않는다. 묵혀 있는 땅은 7유형에게는 매력적으로 느껴지지 않는다.

이상화된 자아상

7유형의 왜곡하는 패러다임은 '나는 괜찮아'라는 이들의 이상화된 자아상 속에서 명확해진다. 이들은 사랑하는 사람이나 건강 또는 재산 등을 잃었음에도 불구하고 이들에게 어떻게 지내냐고 물어보면, 이렇게 대답할 것이다. "난 괜찮아." 이들이 지닌 자신에 대한 이미지와 자신이 투사하고 싶어 하는 이미지는 이렇다. "난 괜찮아." "난 긍정적이야." "최상의 상태야."

이들은 자신이 호전되어야 사람들이 자신을 좋아하고 받아들여 주며 함께하고 싶을 것이라고 믿는다. "내가 볼품없는 상태일 때는 아무도 날 신경써 주지 않아." 그러니까 "행복한 표정을 짓고 세상을 대해."

7유형은 우울해지기도 하지만, 오랫동안 저자세를 유지하지는 않는다. 이들의 성격은 이들이 나눠 주는 헬륨 풍선과 아주 유사하다. 헬륨 풍선은 물 밑으로 눌러 놓을 수 있지만 이내 다시 위로 떠오른다. '가라앉지 않는 몰리 브라운'처럼, 7유형은 고통과 적막함 속에 오랫동안 연연하거나 잠겨 있지 않는다. 7유형은 잿더미 속에서 올라오는 불사조를 본으로 삼는다. 프랭크 로이드 라이트(Frank Lloyd Wright)는 뒷창문이 없는 링컨 컨티넨탈 자동차를 설계한 적이 있었다. 그는 그 이유를 이렇게 말했다. "내가 지나왔던 곳이 중요한 게 아니라, 내가 앞으로 갈 곳이 중요하다."

도식 유지

7유형은 기쁨을 최대화하고 고통을 최소화하기 위한 쾌락주의의 근본 구조를 지지함으로써 자신은 괜찮으며 나머지 모든 것도 괜찮다는 도식을 유지한다. 이들은 잘 돌아가고 있는 것을 중시하고 그렇지 않은 것은 경시한다. 이들은 환경 안에서 즐거운 것을 알아차리며 그렇지 않은 것은 무시한다. 이들은 비극보다 희극을 선호하거나, 비극을 희극으로 바꾼다. 이들의 노래 가사들 속에서 7유형은 항상 삶의 밝은 면을 바라보며 미소를 유지하고, 긍정적인 것은 강조하며 부정적인 것은 없애 버린다.

감정적으로 이들은 즐거움이나 놀라움 같은 긍정적인 감정들을 표현하고, 화나 슬픔

같은 부정적인 감정들은 억누른다.

　행동적으로 7유형은 사람들과 상황들에 대항하거나 멀어지기보다는 다가간다. 이들은 장난기 많고 활기차며, 일상의 잡일을 즐거운 격려로 바꾼다. 이들은 지루해지거나 갇힌 상태가 되는 것을 피하기 위해 약삭빠르고, 표면적으로 느끼며, 빠르게 진행한다. 이들은 햇빛으로 나와 그림자를 피한다. 이들은 오랫동안 처져 있는 자신의 모습을 용납하지 않으며 더 높은 곳과 밝은 분위기를 찾는다.

　7유형이 자신의 왜곡하는 도식을 유지하는 또 다른 방법은 쾌락을 향해 격정적으로 기름을 붓듯이 탐식하는 악덕을 통해서다.

악덕/격정/부적응적 감정적 도식

　7유형의 부적응적 도식과 이상화된 자아상은 이들의 에너지를 소진시키고 현재에서 충족시켜 주는 일을 하는 것으로부터 이들의 주의를 돌리는 탐식의 악덕에 의해 유지된다. 탐식은 자아를 쾌락으로 채우려는 열렬한 탐욕의 시도다. 탐식은 참자기가 외면되었을 때 느껴지는 공허감으로부터 온다. 7유형은 좋은 것을 더욱더 많이 갈망한다. 만약 약간의 것이 좋은 것이라면, 더 많은 좋은 것이 더 나은 것이다. 7유형 영역은 '후루룩 거리는 상태'라고 불려 왔는데, 이는 7유형이 잠재적인 쾌락들에 군침을 삼키기 때문이다. 경험들을 즐기고 음미하는 이들은 그 경험들을 허겁지겁 먹어 치워 버리고는 입맛을 다신다. 7유형은 즐거운 시간을 고대하고 과거의 즐거운 시간들을 기쁘게 추억한다.

　어떤 7유형들은 불쑥 멈춰 버린 행복했던 어린 시절을 겪었으며, 이에 따라 그 후의 이들의 즐기는 생활 모습은 그 예전의 친밀함과 따스함을 회복하려는 시도를 나타낸다.

도식 회피

　괜찮지 않은 상태 또는 제한된 상태가 되는 자신의 부적응적 도식이 활성화되는 것을 피하기 위해, 7유형은 자신의 한계나 자신이 두려워하는 결점들을 드러낼지도 모르는 생각, 감정, 대인관계적 상황들을 멀리한다. 다른 유형들처럼 7유형도 사람들에게 자신의 용납할 수 없는 특성들을 투사할 수 있으며, 불쾌하게 하는 특성들을 걸러 내기 위해 또 다른 방어기제들을 사용할 수 있다.

회피 영역

7유형은 특히 **고통**과 **괴로움**을 불편해하며, 이러한 상태들은 7유형의 이상화된 자아상과는 상반되는 것이다. 이들의 패러다임은 이들을 기운 내고, 위를 바라보며, 긍정적인 면에 집중하는 방향으로 돌리기 때문에, 이들에게 있어서 우울한 상태가 되거나 부정적으로 보는 것은 어려운 일이다. 삶의 그림자 측면을 거북해하고 어둠을 두려워하는 7유형은 심각한 것을 회피하고 모든 것을 밝게 유지하려 시도한다. 이들은 부정적인 감정들로부터 자신을 단절시킨다. 이들은 슬픔을 믿지 않으며, 이들의 화는 빈정댐이나 반어법 속에서 나온다.

삶의 비극적인 면은 7유형을 불안하게 하며 이들의 사고방식은 고통과 괴로움이 다른 사람들 또한 불안하게 만든다고 넘겨짚는다. 이들의 직업은 삶의 희극적인 면으로 주의를 돌리고, 사람들을 격려하고 생기를 불어넣어 주며, 기분을 좋게 하고, 웃어 넘기며, 삶을 너무 진지하게 받아들이지 않기 위함이다.

7유형이 자신의 고통, 괴로움을 알지 못하는 것에는 정도가 있다. 이들은 자신의 고통과 괴로움을 완전히 억눌러 왔거나, 자신이 아프다는 것을 인지하고 있지만 다른 사람들이 자신의 고통을 알게 하고 싶어 하지 않는 것이다. 이들의 자아상은 '나는 괜찮아'이기 때문에 이들은 건강하고 괜찮아 보여야만 한다. 이들의 패러다임의 규칙은 다른 사람들의 짐을 가볍게 해 주고, 자신의 괴로움을 그들과 나눔으로써 그들을 짓누르거나 더 무거운 짐을 지게 하지 않는 것이다. 7유형은 다른 사람을 진정으로 신뢰했을 때에야 자신의 고통을 그 사람에게 밝힌다.

7유형이 불쾌한 감정들을 회피할 수 있는 또 다른 방법은 자신의 슬픔을 다른 사람들에게 투사한 뒤 어째서 모든 사람이 그다지도 우울해하는지 궁금해하는 것이다. 7유형은 다른 사람들이 음울하고 비관적이라며 비난하기도 하고, 지나친 냉철함과 심각함으로 자신의 하루와 즐거움을 망쳐 버렸다고 사람들을 탓하기도 한다.

윌리엄 제임스(William James)는 그의 저서인 *Variety of Religious Experiences*(1902)에서 이상주의적인 사람들과 현실적인 사람들, 건전한 정신의 사람들과 병든 마음을 가진 사람들, 생애는 한 번이라고 믿는 사람들과 환생을 믿는 사람들에 대해 이야기했다. 전자의 특성들을 가진 사람들은 많은 고통을 겪거나 스스로 고통을 겪는 것을 허용치 않았기 때문에 세상에 대한 아이 같은 낙관론을 갖고 있다. 후자의 특성들을 가진 사람들은 삶 속에서 고통과 환멸을 겪어 왔더라도 계속해서 신뢰하고 희망을 가진다. 7유형은 이상주의적이고 한 번의 생애를 믿는 사람들의 범주에 속하는 경향이 있다. 이런 사람들에 대한 제임스의 설명을 일부분 살펴보자.

> 많은 사람에게 있어서 행복은 기질적이고 교정할 수 없는 것이다. '우주적 감정'은 많은 사람에게서 불가피하게 열광과 자유의 형태로 받아들여진다. 나는 단지 육체적으로 행복한 사람들만을 이야기하는 것이 아니다. 나는 자신에게 불행이 일어나거나 의도되었을 때, 마치 이것이 사악하고 잘못된 것이기라도 한 것처럼 이를 느끼기를 분명히 거부하는 사람들을 말하는 것이다. 우린 이런 사람들을 언제 어디서나 찾을 수 있다. 자신의 어려운 상황에도 불구하고 그리고 자신이 갖고 태어났을지도 모르는 사악한 신학 기반에도 불구하고, 삶의 선량함에 대해 가지는 자신의 인식 위에서 몸부림치는 사람들 말이다. 이들의 종교는 처음부터 신성성과 연합을 이룬다(p. 78).

> 이런 사람들에게는 즐거운 기운의 측면에 기본적으로 무게가 실려 있고 오래 머무는 것은 숙명적으로 금지된 기질의 모습을 찾아볼 수 있다. 이와는 반대의 기질을 가진 사람들이 우주의 어두운 측면에서 머무르는 모습도 볼 수 있다. 일부 사람들에게서 낙관주의는 병리적인 모습과 비슷해지기도 한다. 이들에게는 아주 일시적인 슬픔이나 순간적인 겸손함을 가지는 능력도 기질적인 무감각증처럼 차단되는 듯 보인다(p. 82).

> 만약, 그렇다면, 우리가 모든 사물을 바라보고 그것들의 좋은 모습을 보는 성향을 건강한 정신이라고 부른다면, 우리는 건강한 정신이 되는 좀 더 무의식적(반사적)인

방식과 더 자발적인 또는 체계적인 방식 간의 차이를 구별해야만 한다. 무의식적 다양성 상태에서의 건강한 정신은 대상에 대해 즉시 행복감을 느끼는 방식이다. 체계적인 다양성 상태에서의 건강한 정신은 대상을 좋다고 생각하는 추상적인 방식이다. 사물에 대해 추상적으로 생각하는 방식은 사물의 한 측면을 잠정적으로 그 사물의 본질로 고르고, 다른 나머지 측면들은 무시한다. 체계적으로 건강한 정신은 선함(좋음)을 모든 존재의 본질적이고 보편적인 측면이라고 여기며, 시야에서 모든 악함을 고의적으로 배제시켜 버린다.

행복은, 다른 모든 감정 상태처럼, 그와 반대되는 사실들에 대해 어긋남에 맞서 자기보호를 위한 본능적인 무기로서 무분별함과 둔감함을 갖고 있다. 행복을 실제로 소유하게 되면, 악에 대한 생각은 더 이상 현실감을 얻지 못한다. 비애감이 만연할 때 선함에 대한 생각이 현실감을 얻을 수 있는 것보다 말이다. 능동적으로 행복한 사람에게 있어서 악은, 어떤 명분에서든지, 단순히 믿어지지 않는다. 그는 이를 반드시 무시해야 하는 것이다. 제3자가 볼 때 악을 보지 않으려 하고 숨기는 이런 그의 모습은 뻐딱하게 보일 수도 있다.

낙천적인 사고방식을 일부러 취하는 것은 이에 따라 철학의 문으로 들어간다. 그리고 한 번 들어가면, 그 합법적인 범위를 추적하기 힘들다. 자기보호에 급급한 행복을 향한 인간의 본능뿐만 아니라 내면의 높은 이상 또한 할 말이 많다. 불행의 태도는 고통스러울 뿐 아니라, 나쁘고 추하기까지 하다(pp. 86-88).

윌리엄 제임스는 거의 백 년 전에 이 묘하게 정확한 관찰들을 제시했다. 그는 에니어그램 관점에 대해서는 몰랐지만, 7유형 패러다임을 너무나도 잘 묘사해 냈다.

7유형이 자신에게 느끼는 모습들에서 포함되고 배제된 일부 특성들은 〈표 16-1〉과 같다.

7유형은 다른 사람들에게 자신의 받아들일 수 없는 특성들을 투사하게 되면서, 지루하고, 우울하며, 흥미롭지 않고, 내성적이며, 유머감각이 없는 일쟁이들에게 둘러싸여

표 16-1 7유형의 자아도식

나	승화	내가 아님
쾌활함		음울함
낙관적임		비관적임
열광적임		생기 없음
활기 넘침		따분함
장난스러움		진지함
근심 없음		무거움
즉흥적임		예측 가능함
계획가		꾸준히 일함
다각적임(다양성)		갇혀 있음
밝음		둔함
기분 좋음		우울함
즐겁게 해 줌		지루함
매료됨		무관심함
긍정적임		부정적임
많은 가능성		제한됨
고무적임(활기를 줌)		감쇄시킴
달아남		단조로움
기뻐함		의기소침함
남과 어울리기 좋아함		내성적임
즐김		당연시함
재미있음		유머 없음
모험적임		두려워함
독창적임		덫에 빠짐
매력적임		냉담함
다재다능함		보통 수준
기민함(경계함)		잠이 듦
이야기꾼		말수가 적음
관능적임		억눌림
기지 있음		갈팡질팡함
천진함		싫증남

있는 자신을 발견한다. 그렇기에 당연히 7유형은 우리들을 기운 나게 해 주기 위해 그토록 많은 시간과 에너지를 쓰는 것이며, 지루해지고 제한되며 끌어내려지게 되는 것에 그토록 신경을 쓰는 것이다. 이토록 시무룩하고 뚱한 사람들에게 둘러싸여 있는데 누가 그러지 않겠는가? 7유형이 함께 살아가는 보기 좋은 것들의 수렁에 빠진 뚱한 이 무리들은 누구든 더디게 만들고 끌어내릴 것이다. 내가 기억하는 한 7유형은 자신의 배우자랑 사는 것이 마치 나무에 묶인 채로 숲 속을 헤쳐 나가는 것 같다고 말했었다!

7유형이 연예인, 기운을 주는 전문가, 영감을 주는 스승 등이 되는 것은 이해가 되는 일이다. 7유형은 자신의 절망, 슬픔, 부담을 주위 사람들에게 붓고 이제는 그것들을 사람들에게서 덜어 주고 가볍게 해 주려고 노력함으로써 자신의 고통을 처리한다.

그래서 7유형은 고요하고 제한되며 막연하고 따분한 상태가 되는 것의 좋은 점을 찾아야 할 필요가 있다. 어쩌면 이렇게 함으로써 다른 사람들의 빛 또는 신성한 자극이 이들의 어둠을 비춰 줄지도 모른다. 이들이 자신의 빛나는 모습 때문에 보지 못했을 빛 말이다. 또는 이들은 거품이 이는 샴페인의 쾌락만큼이나 잔잔한 와인의 즐거움도 감상할 수 있게 될지도 모른다.

7유형의 정신은 균형을 찾으려 할 때 자연스럽게 5유형과 1유형의 높은 수준 측면으로 간다. 이 유형들의 일부 강점들은 7유형이 거부한 특성들의 찌꺼기로 뒤덮인 곳에서 찾아볼 수 있다. 예를 들어, 내성적이고 냉담하며 과묵하고 생기 없는 특성의 묘사 아래에는 5유형의 심사숙고하고 객관적인 태도와 조용하고 관점을 지닌 기질들이 자리하는데, 이는 7유형의 충동성, 쾌락, 소음, 고조되는 것에 대한 편향된 성향을 균형 잡아 준다.

그리고 진지하며 예측 가능하고 일만 하는 특성으로 헐뜯기는 성질들은 1유형의 냉철함, 책임감, 인내력의 미덕이며, 이 특성들은 7유형의 탐식, 변덕스러움 그리고 고된 일을 포함하는 목표 활동들로부터 달아나는 성향을 바로잡아 준다.

7유형은 선천적으로 세상의 즐거운 것들에 이끌리며 향해 간다. 상황으로부터 멀어지거나 한 발짝 물러나는 것은 이들에게 있어서 어려워진다. 왜냐하면 이들은 이 움직임을 이미 투사해 보내 버렸고 '우울한, 갇힌, 냉담한' 등의 이름을 붙여 놓아 이를 매력적이지 못한 것으로 만들어 놓았기 때문이다. 7유형은 5유형의 무집착의 미덕을 자신의 탐욕적인 중독성을 상쇄시켜 줄 유용한 특성으로 받아들이게 될 수도 있다.

상황에 대항하여 움직이는 것 또한 이를 싫증나고, 느릿느릿 해 나가고, 재미없으며, 부정적인 것 등으로 여기면 그다지 매력적으로 보이지는 않는다. 1유형이 계획을 갖고 추진하고 그대로 계속하며 마침내 경주를 끝내는 고집은 7유형의 배를 떠나버리고 계획을 바꾸며 역경을 만났을 때 조치가 아닌 다른 일을 하는 충동을 바로잡는 데에 모두 도움이 되는 특성이다.

7유형은 현실에 기반을 둔 활력 또는 (아래로도 내려가고 위로도 올라가는) 엘리베이터 같은 자신의 양극성이 지닌 두 측면을 모두 존중할 수 있게 해 주는 대단히 중요한 자기 개념이 필요하다.

방어기제

승화는 7유형이 고통과 괴로움으로부터 피하는 방법이다. 불쾌한 생각이나 정서가 의식에 접근할 때마다 7유형은 불안해지며, 승화의 방어기제가 반사적으로 일어나 모든 고통스러운 이미지나 감정으로부터 이들을 막아 준다.

모든 것을 좋은 것으로 승격시키는 7유형은 참사까지도 신의 뜻이나 행운이라는 틀로 해석한다. 이들은 죽은 사람을 기리는 의식을 하면서 죽음 속에서도 생명을 찾는다. "멋지지 않나요? 엄마는 이제 천국에 계세요." 아니면 이들은 뇌종양을 갖게 된 것에 대한 공포를 이 병이 자신에게 제공해 줄 바뀐 의식 상태를 기대함으로써 합리화한다.

하버드 대학교의 심리학자이자 1960년대에 학자에서 히피로 졸업하고, 일시적 죽음 후에 빠져 나오고 깨어나는 것의 이로운 점을 지지했던 티모시 리어리(Timothy Leary)는 자신이 직접 겪은 생명을 위협하는 병에 대한 이야기를 인터넷을 통해 알렸다. 전형적인 7유형의 태도로 그는 자신의 신체의 죽음과 뇌파의 중단 사이에 일어나는 뇌기능의 그 강렬한 순간들을 기대하며, 인간이 겪을 수 있는 가장 마지막의 경험을 감상했다. 삶에서 모든 것을 경험하기를 원하는 7유형에게 있어서 죽음은 마지막 여정이다. 리어리는 유언에서, 자신의 화장된 재들을 우주로 보내어 자신의 삶에서도 그랬던 것처럼 죽음 속에서 지구의 궤도를 돌게 해 달라고 부탁했다.

일부 종교적 전통에서는 애도와 장례식을 위해 검정색 옷을 입으며, 죽음이 불러온 상실과 고통을 강조한다. 다른 전통들에서는 흰색 옷을 입으며, 죽은 자의 부활과 새 생명을 기념한다. "삶은 끝나지 않는다. 단지 바뀔 뿐이다." 7유형은 흰색을 지지한다.

주요 취약점

7유형은 자신의 선택권들이 감소됨으로써 제한받는 것에 특히 민감해한다. 이들은 일상적인 일을 하는 직업을 갖게 되거나 재미없는 관계에 있게 되는 것처럼 지루해지거나 지루함을 느끼게 되는 것에 큰 두려움을 갖고 있다. 7유형은 모든 것을 경험해야 한다고 믿는다. 아니면 최소한 모든 것을 시도는 해 봐야 한다고 믿는다. 속박되고 꼼짝 못하게 잡힌 상태가 되거나, 헌신해야 함을 느끼는 것은 7유형에게는 꽤 불안을 유발시킨다.

덫에 걸리고 움직일 수 없으며 마비되고 아프거나 기력이 없음을 느끼는 것은 이러한 갇힌 상태의 변형이다.

또한 7유형은 고통, 괴로움, 우울, 상처 그리고 다른 불쾌 감정들에 굉장히 민감하다고 보고하고 있다. 이들은 희망이나 격려의 결핍에 취약하다.

집중되거나 억제된 상태에 대항하는 이들의 방어 책략은 흩어지는 것이다. 약삭빠른 코요테나 뛰는 캥거루처럼 움직이는 목표물은 포획하기 힘들다. 7유형은 자신의 환상 속을 뛰어다니며 '산만한 사람'이라는 별명을 얻는다. 이들은 직업을 옮겨 다니고, 관계들을 오가며 난잡해지거나, 지구를 여행하며 방랑자가 된다. 다양한 관심사를 통해 자신을 분산시키고 유머를 통해 다른 사람들을 진정시키는 것은 7유형이 꼼짝 못하게 되는 상태로부터 자신을 지키는 방법들이다.

7유형의 부적응적 도식들의 일부는 이들이 위협받는다고 느낄 때 나타나기도 한다.

"나는 괜찮지 않아. 하지만 괜찮아 보여야겠어."
"나는 제한되어 있고 그건 끔찍한 일이야."
"나는 반드시 선택권들을 가져야 해."
"자유는 당신의 선택권들을 열어 놓은 상태를 유지하는 것을 의미해."

"헌신은 덫이야."

"많을수록 좋아."

"나는 그럴 자격이 있어."

"나는 계획해야 해."

"과정이 결과보다 더 중요해."

7유형은 자신이 제한받고, 부적당하며, 괜찮지 않다고 느끼기 시작할 때, '나는 괜찮아'라는 자아상을 열렬히 알리며, 탐식의 악덕을 활성화하고, 모든 불쾌감이나 고통을 피하기 위해 '번화가'로 향하며, 최고치까지 승화시킨다.

모순적이게도, 무한정의 쾌락을 쫓는 것은 그 자체로 꽤 제한적이다. 7유형은 유동성을 얻으면 안정성을 잃는다. 이들은 여행은 할 수 있지만 집이 없다. 이들은 다양성을 얻지만 깊이를 놓친다. 이들은 양은 있지만 음은 없다. 이들은 그치지 않는 태양빛의 땅에 사는 것이다. 그게 얼마나 지루하겠는가?

나머지 우리들처럼 7유형이 진정으로 원하는 것은 행복해지는 것이다. 이들은 자유로우면서도 헌신적이고 싶다. 이들의 왜곡하는 렌즈는 이들에게 선택권을 주지만, 만족스러운 장기간의 관계는 주지 않을 수도 있다.

7유형은 취약함을 느낄 때, 현재에서 냉철함을 유지하고, 집중을 유지하며, 진짜의 것을 신뢰하고 그것에 연결되어 있음으로써 자신의 참자기와의 연결을 유지할 필요가 있다. 이는 괴로움과 고통을 포함할 수도 있다. 아리스토텔레스에 의하면 진정한 행복은 행동의 부산물이다. 행복은 직접적으로 추구하면 쉽게 사라진다. 행복은 지금 현재의 이 순간에서 현실과의 집요한 관계함을 통해 경험된다.

성장 과정

종종 7유형은 행복한 어린 시절을 보냈으며, 다른 사람들이 성장하면서 겪었던 괴로움과 고통들을 듣게 되었을 때 놀란다. 7유형 접근법의 탄력성은 상황들 속에서 긍정적인 것을 인지해 내는 이들의 능력에서 나타났으며, 그에 따라 이들은 어떠한 부정적인 경험들도 인지하지 못했거나 아니면 회피했다. 아니면 이들은 애초에 다뤄야 할 부정적인 상황들이 별로 없었다.

다른 7유형들은 행복한 어린 시절이 갑자기 끝나 버렸다. 이들은 트라우마가 일어나기 전까지 있었던 자신의 더 없이 행복한 삶을 기억하기에 낙원은 정말로 존재한다고 믿으며, 자신이 이를 재발견하고 갖기 위한 방법을 계획하기만 하면 된다고 여긴다.

또 다른 7유형들은 상처받고 불우한 어린 시절을 보냈지만 그 시절에 대해 농담을 하고, 좋은 점을 찾거나, 좀 더 밝은 면으로 어린 시절 이야기를 재구성하는 것을 통해 자신의 고통 위로 올라감으로써 힘들었던 어린 시절을 극복했다.

7유형은 가족들과 다른 사람들을 즐겁게 해 주고 힘을 북돋아 줌으로써 보상받아 왔을 수도 있다. 이들의 유쾌한 성향, 모든 것을 가볍게 유지하는 모습, 불평하지 않는 모습은 보호자의 인정을 불러왔고 자신이 원하는 것을 얻게 해 주었다. 유아들은 자신의 웃음이 다른 사람들의 웃음을 끌어낸다는 것을 곧 알아차린다. 7유형은 이 현상을 활용해서 이를 기반으로 생활방식을 형성했다.

7유형은 생존하는 최선의 방법은 자신의 고통을 최소화하는 것이라는 점을 발견했다. 만약 괴로움을 웃어넘기면, 그 괴로움은 나를 끌어내리지 않을 것이다. 내가 보지 않은 것은 나를 해치지 않을 것이다. 이들은 어둠을 피하는 법을 배웠다. 그렇게 함으로써 이들은 그 어둠에 의해 괴롭거나 겁을 먹지 않게 될 것이다. 7유형은 자신의 길 앞에 놓여 있는 쓰레기들을 피해 간다.

이들은 프로젝트를 실행하는 것보다 계획하는 데에서 더 많은 쾌락과 더 적은 고통을 경험했다. 이들의 환상은 노동보다 더 즐거운 일이 되었다.

7유형은 끝없는 가능성들에 자신을 분산시킴으로써 자신의 두려움을 다루는 법을 알아냈다. 이들은 고통을 피하기 위해 자신의 머릿속으로 향하는 법을 배웠으며, 그렇게 함으로써 자신의 상상을 통해 미래의 기분 좋은 영역들로 여행하는 것으로 현재의 불쾌함을 탈출한다.

신체적 특징

당연하게도, 7유형은 보통 쾌활한 얼굴을 띠며 행복하고, 통통하며, 순진한 얼굴들을 지녔다. 이들은 죄책감이나 걱정으로 인한 과한 스트레스를 받지 않기 때문에, 이들의 얼굴은 다른 유형들보다 덜 지쳐 보이고 주름이 덜한 경향을 보인다.

아리카 전통의 얼굴 분석에서 보면, 이들의 왼쪽 입가에는 좀 더 긴장이 있으며, 그래서 턱이 왼쪽으로 당겨져 있다고 알려져 있다.

7유형의 악덕은 탐식이기는 하지만, 그렇다고 해서 이들이 반드시 과체중이지는 않다. 대부분의 7유형은 자신의 신체 비율을 꽤 잘 유지한다.

의사소통 방식

7유형은 이야기를 들려주는 것을 좋아하며, 종종 사건과 인물들을 과장하고 꾸미며 상세하게 말하는 것을 즐긴다. 이들의 이야기는 삶에 재미를 더하고 흥미를 돋운다. 같은 이야기를 다시 들려줄 때, 7유형은 과거의 모든 일을 다시 즐긴다.

외향적이고 수다스러운 7유형은 상황을 가볍고 대수롭지 않게 유지함으로써 즐겁게 해 주는 것을 좋아한다. 이들은 의례나 의식에서 좋은 주인이 된다. 코미디언들은 종종 7유형이다.

이들은 험담하는 방식이 아니라, 다른 사람들을 낙으로 삼고 사건들에 대해 농담하는 방식으로써 사람들에 대해 이야기하는 것을 즐긴다.

7유형은 보편성의 어조로 말할 수 있다. "그건 정말 흥미로운 연구 주제가 되겠다." 이들은 자신이 이야기할 수 있는 무언가라면 그것에 '관심을 갖는 것'을 좋아하지만 그에 대한 조치를 취할 필요는 느끼지 않는다. 이들은 종종 고통스러운 현실을 더 쉽게 피할 수 있게 해 주는 비유와 은유를 들어 이야기한다.

7유형의 목소리가 이들의 이상, 상상과 함께 위로 솟아오름에 따라, 이들의 억양은 자주 높고 소프라노 같은 음조다. '야아, 와우! 멋진데!' 와 같은 감탄사는 7유형의 입에서 자주 들을 수 있다.

패러다임 변화

에니어그램은 안정된 상황과 스트레스 상황에서의 패러다임 변화와 바로잡는 렌즈와 왜곡하는 렌즈로의 조정을 제시한다.

	안정적 상태	스트레스 상태
풍부한 자원 상태	+5	+1
부족한 자원 상태	−5	−1

그림 16-1 7유형의 심리적 자원 패러다임 변화

스트레스 상황

7유형은 내적인 스트레스와/또는 외적인 압박을 경험할 때, 무심결에 혹은 기본적으로 세상을 자신의 유형인 7유형 패러다임의 왜곡하는 렌즈를 통해 바라보기도 한다. 아니면 이들은 1유형의 왜곡하는 렌즈를 씀으로써 자신의 시야를 더욱 모호하게 만들기도 한다. 만약 상황 속에서 주도적이고 적응적인 자세를 취한다면, 이들은 1유형의 바로잡고 명확하게 하는 관점으로 현실을 바라본다.

Sheet 16-1 행복욕구를 왜곡하는 렌즈

> 7유형의 왜곡하는 렌즈를 착용하는 것:
> 자신의 낡고 불완전한 렌즈를 사용하는 것

7유형은 자신 유형의 패러다임의 왜곡하는 렌즈를 쓸 때, 더욱 자신의 머릿속으로 향하며 더 지성적으로 처리하고, 영적인 의미로 생각하며 승화한다. 감정과 행동을 경시하는 이들의 반응 범위는 자신의 상상이나 생각 속에서 할 수 있는 것들의 범위로 좁혀진다.

쾌락을 최대화하고 고통을 최소화하려는 이들의 동기가 커질수록, 도취감을 경험하고 힘듦은 피하려는 이들의 중독성은 더 심해진다. 이들은 상황들을 웃어넘기고 자신이나 다른 사람들을 너무 진지하게 받아들이지 않으려 함으로써 모든 것을 더욱 가볍게 하려 한다.

이들은 미래나 과거의 쾌락에 집중해서 현재의 순간을 벗어나려 함으로써 현재의 고통을 피하려 시도하기도 한다. 이들은 즐거운 가능성들을 계획하며 더욱 미래로 이동함으로써, 현재의 이 순간에서 일하는 것으로부터 더욱 멀어진다.

7유형은 함께 할 더 많은 행렬들이나 주최할 파티들을 기대함으로써 자신의 두려움을 분산시키거나 그로부터 달아나길 계속하기도 한다.

보통 그랬듯이 같은 모습을 반복하는 것이 효과가 없으면, 7유형은 1유형의 왜곡된 렌즈를 통해 세상을 바라보기도 한다. 다시 한 번 말하지만, 이 변화는 7유형이 무의식적인 퇴행 방식으로 1유형의 왜곡하는 패러다임을 기반으로 행동하기 때문에 자연스럽게 일어나는 경향을 보인다.

Sheet 16-2 완전영역을 왜곡하는 렌즈

> 1유형의 왜곡하는 렌즈를 착용하는 것:
> 다른 사람의 낡고 불완전한 렌즈를 사용하는 것

1유형의 왜곡하는 렌즈를 통해 바라보는 7유형은 자신이 원하는 만큼 삶이 즐겁지 않은 것에 대해 화나고 분하게 된다. 이들의 즐거운 기대가 충족되지 않는 것이다. 그리고 1유형처럼 이들은 자신의 화와 분함을 피하거나 부인하는 모습과 함께 자신의 고통과 괴로움까지도 회피하기도 한다.

이렇듯 7유형의 화는 빈정댐, 반어법 또는 비판적인 말 속에서 표현되거나, 또는 삶은 공정하지 않다(또는 확실히 재미있지는 않다)는 분함의 표현으로 드러나기도 한다. 이들은 다른 사람들이 경기를 망친다며 불평하고, 자신의 즐거움을 망치고 기분 좋은 꿈을 방해했다며 사람들을 탓한다.

만약 7유형은 자신의 짜증과 실망을 표현하지 않는다면, 화를 스스로에게로 돌리고 자학적인 상태가 되고는 우울해진다. 이들은 낙관적인 모습에서 비관적인 모습으로 변화하면서 괜찮아 보이기를 포기하고 웃음을 멈추게 된다.

7유형이 삶에 대한 선천적인 즐김과 모든 것에서의 장점을 찾을 수 있는 즉흥적인 능력을 포기할 때, 이들은 비판적이고 빈정대게 되며, 이미 주어진 좋은 점들보다 그곳에서 빠진 좋은 점들에 주목하게 된다.

Sheet 16-3 완전영역을 바로잡는 렌즈

> 1유형의 바로잡는 렌즈를 착용하는 것:
> 새로운 관점을 얻는 것

위에서 말한 것까지가 나쁜 소식이었다. 좋은 소식은, 다른 유형들과 마찬가지로 이 압박이 7유형에게서 최선의 것을 나오게 할 수 있다는 것이다. 스트레스 상황에 있는 7유형은 1유형 패러다임의 바로잡는 렌즈를 착용하게 되기도 하며, 그럴 때 1유형의 적응적인 행동들을 실천한다. 이들은 더 규율이 잡히고 집중한 상태가 되며, 자신의 계획과 프로젝트들을 수행해 내고 완성한다.

이런 상태의 7유형은 자신이 해야 하는 일을 먼저 한 다음 즐거운 활동들을 한다. 이들의 우선순위는 잠시 동안 바뀌게 된다. 재미있는 것을 하는 대신, 이들은 옳은 일 또는 상황이나 그 순간이 요하는 일을 하고자 하는 의욕을 갖는다. 이들은 상황을 회피하기 위해 그 너머로 가는 것이 아니라 그 순간에 임기응변을 한다.

이들은 더 집중된 상태가 되면서, 더 상세해지고 덜 광범위해지며, 미래 지향적이 아닌 더 현실 지향적이 된다. 이들은 건강한 1유형처럼, 자신의 인상주의적인 이상들을 실질적인 형태로 형성하며, 자신의 비전과 꿈들을 실현하기 위해 현재에서 일한다. 7유형은 자신만의 방식으로 1유형만큼 전념하는 모습이 될 수 있다.

7유형은 자신의 패러다임이 용이하게 하는 우호적인 받아들임과 더불어 다른 사람들을 향해 가는 모습뿐 아니라, 적극적이고 집중된 상태가 되고, 건강한 1유형처럼 자신의 화를 적절하고 차분하게 표현하며, 부당하고 불공평한 상황들을 바꾸기 위해 부지런히 일함으로써 사람들에게 대항하는 모습 또한 보일 수 있다.

안정적 상황

Sheet 16-4 행복욕구를 바로잡는 렌즈

> 7유형의 바로잡는 렌즈를 착용하는 것:
> 자신의 관점으로 또렷이 보는 것

7유형은 안정적인 풍부한 자원 상태에 있을 때, 자신의 유형인 7유형 패러다임의 포괄적인 렌즈로 세상을 바라본다. 이런 공정한 관점을 기반으로 바라볼 때 이들은 존재하는 모든 것에 현존할 수 있으며, 좋은 것과 나쁜 것, 즐거운 것과 고통스러운 것, 빛과 어둠, 성함과 망함을 관찰하고 받아들인다. 이들은 이러한 양극성들의 양 극단을 포용한다.

이러한 냉철한 상태에 있을 때(그렇다고 지루한 것과 같은 상태는 아니다), 7유형은 현재의 이 순간에 자신과의 연결을 유지할 수 있으며 미래로 자신을 투사하지 않는다. 이들은 환상으로 스스로를 방해하는 대신 자신이 하고 있는 일을 한다는 선(Zen)의 수칙을 따를 수 있다. 자신의 행복이 스스로를 성숙시키고 공동체를 위해 일하는 것에 달려 있다는 것을 이해하는 이들은 단지 하기에 재밌는 일이 아닌 가치 있는 일을 한다. 또는 이들은 가치 있는 일과 재미있는 일이 사실은 공존할 수 있다는 것을 깨닫는다.

스스로와 자신의 상황을 진지하게 받아들이는 7유형은 스스로를 깨달아가는 노력에 있어서 자신의 통찰이 꽤 중요하다는 것을 믿는다. 이들은 자신이 정말로 심각해질지라도 아래로 곤두박질치지 않을 것이라는 확신을 가진다. 이들은 만약 자신의 날개와 풍선들을 떠나보낸다 해도 무덤으로 떨어지지 않을 것을 신뢰한다. 만약 그런다 해도, 이들은 어둠과 적막함, 고요가 자신을 성장할 수 있게 해 준다는 것을 믿는다.

7유형은 자신의 객관적인 패러다임 또는 영역에서 자신의 고통과 함께 있을 수 있으며, 이를 피하거나 합리화하거나 승화하려 하지 않는다.

Sheet 16-5 전지영역을 바로잡는 렌즈

> 5유형의 바로잡는 렌즈를 착용하는 것:
> 또 다른 관점을 얻는 것

7유형의 또 다른 풍부한 자원 관점은 5유형의 객관적인 시각이다. 이 패러다임으로 옮겨 가게 되면, 이들은 나는 현명하고 통찰력 있다는 5유형의 이상화된 자아상을 자신의 것으로 여긴다. 이는 7유형이 자신의 통찰과 이해를 가치 있게 여기도록 도와주며, 이 특성들을 적용하기 위해 노력하도록 조장한다. 또한 자신은 가벼운 사람 또는 산만한 사람이라는 7유형의 왜곡된 믿음을 균형 잡아 준다.

5유형의 렌즈는 7유형이 자신의 상상력과 에너지를 흩뿌리고 분산시키는 대신 이것들을 집중시킬 수 있게 도와준다. 5유형의 체계와 구조 관련 재능은 7유형의 불쑥 터지는 창조성과 직관을 조직화해 준다. 집중하고 빈틈없으며 체계적인 상태가 되는 것은 구체적인 목표를 설정하고 조치를 취하는 것의 다음 움직임을 향한 중간 단계다.

5유형의 접근법은 1유형 관점이 4유형의 환상과 감정들을 한 곳으로 모으고 방향 제시를 돕는 것과 같은 방식으로 7유형의 상상과 욕망을 위한 파이프와 보관 영역을 제공해 준다. 집중적 사고를 하는 두 렌즈 모두 자연스럽게 현실 세계에서의 관여와 행동으로 이어진다.

5유형은 자신의 흥미를 자극하는 일들을 철저히 살피며 주제를 정말로 이해할 때까지 체계적으로 탐구하는 경향이 있다. 이렇게 음미하듯 공부하는 것은 무언가를 잠깐 시도해 보고 다른 것으로 넘어가는 7유형의 성향의 속도를 늦춰 준다. 이런 내관적인 접근법을 이용할 때, 7유형은 뷔페의 모든 음식을 한 조각씩 맛보고 단숨에 삼켜 버리는 대신 자신의 경험들을 계속해서 씹고 소화시키고 완전히 흡수할 수 있게 된다.

5유형 패러다임 내에 있으면 7유형은 침묵과 고요, 고독을 즐기는 방법을 배울 수 있다. 이들은 삶은 흥분과 감각의 과부하 상태에서뿐 아니라 평온함 속에서도 번창한다는 점을 발견한다. 5유형 관점으로 인해 평온해진 7유형은 고요하고 관찰력 있는 모습이 되어 자신 내면과 본질적 자기를 발전시킬 수 있게 된다. 자신 내면의 공정한 증인 또는 관찰자의 자리를 굳건히 함으로써, 이들은 환상 속에 몰두되는 대신 현재 환경과 조화를 이룬 상태를 유지한다.

7유형은 거리 둠을 실천할 때, 지금 일어나는 일로 **향할** 수 있을 뿐 아니라 **멀어지는** 것 또한 가능해진다. 자신이 휘말린 상황이나 대상으로부터 어느 정도 거리를 두는 것은 7유형에게 좀 더 객관적인 관점을 제공해 준다.

Sheet 16-6 전지영역을 왜곡하는 렌즈

> 5유형의 왜곡하는 렌즈를 착용하는 것:
> 시야를 더욱 흐리게 하는 것

위협적이지 않고 안전한 상황 속에 있는 7유형은 5유형의 왜곡된 관점을 취하고 정도가 지나치게 되기도 한다. 이 경우 이들은 너무 뒤로 이동하게 되고, 강박적인 5유형처럼 물러나서 사라지려 시도한다. 7유형은 현실로부터 지나치게 분리하고 떨어져 나와 더욱 자신의 꿈과 계획들에 매혹될 수도 있다. 이 상태에서 7유형은 5유형의 과욕과 욕심을 더해 탐욕스러운 자신의 생활방식을 악화시켜 경험과 여행, 장신구들을 늘 축적하기를 추구하는 모습이 될 수도 있다.

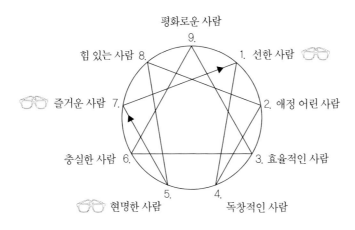

그림 16-2   7유형의 안정된 상황과 스트레스 상황에서의 패러다임 변화

인접한 유형

7유형 패러다임은 양쪽에 있는 6유형과 8유형의 바로잡는 관점과 왜곡하는 관점들의 영향을 받는다. 이 렌즈들을 활용하는 데 있어서 7유형은 이들의 생산적인 가능성들을 더 늘리거나, 아니면 불필요한 선택권들을 추가하게 된다.

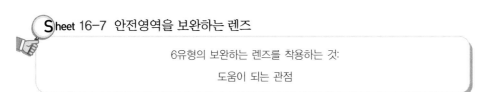

Sheet 16-7   안전영역을 보완하는 렌즈

6유형의 보완하는 렌즈를 착용하는 것:
도움이 되는 관점

7유형이 6유형의 풍부한 자원 특성에 접근하게 되면, 이들은 선택한 행동 방침에 전념하고, 모든 새로운 것을 시도해 보는 자신의 덜 효율적인 전략을 바로잡는 모습이 된다. 이들은 수박 겉핥기식으로 처리함으로써 포기했던 것들을 깊이를 탐구함으로써 만회한다. 6유형의 충실함은 7유형이 제한된 수의 사람들과 연합하도록 도와줌으로써 이들의 무한한 자유와 친화를 향해 지닌 갈망을 붙잡아 준다. 7유형의 냉철함의 미덕을 늘려 주는 6유형의 객관적인 패러다임은 7유형의 느긋한 정신에 좀 더 냉철함과 진지함, 억제함

을 불어넣는다. 이들은 잘못될 수도 있는 것에 대해 현명하게 고려함으로써 모든 것이 잘될 것이라는 자신의 극단적으로 낙천적인 편향성을 균형 잡는다. 6유형 관점은 7유형의 계획, 놀이, 쾌락 추구에 도리, 책임감, 의무감을 더한다. 6유형은 재미있고 즐거운 일이라면 무엇이든 지금 하려는 7유형의 욕망에 대응하여, 해야 할 의무에 직면했을 때 자신의 만족감을 미룰 수 있다. 6유형의 용기의 미덕은 7유형이 일하고 연결되기 위해 지금 이 순간에 머무를 수 있도록 돕는다.

Sheet 16-8 안전영역을 왜곡하는 렌즈

6유형의 왜곡하는 렌즈를 착용하는 것:
도움이 되지 않는 관점

7유형은 6유형의 부족한 자원 상태 특성들에 영향을 받을 때, 더욱 변덕스럽고 회피하는 모습으로 이어지게 할 수도 있는 자신의 잠재된 두려움들을 과장한다. 스스로를 의심하는 마음이 들어와 7유형의 계획과 행동 사이를 가로막는 추가적인 억제제 역할을 한다. 즉, 이들은 자신의 계획들을 완수할 가능성이 더 낮아지게 된다. 권위자 문제는 더욱 중요해지게 되고, 이 문제는 모든 것을 우세한 것에서 열세한 것으로 배열하며, 높은 것과 낮은 것 사이에서 표변하고, 누가 더 낫거나 안 좋은 계획을 갖고 있는지를 가늠함으로써 사람들과 상황들을 계층화하는 이들의 부족한 자원 경향과 결합된다. 강한 6유형 날개를 지닌 7유형은 자신이 무책임하거나 전념하지 않을 때 죄책감을 느끼거나, 아니면 의무로부터 자유함을 느끼는 대신 의무를 짊어졌다고 느끼기도 한다. 자유에 대한 한 이해는 우리는 자유롭기 때문에 해야 하는 일을 할 수 있다는 것이다. 사회적 하위유형인 7유형은 의무를 종종 짐으로 경험한다.

Sheet 16-9 힘의 영역을 보완하는 렌즈

8유형의 보완하는 렌즈를 착용하는 것:
도움이 되는 관점

7유형은 8유형의 풍부한 자원 측면으로 이동할 때, 스스로의 힘에 좀 더 손쉽게 접근할 수 있게 된다. 이들은 적극적이고, 프로젝트에 착수하며, 계획에서 행동으로 움직이고, 최종 결과에 더 빨리 도달하며, 스스로를 열고 사람들과 상호작용하는 것에 있어서 더 정직해진다. 8유형의 객관적인 패러다임은 7유형의 솟아오르는 정신을 확고한 노력과 결과에 기반을 두게 한다. 8유형의 천진함과 정직함의 미덕은 자신의 능력과 성과들에 대해 기만적으로 낙천적인 7유형의 부적응적 성향에 대응한다. 이렇게 자신의 높아진 성실함, 강인함, 힘에 대한 의식으로 무장한 7유형은 상처받는 것에 덜 두려워하게 된다. 고통은 두려워하고 피해야 하는 것이 아닌 하나의 도전이며 삶의 평범한 한 부분인 것이다. 강한 적응적 8유형의 날개를 지닌 7유형은 굉장히 너그럽고 관대한 모습이 될 수 있다.

Sheet 16-10 힘의 영역을 왜곡하는 렌즈

> 8유형의 왜곡하는 렌즈를 착용하는 것:
> 도움이 되지 않는 관점

7유형이 왜곡된 8유형 관점을 취할 때, 이들의 자기 주장은 공격이 된다. 이들은 다른 사람들에게 자신의 계획을 강요하고, 주로 즐기고 자신과 함께 놀자고 재촉하며, 자신의 방식대로 일을 하자고 우긴다. 이런 7유형의 더욱더 많은 경험을 향한 집요한 갈망은 자신이 원하는 것을 즉시 얻으려는 8유형의 열렬한 욕구와 만나 악화된다. 자신의 상상 속 계층구조 안에서 스스로를 우월한 위치로 가정하는 이들은 다른 사람들 위에 군림하려 한다. 이들은 다른 사람들이 느끼거나 원하는 것에는 덜 세심하며, 더 자신에게만 몰두하고, 자신의 쾌락과 이익을 위해 다른 사람들을 이용한다.

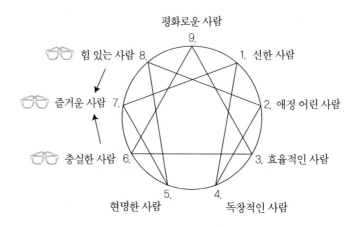

평화로운 사람
9.
힘 있는 사람 8.　　　　　　　 1. 선한 사람

즐거운 사람 7.　　　　　　　 2. 애정 어린 사람

충실한 사람 6.　　　　　　　 3. 효율적인 사람

　　　 5.　　 4.
현명한 사람　　　 독창적인 사람

그림 16-3　7유형의 인접유형: 날개성향(보완, 왜곡렌즈)

하위유형

친밀한 하위유형

　탐식의 악덕이 성적 본능을 오염시키면, **피암시성**과 **매료됨**의 상태가 결과로 이어진다. 이 상태는 특히 새로운 관계적 가능성들과 관련했을 때 더 나타난다. 특정 생각들이 유발되면, 이는 받아들여지거나 아니면 선뜻, 무비판적으로 따라지게 된다. 그리고 7유형은 보통 자신이 다룰 수 있는 것들보다 더 많은 생각을 갖고 있다. 머릿속에 제안이나 가능성으로 다가오는 것은 곧 현실로서 신뢰성을 얻는다. 친밀한 7유형은 무엇에나 쉽게 설득당할 수 있으며 일어나고 있는 일을 냉철하게 고려하기도 전에 머릿속에서 일에 들어가기도 한다. 7유형이 초기에 매료되는 모습은 이들이 잘 모르는 과정, 제품, 사람, 장소들의 열정적인 홍보자가 되도록 만든다. 어느 7유형은 한 입문 워크숍에 참석하고 난 뒤 선교사 같은 열의를 갖고 에니어그램을 열심히 좋게 말했던 자신의 이야기를 들려주었다. 사람들이 에니어그램 체계에 대해 더 심도 있게 질문할수록, 그는 자신이 홍보하고 말하고 다녔던 대상에 대해 얼마나 몰랐는지 깨닫게 되었다고 말했다.

　'원숭이 마음(변덕스러운 마음)' 상태는 이 친밀 하위유형에서 특히 일반적이다. 이 마음은 충동적으로 하나의 흥미로운 생각에서 또 다른 생각으로 이동하며, 모든 새로운 주제에 관심을 뺏기고 과정을 벗어난다.

모든 7유형이 다양성을 좋아하지만, 친밀한 7유형은 특히 이를 갈망한다. 이들은 새롭고 이국적인 것에 매료된다. 이들의 관심범위와 관계는 모두 짧은 경향을 보인다. 이들은 강렬하지만 오래 가지 못하는 경험들을 한다.

친밀한 7유형은 새로운 장소들을 보고 새로운 모험들을 하기 위해 이리저리 돌아다니는 것을 좋아한다. 이들은 지구를 돌며 당신과 함께 숙박하고 너무 오랫동안 한 곳에 머무르면 지루해지는 세계 여행가의 경향을 지녔다.

친밀한 7유형은 돈 후안증(호색), 성적인 난잡함, 실험 등을 하기 쉽다. 성적인 '여행'은 장기간의 관계보다 더 흥미롭고 흥분된다. 동성애, 양성애로의 실험 등은 친밀한 7유형들 사이에서는 드문 일이 아니다.

4유형의 방식처럼, 친밀한 7유형은 일상의 대인관계들의 지루함과 한계들을 회피하기 위해 자신의 관계들을 낭만화할 수 있다. 이들은 자신의 환상을 파트너에게 투사하고, 현실의 사람과 관계하는 대신 이 환상들을 연출한다.

사회적 하위유형

아주 묘하게도, 탐식의 악덕이 사회적 영역으로 흘러들어 가면, 7유형은 자신의 가족이나 자신이 속한 공동체를 위해 자신의 선택권들을 **희생시키고** 가능성들을 제한한다. 이는 사회적 6유형의 의무감이 7유형의 형식으로 나타나는 것이다. 이런 7유형이 다른 사람들의 행복에 대해 가지는 의무감은 이들의 개인적인 가능성들을 제한한다. 또한 이들의 탐욕을 줄여 주지만 일시적이다. 왜냐하면 7유형은 모두가 행복해지기만 하면, 또는 자신의 아이들이 다 자라기만 하면, 모든 자신의 가능성을 실현할 수 있다고 희망하기 때문이다.

같은 비전과 목표를 공유하는 흥미롭고 고무적인 사람들과 함께 있는 것은 멋진 일이다. 불행히도 때때로 집단모임들은 따분하고 희생적이기만 한 행사가 될 수 있다. 사회적 7유형은 일치하는 집단과 함께 일하기 위해 이러한 **사회적 제한들**을 받아들인다. 이들은 자신의 가족, 정치 집단 또는 종교 내에서 자신의 이상들을 좇기 위해 일부 개인적인 자유들을 기꺼이 포기하거나 희생시킨다. 이는 다소 1유형의 이상주의를 연상시킨다.

18세기 정치 철학자이자 작가였던 루소의 사회적 철학은 이 하위유형의 변형에 대해 말한다. 사회의 제한과 제약들은 인간의 고통과 타락의 원인이라고 말했던 루소의 신념과 한탄을 기억해 보라. 우리의 자유로운 자기표현과 발달에 놓인 문명의 제한들을 제거하기만 하면, 우리는 원래 상태였던 행복하고 자애로운 '고결한 야만인'으로 되돌아갈 것이라는 것이다. 인본주의 심리학 역시 이 낙관적인 태도를 공유한다.

자기 보호적 하위유형

탐식이 자기 보호를 만나게 되면, 우리는 같은 것을 믿고, 추구하고, 옹호하는 뜻을 함께하는 사람들의 집단에 속함으로써 안정성을 유지하려는 시도를 하게 된다. TV 시리즈인 Cheers는 이런 종류의 자기 보호적인 7유형의 분위기를 그리고 있는데, 여기서

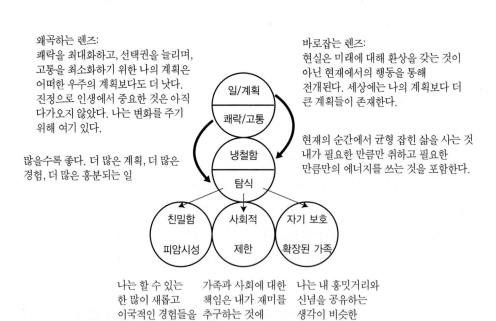

그림 16-4 7유형: 즐거운 사람

Cheers라는 술집에 있는 친구들의 대가족은 본래의 가족 또는 핵가족보다 더 중요해진다. 자기 보호적인 5유형과 6유형이 좇는 내면의 성소는 자기 보호적 7유형에게 있어 대가족이라는 안전한 도피처로 구체화된다.

파티들을 따라 순회하길 좋아하는 자기 보호적 7유형은 친한 공동체, 사회적 위원회, 술친구, 여행 모임 또는 함께 모여 즐거움을 나누는 다른 집단들에 끌린다. 이들은 '친절하고 붙임성 있는' 성향을 피력하며, 칭찬을 기대하고 진지한 물음들은 피한다.

요 약

즐거움의 렌즈는 축하와 흥겨운 열의의 관점을 제공한다. 이는 비전과 흥분되는 가능성들의 길이다. 이 경로를 따르는 사람들은 삶의 기쁨이 있으며 모든 것에서 좋은 점을 찾는 직관적인 능력을 갖고 있다. 이들은 생기 있고 발랄하며 어린아이 같고, 남과 어울리기 좋아한다. 이들은 세상을 좀 더 즐거운 곳으로 만들기 원하며 이를 냉철함의 정신으로 행한다.

쾌락주의 패러다임은 즐기고, 고통을 피하며, 무제한의 가능성들에 안심해야 하는 과장된 필요 욕구 속에서 드러난다. 계획이 행동을 대체하게 되고, 관심은 기분 좋은 가능성들이 자리하는 미래로 향하게 된다. 이 시야를 따르는 사람들은 도취감에 중독될 수 있으며 괴로움과 힘든 일을 피한다. 이들은 강박적으로 낙천적이고, 호사가, 쾌락 추구자의 모습이 될 수 있다. 이들의 잘못된 신념은, 나는 모든 것을 경험하고 있으며 좋은 시간을 보내고 있으므로 지루해지지 않을 것이라는 것이다. 탐식은 이 접근법을 충동하며 에너지를 낭비시킨다.

Sheet 16-11 7유형 요약

가치: 즐거움, 열의, 다양성

비전: 세상을 좀 더 유쾌한 곳으로 만드는 것

주요 취약점: 제한되는 것

적응적 인지적 도식: 현재 이 순간에서 살고 일하고 존재해라, 현재에서 일하는 것은 진정한 만족과 성취를 가져온다, 적을수록 좋다.

적응적 감정적 도식: 냉철함, 하루에, 한 번에 하나씩, 정성과 성심, 필요한 만큼만 취하고 써라.

적응적 행동적 도식: 세상과의 낙관적이고 발랄하며 창조적인 관계함, 영감적인 가능성과 땀 흘리며 꾸준히 일하기

부적응적 인지적 도식: 모든 것은 긍정적이어야 한다, 나쁜 것은 안 된다, 한계와 지루함은 죽음보다 더 나쁘다, 의심이 들 때는 더 많은 선택권을 만들어라.

부적응적 감정적 도식: 탐식, 약간의 것이 좋다면 더 많은 것은 더 좋은 것이다, 재미가 없다면 왜 그 일을 하는가?

부적응적 행동적 도식: 더한 흥분과 경험을 향한 충동, 도취감에 중독됨, 삶을 나비처럼 살다가는 것

회피 영역: 고통, 괴로움

방어기제: 승화, 모든 것을 긍정적으로 해석하는 것

유용한 패러다임 변화: 집중 상태를 유지하는 것, 더 깊이 들어가는 것, 그것을 고수하는 것, 고요한 상태가 되는 것, 음과 양, 즐거움과 괴로움, 빛과 그림자를 받아들이는 것

유용하지 않은 패러다임 변화: 상황이 내 방식대로 되지 않고 즐거움이 일어나지 않을 때 짜증나고 화가 남, 더 생각하고 환상을 가지며 덜 조치를 취하는 것

세상을 바라보는 아홉 가지 렌즈

8유형 렌즈 검사

이 문장들이 자신에게 맞는 정도에 따라 점수를 매겨라.

1	2	3	4	5
거의 절대 아니다	드물게/ 거의 그렇지 않다	때때로/ 가끔	종종/ 자주	거의 항상 그렇다

_____ 나는 활동가가 되기를 원한다. 나는 변화가 필요할 때 상황을 자극한다.

_____ 나는 공격적이며 다른 사람들에게 무엇을 해야 할지 말한다.

_____ 내 삶에는 감성의 영역이 별로 없다.

_____ 나는 돌려 말하거나 보기 좋게 꾸미는 것을 싫어한다.

_____ 나는 나의 자기 주도적이고 나 자신이 되는 모습을 자랑스럽게 여긴다.

_____ 나는 내게 잘못했을 때 사람들을 벌 주며 내가 공정치 못했다고 여겨질 때는 스스로를 벌한다.

_____ 나는 대부분의 사람보다 더 독립적이고 스스로 결정한다.

_____ 나는 정신이 강인하다. 나는 힘든 결정들이 내려져야 할 때 개입할 수 있다.

_____ 나는 다정하거나 내성적인 것보다 공격적이 되는 것이 더 편안하다.

_____ 나는 화가 날 때, 상대에게 내가 화난 만큼 되갚아 준다.

_____ 나는 필요할 땐 거칠고 대립적인 모습이 될 수 있다.

_____ 나는 해야 한다면, 내가 얻기를 원하는 것을 위해 다른 사람들을 위협할 것이다.

_____ 나는 위선을 감지하는 것에 능하며 이것이 폭로될 때까지 계속해서 밀어붙인다.

_____ 나는 나 자신의 권리를 지지한다. 내가 안 하면, 누가 해 줄 수 있을까 생각한다

_____ 나는 원하는 것을 얻고 나면, 그것을 다 써 버릴 때까지 멈추지 않는다.

_____ 나는 여성적인 입장보다 남성적인 입장이 더 편하다.

_____ 정당성은 내게 있어 중요하다. 나는 모두가 공정한 몫을 받는지에 많은 관심을 쏟는다.

_____ 나는 정신적·감정적으로 강한 것을 자랑스럽게 여긴다.

_____ 만약 갈등 상황에 있다면, 내가 통솔자가 될 것이다.

_____ 많은 영향력을 가지는 것은 내게 중요하다.

_____ **총점**

8유형 렌즈:

CHAPTER 17 힘의 관점

핵심 가치

8유형이 가치 있게 여기는 자산은 **힘**이다. 8유형은 힘을 얻고 유지하고 사용하고 늘리는 법을 안다. 이들은 힘을 향한 직관적인 느낌을 갖고 있다. 이들은 방에 들어가서 누가 영향력을 행사하는지, 방의 주도권을 차지하려면 누구를 상대해야 하는지를 감지할 수 있다.

8유형은 자율성, 독립성, 구속받지 않는 것, 하고 싶은 일을 하는 것을 가치 있게 여긴다. 이들은 해야 할 일을 지시받는 것을 싫어하고, 스스로 해결할 수 있다. 8유형의 적절한 렌즈는 최적의 남성적인 정신인 **아니무스**를 대표한다. 불행히도 8유형의 왜곡하는 렌즈는 남성성의 최악을 대표한다. 이는 8유형 남성과 여성 모두에게 적용된다.

8유형이 더 나은 자기를 기반으로 작용할 때, 이들은 다른 사람들과 공동체 건설을 위해 권력을 사용한다. 이들은 다른 사람들에게 권한을 주기 위해 자신의 힘을 기꺼이 공유한다. 8유형의 패러다임은 이들을 강한 지도자가 되게 해 준다.

8유형이 드러내는 신성성의 측면은 권력과 힘이다. 루터(Martin Luther)는 "우리의 하나님은 굳센 성체이시다."라고 노래했다. 하나님은 전지 전능하신 분으로 불려 왔으며 일부 8유형은 이 형용사를 스스로에게 적용시키는 것을 꺼리지 않는다. 8유형은 자신감 있고 확신에 찬 태도로 신의 힘에 대해 설명한다. 8유형이 존재함에는 가부장적·모가장적 성질이 있다. 이들은 유능한 지도자이자 좋은 보호자이며, 폭풍의 때에 향해 갈 수 있는 안전한 피난처다.

8유형에게는 후함과 관대한 아량이 있다. 자신의 자원과 우정에 있어서 너그러운 8유형은 평생 동안의 굉장히 충성스러운 동료가 될 수 있다. 이들을 정직하고 공정하게 대해 주기만 한다면 말이다.

8유형 가치 계층구조에서 가장 높은 두 가치는 정직성과 직선적임이다. 8유형은 직접적이고 있는 그대로를 말하는 솔직한 사람인 경향이 있다. 이들은 허튼 짓을 하지 않으며 다른 사람들이 이와 같기를 원한다. 이들은 허위나 이중성을 싫어하며 이들의 패러다임은 어떠한 가면이나 가식도 찾아내기 쉽다. 그리고 나면 이들은 가면 뒤에 있는 진짜 사람이 튀어나올 만큼만의 압력을 가한다.

8유형은 공정함을 가치 있게 여기는데, 특히 형평성의 측면에서의 공정함, 즉 힘의 동일한 배분을 귀중히 여긴다. 8유형은 누군가 또는 무엇인가가 자신보다 너무 많은 권력을 갖고 있는 것을 불편해한다. 이들은 모든 사람이 동일한 권리를 갖는 것을 부르짖을 것이다. 8유형은 종종 공동체 조직자이며, 권리를 박탈당한 사람들에게 권한을 주도록 영향력을 행사한다. 솔 앨린스키(Saul Alinsky)가 공동체 조직에 관해 쓴 책들은 권력을 관리하는 방법에 대한 8유형의 논문이다.

만약 8유형에게 삶의 목적이 무엇이냐고 묻는다면, 이들은 세상을 좀 더 공정한 곳으로 만들기 위해 사는 것이라고 말한다. 또는 우리의 힘, 자주권, 성숙을 주장하기 위해 사는 것이라고 말한다. 우리는 삶을 통달하고, 능숙함을 얻으며, 우리 삶의 방향을 관장하기 위해 사는 것이다. 우리는 우리의 자유를 실현하고 자신이 선택한 것이 무엇이든 그것을 행하기 위해 사는 것이다. 프랭크 시나트라(Frank Sinatra)의 노래이자 가사인 'I did it my way(내 방식대로 해냈어)'는 8유형의 상징곡이다.

8유형 영역은 에너지의 보고다. 단언컨대 8유형은 다른 모든 유형보다도 원초적인 에너지를 더 많이 갖고 있다. 이들은 모든 일을 격렬하게 해낸다. "삶은 한 번밖에 살 수 없다. 그러니 할 수 있는 만큼 모든 열정을 다해 삶을 살아라." 8유형은 열심히 일하고, 열심히 놀며, 열심히 기도하고, 열심히 공부하는 등 하고 있는 모든 일을 성심성의껏 한다. 이들은 또한 대의를 위해 다른 사람들을 모으고, 사람들에게서 힘과 용기, 확신을 끌어내는 일에 능하다.

8유형은 도전에 열광하며 갈등과 어려운 상황들을 대면했을 때 활기를 띤다. 이들은 좋은 논쟁이나 싸움이 발발할 때 자기의 영역에 있게 된다. 나머지 우리들은 침대 밑에서 몸을 숙이고 있는 반면, 8유형은 행동을 취하기 위해 모습을 드러낸다.

영화 〈패튼 대전차 군단(Patton)〉에서는 8유형과 관련한 멋진 장면이 나온다. 적기들은 패튼(George S. Patton)의 기지를 향해 폭격을 가했고 모든 군인은 몸을 숨기기 위해 뛰어들고 있었지만, 패튼 장군만은 개방된 곳에 서서 두 다리를 벌리고 권총 두 자루를 위로 높이 들어 폭격중인 적기들을 향해 발사했다.

8유형은 자신감 있고, 확신이 있으며, 건강한 자존감을 지니고, 보통 지나친 죄책감으로 인해 불안해하거나 걱정하지 않는다. 죄책감은 의지와 의도, 목적과 행동을 방해하기 때문에 그리고 8유형은 의지와 같은 이런 성질들을 귀중히 여기고 여기에 에너지를 쏟기 때문에, 죄책감은 8유형의 시간이나 에너지를 그다지 붙잡지 않는다.

패러다임 관점, 능력, 격언

8유형은 집단에 기여해야 할 자신의 특성들은 다음과 같다고 말한다.

- 요점에 도달하는 능력
- 열의와 열정
- '하는' 능력과 에너지
- 위험 감수

- 자신의 두려움을 억제함으로써 다른 사람들에게 자신감을 준다.
- 다른 사람들에게 동기부여를 하고 도전한다.
- 기만을 분별할 수 있는 능력
- 완료되어야 하는 일이 무엇인지 볼 수 있다.
- 약한 자와 힘없는 자를 옹호하고 보호한다.

8유형과 다른 사람들에게 유용한 태도와 도식의 일부는 다음과 같다.

- 진실하고 공정하며 정의로운 것은 좋은 것이다.
- 활기 넘치고 적극적이며 강한 것은 좋은 것이다.
- 적극적인 토론을 하는 것은 좋은 것이다.
- 자유로운 것은 좋은 것이다.
- 천천히 그리고 꾸준히 하는 것이 성공한다는 말은 사실이다. 가끔씩은.
- 나는 꿈이 있다.
- 사랑으로서의 힘
- 선함을 위한 힘

일부 8유형 격언과 속담은 다음과 같다.

- 힘은 곧 정의다.
- 나를 밟지 마라.
- 어려운 상황과 문제들을 전력을 다해 해결해라.
- 상황이 힘들어질 때에도 강한 사람들은 계속해서 나아간다.
- 복수는 달콤하다.
- 말보다 행동이 중요하다.
- 열을 좋아하지 않으면 부엌에서 나가라(절이 싫으면 중이 떠나라).
- 배를 포기하지 마라!

- 착한 사람은 꼴찌한다.
- 공격이 최선의 방어다.
- 왔노라, 보았노라, 이겼노라.
- 짐이 곧 국가다.
- 신중함이 용기보다 나은 면이 있다.
- 불만을 가지는 것은 삶에서의 목적을 가지는 것이다.
- 하나님께서 모세에게 이르시되 "너는 부르짖기를 그만하고 사람들에게 명령하여 앞으로 나아가게 하라."
- 정의란 행동이 따를 때 진실이 된다.
- 때 늦은 정의는 실현되지 못한 정의다.

적절한 렌즈/적응적 인지적 도식

8유형의 적절한 렌즈가 현실과 조율을 이루면, 8유형은 **진실**과 **정의**에 대한 올바른 이해를 얻게 된다. 8유형의 적응적인 도식은 우주의 법칙은 본래 공정하다는 신념과 확신이다. 남에게 한 대로 되받게 되는 것이다. "복수는 나의 것이다."라고 8유형이 아닌 하나님이 말씀하셨다. 8유형은 정의가 드러날 것이라고 믿으면, 정의를 전체로서 하나님과 우주 안의 정당한 자리로 돌려보낼 수 있다. 이들이 자신이 공정하게 대우받을 것이라고 기대하지 않을 때, 8유형 특유의 개인적인 진실과 자신만의 정의가 보편적인 진실과 권리를 대체한다.

8유형의 객관적 패러다임은 우주가 자신을 다치게 하려는 것이 아니라 도와주기 위해 일한다는 점을 인지한다. 8유형은 이를 이해할 때 통제에 대한 강한 필요 욕구를 진정시킬 수 있다.

현실은 현재 이 순간에 존재한다. 이 현실의 진실을 경험하는 방법은 매 순간에 새로이 다가가고, 일어나야만 하는 일에 대한 특정한 기대나 선입견을 가지지 않는 것이다. 이것이 천진한 태도이며, 천진함은 8유형의 미덕이다.

미덕/적응적 감정적 도식

8유형이 참자기를 기반으로 살아가고 진실과 정의의 옳은 이해가 제자리에 있을 때, 이들은 사랑이 현재의 순간에 대한 아이같은 반응으로 표현되는 천진함의 미덕을 경험한다. 매 순간은 기억, 판단, 기대 없이 다시 새롭게 경험된다. 대조적으로, 방어적인 8유형은 싫증난 상태로 상처받거나 또는 이용당할 것에 대한 기대 그리고 사람들이 자신을 해하려 한다는 기대를 갖고 현재의 순간에 임한다. 천진함은 지금 순간을 즉흥적이고 단순하게 사는 것과 함께 현실은 자신을 해치지 않을 것이라는 마음을 포함한다.

천진함의 라틴어 어원은 innocens로, 해를 입히지 않는다는 뜻이다. 천진한 사람은 모든 사람과 모든 상황에 "내가 왜 누군가를 해치고 싶어 하겠어? 그리고 누군가가 왜 나를 해치고 싶어 하겠어?"라는 태도로 접근한다. 우주는 보복적이지 않고 궁극적으로 공정하다.

8유형은 건강한 영역에 있을 때 즉흥적이고, 매력적이며, 호감 가는 어린 소년, 소녀의 성질을 드러낸다. 이들은 삶을 짓부수고 다 써버리는 대신, 삶을 즐기고 감상한다.

천진함은 삶의 것을 더욱더 갈망하는 대신, 있는 그대로의 삶에 만족하는 상태를 포함한다. 더욱 갈망하는 모습은 8유형 에너지의 악덕이자 왜곡의 형태다.

왜곡하는 렌즈/부적응적 인지적 도식

8유형은 자신의 본질과의 연결을 잃을 때, 우주는 공정하고 온당한 곳이라는 의식 또한 잃게 된다. 이들은 더 이상 삶의 일들이 공정하게 전개된다는 것을 믿지 않기 때문에, 반드시 스스로가 정의를 만드는 사람이 되어야 한다. 스스로를 지키고 보존하기 위해 8유형은 자신이 공정하고, 정당하며, 옳은 것을 결정하는 사람이 된다. 이들의 거짓 자기 또는 자아는 객관적이고 보편적인 정의를 자신의 개인적이고 불완전한 형식의 정의로 대체해 버린다. 현실은 8유형이 생각하기에 일어나야 한다고 믿는 일에 대해 지닌 선입견의 요구수준에 절대 미치지 못하기 때문에 절대 공평하지 않다. 복수와 앙갚음은 형평성과 정의를 대체한다. "복수는 나의 것이다."라고 8유형이 말했다.

왜곡하는 렌즈를 통해 쏘아보는 8유형은 세상을 혹독하고, 불공평하며, 무심한 곳으로 경험한다. 이들은 성장하면서 보호자로부터 충분히 보호받거나 인정받았다는 느낌을 받지 못했다. 이제 이들은 안전함을 느끼고, 스스로를 돌보며, 자신이 하는 말이 확실히 들릴 수 있도록 하기 위해 책임을 떠맡는다. 이들은 자신이 통제권을 갖고 있을 때 안정감을 느끼고 자신의 요구가 들어질 것을 안다.

보상 도식

8유형의 왜곡하는 패러다임은 단순히 이들의 객관적인 패러다임의 과장이다. 자신의 잃어버린 존재감, 잃어버린 자아감 그리고 그에 따라 잃게 된 힘과 효율, 안정감을 보상하기 위해 8유형은 적극성을 넘어 공격성으로 이동하게 된다. 이들은 세상에 맞선 방어 도구로서 자신의 힘을 사용한다. 힘은 진정한 자기의 고결한 표현이 되는 대신 이들의 자아를 돕게 된다.

만약 8유형에게 이 세상에서 어떻게 살아남는지를 물어보면, 이들은 이렇게 선언할 것이다. "이 구역에서 가장 강인한 사람이 되자." "그들이 나를 잡기 전에 내가 먼저 그들을 잡자." "남이 나를 대접해 주기 전에 내가 먼저 다른 사람들을 대접해라." "최선의 방어는 좋은 공격이다." "상황이 힘들어질 때에도 강한 사람들은 계속해서 나아간다." "가장 크게 소리 질러라. 그러면 너의 말이 들릴 것이다." "내가 어둠의 골짜기를 지날지라도 내가 악을 두려워하지 않는 것은, 내가 그 골짜기에서 가장 못된 놈이기 때문이다." 힘은 8유형의 예방법이다.

힘에 대한 직관적인 감각을 주는 이러한 패러다임을 지닌 8유형은 우위를 점하고 유지하는 법을 안다. 이들은 다른 사람들이 방어 태세를 취하도록 만드는 법을 본능적으로 알며 그렇게 함으로써 자신 안의 통제 영역을 유지한다.

나는 몇 년 전 스스로를 8유형으로 여겼던 한 대학원생을 알고 있다. 어느 날 그는 한

여교수로부터 자신의 사무실에 들르라는 요청을 받았다. 그때부터 이미 그 자리에는 힘의 불균형이 생기게 된 것이다. 그는 학생이었고 교수는 권위자였다. 교수가 먼저 주도권을 잡았고 그를 자신의 사무실로 불렀다. 교수는 부른 이유를 알았지만 그는 몰랐다. 그래서 교수는 이 상황에서 명백한 우위를 잡은 것이다. 자신이 무엇을 하거나 말할지 의식적으로 먼저 계획해 놓지 않은 상태였던 그는 교수가 자신을 부른 이유를 몰랐기 때문에, 사무실에 들어가 교수의 행동에 대해 즉시 지적했다. 교수는 허를 찔리고는 방어적인 태도가 되었다. 8유형인 그 학생은 일시적으로 한 점 진 위치에 있다가, 첫 도박을 감행했고(또는 첫 번째 펀치를 날렸고), 적수를 휘청거리게 한 뒤, 주도권을 잡고, 교수와의 남은 모임 시간 동안 우세한 위치를 유지했다. 이 모든 과정은 본능적으로 이루어진 것이었으며 아마도 두 명 모두 인지하지 못한 채로 이루어졌을 것이다. 8유형은 힘과 통제권을 얻고 사용하며 유지하는 방법을 안다. 그것이 이들이 생존하는 방식이다. 그리고 이들은 그 방식에 능하다.

8유형은 경쟁 등에서 이기고 그 자리에 머무름으로써 버텨 낸다. 또는 만약 자신이 보스가 아니라면, 이들은 보스의 위치에 있는 사람을 존경하고 존중한다. 왜냐하면 이들은 자신의 패기를 증명하기 위해 그 자리에 있는 사람들과 겨뤄 왔고 도전해 왔기 때문이다. 8유형은 비록 누군가가 자신을 이긴 것처럼 보이는 상황에서도 자신이 지고 있다고 여기지 않는다. 8유형에게 있어서 경기나 경쟁은 자신이 이길 때까지 끝난 것이 아니다. 이들의 마음속에서 주고받음은 계속 진행 중이며, 자신에게 결국 승리를 남겨 줄 추가적인 조정이나 개입을 위한 추후의 기회들을 준다. 되갚음은 종결과 승리를 가져다주는 8유형의 왜곡된 시각의 전략이다.

이상화된 자아상

8유형의 왜곡하는 패러다임은 '나는 강하다. 나는 할 수 있다'는 이상화된 자아상을 기반으로 정리된다. 8유형은 강한 것을 자신과 과하게 동일시하며 직접적인 조치를 취하는 자신의 능력을 자랑스럽게 여긴다. 이들은 자신이 누구든지 능가할 수 있다고 믿는다. 후에 학교의 교장까지 된 어느 8유형 교사는 한 저녁식사 때 태연하게 이렇게 말했다. "나는 내가 못할 것은 아무 것도 없다고 생각합니다." 그의 말투에서는 공공연한 오만함이 느껴지는 것도 아니었다. 그는 단순히 사실을 이야기한 것뿐이었다.

8유형은 스스로에 대한 자신감을 갖고 있다. 이들은 확신이 있으며 자신의 힘을 신뢰하고 의지한다.

8유형 자아상의 또 다른 측면은 독자적이고 자율적이며 구속받지 않는 모습을 포함한다. 8유형은 발달의 분리와 개별 측면들을 강조한다. 다른 사람들과 상호 의존하고 관계하며 연결되고 협조하는 것의 맥락은 8유형 패러다임에서는 덜 관심을 받는다.

게슈탈트 심리 요법의 아버지인 프리츠 펄스는 8유형이었을 가능성이 높다. 그의 게슈탈트 기도문은 전형적인 8유형 화법이다.

> 나는 나의 일을, 당신은 당신의 일을 하고 있습니다.
> 나는 당신의 기대를 만족시켜 주기 위해 이 세상에 존재하는 것이 아니며,
> 당신도 나의 기대를 만족시켜 주기 위해 이 세상에 존재하는 것이 아닙니다.
> 당신은 당신, 나는 나일 뿐입니다.
> 우리가 우연히 서로의 뜻이 일치한다면, 그것은 멋진 일일 것입니다.
> 그렇지 못하더라도, 그것은 어쩔 수 없는 일입니다(Perls, 1969, p. 4).

펄스는 환경적 지원 대신에 자기 지원을 촉진했다. 자족과 개성이 중요한 위치로 올라가는 반면, 의존과 관계함은 뒷전으로 물러나는 것이다. 두 양극성을 모두 지켜 주는 상위 개념 또는 변증법적인 위치는 환경 안에서의 자기 지원 또는 관계 속에서의 자기일 것이다.

다음은 인간의 자율적인 본성과 관계적인 본성의 두 측면을 모두 존중하는 펄스의 게슈탈트 기도문의 변형이다.

> 만일 내가 내 일만 하고 당신은 당신 일만 한다면
> 우리는 서로를 그리고 우리 자신을 잃게 될 위험에 놓이게 됩니다.
> 나는 당신의 기대에 맞춰 살기 위해 이 세상에 존재하는 것은 아닙니다.
> 하지만 나는 당신을 독특한 존재로 확인시켜 주기 위해,

그리고 나도 당신으로부터 그런 존재로 확인받기 위해 이 세상에 살고 있습니다.

우리는 오직 서로와의 관계 속에서만 온전히 우리 자신이 됩니다.

당신으로부터 분리된 나는 통합성을 잃고 맙니다.

나는 당신을 우연으로 발견하는 것이 아닙니다.

나는 적극적으로 손을 뻗어 당신을 발견하는 것입니다.

나는 소극적으로 가만히 앉아 어떤 일이 내게 일어나기를 기다리기보다는

의도적으로 행동함으로써 일이 일어나게 만들 수 있습니다.

나는 내 자신으로부터 시작해야만 하는 것이 맞습니다.

하지만 나 자신에서 끝나서는 안 됩니다.

진실은 둘이 만나서 시작되는 것입니다(Tubbs, 1972; Dublin, 1977, p. 142).

펄스의 본래 기도문은 8유형의 보상 패러다임과 왜곡하는 렌즈와 일치하지만, 개정된 기도문은 8유형의 적절한 렌즈와 적응적인 도식에 훨씬 더 맞는다.

도식 유지

8유형은 세상을 바라보는 자신의 쇠퇴한 관점을 정당화해 줄 증거를 찾기 위해 주변을 면밀히 살핌으로써 자신의 부적응적 도식을 유지한다. 8유형의 선입견은 이 도식을 제자리에 유지시킨다. 그래서 이들은 적대적인 태도로 상황에 들어가며, 반대 입장을 찾고, 싸움을 기다리며, 이용당할 것을 기대한다. 그리고 놀랍게도, 이들의 태도는 이들이 예측한 것을 정확히 그대로 불러온다. 공격성은 공격성을 낳는다. 8유형은 자신의 힘이 다른 사람들에게 굴복되거나 도전받는다고 여긴다.

한편, 8유형은 자신의 자아상(강함)의 그림자 측면(약함)을 사람들에게로 투사한다. 그래서 다른 사람들은 연약하고 약골이며 제멋대로이고, 우유부단하며 너무 감상적이고, 물렁하며 어리석고, 유약하며 의존적이고, 잘 속아 넘어가는 모습으로 보인다. 그렇기에 다른 사람들은 쥐고 흔들리며, 통제받고 명령받으며, 조종받고 이용당할 수 있는 것이

다. 잘 속는 사람들은 너무 많기 때문에 8유형이 통제권을 갖는 데에는 그리 오랜 시간이 걸리지 않는다.

다른 한편으로는, 8유형은 자신의 화와 강함을 다른 사람들에게로 투사하고 자신에게로 되돌아오는 공격성을 경험한다. 그래서 세상은 적대적이고 자신을 해치는 곳으로 경험된다. 8유형은 자신이 주위 사람들에게서 보는 특성들이 사실은 거울에 비친 자신의 모습이라는 것을 종종 인지하지 못하며, 자신의 총구멍을 내려다보고 있는 것이다!

간혹 정신분석의 어머니로 불리는 멜라니 클라인(Melanie Klein)은 아이들이 자신의 화와 분노를 부모에게로 투사하고는 이를 부모로부터 되돌아오는 적대감으로 경험하는 방식에 대한 흥미로운 점들을 이야기한다. 클라인은 펄스처럼 공격성이 성적 본능보다 더 중요한 본능이라고 생각했다.

이렇듯 8유형은 자신이 약골들 아니면 공격하는 사람들로 둘러싸여 있다고 여긴다. 이들은 때로는 자신의 힘에 대항하는 존재하지 않는 도전들을 경험한다.

어느 8유형은 자신이 20년 넘게 쇼핑을 해 온 식료품점의 계산대에서 있었던 일을 이야기해 주었다. 새로 온 점원은 그녀의 영수증을 계산했고 그녀는 수표를 내밀었다. 점원은 수표를 돌려주며 수표에 그녀의 전화번호를 적어 달라고 했고, 이는 공정한 절차에 의한 요구였다. 그러나 8유형 관점에서 봤을 때, 이는 대립이자 힘에 대한 도전이며, 지배권의 문제로 경험되는 것이었다. 그녀는 점원에게 다시 수표를 내밀며 자신은 20년이 넘도록 이 가게의 고객이었으며, 아무도 수표에 자신의 전화번호를 적어 달라고 말한 사람이 없었다고 말했다. 그리고 그녀는 지금부터라도 그렇게 할 생각이 전혀 없었다. 신입이었던 점원은 그것이 가게의 방침이며 그녀의 수표를 받을 수 없다고 대답했다. 그녀는 이렇게 대답했다. "좋아요. 매니저를 불러요." 교착 상황이 만들어졌고 싸움은 시작되었다. 매니저가 나타났고 점원이 했던 말을 반복했다. 그녀는 자신의 입장을 반복했다. 그녀의 줄 뒤로는 사람들이 늘어나고 있었다. 상관없었다. 그녀의 명예와 정의감이 도전받고 있었고 그녀는 물러설 기미를 보이지 않았다. 마침내 매니저는 그녀의 수표를 받을 수 없다고 명시했고, 그녀는 이에 이렇게 대답했다. "알겠어요, 이 물건들 모두 다 제자리에 갖다 놓아도 돼요(장바구니가 10통쯤 되었다). 난 떠날 거니까요." 더 나은 상황을 위해, 매니저는 마지못해 그녀의 수표를 전화번호가 **없는 채로** 받았다. 내가 알기로 그녀는 그 가게에서 다시는 그런 요청을 받지 않았다.

내가 이 이야기를 8유형 집단에게 다시 들려주었을 때, 그들 중 한명이 이렇게 제안했다. "전화번호를 원해? 그럼 번호를 주지. 자, 119! 여기 비상상황이 생겼고 당신은 위험에 처했으니까!"

만약 자신의 힘을 자랑스럽게 여기고 이에 따른 삶을 산다면, 우리는 그 힘을 포기하거나 도전받지 않은 채로 살 수 없다. 마치 근육을 키워 가는 것처럼, 우리는 힘을 매일 발휘하고 더욱 많은 힘을 얻어 가야 한다. 이렇듯 힘을 실천하고 행사하는 것은 8유형이 자신의 도식을 유지하는 방식이다.

8유형의 자신의 이상화된 자아상과 보상 도식을 유지하는 또 다른 주된 방식은 강한 욕망의 악덕을 통해서다.

악덕/격정/부적응적 감정적 도식

8유형의 왜곡하는 렌즈와 이상화된 자아상에 기름을 붓고 유지시키는 그릇된 방향의 에너지 또는 부적응적 감정적 도식은 강한 **욕망**으로, 이는 8유형의 세계에서 성적 에너지에 국한된 것이 아닌 모든 과도하고 격렬한 에너지와 갈망을 아우르는 것이다. 삶에 대한 이러한 강한 욕망은 "격렬하게 삶을 살아라." "너의 모든 것을 쏟아라." "무엇을 하든 최선을 다해라." "어려운 상황과 문제들을 전력을 다해 해결해라."와 같은 표현들 속에서 독려되고 있다.

8유형은 극단적인 것을 향한 열정이 있다. 이들은 4유형 패러다임과 이 격렬함을 어느 정도 공유하지만 4유형의 미묘함과 정교함은 공유하지 않는다. 8유형의 왜곡된 에너지에는 강박적이고 탐욕스러우며 게걸스러운 성질이 있으며, 이는 다소 5유형의 탐욕과 7유형의 방종과 비슷하다. 단지 8유형은 훨씬 더 공공연히 소유욕이 강하고 공격적으로 얻으려 할 뿐이다.

8유형은 비교적 쉽게 소유권을 취한다. 이들의 경계선은 주위 사람들과 사물들을 포함시키기 위해 확장된다. 8유형은 '나의' 배우자, '나의' 아이들, '나의' 사람들, '나의'

학생들, '나의' 사업 등에 대해 이야기할 것이다. 6유형 패러다임이 자신의 경계선을 편집중적인 방식으로 줄이게 만들고, 본래는 자신 내면에 속해야 하는 것을 투사의 방식으로 바깥에 두게 하는 반면, 8유형 패러다임은 실제로는 다른 사람에게 속한 것을 도용의 방식으로 자신의 경계 안에 포함시키며, 이는 자신의 것이고 자신은 권리가 있다는 확신을 가지게 한다.

8유형의 강한 욕망은 이들이 사람들을 집어삼키게 만들 수 있다. 한 오래된 **쉴리츠** 맥주 광고는 당신은 오직 단 한 번의 삶을 살기에, 할 수 있는 모든 열정을 다해 살라는 8유형 격언을 내세웠다. 맥주 캔을 집어 들고, 한 입에 꿀꺽 집어삼키며, 캔을 쥐어짜고는, 버려라, 그리고 또 다른 캔을 찾아라. 은유적으로도 8유형은 사람들을 쥐고, 그들에게서 활기를 쥐어짜 내서, 버리고는, 다른 사람에게로 간다. 이 모습은 연속적인 파트너들이 제공해 주는 것을 받아 고갈시키고는 떠나 버리는 인간관계들 속에서 일어나기도 하고, 8유형의 권력 강화를 위해 자원과 직원들이 소모되어 버리는 사업 환경 속에서 일어나기도 한다.

강박적인 8유형은 지루함에 쫓긴다. 이들의 강한 욕망과 격렬함은 내적인 생기 없음으로부터 온다. 8유형은 강해지기 위해서 자신의 친절함, 부드러움, 사랑, 세심함, 유연함, 따스함 등의 자기 모습을 너무 많이 억눌러 왔고, 이에 따라 내면에서 죽은 듯한 느낌을 받는다. 그 결과 이들은 불만족스럽고 불안함을 느끼며, 괴로울 정도로 만족을 향한 바람을 경험하게 된다. 강한 욕망은 이 죽은 듯한 감정에 활기를 불어넣고 자신의 공허함을 채우려 시도한다. 8유형은 자신이 느끼는 지루함과 공포감에서 오는 모든 것을 집어삼킨다. 흡수는 8유형의 부적응적 도식의 에너지다. 그리고 8유형은 한 번 무언가로 뛰어들고 나면 멈추고 싶어 하지 않는다. 8유형의 관점에서 자제는 연약한 사람들을 위한 것이다. 8유형은 자신이 너무나도 즐거움을 누리고 있다는 것에 만족해서, 체포되어야 한다. 그리고 종종 그렇게 된다. 이들은 스스로를 제한하는 것을 원치 않기 때문에, 사회가 종종 나서서 이들을 멈추거나 저지해야 한다.

8유형은 자신에게 명령이 내려지는 것을 싫어한다. 이들은 제한받지 않고, 규제가 없으며, 방해받지 않고 싶어 한다. "나에게 이래라 저래라 하지 마." "날 비난하지 마." 이들은 자기 마음에 드는 일을 하고 싶어 한다. 이들에게 일을 주면 그 일을 자유롭게 하도록 내버려 두라. MBTI(마이어스-브릭스 유형 지표)에서, 8유형은 자주 판단형(제한을 둠)보다 인지형(경계 없음)에서 더 높은 점수를 얻는다. 이들은 어떤 종류든지 구조, 걸림돌, 규제를 싫어한다. 유형론에 의해 부과되기도 하는 것일지라도 말이다.

8유형은 자신과 자신의 에너지를 어떻게 다뤄야 할지 알지 못한다. 이들은 머무르고 유지하는 것에 어려움을 겪기 때문에, 여기저기 돌아다니고 활동적이고 싶어 한다. 이는 성격으로 인해 유발된 주의력 결핍증(ADD)과 비슷하다. 비행적이고 반사회적인 행동들은 종종 이 상태에서 일어난다. 8유형은 쉽게 지루해지기 때문에, 자주 파트너와 일, 직장, 사는 곳 등을 바꾼다. 이들은 자신의 파트너가 따분해졌기 때문에 불륜을 저지르기도 한다. 불륜은 결혼생활 또는 관계가 활기를 띠게 한다.

에니어그램 원의 위에 있는 유형들인 8, 9, 1유형들은 가만히 있고 침묵을 지키며 명상하고 듣는 등의 모습을 보이기 어려워한다고 알려져 왔다. 8유형은 듣는 것을 완강하게 거부한다. 이들은 그 전에 먼저 잠들고 말 것이다. 9유형은 듣기 시작하지만 집중을 잃고 잠이 든다. 1유형은 자신의 반박을 계획하고 다른 모든 입장을 다루기 위해 자신의 옳은 관점을 어떻게 이해시켜야 할지 생각하는 데에 너무 바빠서 듣지 못한다.

강한 탐욕의 악덕은 자아의 마음대로 이용 가능하기 때문에 8유형의 본질은 부적응적 감정적 도식으로부터 이로움을 얻지 못한다. 자아가 얻는 잠깐의 자극과 만족감 또는 확장은 있을 수 있지만, 참자기는 충족되지 못한 채로 남겨진다. 탐욕은 자기 향상적이고 활기를 띠게 하는 것이 아니라, 궁극적으로 자멸적이다.

도식 회피

8유형은 자신의 연약하고 무른 취약점을 노출시킬 수도 있는 모든 생각과 감정, 행동을 피함으로써 자신은 충분히 강하지 않고, 통제 위치에 있지 않으며, 안정적이지 않다는 부적응적 도식과 불안들이 유발되는 것으로부터 회피할 수 있다. 이들은 어떠한 약점이라도 보인다면 다른 사람들의 조종과 통제에 무방비 상태로 남겨질까 봐 두려워한다.

회피 영역

8유형의 패러다임은 힘과 권력에 집중하기 때문에, 그림자에 속하는 영역이자 편의의 초점을 넘어선 영역은 바로 **약함**이다. 만약 8유형이 쇠약함을 보이거나 어떠한 취약점이든 자신의 체계로 들어오는 것을 허용한다면, 이는 이들이 권력을 포기하거나 다른 사람들에게 자신의 위에 설 수 있는 권력의 기회를 주는 것이다. 그렇기에 8유형은 어떠한 형태든 약함을 피하고 이를 드러내지 않는다. 약함은 다소 넓은 범위를 아우른다. 아니무스의 원형 안에 속하는 것은 무엇이든 의식 속으로 들어올 허가를 보장받지만, 아니마의 원형에 속하는 것은 수상쩍은 것이고 배제되기가 쉽다. 이에 속하는 특성들은 상냥함, 친절함, 세심함, 수용성, 소극성, 부드러움, 애정, 따뜻함, 용서, 두려움, 창피함, 취약성, 상처, 사과의 표현 등이다.

에니어그램 코치이자 저자인 클라렌스 톰슨은 어느 칵테일파티에서 일어난 한 8유형과 7유형, 5유형 사람의 이야기를 들려준다. 이 세 명은 누군가가 실수로 발을 밟아 사과하는 말을 우연히 듣게 되었다. "감정이 상했다면 미안해요." 그러자 5유형은 이렇게 말했다. "감정이라니 무슨 뜻이지?" 7유형은 이렇게 물었다. "상했다라니 무슨 말이지?" 그리고 8유형은 이렇게 궁금해했다. "미안하다는 게 무슨 뜻이야?"

화와 공격성은 8유형 패러다임에서는 쉽게 접근 권한을 얻는다. 화는 대개 8유형을 보호하고 다른 감정들을 숨기기 위해 먼저 일어나는 감정이다. 8유형은 다른 사람들에게 **대항하는** 능력이 잘 발달되어 있다. 8유형은 자신의 단호한 방식을 기반으로 기능할수록 다른 사람을 향해 가고 멀어지는 능력이 떨어지게 된다. 그래서 거친 감정들(화와 짜증 등)은 쉽게 느껴지고 표출되는 반면, 부드러운 감정(사랑과 애정 등)과 연약한 감정들(슬픔, 두려움, 상처, 창피함 등)은 쉽게 인정되고 표현되지 못한다.

강하고 능력 있는 8유형의 자아상에 맞는 특성들은 '나' 목록의 자아 영역 안에 해당한다. 이들의 자아상에 대조되거나 반대인 특성들은 이들 자아 경계의 바깥에 자리하며 '내가 아님' 범주에 속한다.

8유형이 자신의 허용치 못하는 특성들을 다른 사람에게로 투사할 때, 이들은 자신의 '내가 아님' 목록에 해당하는 모든 결점을 가진 약골들에 둘러싸인 자신을 발견한다. 이 특성들로 봤을 때, 8유형이 우리처럼 이렇듯 무르고 경의를 표하며 궁핍하고 지략이 부

표 17-1 8유형의 자아도식

나	부정	내가 아님
강함		약함
독립적임		의존적임
무딤		간접적임
강요함		우유부단함
자신감 있음		조심스러움
에너지가 높음		침착함
공정함		부당함
적극적임		순종적임
지도자		추종자, 동조자
엄함		상냥함
냉정함		부드러움
용기 있음		겁이 많음
공격적임		연약하고 무름
구속받지 않음		공손함
제한받지 않음		제한됨
허튼짓을 하지 않음		우회적으로 말함
영향력 있음		경청받지 못함
세상 물정에 밝음		이용당함
능숙함		지략 없음
관대함		하인
보호자		못됨
자기주도적임		피해자
직접적임		남의 기준에 따름
권리를 옹호함		횡설수설함
확고함		나약함
위험을 감수함		불확실함
대담무쌍함		회피하는 사람
천하무적		두려워함
집요함		중도 포기함

족한 하인들에게 권력을 넘겨주는 것을 꺼려 하는 것은 당연한 일이다. 대화나 회사, 또는 나라를 넘겨받는 것에 있어서, 누가 8유형을 막을 수 있겠는가? 확실히 여자아이같이 무르고, 무서워하고, 공손한 멍청이들의 무리는 그러지 못할 것이다. 바넘(P. T. Barnum)이 말했듯이, "잘 속아 넘어가는 호구들은 언제나 넘쳐난다." 이렇듯 8유형이 순종적이고 조종할 수 있는 식은 죽 먹기의 추종자들을 이용하려 하기도 하는 것은 놀랄 일이 아니다.

8유형의 즉흥적인 대항하는 접근법은 균형을 잡기 위해 넓어질 때, 2유형(향해 가는)과 5유형(멀어지는) 패러다임의 강점과 관점을 자연스럽게 포함한다. 이 평형상태는 8유형이 이 추세를 다른 곳에 투사해서 떠나보내고는 나쁜 평까지 내릴 때 어려워진다. 자신의 상냥함, 부드러움과 탈동일시한 상태에서 2유형의 재능들과 동일시하는 것은 어려운 일이다. 그리고 누가 약하고 의존적이며 남의 기준에 따르는 사람으로 보이고 싶어 하겠는가?

8유형은 더 강해지기 위해 자신 내면의 연약하고 두려워하는 작은 사람에게 소리치는 대신, 친구가 되어 줄 필요가 있다. 그렇게 하면 이들은 자신이 약할 때, 다른 사람들의 지지와 더 높은 힘의 기운을 경험할 수 있다는 것을 발견하게 된다. 이들은 역설적이게도 자신이 부드럽고 상냥하며 의존적일 때 사람들이 공포에 질려 방에서 달아나는 것이 아니라 자신에게 더 가까이 다가오고 함께하고 싶어 한다는 점을 발견한다. 공격적이고 능숙하며 영향력 있는 사람들(8유형의 '나' 범주에 있는 특성들을 지닌 사람들)은 약골이고 소심하며 힘없는 사람들(8유형의 '내가 아님' 범주의 특성을 갖고 사는 사람들)만큼 관계를 필요로 하지는 않는다. 반면, 헤비급 프로 권투 선수였던 무하마드 알리는 언젠가 이렇게 말했다. "이 세상에서 가장 강한 사람은 가장 외로운 사람이기도 하다." 동조자 또는 추종자들은 모든 것을 혼자 할 필요가 없다.

또한 소심하고 두려워하며 회피한다는 모습으로 비춰지는데 누가 관점을 얻기 위해 멀어지거나 물러서려 하겠는가? 이 상태에서 5유형을 판단해 보면, 5유형이 지닌 분별력과 신중함, 침착한 공평함의 재능을 인정하고 5유형과 이 재능들을 동일시하는 것은 어렵게 느껴진다.

8유형은 '나' 특성들뿐 아니라 '내가 아님' 특성들까지도 포함하기 위해 자신의 이미

광범위한 본성을 이용하고 자기 개념을 넓힐 필요가 있다. 이들은 스스로를 '공정한 연인' 또는 '외적인 부드러움으로 공정함을 불러오는 사람' 또는 '공평하고 동정하는 사람' 또는 '섬기는 지도자' 또는 '철학적인 왕 또는 여왕'으로 여기기도 한다.

방어기제

부정의 방어기제로 부추김받은 8유형은 강하고 영향력 있는 자신의 자아상을 유지하며, 언젠간 죽게 되는 것과 취약함을 시사하는 모든 것으로부터 스스로를 보호한다. 8유형은 약함, 친절함, 감상적임 또는 사려 깊음 등이 드러나는 모습을 모두 반대하면서 동시에 다른 사람들이 지닌 선한 뜻이나 순수함이 될 만한 것에 이의를 제기한다.

8유형의 왜곡하는 패러다임과 부적응적 도식들은 이들을 폭로하고 파헤치는 태도로 이끈다. 기만, 가짜, 허위의 것을 손쉽게 감지하는 이들은 이를 밝히기 위해 움직인다. 창시자인 프리츠 펄스의 8유형 특색을 지닌 게슈탈트 심리 요법의 전략들 중 하나는 바로 거짓된 자아 선보이기 또는 거짓된 자아 역할을 밝혀내는 것이다. 이는 내담자를 진짜 존재함으로 밀어붙이면서 이루어진다. 3부작 영화인 〈심리치료의 세 가지 접근(Three Approaches to Psychotherapy)〉에서 한 예시를 찾아볼 수 있다. 이 영화에서 내담자인 글로리아는 세 명의 치료사인 칼 로저스, 알버트 엘리스, 프리츠 펄스에게 인터뷰된다. 로저스는 특유의 아버지 같은 자애롭고 허용적인 모습을 보이는 반면, 엘리스는 강의하고 교육하듯 대하며, 펄스는 전형적인 냉철하고 당면하는 모습을 보인다. 어느 지점에서 글로리아는 펄스가 자신을 구해 주기를 바라며 어린 소녀의 모습을 취하고 있었는데, 그때 펄스는 이렇게 선언했다. "당신은 가짜입니다. 당신은 어린 소녀가 아닙니다. 당신은 다 큰 성인 여자입니다." 이것이 가짜를 밝혀내고 다른 사람에게 자립하며 구속받지 말라고 도전하는 8유형 접근법이다. 환경적인 지지를 얻으려 하지 말고 자급자족하고 스스로의 노력에 의지하라는 것이다. 덧붙여 말하자면, 글로리아는 활기찬 모습으로 돌아왔다.

헤밍웨이가 만들어 낸 인물들은 종종 세상을 향해 8유형의 태도를 보인다. 그의 주인공들은 늠름하고 강한 남성과 여성들이자, 독립적이고 자율적이며 자신의 영역과 존엄성을 위해 싸운다. 헤밍웨이는 젊은 작가들에게 아예 내장된 가짜 탐지기를 갖고 있어야 한다고 조언했다.

그의 문체 자체도 이런 탐지기의 존재를 분명히 보여 주고 있다. 그의 문장들은 간소하고 명확하며 간단명료하고 허튼 소리를 하지 않는다.

8유형은 자신이 주기도 하는 친절함 또는 공감에 대해 미안해하며, 자신이 다른 사람들의 잘못된 점을 밝혀내는 것만큼 강력하게 스스로를 비하한다. 만약 이들이 보여 준 어느 정도의 사려 깊음에 대해 칭찬을 해 주거나 감사해한다면, 이들은 이렇게 말할 것이다. "잊어버려." "아무 것도 아닌데 뭘."

주요 취약점

8유형이 특히 민감해하는 취약의 영역들은 부당하고 불공평하게 대우받는 것, 무시당하는 것 그리고 무력함을 느끼는 것이다. 이들은 제한되고, 의존하고, 종속되며, 자신이 통제의 위치에 있지 않은 느낌을 싫어한다. 이들은 자신이 원하는 것을, 자신이 원할 때 하기를 원한다.

무능력하거나 모욕적인 권위자 앞에서 고분고분해야 하는 것은 특히나 힘이 들고 미칠 듯 화가 나는 일이다. 8유형은 자신이 공경하지 않는 사람들에게 비유적으로 얽매이거나 입막음 당하는 것을 싫어한다. 그와는 정반대로 8유형의 양식은 이런 일이 일어나지 않게 막도록 설계되어 있다. 8유형은 자신의 생각을 말하고, 이의를 제기하며, 자신이 관찰한 다른 사람들의 기량 부족에 대해 말할 때 기분이 나아진다. 그것이 설사 해고당하고, 이혼당하거나, 배척당하는 것을 의미한다 해도 말이다. 이들은 차라리 새로운 회사를 차리거나, 새로운 관계를 시작하거나, 새로운 패거리를 형성할 것이다.

자신의 말이 귀 기울여지지 않거나 자신이 주목받지 못하는 것에 대한 8유형의 접근법은 옆으로 물러나서 보여지기를 바라는 겁쟁이의 방식도 아니고, 교묘한 협상과 타협을 하는 외교관의 방식도 아니다. 8유형은 매우 강하고 설득력 있기 때문에 이들의 말은 귀 기울여진다. 만약 처음에 당신이 이들의 말을 듣지 않았다면, 이들은 당신이 이들의 위치를 인정할 때까지 계속해서 다시 이야기할 것이다.

아니면 이들은 소동을 일으킨다. 8유형의 대화방식은 당혹스럽게 만들고 협박하는 것이 될 수 있다. 예를 들어, 만약 시에서 이웃들의 쓰레기를 제때 가져가지 않았다면 8유형은 처음에는 아마 시의원에게 공손한 편지를 쓸 것이다. 그런데도 반응이 없다면, 8유형은 모든 이웃을 소집해 쓰레기들을 모아서, 시의원의 마당에 버리고는, 모욕과 나쁜 평판이 조치를 유도할 때까지 시의원의 집 앞에서 시위를 할 것이다. 승리는 은근하게 하는 사람에게 속하지 않는다.

역경이 일어나면, 8유형의 부적응적 도식들 일부가 그 역경과 함께 일어난다.

> "약한 것은 괜찮지 않아."
>
> "두려워하는 것은 괜찮지 않아."
>
> "내가 할 수 없다고 인정하는 것은 괜찮지 않아."
>
> "나는 오직 나 자신만 믿고 의지할 수 있어."
>
> "세상은 적대적이고, 냉정하며, 가혹한 곳이야."
>
> "나는 위험에 처한 상태야."
>
> "삶은 투쟁이야. 반드시 살기 위해 싸워야 해."
>
> "강한 자만이 살아남아."

8유형의 삶의 방식은 다시는 부당하게 또는 불공평하게 취급받지 않을 것을 확실시하려는 시도다. 이들은 정의를 만드는 사람이 되어, 상과 처벌을 부과한다. 자신과 권리를 박탈당한 사람들을 옹호하는 이들은 투쟁 없이는 자신에게서 어떠한 권한도 앗아 가지 못하도록 한다. 이들은 '눈에는 눈' 외교 정책을 따르며, 평형, 즉 힘의 균형을 회복하기 위한 방법으로 보복을 사용한다.

8유형이 궁극적으로 발견하는 사실은 삶에 대한 이들의 공격적 접근법이 자신이 두려워하는 그 대상을 불러온다는 것이다. 화는 화를 낳는다. 공격성은 보복으로 이끌며, 권력을 휘두르는 것은 대응 전략을 불러오고, 독재자는 혁명을 유발하며, 이에 따라 세상은 적대적이고 위험한 곳이 되고 만다. 만약 8유형이 너무 반사회적인 모습이 되면, 이들은 제한받고 자신이 통제에 있지 못하는 스스로의 최악의 두려움들이 실현되는 교도소에 들어가게 될 것이다.

8유형이 실제로 필요로 하고 원하는 것은 스스로와 주위 환경을 제어할 수 있다는 느낌을 받고, 존중받으며 허용받고 인정받으며, 공정하고 정당하게 대우받고, 청렴하고 영예로운 사람이 되며, 스스로 결정하고 구속받지 않는 사람이 되고, 변호받는 사람이 되는 것이다. 8유형의 주관적인 패러다임은 이들을 책임의 자리에 유지시키고 자신의 성 안에 있게 할 수도 있지만, 이들에게 존중과 연민, 교제함까지 꼭 가져다주지는 않는다.

8유형은 위협받는다고 느낄 때, 스스로의 아래로 내려가 더러운 거리의 싸움꾼 성격으로 이동하는 대신 자신의 본질의 중심에 머무를 필요가 있다. 이들의 참자기는 천진함의 기운을 물씬 풍긴다. "누가 왜 나를 해치려 하겠어? 그리고 내가 왜 누군가를 해치려 하겠어?" 자신보다 높은 힘에 의해 정의가 집행되는 것을 허용하고 그 권위자에게 일을 맡기는 이들은 스스로 상상해 보지 못했던 방식으로 자신이 강하고 영향력 있어진다는 사실을 발견하게 된다.

성장 과정

다양한 어린 시절의 사건이나 가족 역동은 8유형의 패러다임과 행동 양상을 확고하게 할 수 있다.

어린아이 시절의 8유형은 가족 내에서 또는 이웃 사이에서 많은 수의 싸움과 공격성에 노출되어 왔을 수 있으며, 학대받아 왔을 수 있다. 이들이 적대적이고 응징하는 곳이라고 여기는 세상에 대항하는 방어 전략은 강인하고 혹독해지며 반격하는 것이다. 만약 당신이 위협적이고, 허튼 수작을 부리지 않으며, 상대의 슬픔을 참고 받아들여 주지 않을 것이라는 태도를 취한다면, 사람들은 당신을 혼자 두고 위협하려 하지 않을 것이다. 8유형은 좋은 공격은 최고의 방어라는 것을 배웠다. "내가 당하기 전에 내가 먼저 덮쳐라." "먼저 한 다음에 질문은 나중에 던져라."

8유형이 싸움을 찾아다녔던 것은 아니다. 특히나 이들은 스스로를 단호하게 주장할 필요도 없었다. 하지만 싸움이 자신에게로 다가오면, 이들은 물러서지 않은 것이다. 또 다른 아이들은 스스로를 증명해 보이기 위해 놀이터에서 가장 센 아이에게 도전하기도

할 것이다. 불안정한 사람들은 군림하는 청부 살인자의 모습을 띠고 싶어 한다.

어린 8유형은 자신이 부당한 대우를 받아 왔다고 여겼을 수 있으며, 그에 따라 공평하게 취급되고 자신의 몫을 받는 것을 보장할 수 있도록 스스로의 정의를 따랐다. 만약 자신의 보호자들이 제멋대로 하고 불공정했다면, 8유형은 스스로의 규칙을 만들고, 따르며 강행하는 법을 배웠을 것이다.

8유형의 렌즈는 불평등과 반대를 찾기 때문에, 8유형은 종종 자신을 향해 오는 모욕과 멸시를 과장하며, 방어 태세로서 쉽게 싸울 기세를 보인다. 어느 한 8유형이 말했듯, "난 괜찮고 너는 안 괜찮아. 그리고 그건 너의 문제야."

보호자들이 자신에 대한 책임을 져 주거나 안정감을 제공해 주지 않았을 때, 8유형은 스스로 책임을 지고 나서야 안전함을 느꼈다. 방이나 조직 내에서 혼돈과 혼란 또는 지도력의 부족이 나타날 때, 8유형 패러다임은 이들로 하여금 에너지를 상황 속으로 확장시키고, 통제권을 잡아 권한을 차지하도록 강하게 충동한다. 다른 성격 유형들은 자신이 신뢰하는 사람이 책임의 자리에 있을 때 안전함을 느끼기도 하는 반면, 8유형은 스스로를 의지할 때 가장 안정감을 느낀다. 만약 8유형이 다른 사람들을 필요로 할 때 그들이 곁에 없었다면, 8유형은 자신을 위해 스스로의 곁에 있어야 했을 것이다.

8유형은 맞서 싸우고 모욕과 불공평함을 참지 말라고 가르쳐 온 사람들로부터 직접적이거나 간접적인 메시지들을 받아 왔을 것이다. 그런 가정에서 이들은 이렇게 배웠을 것이다. "우리는 화내지 않아. 되갚아 줄 뿐이야." "상황이 힘들어질 때에도 강한 사람들은 계속해서 나아가지."

8유형은 견디길 원한다면 어떠한 약한 모습도 보여서는 안 된다는 것을 이해했다. 어떤 동물들은 살아남기 위해서 뒹굴고 죽은 척을 한다. 8유형 기질과 방식은 이들 스스로가 다른 동물들이 자신 때문에 구르게 만드는 동물이 되도록 8유형을 조장한다.

타고난 에너지와 힘의 자질을 지닌 8유형은 자신이 상당한 힘을 갖고 있다는 사실을 발견했다. 그렇게 이들은 힘을 어떻게 사용하는지 배웠고, 강함에 대해 보상받았다.

또한 8유형은 다른 사람들을 괴롭히거나 자신의 요구를 크게 오랫동안 요청함으로써 자신이 원하는 것을 얻을 수 있다는 점을 완전히 파악했다. 이들은 가장 삐걱대는 바퀴였기 때문에 자신의 말이 들리게 할 수 있었다. 부정적 강화의 기술을 통달한 이들은 자신이 충분한 혐오 자극을 주면, 사람들은 자신을 떠나게 하고 싶기 때문에 자신의 요구 사항을 들어준다는 것을 발견했다.

이들은 자신이 원하는 것을 얻기 위해 절묘하게 자신의 힘과 설득력 있는 모습을 사용하는 방법을 알아차렸다. "네가 거절할 수 없는 제안을 하나 할게." 8유형 렌즈는 다른 사람들의 약점들을 알아차리는 8유형의 직관을 더 날카롭게 하며, 8유형은 자신의 목적 달성을 위해 그 약점들을 다루는 법을 안다.

신체적 특징

아리카 전통의 얼굴 분석에 따르면, 8유형 코의 왼쪽에는 종종 긴장이 있어서 콧구멍이 들어 올려진 것처럼 보이거나, 때로는 밀려난 것처럼 보인다고 알려져 있다. 코끝이 왼쪽으로 당겨져 있거나 왼쪽 콧구멍이 조금 더 작게 보인다.

일부 8유형의 얼굴은 마치 수많은 형벌을 겪어 온 듯이 갈라지고, 갖은 시련을 겪은 듯 한 울퉁불퉁한 모습으로 보인다. 종종 그 벌은 이들 스스로가 가한 것이다. 8유형은 자연적 요소들을 그대로 무방비 상태로 맞은 듯해 보이는 경향이 있다.

8유형 남성은 떡 벌어진 가슴을 갖고 있기도 하다. 이들은 호리호리하고 우아한 4유형의 인상이 아닌 운동선수같은 겉모습을 갖고 있곤 하다. 중배엽형의 신체가 주로 대부분의 8유형과 들어맞는다.

8유형은 종종 깊고 확실하며 우렁찬 목소리를 지녔다. 이는 다스 베이더를 떠오르게 한다. 8유형은 가장 크게 말하기 때문에, 또는 영화 대부처럼 조용한 결의를 갖고 말하기 때문에 이들의 말은 귀 기울여진다.

보통 강렬하고 직접적인 시선 맞춤을 유지하는 8유형은 적수를 가만히 내려다보거나 아니면 최소한 상대를 향한 확고부동한 시선을 유지한다. 이들의 자세와 목소리에 힘이 있는 것처럼, 이들의 노려봄에는 강렬함과 존재감이 있다.

나는 내 고등학교 시절 교장 선생님이 8유형이었다고 믿는다. 그는 테스토스테론으로 날뛰는 1200명의 청소년 남자아이들로 가득찬 강당으로 들어와 단 한 번의 위엄 있는 응시함으로 모든 불협화음을 즉시 고요하게 만들 수 있었다.

8유형 여성에 관해서는, 헤밍웨이의 이야기들 중 하나의 섬세한 구절을 살펴볼 수 있다. 그는 그 구절에서 강한 의지를 지닌 후작 부인을 묘사한다. 그는 이렇게 기록했다. 그녀가 고개를 들어 당신을 쳐다봤을 때, 그 모습은 마치 전차의 대포가 당신을 향해 포착하고 조준하는 듯 했다.

의사소통 방식

잘못을 드러내는 것은 8유형의 특징적인 어투다. 8유형은 자신이 좋아하지 않는 것이나 이해하지 못하는 것을 깎아내리는 경향이 있다. 이들이 좋아하는 단어는 '허튼소리'다. 이러한 잘못을 드러내는 태도는 8유형이 지닌 부정의 방어 기제의 표현이다. 8유형은 자신에게 약하고 취약하고 의존적으로 보이는 것 등을 말로 짓누르는 경향이 있다.

이들은 현실을 적대적이고 부정적인 곳으로 경험하며, 그래서 현실에 대항해 불복하는 자세를 취한다. 8유형은 무언가를 접할 때 대부분 처음에는 반대하는 모습을 보인다. 이들은 "아니."는 말할 수 있지만 "그래."라고 말하는 것에는 어려움을 느낀다. 8유형은 화의 감정이 쉽게 일어나며 그 화의 감정이 보통 8유형에게서 일어나는 첫 감정이나 종종 유일한 감정이라는 사실을 떠올려 보라.

반면, 8유형은 이용당하고 싶지 않아 하며 현실의 것이나 다른 사람들에 의한 상상적 착취를 경계한다. 아무도 자신을 이용하지 않음을 확실히 한 8유형은 이렇게 선언한다. "날 비난하지 마."

또 한편으로는, 8유형은 사람들을 종종 자신에게 이용당할 수 있는 약하고, 무력한 바보들로 인지한다. 모순적이게도 8유형은 사람들을 책망하며 비난한다. "아무도 날 비난하지 못하게 해."

패러다임 변화

아래의 패러다임 변화는 8유형이 스트레스 상황이나 안정적인 상황을 겪는 여부에 따라 다르게 나타나는 경향을 보인다.

	안정적 상태	스트레스 상태
풍부한 자원 상태	+2	+5
부족한 자원 상태	-2	-5

그림 17-1 8유형의 심리적 자원 패러다임 변화

스트레스 상황

스트레스 상황들 속에서 8유형은 자신의 패러다임의 낮은 수준 측면으로 빠지게 되기도 하며, 5유형의 낮은 수준 측면으로 향하거나, 아니면 5유형의 자원이 풍부한 높은 수준을 사용한다.

Sheet 17-1 힘의 욕구를 왜곡하는 렌즈

> 8유형의 왜곡하는 렌즈를 착용하는 것:
> 자신의 낡고 불완전한 렌즈를 사용하는 것

압박받는 상황에 있을 때 8유형은 더욱 자신의 유형 방식대로 행한다. 이들은 자신의 에너지를 더욱 발산하고, 더 공격적이고 도전적이며 위협적인 모습이 된다. 이들은 안전함을 느끼기 위해서 더 많은 힘과 통제를 행사한다. 이들은 아마 자신이 겪고 있는 두려움, 상처, 슬픔 또는 실망감을 숨기기 위해 더욱 과장되고 치열해지며, 소유욕이 강해지고 욕정에 가득 차며, 탐욕스럽고 화를 내게 된다.

Sheet 17-2 전지영역을 왜곡하는 렌즈

> 5유형의 왜곡하는 렌즈를 착용하는 것:
> 다른 사람의 낡고 불완전한 렌즈를 사용하는 것

같은 모습을 반복하는 것이 효과가 없으면, 8유형은 5유형의 왜곡하는 렌즈와 부적응적 접근법을 취하고 있는 자신을 발견하게 되기도 한다.

에니어그램 원형에서 자신의 화와 분함을 스스로에게 향하게 하고 우울해지며, 강박상태이고 후퇴하며, 사람들과 거리를 두고 자신만의 경계 안으로 물러서 버리는 특징을 드러내는 5유형과 8유형 사이에는 유사점이 존재한다.

화를 다른 사람에게 퍼붓는 것도 효과가 없으면, 8유형은 스스로에게 화풀이를 하기도 한다. 이들은 다른 사람들을 밀어붙이는 대신 자신에게서 인지된 약점과 불충분함, 부당함 등에 대해 스스로를 꾸짖는다. 8유형은 자신의 에너지를 폭발시키듯 터뜨리는 대신 폭파시켜 자체적으로 붕괴하고는, 에너지를 자신의 안쪽으로 끌어와서, 자신의 화를 통해 다른 사람들과 교제하는 대신 그들과의 접점을 부수어 버린다.

이렇게 다시 돌아온 에너지의 결과는 높아진 내적 무감각과 공허감이다. 이러한 파열은 8유형 성격 내면의 블랙홀로 이들을 끌어당긴다. 그리고 마치 우주의 블랙홀처럼, 이 파열된 에너지는 주변의 모든 것을 빨아들인다.

만약 당신이 어느 굉장히 권력 있는 사람이 뚱하고 조용한 상태로 있는 한 모임에 참석했다면, 당신은 곧 모두의 관심이 그 침묵으로 끌려가 있다는 것을 알아차리게 될 것이다. 그 사람이 아무 말을 하지 않고 있는데도 말이다. 그곳의 모든 사람은 어떠한 폭발이 일어나기를 기다리고 있다.

이렇듯 8유형은 5유형의 방식으로 물러날 수 있다. 8유형은 자신의 동굴로 물러가서 혼자 있고 싶어 할 수 있다. 종종 이 8유형을 밖으로 다시 끌고 나오려면 또 다른 강한 8유형이 필요하다. 8유형은 너무나도 충동적이고 강하기 때문에 자살하고 싶어지기도 하며, 종종 이를 성공시킨다. 이들은 자신이 삶을 사는 모습처럼 인생을 격렬하게 받아들인다.

또는 자살 충동이 들지 않으면, 8유형은 내적인 공허감을 채우기 위한 시도에 있어 더욱 격렬해지고 필사적인 모습이 되기도 한다. 그렇게 이들은 더 탐욕스럽고 중독에 빠지게 되며, 스스로의 강한 욕망의 악덕에 5유형의 탐욕을 더한다.

만약 8유형이 자신의 세력과 강함의 재능을 포기하고 자신의 타고난 본능을 불신하게 되면, 이들은 스스로 부적당함을 느끼고 상황에 영향을 미칠 수 없다고 느끼기 시작하는데, 이는 5유형의 왜곡하는 렌즈가 기능할 때 보여지는 전형적인 성향이다.

8유형은 그러고 나면, 2유형처럼 사람들에게로 향해 가거나, 자신이 원래 선호하는 모습인 대항하는 모습 대신, 강박적인 5유형의 특성처럼 다른 사람들로부터 멀어지는 모습을 보이기도 한다. 이들은 스스로를 떼어놓고 고립시킨다.

다른 사람들의 도움이나 위로를 거부하는 이들은 자신의 자원을 통해서만 모든 것을 하길 원하는 5유형의 성향과 함께 독자적이고 자율적이어야 하는 자신의 과장된 필요를 더 악화시킨다. 8유형은 더욱 더 고독한 서부의 감시자가 된다.

이들은 다른 사람들로부터 멀어지게 되면서 자신의 본능과 직감으로부터도 멀어지며, 머릿속으로 들어가 과하게 지적인 모습이 되고 스스로를 방어하기 위해 머리를 사용하며, 다른 사람들을 탓하고, 복수전을 계획한다. 이들은 자신의 신체와 감정들을 통한 공감적인 애착으로부터 더 멀어지게 되면서, 자신과 다른 사람들의 고통을 느끼는 것으로부터 스스로 멀어졌기 때문에 더 쉽게 난폭한 모습이 되고 다른 사람들에게 상처를 주게 된다.

Sheet 17-3 전지영역을 바로잡는 렌즈

> 5유형의 바로잡는 렌즈를 착용하는 것:
> 새로운 관점을 얻는 것

그렇지만 8유형은 5유형의 적절한 렌즈를 통해 자신의 시야를 명확하게 하는 것 또한 가능하다. 건강한 5유형의 관점에서 기능하는 8유형은 행동하기 전에 먼저 생각할 수 있다. 이들은 건강한 형태로 멀어짐으로써, 충동적으로 행하는 대신 자신의 행동이 불러올 수 있는 결과들에 대해 반추하고 고려할 수 있는 영역인 생각의 틈을 만들 수 있다. 이들은 준비, 발사, 조준 순인 자신의 부적응적 순서를 준비, 조준, 발사의 순서로 좀 더 유용하게 재배열한다(아니면, 좀 더 생각해 본 뒤, 발사를 하지 않는다).

5유형의 공정한 증인과 내면의 관찰자는 8유형이 다른 사람들이 자신을 해치려 하거나 겁쟁이라 한다고 그들을 희화화하는 대신, 다른 사람들을 명확하고 감정에 치우치지 않은 채로 인지할 수 있도록 돕는다. 8유형의 편향된 선입견은 5유형의 객관적인 관찰에 의해 바로잡힌다.

5유형처럼, 8유형도 다른 사람들보다 위에 있기 위한 힘을 얻으려는 수단으로서가 아닌 지식 그 자체를 위해 지식을 감상하고 추구할 수 있다.

8유형이 자신의 머리와 배, 가슴을 연결시킬 때, 이들은 내적으로도, 외적으로도 분리되어 있기에 고립되고 난폭하며, 극도로 힘든 느낌을 받는 대신 진정으로 현존하고, 자발적이며 동정하게 된다.

안정적 상황

Sheet 17-4 힘의 욕구를 바로잡는 렌즈

> 8유형의 바로잡는 렌즈를 착용하는 것:
> 자신의 관점으로 또렷이 보는 것

안정적인 상황에서의 8유형은 자신의 적절한 유형 렌즈를 통해 세상을 바라보며 자신의 패러다임의 적응적 도식을 사용하는 스스로의 모습을 발견하게 되기도 한다. 이렇게 위협받지 않는 영역에서 8유형은 정의와 공정성은 자신의 개입이나 되갚음 없이도 일어날 것이라는 것을 신뢰한다. 이들의 객관적인 패러다임은 정의와 평형을 가져오는 것은 오로지 자신에게만 달린 것은 아니라는 것을 믿는다.

이들은 매 순간과 상황에 새롭게 다가가며, 상처받거나 이용당할 것이라는 기대 없이 그리고 과거의 잘못과 모욕들에 대한 기억들 없이 다가간다. 천진함의 태도를 표출하는 이들은 꽉 쥔 주먹이 아닌 열린 손으로 다가온다.

이러한 균형 잡힌 자세를 취할 때, 8유형은 더 기꺼이 자신의 연약한 아랫면을 밝히고 자신이 신뢰하는 사람들에게 자신 내면의 겁먹은 작은 아이를 볼 수 있도록 허락한다. 이들은 항상 자기 자신과 다른 사람들을 옹호해야 한다는 모습 대신 다른 사람들이 자신을 도와주고 변호하도록 허락한다. 이들은 극도의 자급자족과 의존에 대한 두려움 쪽으로 가는 대신 **상호의존** 쪽으로 간다.

8유형은 다른 사람들에게 자신의 권리를 존중해 달라고 요구하는 만큼 그들의 요구 또한 존중한다. 이들은 다른 사람의 목구멍에 자신의 진심을 쑤셔 넣는 대신 다른 사람들이 받아들일 수 있는 만큼의 진실을 인정 어린 마음으로 말한다.

8유형은 다른 사람들의 동기를 더 신뢰하게 될수록, 다른 사람들을 대면하고 그들의 허례허식과 의도를 밝혀내는 것에 대한 강박적인 마음을 덜 가지게 된다.

🔍 Sheet 17-5 사랑영역을 바로잡는 렌즈

> 2유형의 바로잡는 렌즈를 착용하는 것:
> 또 다른 관점을 얻는 것

안정적인 상태에 있을 때 8유형은 2유형의 바로잡는 렌즈를 사용하는 자신을 발견하기도 한다. 2유형 패러다임의 풍요로운 관점을 기반으로 사용하는 8유형은 힘과 공감을 결합하여, 자신의 정의를 자비와 연민으로 누그러뜨린다. 이들은 공동체에 맞서 자신을 방어하거나 공동체를 무너뜨리기 위해 힘을 사용하는 대신, 공동체를 조성해 나가는 방향으로 자신의 에너지를 기여한다. 8유형은 다른 사람들에게 권한을 주며, 그들을 약화시키는 것이 아닌 갱생시키기 위해 자신의 힘을 사용한다.

'나는 도움이 되고, 많이 주는 사람이야.'라는 2유형의 이상화의 모습을 띠는 8유형은 자신과 다른 사람들의 필요와 감정에 더욱 공감적이고 세심해지게 된다. 이들은 화와 복수의 마음으로 다른 사람들을 대항하거나, 고립하려는 마음으로 멀어지는 대신, 사랑과 애정을 갖고 다른 사람들에게로 향한다. 8유형은 이제 자신의 부드럽고 순한 모습과 연결된 모습이다. 프란시스 드 세일즈가 말했듯이, "진정한 부드러움보다 강한 것은 없으며, 진정한 강함보다 부드러운 것은 없다." 8유형은 자신의 강인함을 부드럽게 만들고, 자신의 기운을 동정심으로 누그러뜨리며, 자신의 아니무스를 자신의 아니마로 균형 맞춘다.

그렇다고 해서 8유형이 호랑이에서 작고 귀여운 고양이로 개조되는 것은 아니다. 이들은 자신의 힘과 에너지를 유지하고 있지만 이를 좀 더 부드럽게 보이고 사용하는 것이다. 엄마 호랑이가 새끼 호랑이를 자신의 강력한 턱으로 조심조심 옮기는 모습을 떠올려 보라.

Sheet 17-6 사랑영역을 왜곡하는 렌즈

> 2유형의 왜곡하는 렌즈를 착용하는 것:
> 시야를 더욱 흐리게 하는 것

자신이 안정적으로 여기는 상황에 있을 때 8유형은 2유형 패러다임의 왜곡된 모습으로 빠지기도 한다. 이런 상황이 일어나면, 8유형은 다른 사람들을 의존적인 입장으로 계속해서 두기 위해 자신의 도움 주는 행동을 이용한다. 강박적인 2유형처럼, 이들은 사람들이 자신에게 의지하도록 만드는 조력자가 되어 자신의 힘을 확실시할 수 있게 한다. 이들이 맺는 관계들은 강한 자와 약한 자, 가학자와 피학자(사디스트와 마조히스트)의 연속체로 양극화된다. 8유형은 다른 사람들을 조종하거나 위협해서 자신의 도움을 필요로

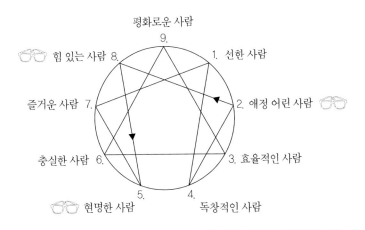

그림 17-2 8유형의 안정된 상황과 스트레스 상황에서의 패러다임 변화

하는 상태로 만들 수 있다. 마피아 조직은 그들의 '보호'를 제공해 주는 데에 있어서 굉장히 세심하다. 이와 비슷하게 8유형은 스스로의 확장과 자존감을 위해 자신의 대부, 대모 같은 위치를 이용할 수 있다.

인접한 유형

8유형 관점은 양측에 있는 7유형과 9유형의 바로잡는 패러다임이나 왜곡하는 패러다임에 본래부터 영향을 받는다. 이 렌즈들과 함께 자신의 시야를 확장시킴으로써, 8유형은 자신의 인지와 감정, 행동들을 명확히 하거나, 아니면 자신의 태도와 감정, 반응들을 더욱 왜곡하게 된다.

Sheet 17-7 행복영역을 보완하는 렌즈

7유형의 보완하는 렌즈를 착용하는 것:

도움이 되는 관점

8유형이 7유형의 풍부한 자원 특성들을 자신의 접근법에 포함시키게 되면, 이들은 자신의 호탕한 감정과 행동들에 폭넓은 시야를 더하게 된다. 이러한 8유형은 혼자 하는 대신, 다른 사람들과 어울리고 생각들을 교환한다. 이들은 자신의 급하게 행동하고 싶은 마음을 신중히 계획하고 자신의 충동적인 표현들에 대한 결과를 고려함으로써 균형 잡는다. 이들은 자신의 환상을 행동으로 취하는 것만큼 생각을 종합하고 표현하는 것 또한 가치 있게 여긴다. 이들은 7유형 이웃처럼 좀 더 눈에 보이는 것을 지향하게 되기도 한다. 더 밝은 성향을 지니게 된 이들은 좀 더 가볍게 세상을 헤쳐 나가며, 더 공평하고 덜 가차 없이 정의를 집행한다. 7유형의 냉철함의 미덕은 8유형의 과도한 격렬함, 맹렬함, 합동적임을 완화시킨다.

Ⓢheet 17-8 행복영역을 왜곡하는 렌즈

> 7유형의 왜곡하는 렌즈를 착용하는 것:
> 도움이 되지 않는 관점

7유형의 부족한 자원 특성을 취한 8유형은 더한 만족을 위해 이미 격정적인 자신의 갈망에 더욱 많은 경험을 향한 절박함을 더한다. 강한 부적응적 7유형 날개를 지닌 8유형은 자신의 쾌락과 만족감에 더욱더 몰두할 수 있으며, 자신의 행동이 초래할 결과에 대해 그다지 심사숙고하지 않을 수 있다. 이들은 더욱 중독적인 성격이 되기 쉽다. 억류되는 것만이 스스로를 멈출 수 있는 유일한 방법일지도 모른다!

Ⓢheet 17-9 평화영역을 보완하는 렌즈

> 9유형의 보완하는 렌즈를 착용하는 것:
> 도움이 되는 관점

8유형은 9유형의 풍부한 자원 모습을 자신의 패러다임과 조합할 때, 자신의 충동성을 삶에 대한 좀 더 느긋한 접근법으로 균형 잡는다. 이런 상태의 8유형은 더 차분하고 다른 사람들을 잘 받아들인다. 자신의 강력한 개입과 영향력으로만 일이 일어나게 만들어야 했던 모습 대신, 이들은 더 선뜻 상황이 자연스러운 흐름대로 일어나도록 허용하게 된다. 9유형의 일체감, 유대감, 합일감은 8유형의 강한 자율성, 개성, 분리감을 균형 잡아준다. 그럼으로써 8유형은 더 큰 체제 속에 자신을 놓고 볼 수 있게 되고, 다른 사람들의 의견을 더 고려하며, 스스로만을 위한 것을 취하는 것이 아닌 모두의 이익을 위해 더 선뜻 협조할 수 있게 된다.

Sheet 17-10 평화영역을 왜곡하는 렌즈

9유형의 왜곡하는 렌즈를 착용하는 것:
도움이 되지 않는 관점

8유형이 9유형의 부족한 자원 특성과 공모하게 되면, 이들은 자신의 내적 자기와 더욱 멀어지게 되고 일, 무분별한 추구, 중독 행동 그리고 다른 충동적 행동들 때문에 스스로를 등한시하게 되기도 한다. 이들은 자신이 진정으로 필요로 하는 것을 찾기 위한 자기성찰을 하지 않는다. 이런 8유형이 드물게 물러나는 상태에 있게 되면, 이들은 나태함과

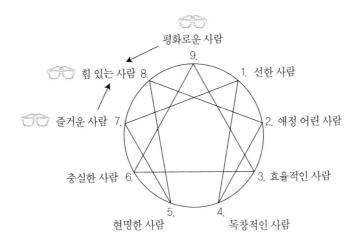

그림 17-3 8유형의 인접유형: 날개성향(보완, 왜곡렌즈)

체념한 패배의 태도와 함께 자기혐오를 심화시키기도 한다. 또한 이들은 내향적인 상태가 될 때 심사숙고하고 비관적이 되기도 한다. 아니면 내향적인 상태가 될 때는 지나치게 세부적인 것과 구조에 얽매이기도 한다.

하위유형

친밀한 하위유형

강한 욕망의 악덕이 성적 본능으로 흘러들어갈 때, 그 결과는 땅을 소유하려 하거나, 아니면 최소한 자신의 영역, 짝, 자녀, 직원 등을 소유하려는 모습으로 나타나게 된다. 소유함은 다른 사람의 삶에 강렬하게 관여하는 것이자 그 사람의 삶을 책임지는 것을 의미하며, 진정한 친밀함을 대신하는 8유형의 성향이다.

통제권의 대결은 다른 사람들과 연결되려는 방식이다. 만약 다른 사람들이 물러서지 않고, 꼿꼿하고 강하며 존중하는 모습으로 남아 있는다면, 8유형은 이들을 신뢰할 수 있다 여기게 되고 어느 정도의 통제권을 내어준다.

8유형이 2유형의 낮은 수준으로 이동하게 되면, 이들은 자신의 파트너에 대해 강박 관념을 가진다. 만약 거기에 의심쩍은 마음까지 가지게 되면, 이들은 상대를 따라다니며 괴롭히고 보복적인 모습이 되기도 한다. 이러한 8유형의 공격적인 추구는 근원적인 의존성을 가려 준다.

친밀한 8유형은 그 구역(회사내)의 문제아(또는 어른) 같은 성향을 띤다. 이들은 이유 불문한 반란자다. 이들은 상황이나 대상의 모든 생기를 짜내고는 이를 모두 써 버리는 경향이 있다. "우리는 삶을 단 한 번만 살 수 있기에 할 수 있는 모든 열정을 다해 살아야 한다." 이들은 빠른 차, 엄청난 양의 술 그리고 자신이 소모할 수 있는 것이라면 무엇이든 좋아한다. 통제권과 소유는 불안과 연약함, 친밀함을 회피하기 위한 방식들이다.

누가 맨 위에 있느냐, 누가 책임자냐, 누가 궁극적으로 통제권을 갖고 있느냐의 문제는 친밀한 8유형에게 있어서 지속적인 사안이다. 이들은 내어주는 것을 극도로 어려운 표현으로 느낀다. 나는 가끔 8유형이 성관계를 할 때 어떤 모습일지 궁금해진다. 이들은 상대가 위에 오랫동안 있는 것을 원치 않을 것이기 때문에 많이 굴러다녀야 할 것이다.

사회적 하위유형

강한 탐욕의 악덕이 사회적 본능과 결합하면, 우정을 향한 강한 끌림과 헌신의 결과가 나타난다. 서로 잡아먹고 잡아먹히는 이 세상 속에서, 당신은 의지할 수 있는 친구들을 필요로 한다. 사회적 8유형은 평생 가는 친구다. 이들은 당신을 돌보고 당신이 필요로 할 때 곁에 있을 것이다. 이들은 친구들과의 관계로부터 큰 만족을 얻는다. 길거리 패거리, 사교 집단, 파벌 등은 종종 사회적 8유형의 서식지다.

시험을 거친 전우와 함께하면 당신이 속한 곳을 알 수 있으며, 그들에게 종종 늦은 밤까지 당신의 감정들을 표출할 수 있다. 친구에게 충실한 것은 사회적 8유형의 전형적인 특징이다. 힘과 통제가 미묘하게 상호적 친밀감과 취약함을 대체하는 이들의 격정적인 우정에는 중독 수준으로 지나친 성향이 있다. "내가 너를 보호하고 네가 나를 보호하면 우리는 이 세상을 헤쳐 나갈 수 있을 거야."

보통 8유형의 인물들이 등장하는 헤밍웨이의 소설들 속에서, 우정은 종종 대화 주제가 되거나 줄거리의 본질을 이룬다.

보호나 힘을 필요로 하는 사람들은 자주 사회적 8유형에게 이끌린다.

자기 보호적 하위유형

강한 탐욕의 악덕이 자기보호의 본능으로 스며들면, 그 결과로는 만족스러운 생존이라는 성향이 나타난다. 세상은 각박하고 상황은 어렵지만, 당신은 해내고 있다. 훌륭하지는 않지만, 당신이 원하는 만큼은 충분히 했다. 대처하는 모습이 자기보호를 대신한다. 자신의 생존 욕구를 다루는 것이 더 높은 수준의 욕구들을 다루는 것을 대신하는 것이다. 자기 보호적 8유형은 매슬로의 욕구 단계의 가장 아랫부분에 살며, 생존과 안전함의 욕구를 돌보면서 관계적·자기 실현적·자기 초월적 욕구를 향해 사다리를 오르는 것은 무시한다. 자신의 기본적인 욕구가 충족되고 보급로가 만들어져 있는 한, 나는 괜찮은 것이다. 다른 사람이 필요치 않다. 나 스스로 해낼 수 있다. 자신의 즉각적인 환경에 대해 통제권을 가지고, '(헤밍웨이가 쓴 짧은 이야기의 제목을 빌려) 깨끗하고 불이 환한 곳'만

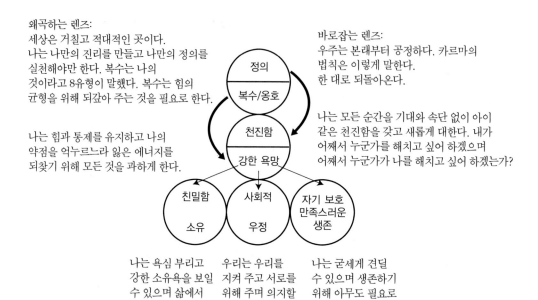

왜곡하는 렌즈:
세상은 거칠고 적대적인 곳이다.
나는 나만의 진리를 만들고 나만의 정의를
실천해야만 한다. 복수는 나의
것이라고 8유형이 말했다. 복수는 힘의
균형을 위해 되갚아 주는 것을 필요로 한다.

바로잡는 렌즈:
우주는 본래부터 공정하다. 카르마의
법칙은 이렇게 말한다.
한 대로 되돌아온다.

나는 힘과 통제를 유지하고 나의
약점을 억누르느라 잃은 에너지를
되찾기 위해 모든 것을 과하게 한다.

나는 모든 순간을 기대와 속단 없이 아이
같은 천진함을 갖고 새롭게 대한다. 내가
어째서 누군가를 해치고 싶어 하겠으며
어째서 누군가가 나를 해치고 싶어 하겠는가?

정의
복수/옹호

천진함

강한 욕망

친밀함
소유

사회적
우정

자기 보호
만족스러운
생존

나는 욕심 부리고
강한 소유욕을 보일
수 있으며 삶에서
모든 것을 받아 낼
수 있다.

우리는 우리를
지켜 주고 서로를
위해 주며 의지할
수 있는 친구들이
필요하다.

나는 굳세게 견딜
수 있으며 생존하기
위해 아무도 필요로
하지 않는다.

그림 17-4 8유형: 힘 있는 사람

있다면, 나는 괜찮을 것이다.

자기 보호적 8유형은 생존주의 운동에서 종종 찾아볼 수 있다. 이들은 본디 우주의
선함을 신뢰하거나, 아니면 최소한 자기 이웃이라도 믿는 대신 스스로 자기보호를 보
장하는 것에 집착한다. 이 세상의 자기 영역을 통제하고 싶어 하는 이들은 핵공격에 맞
서 자신의 요새를 강화시킨다. 이 진화론적 환경 속에서는 오직 강한 자만이 살아남는
것이다.

요약

힘과 의지의 패러다임은 강함과 아량의 시각이다. 이는 영향력과 권한 부여의 방식이
다. 이 경로를 따르는 사람들은 힘을 얻고 사용하며 유지하는 직감적인 능력을 갖고 있

다. 이들은 자율성과 독립성을 가치 있게 여기며, 직선적이고 직접적이며 활력 있고 자신감 있으며 확신에 차 있다. 이들은 약자에 신경을 쓴다. 또한 세상을 더 공정한 곳으로 만들기 원한다. 이들은 천진함의 정신으로 이를 행한다.

개인주의 패러다임은 통제하려 하고 쓰러지지 않으려는 과도한 욕구 속에서 드러난다. 공격당하거나 도전받는 것 또는 불공평하게 이용당하는 것에 관심을 쏟는다. 복수가 정의를 대신할 수 있다. 충동은 심사숙고하거나 감정을 거치지 않고 직접적으로 행동으로 옮겨진다. 여기서는 아니무스가 강조된다. 이 시야를 따르는 사람들은 공격적이고 화난 모습은 보일 수 있지만 부드럽고 연민 어린 것은 어려워하기도 한다. 이들의 잘못된 신념은 나는 강하기 때문에 무시받거나 이용당하지 않을 것이라는 생각이다. 강한 탐욕이 이 접근법을 충동하며 에너지를 격렬해지게 만든다.

Sheet 17-11 8유형 요약

가치: 권력, 힘, 독립성, 형평성

비전: 세상을 좀 더 공정한 곳으로 만드는 것

주요 취약점: 이용당하고, 불공평하게 대우받으며, 자신의 말이 귀 기울여지지 않는 것

적응적 인지적 도식: 세상은 공정하며 뿌린 대로 거두는 곳이다, 카르마(업보)는 일어난다, 복수는 나의 것이라고 하나님이 말씀하셨다.

적응적 감정적 도식: 천진함, 누가 왜 나를 해치려 하겠는가? 그리고 왜 내가 누군가를 해치려 하겠는가, 질린 기대가 아닌 감사함의 신선함

적응적 행동적 도식: 적극적임, 자신감 있음, 직선적임, 관대한 행동, 다른 사람들을 책임지고 권한을 부여해 주는 것

부적응적 인지적 도식: 세상은 적대적인 곳이며 나를 이용할 것이다, 내가 당하기 전에 먼저 덮쳐라, 복수는 나의 것

부적응적 감정적 도식: 강한 탐욕, 우리는 삶을 단 한 번만 살 수 있기에 할 수 있는 모든 열정을 다해 살아야 한다, 모든 것을 격렬하게 하는 것

부적응적 행동적 도식: 괴롭힘, 강요, 탐욕적임, 통제함, 고압적임, 위협적임, 적극적인 모습이 아닌 공격적인 모습

회피 영역: 약함

방어기제: 부정, 보지도 말고 듣지도 말고 인정하지도 말고 사과하지도 마라.

유용한 패러다임 변화: 부드러운 면과 연결되는 것, 연민과 대립, 사람들을 파괴하는 대신 개발시키는 것, 유순함, 연약함

유용하지 않은 패러다임 변화: 에너지를 빨아들이고 물러나는 것, 지성적으로 처리하고 고립시키는 것, 다른 사람들에게 해를 입혔기 때문에 기분이 나쁜 것

세상을 바라보는 아홉 가지 렌즈

9유형 렌즈 검사

이 문장들이 자신에게 맞는 정도에 따라 점수를 매겨라.

1	2	3	4	5
거의 절대 아니다	드물게/ 거의 그렇지 않다	때때로/ 가끔	종종/ 자주	거의 항상 그렇다

_____ 나는 갈등을 피하기 위해서 다른 사람들이 결정을 내리도록 한다.

_____ 나는 내 삶에서 우선순위를 정하는 것이 어렵다. 나는 세부사항과 관계되지 않은 일들을 할 때 방향을 잃는다.

_____ 나는 조화롭고 받아들여지는 분위기에서 마음을 달랠 필요가 있다.

_____ 나는 규칙성과 계획된 일과가 세워진 생활을 할 때 더 편안함을 느낀다.

_____ 나 자신을 챙기는 것은 너무 어렵다.

_____ 나는 말하거나 상호작용할 때 그다지 흥분하지 않는다. 나는 상황 등을 안정된 상태로 유지하는 것을 좋아한다.

_____ 나는 나의 필요나 선호도를 표현해야 할 때 느려지거나 주의를 빼앗긴다.

_____ 나는 상황의 두 측면 모두를 쉽게 알아보면서 나 자신의 의견은 까먹는다.

_____ 나는 사소한 것들에 휘말리며 내가 정말로 원하는 것을 망각한다.

_____ 나는 다른 사람들과 동화하며, 그들의 경험 속에서 내 자신을 잃고, 나 자신에게 주의를 집중하지 않는다.

_____ 나는 다가오는 갈등을 볼 때 멍해진다.

_____ 나는 상황의 흐름을 따라가고 갈등이나 소란을 만들지 않는 것을 좋아한다.

_____ 나는 내 이익을 제일로 위하는 일을 할 때 게을러진다.

_____ 나는 대부분의 일이 큰 소동을 벌일 필요까지의 가치는 없다고 생각한다.

_____ 미루는 버릇은 나의 주된 문제.

_____ 나는 대부분의 것에 만족해하는 경향이 있다.

_____ 나는 잘난 체하지 않고 거드름 피우지 않는 성향을 보인다.

_____ 나는 느긋하며 일어나는 일들에 대해 소란을 피우지 않으려 한다.

_____ 안정감을 느끼는 것은 내게 중요하다.

_____ 나는 갈등을 피하기 위해 정말로 노력한다.

_____ **총점**

9유형 렌즈:

CHAPTER 18 평화로운 관점

핵심 가치

9유형이 이끌리는 가치는 바로 **조화**다. 이들은 침착함을 즐기고, 평화를 귀하게 여기며, 규칙적임의 가치를 안다. 성 어거스틴은 평화를 '질서의 평온함'으로 정의했다. 9유형의 패러다임은 이들에게 상황이나 사물이 들어맞고 제자리에 있는 때를 아는 직관적인 감각을 준다. 9유형은 상황이 언제 '제때'를 맞이하고 언제 '사그라지는지'를 자신의 몸으로 느끼는 본능적인 반응을 갖고 있다고 보고한다. 모든 현실의 일체감에 대한 내적인 감각을 갖고 있는 이들의 신비주의는 통합을 향하는 것이다. 9유형은 다양한 전통의 근본적인 합의를 논하며 종종 전 기독교적 운동에서 활동한다. 이들은 개인성이 기껏해야 방해물이고 최악의 경우에는 허상에 불과하다고 여기는 영성의 방향으로 기운다. 이는 개인적인 자율성을 일구는 8유형 이웃이 현실에 대해 지닌 입장과는 꽤 다른 것이다.

9유형은 또한 상황이 어수선할 때를 특히 예민하게 인지한다. 이들은 갈등에 굉장히 민감하다. 9유형은 풍부한 자원 상태에 있을 때에는 갈등을 즉시 다룬다. 그러나 부족한 자원 상태에 있을 때에는 갈등을 교묘하게 회피한다.

만약 9유형에게 삶의 목적이 무엇이냐고 묻는다면, 이들은 단순히 존재하기 위해서 있는 것이라고 대답한다. 이들의 좌우명은 옛 격언을 자기 식대로 뒤바꾼 것이다. "무언가를 하지 마라. 그저 거기 서 있어라."

가장 좋은 상태에 있을 때의 9유형은 자신의 본질 또는 참자기 안에서 살아가는 인간의 원형을 나타낸다. 이들은 자기 자신과 다른 사람들, 자연 그리고 스스로 궁극적인 현실이라고 믿는 자신의 존재함의 기반을 알고, 조화를 이루며, 협력한다.

반면, 참자기와의 연결을 잃은 가장 안 좋은 상태에 있을 때의 9유형은 자신의 본질과 주위 환경을 알지 못하고 무관심한 인간의 원형을 나타낸다. 이에 대해서는 9유형의 부적응적 도식 또는 왜곡하는 렌즈를 다룬 부분에서 설명할 것이다.

패러다임 관점, 능력, 격언

9유형의 적응적 도식 또는 객관적인 패러다임은 이들이 문제의 모든 측면을 볼 수 있도록 도와준다. 이들은 5유형처럼 객관적이고 감정에 좌우되지 않을 수 있다. 공정하고 객관적으로 들으며 무언가를 보답으로 바라지 않는 좋은 감정인인 이들은 균형 잡힌 외교관이자 판사, 중재자다.

9유형은 현실적이고, 스스로의 모습을 편안해하며, 세상의 소금 같은 선하고 고결한 부류의 사람이다. 이들은 과시하거나 자신이 아닌 다른 모습으로 보이려 하지 않는다. 이들은 스스로 만족해한다. 긍정적인 의미에서 이들은 스스로를 당연시 여기며 증명할 필요가 없다고 느낀다. 9유형은 차분하고 고요하며 느긋한 태도로 삶을 살아간다. 이들은 거북이처럼 꾸준한 달리기 선수다.

이들은 침착하고 안심시키는 존재감을 투사한다. 이들은 스스로를 편하게 느끼기 때문에 함께 있을 때 편안한 사람들이다. 9유형이 겉치레하지 않는 것처럼, 다른 사람들도 자신을 과시하지 않아도 되는 것이다. 9유형은 사람들을 있는 그대로로 받아들이는 편이다. 일부에서는 칼 로저스와 그의 판단하지 않고 지시하지 않는 치료 형태가 다른 사람들을 향한 9유형적인 태도를 보여 준다고 말했다. 9유형은 삶에 대한 자유방임주의적인 접근법을 가지고 사람과 상황이 그대로의 속도와 방식으로 전개되도록 둔다. 이들의 패러다임은 우주가 원래의 방식대로 펼쳐지고 있다고 믿는다.

　9유형의 방식은 차분하고, 동요하지 않으며, 위협적이지 않은 것이다. 이들은 삶에 대해 수용적이고 허용적인 자세를 갖고 있다. 9유형의 성격에 맞는 종교는 도교일 것이다. 너 자신의 방식에서 벗어나라. 이는 흐름을 따르고, 우주의 법칙과 자신의 본질을 신뢰하는 존재함으로의 접근법이다. 9유형은 강물을 거슬러 오르지 않는다. 이들은 강물이 스스로, 자신의 방향대로, 자신의 속도에 맞춰 흐르도록 둔다. 이는 강물이 충분히 빠르게 흐르고 있지 않기 때문에 강물을 바로잡고 재촉하는 1유형 이웃과, "어떤 빌어먹을 강물이라도 내가 가려는 방향을 지시할 순 없어!"라고 말하며 상류로 헤엄쳐 가는 8유형 이웃과는 정반대다.

　9유형은 자신의 성향이 집단에 이런 모습들을 불러온다고 말한다.

모든 면을 봄	과정, 절차	중재자
외교술	화합	가능성을 봄
배려함	소속감	큰 그림
침착함	팀워크	양극성 사이에서의 균형
교제함, 동료애	통합	조화
허용적임	의사소통	통일성/일체감
받아들임	균형	집단 구성
균형감	분별	모두에게서 최선을 끌어냄
공정함	이해	잘 들어주는 사람
영적 차원	소속 관계, 유대감	모두에게 동등한 목소리
관용	연민	선함을 불러일으킴
신뢰	과정을 장려함	공동체 개발

| 이어 주는 사람 | 현실 기반 | 긍정적인 세계관 |
| 활성화 | 긍정 | 실질적인 관점 |

9유형 관점에서 주는 유용한 조언들은 다음과 같다.

- 다른 사람들과 화합, 조화, 평화 속에서 함께 사는 법을 배워라.
- 모든 면을 봐라.
- 내가 이해하지 못하거나 좋아하지 않는 사람에 대해 인내심을 가져라.
- 판단하지 마라.
- 용서하고, 용인하며, 받아들여라.
- 어떤 것들은 저절로 이루어진다.
- 아침이면 상황이 더 나아보일 것이다.
- 너무 진지하게 받아들이지 마라.
- 내가 바꾸거나 영향을 줄 수 없는 일에 에너지를 낭비하지 마라.
- 중요한 것을 찾아내서 그것을 해라.
- 모든 창조물의 하나됨을 깨달아라.

9유형의 일부 속담과 격언들은 다음과 같다.

- 급할수록 돌아가라.
- 천천히 해라.
- 자세한 것에 너무 신경 쓰다가 전반적인 상황을 놓치지 마라.
- 단결이 힘이다.
- 뭉치면 살고, 흩어지면 죽는다.
- 전쟁이 아닌 평화를 이룩해라.
- 흐름에 맡겨라.
- 매사에 적절함을 지켜라.

- 깊은 물은 조용히 흐른다.
- 일어날 일은 일어나게 되어 있다.
- 모르는 게 약이다.
- 온유한 자가 땅을 기업으로 받을 것이다.
- 시간이 약이다.
- 잠자고 있는 개는 건드리지 마라(긁어 부스럼 만들지 마라).
- 서로 자기 방식대로 살아가는 것이다.
- 평지풍파를 일으키지 말자.
- 적응하는 법을 배우자.
- 결정하지 않는 것도 결정한 것이다.
- 외교는 전쟁의 평화로운 대체 방식이다.
- 사람들이 조화를 이루며 사는 것은 이 얼마나 멋지고, 즐거운 일인가?
- 협력은 두 글자로 쓸 수 있다. 우리.
- 가장 큰 힘은 가만히 있는 모습에서 보이는 것이다.
- 수고하고 무거운 짐 진 자들아, 다 내게로 오라, 내가 너희를 쉬게 하리라.
- 만약 우리가 하나님의 모습을 투영한다면, 우리의 영혼은 평온할 것이다.
- 참을성 있는 기다림은 종종 하나님의 일을 하는 가장 높은 방식이다.
- 참을성이 지성보다 낫다. 참을성은 배움을 능가한다.
- 가장 크고 숭고한 힘은 종종 단순한 참을성이다.
- 참을성 있는 사람이 익은 과일을 먹는다.
- 도는 아무 행위를 하지 않는다. 그러나 아무 것도 끝나지 않은 채로 내버려 두지 않는다.

적절한 렌즈/적응적 인지적 도식

9유형의 객관적 패러다임이자 이들을 자신의 참 본성과 더불어 우주의 진리와 함께

하도록 유지시키는 보편적 원칙, 태도, 시각은 바로 **사랑**이 현실의 중심에 있다는 적절한 이해와 믿음이다. 우주의 진화적 전개와 기능을 주관하는 법칙은 궁극적으로 생명을 낳았다. 이 생명은 활동적이고, 따뜻하며, 신경 쓰고, 배려하며, 목적의식이 있다. 우주의 법칙에는 목적론 또는 방향이 있기 때문에, 이 법칙들이 통해 흐르는 각 개인의 삶 역시 가치와 목적, 방향 그리고 의도를 가진다.

사랑은 자유롭고 기쁘게 주어지는 관심이다. 우리 안의 생명을 주목하고 돌볼 때, 우리는 자기 자신과 다른 사람들의 행복을 신경 쓰는 것에 나태해지는 것이 아닌, 사랑받고 귀중한 느낌을 받으며, 우리가 사랑을 할 수 있다고 느낀다. 우리 안의 목적과 방향감각을 알아내게 되면서, 우리는 더욱 의도를 갖고 상황을 앞서 주도하게 된다.

사랑은 9유형을 포함한 우리 모두에게 우리가 현실로부터 분리되어 있고 떨어져 있지 않다는 점을 깨닫도록 도와준다. 모든 사람과 모든 것에 작용하는 같은 법칙은 9유형에게도 작용한다. 9유형은 이미 흐름 안에 있다. 즉, 이들은 융합되려 하거나 어울리려 하지 않아도 된다는 것이다. 이러한 자연적인 객관적 법칙은 9유형에게 내적 의미와 운명을 준다. 이 깨달음이 불투명해지면, 9유형은 양식과 지침을 찾아 자신 바깥을 찾아나선다.

미덕/적응적 감정적 도식

9유형의 미덕은 사랑의 렌즈를 통해 자연스럽게 흐르는 **행동**이다. 우리는 사랑받고 사랑할 수 있는 경험을 할 때, 자연스럽게 그리고 즉흥적으로 "감사합니다."라고 말하며 보답으로 무언가를 해 주고 싶어 한다. 사랑과 행동 간의 이러한 연결점은 15세기에 쓰인 로욜라의 *The Spiritual Exercises*의 마지막 부분에 나오는 Contemplation to Obtain Divine Love 같은 다채로운 글에 나타나 있다. 여기서 그는 우리가 하나님이 우리를 위해 모든 부분에서 일하시는 모습에 대해 묵상함으로써 우리 안에 감사함과 그에 대한 보답으로 무언가 도움이 되고 싶은 갈망이 불붙게 되도록 제시하며, 9유형의 행동의 미덕을 **스스로를** 전해 주기 원하는 사랑으로 표현한 오스카 이차조의 설명으로까지 도달했다.

존재하는 것은 활동하는 것이다. 행동은 생명체와, 그 생명체와 다른 존재들과 연결됨으로써 자신의 참 본성을 실현하고 초월하는 존재들의 성질이다. 이에 따라 행동은, 내적인 행위이자 상호작용인 것이다.

행동은 우리의 환경과 조화를 이루며 기능해야 하는 필요성과 욕구로부터 일어난다. 이는 적응의 원칙이다. 효과적인 행동은 참자기로부터 자연스럽게 흘러나와서, 자아의 부적응적 도식 또는 왜곡하는 렌즈와 패러다임의 방해 없이 우리의 자기와 다른 사람들과의 관계를 발달시키고 향상시키기 위해 필요한 일들을 하는 것으로 이어진다.

우리는 참자기와 연결 상태에 있을 때, 우리가 필요로 하는 것과 원하는 것을 안다. 더 나아가, 우리는 원하는 것을 얻기 위해선 무엇을 해야 하는지를 안다.

이와 반대로, 우리는 본질과 연결을 잃은 상태일 때에는 우리가 필요로 하거나 진정으로 갈망하는 것이 무엇인지 모르며, 이를 얻기 위해 어떻게 해야 할지를 모른다. 9유형이 보상 성격 상태에 있을 때에는 자신이 진심으로 필요로 하고, 생각하고 느끼고 원하는 것을 알아차리지 못한다. 이들은 특징적으로 우유부단하며 자신이 누구인가에 대한 또는 자신의 삶의 방향감각에 대한 어느 정도의 지표를 자신의 바깥에서 찾고자 한다. 또한 이들은 만족을 대용하는 것을 통해 자신이 진정으로 필요로 하는 것을 대신하기도 한다. 예를 들면, 이들은 단백질이 부족하지만 아이스크림을 사먹을 지도 모른다.

9유형은 자신이 돌봄받고 있으며 귀중하고 가치 있는 사람이라는 것을 깨달을 때, 결단력 있고 활동적인 모습이 된다. 그리고 나면 이들은 자신을 신경 쓰고 귀중하게 여기며, 차례로 다른 사람들 또한 소중히 여기고 보살핀다. 자신의 생각과 감정, 욕구와 연결되고 통합되며 이것들을 표현하게 되면서, 9유형은 초점과 우선순위 그리고 목적의식과 방향감각을 찾게 된다.

왜곡하는 렌즈/부적응적 인지적 도식

9유형은 자신의 참자기와의 연결을 잃을 때, 우주에서의 소속감을 잃는다. 이들은 우주의 자연적 법칙이 자신이 다른 모든 사람에게 그런 것처럼 자신 안에서 작용한다는 느

530

낌을 더 이상 육체적 수준으로 느끼지 못한다. 이들은 사랑이 자신에게로 흘러서, 자신을 통해 걸러지고, 다시 스스로의 사랑하는 행동을 통해 밖의 세상으로 돌아가는 과정인 자신이 사랑받는다는 느낌을 잃는다. 이들의 자아는 자신이 사랑의 공평한 몫을 받지 못했다고 믿게 한다. 방치됨을 느끼는 9유형은 자신이 중요하지 않고, 가치 있지 않으며, 상관없는 사람이기 때문에, 줄 수 있는 게 별로 없다고 여기게 만드는 부적응적 도식 주위로 스스로를 구축하고 조직한다.

보상 도식

9유형은 스스로를 방치하고, 자신의 본질을 무시하며, 자신의 참자기를 외면하는 반복 강박으로 자신이 인지한 이 무시 상태를 보상한다. 이들은 자기의 바깥에서 소속감과 목적의식을 찾기 시작하며, 다른 사람들과 융합하고 주변 환경에 뒤섞임으로써 자신의 잃어버린 통일감을 재건하려 시도한다. 이들이 자신의 왜곡하는 렌즈를 통해 바라볼수록, 다른 사람들은 점점 중요해지는 반면, 자신은 중요하지 않게 된다. 이에 따라 9유형은 자신을 잊고 스스로의 행복에는 나태해지게 된다. 역설적이게도 9유형의 보상 전략은 좀 더 중요한 세상과의 융합을 통해 자신을 잃음으로써 자신이 의미 있고 중요함을 느끼려는 시도인 것이다.

이들에게 상냥하지 않고 무관심한 것으로 인지되는 영역에 맞선 방어기제로, 9유형은 삶에 대한 체념의 태도를 취한다. 버림받은 느낌을 받아 온 이들은 스스로를 버려 버린다.

이들은 계속해서 적응하고, 자신의 기대치를 낮추며, 스스로에게 큰 희망이나 계획을 허용하지 않는다. 이들은 단지 상황이 일어나도록 두고 기다린다. 어차피 삶은 곧 끝날 것이기 때문에, 호들갑 떨 필요 없다. 게다가, 내가 무얼 하든 그렇게 중요하지 않다. 아니면, 더 정확하게 말하면, 내가 그다지 중요치 않은 것이다. 어차피 내일 다시 더러워질 텐데 뭣 하러 오늘 방을 치우는가? 상황이 어떻게 될지 왜 걱정하는가? 걱정한다고 바뀌는 것은 아무 것도 없다. 상황이 결과를 좌우하는데 어째서 세밀한 계획을 세우는가? 삶은 모래에 쓰는 글과 같다. 이내 바람과 물이 다가와 모래의 모습을 바꿀 것이다.

9유형의 왜곡하는 패러다임은 삶에 대한 수동적인 태도를 취한다. 즉, 흐름을 따라가는 것이다. 내게 열리는 문은 모두 들어가 보고 어디로 이어지는지 보는 것이다. 우주와 하나 되는 방식처럼 흐름의 일부분이 되는 것이다. 내게 일어나는 모든 일을 따라감으로써 내 목적과 운명을 찾는 것이다.

어느 에니어그램 워크숍에 참여했던 한 9유형은, 25년 전 어느 날 길거리를 걷다가 도움을 필요로 하는 전단지를 보게 되었고, 그 안으로 들어가서, 다신 떠나지 않았기 때문에 현재의 직장에 있게 되었다고 이야기했다. 또 다른 9유형은 변호사였는데, 그는 대학을 졸업하고 나서 자신이 무엇을 하기를 원하는지 알지 못했기 때문에 법조계에 들어오게 되었다고 말했다. 자신의 한 친구가 법대를 가려 했어서 자신도 함께 간 것이었다.

9유형의 렌즈는 바깥에 초점을 두기 때문에, 9유형은 내적인 목적의식과 방향감각을 줄 자신 내면의 욕망, 바람, 신념, 가치관, 선호도 등과의 연결을 잃는다. 9유형은 다른 사람들이 원하고 필요로 하는 것을 알아주는 것에는 능숙하지만 자신이 원하는 것은 잊어버린다.

9유형의 생존 전략은 상황이나 사물이 자신에게 영향을 미치지 못하게 하는 것이다. 모든 상황을 큰 문제로 만들지 않음으로써 이들은 Mad 잡지의 영웅인 알프레드 노이만 (Alfred E. Neuman)의 철학을 공언하고 실천한다. "뭐, 내가 걱정한다고?"

9유형은 자신의 에너지를 낮추고, 차분히 있으며, 흥분하거나 화내지 않는다. 이들은 큰 문제도 작은 것으로 만드는 대단한 평등주의자다. "9유형의 길을 곧게 하라." 이들은 무엇이든 두드러져 보이고, 주목받거나, 너무 중요해지지 않게 한다. 삶과 관계는 통일되고 통칭되어 같은 것이 된다. 더 높거나 낮은 것은 없다. 아무 것도 강조되지 않았기 때문에, 모든 것은 동일한 중요성을 가진다. 아니면 아예 중요성을 갖지 않는다. 가끔씩 당신은 9유형과의 관계 안에 있을 때, 당신은 이들의 친구이지만 어느 누구나 9유형의 친구가 될 수 있다고 느껴진다. 당신이 특별한 것이 아니라, 친구가 되는 그 순간에 거기 있었던 것뿐이다.

에니어그램 도형에서 보면, 9유형은 8유형과 1유형 패러다임 사이에 자리하고 있으며 이 두 개의 각기 다른 생활양식에서 조화를 이루기 위해 노력하는 내적인 딜레마를 경험한다. 이들의 왼쪽에 자리한 이웃인 8유형은 구속받지 않고 싶어 하며 자신의 자율성과 개성을 주장한다. 8유형은 자신이 좋아하는 일을 하며 순응하지 않는 사람이다. 9유형의 오른쪽에 자리한 이웃인 1유형은 선하고 싶어 하며 옳은 일을 하려 한다. 이들은 자신의 삶을 가장 높은 원칙과 기대치에 맞춰 살려고 노력한다.

9유형은 자신의 스트레스 연결 지점이자 문화적응을 거부하는 반항적인 공포 대항형 6유형과, 자신의 안정적 연결 지점이자 주변 환경에 조정해 맞추는 적응적 3유형과 비슷한 갈등을 겪는다.

이들은 부득이하게 선함과 악함, 순응과 비순응, 의로움과 반항적임의 양극성을 통합해야 한다. 9유형은 자기 자신을 표현하고 다른 사람들에게 버림받는 위험을 감수하거나 아니면 스스로를 깊이 감추고 자기 자신에게는 버림받는 대신 다른 사람들에게는 허용 받는 위험을 감수하는 딜레마에 휩쓸린다.

요기 베라(Yogi Berra)의 "갈림길을 만나면, 그걸 택하라."라는 조언을 따르는 9유형은 한쪽을 택하는 대신 두 쪽 사이에서 왔다 갔다 한다.

9유형은 갈등 해결 방법으로서 우유부단함과 미루기를 키워 왔다. 이들은 갈등의 한 가운데에 앉아서 움직이지 않는다. 이들의 해결책은 결정하지 않는 것이다. 이들은 미루고, 기다리며 살펴보고, 일이 스스로 일어나도록 두는 법을 배웠다. 9유형의 왜곡하는 패러다임은 자신이 충분히 오래 기다리면, 결정은 알아서 내려질 것이라고 믿는다.

9유형은 자신의 에너지를 그저 깔고 앉아 있는데 이는 이들의 선천적인 공격성과 화를 깔고 앉아 있음을 포함한다. 이들이 이전에 자신의 화를 표출하려 했던 시도는 무관심 또는 반대에 부딪히게 되었고, 그래서 이들은 그 화를 억누르게 된다. 이들은 자신의 화를 밖으로 꺼내기보다는 무의식 상태가 된다. 9유형은 일련의 틀을 정해 놓고 자동 조종 장치로 들어감으로써 마음을 가라앉히는 법을 배웠다. 이들은 삶의 고속도로에서 자동 주행 유지 장치 상태로 달린다.

식욕도 이들의 공격성을 마비시키는 데에 이용될 수 있다. 과식과 과음은 9유형이 스스로를 차분하게 하고 누그러뜨리며 자신의 화를 깊이 감추게 하는 방법이 될 수 있다.

이들의 차분한 외면 아래에는 가끔씩 폭발하는 화산이 있는데, 이 화산은 주위의 폼페이 사람들뿐 아니라 자신까지 기절시켜 버린다.

이상화된 자아상

9유형의 왜곡된 패러다임은 나는 자리 잡았다는 자아상에서 확고해진다. 그러나 이들은 자신 내면의 본질에 자리 잡는 대신, 융합된 영역이나 자신 바깥의 상태에 자리를 잡거나, 아니면 자신의 거짓 성격의 체념 상태에 자리를 잡는다. 9유형은 화난 상태일 때 마음이 편치 않다. 이들은 잔잔한 바다에서 항해하기를 선호한다.

자신이 원하는 것을 명확하게 설명하고 적극적으로 그것을 쫓는 대신, 9유형은 자신이 얻을 수 있는 것 또는 자신에게 주어진 것에 만족한다. 이들은 만약 사랑을 얻지 못하면, 위안으로 만족한다. 만약 관계를 맺지 못하면, 이들은 TV에 만족한다. 만약 만족스러운 성관계를 갖지 못하면, 이들은 홀로 즐긴다. 만약 진실한 친밀함으로부터 충분함을 경험하지 못하면, 이들은 술, 약물, 음식 섭취 등에서 얻는 느낌에 만족한다.

도식 유지

9유형은 "그건 중요하지 않아." "너는 중요하지 않아." "아무것도 그렇게 흥분할 만큼 중요하지 않아." "그거 가지고 큰 소란 벌이지 마." "난 상관 안 해." "나도 몰라." "그것에 대해 신경 쓰이지 않아." 등의 최면 같은 말들을 계속해서 스스로에게 주입함으로써 자신의 부적응적 도식, 감정, 행동들을 유지한다.

이들은 개인적인 감정, 욕망, 선호도, 바람, 의견이 일어날 때마다 주의를 다른 데로 돌리고, 초점을 흐리게 하며, 분산시킴으로써 자기무시의 성향을 유지한다. 9유형은 자신이 원하는 것을 알아차리는 것보다 원하지 않는 것을 훨씬 명확히 안다고 말한다. 이들은 자신이 어렸을 때 아무도 이들에게 원하는 것을 묻지 않았기 때문에, 나이를 먹은 지금에도 자신이 무엇을 선호하는지를 기억해 내거나 깊이 생각하지 않는다.

이들은 자신에게 중요한 어떤 일을 완수하려 자리에 앉을 때, 책상 서랍을 정리하고, 커피 한 잔을 마시고, 갑자기 친구가 전화하기로 했던 일을 기억하고, 낮잠을 자기 위해 잠시 눕는 등 주의를 다른 데로 돌린다. 이들은 몇 시간이 지난 뒤 해야 할 일을 기억해 내고, 지금 와서 하기에는 너무 늦었다고 예상하고는, 내일로 미룬다. 미루기는 9유형이 부적응적 도식을 유지하는 한 방법이다.

9유형이 자신의 이상화된 자아상과 부적응적 도식을 유지하는 또 다른 주된 방법은 게으름의 악덕을 통해서다.

악덕/격정/부적응적 감정적 도식

9유형의 자리 잡았다는 이상화된 자아상을 수반하고 이들의 생활양식을 활성화시키는(아니면 이 경우에는 비활성화시키는) 악덕 또는 부적응적 감정적 도식은 바로 게으름이다. 게으름은 나태함이라는 오래된 영적 질병 또는 심리정신적인 무력함이다. 그렇다고 9유형이 게으르다는 말은 아니다. 9유형도 꽤 바빠질 수 있다. 하지만 이들은 스스로에게 게으르고, 자신의 본질에 게으르다. 홀마크(기념 카드를 만드는 유명한 조직)와는 다르게, 이들은 자신에게 모든 일이 잘 되기를 기원해 주는 일에 별로 신경 쓰지 않는다.

9유형은 자기 몸을 잘 돌보지 못하기도 한다. 그리고 자신의 마음이나 정신을 잘 돌보지 못하기도 한다. 이들은 자신이 중요하다는 것을 믿지 않는다. 스스로를 소홀히 하고 잘 잊는 이들은 자기 내면의 목소리나 내적인 소명에 귀 기울이지 않는다. 이들은 스스로를 존재하고, 두드러지는 모습으로 경험하지 않는다. 모든 필요, 욕망, 의견, 감정은 형상을 갖지 않게 된다. 모든 것은 뒤섞여 희미해진다.

9유형은 내면 작업을 하는 데에 있어서 느리다. 이들은 자신을 자극할 수도 있기 때문에 치료사에게 가는 경우가 드물며, 보통 쉼이 필요하지 않고는 정신적 수련회 같은 곳에 가지 않는다. 이들이 만약 이것들을 시도할 때에는 너무 많은 에너지를 투자하지 않도록 조심한다. 9유형에게는 정적주의가 맞는 종교다. 아무 것도 하지 말고, 하나님이 일하시도록 두라. 그가 너를 깨우실 때까지 아브라함의 품에서 쉬어라.

게으름은 9유형에게 회로 차단기 같은 역할을 한다. 욕구나 충동이 일어나면 게으름이 들어와 욕구와 행동의 연결 사이에 합선을 일으킨다. 만약 본질적인 에너지가 너무 많이 형성되면, 게으름이 이를 차단해 버린다. 앞에서 보았듯이, 9유형은 스스로를 방해하고 분산시키며 초점을 흐리게 한다. 아니면 이들은 갑자기 피곤해지고는 일하고 싶거나 운동하고 싶은 욕구가 지나갈 때까지 누워 있는다.

9유형은 에너지 관리를 어려워한다. 이 모습은 이들의 무기력 경험에서 나타난다. 한 번 쉼의 상태가 되면 이들은 시동을 걸고 시작하기가 어렵다. 그리고 한 번 시작하면, 그것을 멈추거나 경로를 바꾸고 다른 것을 하는 것이 어렵다. 이들의 무기력은 같은 일이나 관계를 계속하게 한다. 누군가 한 9유형에게 그의 20년 동안의 '시험' 결혼 생활에 대해 물었다. 그는 다른 누군가를 찾을 만큼의 충분한 에너지를 동원하지 않았기 때문에 결혼 생활은 괜찮았다고 대답했다.

또한 9유형은 에너지를 자신이 진정으로 해야 하거나 하기를 원하는 일에 쏟는 것이 아닌 꼭 필요하지 않은 활동들에 돌림으로써 자신의 도식을 유지한다. 이들은 엄청난 양의 에너지를 라켓볼 경기에, 정원에 있는 시간에, 자신의 도서관을 알파벳 순으로 정리하는 일에, 또는 로마가 서서히 불타는 동안 빈둥거리는 일에 쓸 수 있다.

사소한 것에 적극적이 되고 흥분하는 것 역시 9유형이 자신 바깥에서 의미와 목적, 방향을 찾는 경향의 일부분이다. 이들은 자신의 본질을 무감각하게 만들어 놓았기 때문에, 바깥에서 자극을 찾으며, 자신에게 생기를 불어넣어 주고 고무시켜 주는 무언가를 찾는다. 내면에서 에너지를 낮춘 이들은 바깥의 에너지를 갈망한다.

나는 한 워크숍에서 천둥번개가 치고 있는 와중에 바깥에 서 있던 두 9유형을 기억한다. 나머지 우리들은 건물 가운데서 웅크리고 있었던 반면, 그들은 그 천둥번개가 너무 흥미진진해서 바깥에 있었던 것이다. 그 내면 작업 워크숍은 바깥의 전기 서커스만큼 활기를 불어넣어 주지 못했다.

에너지를 아끼는 것은 9유형의 사안이다. 쉼에 대한 추구로, 9유형은 에너지 절약 장치를 구한다. 이제껏 고안된 최선의 장치는 다른 사람들이다. 만약 다른 사람들이 일하기를 기다리면 자신은 그 일을 하지 않아도 되는 것이다. 아니면 이들은 자체로 작동하는 구조를 만들어 그 일에 관심을 쏟지 않아도 되도록 하는 것을 좋아한다. 9유형은 종종 자동 조종 장치 모드를 작동시킨다.

과거 종교 단체에서는 목사나 교구 관리인들이 단체의 사람들이 필요로 하는 것들, 예를 들면 치약이나 차 사용 등을 요구받기 위해 정기적으로 시간을 내야 했다. 한 9유형 목사가 부임되자마자 처음으로 한 일은 물자 보관함을 두고 사람들에게 자신들이 필요로 하는 것을 무엇이든, 언제든 보관함에서 가져가라고 말하는 것이었다. 그는 또한 매월 자동차 신청 목록을 작성해서 사람들이 차를 빌리기 위해 자신의 이름들을 적을 수 있도록 했다. 그는 이 방식으로 골프를 즐기며 누구에게도 방해받지 않을 수 있었다. 나머지 사람들 역시 꽤 만족해했다.

그루초 막스는 언젠가 이렇게 말했다. 신이 만들어 낸 가장 위대한 두 가지는 바로 섹스와 앉기라고. 9유형의 좌우명은 '앉을 수 있는데 왜 서 있는가? 누울 수 있는데 왜 앉아 있는가?'다. 9유형은 전형적으로 소파나 바닥에서 쉬는 모습을 보인다.

도식 회피

9유형은 자신의 선호도, 의견, 감정, 욕구, 바람 등을 거의 표현하지 않음으로써 자신은 상관이 없고 중요하지 않은 사람이라는 부적응적 도식이 유발되는 것을 회피할 수 있다. 9유형의 왜곡하는 렌즈는 다른 사람들이 그들의 필요를 표현하는 것은 괜찮지만 자신이 표출하는 것은 안 된다고 믿는다. 자신의 필요나 의견을 드러내는 것은 어떻게든 우주의 힘에 방해를 일으킬 것이다. 아니면 우주 구조를 잡아 찢어 버릴 것이다.

9유형의 두려움은 만약 자신의 필요나 선호도를 표현하면, 아무도 그것을 신경 쓰거나 알아차리지 못하거나, 자신이 원하는 것을 말한 것에 대해 다른 사람들이 화를 낼 것이라 믿는 것이다. 갈등은 의견 차이, 다른 가치, 반대되는 입장 등에서 일어난다. 9유형은 만약 갈등을 피할 수 있다면, 자신과 다른 사람의 화와 함께 중단되고, 등한시되고, 홀로 남겨지는 것의 불가피한 두려운 결과들 또한 피할 수 있다고 믿는다.

회피 영역

9유형의 왜곡하는 도식의 편의의 범위에 맞지 않고 이들의 자리 잡았다는 자아상에 상반되는 영역은 바로 갈등이다. 누구든 특별히 갈등을 즐기지는 않지만, 9유형에게 있어서 갈등은 특히나 불편하고 불안하게 만드는 것이다. 7유형이 고통에서 오는 좋은 점을 알지 못하는 것처럼 9유형 역시 갈등의 좋은 점을 찾지 못한다. 이들은 갈등을 믿지 않는다. 이들은 위기를 기회로 보지 않으며 갈등을 카이로스, 즉 어떠한 굉장한 전환점으로 경험하지도 않는다.

9유형에게 있어서 갈등이란 파괴적인 것이다. 갈등은 이들을 허물고, 이들의 삶과 관계, 고요함을 비틀고 방해한다. 이들은 갈등을 어떻게 다뤄야 할지, 어떻게 관리해야 할지 모르기 때문에 이를 억누르고 회피한다.

9유형은 삐걱대는 소리를 듣지 못한다. 이들은 잘못된 것을 느끼는 감각이 부족하며 우주와의 거짓 화합감을 유지한다. 만약 자신의 삶이 길에서 벗어나고 통제의 밖에 있을 때에도, 이들은 그것을 알아차리지 못한다. 이들은 신체적으로나 정신적으로 아파질 수 있지만 그것을 인지하지는 못한다.

이들은 문제와 열정적인 것에 위협을 느낀다. 그래서 이들은 모든 것에서 긴급성이나 중요성을 고갈시켜 버린다. 어느 것도 그렇게 대단하거나 중요하거나 긴급하지 않다. 어느 것도 자신이 아끼는 에너지를 구하거나 겨루어지지 않는다.

9유형은 최소한의 저항이 있는 길을 택하기 때문에 선택의 폭이 극히 작다. 이들은 삶이 이끄는 대로 간다. 상황이 곧 이들의 선택을 만든다.

9유형은 자신의 내적 갈등을 불편해하기 때문에, 이 갈등을 다른 사람들에게로 투사한다. 9유형에게 있어서는 우리가 아프고, 혼란 상태에 있으며, 곤경에 빠져 있는 사람들인 것이다. 그렇게 9유형은 우리를 진정시켜야 한다. 이들은 불을 끄고 풍파를 가라앉히기 위해 돌아다닌다. "침착해." "너무 속상해하지 마." "마음을 편히 가져." "그게 그렇게 큰 일은 아니야." "흘려보내." "걱정하지 마." 이 말들은 9유형이 다른 사람들의 갈등을 통제하기 위해 사용하는 위기관리 관용구들이다.

9유형 패러다임 내에서 일부 특성들은 이들의 자아 경계 안에 들어맞지만('나' 목록), 일부 성향들은 맞지 않는다('내가 아님' 목록). 예를 들면 이러하다.

9유형은 자신의 허용할 수 없는 부분들을 버릴 때 주위에 짜증내고, 고집부리고, 냉혹하고, 요구가 많으며, 안달하고, 강요하는 사람들로 둘러싸인 것을 발견하게 된다. 이들이 우리와 갈등 겪기를 피하고 자신의 의견이나 선호도를 드러내는 것을 더디 하는 것은 당연한 일이다. 편협하고 예민하며 판단적인 말썽꾼 무리들이 말을 귀 기울여 줄 확률이 얼마나 되겠는가? 아니면 누가 이 말벌 집을 자극하고 싶어 하겠는가?

표 18-1 | 9유형의 자아도식

나	마취시킴	내가 아님
만족함		속상함
느긋함		야망적임
편안함		예민함
차분함		시달림
평화로움		전사
열린 마음		자기 의견을 고집함
잘 어우러짐		눈에 띔
자유방임		밀어붙임
절제됨		격렬함
외교에 능함		판단적임
허용적임		통제적임
협조적임		요구적임
수수함		과시함
참을성 있음		극성스러움
자기 방식대로 살아감		변혁 주도자
흐름을 따름		목표 지향적임
외향적임		내향적임
포괄적임		배타적임
꾸물거림, 미룸		제때에 맞춤
잠듦		경계함
주의가 산만함		집중함
관용적임		편협함
중재자		말썽꾼
침착함		감정을 표출함
안정적임		불규칙함
모든 것을 포용함		현란함
습관의 노예		편견을 가짐
인내심이 강함		불안정함
친절함		못됨

9유형이 어떻게 자신의 화와 주장을 다른 사람들에게로 두어 이 자원들이 자신에게 남아 있지 않도록 했는지를 보라. 경계하고 격렬하고 야망적이며 목표 지향적인 모습이 되는 것에 상당한 양의 에너지가 집중되어 있다. 9유형이 자신의 멀어지고 느긋하며 타인 지향의 모습과 더욱 동일시할수록, 이들은 자신의 주도적인 내면 지휘자와 변혁 주도자와의 연결을 잃게 된다. 그렇지만 이 모습들은 9유형이 균형을 맞춰야 할 대항하는 3유형의 적응적인 특성들이다. 또한 9유형은 이 특성들을 야망적이고 강요적이며 극성인 모습 등으로 바라봄으로써 나쁘게 해석한다.

9유형은 자기 의견을 고집하고 밀어붙이는 모습의 좋은 점을 재발견할 필요가 있다. 예를 들면, 의견을 고집하며 밀어붙이는 사람들은 자신이 원하는 것을 알고 그것을 좇는다. 어쩌면 이런 특성들은 '대쪽 같음'과 '단호함'으로 이름 붙여질 필요가 있다. 그렇게 부르면 그다지 나쁜 특성으로 느껴지지 않는다.

9유형은 자신이 너무 격렬하거나 요구가 많은 모습을 보이면 사람들이 자신을 좋아하지 않거나 허용해 주지 않을까 봐 두려워한다. 만약 자신이 원하는 것을 청하면, 우주의 조화를 요동치게 할지도 모른다. 실제로는 이 우주는 적극적인 힘만큼이나 수동적인 힘 또한 능히 받아들인다. 비록 그 에너지의 보호자가 자신의 에너지 주위에서 불안해하고 있더라도 말이다.

또한 9유형은 균형을 위해서 6유형의 풍부한 자원 특성들에 접근할 수 있다. 하지만 만약 공포 순응형 6유형을 아주 완고하고 편협한 모습으로 그리고 공포 대항형 6유형을 예민하고 불안정한 모습으로 인지한다면, 그 방향으로 움직이기를 꺼려 할 것이다. 9유형은 변두리로 표류해 미미하게 관여한 채로 남아 있는 것이 아니라, 6유형의 친화적인 성향과 연결되고 집단의 중심으로 향할 필요가 있다.

자신의 양극성 측면을 모두 포용하기 위해 9유형은 모든 것을 포괄하는 전반적인 자아상을 찾을 필요가 있다. 어쩌면 9유형은 스스로를 '평화로운 전사'나 '힘이 들지 않는 목적'을 가진 사람 또는 '개방적인 의견'을 표출하는 사람으로 여길 수도 있다.

방어기제

9유형이 의식 속에, 자아감 속에 그리고 관계 속에 어떠한 갈등의 요소도 들이지 않기 위해 사용하는 심리적 기제는 바로 **마취**다. 즉, 9유형은 외적·내적 갈등에 당면했을 때 스스로를 무감각하게 만드는 것이다. 마취는 이들이 "그건 상관없어." "그렇게 한다고 해도 아무것도 바뀌지 않아." "난 정말 신경 안 써." 등의 말을 할 때마다 이들의 정신과 몸속으로 주입되는 아편과 같다.

9유형은 자신의 소망과 선호도, 욕구, 감정, 바람을 무효화시킨다. 마비시키는 것은 모든 것을 동일하게 만든다. 만약 무언가가 차이를 보이지 않으면 그것은 당신을 괴롭히 거나 해치지 않을 것이다. 만약 무엇이든 당신에게 영향을 미치지 않게 하거나 무엇이든 원하지 않는다면, 당신은 고통과 갈등의 근원을 제거하는 것이다. 마취는 부처의 욕망 없는 초탈함에 대한 9유형의 왜곡된 형태다.

9유형은 또한 스스로를 무감각하게 만들기 위해 화학 약품, 음식, 술로 관심을 돌리기 도 한다. 술을 마시고, 마약을 하고(합법이든 불법이든), 먹으며, 내적·외적 방해물에 중 독되는 것은 모두 스스로를 치료하고 진정시키는 방법들이다.

9유형은 타조처럼 갈등에 직면할 때 자신의 머리를 땅에 박을 수 있다. 이들은 존재하 는 모든 위기를 부정하기도 한다. "무슨 문제?" 아니면 문제를 이동시킨다. "네가 문제 가 있는 거야. 네가 치료를 받을 필요가 있을 것 같아." 아니면 어려움을 최소화한다. "문 제없어. 중요한 문제가 아냐."

9유형이 자신의 에너지를 약화시키고 스스로를 방해하며, 낮은 수준의 에너지, 의식, 정서를 유지할 때, 이들은 자신을 무감각하게 만든다. 이들은 상황이 너무 대립적이 될 때 일을 멈추며, 스스로 흥분되거나 염려하거나 요점에 대해 걱정하지 않도록 한다.

9유형이 스스로를 무감각하게 하는 모습의 한 측면은 스스로를 자동 속도 유지 모드 에 두었을 때 나타난다. 이 상태는 최소한의 선택, 갈등, 에너지의 폭을 요한다. 이들은 스케줄을 세우고 이를 따른다. 이들은 일상의 틀을 만들어 하루, 일주일, 일 년 그리고 일생 동안 이어 나가도록 한다. 그렇게 이들은 근심걱정 없는 결혼 생활로 들어가 배우 자가 주된 결정들을 내리도록 둔다. 아니면 자신을 일생 동안 컨베이어벨트에 태워 싣고 가 줄 회사나 조직에 속하려 한다.

이 장 도입 부분에서 말했듯이, 강박적인 상태에서 부적응적 도식을 갖추고 있는 9유 형은 자고 있는 사람의 원형이 된다. 이들은 자신의 고통에서 살아남고 그 고통을 줄이기 위한 하나의 방법으로서 비의식의 상태 속에서 삶을 산다.

영화 〈The Invasion of the Body Snatchers〉에는 9유형을 위한 교훈이 있다. 그것은 바로 우리가 잠에 들면 외계 존재들이 우리를 장악하게 되고, 그들은 곧 우리의 삶까지 지배하게 된다는 것이다. 9유형에게 이 존재들이란 자신이 동화된 사람들과 사건들인 것이다. 우디 앨런의 영화인 〈젤리그(Zelig)〉에서 주인공은 자신이 존경하는 사람들이 되거나 그들과 함께 어울리지만 진짜 젤리그는 수수께끼로 남아 있다.

9유형은 깨어나게 되면 자신이 중요하지 않고, 사랑받지 못하고 보살핌받지 못하며, 방황하고 격분하는 사람이라는 것을 발견하게 될 것이라는 거짓된 믿음을 가진다. 하지만 실상은 정신을 차려 보면 자신이 사랑으로 뒤덮여 있다는 것을 발견하게 된다. 이들은 여태껏 사랑받아 왔고 사랑하고 있었다. 이들은 자신이 그토록 절실하게 찾아다니던, 아니 어쩌면 9유형의 경우에는 그토록 무절제하게 찾아왔던 것을 항상 갖고 있었다.

9유형은 마치 〈The Invasion of the Body Snatchers〉에서의 주인공처럼 깨어 있는 상태를 유지할 때, 자신의 배의 선장으로, 스스로의 운명의 주인으로, 자신의 선호도와 선택들의 중심으로 남아 있게 된다.

주요 취약점

9유형이 경험했던 초기 상처는 자신이 상관없는 사람이고, 그다지 중요치 않으며, 주목받거나 보살핌받을 가치가 없는 사람이라는 인식으로부터 온 것이다. 9유형은 자신이 등한시되고, 창피함을 느끼고, 탄압받음을 느끼거나, 무방비 상태로 남겨지는 것에 민감하다고 말한다. 이들은 갈등, 대립, 부조화, 비판받는 것 또는 홧김에 다른 사람들에게 상처를 준 것에 대해 처벌받는 것에 민감하다.

자신의 부모나 보호자가 자신에게 그다지 큰 관심을 보여 주지 않았기 때문에 분명하게도 자신이 그들에게 별로 중요하지 않다는 이런 고통스러운 현실을 마주하는 대신, 9유형은 체념이라는 덜 고통스러운 자세를 택했다. 이들은 '그래서 뭐? 그건 중요치 않아(내가 중요치 않은 것보단 덜 고통스러워). 그래서 뭐가 달라져? 어째서 모든 일을 크게 만드는 거야? 어쨌거나 인생은 짧아.'라는 태도를 취했다. 그렇게 이들은 스스로를 체념하고 내내 쭈그리고 있어왔다. 이들은 자신의 에너지를 낮추고, 기대치를 낮추며, 오랜 겨울잠을 시작하게 되었다.

9유형의 말은 귀 기울여지지 않았고, 그렇기에 자신 또한 스스로의 말과 필요, 선호도, 욕구, 감정, 생각들을 듣지 않는 법을 배웠다. 아무도 자신이 생각한 것, 가치 있게 여기는 것 또는 원하는 것을 묻지 않았고, 그래서 이들은 차차 스스로에게 그것들을 묻는 일을 잊게 되었다. 성인이 된 9유형은 종종 자신이 어떤 사람이 되고 싶은지, 어떤 일을 추구하고 싶은지, 혹은 어떤 사람과 결혼하고 싶은지 모른다.

9유형의 예민한 부분과 감정들에 해가 가해지면, 이들의 부적응적 도식이 수면으로 올라오게 된다.

> "나는 상관없는 사람이야."
> "나는 중요치 않아."
> "나는 보살핌받지 못해."
> "화내는 것은 괜찮지 않아."
> "나는 눈에 띄어서는 안 돼."
> "나 자신에게 솔직한 것보다 남에게 친절한 것이 더 중요해."
> "갈등은 파괴를 낳기 때문에 화를 드러내는 것은 옳지 않아."
> "나는 내 감정들이 올라오는 것을 막아야 해, 아니면 내 꼴은 엉망이 되고 말거야."
> "모든 것은 똑같아. 아무 것도 중요하지 않아."
> "만약 내가 여기 없다면 난 안전할 거야."

이들의 욕구와 바람이 명확해질 때마다, 9유형의 방어 전략은 그것들을 안 보이는 곳으로 밀어 넣기 위해 활동을 시작한다. 이들은 그렇게 초점을 흐리게 하고, 스스로를 방해하며, 나태해지고 갈등을 피하며 잠이 든다.

그리고 다른 모든 유형에서 봐 왔듯이, 9유형의 왜곡하는 패러다임은 스스로가 모면하고 싶어 하는 바로 그 상황을 결국에는 만들어 내게 된다. 9유형이 더욱더 주변과 뒤섞일수록, 자신은 더욱 특징 없고 단조로운 사람이 되고, 그럴수록 더 주목받지 못하고 등한시되는 결과를 낳게 된다. 미루는 버릇은 상황을 더욱 악화시키고 결국에는 갈등을 심화시킨다. 종양을 무시하는 것은 이를 치료해 주는 것이 아니다. 종양은 방치하는 동안 더 커진다.

9유형의 왜곡하는 관점은 이들을 침착하게는 유지시켜 줄 수 있을지 몰라도, 이들이 진정으로 원하고 필요로 하는 것, 즉 사랑받고, 보살핌받고, 주목받는 모습을 가져다주지는 않는다. 또한 9유형은 다른 사람들에게 존경받는 느낌과 더불어 스스로를 수용하고 자부심을 가질 필요가 있다. 이들은 자신의 내면 감정들, 그 중에서도 특히 화의 감정들과 사이좋게 지내기를 원한다. 이들은 상황을 앞서 주도하고 스스로를 두둔하기를 원한다. 그리고 그렇게 하면서 동시에 통합과 조화 의식을 유지하기를 원한다. 이들은 상호 존재함을 경험하기를 원한다.

9유형이 자신의 취약점이 침범되었을 때 해야 하는 것은 자신의 본질적인 감정과 선호도, 가치관과 연결된 상태를 유지하는 것이다. 그것들이 표출되도록 하고, 그것들에 따라 행동하는 것이다. 9유형은 자신의 열정이 전체의 조화를 돌이킬 수 없게 흩뜨려 버리지 않을 것이라는 점을 믿어야 한다. 사실 이들의 열망은 우주의 에너지 체계의 일부분으로서, 분화와 통합의 과정을 통해 이 우주가 발전해 갈 수 있도록 유지시켜 주는 것이다. 9유형은 좋은 헤겔 사상가들처럼, 진화 과정의 차원들의 양극화뿐 아니라 통합까지 모두 존중할 필요가 있다.

성장 과정

9유형의 어린 시절 동안의 가족 상호작용은 아래의 역동들의 일부 혹은 전부를 포함한다. 9유형은 자라는 동안 충분한 관심을 받지 못한 경험들을 했다. 이들은 자신의 양육자들이 자신을 적절하게 잘 반영해서 보여 주지 않는다는 것을 알았고, 그래서 자신에게로 반영되어 돌아오는 스스로의 바람과 감정, 생각, 관심거리 등을 경험하지 못했다. 방치됨을 느낀 9유형은 그렇게 스스로를 방치했다. 충분히 반영되지 못한 이들은 스스로를 되돌아보지 않았다. 부모들이 이들을 잘 반영해 주지 못한 것은 아마도 돌봐야 할 다른 형제자매들이 있었거나, 직장 일로 인해 눈을 돌릴 수 없었거나, 어쩌면 너무 많은 보살핌을 줘서 자식을 버릇없게 만들지 말아야 한다고 믿었거나, 아니면 단순히 관심을 쏟을 에너지를 소진해 버렸기 때문일 것이다. 부모들의 동기나 부족한 부분이 무엇이었든, 어린 9유형은 간과되고 보살핌받지 못함을 느꼈다.

아마 이들은 관심받지 못한 채로 커 왔고 형제자매에 의해 소홀히 대해지고 가려짐을 느꼈을 것이다. 그렇게 이들은 전면에 나서지 않고 주위와 뒤섞임으로써 그 위치를 영구화했다. 9유형은 보통 앞으로 나서거나 두드러지지 않으며 그렇게 할 이유를 찾지 못한다. 이 모습을 생존하기 위한 방식으로서 이목을 끌고 주요 위치를 차지하는 3유형의 전략과 대조해 보라. 9유형에게 있어서 모습을 드러내는 것은 너무 많은 에너지가 드는 일이다. 내가 눈에 띄게 되면, 나는 중요한 사람이 된다. 아예 중요하지 않은 사람이거나 아무나가 되는 것이 더 안전하다. 9유형은 전형적인 평범한 사람이 된다. 만약 내가 너무 유명해지면 갈등을 유발하고 경험하게 될 수 있다.

신체적 특징

아리카 전통의 얼굴 분석에 따르면, 9유형의 왼쪽 눈은 종종 오른쪽 눈보다 더 작고 닫혀있다. 또한 눈의 왼쪽 외각 부분을 둘러싼 쪽이 흔히 부어 있다.

9유형의 흔한 신체적 특징은, 특히 얼굴 쪽이 기운 없고 무감정하게 보인다는 것이다. 이들 얼굴에는 감정이 나타나 있지 않기 때문에 9유형의 모습에는 어느 정도의 단조로움과 평범함이 있다.

특히 게으른 9유형은 둥근 특징의 내배엽형의 체격을 갖고 있는데, 이는 외배엽형 체형의 마른 특징이나 또는 중배엽형 체형의 균형 잡힌 특징과 비교할 수 있다. 그렇지만 모든 9유형이 뚱뚱한 외형을 갖고 있는 것은 아니다. 일부는 작고 늘씬하며, 반드시 풍만한 체형을 지니고 있지는 않다.

의사소통 방식

9유형의 말하는 방식은 이들의 패러다임을 상기시킨다. 이들은 흥분과 강조가 없이 사실에 근거한 의사소통 방식을 취하며 단조로운 방식으로 이야기한다. 이들의 인지 도식에서처럼 모든 것은 동일하며 어떤 것도 강조되지 않기 때문에, 9유형의 목소리 높이와 말투에는 고조가 없다. 9유형은 동일하게 단조로운 목소리와 말투로 복권에 당첨된 일, 사랑하는 사람을 잃은 일, 뉴스에서 본 일에 대해 이야기하기 때문에 사람들은 이들에게 무엇이 중요하고 상관있는 일인지 결정 내리지 못한다. 이들은 빈번히 자신도 모르거나 신경 쓰지 않는다고 암시한다.

9유형은 우선순위 의식이 거의 없으며, 관련 없는 세부사항과 중점에 거의 같은 정도의 관심을 쏟는다. 이들은 장황하게 이야기하거나 아니면 아예 적게 말할 수 있다. 둘 중 어느 쪽이든 차이가 없다. 이들의 어휘는 구체성과 상세함의 부족으로 특징지어지며, 말할 때에는 일반론적으로 이야기하는 경향을 보인다.

패러다임 변화

다음은 9유형이 내적 · 외적 상황에서의 스트레스 상태나 안정된 상태를 경험할 때 나

	안정적 상태	스트레스 상태
풍부한 자원 상태	+3	+6
부족한 자원 상태	-3	-6

그림 18-1 9유형의 심리적 자원 패러다임 변화

타나는 패러다임 변화들을 보여 준다.

스트레스 상황

스트레스 상태에 있을 때의 9유형은 자신의 유형인 9유형 패러다임의 왜곡하는 렌즈로 사물을 바라보기도 하며, 6유형의 부족한 자원 측면으로 돌아가거나, 아니면 6유형의 풍부한 자원 측면으로 넘어가기도 한다.

Sheet 18-1 **평화욕구를 왜곡하는 렌즈**

> 9유형의 왜곡하는 렌즈를 착용하는 것:
> 자신의 낡고 불완전한 렌즈를 사용하는 것

압박감을 느끼는 상태에서의 9유형은 자신의 적절한 렌즈와 적응적 도식을 사용하는 대신 왜곡하는 렌즈를 쓰고 부적응적 도식으로 빠지기도 한다. 이들은 해결책을 취함으로써 안심하려 하며, 그렇게 함으로써 자신이 직면하고 있는 모든 갈등 또는 자신이 예상하는 앞으로 다가올 대립을 더욱더 모면하려 한다.

이들은 즉시 문제를 직면하고 대처하는 대신, 더욱더 잠든 상태에 빠져 삐걱대는 소리를 알아차리지 못하거나 듣지 않기도 한다. 또한 더욱 스스로를 무감각하게 만들고, "소용없어!"라고 말하며 더욱 체념하고 폐쇄된 모습이 되기도 한다.

이들은 할 일을 처리하고 해야 하는 일을 하는 대신 더 스스로를 방해하고, 더 공상에 잠기고, 중요하지 않은 일들에 관여하기도 한다. 조직적으로 정리하는 대신, 이들은 더욱 무질서해지고 더욱 행동할 수 없게 되기도 한다.

또한 이들은 더욱 세부적인 것에 집착하고, 말 그대로 자신 안에서 스스로를 잃게 되며, 정말로 완료해야 하는 일을 끝내지 못하게 되기도 한다. 더욱 꾸물거리고 미루며 보류하기도 한다.

이들은 다른 사람들에게 더욱더 의존하며 자신을 돌봐 주기를 원하게 되기도 한다. 더욱더 입장을 취하지 않거나 자신의 주장을 말하지 않기도 한다. 또한 더욱 수동 공격적

Sheet 18-2 안전영역을 왜곡하는 렌즈

> 6유형의 왜곡하는 렌즈를 착용하는 것:
> 다른 사람의 낡고 불완전한 렌즈를 사용하는 것

인 모습이 되고 완고하게 자신의 입장을 고수하며, 고집을 부리고 완강하며 강경한 모습이 되기도 한다.

같은 모습을 반복하는 것이 효과가 없으면, 9유형은 그 대안 방어 체계로서 6유형의 낮은 수준 측면으로 돌아가 6유형의 왜곡하는 렌즈와 관점을 통해 세상을 바라보고 그런 세상 속에서 사는 모습을 보이기도 한다.

이들은 대처 전략으로서 취했던 느긋하게 사는 방식을 버리고 더 구조적인 모습이 된다. 그렇게 이들은 걱정스러워하고 두려워하며 곰곰이 생각하는 모습이 된다. 이들은 보통 "내가 그 방식이나 이 방식을 취하면 뭐가 어떻게 된다는 건데?"라고 말했던 모습에서, 이제는 6유형처럼 "이걸 해 보면 어떨까? 이렇게 하면 무슨 일이 일어날까?"라고 말하기 시작한다. 이런 9유형은 작은 일을 크게 여기기 시작한다. 그렇게 안정감을 느끼는 대신, 이들은 불안해진다.

9유형은 더욱 스스로를 의심하게 된다. 이들은 자신의 내적 권위와 직감을 신뢰하는 대신, 자신의 바깥에서 외적 권위로부터의 허용과 확언을 찾으며 스스로의 내면 자기로부터 더욱 멀어지게 된다.

그렇게 쌓이는 두려움, 강박, 되새김질은 9유형이 행동과 조치를 취하게 하는 데에 더욱 큰 장애물을 더한다. 이들의 게으름은 6유형의 어두운 측면으로부터 오는 염려와 동맹을 맺는다.

9유형은 규칙과 스케줄을 지키는 것에 대해 더욱 꼼꼼하고 과도하게 신경 쓰게 된 자신의 모습을 발견하게 되기도 한다. 아니면 이들은 지나치게 책임감 있고 순종적이게 되어 자신의 참자기로부터 다시 멀어지게 되기도 한다.

만약 다른 사람들을 의심하게 되면, 이들은 더 융통성 없고 고집부리고 완고한 모습이 된다.

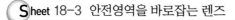

Sheet 18-3 안전영역을 바로잡는 렌즈

> 6유형의 바로잡는 렌즈를 착용하는 것:
> 새로운 관점을 얻는 것

　　때로 스트레스 상황에 놓인 9유형은 위기에 잘 대처하고 자신이 6유형의 용감한 렌즈를 취하고 6유형의 풍부한 자원 측면을 기반으로 행동하고 있는 모습을 발견하게 된다.

　　그렇게 할 때 이들은 자신 안에서 스스로가 중요한 누군가가 되고, 태도를 취하고, 자신의 입장과 상황을 밝히려는 '용기'를 발견한다. 거절받거나 무시당하는 것에 대한 두려움을 뚫고 나아갈 수 있을 때, 9유형은 진정한 자신이 누구인지 그리고 진정으로 하기를 원하는 것이 무엇인지 발견하게 된다. 그러고 난 후에 이들은 자신의 개인적인 욕구와 선호도에 따라 행동하게 된다. 이들은 건강한 6유형처럼 다른 사람에게 뿐만 아니라 스스로에게도 충실하게 된다.

　　또한 이들은 6유형처럼 배려하고 생산적인 방식으로 다른 사람들을 향해 다가가며, 다른 사람들을 내버려 두거나 그들에게서 에너지를 빼앗지 않고, 사람들에게 내어주며 그들의 성장을 촉진하기를 원한다. 그리고 위기 상황에 있을 때, 9유형은 6유형의 **항상 준비하고 충실하라는** 행동규칙을 따르며 도움을 필요로 하는 사람들을 구하기 위해 자연스럽게 개입할 수 있다.

안정적 상황

Sheet 18-4 평화욕구를 바로잡는 렌즈

> 9유형의 바로잡는 렌즈를 착용하는 것:
> 자신의 관점으로 또렷이 보는 것

9유형은 자아로 인한 최면 상태가 아닌 진정으로 안정감을 느끼고 편안한 상태에 있을 때, 자신 유형의 높은 수준 측면으로 이동하고 자신 유형의 적절한 렌즈와 적응적 도식을 통해 사물을 바라보고 있는 스스로의 모습을 발견하게 되기도 한다.

이 상태에 있는 9유형은 자신의 참자기와 진짜 감정들, 진짜 바람들을 알아차린다. 자신의 내면 자기를 유념하는 이들은 영적 생활을 조성하기 시작한다. 이들은 잠에 빠져들고 스스로를 방치하는 것을 거부하며, 자신이 진정으로 필요로 하고 원하는 것을 중요하지 않은 것들과 사소한 일들로 대체하지 않는다. 또한 자신이 사랑받고, 감동받고, 보살핌받는 것을 기억하며 스스로를 행동으로 이끌어 내기 위해 이 기억들에 대한 자연스럽고 즉흥적인 감사가 우러나오도록 허용한다.

이들은 자신의 외적인 삶에도 관심을 기울이며, 일을 처리하고 자신의 신체적 건강을 돌본다. 그리고 다른 누군가가 먼저 해 주기를 기다리거나 미루는 대신 해야 하는 일을 즉시 한다.

9유형은 자신의 내적 권위를 신뢰하며, 지침과 에너지를 얻기 위해 전문가나 다른 외적 자원들로 눈을 돌릴 필요를 느끼지 않아도 된다.

Sheet 18-5 성취영역을 바로잡는 렌즈

> 3유형의 바로잡는 렌즈를 착용하는 것:
> 또 다른 관점을 얻는 것

안정적인 상태에 있을 때, 9유형은 3유형의 높은 수준 측면으로 이동하며 3유형의 건강한 패러다임을 기반으로 기능하는 자신을 발견하기도 한다.

이 상태에 있는 9유형은 자신이 성공적이며 상관있는 사람이라는 것을 믿는다. 이는 자신이 무능하고 중요치 않은 사람이라고 믿는 9유형의 왜곡된 가정과는 대조를 이룬다. 3유형의 자세를 기반으로 활동하는 9유형은 자신이 전문적이고 효율적이라고 느낀다. 이들은 목표를 세우고, 이를 이루기 위해 노력하며, 일들을 완수하고, 기여하고 행하는 것에서 만족감을 느낀다.

3유형의 방식은 9유형을 적극적인 대항하는 에너지에게로 연결시키며 이들의 멀어지고 거리 두는 경향을 보완한다. 이런 9유형은 조직적인 방식으로 집중하고 앞으로 나아갈 수 있다. 3유형의 패러다임은 9유형이 좀 더 하나에 전념할 수 있도록 도우며, 한 번 시작했으면 그것을 행동으로 취하고 계속해서 진행하도록 지원해 준다.

9유형은 이런 기민한 상태에 있을 때 좀 더 적극적이 된다. 이들은 자신의 입장과 선호도를 취하려 한다. 이들의 화는 스스로가 원하는 것에 대한 경각심을 키우고 자신이 원하는 것을 얻기 위해 움직이게 한다. 9유형의 이러한 생기 있는 에너지는 스스로를 방해하고 이들이 더욱 융합하는 모습이 되도록 유도하는 나태함과는 대조적으로, 이들이 좀 더 집중하고 구별하며 분화되도록 돕는다.

이런 9유형은 프로젝트를 시작하고 이를 성공적인 완결로 이끄는 능력인 근면함의 미덕과 연결된 상태가 된다. 이들은 서로의 노력이 일의 완수까지 이어지도록 하기 위해 사람들과 함께 일하는 것뿐 아니라 스스로의 힘으로도 임무를 달성한다.

이제 9유형은 단지 그 자리에 있기만 하는 것이 아니라 무언가를 하고 있으며, 세상에 영향을 미치기 위해 조치를 취하고 있다. 자신의 본질적인 선함과 역량을 깨닫고 다른 사람들의 에너지를 잡는 것이 아닌 스스로의 에너지를 만들어 내게 되면서, 이들은 수동적인 수용체가 아닌 활발한 요소가 된다.

◉heet 18-6 성취영역을 왜곡하는 렌즈

> 3유형의 왜곡하는 렌즈를 착용하는 것:
> 시야를 더욱 흐리게 하는 것

9유형은 때때로 안전하고 안정적인 상황에 있을 때, 3유형 삶의 방식의 왜곡되고 과장된 측면으로 이동하기도 한다. 이 상태가 되면 9유형은 스스로를 방해하는 또 다른 방식으로서 바쁜 일을 하거나, 정말로 관심을 기울여야 하는 일을 등한시한다. 이들은 일중독자가 되고 많은 일을 하느라 분주하지만, 아무것도 자신이 만족하는 만큼 결코 완수해 내지 못한다. 9유형은 의도적으로 자신의 삶을 사는 대신 시간을 채우기 위해 많은 프로

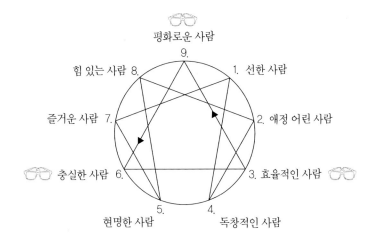

그림 18-2　9유형의 안정된 상황과 스트레스 상황에서의 패러다임 변화

젝트를 맡기도 한다.

　이런 9유형은 강박 상태의 3유형처럼, 어떤 역할을 연기하거나 인격체를 가장하기도 하지만 여전히 스스로가 정말로 누구인지 알지 못한다. 이들은 의식적으로 삶을 살며 자신 내면의 천직을 따라 선택하는 것이 아니라, 조직 내에서 특정한 위치에 들어가 그 역할을 기반으로 행동하기도 한다.

인접한 유형

　9유형은 기본적으로 양쪽에 위치한 8유형과 1유형의 명료하게 하는 관점과 왜곡하는 관점들에 영향을 받는다. 이들 유형의 풍부한 자원 특성들을 활용할 때, 9유형은 자신의 인식, 감정, 행동에 집중한다. 또는 양 인접 유형의 왜곡하는 렌즈를 통해 현실을 걸러 볼 때면, 이들은 더욱 스스로의 위치를 불분명하게 만든다.

Sheet 18-7　힘의 영역을 보완하는 렌즈

> 8유형의 보완하는 렌즈를 착용하는 것:
> 도움이 되는 관점

8유형 패러다임의 풍부한 자원 측면과 동일시할 때, 9유형은 자신 내면의 힘, 자율성, 권위와 연결 상태가 된다. 이들은 다른 사람들과 융합하려는 성향과 자신의 개성, 고유함에 대한 의식을 균형 잡는다. 이들은 자신감 있고 자신의 영향력을 느끼며, 운명과 팔자가 정해 놓은 대로 받아들이는 성향과 자신의 행동들을 통해 일어나게 만들 수 있는 것들 사이에 균형을 잡는다. 강한 적응적 8유형 날개를 가진 9유형은 의도를 가지고 있으며, 활동적이고 집중하며 직접적이다. 이들은 자신의 권위, 의사, 입장을 말하고 주장하며 분명히 보여 준다. "내가 어째서 누군가를 해치려 하겠는가? 그리고 어째서 누군가가 나를 해치려 하겠는가?"라고 묻는 8유형의 천진함의 미덕은 만약 자신이 진짜 의도와 욕구를 말했을 때 다른 사람들을 멀어지게 만들거나 그들에 의해 공격당할지도 모른다는, 아니면 자신이 화를 표출하고 스스로를 주장함으로써 다른 사람들을 해칠지도 모른다는 9유형의 두려움을 줄여 주는 데에 도움을 준다.

Sheet 18-8 힘의 영역을 왜곡하는 렌즈

> 8유형의 왜곡하는 렌즈를 착용하는 것:
> 도움이 되지 않는 관점

9유형이 8유형 접근법의 불건강한 측면에 동요될 때, 이들은 자신의 억눌려 있던 화를 폭발적인 방식으로 표출한다. 보통 주변 사람들과 자기 자신에게도 기습적으로 다가오는 9유형의 간헐적인 폭발은 이들의 불만족이 통제된 상태로 표출되는 것 또는 이들의 욕구가 단호하게 주장되는 것보다는 오래된 불만이 화산처럼 격렬하게 분출되는 모습과 더 유사하다. 부적응적 8유형 날개 상태로 빠지는 9유형은 자신의 참자기의 욕구와 필요를 진정으로 채워 주는 것이 아닌, 쾌락과 자아 만족을 격렬하게 추구하는 모습이 되기도 한다. 권위자와의 해결되지 못한 문제들 역시 표면으로 떠오르기도 한다.

Sheet 18-9 완전영역을 보완하는 렌즈

> 1유형의 보완하는 렌즈를 착용하는 것:
> 도움이 되는 관점

1유형의 풍부한 자원 특성과 동일시할 때, 9유형은 상황이나 일들을 내버려 두지 않고 자신이 해야 할 일을 해야 한다는 것을 확신하고 그 일을 할 의욕을 가지는 모습이 된다. 이들은 현 상태대로 사는 대신 바뀌어야 할 것들을 바꾸기 위해 노력하는 모습이 된다. 1유형 패러다임의 이상주의와 도덕적 원칙, 구조, 초점은 9유형을 행동으로 움직인다. 또한 이런 모습의 9유형은 세상을 더 나은 곳으로 만드는 것에 자신이 기여할 수 있다는 의식을 가지며, 이는 인간이라는 대규모 사업의 헛됨에 대해 이들이 지닌 부적응적 신념을 균형 잡아 준다. 1유형의 평온의 미덕은 9유형이 행동을 취할 때 중심을 유지할 수 있도록 도와준다.

Sheet 18-10 완전영역을 왜곡하는 렌즈

> 1유형의 왜곡하는 렌즈를 착용하는 것:
> 도움이 되지 않는 관점

9유형이 1유형의 부족한 자원 특성으로 미끄러질 때, 이들은 다른 사람들을 멀어지게 하고 자신의 받아들여짐을 잃게 되는 것에 대한 두려움으로 인해 적극적으로 자신의 욕구와 화를 표출하는 것을 거리껴하는 모습이 될 수 있다. 자신이 해야 하는 것에 더 사로잡힐수록, 이들은 자신의 참자기와 자신이 하고 싶은 일과의 연결 상태를 잃게 된다. 이들은 불필요하게 관심을 끌지 않는 아이들의 '전형적인 모습'이 된다. 9유형이 세부적인 것들 속에서 길을 잃는 성향은 1유형의 완벽주의와 질서정연함, 모든 것을 바로잡아야 하는 욕구와 합쳐진다. 완벽해지려 하는 것은 9유형을 자신이 올바르게 해내지 못할까에 대한 두려움으로 인한 더한 꾸물거림과 방해로 이끈다.

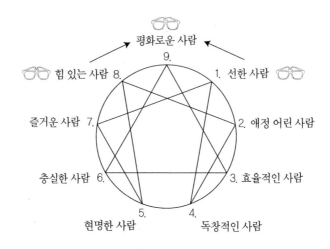

그림 18-3 9유형의 인접유형: 날개성향(보완, 왜곡렌즈)

하위유형

친밀한 하위유형

나태함의 악덕이 성적 본능으로 흘러들어 가고 영향을 미칠 때, 그 결과는 다른 사람과의 **통합** 또는 융합에 대한 갈망으로 나타난다. 이는 관계함 속에 자기가 있는 진실한 나와 너 관계의 표현인 진정한 성적 통합의 왜곡이다. 9유형은 관계 속에서 자신을 잃어버릴 수 있게 해 주고 자연스러운 소속됨 안에서 자신을 돌봐줄 사람인 요구가 많지 않은 상대와 융합되려 한다. 자신의 고유성과 개성을 강조하는 대신, 9유형은 자신의 경계를 모호하게 하고 사랑하는 사람에게로 섞이는데, 이는 양쪽 상대 모두 굉장히 고유하거나 특별함을 느끼지 못하는 대상과 대상 관계 같은 모습이다. 이를 게슈탈트 심리요법 용어로는 **융합**의 방어기제라고 한다. 다른 사람들과 융합하는 대신, 9유형은 먼저 스스로를 구분 짓고 그다음 구분된 다른 사람과 진실한 연결 관계를 만들어야 할 필요가 있다.

친밀한 9유형은 다른 사람과 하나가 되고 그들 안에서 그리고 그들을 통해서 살아감으로써 잃어버린 자신의 정체성과 우주와의 연결 의식을 회복하려 시도한다. 불완전함을 느끼고 삶으로부터 고립됨을 느끼는 이들은 다른 사람의 사랑이 자신을 주목받고 중요한 사람이 되고 온전하고 통합되게 도와줄 것이라고 희망한다. 이런 9유형은 누군가에게 가까이 다가가는 대신 누군가가 되고 만다. 우리라는 융합된 의식이 나와 너를 대체하게 된다.

사회적 하위유형

나태함의 악덕이 사회적 본능을 왜곡할 때 나타나는 결과는 바로 **사회적 참여**다. 집단은 9유형에게 포함과 소속 의식을 준다. 9유형은 집단 내에서 관심을 받고 사랑받음과 활기가 북돋아짐을 느낀다. 동시에 이들은 집단에 대한 양가감정을 느낀다. 사회적 9유형은 집단 내에서 참여하고 자기 자신을 잃지만, 그와 동시에 완전히 참여하거나 온전히 전념하진 않음으로써 집단의 영향과 기대치를 거부한다. 주변부에 머무르는 이들은 집단에 오직 건성으로 참여하며 결코 완전히 참여하지는 않지만, 집단을 그만두지도 않는다.

사회적 9유형은 종종 자신의 의사를 회피하거나 자신이 정말로 해야 하는 일을 하는 것으로부터 스스로를 방해하기 위한 하나의 방식으로 집단에 참여하고 있는 스스로의 모습을 발견한다. 9유형은 앞에서 말했던 20년을 지속했던 그 경우처럼 시험 결혼을 할 수도 있다. 무력감이 시작되면, 이들은 떠날 에너지를 찾지 못한다. 또는 이들이 자신의 배우자를 사랑하지 않는 것은 아니지만, 단지 그것을 표현할 에너지를 찾지 못하는 것뿐이다.

사회적 9유형은 사람들이 함께 일하는 에너지를 통해 흥분을 얻는다. 이들은 자신에게 활기를 불어넣기 위해 이 에너지에 다가갈 수 있으며 쉽게 '집단의 일원'이 될 수 있다.

모든 9가지 유형이 마찬가지로, 진실한 대인관계에 참여하는 참자기나 본질과는 대조적으로, 자아나 거짓 성격은 사회적 게임 속의 다른 자아들과 상호작용한다.

자기 보호적 하위유형

나태함의 악덕이 자기 보호적 본능으로 흘러 들어가면, 욕구가 만족으로부터 분리되어 통제할 수 없는 지경이 되고 그 자체만을 위해 추구될 수 있다. 폭식이나 과음, 쇼핑 중독, 도박 여행 등은 9유형의 갈등 해결 전략이며, 이는 이들이 멍해질 수 있도록 해주 면서 동시에 활동적으로 보이도록 해 준다.

자기 보호적 9유형은 많은 것으로 자신을 둘러싸지만 그렇게 하고는 그것들을 사용하 지는 않는다. 이들은 편의 용품들을 모으고 자신이 원하는 대로 설정해두지만, 그렇게 하고는 그것들에 관심을 두지 않는다.

이들은 삶에 대한 기대치를 낮추고 육체적 편안함, 편안한 일상, 제한된 시야로 안주 한다. 삶에 많은 것을 요구하지 않는 자기 보호적 9유형은 자신이 갖고 있는 것에 감사하 고 평지풍파를 일으키지도, 계획 등을 뒤엎지도 않는다. 단순한 쾌락은 안심을 제공하고 사랑을 대체해준다. 음식을 먹다 잠이 들거나 TV 앞에서 멍해지는 것은 자연스럽게 시 간이 지나갈 수 있도록 도와준다. '카우치 포테이토(소파에 앉아 TV만 보는 사람)'라는 용 어는 이 하위유형을 위해 만들어진 것일 수도 있다.

사소한 활동들은 자기 보호적 9유형의 에너지를 소모시킬 수 있다. "오늘 아침에 책상

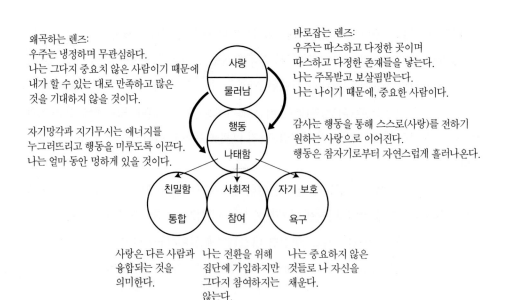

그림 18-4 9유형: 평화로운 사람

서랍을 정리해서 하루 종일을 쉬어야 했어."

자기 보호적 9유형은 중요한 일들을 하는 것을 통해 자신의 참자기를 충족시키는 대신, 욕구와 전환을 통해 상한 자아를 마취시킨다. 이들은 욕구를 통해 화와 불안을 다스리며, 이 감정들을 달래거나 과하게 취하려 시도한다. 자아는 스스로 생각하기에 생존에 필요하다고 생각되는 사소한 것들을 바라며, 진짜 필요와 욕구를 불필요한 것들로 대체한다. 하지만 이 바람들은 여전히 굶주림을 겪고 있는 참자기를 충족시켜 주지 않는다. 그리고 이 참자기는 예전에도 그리고 지금도 결코 여전히 충족되지 않는다.

요 약

조화와 평화의 패러다임은 비저항 그리고 흐름을 따르는 것의 시각이다. 이는 상황과 사건들이 그 자체의 방식과 속도에 따라 전개되도록 허용하는 방식이다. 이는 보편적인 방식이다. 이 경로를 따르는 사람들은 차분하고 수용적이며 외교적이다. 이들은 문제의 모든 측면의 타당성을 감지할 수 있으며 반대 세력들을 조화시킬 수 있다. 이들은 세상을 좀 더 조화로운 곳으로 만들기를 원한다. 이들은 이를 행동의 정신으로 행한다.

수동성의 패러다임은 안주하고 다른 사람들과 융합하려는 과도한 욕구에서 분명히 나타난다. 갈등은 개인의 위치와 의견을 알고 촉진하는 것인 만큼 이들에게 있어서 회피된다. 이들의 관심은 다른 사람들의 위치로 향한다. 또한 개인의 중요성과 흥미는 사소한 추구들 속에서 길을 잃을 수 있다. 이 시각을 따르는 사람들은 꾸물거리거나 집중 상태를 유지하는 것에 어려움을 겪을 수 있다. 이들은 지나치게 흐름을 따르고 합류하며 다름을 최소화하기도 한다. 이들의 잘못된 신념은 나는 안정된 상태이므로 아무 것도 나를 신경 쓰이게 하지 않을 것이라는 것이다. 나태함은 이 접근방식을 추진하며, 자기 망각으로 이끌고, 에너지를 멈춰지게 한다.

Sheet 18-11 9유형 요약

가치: 평화, 조화, 통합

비전: 세상을 더 평화로운 곳으로 만드는 것

주요 취약점: 방치되는 것

적응적 인지적 도식: 우주를 주관하는 법칙이 내 안에서도 작용하고 있다, 우주는 무시하고 방치하는 것이 아니라 따스하고 다정하다.

적응적 감정적 도식: 행동, 사랑받음에 대한 감사가 사랑을 주는 행동으로서 전해지기를 바라는 것, 나는 사랑받으며 사랑을 준다.

적응적 행동적 도식: 반대의 것들을 조화시키는 것, 합의점을 찾는 것, 상황의 흐름에 개입하지 않는 것, 평화로운 공존

부적응적 인지적 도식: 세상은 돌봐주지 않고 방치하는 곳이다, 나는 중요하지 않고 상관없는 사람이다, 어느 것도 나를 괴롭히지 못하게 해라.

부적응적 감정적 도식: 나태함, 자기와 자신의 일을 돌보지 않는 것, 안주하고 편안해지고 에너지를 아끼는 것

부적응적 행동적 도식: 미루는 버릇, 다른 사람들의 의견과 융합되는 것, 결정을 미루고 상황이 흘러가는 대로 두는 것

회피 영역: 갈등

방어기제: 마취, 긴장을 풀고 무감각해지는 것

유용한 패러다임 변화: 초점을 맞춰 집중하고 구분하고 깬 상태로 있는 것, 자신의 의사를 인지하고 표현하는 것, 나도 중요하고 당신도 중요하고 우리가 하는 일도 중요하다.

유용하지 않은 패러다임 변화: 별 것 아니야, 아무 것도 중요하지 않아, 미루는 버릇 또는 과한 일에 덧붙여 집착하고 주저하며 의심하는 것

| 참고문헌 |

Adler, A. (1956). *The Individual Psychology of Alfred Adler.* H. L. Ansbacher & R. R. Ansbacher (Eds.). New York: Harper & Row.

Allport, G. W., Vernon, P., & Lindzey, G. (1960). *A Study of Values* (3rd ed.). Boston: Houghton Mifflin.

Almaas, A. (1986). *Essense.* York Beach, ME: Samuel Weiser.

Almaas, A. (1998). *Facets of Unity: the Enneagram of Holy Ideas.* Berkeley, CA: Diamond Books.

Almaas, A. (2004). *The Inner Journey Home.* Boston: Shambhala.

Arnold, M. (1960). *Emotion and Personality,* Vol. 1, 2. New York: Columbia University Press.

Assagioli, R. (1965). *Psychosynthesis.* New York: Viking.

Balint, M. (1979). *The Basic Fault: Therapeutic Aspects of Regression.* New York: Brunner/Mazel.

Bandura, A. (1977). *Social Learning Theory.* Upper Saddle River, NJ: Prentice-Hall.

Barker, J. (1992). *Future Edge.* New York: Morrow & Co.

Beesing, M., Nogosek, R., & O'Leary, P. (1984). *The Enneagram: a Journey of Self Discovery.* Denville, NJ: Dimension.

Bolz, C. (1977). Typological theory and research. In R. Cattell & R. Dreger (Eds.), *Handbook of Modern Personality Theory.* Washington, D. C.: Hemisphere.

Cattell, R. (1946). *Description and Measurement of Personality.* New York: World.

Condon, T. (2004). *Quotes About Enneagram Styles.* www.thechangeworks.com.

Covey, S. (1990). *The Seven Habits of Highly Effective People.* New York: Fireside.

Csikszentmihalyi, M. (1990). *Flow: the Psychology of Optimal Experience.* New York: Harper-Perennial.

DeRopp, R. (1974). *The Master Game*. New York: Dell.

Elkind, S. (1992). *Resolving Impasses in Therapeutic Relationships*. New York: Guilford.

Ellis, A., & Harper, R. (1961). *A Guide to Rational Living*. New York: Institute for Rational Living.

Erikson, E. (1959). Identity and the life cycle. *Psychological Issues*, Vol. 1, No. 1.

Eysenck, H. (1947). *Dimensions of Personality*. London: Routledge & Kegan.

Fishman, D. B. (1999). *The Case for Pragmatic Psychology*. New York: New York University Press.

Frager, R. (1994). *Who Am I? Personality Types for Self-Discovery*. New York: Putnam.

Freud, S. (1925). Some character types met with in psychoanalysis work. In *Collected Papers*. London: Hogarth.

Fromm, E. (1947). *Man for Himself*. New York: Holt, Rinehart, & Winston.

Gendlin, G. (1978). *Focusing*. New York: Everest House.

Goldberg, M. (1996). *Getting Your Boss's Number*. San Francisco: HarperSanFransisco.

Goldstein, K. (1939). *The Organism*. New York: American Book.

Grodner, B. (1994). Proverbs, folk sayings and the Enneagram. In *Enneagram Educator*. Fall, 1994, Vol. VI, No. 1.

Guidano, V., & Liotti, G. (1983). *Cognitive Processes and Emotional Disorders*. New York: Guilford.

Hampden-Turner, C. (1982). *Maps of the Mind*. New York: Collier.

Hebb, D. O. (1972). *A Textbook of Psychology* (3rd ed.). Philadelphia: Saunders.

Horney, K. (1945). *Our Inner Conflicts*. New York: Norton.

Hurley, K., & Donson, T. (1991). *What's My Type?* San Francisco: HarperSanFrancisco.

Hurley, K., & Donson, T. (1993). *My Best Self: Using the Enneagram to Free the Soul*. San Francisco: HarperSanFrancisco.

Ichazo, O. (1982). *Interviews with Oscal Ichazo*. New York: Arica Institute Press.

Ichazo, O. (1982). *Between Metaphysics and Protoanalysis*. New York: Arica Institute Press.

James, W. (1902). *The Varieties of Religious Experience*. New York: Modern Library.

Johnson, S. (1994). *Character Styles*. New York: Norton.

Jung, C. The Psychology of the Unconscious. In *Collected Works*, Vol. 7. (Originally published, 1917.)

Jung, C. (1933). *Psychological Types*. New York: Harcourt, Brace, & World.

Karpman, S. (1968). Script drama analysis. In *T. A. Bulletin 7*, 1968, Vol. 26.

Kelly, G. (1963). *A Theory of Personality*. New York: Norton.

Kuhn, T. (1996). *The Structure of Scientific Revolutions* (3rd ed.). Chicago: University of Chicago Press.

Leary, T. (1957). *Interpersonal Diagnosis of Personality*. New York: Ronald Press.

Maddi, S. (1976). *Personality Theories: a Comparative Analysis*. Homewood: Dorsey.

Mahoney, M. (2003). *Constructive Psychotherapy*. New York: Guilford.

Maitre, S. (2000). *The Spiritual Dimension of the Enneagram*. New York: Tarcher/Putnam.

Maitre, S. (2005). *The Enneagram of Passions and Virtues*. New York: Tarcher/Putnam.

Maslow, A. (1954). *Motivation and Personality*. New York: Harper & Row.

Maslow, A. (1968). *Toward a Psychology of Being*. New York: Van Nostrand.

Maslow, A. (1976). *The Father Reaches of Human Nature*. New York: Penguin.

McLellan, V. (1996). *Practical Proverbs & Wacky Wit*. Wheaton, IL: Tyndale House.

Millon, T. (1969). *Modern Psychopathology*. Philadelphia: Saunders. (Reprinted 1985, Prospect Heights, IL: Waveland Press).

Metzner, R. (1979). *Know Your Type: Maps of Identity*. Garden City, N. Y.: Anchor Books.

Naranjo, C. (1990). *Enneatype Structures*. Nevada City, CA: Gateways/IDHHB.

Naranjo, C. (1994). *Character and Neurosis*. Nevada City, CA: Gateways/IDHHB.

Ouspenski, P. (1974). *The Psychology of Man's Possible Evolution*. New York: Vintage.

Palmer, H. (1988). *The Enneagram*. San Francisco: Harper & Row.

Palmer, H. (1995). *The Enneagram in Love and Work*. San Francisco: HarperSanFrancisco.

Pearson, C. (1991). *Awakening the Heroes Within*. San Francisco: HarperSanFrancisco.

Perls, F. (1969). *Gestalt Therapy Verbatim*. Moab, UT: Real People Press.

Perls, F. (1972). *In and Out of the Garbage Pail*. New York: Bantam.

Plake, B., Impara, J., & Spies, R. (Eds.). (2003). *The Fifteenth Mental Measurements Yearbook*. Lincoln, NE: Buros Institute of Mental Measurements.

Puhl, L. (1951). *The Spiritual Exercises of St. Ignatius*. Chicago: Loyola University Press.

Ram Dass. (1974). *The Only Dance There Is*. New York: Doubleday.

Riso, D., & Hudson, R. (1987). *Personality Types: Using the Enneagram for Self Discovery*. Boston: Houghton Mifflin. (Revised 1996).

Riso, D., & Hudson, R. (1990). *Understanding the Enneagram*. Boston: Houghlin Mifflin.

Riso, D., & Hudson, R. (1999). *The Wisdom of the Enneagram*. New York: Bantam.

Rogers, C. (1961). *On Becoming a Person: a Therapists View of Psychotherapy*. Boston: Hougton-Mifflin.

Rohr, R. (1990). *Discovering the Enneagram*. New York: Crossroad.

Rohr, R. (1992). *Exploring the Enneagram*. New York: Crossroad.

Saroyan, W. (1939). *The Time of Your Life*. New York: Harcourt, Brace.

Sheldon, W. (1942). *The Varieties of Temperament*. New York: Harper.

Shostrom, E. (1968). *Man the Manipulator*. New York: Bantam.

Spranger, E. (1928). *Types of Men*. [P. J. W. Pigors (Trans.)]. Halle, Germany: Niemeyer.

Sullivan, H. (1953). *The Interpersonal Theory of Psychiatry*. New York: Norton.

Tart, C. (1987). *Waking Up*. Boston: Shambhala.

Thomson, C. (2001). Out of the Box Coaching Skills TeleClinic. www.breakoutofthebox.com/clinic.htm.

Thrasher, P. (1994). The Enneagram: movement between types, an inventory, and a criterion measure. Ph. D, Loyola University, Chicago. *Dissertation Abstracts International, 56*(3), 121B UMI No. 9416974.

Tolman, E. C. (1959). Principles of purposive behaviorism. In S. Koch (Ed.), *Psychology: a study of a science*, Vol. 2. New York: McGraw-Hill.

Twomey, J. (1995). The Enneagram and Jugian archetypal images. *Dissertations Abstracts International, 57*(02), 1490B. UMI No. 9616846.

Tubbs, W. (1972). Beyond Perls. *Journal of Humanistic Psychology, 12*: 5.

Wagner, J. (1981). "A descriptive, reliability, and validity study of the Enneagram personality typology." Ph. D., Loyola University, Chicago. 41/11A. GAX 81-09973.

Wagner, J. (1996). *The Enneagram Spectrum of Personality Styles*. Portland: Metamorphous Press.

Wagner, J. (1999). *Wagner Enneagram Personality Style Scales*. Los Angeles: Western Psychological Services.

Wheelis, A. (1973). *How People Change*. New York: Harper Colophon.

White, R. (1959). Motivation reconsidered: The concept of competence. *Psychological Review, 66*.

Wiggins, J. (Ed.). (1996). *The Five Factor Model of Personality: Theoretical Perspectives.* New York: Guilford Press.

Wilber, K. (1996). *A Brief History of Everything.* Boston: Shambhala.

Wilber, K. (2000). *Integral Psychology.* Boston: Shambhala.

Winnicott, D. (1986). Fear of Breakdown. In G. Kohon (Ed.), *The British School of Psychanalysis: the Independent Tradition.* New Haven, CT: Yale University Press.

Young, J. (1990). Cognitive Therapy for Personality Disorders: a Schema-Focused Approach. Sarasota, FL: Professional Resource Exchange. (Revised 1999).

Zuercher, S. (1992). *Enneagram Spirituality.* Notre Dame, IN: Ave Maria Press.

Zuercher, S.(1993). *Eneagram Comparisons.* Notre Dame, IN: Ave Maria Press.

에니어그램 참고문헌

에니어그램을 다룬 책

일반적인 소개

Baron, Renee, Elizabeth Wagele. *The Enneagram Made Easy.* San Francisco: Harper San Francisco, 1994.

Baron, Renee, Elizabeth Wagele. *Are You My Type? Am I Yours?* San Francisco: Harper San Francisco, 1994.

Beesing, Maria, Robert Nogosek, Patrick O'Leary. *The Enneagram: a Journey of Self Discovery.* Denville, N. J.: Dimension Bks, 1984.

Brady, Loretta. *Beginning Your Enneagram Journey.* Thomas More, 1994.

Brady, Loretta. *Finding Yourself on the Enneagram.* Thomas More, 1997.

Hurley, Kathleen, & Theodore Dobson. *What's My Type?* San Francisco: Harper Collins, 1991.

Hurley, Kathleen, & Theodore Dobson. *My Best Self: Using the Enneagram to Free the Soul.* San Francisco: Harper/San Francisco, 1993.

Hurley, Kathleen, & Theodore Dobson. *Discover Your Soul Potential: Using the Enneagram to Awaken Spiritual Vitality.* Lakewood, CO: WindWalker Press, 2000.

Naranjo, Claudio. *The Enneagram of Society.* Nevada City, CA: Gateways, 2004.

Palmer, Helen. *The Enneagram*. San Francisco: Harper and Row, 1988.

Pearce, Herb, with Karen Brees. *The Complete Idiot's Guide to the Power of the Enneagram*. New York: Alpha Books, 2007.

Rhodes, Susan. *The Positive Enneagram*. Seattle: Geranium Press, 2009.

Riso, Don Richard. *Personality Types: Using the Enneagram for Self Discovery*. Boston: Houghton Mifflin, 1996.

Riso, Don Richard. *Understanding the Enneagram*. Boston: Houghlin Mufflin, 1990.

Thomson, Clarence & Thomas Condon (Eds.). *Enneagram Applications: Personality Styles in Business, Therapy, Medicine, and Daily Life*. Portland, OR: Metamorphous Press, 2001.

Wagner, Jerome. *The Enneagram Spectrum of Personality Styles*. Portland, OR: Metamorphous Press, 1996.

Webb, Karen. *The Enneagram*. London: Thorsons, 1996.

Zanos, Susan. *Human Types: Essence and the Enneagram*. Boston: Weiser Books, 1997.

예술, 영화, 문학에서의 에니어그램

Condon, Thomas. *The Enneagram Movie and Video Guide, 2nd Ed. Rev.* Portland: Metamorphous Press, 1999.

Goldberg, Michael. *Travels with Odysseus: Uncommon Wisdom from Homer's Odyssey*. Tempe: Circe's Island Press, 2005.

Searle, Judith. *The Literary Enneagram*. Portland: Metamorphous Press, 2001.

에니어그램과 비즈니스

Bast, Mary, and Clarence Thomson. *Out of the Box: Coaching with the Enneagram*. Portland: Stellar Attractions, 2003.

David, Oscar. *The Enneagram for Managers*. Lincoln, NE: Writers Club Press, 2001.

Goldberg, Michael. *Getting Your Boss's Number*. San Francisco: HarperSan Francisco, 1996.

Lapid-Bogda, Ginger. *Bringing Out the Best in Yourself at Work*. New York: McGraw-Hill, 2004.

Lapid-Bogda, Ginger. What Type of Leader Are You? New York: McGraw-Hill, 2007.

Lapid-Bogda, Ginger. *Bringing Out the Best in Everyone You Coach*. New York: McGraw-Hill, 2009.

Nathans, Hannah. *The Enneagram at Work*. The Netherlands: Scriptum Schiedam, 2003.

Palmer, Helen. *The Enneagram in Love and Work*. New York: HarperCollins, 1995.

Palmer, Helen. *The Enneagram Advantage*. New York: Harmony Books, 1998.

Tallon, Robert, and Mario Sikora. *From Awareness to Action*. Scranton: University of Scranton Press, 2004.

에니어그램과 직업

Wagele, Elizabeth. and Stabb, Ingrid. *The Career Within You*. New York: Harper One, 2010.

에니어그램과 학습

Callahan, William. *The Enneagram for Youth: Student Edition and Counselor's Manual*. Chicago, Loyola University Press, 1992.

Levine, Janet. *The Enneagram Intelligences*. New York: Greenwood Publishing Group, 1998.

에니어그램과 양육

Levine, Janet. *Know Your Parenting Personality*. Hoboken: Wiley & Sons, 2003.

Wagele Elizabeth. *The Enneagram of Parenting*. San Francisco: HarperSanFrancisco, 1998.

에니어그램과 영성

Addison, Howard. *The Enneagram and Kabbalah*. Woodstock, VT: Jewish Lights Publishing, 1998.

Almaas, A. H. *Facets of Unity: the Enneagram of Holy Ideas*. Berkeley: Diamond Books, 1998.

Bergin, Eilis, and Eddie Fitzgerald. *An Enneagram Guide: A Spirituality of Love in Brokenness*. Mystic, CT: Twenty Third Publications, 1992.

Empereur, James. *The Enneagram and Spiritual Direction: Nine Paths to Spiritual Guidance*. New York: Grossroad, 1997.

Falikowski, Anthony. *Higher Reality Therapy: Nine Pathways to Inner Peace*, Winchester: UK, 2010.

Gotch, Carol Ann and David Walsh. *Soul Stuff: Reflections on Inner Work with the Enneagram*. Vermett, Manitoba, CA: Inscapes Publications, 1994.

Henry, Kathleen. *The Book of Enneagram Prayers*. Boulder, CO: Woven Word Press, 1991.

Hey, David. *The 9 Dimensions of the Soul: Essence and the Enneagram.* Winchester, UK: O Books, 2006.

Jaxon-Bear, Eli. *The Enneagram of Liberation: from Fixation to Freedom,* Bolinas, CA: Leela Foundation Press, 2001.

Maitri, Sandra. *The Spiritual Dimension of the Enneagram.* New York: Tarcher/Putnam, 2000.

Maitri, Sandra. *The Enneagram of Passions and Virtues.* New York: Tarcher/Putnam, 2005.

Metz, Barbara, and John Burchill. *The Enneagram and Prayer.* Denville, N. J.: Dimension Bks, 1987.

Mortz, Mary. Overcoming Our Compulsions: Using the Twelve Steps and the Enneagram as Spiritual Tools for Life. Chicago: Triumpth Books, 1994.

Nogosek, Robert. *Nine Portraits of Jesus.* Denville, N. J.: Dimension Bks, 1985.

Nogosek, Robert. The Enneagram Journey to New Life. Denville, N. J.: Dimension Bks, 1995.

Riso, Don Richard and Russ Hudson. *The Wisdom of the Enneagram: The Psychology and Spirituality of Transformation.* New York: Bantam, 1999.

Rohr, Richard, and Andreas Ebert. *Discovering the Enneagram.* New York: Crossroad, 1990.

Rohr, Richard, and Andreas Ebert. *Experiencing the Enneagram.* New York: Crossroad, 1992.

Rohr, Richard, and Andreas Ebert. *The Enneagram: a Christian Perspective.* New York: Crossroad, 2002.

Thomson, Clarence. *Parables and the Enneagram.* New York: Crossroad, 1996.

Tickerhoof, Bernard. *Conversion and the Enneagram.* Denville, N. J.: Dimension Bks, 1991.

Zuercher, Suzanne. *Enneagram Spirituality.* Notre Dame, IN: Ave Maria Press, 1992.

Zuercher, Suzanne. *Enneagram Companions.* Notre Dame, IN: Ave Maria Press, 1993.

Zuercher, Suzanne. *Merton and Enneagram Profile.* Notre Dame, IN: Ave Maria Press, 1993.

에니어그램과 치료

Bartlett, Carolyn. *The Enneagram Field Guide.* Portland: Metamorphous Press, 2003.

Keyes, Margaret. *Emotions and the Enneagram.* Muir Beach, CA: Molysdatur Publ., 1992, Rev. Ed.

Naranjo, Claudio. *Ennea-type Structures.* Nevada City, CA: Gateways, 1990.

Naranjo, Claudio. *Character and Neurosis: An Integrative View.* Nevada City, CA: Gateways, 1994.

Naranjo, Claudio. *Enneatypes in Psychotherapy*. Nevada City, CA: Gateways, 1994.

Naranjo, Claudio. *Transformation through Insight: Enneatypes in Life, Literature and Clinical Practice*. Prescott, AZ: Hohm Press, 1997.

Linden, Anne, Murray Spalding. *The Enneagram and NLP*. Portland: Metamorphous Press, 1994.

Wolinsky, Stephen. *The Tao of Chaos: Essence and the Enneagram*. Connecticut: Bramble Books, 1994.

에니어그램 검사

Daniels, David, and Virginia Price. *The Essential Enneagram Revised*. San Francisco: Harper-SanFrancisco, 2009.

Riso, Don. *Discovering Your Personality Type*. New York: Houghton Mifflin, 1992.

Wagner, Jerome. *Wagner Enneagram Personality Style Scales*. Los Angeles: Western Psychological Services, 1990. www.wepss.com

에니어그램에 관한 연구

학술지 논문

Bernt, Frank. "Review of the Wagner Enneagram Personality Style Scales." *Buros 15th Mental Measurements Yearbook*. Lincoln, NE: Buros Institute of Mental Measurements, 2003.

Brooks, David. "Are Personality traits inherited?" *South African Journal of Science*. Jan. 1998, Vol. 94.

Edwards, Anthony. "Clipping the wings off the Enneagram, a study in people's perceptions of a nine-fold personality typology." *Social Behavior and Personality: An International Journal*, 1991, Vol. 19.

Newgent, R. A., Parr, P. E., Newman, I., Higgins, K. K. "The Riso-Hudson Enneagram type indicator: estimates of reliability measurement and evaluation. *Counseling and Development*, Jan. 2004, Vol. 36.

Wagner, J. P., and Walker, R. E.. "Reliability and validity study of a Sufi personality typology: the Enneagram. *Journal of Clinical Psychology, 39*(5), Sept. 1983.

논문과 석사논문

Beauvais, Phyllis. "Claudio Naranjo and SAT: modern manifestation of Sufism." Ph. D., 1973, Hartford Seminary. 35/12-A, p. 8005. GAX 75-13868.

Brent, B. (1994). *A Quantitative and Descriptive Study of Distinct and Self-Consistent Attentional Styles and Their Relation to Enneagram Typology.* Unpublished doctoral dissertation, Institute of Transpersonal Psychology, CA.

Campbell, Richard. "The relationship of Arica training to self actualization and interpersonal behavior." Ph. D., 1975, United States International University. 36/03-B/ GAX 75-20244.

Dameyer, J. (2001). Psychometric evaluation of the Riso-Hudson Enneagram Type Indicator. *Dissertations Abstracts International, 54*(01), 534B. UMI No. 3004649.

Dye, M. (1997). God's word for ever heart: exegisis through Enneagram types. *Dissertation Abstracts International, 58*(06), 2256A. UMI No. 9735114.

Edwards, A. (1991). Clipping the wings off the Enneagram: A study in people's perceptions of a ninefold personality typology. *Social Behavior & Personality, 19*(1), 11-20.

Gamard, William Sumner. "Interrater reliability and validity of judgments of Enneagram personality types." Ph. D., 1986, California Institute of Integral Studies. GAX 86-25584. *Dissertation Abstracts International, 47*, 3152.

Havens, Shelby. "Comparison of Myers Briggs and Enneagram Types of Registered Nurses."

M. A. Thesis, 1995, University of Florida. *Masters Abstracts International, 34*(01), 719. UMI No. 1376578.

Lincoln, Robert. "The relation between depth psychology and protoanalysis." Ph. D., 1983. California Institute of Transpersonal Psychology. Research Abstracts International, LD 00676.

Nayak, S. (2004). Enneagram dreams: personality styles reflected in dream content. *Dissertation Abstracts International, 65*(04), 2136B. UMI No. 3129587.

Newgent, R. (2002). An investigation of the reliability and validity of the Riso-Hudson Enneagram Type Indicator. *Dissertation Abstracts International, 62*(02), 474A. UMI No. 3005901.

Perry, A. (1996). Leading with skill and soul: using the Enneagram and the Brent Personality Assessment System. *Dissertation Abstracts International, 57*(12), 7768B. UMI No. 9716974.

Phifter-Ritchie, R. (2002). *Evaluating Construct Validity of Enneagram Typology: Measuring Normal*

Personality Style in Adult Christian College Students. Unpublished Doctoral Dissertation, Northern California Graduate University, San Mateo, CA.

Prien, H. (1998). The Enneagram and the actor: using a system of personality typology in character analysis. *Dissertation Abstracts International, 59*(08), 2784A. UMI No. 9902736.

Randall, Stephen. "Development of an inventory to assess Enneagram personality type." Ph. D., 1979. California Institute of Integral Studies. 40/09-B. GAX 80-05160. *Dissertation Abstracts International, 40,* 4466B.

Sharp, Phillip. "A factor analytic study of three Enneagram personality inventories and the Vocational Preference Inventory." Ed. D. 1994, Texas Tech University.

Snyder, Kit. "Nine Conflict Resolution Styles based on the Enneagram Personality Types." M. A. Thesis, 1996. California State University, Sacramento.

Sutcliffe, E. (2002). The Enneagram as a model for adult Christian education. *Masters Abstracts International, 41*(04), 895. UMI No. MQ75119.

Thomas, T. (2002). A neurotransmitter theory of personality based on the nine point system. *Dissertation Abstracts International, 63*(11), 5561B. UMI No. 3069751.

Thrasher, Penelope. The Enneagram: movement between types, an inventory, and a criterion measure. Ph. D., 1994, Loyola University, Chicago. *Dissertation Abstracts International, 56*(3), 121B. UMI No. 9416974.

Twomey, J. (1995). The Enneagram and Jungian archetypal images. *Dissertations Abstracts International, 57*(02), 1490B. UMI No. 9616846.

Wagner, Jerome. A descriptive, reliability, and validity study of the Enneagram personality typology. Ph. D., Loyola University, Chicago. 41/11A. GAX 81-09973. *Dissertation Abstracts International, 41,* 466A. UMI No. 8109973.

Wiltse, V. (2000). Journeys in the night: spiritual consciousness, personality type, and the narratives of women religious. *Dissertation Abstracts International, 61*(10), 4046B. UMI No. 9989880.

Wolf, Steven. "Effects of the Arica training on adult development: a longitudinal study." Ph. D., Saybrook Institute. 46/11B. GAX 82-28854.

Zinkle, Thomas. "A pilot study toward the validation of the Sufi personality typology." Ph. D., 1975, United States International University. 35/05B. GAX 74-24529.

관련 작업 및 연구

아리카 전통

Ichazo, Oscar. *The Human Process for Enlightenment and Freedom*. New York: Arica Institute Press, 1976.

Ichazo, Oscar. *Between Metaphysics and Protoanalysis*. New York: Arica Institute Press, 1982.

Ichazo, Oscar. *Interviews with Oscar Ichazo*. New York: Arica Institute Press, 1982.

구르지예프 전통

Bennett, J. G. *Enneagram Studies*. York Beach, ME.: Samuel Weiser, 1983.

Blake, Anthony. *The Intelligent Enneagram*. Boston: Shambhala, 1997.

Campbell, Robert. *Fisherman's Guide*. Boston: Shambhala, 1985.

De Ropp, Robert. *The Master Game*. New York: Dell, 1974.

Ouspensky, P. D. *The Psychology of Man's Possible Evolution*. New York: Vintage, 1974.

Speeth, Kathleen. *The Gurdjieff Work*. Berkeley: And/Or Press, 1976.

Tart Charles. *Waking Up*. Boston: Shambhala, 1986.

Webb, James. *The Harmonious Circle*. New York: G. P. Putnam's Sons, 1980.

다이아몬드 접근법

Almaas, A. H. *The Elixir of Enlightenment*. York Beach, ME: Samuel Weiser, 1984.

Almaas, A. H. *Essence: the Diamond Approach to Inner Realization*. York Beach, ME: Samuel Weiser, 1986.

Almaas, A. H. *The Void*. Berkeley: Diamond Bks, 1986.

Almaas, A. H. *The Pearl Beyond Price*. Berkeley: Diamond Bks, 1988.

Almaas, A. H. *The Point of Existence*. Berkeley: Diamond Bks, 1996.

Almaas, A. H. *The Inner Journey Home*. Boston: Shambhala, 2004.

| 찾아보기 |

◎ 인 명

◎ 내 용

저자 소개

....

제롬 와그너(Jerome Wagner) 박사는 상담가이자 심리 치료사이며, 시카고의 로욜라 대학교(Loyola University)에 속한 목회 연구의 심리학과/기관의 교수진을 맡고 있다. 국제에니어그램연합(International Enneagram Association: IEA)의 설립자 중 한 명으로 존경받는 와그너 박사는 30년이 넘도록 전 세계에서 워크숍과 훈련 프로그램들을 열어 에니어그램을 가르쳐왔다. 그는 *The Enneagram Spectrum of Personality Styles: an Introductory Guide*의 저자이자, 과학적으로 검증된 검사인 Wagner Enneagram Personality Style Scales(WEPSS)의 개발자다.

추가적인 자료나 글들을 찾아보고 와그너 박사의 에니어그램 훈련 프로그램과 워크숍 스케줄을 알고 싶다면, 와그너 박사의 웹사이트(www.enneagramspectrum.com)를 방문해 보세요.

와그너 박사 이메일: jwagner5@aol.com / jeromewagnerphd@gmail.com

역자 소개

....

　이은하(Lee, Eunha) 박사는 교육학 박사이며 청소년상담을 전공하였다. 서울장신대학교 자연치유선교대학원에서 신학대학교 최초로 '에니어그램과 상담치유' 전공이 개설되어 전공주임교수로 재직하고 있다. '에니어그램심리역동체계(EPDS)'를 모델화하여 에니어그램을 통해 정신적 생명으로 살리고 치유하는 일에 열심을 다하고 있으며, 한국에니어그램역동심리학회를 설립하여 에니어그램을 역동심리적 체계로 정리 · 보급하고 있다. 국제에니어그램연합(International Enneagram Association: IEA) Professor member, 에니어그램역동심리수련감독, 한국목회상담협회 기독교상담수련감독(KPAC)이기도 하다. 에니어그램심리연구소를 통해 검증된 검사 및 활용 도구를 개발하였고, 한국 목회상담협회 교육인증기관인 청연상담치유센터를 통해 상담과 치유를 하고 있다. 저서로는 『나를 찾아 떠나는 여행』『청소년상담 NAKEY』, 역서로는 『통합에니어그램』 등이 있다. 관심 연구영역은 아동, 청소년, 성인용 검사도구 개발영역, 부모, 부부, 업무 등에 관한 활용방안, 기독교상담자 기질별 슈퍼비전 방안, 에니어그램 심리역동체계에 관한 종단적 연구, 에니어그램과 심신치유상관성, 단기청소년상담모델 등이며 이에 관한 20여 편의 논문이 있다.

세상을 바라보는 아홉 가지 렌즈
에니어그램의 관점
Nine Lenses on the World: The Enneagram Perspective

2016년 5월 30일 1판 1쇄 인쇄
2016년 6월 10일 1판 1쇄 발행

지은이 • Jerome Wagner
옮긴이 • 이은하
펴낸이 • 김진환
펴낸곳 • (주) 학지사

04031 서울특별시 마포구 양화로 15길 20 마인드월드빌딩
대표전화 • 02-330-5114 팩스 • 02-324-2345
등록번호 • 제313-2006-000265호

홈페이지 • http://www.hakjisa.co.kr
페이스북 • https://www.facebook.com/hakjisa

ISBN 978-89-997-0963-0 03180

정가 22,000원

이 도서의 국립중앙도서관 출판시도서목록(CIP)은 서지정보유통지원
시스템 홈페이지(http://seoji.nl.go.kr)와 국가자료공동목록시스템
(http://www.nl.go.kr/kolisnet)에서 이용하실 수 있습니다.
(CIP 제어번호: CIP2016012213)

················· 교육문화출판미디어그룹 학지사 ·················

심리검사연구소 인싸이트 www.inpsyt.co.kr
원격교육연수원 카운피아 www.counpia.com
학술논문서비스 뉴논문 www.newnonmun.com